BIOGRAPHIE

NOUVELLE

DES CONTEMPORAINS.

Les soussignés déclarent que les Exemplaires non revêtus de leurs signatures seront réputés contrefaits.

DE L'IMPRIMERIE DE PLASSAN, RUE DE VAUGIRARD, N° 15,
DERRIÈRE L'ODÉON.

BIOGRAPHIE NOUVELLE
DES
CONTEMPORAINS,
OU
DICTIONNAIRE

HISTORIQUE ET RAISONNÉ

DE TOUS LES HOMMES QUI, DEPUIS LA RÉVOLUTION
FRANÇAISE, ONT ACQUIS DE LA CÉLÉBRITÉ

PAR LEURS ACTIONS, LEURS ÉCRITS, LEURS ERREURS OU LEURS CRIMES,

SOIT EN FRANCE, SOIT DANS LES PAYS ÉTRANGERS;

Précédée d'un Tableau par ordre chronologique des époques célèbres et des événemens remarquables, tant en France qu'à l'étranger, depuis 1787 jusqu'à ce jour, et d'une Table alphabétique des assemblées législatives, à partir de l'assemblée constituante jusqu'aux dernières chambres des pairs et des députés.

PAR MM. A. V. ARNAULT, ancien membre de l'Institut; A. JAY;
E. JOUY, de l'Académie française; J. NORVINS, et autres
Hommes de lettres, Magistrats et Militaires.

ORNÉE DE 240 PORTRAITS AU BURIN,
D'APRÈS LES PLUS CÉLÈBRES ARTISTES.

TOME PREMIER.

A. PÉTER,
Directeur de pensionnat.

PARIS,

A LA LIBRAIRIE HISTORIQUE, RUE SAINT-HONORÉ, N° 125,
HÔTEL D'ALIGRE, OU RUE BAILLEUL, N° 12.

1820.

DISCOURS PRÉLIMINAIRE,

POUR SERVIR

D'INTRODUCTION

A LA

BIOGRAPHIE DES CONTEMPORAINS.

La révolution française est la plus grande époque de notre histoire, et peut-être de celle de l'Europe. Elle avait mis d'abord dans la balance les rois et les peuples au nom des droits de l'homme : elle voulait détrôner ceux-là pour donner tout l'empire à ceux-ci, au nom d'une république jalouse et inexorable. Dix ans après elle avait cru trouver un asile dans la monarchie proscrite par elle, tant elle fut épouvantée des excès de la liberté.

Tout à coup cette révolution change en trône héréditaire le pavois où la gloire d'un grand peuple vient d'élever un homme sorti de ses rangs, et, quinze ans plus tard, par une des plus puissantes volontés de la fortune, la France est destinée à voir la proscription de son héros, à recevoir deux fois dans la capitale envahie la loi des peuples qu'elle a tant de fois vaincus, et des rois qu'elle avait ou épargnés, ou protégés, ou élevés; alors elle se voit réduite à n'obtenir, à l'abri de l'ancienne dynastie, qu'une partie des frontières de la république, barrières posées jadis par l'indépendance et conquises par la gloire. Toutefois la France avait conservé, au milieu de tant de prospérités et de tant d'infortunes, l'empire d'une grande civilisation, et la gloire des sciences et des arts au moins égale à celle des armes.

Après trente années de constitutions et de fortunes diverses, n'ayant rien perdu de ses principes ni de ses progrès, la révolution française exerce toujours sur la politique des deux mondes, l'influence qui en a tant de fois changé ou modifié les intérêts; elle oppose toujours des droits à des priviléges, la raison à des préjugés, des vérités absolues à de vains souvenirs, et l'autorité d'un code moderne dont l'expérience commence à la désuétude d'une législation antique dont le respect avait fini. Elle est rentrée dans sa première carrière, comme un peuple conquérant rentre dans sa patrie; et, décidée enfin à maintenir tout l'éclat de son origine, elle vient de consacrer, par le gouvernement représentatif, les droits des peuples et ceux des rois, en les déclarant inséparables et inviolables au nom de la liberté du monde.

Toutes ces phases de notre révolution donnent à l'histoire moderne un caractère entièrement neuf; notre réformation politique de 1789, vainement combattue par des coalitions terrassées, vainement dédaignée par des coalitions victorieuses, récemment adoptée par trois peuples méridionaux et attendue par tous les autres, est devenue l'ère fondamentale, le point de départ, le type de la civilisation nouvelle dans les deux hémisphères.

Non, l'Europe n'a pu se soustraire à notre révolution.

Sa politique, son industrie, son art militaire, son administration, ses mœurs, tout, jusqu'à sa littérature, porte l'empreinte de ce grand changement, qui, dans la société, occupe la même place et présente la même permanence, qu'une révolution de la nature dans l'histoire des vicissitudes et des climats de la terre. Aussi, les hommes qui, depuis cette date de la nouvelle Europe, ont obtenu une illustration quelconque dans leur patrie, présentent à l'observation des caractères qui diffèrent entièrement, soit des conditions personnelles sous lesquelles la société avait pu les remarquer avant 1789, soit aussi des hommes dont les époques antérieures ont transmis le souvenir. De telles modifications, une telle différence d'eux-mêmes et des autres, ne peuvent être retracées que par les contemporains; une telle originalité ne saurait être bien saisie que par les témoins qui la partagent.

La France a naturellement la plus grande part à cette observation, parce que c'est elle qui a créé l'époque de cette régénération, en détruisant l'inégalité des conditions, la tyrannie des usages, l'hostilité des préjugés, en appelant tous les talens au concours de toutes les ambitions, et en livrant au cœur de l'homme, à son esprit, à ses facultés, l'empire de tout ce qui, dans la condition sociale, est honorable ou possible. Aussi, les premières années de la révolution ont-elles présenté une foule de phénomènes en tout genre, et révélé à la société de beaux secrets de la nature humaine, ignorés jusqu'alors. La France, vit tout à coup une foule d'hommes, inconnus aux autres et à eux-mêmes, sortir de l'obscurité pour laquelle ils se croyaient nés, et occuper un rang qu'une inspiration subite venait de créer pour eux; elle en vit d'autres échapper par une métamorphose singulière à des intérêts déjà établis, à une carrière toute faite, pour adopter tout à coup une fortune totalement étrangère à leur situation actuelle.

Un esprit d'innovation planait sur la patrie; une scission remarquable, qui divisa bientôt la noblesse dans son ordre et le clergé dans le sien, avait donné les premiers gages à la révolution. On avait abjuré les titres : les vœux étaient rompus : les rangs du peuple s'ouvrirent aux nobles devenus citoyens, et l'autel du mariage reçut les sermens des prêtres : l'émigration elle-même fut une exception à cette loi commune qui saisissait toutes les âmes; car elle voyait toujours la patrie de l'autre côté du fleuve qui l'en séparait, et il n'en devait plus rester bientôt que de tardifs voyageurs.

Ainsi les tribunaux, les académies, les écoles, les théâtres, les ateliers, les comptoirs, les villages, la noblesse, le clergé, les armées, l'émigration, donnèrent à la révolution des législateurs, des hommes d'état, des négociateurs, des administrateurs, des guerriers et des magistrats, qui firent la conquête de leurs professions nouvelles, et qui assurèrent par cela seul, peut-être, à l'avenir, le triomphe de la philosophie et de la liberté, à qui ils durent leur élévation. Ces conquêtes étaient déjà des intérêts, ces intérêts sont devenus des patrimoines. Les familles nouvelles de la magistrature, de l'administration ou de la guerre, comptent à présent des générations. Ces fortunes récentes et nombreuses sont en même temps la preuve et la garantie de ce grand changement, qui a renouvelé et amélioré la condition de la France.

Les résistances de l'intérieur disparurent bientôt devant une masse de volontés qui s'éleva pour détruire ce dont on ne voulait plus, et pour créer ce qui ne devait plus périr. Toutes les traces du gouvernement renversé furent presque effacées de la mémoire des Français, ardens à se dépouiller de ces souvenirs, soit par crainte, soit par désintéressement, et il arriva qu'en mettant à la place des institutions existantes des institutions absolument contraires, ce qui pouvait ne paraître que la vengeance de la haine, on éleva l'œuvre de la sagesse : tant les passions humaines peuvent devenir patriotiques et tutélaires, quand elles naissent de la nécessité, et quand elles sont soudain dirigées vers le plus grand des intérêts, celui de la communauté. Tous les talens, tous les sacrifices, toutes les volontés, toutes les fureurs qui furent mis en mouvement pour la nouvelle organisation sociale, donnèrent à la France un état qu'elle n'avait jamais connu, celui d'une patrie qui doit tout à l'égalité des citoyens. Il fallait donc établir cette égalité, pour avoir cette patrie qui vivra toujours.

Vainement le procès de la révolution fut-il repris à diverses époques, et vainement peut-être dure-t-il encore. Pour soutenir la cause des intérêts anciens, les avocats du régime absolu ont dû s'attacher à prouver que sous un tel gouvernement la France était libre; ils ont dû descendre eux-mêmes dans l'arène de la liberté, et donner l'étrange spectacle d'une troupe d'assiégeans, prenant les couleurs des assiégés pour entrer dans la place; mais ils furent reconnus sous ce déguisement, parce qu'ils n'avaient pas le mot d'ordre de la patrie. Cependant, ils ne se sont pas découragés, et se livrant audacieusement aux doctrines populaires, ils ont essayé d'établir qu'ils n'en avaient pas d'autres, et, ce qui est bien plus téméraire, ils ont osé avancer que tous ces principes émanaient de notre droit ancien, et que la France était d'autant plus révolutionnaire, qu'elle avait tout détruit pour ne rien inventer.

Entre ces principes et ces plaidoiries singulières, une grande époque avait tout à coup surpris la France républicaine et l'Europe monarchique. Quinze années d'un despotisme, qui, comme celui de César, fut proclamé au nom de la liberté, suspendirent la discussion des inimitiés que la criminelle faiblesse du gouvernement directorial avait fait renaître. Ce gouvernement avait produit des apostasies et des trahisons : c'était assez pour renouveler le chaos. Une voix puissante sortie de l'armée commanda le silence aux factions. Elles se turent. Séduite par tous ses souvenirs, la France lui obéit. Pendant ces quinze ans, un homme fut pour elle toute la patrie. La gloire les trompa tous deux.

Une fatale destinée égara bientôt les victoires de la liberté française, et confondit l'indépendance nationale avec l'asservissement de l'Europe. Cette liberté avait aussi dépassé ses limites, cette gloire n'avait plus reconnu de frontières.

Une telle situation, que ne retrace aucune époque de notre histoire : ni celle de Charlemagne, qui faisait égorger les vaincus; ni celle de saint Louis, qui perdait sa nation dans les croisades; ni celle de Henri IV, qui triomphait de ses compatriotes; ni celle de Louis XIV, qui ruina la France pour l'avoir agrandie; une telle situation, disons-nous, entièrement neuve dans nos fastes, devait aussi produire d'autres hommes. Cette création appartenait aux intérêts nouveaux. Il fallait marcher sous les drapeaux de la liberté, entre les faisceaux consulaires et le sceptre du monarque. Tous les amis de la révolution, et tous ceux de la royauté, vinrent se confondre, se réconcilier franchement à cette cour inconnue jusqu'alors, qui présentait à leurs opinions un égal et sûr asile. Le trône qui reçut tous les sermens était pour ceux-là l'autel de la patrie, pour ceux-ci le trône de la France. Il n'était que le trône de l'Europe.

Un nouveau droit politique domina alors l'extérieur, comme il soumettait l'intérieur. Des relations extraordinaires, étrangères aux gouvernemens royal et républicain, attachèrent l'Europe à cette toute-puissante réformation.

Les conversions devinrent si subites et si générales, depuis les souverains jusqu'aux moindres individus, que l'on dut croire que l'histoire avait aussi ses métamorphoses. Des royaumes furent donnés aux uns, aux autres des titres. Toutes les républiques disparurent, il n'y eut plus de citoyens. Quelques sages, qui avaient traversé, avec leur raison et leur conscience, les orages de notre révolution, également impassibles au sein de cette transmutation de la France, observèrent avec douleur quelle influence magique le pouvoir peut exercer sur les hommes. Ils se turent, et continuèrent de prophétiser pour eux seuls. Quand le colosse tomba, ils furent moins surpris et plus affligés que les autres.

Ces hommes de la patrie, qui observent sans doute encore, pourraient expliquer peut-être pourquoi la noblesse militaire fut moins rebelle aux proclamations de la liberté que la noblesse de la magistrature; pourquoi les noms de La Fayette, de Biron, de Valence, de Lameth, de Latour-Maubourg, de Broglie, de Grouchy, de Ségur, de Montesquiou, de Custine, de Dampierre, de Dillon, de Tilly, de la Tour-d'Auvergne, de d'Orléans, figurent dans les premiers exploits de nos armes, tandis que ceux des Molé, des Séguier, des d'Aguesseau, des Lamoignon, des Pasquier, etc., ne parurent que sur les registres des dignités impériales.

Mais pendant qu'à toutes les époques de la république et de l'empire, le courage militaire affranchissait ou reculait le sol de la France, une conscience patriotique conservait religieusement les principes de la liberté première, les dérobait aux triumvirs, au conquérant, ou les défendait hautement dans les intervalles de repos échappés à la tyrannie. Ce courage civil, qui, dans la tourmente d'une grande terreur ou dans le fracas d'une grande gloire, n'a d'éclat, d'appui et souvent de témoin que lui-même, qui lutte toujours et qui meurt souvent inconnu, qui ne triomphe jamais qu'à l'autel domestique de la patrie, et à qui les honneurs du Panthéon ne sont point offerts; ce courage civil, le premier de tous peut-être, parce qu'il est sa seule récompense, n'a pas encore d'historien, et, toujours modeste quand il a pu survivre aux périls qui n'ont pu l'abattre, balance encore à nommer ingratitude le silence de ses contemporains.

Cependant, quand les armes sont déposées, quand la patrie est rentrée dans ses frontières, et la liberté dans ses limites, le champ de l'état lui reste en entier; il en est le seul conservateur dans les cercles, sur la scène, dans la carrière des lettres; il en est le seul protecteur dans les magistratures, il en est le seul défenseur à la tribune. C'est alors aussi qu'il est du devoir des citoyens appelés à éclairer leur patrie sur ses intérêts, et sur sa reconnaissance, d'ouvrir des fastes au courage civil, et de publier aussi ses victoires et ses conquêtes.

Le sentiment de cette justice vraiment nationale, qui place depuis long-temps Malesherbes et Mirabeau au même rang que Kléber et Masséna, se réveille chaque jour par les écrits éloquens et les opinions généreuses d'une foule de guerriers illustres, qui sacrifient à la gloire civile avec la même ardeur qu'ils sacrifiaient à la gloire militaire. Ils ne trouvent donc pas les lauriers de la paix indignes des mains qui ont cueilli tant de fois les lauriers de la guerre. Heureuse et mémorable époque pour la liberté de la France, que celle où les conquérans de tant de peuples ne sont plus que ses défenseurs !

Et si de la noble carrière du courage civil on se reporte à celle de l'industrie, des sciences, des lettres, de l'agriculture, quelle multitude d'hommes célèbres, ou par leurs faits d'armes, ou par leurs magistratures, ou par leurs dignités, ne voit-on pas rechercher les palmes libérales des beaux-arts, et ennoblir par l'étude des années enlevées à l'histoire! Soit qu'ils aient continué de servir l'état, soit qu'ils aient vécu dans la retraite, ou même dans l'exil, il semble qu'ils se soient réservé de payer à la patrie des tributs arriérés de la gloire précédente, de lui tenir compte des loisirs alors dérobés à son service, ou de lui faire hommage des consolations permises à leur obscurité.

Mais ce qui fut et ce qui sera à jamais mémorable, c'est la nomenclature de tant d'étrangers distingués, qui, pendant la durée de l'empire, furent attachés à sa gloire. En trouvant aujourd'hui ces noms illustres dans notre histoire d'hier, un Français peut croire qu'il a changé de siècle ou de patrie.

L'Europe tout entière, avec tous ses intérêts, est dans nos annales depuis trente ans, soit par sa première opposition, soit par ses traités, soit par l'incorporation d'une grande partie de son territoire, soit enfin par son affranchissement. Aucun des hommes célèbres de l'Europe ne nous est étranger depuis 1789; ils ont tous été ou témoins intéressés, ou acteurs dans la discussion, l'établissement ou la jouissance de nos relations avec elle. Ils sont contemporains de notre révolution, ils en ont aussi partagé les diverses fortunes. Le sentiment qui place les hommes d'état, les militaires, les littérateurs et les savans de toutes les nations de l'Europe, à côté de ceux dont la France s'honore d'être la patrie, peut être apprécié à l'époque actuelle, et doit attacher quelque intérêt à la publication de cet ouvrage.

L'Angleterre est le seul état que sa position physique ait dû soustraire à l'invasion de nos armes; car il peut être permis de croire, d'après nos victoires de Hondschoot, de Marengo, d'Austerlitz, d'Iéna, de Friedland, que si les Anglais avaient pu être poursuivis chez eux comme les premiers ennemis de notre liberté, comme les premiers auteurs de nos guerres, ils n'eussent pas été plus heureux que les peuples du continent. Ceux-ci, tour à tour amis de la France, vainqueurs et puissans avec elle, ont rempli nos annales militaires et politiques, soit de compagnons d'armes qui ont eu l'admiration de nos guerriers, soit d'hommes d'état qui ont illustré nos alliances, soit aussi d'hommes de lettres qui ont célébré nos conquêtes en chantant les exploits de leurs concitoyens. Ils appartiennent tous aux fastes de notre patrie, malgré les liens et les intérêts qui les en séparent; et s'ils avaient oublié la France, la France ne les a pas oubliés; l'époque actuelle ne peut être celle de l'oubli pour les peuples.

A présent surtout que, désintéressés de la gloire des armes, les Français ne forment d'autres vœux que ceux d'une prospérité et d'une indépendance communes, nous avons dû être profondément touchés de voir à la tête de la régénération politique de trois états méridionaux, une grande partie des hommes distingués qui avaient été attachés à notre fortune, quand elle était aussi celle de leur patrie. Il y a affiliation naturelle entre les peuples qui adoptent les mêmes principes, et qui ont les mêmes intérêts. La France, en donnant encore au monde, au retour de la famille royale, le spectacle de l'établissement du régime représentatif, lui a donné un exemple salutaire, dont plusieurs souverains ont eu la sagesse et la gloire de suivre l'impulsion. Presque tous les pays qui nous avoisinent participent au bienfait du gouvernement constitutionnel, dont l'Angleterre et surtout l'Amérique ont fait présent à la société humaine. Les royaumes des Pays-Bas, de Bavière, de Wurtemberg, d'Espagne, de Naples et de Portugal, et tous les états inférieurs de l'Allemagne, forment nécessairement avec la France une confédération de principes et d'intérêts, qui caractérise puissamment l'ère nouvelle. Cette alliance est sainte aussi, elle est juste, elle est naturelle. Notre but est de consacrer cette réformation où l'Europe tout entière est poussée par la force des choses, en signalant aux contemporains et à la postérité les princes et les conseils qui ont replacé, après tant de siècles, la liberté des hommes à la tête des prérogatives du trône et des droits de la puissance.

Cette coalition de patriotisme qui unit la plus grande partie des nations et des gouvernemens, offre une consolation puissante à l'Europe après les événemens dont l'histoire a pu gémir depuis trente ans. Elle fait voir sous un jour nouveau, des souverains, des militaires et des hommes d'état, qui, comme nous, dépositaires ou esclaves naguère d'une autorité indépendante du peuple, ont aussi mis toute leur gloire récente dans l'adoption du système qui doit terminer notre révolution, et l'ont justement regardé comme le complément de la prospérité de leur patrie. Les chambres législatives qui s'élèvent de toutes parts sont les pépinières des biographies futures, et protégeront les nations par ce beau courage civil, qui ne défend que les citoyens, et qui n'attaque que les traîtres.

Ceux-ci ont aussi leur renommée, ils ont aussi leur place dans les malheurs de la société, comme les fléaux dans ceux de la nature. Et comme les maux causés par la trahison sont souvent mortels, la vie des traîtres doit être la leçon du peuple qui les a produits. Il faut qu'en la lisant il apprenne à n'être plus séduit, même par son ancienne reconnaissance; il n'a point à chercher les traîtres dans les rangs obscurs. Un homme inconnu peut sauver sa patrie en se dévouant comme d'Assas : le hasard fait sa gloire. Mais pour la trahir il faut y être puissant : c'est le crime de l'ambition dans les monarchies, c'est celui de la jalousie dans les états populaires.

D'autres célébrités remplissent également les pages de l'histoire. Robespierre et Marat sont célèbres parce qu'ils ont été barbares et sacriléges en égorgeant au nom de la patrie; Charlotte Corday est célèbre parce qu'elle a tué Marat; la mort de cette femme généreuse a complété son illustration; les députés montagnards qui se frappent du même couteau devant un tribunal militaire, sont à jamais célèbres par cette action stoïque, dont la Grèce et Rome n'ont laissé aucun exemple; les Girondins sont célèbres parce qu'ils moururent tous pour la patrie, avec le dévouement des martyrs. Le délire du pouvoir enivrait les triumvirs, et la terreur qu'ils éprouvaient eux-mêmes les rendait sanguinaires. Le cœur d'une jeune fille, ouvert à toutes les passions tendres, arrivait par elles à un dévouement sublime, et l'amour peut-être lui donnait l'âme de Brutus. Le désespoir de voir la liberté trahie et souillée par l'usurpation et par le meurtre, avait rendu les girondins invincibles : ils ne pouvaient mourir que pour la liberté. Quant à ces montagnards, dans la nécessité où ils furent de périr par la main des bourreaux, ils se choisirent eux-mêmes, et ils prirent du moins pour eux le courage du sacrifice. De telles célébrités toutes fatales n'appartiennent qu'à ces temps rares et étranges, où la proscription devient l'élément de la tyrannie; où, pour lutter avec succès contre le crime, la vertu peut être forcée de lui ressembler; où, enfin, le crime lui-même, dans l'absence de la justice légale, peut s'élever aussi au rang des victimes.

Les massacres religieux des Albigeois, des Cévennes, de la Saint-Barthélemy, sont cruellement remis en mémoire par les massacres révolutionnaires de Lyon, de Toulon, de Nantes et de Paris. Ces crimes des temps, ces crimes des passions se confondent par l'horreur qu'ils inspirent à la France, et en retraçant la vie des Robespierre, des Couthon, des Marat et des Carrier, on se rappelle, malgré soi, que les fastes du trône, de la noblesse et du clergé ont aussi des taches sanglantes, qui reparaissent aux époques où l'on retrouve les mêmes fureurs.

La nature a ses secrets dans ses calamités. Après certaines convulsions de la terre, on a vu de monstrueux reptiles paraître subitement dans des lieux où leur espèce était inconnue, et disparaître après avoir porté l'effroi et la mort dans les campagnes. La société présente aussi les mêmes phénomènes, et condamne à une flétrissante célébrité les monstres isolés qui ont porté le ravage dans son sein. On ne les avait jamais vus, ni entendus; on ne les a connus que pour les exécrer et les détruire. Ils semblent n'avoir eu d'autre destin que le meurtre d'un homme; quand ils l'ont eu commis, la condition de leur vie a été remplie, et ils ont même osé désirer de ne pas survivre à leur victime, comme s'il leur avait été donné d'être à la fois meurtriers et suicides. C'est ainsi que les juge la population dont ils ont subitement troublé la paix, et qui veut leur rester étrangère. L'histoire doit compte aux hommes de ces fanatismes sauvages, de ces *monomanies* farouches, qui ont pu faire sortir tout à coup l'assassin d'un homme célèbre, soit d'une école, soit d'un atelier : l'époque contemporaine en nomme trois; l'Allemagne en a produit deux. Ces hommes ne sont célèbres que par le choix de leurs victimes, et par cela seul ils le sont justement; s'ils n'avaient frappé qu'un être obscur comme eux, toute leur histoire serait dans leur supplice.

En publiant la Biographie des contemporains de notre révolution, nous avons eu pour but, non d'élever un monument à notre âge, mais de préparer les matériaux dont l'historien pourra se servir un jour. La biographie des hommes de cette grande époque, soit morts, soit vivans, nous a paru indispensable pour aider à en retracer les événemens. Une plume plus habile, et dans un autre âge peut-être, osera entreprendre de les écrire. Ces portraits, tous dessinés sur la nature, donneront la vérité aux récits par la vérité des caractères. Nous aurons rempli, par cela seul, un devoir honorable; et si nous sommes parvenus à détruire d'injustes préventions, à rétablir des réputations calomniées, à suppléer à des notions imparfaites, à mettre dans tout leur jour les vertus, les talens, les grandes actions, les services politiques et littéraires, les erreurs, les vices et les crimes de notre âge, nous aurons bien mérité des hommes, soit par nos éloges ou par la sévérité de nos jugemens, pour ceux qui sont morts, soit enfin, pour ceux qui sont vivans, par la scrupuleuse énumération de leurs ouvrages ou de leurs actions. Ceux-ci, nous ne les jugerons pas; leur vie n'est pas terminée. Beaucoup ont trop vécu d'un jour, qu'ils auraient voulu racheter au prix de la gloire de leur vie passée : beaucoup aussi n'ont pas assez vécu, que la gloire attend peut-être encore : quelques autres peuvent mettre à profit le sursis que le temps accorde à leur honneur.

Le public, toujours si bien éclairé sur ses intérêts, n'a laissé échapper aucune de ces considérations. Il a su apprécier toutes les conditions que nous nous sommes imposées, et deviner tous les sentimens qui se rattachent à la composition de notre ouvrage. Il a bien senti qu'il était de notre devoir de publier ce qui était honorable pour la France, et ce qui devait lui être utile. Aussi s'est-il empressé d'accueillir nos engagemens et de venir au-devant de nos efforts? Cette relation entre le public et nous est une manifestation non équivoque de ce besoin de justice nationale, qui caractérise toujours un grand peuple.

Les annales des morts et des vivans sont autant du domaine de la morale que de celui de l'histoire, et, sous ce rapport, une biographie qui embrasse presque tout le siècle philosophique, et une époque contemporaine, aussi importante que celle de notre révolution, est un des ouvrages les plus utiles à l'instruction de notre âge et à la méditation de la postérité.

Les hommes qui depuis trente ans ont été nommés avec honneur par la France et par l'Europe, représentent ce bataillon sacré, qui, dans les beaux temps de la Grèce, était chargé d'assurer la gloire de la patrie.

Louis XVI.

Desseine. Fremy del. et Sculp.

TABLEAU,

PAR ORDRE CHRONOLOGIQUE,

DES

ÉPOQUES CÉLÈBRES, DEPUIS 1787 JUSQU'A CE JOUR, AVEC UNE INDICATION SOMMAIRE DES PRINCIPAUX ÉVÉNEMENS, FAITS REMARQUABLES, LOIS, DÉCRETS OU DÉCISIONS IMPORTANTES, COMBATS MARITIMES, SIÉGES ET BATAILLES DE LA RÉVOLUTION FRANÇAISE; ÉVÉNEMENS REMARQUABLES CHEZ LES PUISSANCES ÉTRANGÈRES, etc., etc.;

Suivi d'une table alphabétique et explicative des noms des députés de toutes les assemblées nationales, depuis l'assemblée dite *Constituante*, jusqu'aux dernières chambres des pairs et des députés inclusivement.

1787.

22 février.	PREMIÈRE assemblée des notables tenue à Versailles, sous la présidence de Louis XVI. Elle a pour objet d'améliorer les finances de l'état et de combler un déficit de 140 millions.
20-24 avril.	Fuite de M. de Calonne, contrôleur général des finances.
25 mai.	L'assemblée se sépare après avoir arrêté entre autres choses l'établissement d'assemblées provinciales pour la répartition égale des impôts, la suppression de la corvée, la formation d'un conseil de finances, etc., mais sans avoir pris aucune détermination propre à réparer les maux de l'état.
22 juin.	Déclaration du Roi pour la création des assemblées provinciales à l'effet de répartir avec égalité les impôts.
27 —	Le Roi par une déclaration convertit la corvée en une prestation en argent.
6 juillet.	Le parlement de Paris reçoit l'injonction d'enregistrer deux édits bursaux concernant de nouveaux impôts. Il demande communication des états de recettes et de dépenses : elle lui est refusée.
1ᵉʳ août.	M. de Brienne est nommé premier ministre.
6 —	Lit de justice tenu à Versailles, dans lequel le Roi fait enregistrer les deux édits du 6 juillet.

T. I.   *b*

1787.

7 août.	Grandes réformes établies dans la maison du Roi.
15 —	Exil du parlement de Paris à Troyes.
28 —	Les frères du Roi se rendent, escortés de troupes, à la cour des comptes et à celle des aides, pour les contraindre à enregistrer les édits bursaux du 6 juillet.
10 septembre.	Le ministre Brienne ayant séduit les principaux membres du parlement de Paris, fait rappeler ce corps qui admet les nouveaux impôts.
10 octobre.	Rétablissement du statbouder à Amsterdam par les troupes prussiennes.
19-20 novembre.	Lit de justice pour contraindre le parlement de Paris à enregistrer un édit pour la création d'emprunts montant à 440,000,000 francs. Opposition courageuse des conseillers Duval-d'Eprémenil, Robert de Saint-Vincent et abbé Sabatier de Cabre.—Exil du duc d'Orléans et des conseillers Freteau et Sabatier de Cabre.
18 décembre.	Le Roi, par une déclaration, annonce que la convocation des états-généraux aura lieu dans cinq ans.

1788.

4 janvier.	Le parlement de Paris, par un arrêt de ce jour, déclare illégales les lettres de cachet, demande le rappel des exilés, et se prononce fortement contre tous les actes arbitraires.
17 — 18 —	Cassation de cet arrêt par le Roi, arrêt que le parlement confirme.
15 février.	Abolition de la question pour les accusés.
3-5 mai.	Le parlement de Paris déclare par un arrêt que la France est une monarchie gouvernée suivant les lois, dont les principales consacrent les droits de la nation. Cette délibération donne lieu à l'arrestation pendant la nuit de plusieurs conseillers dans la grand'chambre assemblée, mesure exécutée par Vincent d'Agoult, officier de la maison du Roi, à la tête de 800 Suisses, gardes du corps, etc. Malgré l'indignation publique, cet officier obtint pour récompense la place de gouverneur des Tuileries.
8 mai.	Établissement d'une cour plénière.
16 —	Le Châtelet rend un arrêt contre les édits du 8.
20 —	Déclaration du parlement de Rennes, qui note d'infamie les membres de la cour plénière.

1788.

7 juin.	Les habitans de Grenoble et des environs de cette ville s'opposent contre deux régimens à l'arrestation des membres de leur parlement.
20 —	Le Roi exile huit parlemens dont il a cassé les arrêts.
5 juillet.	Le peuple de Rennes se révolte et brûle les édits du 8 mai.
8 août.	L'établissement de la cour plénière est suspendu, et l'ouverture des états-généraux est fixée au premier mai 1789.
10 —	Audience donnée par Louis XVI aux ambassadeurs de Tippoo-Saëb.
24 —	Retraite de M. de Brienne; M. Necker le remplace.
27 —	Le peuple de Paris brûle aux pieds de la statue de Henri IV l'effigie de M. de Brienne.
29 —	Emeute dans la capitale. La troupe fait feu sur le peuple. Plusieurs des principaux instigateurs sont mis à mort.
25 septembre.	Enregistrement au parlement de l'édit du 8 août sur la convocation des états-généraux. Il y est fait mention expresse que chaque ordre fournira le même nombre de députés, et que les ordres voteront séparément.
6 novembre.	Ouverture de la seconde assemblée des Notables tenue à Versailles sous la présidence du Roi. M. Necker avait le projet d'établir une subvention territoriale à laquelle toutes les classes du royaume auraient pris part. Dans cette intention, il voulait donner au tiers-état une double représentation, et faire admettre le vote individuel, afin que le nombre des membres de cet ordre, étant égal à celui des deux autres, la noblesse et le clergé fussent forcés de partager les impôts. L'assemblée rejeta cette proposition.
12 décembre.	Clôture de l'assemblée. Elle se sépare sans avoir rien déterminé.
27 —	Ordonnance du roi pour la convocation des états-généraux. Le nombre des députés du tiers-état sera égal à celui des députés des ordres de la noblesse et du clergé.

1789.

27 janvier.	La noblesse et la bourgeoisie de Rennes ont entre elles des rixes sanglantes.
7 avril.	Mort du sultan Achmet. Son neveu, Sélim III, lui succède.

TABLEAU CHRONOLOGIQUE.

1789

28 avril. — La populace pille et incendie la manufacture des papiers peints de Réveillon, faubourg Saint-Antoine.

3 mai. — Présentation au Roi des députés à l'occasion des états-généraux.

4 — Procession générale et messe du Saint-Esprit.

5 — Ouverture des états-généraux à Versailles. Le nombre des députés convoqués pour les trois ordres était de 317 pour le clergé, 317 pour la noblesse, et 616 pour le tiers-état. La noblesse de Bretagne refusa d'y siéger.
Discours du roi et du garde des sceaux.
M. Necker présente un tableau des revenus et des dépenses fixes par année, qui donne, en résultat, un déficit annuel de 56,150,000 livres.
Décision des députés du tiers-état pour la réunion des trois ordres, afin de vérifier en commun leurs pouvoirs respectifs.

6 — Les députés du tiers-état s'assemblent dans la chambre des communes, et les deux autres dans des chambres particulières.
Le clergé nomme provisoirement M. le cardinal de Richelieu en qualité de président, et la noblesse, M. le comte de Montboissier.

8 — Le tiers-état discute le principe de la vérification des pouvoirs en commun.
Invitation du tiers-état à la noblesse et au clergé pour la réunion des trois ordres.

10 — Le clergé arrête la nomination de commissaires, afin de se réunir avec la noblesse et le tiers-état pour la vérification des pouvoirs.

11 — La noblesse arrête qu'elle est constituée quant aux députés dont les pouvoirs ont été vérifiés sans contestation.

13 — Les bailliages, classés par gouvernemens, font chacun le choix d'un commissaire pour établir un règlement de police.

18 — Le tiers-état nomme des commissaires pour conférer avec ceux du clergé et de la noblesse sur la vérification des pouvoirs.

20 — Le clergé renonce à ses priviléges pécuniaires.

22 — La noblesse renonce aux mêmes priviléges.

23 — Conférence des commissaires des trois ordres.

1789.

26 mai. Arrêté de la noblesse pour la vérification séparée des pouvoirs. Elle renvoie à l'ouverture des premiers états-généraux, l'examen des avantages ou des inconvéniens de cette forme.

27 — Nouvelle députation du tiers-état pour la réunion des trois ordres

28 — Le roi engage les trois ordres à une nouvelle réunion de leurs commissaires, en présence de ceux de sa majesté et du garde des sceaux.
Adhésion des trois ordres à l'invitation du roi.

30 mai.—5 juin. Différentes réunions des commissaires des trois ordres.

5 juin. Proposition d'ouverture de conciliation par les commissaires des trois ordres, tendant à porter devant une commission de ces ordres, les contestations qui pourraient s'élever sur la validité des députations. Le clergé adhère. La noblesse adhère aussi ; mais avec la modification de statuer sur la validité des pouvoirs des députés particuliers de son ordre.

10 — Les députés du tiers-état arrêtent de faire une dernière invitation aux autres ordres de venir dans la salle nationale, tant collectivement qu'individuellement pour concourir à la vérification commune des pouvoirs.

12 — Les mêmes députés arrêtent que cette vérification sera précédée de l'appel des députés des trois ordres. Ils nomment des secrétaires.

13-15. — Trois curés du Poitou se rendent dans la salle commune, et ensuite plusieurs autres.

17 — Les députés du tiers-état, d'après la motion de l'abbé Sieyes dans une séance de nuit, se constituent en assemblée nationale. M. Bailly est nommé président. Tous les députés jurent de remplir fidèlement la mission qui leur a été confiée.

19 — La chambre du clergé vote pour la réunion des trois ordres.
Établissement des quatre comités, savoir : des *subsistances*, des *rapports*, de *rédaction* et de *règlement*.

20 — Les membres de *l'assemblée nationale* informés que la salle de leurs assemblées a été fermée par ordre du Roi, se rendent au *jeu de Paume* (toujours à Versailles, rue St.-François, quartier Saint-Louis), et prononcent le serment de ne pas se séparer avant d'avoir donné une *constitution* à la France.

1789.

22 juin. Séance de l'assemblée nationale dans l'église de Saint-Louis où se réunit la majorité du clergé pour vérifier les pouvoirs en commun.

23 — Louis XVI, dans une *séance royale* désapprouvée par M. Necker et où il n'assista pas, cassa les arrêtés du *tiers-état*, lui ordonna, ainsi qu'aux membres des ordres du *clergé* et de la *noblesse*, de se retirer et de se rendre, le lendemain 24, dans leurs chambres respectives. Après le départ de S. M., l'assemblée déclara qu'elle persistait dans ses déterminations, et que la personne de chaque député devenait inviolable. Le marquis de Brezé, maître des cérémonies, voulant faire évacuer la salle, *Mirabeau* se lève et l'apostrophe en ces termes: « Vous qui n'avez ici ni » place, ni voix, ni droit de parler, allez dire à » votre maître que nous sommes ici par la puissance » du peuple, et que nous n'en sortirons que par celle » des baïonnettes. »

24 — L'assemblée recommence ses travaux. Les députés du *clergé* qui en forment la majorité prennent part aux délibérations, et se réunissent à ceux de l'assemblée nationale.

25 — Les membres de l'ordre de la *noblesse*, au nombre de quarante, parmi lesquels sont le duc d'Orléans et quelques ecclésiastiques, demandent et obtiennent la réunion.

7 juillet. Réunion totale des *trois ordres*, ce qui n'empêche pas la majorité de la noblesse de se réunir en comités secrets.

8 — L'assemblée décide que ses opérations ne peuvent être suspendues par les protestations ou l'absence de quelques-uns de ses membres.

11 — M. Necker reçoit l'ordre de sortir de France.

12-13. Troubles dans Paris. Un régiment allemand et un corps suisse commandés par le prince de Lambesc chargent sur le peuple pour lequel les gardes-françaises prennent parti.

13 — Suppression par ordre du Roi des coups de plat de sabre qu'on infligeait aux soldats.

14 — Insurrection du peuple de Paris; il enlève les armes et l'artillerie déposées à l'hôtel des Invalides, renverse et brûle les barrières, et s'empare de la Bastille.

15 — Le peuple commence à démolir cette forteresse. — Le

S. A. R. Monsieur.

Saint pinxit. Prony del et Sculp.

1789.

Roi se rend à l'assemblée, et lui annonce le départ des troupes allemandes qui s'étaient approchées de la capitale et dont le peuple demandait le renvoi. — Formation de la milice bourgeoise ou garde nationale. — Rappel de M. Necker. — M. Bailly est nommé maire de Paris, et M. de la Fayette, commandant en chef de la garde nationale.

16 juillet. Le comte d'Artois, le prince de Condé, et un grand nombre de personnages marquans de la cour, s'éloignent précipitamment de Paris, et se retirent au-delà des frontières.

17 — Arrivée du Roi à Paris; il est reçu par M. Bailly qui lui présente la *cocarde nationale*.

4 août. Séance fameuse de la nuit. Un mouvement patriotique porte les membres du *clergé* et de la *noblesse* à renoncer, sans délibération, d'enthousiasme, aux droits féodaux, justices seigneuriales, privilèges, dîmes et redevances, vénalité des charges, etc.; on reconnaît que tous les Français sont admissibles aux divers emplois publics. A la fin de la séance, Louis XVI est proclamé le *restaurateur de la liberté française*.

20 — Adoption du préambule et des premiers articles de la *déclaration des droits de l'homme*.

23 — Décret qui proclame la liberté des opinions religieuses.

27 — Emprunt national de 80 millions.

9 septembre. L'assemblée nationale se déclare permanente.

15 — Décret sur l'inviolabilité du Roi, et sur l'indivisibilité et l'hérédité de la couronne.

1ᵉʳ octobre. Fête donnée aux officiers des troupes de ligne par les gardes du corps. Dans l'ivresse qui en est la suite, on foule aux pieds la cocarde nationale.

5-6. Journées tumultueuses; le peuple de Paris se porte à Versailles, force les grilles du château, massacre quelques gardes du corps et ramène le Roi à Paris. — Formation du *club des amis de la constitution*, qui, plus tard, prend le titre de *club des jacobins*.

9 — Réformation de la procédure criminelle. — Abolition de la torture.

16 Exil et départ du duc d'Orléans pour l'Angleterre.

19 — L'assemblée nationale installée à Paris tient sa première séance à l'archevêché.

TABLEAU CHRONOLOGIQUE.

1789.

21 octobre. Établissement de la *loi martiale* contre les attroupemens. Un coup de canon doit annoncer chaque proclamation de cette loi, et le drapeau rouge doit être arboré sur l'hôtel-de-ville.

28 — Décret qui suspend provisoirement les vœux monastiques.

2 novembre. Les biens du *clergé* sont mis par décret à la disposition de la nation.

5 — Suppression des distinctions d'ordres de citoyens dans l'état.

9 — Première séance de l'assemblée nationale dans la salle dite du *Manège*.

22 — Création des assignats.

19 décembre. L'assemblée nationale ordonne l'émission de 400 millions d'assignats qui seront remboursés sur le montant de la vente des biens du *clergé*.

23 — Mort de *l'abbé de l'Epée*, fondateur de l'institution des Sourds-Muets.

24 — Décret qui rend les *non-catholiques* admissibles aux emplois publics.

26 — *Monsieur* (aujourd'hui Louis XVIII) se rend à l'hôtel-de-ville pour se justifier de toute participation dans l'affaire de *Favras*, arrêté comme conspirateur.

1790.

15 janvier. Division de la France en quatre-vingt-trois départemens.

21 — Décret qui abolit la confiscation des biens des condamnés, et qui déclare que les fautes étant personnelles, la famille des condamnés n'est pas flétrie par le jugement rendu contre l'un de ses membres.

4 février. Le Roi se rend à l'assemblée et promet de défendre la liberté constitutionnelle. Les députés prononcent un serment civique.

13 — Décret rédigé par *l'abbé Montesquiou*, portant suppression des *vœux monastiques*.

16 mars. Abolition des *lettres de cachet*.

13 avril. L'assemblée refuse d'adopter la proposition que la religion catholique sera toujours la religion de l'état.

17 — Mort de *Francklin*, âgé de quatre-vingt-quatre ans.

12 mai. Formation du club de 89 (qui prend bientôt le nom de *club des Feuillans*) afin de balancer l'influence du *club des Jacobins*.

TABLEAU CHRONOLOGIQUE.

1790.

22 mai.	Décret portant que le droit de faire la *paix* ou la *guerre* appartient à la *nation*.
12 juin.	Pour conserver le droit de *citoyen*, il faut faire partie de la *garde nationale* (décret de ce jour).
19 —	Suppression de la noblesse héréditaire et de tous les titres et distinctions honorifiques.
12 juillet.	Constitution civile du *clergé*.
14 —	Fédération au Champ-de-Mars, où assistent le Roi, sa famille et les membres de l'assemblée nationale. M. de *Talleyrand-Périgord*, aujourd'hui prince de Bénévent, célèbre la messe. M. de Bonnay, président de l'assemblée, est placé à la droite du Roi.
31 —	Les dons patriotiques, résultat de la fonte à la monnaie des bijoux, vaisselle d'or et d'argent, depuis le 22 septembre 1789 jusqu'au 31 juillet 1790, s'élèvent à 12 millions 500,000 fr.
5 août.	Création des juges de paix et des tribunaux de famille.
5 —	Abolition du droit d'aubaine et de détraction — Décret sur l'organisation judiciaire et sur le code pénal maritime.
25 —	Décret portant que les ecclésiastiques ne sont point éligibles aux fonctions judiciaires.
31 —	Troubles à Nancy par suite de la *révolte du régiment suisse de Château-Vieux*. Le jeune Desilles, en se précipitant à la bouche d'un canon pour empêcher qu'on n'y mette le feu et qu'on ne fasse couler le sang français, est victime de son dévouement. Les Suisses ne se soumettent qu'après un combat très-meurtrier.
4 septembre.	Démission et départ de M. Necker.
6 —.	Suppression des parlemens, cours souveraines, etc.
22 —	Décret qui ordonne la création de 800 millions d'assignats, et qui fixe à 1200 millions ceux qui pourront être mis en circulation.
27 décembre.	Cinquante-huit ecclésiastiques, membres de l'assemblée, ayant à leur tête le curé *Grégoire*, depuis évêque de Blois, prêtent le serment voulu par la constitution du clergé.
30 —	Décret qui assure aux auteurs de découvertes utiles la propriété de leurs inventions.

1791.

13 janvier.	Décret concernant la propriété des ouvrages dramatiques et la liberté des théâtres.

TABLEAU CHRONOLOGIQUE.

1791.

16 janvier.	Organisation de la *maréchaussée* en *gendarmerie*.
13 février.	Suppression de tous les droits d'aides, et des maîtrises et jurandes ; établissement des *patentes*.
28 —	Journée dite des *Chevaliers du poignard*, parce qu'un nombre assez considérable de chevaliers de Saint-Louis furent découverts au château des Tuileries, armés de poignards. Ils sont chassés par la garde nationale.
1 mars.	Rapport à l'assemblée nationale sur l'effectif de l'armée qui est de cent trente mille hommes.
2 —	Décret relatif à l'organisation du trésor public, qui portera le nom de *trésorerie nationale*.
5 —	Suppression de la ferme générale.
4 avril.	Mort de *Mirabeau*, âgé de quarante-deux ans. Deuil général à cette occasion. Fermeture des spectacles. La nouvelle église de Sainte-Geneviève recevra les cendres des grands hommes, et prendra le nom de *Panthéon français*.
22 mai.	Ouverture des barrières et suppression des droits d'entrée.
20-24 —	Décret portant création des *brevets d'invention*.
16 mai.	Par décret de ce jour, l'assemblée déclare qu'aucun de ses membres ne sera rééligible pour la prochaine législature.
14 juin.	Décret qui détruit les corporations et qui défend les assemblées de personnes d'une même profession.
18 —	Création de 600 millions d'assignats.
20 —	Le Roi et sa famille, munis de faux passeports, partent secrètement de Paris.
22 —	L'assemblée nationale reçoit à huit heures du soir, et communique une lettre de la municipalité de Varennes, annonçant l'arrivée du roi dans cette ville, et l'arrestation de S. M.
23 —	MM. *Latour-Maubourg*, *Pétion* et *Barnave* sont envoyés à Varennes pour accompagner le roi à son retour.
25 —	MM. *Tronchet*, *Duport* et *Dandré* sont nommés commissaires de l'assemblée pour recevoir les déclarations de LL. MM., à l'occasion de leur départ secret. — Arrivée du Roi à Paris. — Le peuple force les personnes qui s'étaient portées sur son passage à rester la tête couverte.
11 juillet.	Translation des cendres de Voltaire au Panthéon ; l'assemblée nationale fait partie du cortège.

TABLEAU CHRONOLOGIQUE.

1791.

14 juillet.	Fédération au Champ-de-Mars célébrée par les différentes troupes qui se trouvent à Paris.
17 —	Attroupemens au Champ-de-Mars : on signe sur l'autel de la patrie une pétition dans laquelle on demande que l'assemblée nationale consulte la nation sur la question de *la déchéance du roi*. La loi martiale est publiée par ordre de la municipalité, et les troupes font feu pour dissiper les rassemblemens.
19 —	Décret sur la propriété des ouvrages dramatiques.
30 —	Suppression des corporations et des ordres de chevalerie : la rédaction du décret est faite par *Rœderer*.
22 août.	Établissement de la caisse d'épargnes et de bienfaisance de Lafarge.
23 —	Insurrection à Saint-Domingue.
27 —	Décret qui accorde à J.-J. Rousseau les honneurs du Panthéon.
5 septembre.	Constitution de 1791 rédigée par M. de Talleyrand-Périgord, Sieyes, Alexandre Lameth, Pétion, Buzot, Target, Beaumetz, Thouret, Duport, Barnave, Chapelier et Desmeuniers. Une députation de soixante membres la présente au roi.
13 —	Le roi accepte la constitution.
14 —	Réunion d'Avignon et du comtat Venaissin au territoire français.
19 —	Décret portant que l'assemblée nationale se séparera le 30.
29 —	Décret sur l'organisation de la garde nationale.
30 —	Dernière séance de l'assemblée constituante où assiste Louis XVI.
1 octobre.	Première séance de l'assemblée législative à la salle du Manége. Cette assemblée se compose de 745 membres, savoir : 400 avocats, environ 70 prêtres constitutionnels, un même nombre d'hommes de lettres, et le reste, de propriétaires.
8 —	Démission de M. de la Fayette de l'emploi de commandant de la garde nationale de Paris.
16 —	Lettre de Louis XVI aux princes ses frères, pour les rappeler en France.
30 et 31.	Décret et proclamation du roi pour requérir *Monsieur* de rentrer dans l'intérieur du royaume dans le délai de deux mois.
9 novembre.	Décret portant que les biens des princes et des émigrés seront séquestrés.

TABLEAU CHRONOLOGIQUE.

1792.

2 janvier. L'assemblée déclare que l'an 4 de la liberté a commencé le 1er janvier 1792. — Décret d'accusation contre *Monsieur*, M. *le comte d'Artois*, M. *le prince de Condé*, M. *de Calonne*, M. *le vicomte de Mirabeau*, etc.

18 — Louis-Stanislas-Xavier (MONSIEUR, aujourd'hui LOUIS XVIII) est déchu de son droit à la régence.

1 février. Décret portant que toute personne qui sera dans la nécessité de voyager devra prendre un *passeport*.

9 — Décret qui rend nationaux les biens des émigrés.

17 mars. Décret qui détermine le mode de décollation des condamnés à la peine de mort, et adoption de la machine inventée par M. *Guillotin* (mort en 1814), médecin, et qui porte le nom de *guillotine*.

5 avril. Suppression des congrégations d'hommes et de femmes, et prohibition de tous les costumes ecclésiastiques.

20 — La France déclare la guerre au roi de Bohême et de Hongrie.

30 — Emission, jusqu'à ce jour, de dix-neuf cents millions d'assignats.

19 juin. Décret qui ordonne que les titres généalogiques des dépôts publics seront brûlés.

20 — Insurrection du peuple des faubourgs Saint-Antoine et Saint-Marceau ; il pénètre dans les appartemens du roi, et force S. M. à mettre le *bonnet rouge* sur sa tête.

11 juill. La patrie est déclarée en danger

14 — Fête de la Fédération, au Champ-de-Mars, à laquelle assistent le roi et sa famille. Le peuple, pour témoigner à *Pétion*, maire de Paris, qui avoit été suspendu de ses fonctions, par suite de la journée du 20 juin, et qui venoit de les reprendre, toute la joie qu'il en éprouvoit, fait écrire sur tous les chapeaux : *Vive Pétion! Pétion ou la mort!*

27 — Décret qui ordonne la confiscation et la *vente des biens des émigrés* au profit de la nation.

30 — Arrivée d'un bataillon de *Marseillais* à Paris, et commencement de leurs excès.

3 août. Pétition présentée à l'assemblée nationale, par *Pétion*, au nom des sections de Paris, à l'effet d'obtenir la *déchéance du roi*.

10 — Evénemens de cette journée, à la suite desquels l'assemblée législative décrète une *convention nationale*, et la *suspension provisoire de Louis XVI*.

1792.

11 août. Loi qui ordonne l'enlèvement des statues royales, bas-reliefs et monumens de la monarchie des places et autres lieux publics de Paris.

13 — Le roi et sa famille sont transférés au Temple.

17 — M. de la Fayette, proscrit par un décret, quitte son armée, en garnison près de Sedan, et s'expatrie; il est remplacé par Dumouriez.

23 — Prise de Longwy par les troupes prussiennes, après vingt-quatre heures de bombardement.

26 — Loi qui bannit les prêtres insermentés ou qui se sont rétractés, sauf les exceptions en faveur des infirmes et des sexagénaires.

30 — Loi relative aux pièces de théâtre et au droit d'auteur.

2 septembre. Prise de Verdun par l'armée prussienne. Pour n'être pas témoin de la reddition de la place, Beaurepaire, qui la commandoit, se brûle la cervelle.

2 et 3 Massacre dans les prisons de Paris.

12 L'armée prussienne s'avançant dans l'intérieur, les troupes françaises se replient sur Châlons.

16 — Vol au garde-meuble des bijoux et diamans de la couronne.

19 — Décret qui supprime l'ordre de Malte et ordonne la vente de ses biens. — Décret portant que les tableaux et autres monumens des arts, provenant de maisons nationales et autres, seront déposés au Louvre.

20 — Loi qui détermine le mode de constater l'état civil des citoyens. — Autre qui autorise le divorce.
Combat de *Valmy*, où les Prussiens attaquent sans pouvoir entamer l'armée française, commandée par les généraux Dumouriez et Kellermann.
Clôture de l'assemblée législative. Les nouveaux députés, au nombre de trois cent soixante-onze, se réunissent dans la salle destinée à la nouvelle chambre législative, et se constituent de suite en *convention nationale*.
La convention nationale est composée de sept cent cinquante députés.

21 — Sur la proposition de Collot-d'Herbois, *l'abolition de la royauté est décrétée*. De ce jour date l'ère républicaine.

24 — Suppression des rentes apanagères des princes français.

1792.

25 septembre.	Bombardement de Lille par les Autrichiens.
28 —	Loi qui déclare la *république française une et indivisible*.
29 —	Victoire remportée par l'armée française dans les plaines de la Champagne sur les troupes prussiennes, et retraite de ces dernières.
6 octobre.	La convention ordonne que les sceaux, le sceptre et la couronne de France seront brisés et convertis en monnaie.
9 —	Loi portant que les émigrés pris les armes à la main seront punis de mort.
13 —	Substitution des qualifications de *citoyen* et de *citoyenne* à celles de *monsieur* et de *madame*.
15 —	Reprise de Verdun par les troupes françaises.
21 —	Suppression de la décoration de chevalier de Saint-Louis.
22 —	Reprise de Longwy sur les Prussiens.
23 —	Loi qui bannit à perpétuité les émigrés du territoire de la République, et prononce la peine de mort contre ceux qui rentreraient en France.
29 —	Louis XVI est transféré dans la grosse tour du Temple.
6 novembre.	Bataille de Jemmapes gagnée par les Français.
6 —	Sur le rapport de *Mailhe*, la convention nationale décrète que Louis XVI sera jugé par elle.
27 —	Réunion de la Savoie à la France.
12 décembre.	Louis XVI demande pour défenseurs Trouchet et Target : le dernier refuse.
14 —	Malesherbes demande à remplacer Target : « J'ai été » honoré de la faveur du Roi pendant sa prospérité; » je ne dois pas l'abandonner dans son malheur. » Il est accepté.
15 —	Madame Aubry de Gouges écrit à la convention pour être admise à défendre le Roi. Ordre du jour.
16 —	Loi portant que les membres de la famille des Bourbons, autres que ceux enfermés au Temple, et le duc d'Orléans, sortiront du territoire français.
19 —	La convention accueille la demande que font Trouchet et Malesherbes de s'adjoindre M. Desèze.
25 —	Le testament de Louis XVI est rendu public.
15 janvier.	Après un appel nominal, la convention déclare que : « Louis Capet est coupable de conspiration contre » la liberté de la nation et d'attentat à la sûreté » générale », à une majorité de 693 sur 719.

Louis XVII.

Deseine. Fremy del. et Sculp.

1793.

17 janvier. — Sept cent seize membres de la convention nationale sont présens, mais deux refusent de voter. Le nombre des membres est de 714. Sur ce nombre 361 votent pour la mort sans délais ou amendemens; 67 pour la mort avec délais ou conditions, en tout 428, et 286 pour la détention, le bannissement ou autre peine que celle de la mort : total 714.

18 — Manuel et Kersaint donnent par écrit leur démission, déclarant qu'ils ont été nommés *législateurs* et non *juges*.

21 — Décapitation de Louis XVI, âgé de trente-huit ans. Il était né le 23 août 1754, et était monté sur le trône le 10 mai 1774. Il a régné un peu moins de 19 ans.

21-24 et 25 Le 21, Michel Lepelletier de Saint-Fargeau est assassiné chez un restaurateur du Palais-Royal par Paris, garde du corps, pour avoir voté la mort du Roi. La convention nationale assiste en corps à ses obsèques, et sa fille est adoptée au nom de la patrie.

31 — Réunion du comté de Nice à la France.

1 février. Déclaration de guerre par la France à l'Angleterre et à la Hollande.

14 Autre réunion à la France du comté de Monaco.

28 — Suivant un rapport du représentant Chabot, *l'actif* de la dette publique, qui se compose des biens ecclésiastiques, des biens d'émigrés, domaines et forêts nationales, colléges, hôpitaux, etc., est de 9 milliards 198 millions; le *passif* de 8 milliards 24 millions, et de 368 millions d'intérêts de rentes perpétuelles, viagères et pensions.

2 mars. La France compte huit armées, commandées, celle du Nord, par *Dumouriez*, celle des Ardennes, par *Valence*, celle de la Moselle, par *Beurnouville*, celle du Bas-Rhin, par *Custines*, celle des Alpes, par *Kellermann*, celle d'Italie, par *Biron*, celle des Pyrénées, par *Servan*, et celle des côtes, par *Labourdonnaye*.

1 — 9. Réunion à la France de Bruxelles, Salm, Mons, des pays de Hainaut, Franchimont, Liége, de la ville de Gand, de Florennes et de trente-six communes qui en dépendent; de la ville de Tournai et de sa

1793.

	banlieue; de Louvain, Ostende, Namur, et de presque toute la Belgique.
7 mars.	Déclaration de guerre par la France à l'Espagne.
	L'Empire, l'Angleterre, la Prusse, la Hollande, le Portugal, l'Espagne, la Sardaigne, les deux Siciles et l'état ecclésiastique se coalisent contre la France.
11 —	Création du tribunal révolutionnaire.
17 —	Les insurgés ravagent le département de la Mayenne.
18 —	Mouvemens insurrectionnels dans la Vendée. — Bataille de Nerwinde et défaite de Dumouriez; il évacue la Belgique.
19 — 30	Réunion à la France d'un grand nombre de communes de la Belgique et des bords du Rhin ; de Denting et autres communes voisines du département de la Moselle; du pays de Porentruy, sous le nom du département du Mont-Terrible; du Tournaisis ; de Mayence.
4 avril.	Défection de Dumouriez qui passe à l'ennemi avec les enfans du duc d'Orléans.
6 —	Création du comité du salut public.
	Loi portant que toute la famille des Bourbons sera mise en arrestation.
9 —	Arrestation des membres de cette famille au nombre desquels est le duc d'Orléans, surnommé *Philippe-Egalité*.
23 —	Loi de déportation des prêtres insermentés.
8 mai.	Réunion du pays de Liége à la France.
10 —	La convention nationale occupe, pour la première fois, le château des Tuileries.
11 —	Nouvelle création d'assignats dont le total s'élève jusqu'à ce jour à 3 milliards 100 millions.
20 —	Emprunt forcé de 1 milliard, applicable seulement aux riches.
21 —	Incendie du Cap (isle de Saint-Domingue) et massacre général des blancs.
26 —	Les habitans de la Corse, séduits par Paoli, tentent de se soustraire à la domination française.
29 —	Insurrection de la ville de Lyon; le parti républicain succombe, et *Châlier*, procureur de la commune, est traduit au tribunal criminel de cette ville.
31 —	Journée ou révolution du 31 mai : chute du parti *girondin*, et triomphe de celui de la *montagne*.
2 juin.	Suite de cette révolution.

1793.

6 et 9 juin.	Protestations de plusieurs députés contre les événemens des 31 mai et 2 juin.
10 —	Loi portant organisation du Jardin des plantes, ci-devant du Roi, et du cabinet d'histoire naturelle, sous le nom de *Museum*.
23 —	Abrogation de la *Loi martiale*.
27 —	Nouvelle constitution dite de 93.
29 —	Nantes est attaquée par les Vendéens qui sont repoussés avec une perte considérable.
3 juillet.	Les Vendéens, commandés par Lescure et Laroche-Jacquelein, sont défaits près de Châtillon (Deux Sèvres) par les Républicains ayant à leur tête le général Westermann.
13 —	*Marat* est assassiné par *Charlotte Corday*.
14 —	La convention nationale donne ordre à ses commissaires de requérir le général Kellermann de faire marcher des troupes sur Lyon pour y rétablir l'ordre.
16 —	Le tribunal criminel de Lyon condamne *Châlier* à la peine de mort, et le fait exécuter, malgré l'intervention de la convention.
19 —	Loi relative au droit de propriété des auteurs d'écrits, compositeurs de musique, peintres, dessinateurs, etc.
20 —	Exécution de *Charlotte Corday*.
23 —	La ville de Mayence, assiégée depuis quatre mois par quatre-vingt mille hommes, est remise par capitulation aux Prussiens. L'armée républicaine, forte seulement de vingt-deux mille combattans au commencement du siége, n'était plus que de dix-sept mille hommes. La seule condition qui lui est imposée est de ne pas servir, avant un an, contre les puissances coalisées.
26 —	Adoption du télégraphe inventé par M. Chappe, et loi qui accorde à cet auteur le titre d'Ingénieur-Télégraphe, et les appointemens de lieutenant du génie.
28 —	Reddition de Valenciennes aux troupes de l'empereur d'Autriche, après un siége de deux mois. La garnison, renvoyée libre, est aussitôt dirigée contre les Vendéens.
31 —	La convention décrète que la garnison de Mayence sera transportée, en poste, dans la Vendée.
1 août.	Loi qui bannit les membres de la famille des Bourbons, excepté ceux qui sont détenus au Temple, et qui

1793.

	traduit *Marie-Antoinette* au tribunal révolutionnaire.
	Loi sur l'uniformité et le système général des poids et mesures.
6 août.	Les commissaires de la convention annoncent qu'ils marchent sur Lyon avec vingt mille républicains commandés par Kellermann.
8 —	Première sortie des Lyonnais assiégés par les troupes de la république : elle est favorable aux assiégés.
	Loi qui supprime les académies et sociétés savantes patentées ou dotées par la nation.
10 —	Les députés des assemblées primaires des quarante-quatre mille communes déposent sur l'autel de la patrie, au Champ-de-Mars, leur acceptation de la constitution.
12 —	Loi dite des *suspects*.
22 —	Discussion du plan du nouveau *code civil* présenté par Cambacérès, au nom du comité de législation.
23 —	Loi qui met en réquisition les François âgés de dix-huit à vingt-cinq ans.
	Bombardement de la ville de Lyon.
27 —	Reddition de Toulon à l'amiral anglais Hood. Onze vaisseaux de ligne lui sont livrés par les contre-amiraux Tongoff et de Grasse. Le contre-amiral Saint-Julien s'échappe avec sept autres officiers supérieurs. Louis XVII est proclamé dans cette ville.
28 —	Emprunt d'un milliard, payable par les personnes riches.
	Exécution du général Custine.
1 sept.	Loi sur le droit de propriété des ouvrages dramatiques.
5 —	Création de l'armée révolutionnaire.
6 —	Loi qui ordonne l'arrestation de tous les étrangers nés dans les pays en guerre avec la France.
6-7-8 et 9	Bataille de Hondtschoot, gagnée par Houchard sur les Anglois et les Autrichiens, à la suite de laquelle le siège de Dunkerque est levé, et les bagages, les munitions et cinquante-deux pièces de gros calibre sont abandonnés par l'ennemi.
9 —	Loi qui accorde aux ouvriers de Paris deux francs par séance aux assemblées de leurs sections.
	Loi portant suppression des écoles militaires.
11 —	Reddition du Quesnoy.

TABLEAU CHRONOLOGIQUE.

1793.

21 — Loi qui oblige toutes les femmes à porter la cocarde tricolore.

an 2-1793.

7 vend. 28 sept. Décret pour l'émission de deux milliards d'assignats.
8 — 29 — Loi qui assujettit au maximum les denrées de première nécessité.
12 — 3 oct. Arrestation de cinquante-trois députés des partis dits *girondin*, *brissotin* et *fédéraliste*.
Soixante-six autres députés, signataires des protestations des 6 et 9 juin, sont décrétés d'arrestation.
14 — 5 — Procès de la reine *Marie-Antoinette*.
Loi qui abolit l'ère chrétienne et fonde celle de la république, à partir du 22 septembre 1792.
Arrestation des membres de l'assemblée constituante qui ont protesté contre ses décrets.
16 ven. 7 — Décret qui traduit le duc d'Orléans devant le tribunal révolutionnaire de Marseille.
18 — 9 — Prise de Lyon par les troupes républicaines.
19 — 10 — Le gouvernement est déclaré révolutionnaire jusqu'à la paix. Toutes les autorités civiles et militaires sont mises sous la surveillance du comité de salut public.
Réunion de Montbéliard à la France.
21 — 12 — Décret pour la destruction de la ville de Lyon, et son changement de nom en celui de *commune affranchie*.
24 et 25 — 15 et 16 Bataille de Wattignies, et fin du blocus de Maubeuge.
25 — 16 — Déclaration de guerre à la France par le roi de Naples.
Exécution de la reine *Marie-Antoinette*.
10 brum. 31 — Décapitation de vingt et un conventionnels dits *brissotins*, *girondins*, ou *fédéralistes*.
11 — 1 nov. Loi qui prononce la confiscation des biens des personnes absentes avant le 14 juillet 1789.
16 — 6 — Exécution de Philippe, duc d'Orléans, dit *Egalité*.
17 — 7 — L'évêque de Paris et ses vicaires viennent abdiquer, à la barre de la convention, les fonctions sacerdotales.
18 — 8 — Etablissement de l'Institut national de musique.
20 — 10 — Fête dite de la *Raison* dans l'église de Notre-Dame.
25 — 15 — Suppression de toutes les loteries de France.
11 frim. 1 déc. Arrêté de la commune de Paris en faveur de la liberté des cultes.
14 — 4 — Loi pour l'organisation du gouvernement provisoire révolutionnaire, en vertu du décret du 10 octobre précédent.

TABLEAU CHRONOLOGIQUE.

1793.

26 frim. 16 déc. Suppression des régisseurs et commis des douanes.
29 — 19 — Reprise de Toulon par Dugommier, à laquelle Bonaparte, simple offic. du génie, contribue puissamment.
2 niv. 22 — Défaite complète des Vendéens à Savenay, par Moreau et Kléber.

an 2-1794.

27 niv. 16 janv. Marseille, déclarée rebelle, est en butte à la haine de Barras et de Fréron.
8 vent. 27 — Loi qui interdit dans les actes toute expression féodale.
13 — 1er fév. Proposition d'une trève de deux ans par les puissances coalisées. Elle n'est point acceptée.
Loi ordonnant la démolition de tous les châteaux forts.
16 — 4 — Abolition de l'esclavage des nègres.
17 — 5 — Pichegru est nommé commandant de l'armée du Nord, en remplacement de Jourdan.
27 — 15 — La convention détermine les couleurs du drapeau national.
22 — 12 mars. Confiscation au profit de la république des biens des ecclésiastiques déportés.
2 germ. 22 — Prise de la Martinique par les Anglais. Le général Rochambeau obtient une capitulation honorable.
3 — 23 — Exécution de Hébert, Ronsin et Anacharsis-Clootz.
7 — 27 — Dissolution de l'armée révolutionnaire.
12 — 1er av. Abolition de l'esclavage dans toutes les colonies, et droit de citoyen français accordé aux hommes de couleur.
Suppression du conseil exécutif provisoire, remplacé par douze commissaires.
16 — 5 — Exécution des députés Danton, Chabot, Basire, Camille Desmoulins, etc.
19 — 8 — Prise d'Oneille par l'armée d'Italie aux ordres du général Masséna.
23 — 12 — Loi qui permet aux tribunaux criminels d'entendre autant de témoins qu'ils le jugeront nécessaire pour éclairer leur religion.
27 — 16 — Loi qui bannit, sous peine d'être mis hors la loi, tous les étrangers et les ex-nobles de la capitale, des places fortes et des villes maritimes.
30 — 19 — Traité entre l'Angleterre, la Prusse et la Hollande.
3 flor. 22 — Décret de la convention qui nomme une commission, composée de Cambacérès, Merlin de Douai et Cou-

TABLEAU CHRONOLOGIQUE.

an 2-1794.

	thou, pour rédiger le code des lois rendues jusqu'à-lors.
	Condamnation à mort et exécution de Malesherbes et de Thouret.
11 flor. 30 avril.	Prise de Landrecies par les armées coalisées.
18 — 7 mai.	La convention reconnaît l'existence de l'Etre suprême et de l'immortalité de l'âme.
19 — 8 —	Supplice du célèbre chimiste Lavoisier et de vingt-sept fermiers généraux.
21 — 10 —	Exécution de madame *Elisabeth* et de M. de Brienne.
29 — 18 —	Bataille du Turcoing gagnée par Moreau sur les armées combinées.
3 prair. 22 —	Débarquement en Corse et envahissement de cette île par les Anglais que Paoli avait appelés.
13 — 1 juin.	Les Anglais s'emparent du Port-au-Prince.
	Combat naval entre Villaret-Joyeuse et le vice-amiral Howe. Retraite ordonnée par Jean Bon-Saint André : une perte de six vaisseaux de guerre en est la suite.
20 — 8 —	Fête en l'honneur de l'Être suprême.
28 — 16 —	Première bataille de Fleurus restée indécise.
29 — 17 —	Prise d'Ypres par le général Moreau.
30 — 18 —	Nouvelle émission d'un milliard deux cents millions d'assignats.
6 mess. 24 —	Prise de la forteresse de Bellegarde par les Espagnols.
8 — 26 —	Seconde bataille de Fleurus gagnée par Jourdan, et continuation des succès de l'armée du Nord, qui, jusqu'au 9 thermidor, s'empare d'Ostende, Mons, Tournai, Gand, Bruxelles, Namur, Anvers, etc.
18 — 6 juillet.	Les députés Sallen, Guadet et Barbaroux sont exécutés à Bordeaux.
5 therm. 23 —	Condamnation à mort des princes de Montbazon, de Rohan, et de MM. de Beauharnais et André Chénier.
7 — 25 —	Exécution du duc de Roquelaure et du baron de Trenck.
9 — 27 —	Décret d'arrestation lancé contre Robespierre, Couthon, Saint-Just, Lebon, Henriot, Dumas, etc. Ils veulent organiser une nouvelle insurrection dans le sein de la commune; Bourdon de l'Oise, suivi de la force armée, s'empare des prévenus.
10 — 28 —	Supplice de Robespierre et de ses complices.
11 — 29 —	Abolition du maximum.
	Exécution des membres de la commune de Paris, mis hors la loi.

xxxviii TABLEAU CHRONOLOGIQUE.

an 2-1794.

                      Prise de Liége par les Français.

12 ther. 30 juill. Démission de Barras du commandement général de la force armée.

14 — 1 août. La loi du 22 prairial, sur l'organisation du tribunal révolutionnaire, est rapportée.

                      Prise de Fontarabie, de Saint-Sébastien, et de Trèves.

23 — 12 —. Installation du nouveau tribunal révolutionnaire.

27 — 14 — L'ambassadeur des États-Unis reçoit l'accolade fraternelle du président de la convention.

29 — 16 — Reprise du Quesnoy par Schérer.

1 fruc. 18 — Incendie de la Bibliothèque de Saint-Germain-des-Prés.

6 — 23 — Loi qui défend de porter d'autres noms que ceux énoncés dans l'acte de naissance.

7 — 24 — Les comités de salut public et de sûreté générale sont réorganisés, mais leur pouvoir est limité.

                      Des comités révolutionnaires sont établis dans chaque district.

10 et 11—27 et 28. Reprise de Condé et de Valenciennes par les Français.

14 — 31 — Explosion du magasin à poudre de la plaine de Grenelle à Paris.

15 — 1 sept. Barrère, Collot-d'Herbois et Billaut-Varennes sont remplacés au comité de salut public.

23 — 9 — L'impression du nouveau projet de Code civil est ordonnée.

24 — 10 — Assassinat de Tallien.

28 — 14 — Quatre-vingt-quatorze habitans de Nantes, envoyés à Paris par le tribunal révolutionnaire de cette ville, obtiennent leur liberté.

2 j. c. 18 — Loi qui porte que la république ne salarie aucun culte.

                      Reprise de la forteresse de Bellegarde.

an 3-1794.

1 vend. 22 sept. Prise d'un parc d'artillerie considérable dans Aix-la-Chapelle par les Français.

7 — 28 — Décret d'arrestation lancé contre le général Turreau.

11 — 2 oct. Bataille d'Aldenhoven (sur la Roër) gagnée par Jourdan.

12 — 3 — Prise de Juliers par les Français.

16 — 7 — L'armée du Nord s'empare de Bois-le-Duc. Quatre cents émigrés, pris les armes à la main, sont fusillés.

                      Prise de Cologne.

19 — 10 — Loi qui établit un conservatoire des arts et métiers.

TABLEAU CHRONOLOGIQUE.

an 3-1794.

20 vend. 11	— oct.	Les cendres de Jean-Jacques Rousseau sont transférées au Panthéon.
25 — 16	—	Loi qui défend toute espèce d'affiliations entre les sociétés populaires.
26 — 17	—	L'armée des Pyrénées-Orientales entre dans la Navarre.
		Prise de Franckenthal par les Français.
27 — 18	—	Prise de Worms par les mêmes.
28 — 19	—	Loi qui ordonne le travail dans les maisons d'arrêt.
2 brum. 23	—	Prise d'Andernach et de Coblentz par Jourdan.
5 — 26	—	Arrestation de Babeuf par ordre de la convention.
		Prise de Vanloo par Pichegru.
9 — 30	—	Loi qui établit une école normale.
13 — 3 nov.		Schérer prend le commandement en chef de l'armée d'Italie.
14 — 4	—	Prise de Maestricht par Jourdan.
		Prise de Praga, faubourg de Varsovie, par le général russe Suwarow. Massacre qu'il y fait de quatorze mille individus.
18 — 8	—	Prise de Nimègue par les Français.
21 — 11	—	Le représentant du peuple Legendre entre dans la salle des jacobins avec quelques citoyens de bonne volonté, en chasse tous les membres, et apporte les clefs de cette salle au comité de salut public. Suspension des séances de l'assemblée des jacobins.
7 — 17	—	Loi qui établit des écoles primaires et un juri d'instruction pour le choix des instituteurs.
28 — 18	—	Nouvelle du massacre des Français au fort Dauphin par les nègres de Saint-Domingue.
30 — 20	—	Bataille de la Montagne-Noire, en Catalogne, gagnée par Dugommier qui y est tué.
4 frim. 24	—	Décret d'accusation contre Carrier.
7 — 27	—	Prise de Figuières par Pérignon.
12 — 2 déc.		Proclamation d'une amnistie en faveur des chouans qui déposeront les armes.
14 — 4	—	Établissement d'écoles de santé à Paris, à Strasbourg et à Montpellier.
16 — 6	—	Cambacérès fait un nouveau rapport sur le code civil.
18 — 8	—	Les députés arrêtés le 3 octobre 1793 par suite de leurs protestations des 30 mai et 2 juin, rentrent dans le sein de la convention.
19 — 9	—	Arrêté de la convention pour la révision des lois portées ou provoquées par Robespierre.

TABLEAU CHRONOLOGIQUE

an 3-1794.

26 frim. 16 déc. Carrier, Grand-Maison et Pinard sont condamnés à mort et exécutés.
28 — 18 — Décret de la convention pour le renouvellement du tribunal révolutionnaire.
Décret d'accusation contre Fouquier-Tinville.
4 niv. 24 — Abolition définitive des lois sur le maximum.

an 3-1795.

14 frim. 3 janv. Démembrement de la Pologne.
19 — 8 — Agier, nommé président du tribunal révolutionnaire, prononce un discours rempli de courage, de justice et d'humanité.
27 — 16 — Démission du Stathouder; il se réfugie en Angleterre.
30 — 19 — Pichegru s'empare de la ville d'Amsterdam.
1 pluv. 20 — La flotte hollandaise est prise par les hussards français dans le Texel.
8 — 27 — Décret ordonnant que les ci-devant religieuses rentreront dans leurs familles.
14 — 2 fév. Un décret rapporte les lois pénales rendues contre la ville de Lyon.
18 — 6 — Proclamation de la république des Provinces-Unies.
20 — 8 — La Hollande est entièrement conquise par Pichegru.
Les cendres de Marat et de Lepelletier sont retirées du Panthéon.
25 — 13 — Ratification du traité de paix avec la Toscane.
27 — 15 — Traité entre le général Charette et la convention.
Décret sur le libre exercice des cultes.
3 vent. 21 — Autre décret sur l'établissement de douze municipalités pour la commune de Paris.
7 — 25 — Création des écoles centrales.
12 — 2 mars. Barrère, Billaud-Varennes et Collot-d'Herbois sont décrétés d'arrestation.
23 — 13 Combat naval dans la Méditerranée, entre le contre-amiral Martin et le vice-amiral anglais Hotham.
30 — 20 — Vente des biens confisqués suspendue provisoirement.
1 germ. 21 — Formation de l'école polytechnique.
Loi contre les rassemblemens séditieux, et relative aux atteintes portées au gouvernement républicain et à la représentation nationale.
12 — 1 avril. La salle de la convention est forcée par le peuple qui demande du pain et la constitution de 93.
Pichegru est nommé général en chef de la garde nationale.

TABLEAU CHRONOLOGIQUE.

an 3-1795.

	Barrère, Billaud, Collot-d'Herbois et Vadier sont condamnés à la déportation.
12 germ. 1 avril.	Chasles, Choudieu, Léonard Bourdon, Amar, etc., sont décrétés d'arrestation.
15 — 4 —	Pichegru se démet de son commandement.
16 — 5 —	Moyse Bayle, Cambon, Thuriot, Levasseur, Lecointre, etc., sont décrétés d'accusation.
	Traité de paix conclu avec la Prusse.
18 — 7 —	Loi qui détermine les noms et les valeurs des nouveaux poids et mesures.
21 — 10 —	Désarmement des terroristes.
28 — 17 —	Loi pour la fabrication de cent cinquante millions de francs en monnaie de cuivre.
29 — 18 —	Établissement de la commission des onze, chargée de la confection des lois organiques.
18 flor. 7 mai.	Exécution de Fouquier-Tinville et de quinze membres de l'ancien tribunal révolutionnaire.
27 — 16 —	Paix entre la république française et les Provinces-Unies.
28 au 30. 17 au 19.	Révolte à Toulon.
1 prair. — 20 —	La convention est de nouveau forcée par les factieux et les habitans des faubourgs; ils assassinent le député Ferraud. Pendant le trouble, les partisans de Barrère décrètent son rappel et celui de Collot-d'Herbois, etc., mais l'ordre ayant été rétabli, ce décret est rapporté, et les députés qui l'avaient prononcé mis en arrestation.
4 — 23 —	La force armée marche contre le faubourg Saint-Antoine qui est obligé de livrer ses canons et l'assassin de Ferraud.
	Création d'une commission militaire pour juger les auteurs des troubles des 12 germinal et 17 prairial.
5 au 14. 24 au 2 juin	Traduction de Barrère, Collot-d'Herbois, Billaud-Varennes et Vadier devant le tribunal criminel de la Charente-Inférieure; et de Pache, Bouchotte, etc., devant celui d'Eure-et-Loire.
	Arrestation d'un grand nombre de députés; plusieurs se suicident.
	Suppression du tribunal révolutionnaire.
	Autorisation de l'exercice du culte catholique.
17 — 5 —	Les rebelles de Toulon sont soumis.
19 — 7 —	Prise de Luxembourg par les Français.
20 — 8 —	Autorisation donnée au comité de législation de prononcer sur des radiations de la liste des émigrés.

TABLEAU CHRONOLOGIQUE.

an 3-1795.

20 prair. 8 juin.	Prise de Luxembourg.
21 — 12 —	Mort du fils de Louis XVI au Temple.
29 — 17 —	Les députés Romme, Duquesnoy, Bourbotte et autres sont condamnés à mort.
3 mess. 21 —	Loi qui établit une échelle de proportion pour les assignats.
5 — 23 —	Projet d'une nouvelle constitution présenté par Boissy-d'Anglas.—Combat naval près du port Louis où la république perd trois vaisseaux.
6 — 24 —	Le chef de Vendéens, Charette, reprend les armes.
9 — 27 —	Création d'une légion de police pour la garde de Paris.
10 — 28 —	Débarquement des émigrés à Quiberon.
12 — 30 —	Ratification du traité d'échange de la fille de Louis XVI contre les ambassadeurs français; la liberté est rendue à tous les Bourbons restés en France.
26 — 14 juill.	Loi qui ouvre un emprunt d'un million à trois pour cent d'intérêt.
3 therm. 21 —	Défaite des émigrés et des Anglais à Quiberon; les émigrés âgés de plus de seize ans sont fusillés.
4 — 22 —	Paix avec l'Espagne.
21-22-8-9 août.	Décret d'arrestation contre les députés Dupin, Massieu, Fouché de Nantes, etc.
28 — 15 —	La convention règle tout ce qui a rapport à la fabrication de la monnaie.
	Loi qui annulle tous les jugemens révolutionnaires rendus depuis le 10 mars 1793 jusqu'au 8 nivôse an 3.
5 fruct. 22 —	Adoption de la *constitution* dite *de l'an 3* par la convention nationale. Les deux tiers des membres de la convention devront faire partie du corps législatif; et l'acte constitutionnel devra être présenté aux assemblées primaires.
6 — 23 —	Loi qui dissout les *clubs*, ou sociétés populaires.
7 — 24 —	Les jours *sans-culotides* prennent le nom de *complémentaires*.
9 — 26 —	Renvoi au comité de législation de la proposition de réviser le code civil, ainsi que les lois criminelles et judiciaires.
11 — 28 —	Paix avec le landgrave de Hesse-Cassel.
20 — 6 sept.	Prise de Dusseldorf par le général Jourdan.
27 au 29-13 au 15.	Plusieurs sections annoncent qu'elles ont accepté la constitution, mais rejeté les décrets des 5 et 13 de ce mois la sur réélection de deux tiers des conventionnels.
2e j. c.— 18	Décret qui assigne le palais des Tuileries au conseil des anciens, le palais Bourbon au conseil des

an 3-1795.

cinq cents, et le Luxembourg au directoire.

4 j. c. 20 sept. Prise de Manheim par Pichegru.

5 — 21 — Loi qui exclut les parens et alliés des émigrés et des prêtres insermentés, de toutes fonctions publiques.

Nomination d'une commission de cinq membres pour prévenir les malheurs qui menacent la république.

an 4-1795.

1 vend. 23 sept. La convention déclare que la constitution et le décret des 5 et 13 fructidor sont acceptés.

3 — 25 — Des discussions très-orageuses et des troubles s'élevant dans le sein de la convention, elle déclare que si quelques-uns de ses membres sont attaqués, elle se retirera à Châlons-sur-Marne; elle charge les représentans qui sont à la tête de la force armée de rétablir et de maintenir l'ordre.

7 — 29. — Défense aux tribunaux d'avoir égard aux actes de l'état civil dressés par les prêtres.

9 — 1 octob. Loi qui réunit à la république tout le pays en deçà du Rhin et de la Belgique.

10 — 2 — Fixation de l'ouverture des séances du corps législatif au 5 brumaire.

Débarquement du comte d'Artois dans la Vendée avec huit mille émigrés et quatre mille Anglais.

11 — 3 — Les troubles continuent au sujet des élections. La convention se déclare en permanence.

12 — 4 — La loi dite des *suspects* est rapportée.

13 — 5 — Evénement du 13 vendémiaire. Barras est nommé commandant de la force armée. Bonaparte, qui avec les troupes combat pour la convention, dissipe les factieux.

14 — 6 — Ordre d'arrêter les courriers envoyés par les sections dans les départemens.

16 — 8 — Suppression de l'état-major et des compagnies d'élite de la garde nationale de Paris.

17 — 9 — Condamnation de Joseph Lebon à la peine de mort.

18 — 10 — Bonaparte reçoit le commandement en second de l'intérieur.

23 — 15 — Arrestation de Saladin et de Rovère, d'après une dénonciation de Tallien contre plusieurs députés.

24 — 16 — Retraite de l'armée de Sambre-et-Meuse.

25 — 17 — Organisation de la bibliothèque nationale.

29 — 21 — Loi qui punit les assassinats commis par les associa-

an 4-1795.

                tious royalistes, telles entre autres que les *compagnies de Jésus*, *du Soleil*, etc.

30 vend. 22 oct. Tallien, Dubois de Crancé, etc., sont nommés membres d'une commission chargée de préparer des mesures de salut public.

                Arrestation des représentans Lhomont et François Aubry, et mise en jugement du général Menou.

2 brum. — 24 — Loi sur l'organisation du tribunal de cassation.

3 — 25 — Organisation de l'instruction publique et de l'institut national.

                Suppression de la commission des cinq.

4 — 26 — Disposition qui porte l'abolition de la peine de mort à l'époque de la paix générale.

                Amnistie pour les délits révolutionnaires antérieurs au 13 vendémiaire.

                Réunion du duché de Bouillon à la France.

                Formation des membres de la convention en corps électoral pour compléter les deux tiers.

                Fin de la session de la convention.

an 4-1795.

5 brum. 27 oct. Les membres de la convention réélus et les nouveaux députés nommés par le peuple, procèdent à la formation des conseils des *anciens* et des *cinq cents*.

6 — 28 — Le conseil des *cinq cents* se réunit au Manége, et celui des *anciens* dans la salle de la convention.

7 — 29 — Combats de Moubach et de Manheim où les François ont le désavantage.

10 — 1 nov. Les conseils procèdent à la nomination des membres du *directoire exécutif*. Rewbell, Barras, Carnot, Laréveillère-Lépaux et Le Tourneur de la Manche, sont nommés directeurs

14 — 5 — Nomination des ministres par le directoire

25 — 16 — Le directoire est autorisé à compléter les élections qui n'ont pas été faites par les colléges électoraux.

26 — 17 — Les Vendéens, après le départ du comte d'Artois, se soumettent de nouveau.

2-3 fr. 23-24 — Bataille de Loano gagnée par Masséna.

4 — 25 — Abdication du roi de Pologne.

19 — 10 déc. Loi qui ordonne un emprunt forcé de six millions de fr. sur les citoyens aisés.

28 — 19 — La fille de Louis XVI sort du Temple.

30 — 21 — Reprise de Manheim par les Autrichiens.

8 niv. 29 — Échange de la fille de Louis XVI contre Qui-

TABLEAU CHRONOLOGIQUE.

an 4-1795.

	nette, Lamarque, Beurnonville, Drouet, etc.
10 niv. 31 déc.	Amnistie entre la France et l'Autriche.

an 4-1796.

5 pluv. 25 janv.	Envoi de commissaires dans les colonies.
13 — 2 fév.	Installation des douze municipalités de Paris.
30 — 19	Anéantissement des planches qui ont servi à la confection des assignats.
1 vent. — 20	Suppression des États-généraux de Hollande, remplacés par une *Convention nationale de la république batave.*
4 — 23 —	Bonaparte est nommé commandant en chef de l'armée d'Italie.
6 — 25 —	Le général vendéen Stofflet est fusillé à Angers.
12 — 2 mars.	Barrère, Billaud-Varennes, Vadier et Collot-d'Herbois sont déportés.
28 — 18 —	Création de mandats territoriaux pour la somme de deux milliards quatre cents millions.
8 germ. 28 —	Les Anglais s'emparent du fort royal de la Martinique.
9 — 29 —	Exécution à Nantes du général vendéen Charette.
13 — 2 avril.	Insurrection des royalistes dans le Berry.
20 — 9 —	Défaite des chouans à Sancerre ; fin de l'insurrection dans la ci-devant province du Berry.
22 — 11 —	Loi qui interdit l'usage des cloches.
	Victoire de Montenotte remportée par le général Bonaparte.
24 — 13 —	Monsieur part de Venise pour l'armée du prince de Condé.
25 — 14 —	Victoire de Millesimo remportée par le général Bonaparte.
27 — 16 —	Décret qui prononce la peine de mort contre les provocateurs à l'anarchie et à la royauté.
28 — 17 —	Loi contre les délits de la presse.
30 — 19 —	Sidney Smith est fait prisonnier au Havre.
3 flor. 22 —	Bataille de Mondovi gagnée par le général Bonaparte.
9 — 28 —	Arrêté pour la formation des colonnes mobiles.
19 — 8 mai.	Passage du Pô.
21 — 10 —	Passage du pont de Lodi.
23 — 12 —	Arrestation de Babeuf, Drouet, etc., par ordre du directoire.
24 — 13 —	Moreau est nommé général en chef de l'armée du Rhin-et-Moselle.
25 — 14 —	Prise de Milan par Masséna.
26 — 15 —	Paix entre la Sardaigne et la république française.

XLVI　　　TABLEAU CHRONOLOGIQUE.

an 4-1796.

29 flor. 18 mai.　Babeuf propose au directoire de traiter avec lui comme de puissance à puissance.
2 prair. 21 —　Reprise des hostilités entre l'armée française du Rhin et celle commandée par le prince Charles.
10 — 29 —　Fête de la reconnaissance en l'honneur des victoires de la république.
11 — 30 —　Passage du Mincio.
13 — 1 juin.　Victoire de Kléber sur la Sieg.
16 — 4 —　Bataille d'Altenkirchen gagnée par Kléber.
6 mess. 24 —　Prise du fort de Kehl par Desaix.
21 — 29 —　Prise du château de Milan.
13 — 1 juill.　Défaite du prince de Condé près d'Etlingen.
17 — 5 —　Bataille de Rastadt gagnée par Moreau sur le prince Charles.
20 — 8 —　Présentation d'un nouveau code civil.
27 — 15 —　Sédition au camp de Grenelle.
28 — 16 —　Prise de Francfort-sur-le-Mein par Kléber.
29 — 17 —　Renvoi de Babeuf et de ses co-accusés devant la haute-cour nationale établie à Vendôme.
30 — 18 —　Les assignats cessent d'avoir cours.
3 therm. 21 —　Prise de Stuttgard par le général Gouvion Saint-Cyr.
17 — 4 août.　Prise de Bamberg par Jourdan.
18 — 5 —　Bataille de Castiglione gagnée par le général Bonaparte.
19 — 6 —　Reddition aux Anglais, sans combat, de l'escadre hollandaise au cap de Bonne-Espérance.
26 — 13 —　Traité de paix avec le duc de Wurtemberg. Pacification de la Vendée.
30 — 17 —　Le député Drouet s'évade de l'Abbaye.
1 fruct. 18 —　Alliance offensive et défensive entre la France et l'Espagne.
14 — 31 —　Traité de paix avec le margrave de Bade.
17 — 3 sept.　Bataille de Wurtzbourg, perdue par Jourdan.
18 — 4 —　Combat de Roverodo, gagné par le général Bonaparte.
21 — 7 —　Armistice avec la Bavière.
22 — 8 —　Victoire de Bassano.
23-24 — 9-10 —　Six à sept cents conspirateurs veulent s'emparer du camp de Grenelle : ils en sont repoussés.
29 — 15 —　Bataille de Saint-Georges, gagnée par les Autrichiens.
5 j. comp. 21 —　Mort du général Marceau, par suite de blessures reçues à Altenkirchen.

an 5-1796.

1 vend. 22 sept.　Beurnonville est nommé général en chef de l'armée de Sambre-et-Meuse.

Mgr le Duc d'Orléans.

Augustin pinx.   Fremy del. et sculp.

TABLEAU CHRONOLOGIQUE.

an 5-1796.

11 vend. 2 oct.	Moreau, dans sa retraite, triomphe des Autrichiens à Biberach.
17 — 8 —	Déclaration de guerre faite par l'Espagne à l'Angleterre.
19 — 10 —	Traité de paix conclu entre la république française et Ferdinand, roi de Sicile.
22 — 13 —	Fin de la retraite du général Moreau; son arrivée à Strasbourg.
24 — 15 —	Évacuation de la Corse par les Anglais.
1 brum. 22 —	Arrivée de lord Malmesbury à Paris pour traiter de la paix.
7 — 28 —	Les deux fils du duc d'Orléans s'embarquent pour les États-Unis.
15 — 5 nov.	Le peuple de Milan proclame son indépendance.
16 — 6 —	Paix conclue entre la république française et le prince de Parme.
25-27 — 15 17 —	Bataille d'Arcole gagnée par le général Bonaparte.
27 — 17 —	Mort de Catherine II, impératrice de Russie.
1 frim. 21 —	Victoire remportée sur les hauteurs de Rivoli.
20 — 10 —	Fondation de la république à Padoue.
29 — 19 —	Les propositions de lord Malmesbury sont regardées comme inadmissibles; il est renvoyé de France.
4 niv. 24 —	Expédition d'Irlande.

an 5-1797.

20 niv. 9 janv.	Capitulation de Kehl qui se rend au prince Charles.
25 — 14 —	Bataille de Rivoli, gagnée par le général Bonaparte.
26 — 15 —	Combat de Saint-Georges, gagné par le même.
27 — 16 —	Bataille de la Favorite, gagnée par le même.
11 pluv. 30 —	Prise de Trente par Joubert.
14 — 2 fév.	Prise de Mantoue par les Français.
	Traduction devant le conseil de guerre de la 17e. division, de l'abbé Brottier, et de Berthelot de la Villeurnoi, prévenus de conspiration royale.
21 — 9 —	Prise d'Ancône par le général Victor.
27 — 15 —	Le général Bonaparte permet aux prêtres français réfugiés de rester dans les états du pape, et il leur accorde des secours.
1 vent. 19 —	Paix conclue entre le pape et la république française.
26 — 16 mars.	Affaire du Tagliamento; victoire du général Bonaparte sur le prince Charles.
29 — 19 —	Prise de Gradisca.
1 germ. 21 —	Prise de Trieste par Bernadotte.

an 5-1797.

3 germ. 23 mars.	Combat de Tarvies; victoire de Masséna.
9 — 29 —	Prise de Klagenfurt par Masséna.
12 — 1 avril.	Prise de Laybach par Bernadotte.
19 — 8 —	Condamnation à mort des prévenus de la conspiration royale : leur peine est commuée en celle de la détention.
23 — 12 —	L'abbé Poule, ci-devant moine, tente d'assassiner Sieyes.
	Les états de Hongrie décrètent une levée en masse.
27 — 16 —	Couronnement de Paul 1er à Moscow.
28 — 17 —	Passage du Rhin à Neuwied par Hoche, commandant de l'armée de Sambre-et-Meuse. Défaite des Autrichiens.
29 — 18 —	Bataille d'Altenkirchen et autres, gagnées par l'armée de Sambre-et-Meuse.
	Préliminaires de paix signés à Léoben.
1 flor. 20 —	Passage du Rhin par Moreau.
2 — 21 —	Reprise de Kehl par les Français.
4 — 23 —	Armistice sur le Rhin.
5 — 24 —	Prise de Véronne par les Français.
14 — 3 mai.	Manifeste du général Bonaparte et déclaration de guerre à la république de Venise.
27 — 16 —	Prise de Venise par Augereau.
1 prair. 20 —	Installation du nouveau tiers des députés.
6 — 25 —	Condamnation à mort de Babeuf et de Darthé.
12 — 31 —	Révolution de Gênes. Formation de la république Ligurienne.
10 mess. 28 juin.	Prise de Corfou par les Français.
15 — 3 juill.	Bombardement de Cadix par les Anglais.
20 — 8 —	Proclamation de la république Cisalpine.
24 — 12 —	Arrivée à Paris de l'ambassadeur turc Esseid-Aly-Effendi.
20 therm. 7 août.	Adresse des armées contre le corps législatif.
25 — 12 —	Réorganisation de la garde nationale.
29 — 16 —	Discours d'ouverture du concile de l'église gallicane prononcé dans la cathédrale de Paris.
7 fruct. 24 —	Rapport des lois pénales contre les prêtres insermentés.
14 — 31 —	Rapport de tout décret rendu jusqu'à ce jour, prononçant des *mises hors la loi*.
18 — 4 sept.	Révolution de ce jour. Le directoire fait entrer des troupes dans le rayon constitutionnel; les directeurs Carnot et Barthélemy, cinquante-trois dépu-

TABLEAU CHRONOLOGIQUE.

an 5-1797.

tés et plusieurs citoyens sont condamnés à la déportation.

22 fruct. 8 sept. Merlin de Douai et François de Neuchâteau sont nommés directeurs.

26 — 12 — Le général Bonaparte adresse à son armée une proclamation sur la journée du 18 fructidor.

1 j. — 17 — Loi sur le divorce pour cause d'incompatibilité d'humeur.

Rupture des négociations avec l'Angleterre.

3 — 19 — Mort du général Hoche.

an 6 -1797.

1 vend. 22 sept. Départ des déportés pour la Guiane.

2 — 23 — Le général Augereau est nommé commandant en chef de l'armée d'Allemagne.

9 — 30 — Remboursement des deux tiers de la dette publique.

20 — 11 oct. Bataille navale gagnée par l'amiral anglais Duncan sur les Hollandais.

26 — 17 — Traité de Campo-Formio entre la république française et l'empereur d'Autriche.

4 brum. 25 — Ratification du traité d'alliance offensive et défensive, conclu le 16 germinal an 5, entre la république et la Sardaigne.

5 — 26 — Bonnier et Treilhard sont nommés ministres plénipotentiaires pour le congrès de Rastadt.

Formation d'une armée dite d'*Angleterre*.

14 — 4 nov. Division provisoire des départemens des pays conquis entre la Meuse et le Rhin, et le Rhin et la Moselle.

26 — 16 — Mort du roi de Prusse Frédéric-Guillaume II.

27 — 17 — Division de la république Cisalpine en vingt départ.

6 frim. 26 — Arrivée du général Bonaparte à Rastadt pour l'ouverture du congrès.

9 — 29 — Loi qui restreint les droits politiques des ci-devant nobles, et assimile aux étrangers cette classe de citoyens.

15 — 5 déc. Arrivée du général Bonaparte à Paris.

20 — 10 — Le général Bonaparte est présenté en grande cérémonie au directoire, par M. de Talleyrand-Périgord, qui prononce un discours dans lequel il fait le plus grand éloge de ce conquérant.

30 — 20 — Grande fête donnée par le corps législatif au général Bonaparte.

T. I.   d

TABLEAU CHRONOLOGIQUE.

an 6-1797.

5 niv.	25 déc.	Éloge du gouvernement républicain par le cardinal Chiaramonti, depuis Pie VII.
8 —	28 —	Loi pour la formation d'un nouveau grand-livre de la dette publique.
		Émeute à Rome, assassinat de Duphot; l'ambassadeur Joseph Bonaparte sort de la ville.

an 6-1798.

15 —	4 janv.	Saisie générale des marchandises anglaises.
16 —	5 —	Emprunt forcé de quatre-vingts millions pour la descente en Angleterre.
2 pluv.	21 —	Installation du conseil des cinq-cents dans la salle du palais Bourbon.
4-6 —	23-25.—	Divers cantons de la Suisse plantent l'arbre de la liberté et se constituent en république.
6 —	25 —	Serment de Santhonax comme député de Saint-Domingue.
11 —	30 —	Entrée de quinze mille hommes de l'armée d'Italie dans le pays de Vaud.
12 —	31 —	Victoire de Morat remportée par les Français sur les habitans de Berne.
13 —	1 fév.	Loi qui ordonne la fête de la souveraineté du peuple pour le 30 ventôse de chaque année.
19 —	7 —	Montpellier et Lyon sont mis en état de siége.
21 —	9 —	Marche du général Berthier sur Rome.
23 —	11 —	MONSIEUR quitte le duché de Brunswick pour se rendre en Russie.
		Occupation du château Saint-Ange par le général Berthier.
27 —	15 —	La république romaine est proclamée.
2 vent.	20 —	Le pape sort de Rome et se retire à Sienne.
10 —	18 —	Les consuls romains témoignent leur reconnaissance à la république française.
11 —	1 mars.	Fixation des limites de la république française à la rive gauche du Rhin, par le congrès de Rastadt.
12 —	2 —	Victoire remportée à Fribourg par l'armée française. La Suisse se révolte contre l'oligarchie.
15 —	5 —	Victoire remportée près de Berne par le général Brune; capitulation de cette ville.
22 —	12 —	Les cantons de Berne, Lucerne, etc., se soulèvent au sujet de la constitution que le général Brune les invite à accepter telle qu'elle leur sera présentée par le gouvernement français.

TABLEAU CHRONOLOGIQUE.

an 6-1798.

26 vent.	16 mars.	Désarmement de la Suisse par le général Brune.
27	— 17 —	Traité d'alliance et de commerce ratifié avec la république cisalpine.
30	— 20 —	Fête de la Souveraineté du peuple.
4 germ.	24 —	Arrivée du prétendant (Louis XVIII) à Mittau.
24	— 13 avril.	Insulte faite à Vienne à l'ambassadeur français Bernadotte; il quitte cette ville.
28	— 17 —	Loi sur l'organisation de la gendarmerie.
1 flor.	20 —	La guerre civile continue en Irlande.
5	— 24 —	Sidney Smith s'évade du Temple.
12	— 1 mai.	La Hollande prend le nom de *république batave, une et indivisible*.
20	— 9 —	Les Anglais évacuent la partie occidentale de Saint-Domingue.
26	— 15 —	Treilhard est nommé membre du directoire exécutif.
28	— 17 —	Réunion de la république de Genève à la France.
		Jean Debry est nommé plénipotentiaire à Rastadt.
30	— 19 —	Départ de la flotte de Toulon pour l'Égypte, sous les ordres du général Bonaparte et de l'amiral Brueys.
		Bombardement d'Ostende par les Anglais.
1 prair.	20 —	Troisième session du corps législatif. Les nouveaux députés prêtent le serment de haine à la royauté.
		Défaite des Anglais débarqués à Ostende. Deux mille d'entre eux sont faits prisonniers.
24	— 12 juin.	Prise de l'île de Malte.
26	— 14 —	Arrivée à Saint-Domingue du général français Hédouville, chargé du commandement de cette île.
3 mess.	— 21 —	Défaite des Irlandais près de Wexford.
13	— 1 juil.	Débarquement de l'armée française à Aboukir.
14	— 2 —	Prise d'Alexandrie.
18	— 6 —	Autorisation accordée au directoire de faire des visites domiciliaires pour arrêter les agens anglais.
3 therm.	— 21	Bataille des Pyramides, gagnée par le général Bonaparte sur Mourad-Bey et Ibrahim-Bey.
5	— 23 —	Entrée des Français au Caire.
14	— 1 août	Bataille navale d'Aboukir. Mort de l'amiral Brueys.
27	— 14 —	Traité d'alliance offensive et défensive entre l'empereur d'Autriche et le roi des Deux-Siciles.
2 fruc.	— 19 —	Traité d'alliance entre la république française et la république helvétique.
5	— 22 —	Débarquement du général Humbert en Irlande avec onze cent cinquante Français; prise de Killala.
18	— 4 sept.	Déclaration de guerre faite par la Turquie à la France.

TABLEAU CHRONOLOGIQUE.

an 6-1798.

19 fruc. — 5 sept.		Etablissement de la conscription militaire.
20 — 6 —		Complot à Malte tendant à assassiner tous les Français.
22 — 8 —		Défaite du général Humbert à Ballinamack; il est fait prisonnier avec huit cent quarante hommes, par une armée anglaise de vingt-cinq mille hommes, commandée par Cornwalis.

an 7-1798.

3 vend. — 24 — Loi qui ordonne la levée de deux cent mille conscrits.

2 au 8 — 23 au 29 Pichegru, Barthélemy, etc., échappés de Cayenne, arrivent en Angleterre.

11 — 2 oct. Le général Moreau prend le commandement en chef de l'armée d'Italie.

16 — 7 — Bataille de Sédiman gagnée par le général Desaix contre Mourab-Bey.

19 — 10 — Les Autrichiens entrent dans Coire.

22 — 13 — Paul Ier se fait nommer grand-maître de l'ordre de Malte.

Défaite d'une escadre française sur les côtes d'Irlande.

27 — 18 — Etablissement d'un octroi à Paris.

30 — 21 — Révolte au Caire.

1er brum. 22 — Insurrection en Belgique.

Départ du général Hédouville de Saint-Domingue; il laisse le commandement à Toussaint Louverture.

7 — 28 — Les insurgés belges sont battus à Courtrai.

12 — 2 nov. Joubert est nommé général en chef de l'armée d'Italie.

1 frim. — 21 — Le général autrichien Mack attaque les avant-postes français avec une armée napolitaine.

9 — 29 — Entrée du roi de Naples dans Rome.

14 — 4 — Victoire complète de Macdonald à Civita-Castellana sur l'armée napolitaine.

16 — 6 décem. Déclaration de guerre de la république française aux rois de Naples et de Sardaigne.

19 — 9 — Occupation de Turin par le général Joubert.

Le roi de Sardaigne renonce à la souveraineté du Piémont.

Macdonald défait les Napolitains à Calvi.

24 — 14 — Masséna est nommé général en chef de l'armée d'Helvétie.

25 — 15 — Reprise de Rome par le général Championnet.

28 — 18 — Traité d'alliance entre la Russie et l'Angleterre.

2 niv. — 22 — Fuite du roi de Naples de sa capitale.

TABLEAU CHRONOLOGIQUE.

an 7-1799.

14 niv.	3 janv.	Prise de Gaëte par le général Rey.
1 pluv.	— 20 —	Fin de la deuxième guerre de la Vendée.
2	— 21 —	Traité d'alliance entre la Turquie et le roi de Naples contre la république française.
4	— 23 —	Prise de Naples par l'armée française.
6	— 25 —	Massacre en Sicile de plusieurs Français revenant d'Égypte.
21	— 9 fév.	Expédition de Syrie.
29	— 17 —	Dumolard, Boissy-d'Anglas et d'autres députés déportés se rendent à l'île d'Oléron, désignée comme le lieu de leur détention provisoire.
30	— 18 —	Prise, par le général Reygnier, de la forteresse d'El-Arisch, sur la route d'Égypte en Syrie.
5 vent.	21. —	Schérer est nommé général en chef de l'armée d'Italie.
7	— 24 —	Prise de Gazah.
		Traduction du général Championnet devant un conseil de guerre.
12	— 2 mars.	Jourdan est nommé général en chef de l'armée du Danube.
14	— 4 —	Mouvemens hostiles de l'Autriche.
16-20	— 6-10 —	Prise de Jaffa, qui est emportée d'assaut.
22	— 12 —	Déclaration de guerre de la république française à l'empereur d'Autriche.
28	— 18 —	Premier incendie de la salle de l'Odéon.
5 germ.	25 .—	Retraite de Jourdan après plusieurs défaites à Pfullendorf et à Stokach.
6	— 26 —	Victoire du général Lacombe à Finstermunster.
8	— 28 —	Entrée des Français à Florence.
10	— 30 —	Arrivée de l'armée de Suwarow à Trieste.
16	— 5 av.	Défaite de Schérer à Magnano.
23	— 12 —	Masséna remplace Jourdan dans le commandement de l'armée du Danube.
24	— 13 —	Suwarow prend à Vérone le commandement en chef des armées russe et autrichienne.
27	— 16 —	Combat du mont Thabor, gagné par le gén. Bonaparte.
3 flor.	22 —	Moreau succède à Schérer dans le commandement de l'armée d'Italie.
4	— 23 —	Prise de Seringapathan par les Anglais; Tippoo-Saëb y est tué.
7	— 26 —	Départ de la flotte de Brest pour l'Égypte.
8	27	Bataille de Cassano, gagnée par Suwarow sur Moreau.
9	— 28 —	Assassinat des plénipotentiaires français à Rastadt.
11	— 30 —	Le pape est conduit à Briançon par ordre du directoire.

TABLEAU CHRONOLOGIQUE.

an 7-1799.

23 flor. 12 mai.	Victoire de Bassignana remportée par Moreau sur les Austro-Russes.
27 — 16 —	Sieyes est nommé membre du directoire en remplacement de Rewbel.
	Combat de Saint-Jean-d'Acre.
1 prair. 20 —	Quatrième session du corps législatif; entrée du nouveau tiers.
	Levée du siége de Saint-Jean-d'Acre par Bonaparte.
	Entrée du roi de Suède et de l'électeur de Bavière dans la coalition contre la France.
4 — 23 —	Prise de la citadelle de Milan par Suwarow.
6 — 25 —	Entrée de Suwarow à Turin.
	Victoire remportée à Winterthu par Masséna sur le prince Charles.
17 — 5 juin.	Évacuation de Zurich par les Français.
20 — 8 —	Mariage du duc d'Angoulême avec la fille de Louis XVI.
24 — 12 —	Victoire de Macdonald sur les Austro-Russes à Modène.
29 — 17 —	Entrée de Gohier au directoire en remplacement de Treilhard.
	Démission des directeurs Merlin et Laréveillère-Lepeaux.
29-1 mes.-19 -	Sanglante bataille de la Trébie.
30 — 18 —	Révolution qui amène un changement dans le directoire.
	Nomination de Joubert au commandement de l'armée d'Italie.
10 — 28 —	Appel aux armées de toutes les classes de conscrits, et emprunt de cent millions sur les citoyens aisés.
15 — 3 juil.	Déclaration de guerre de la Russie à l'Espagne.
28 — 16 —	Prise d'Aboukir par les Turcs.
30 — 18 —	Entrée des troupes napolitaines dans Rome.
5 therm.—23 —	Prise d'Alexandrie par les Russes.
7 — 25 —	Bataille d'Aboukir gagnée par le général Bonaparte sur les Turcs.
10 — 28 —	Prise de la ville de Mantoue par les Autrichiens.
15 — 2 août.	Reprise d'Aboukir par le général Bonaparte.
26 — 13 —	Fermeture de la société politique du Manége.
27 au 29-14 au 16	Victoires remportées par le général Lecourbe à Schwitz, Altorf, etc.
28 — 15 —	Bataille de Novi gagnée par Suwarow; le général Joubert y est tué.
30 — 17 —	Prise du mont Saint-Gothard.
5 fruct. 22 —	Départ du général Bonaparte de l'Égypte.

S. A. R. Mme la Duchesse d'Angoulême.

Augustin pinx.   Frémy del et Sculp.

TABLEAU CHRONOLOGIQUE.

an 7-1799.

6 fruc. 23 août. Prise de la citadelle du Tortonne par les Austro-Russes.
10 — 27 — Descente des Anglais dans la Nord-Hollande.
12 — 29 — Mort du pape Pie VI à Valence.
13 — 30 — Les Anglais prennent dans le Texel la flotte hollandaise qui se rend sans combattre.
3e j. c. 19 sept. Bataille de Berghen gagnée par le général Brune sur les Anglo-Russes.
5 — 21 — Le général Championnet prend le commandement de l'armée d'Italie.

an 8-1799.

2 vend. 24 sept. Passage de Suwarow en Suisse.
3 — 25 — Bataille de Zurich, gagnée par Masséna sur les Autrichiens.
Continuation des succès en Suisse.
9 et 10 - 1 et 2 oct. Retraite précipitée de Suwarow dans les Grisons après différens échecs.
12 — 4 — Plusieurs royalistes insurgés sont exécutés à Toulouse.
14 — 6 — Bataille de Kastricon gagnée par le général Brune sur les Anglo-Russes.
15 — 7 — Combats et prise de Constance.
16 — 8 — Débarquement du général Bonaparte à Fréjus.
24 — 16 — Arrivée de ce général à Paris.
25 — 17 — Prise de Manheim par les habitans.
26 — 18 — Capitulation des Anglais à Alkmaër.
27 — 19 — Les Chouans surprennent Nantes, et en sont chassés immédiatement après par les habitans.
28 — 20 — Blocus de l'ile de Malte par les Anglais.
1 brum. 23 — Présidence du conseil des Cinq-Cents donnée à Lucien Bonaparte.
5 — 27 — Le général Ney défait les Chouans près de Vire.
8 — 30 — Reddition de Surinam aux Anglais.
9 — 31 — Retraite de Suwarow sur la Russie.
13 — 4 nov. Bataille de Savigliano gagnée par les Autrichiens.
14 — 5 — Combat de Novi gagné par le général Gouvion-Saint-Cyr.
15 — 6 — Grande fête donnée par le corps législatif aux généraux Bonaparte et Moreau.
18 — 9 — Décret du conseil des anciens qui transfere le corps-législatif à Saint-Cloud : le général Bonaparte est chargé de l'exécution de ce décret.

TABLEAU CHRONOLOGIQUE.

an 8-1799.

20 brum.	11 nov.	Déportation de Félix Lepelletier, Jourdan, Santhonax et autres députés au nombre de soixante.
27	18	Loi qui abroge celle de l'emprunt progressif de cent millions.
29	20	Envoi de plusieurs membres du corps législatif dans les départemens pour réparer les maux les plus urgens.
3 frim.	24	Moreau est nommé général en chef de l'armée du Rhin, et Masséna de l'armée d'Italie.
4	25	Arrêté des consuls qui met sous la surveillance de la police les députés condamnés à la déportation le 20 brumaire.
10	1 déc.	Établissement de la garde des consuls ; elle doit être de onze cents hommes.
12	3	Combat de Philisbourg gagné par les Autrichiens sur les Français.
14	5	Prise de Coni par les Autrichiens.
24	13	Bonaparte est nommé premier consul, Cambacérès second consul, et Lebrun troisième consul.
24	15	Combat de Monte-Faccio gagné par le général Gouvion-Saint-Cyr sur les Autrichiens.
		Promulgation de la constitution de l'an 8 ; le premier consul déclare que la révolution est finie.
3 niv.	24	Les Tuileries sont affectées à l'habitation des consuls, le palais du Luxembourg au sénat conservateur, et le palais Bourbon au corps législatif.
4	25	Entrée en fonctions des consuls et du sénat conservateur.
		Formation du conseil d'état.
5	26	Lettre du premier consul Bonaparte au roi d'Angleterre pour l'engager à traiter de la paix.

an 8-1800.

11 niv.	1 janv.	Entrée en fonctions du tribunat et du corps législatif.
15	5	Cent trente-trois individus sont condamnés à la déportation.
21	11	Loi qui exige de tous les fonctionnaires la promesse d'être fidèles à la constitution.
27	17	Arrêté qui détermine le nombre des journaux et les soumet à la censure.
28	18	Nouvelle pacification de la Vendée par le général Hédouville, d'après la convention de Montfaucon.
5 pluv.	25	Traité d'El-Arisch pour l'évacuation de l'Égypte.

TABLEAU CHRONOLOGIQUE.

an 8-1800.

22 pluv. 11 fév.	Etablissement de la banque de France.
28 — 17 —	Division de la France en préfectures et arrondissemens communaux.
7 vent. 26 —	Loi sur les cautionnemens que devront fournir les notaires, administrateurs, etc.
17 — 8 mars.	Proclamation des consuls pour l'ouverture de la campagne.
	Arrêté qui ordonne la formation d'une armée de réserve de soixante mille hommes.
22 — 13 —	Election de Pie VII.
29 — 20 —	Perfidie des Anglais qui amène la bataille d'Héliopolis, gagnée par Kléber avec dix mille Français contre soixante mille Turcs.
1 germ. 22 —	Division du prytanée français en quatre colléges.
7 — 28 —	Paix définitive conclue entre la république et le roi des Deux-Siciles.
30 — 20 av.	Retraite de Masséna sur Gênes.
5 flor. — 25 —	Reprise du Caire et des autres places de l'Égypte, cédées en vertu du traité d'El-Arisch.
6 à 10—25 à 30—	Passage du Rhin par l'armée de Moreau.
13 — 3 mai.	Bataille d'Engen gagnée par ce général.
15 — 5 —	Bataille de Moeskirch gagnée par le même.
19 — 9 —	Bataille de Biberach gagnée par le même.
20 — 10 —	Prise de Monningen par Lecourbe.
26 — 16 —	Passage du mont Saint-Bernard par l'armée de réserve.
28 — 18 —	Prise d'Aoste en Piémont par le général Lannes.
9 prair. 29 —	Occupation d'Ausbourg par le général Lecourbe.
13 — 2 juin.	Prise de Milan par les Français.
	Capitulation de Gênes par Masséna.
18 — 7 —	Entrée du général Lannes dans Pavie.
20 — 9 —	Bataille de Montebello gagnée par Bonaparte.
25 — 14 —	Bataille de Marengo gagnée par ce général.
	Assassinat du général Kléber.
27 — 16 —	Armistice conclu à Alexandrie entre le général Bonaparte et le général autrichien Mélas.
30 — 19 —	Bataille d'Hochstet gagnée par Moreau.
1 mess. 20 —	Traité entre l'Angleterre et l'Autriche.
4 — 23 —	Reprise de Genève par Suchet.
7 — 26 —	Entrée des Français dans Munich.
13 — 2 juill.	Retour du général Bonaparte à Paris.
26 — 15 —	Armistice signé entre le général Moreau et le général autrichien.

TABLEAU CHRONOLOGIQUE.

an 8-1800.

24 therm.	12 août	Nomination d'une commission pour un projet de Code civil.
30	— 18 —	Traité de paix entre Alger et la république française.
18 fruc.	5 sept.	Capitulation de Malte, après deux ans de siége par les Français.
19	— 6 —	Arrêté pour l'érection d'un monument en l'honneur des généraux Kléber et Desaix.

an 9-1800.

1 vend.	23 —	Enlèvement du sénateur Clément de Ris dans sa maison de campagne.
8	— 30 —	Traité de paix et de commerce entre la république française et les États-Unis.
18	— 10 oct.	Arrestation d'Aréna et de ses complices.
27	— 19 —	Départ du capitaine Baudin pour une expédition autour du globe.
28	— 20 —	Arrêté des consuls qui raye 52,099 individus de la liste des émigrés.
1 frim.	22 nov.	Le corps législatif ouvre la troisième session.
7	— 28 —	Reprise des hostilités avec l'Autriche.
12	— 3 déc.	Bataille de Hohenlinden gagnée par le général Moreau.
18	— 9 —	Passage de l'Inn par Lecourbe.
21	— 12 —	Le prince Charles reprend le commandement de l'armée autrichienne.
24	— 15 —	Prise de Salsbourg par Lecourbe et Decaen.
25	— 16 —	Traité de neutralité armée entre la Russie, la Suède et le Danemarck.
29	— 20 —	Prise de Lintz.
3 niv.	24 —	Explosion de la machine infernale.
4	— 25 —	Armistice entre le général Moreau et le prince Charles.
4 à 6	—25 à 27	Bataille de Pozzolo gagnée par le général Brune, et passage du Mincio.

an 9-1801.

11 niv.	1 janv.	Ouverture du congrès de Lunéville.
		Passage de l'Adige.
13	— 3 —	Prise de Véronne.
18	— 8 —	Prise de Vicence.
26	— 16 —	Armistice entre Brune et le général Bellegarde.
5 pluv.	25 —	Départ de *Monsieur* de Mittau pour la Prusse.
		Départ pour l'Égypte de la flotte de Brest, commandée par l'amiral Gantheaume.
11	— 31 —	Exécution d'Aréna et de ses complices.

TABLEAU CHRONOLOGIQUE.

an 9-1801.

20 pluv. 9 fév.	Paix de Lunéville.
29 — 18 —	Armistice entre les armées française et napolitaine.
3 vent. 22 —	Renvoi des prisonniers russes armés et habillés aux frais de la république.
17 — 8 mars.	Débarquement du général anglais Abercrombie à Aboukir.
25 — 16 —	Prise d'Aboukir par les Anglais.
30 — 21 —	Bataille de Canope près d'Alexandrie, perdue par le général Menou.
	Traité de paix conclu à Madrid entre la France et l'Espagne.
4 germ. — 25 —	Mort violente de Paul Ier, empereur de Russie.
7 — 18 —	Traité de paix entre la république française et le royaume de Naples.
12 — 2 av.	Combat naval de Copenhague entre les Danois et les Anglais.
16 — 6 —	Jugement des auteurs de l'attentat du 3 nivôse.
18 — 8 —	Armistice de trois mois entre le Danemarck et l'Angleterre après le bombardement de Copenhague.
20 flor. 10 mai.	Combat de Ramanieck en Égypte ; retraite du général Lagrange sur le Caire.
3 prair. 23 —	Débarquement du général anglais Baird en Égypte avec onze mille hommes.
7 — 27 —	Capitulation de la garnison du Caire.
17 — 6 juin.	Paix entre l'Espagne et le Portugal. Les ports de ce royaume doivent être fermés aux Anglais.
28 — 17 —	Convention entre la Russie et l'Angleterre : le Danemarck et la Suède y accèdent peu de temps après.
9 mess. 28 —	Capitulation de la garnison du Caire.
10 — 29 —	Ouverture du concile national de France.
12 — 1 juill.	Toussaint Louverture est nommé gouverneur à vie de Saint-Domingue ; l'égalité des droits est établie dans l'île.
16 — 5 —	Combat naval d'Algésire dans le détroit de Gibraltar ; victoire du contre-amiral Linois.
24 — 13 —	Victoire du vaisseau le *Formidable*, commandé par le capitaine *Broude*, sur trois vaisseaux de guerre anglais.
26 — 15 —	Signature du concordat.
27 therm. 16 août.	Combat naval entre l'amiral Nelson et la flotille de Boulogne : les Français sont victorieux.
6 fruct. 24 —	Traité de paix entre la Bavière et la France.
2 — 30 —	Capitulation d'Alexandrie par les Français.

an 10-1801.

1 vend. 23 sept.	Fête de la fondation de la république.
7 — 29 —	Paix signée entre la république française et le Portugal.
9 — 1 oct.	Préliminaires de paix avec l'Angleterre.
16 — 8 —	Traité de paix entre la France et la Russie.
17 — 9 —	Préliminaires de paix avec la Turquie.
25 — 17 —	Proclamation en Hollande d'une nouvelle constitution.
18 brum. 9 nov.	Grande fête pour la célébration de la paix générale.
21 — 12 —	Départ de l'expédition de Saint-Domingue.
1 frim. 21 —	Ouverture de la quatrième session du corps législatif.
26 — 17 déc.	Paix entre la république française et le dey d'Alger.

an 10-1802.

6 pluv. 26 janv.	Le général Bonaparte est nommé président de la république cisalpine, qui prend le nom de république italienne.
16 — 5 fév.	Incendie du Cap et massacre des blancs par Christophe à la nouvelle du débarquement des Français.
28 — 17 —	Mise hors la loi des généraux Christophe et Toussaint Louverture.
4 vent. 23 —	Traité de paix avec Tunis.
3 germ. 24 mars.	Création d'une commission pour la rédaction du code de procédure civile.
4 — 25 —	Paix d'Amiens entre la France, l'Espagne et la république, d'une part, et l'Angleterre de l'autre.
15 — 5 avril.	Présentation du concordat à l'approbation du corps législatif.
18 — 8 —	Loi pour l'organisation des cultes, la liberté de conscience, etc.
19 — 9 —	Présentation au premier consul du cardinal *Caprara*, légat *latéré*.
6 flor. 26 —	Sénatus-consulte pour l'amnistie accordée aux émigrés.
11 — 1 mai.	Loi portant création des écoles primaires, secondaires, lycées et écoles spéciales.
18 — 8 —	Le consulat de *Napoléon Bonaparte* est prorogé pour dix ans — Lettre du général Leclerc qui annonce la soumission de Saint-Domingue.
28 — 19 —	Création de la Légion-d'honneur.
29 — 20 —	Loi qui rétablit l'esclavage des nègres.
5 prair. 25 —	Lettre du général Richepanse qui annonce qu'il a soumis la Guadeloupe.
9 — 29 —	Changement de gouvernement adopté par la république ligurienne.

TABLEAU CHRONOLOGIQUE.

an 10-1802.

20 prair. 9 juill.	Suppression des ordres monastiques dans les départemens sur la rive gauche du Rhin.
21 — 10 —	Prise de possession de l'île d'Elbe par les Français.
22 prair. 11 —	Lettre du général Leclerc qui annonce qu'il s'est emparé de Toussaint Louverture, et qu'il le fait conduire en France.
6 mess. 25 —	Paix définitive entre la France et la Turquie.
10 — 29 —	Bref du pape qui délie de ses vœux M. Talleyrand, ci-devant évêque d'Autun
11 — 30 —	Organisation de l'île de Tabago.
14 therm. 2 août.	Le sénat proclame Napoléon Bonaparte consul à vie.
16 — 4 —	Sénatus-consulte organique de la constitution de l'an 8.
27 — 15 —	M. Fesch, oncle du premier consul, est sacré archevêque de Lyon par le cardinal Caprara.
29 — 17 —	Insurrection en Suisse.
8 fruct. 26 —	Réduction des membres du tribunat.
	Réunion de l'île d'Elbe à la France.
24 — 11 sept.	Réunion du Piémont à la France.
29 — 16 —	Insurrection des noirs de Saint-Domingue.

an 11-1802.

8 vend. 30 —	Avantages des insurgés en Suisse.
12 — 4 oct.	Etablissement d'une école d'artillerie et de génie à Metz.
17 — 9 —	Occupation de Parme par les Français.
24 — 16 —	Incendie de la halle aux blés de Paris.
	Arrivée à Alexandrie du colonel Sébastiani, envoyé en mission dans le Levant.
29 — 21 —	Entrée des Français en Suisse.
11 brum. 2 nov.	Mort du général Leclerc à Saint-Domingue.

an 11-1803.

13 niv. 3 janv.	Le général Rochambeau, qui remplace le général Leclerc, est nommé capitaine général de Saint-Domingue.
14 — 4 —	Création des sénatoreries.
3 pluv. 23 —	Division de l'institut national en quatre classes.
30 — 19 fév.	Acte de médiation du premier consul Bonaparte pour les troubles des cantons suisses.
6 vent. 25 —	Organisation d'une école d'arts et métiers à Compiègne.

TABLEAU CHRONOLOGIQUE.

an 11-1803.

14 vent. 5 mars. Présentation au corps législatif du titre préliminaire du code civil.
23 — 14 — Loi pour l'organisation du notariat.
26 — 17 — Evacuation d'Alexandrie par les Anglais.
7 germ. 28 — Loi sur la fabrication des monnaies.
24 — 14 av. Loi qui donne à la banque de France le privilége exclusif d'émettre des billets de banque.
1 flor. — 21 — Loi qui accorde des propriétés territoriales aux vétérans qui devront s'établir dans les vingt-sixième et vingt-septième divisions militaires
7 — 27 — Sanction par l'empereur d'Autriche de l'acte de répartition des indemnités à accorder aux différens états de l'Allemagne, établi à la diète de Ratisbonne.
Mort de Toussaint Louverture.
10 — 30 — Cession par la France aux États-Unis d'Amérique de la province de la Louisiane, moyennant 15,000,000 de dollars.
30 — 20 mai. Reprise des hostilités avec l'Angleterre.
2 prair. 22 — Ordre d'arrêter tous les Anglais qui se trouvent en France.
14 — 3 juin. Prise de possession de l'électorat d'Hanovre par le général Mortier.
1 fruct. 19 août. Récusation de la médiation de la Russie par l'Angleterre.

an 12-1803.

4 vend. 27 sept. Décret sur la liberté de la presse.
8 frim. 30 nov. Traité de neutralité entre le Portugal d'une part, et la France et l'Espagne, de l'autre.
Capitulation du général Rochambeau à Saint-Domingue.

an 12-1804.

10 niv. 1 jan. Proclamation de l'indépendance de Saint-Domingue; cette île reprend son nom d'Haïti.
25 pluv. 15 fév. Arrestation du général Moreau pour la conspiration du général Pichegru.
5 vent. 25 — Établissement des droits-réunis.
8 — 28 — Arrestation de Pichegru.
30 — 21 mars. Mort du duc d'Enghien qui avait été pris cherchant à pénétrer en France.
10 germ. 31 — Loi pour la réunion des lois civiles, sous le titre de *Code civil des Français.*
16 — 6 avril. Pichegru s'étrangle dans sa prison.

Le Duc d'Enguien.

Bosio. Fremy del et Sculp.

TABLEAU CHRONOLOGIQUE.

an 12-1804.

22 germ. 12 avril. MONSIEUR (Louis XVIII) renvoie à Charles IV, roi d'Espagne, l'ordre de la Toison-d'Or, parce que ce prince en avait décoré l'empereur Napoléon.

23 à 24—13 à 14—Une escadre anglaise attaque sans succès la flotille de Boulogne.

8 flor. 28 — Proclamation de Dessalines, chef des nègres de Saint-Domingue, qui cause un massacre général des blancs dans l'île.

10 — 30 — Proposition faite au tribunat de conférer le titre d'empereur à Napoléon Bonaparte.

28 — 18 mai. Napoléon Bonaparte reçoit du sénat le titre d'empereur des Français.

29 — 19 — Création de dix-huit maréchaux d'empire.

21 prair. 10 juin. Condamnation à mort de Georges Cadoudal et de ses complices.

11 mess. 30 — Rétablissement des jésuites par le pape Pie VII dans le royaume des Deux-Siciles.

21 — 10 juill. Rétablissement du ministère de la police; il est confié à Fouché de Nantes.

23 therm. 11 août. L'empereur François II prend le titre d'empereur héréditaire d'Autriche.

an 13-1804.

10 vend. 2 oct. Nouvelle attaque infructueuse des Anglais contre la flotille de Boulogne.

16 — 8 — Dessalines prend le titre d'empereur d'Haïti.

10 frim. 1 déc. Admission de l'hérédité de la dignité impériale dans la famille de Napoléon Bonaparte.

11 — 2 — Couronnement de Napoléon, comme empereur des Français, et de Joséphine, comme impératrice.

12 — 3 — Traité d'alliance entre l'Angleterre et la Suède contre la France.

21 — 12 — Déclaration de guerre de l'Espagne à l'Angleterre.

an 13-1805.

24 niv. 14 janv. Lettre de l'empereur Napoléon au roi d'Angleterre pour l'engager à traiter de la paix entre les deux nations.

27 — 17 — Levée de soixante mille conscrits.

9 pluv. 29 — Adoption du projet de construction de Napoléonville.

9 vent. 28 fév. Descente du général Lagrange dans l'île de la Dominique.

27 — 18 mars. Acception faite au sénat de la couronne d'Italie par l'empereur Napoléon.

15 germ. 5 av. Départ du pape de Paris.

TABLEAU CHRONOLOGIQUE.

an 13-1805.

21 germ. 11 avril.	Traité de Presbourg entre la Russie et l'Angleterre contre la France.
30 flor. 20 mai.	Rentrée de l'escadre de Rochefort, après de nombreux succès.
6 prair. 26 —	Couronnement de l'empereur Napoléon à Milan comme roi d'Italie.
19 — 8 juin.	La vice-royauté d'Italie est donnée au prince Eugène Beauharnais, fils adoptif de l'empereur Napoléon.
20 — 9 —	L'état de Gênes est réuni à la France.
4 mess. 23 —	Création de la principauté de Lucques en faveur d'Élisa Bonaparte, sœur de l'empereur Napoléon.
3 therm. 22 juill.	Combat naval près du cap Finistere en Espagne; prise de deux vaisseaux espagnols par les Anglais.
21 — 9 août.	L'Autriche entre dans la coalition contre la France.
21 fruct. 8 sept.	Invasion de la Bavière par les Autrichiens.
22 — 9 —	Sénatus-consulte pour le rétablissement du calendrier grégorien fixé au 1ᵉʳ janvier 1806.
4 j. c. 21 —	Traité de neutralité entre l'empire français et le royaume de Naples.

an 14-1805.

2 vend. 24 —	Levée de quatre-vingt mille conscrits.
9 — 1 oct.	Traité de Potsdam entre la Russie et la Prusse.
16 — 8 —	Combat de Wertingen à l'avantage des Français.
17 — 9 —	Combat de Gunzburg gagné par le maréchal Ney.
20 — 12 —	Reprise de Munich par le maréchal Bernadotte.
23 — 14 —	Prise de Memmingen par le maréchal Soult.
	Combat d'Elchingen gagné par le maréchal Ney.
28 — 20 —	Capitulation d'Ulm.
29 — 21 —	Bataille navale de Trafalgar.
6 brum. 28 —	Prise de Braunau par le maréchal Lannes.
11 — 2 nov.	Retraite du prince Charles de l'Italie.
13 — 4 —	Combat d'Amstetten perdu par les Russes contre les Français.
	Prise de Vienne par l'armée d'Italie.
16 — 7 —	Prise d'Inspruck par le maréchal Ney.
20 — 11 —	Affaire glorieuse de Dierstein où le maréchal Mortier est vainqueur.
22 — 13 —	Prise de Vienne.
23 — 14 —	Prise de Trente par le maréchal Ney.
24 — 15 —	Prise de Presbourg par le maréchal Davoust.
27 — 18 —	Jonction des deux armées russes.
28 — 19 —	Prise de Brunn par les Français.

TABLEAU CHRONOLOGIQUE.

an 14-1805.

3 frim. 24 nov. Prise de Trieste par l'armée d'Italie.
4 — 25 — Victoire du maréchal Ney sur le prince de Rohan, général autrichien; celui-ci est chassé du Tyrol.
7 — 28 — Jonction de Masséna et de la grande armée.
11 — 2 décem. Bataille d'Austerlitz gagnée par les Français sur les Russes et les Autrichiens.
15 — 6 — Armistice accordé à l'empereur d'Autriche.
24 — 15 — Cession par la Prusse à la France des pays de Clèves, Bareuth, etc.; le cabinet de Berlin promet de ne point s'opposer à ce que la France enlève l'électorat d'Hanovre à l'Angleterre.
5 niv. 26 — Paix de Presbourg entre la France et l'Autriche.

an 1806.

1 janv. Formation des royaumes de Bavière et de Wurtemberg.
6 février. Combat naval, livré dans la baie de Santo-Domingo, au désavantage des Français.
8 — Invasion du royaume de Naples par les Français, pour cause de la violation du traité du 4ᵉ jour complémentaire an 13.
15 — Entrée de Joseph Bonaparte dans Naples.
8 mars. Traité entre la France et la Prusse.
15 — Le général Murat est nommé grand-duc de Berg.
30 — Joseph Bonaparte est proclamé roi des Deux-Siciles.
1 avril. Le roi de Prusse s'empare de l'électorat d'Hanovre.
14 et 15 mai. Massacre du reste des blancs au Cap français.
5 juin. Louis Bonaparte est proclamé roi de Hollande.
M. de Talleyrand est créé prince de Bénévent.
12 juillet. Napoléon est reconnu protecteur de la confédération du Rhin.
18 — Prise de Gaëte par le maréchal Masséna.
20 — Paix entre la France et la Russie.
25 août. L'Empereur de Russie refuse de ratifier ce traité.
1 octobre. Combat de Castel-Novo gagné par le général Marmont sur les Russes et les Monténégrins.
5 — Proclamation de Godoï, *prince de la Paix*, pour engager les Espagnols à prendre les armes.
6 — Rupture avec la Prusse. Arrivée de Napoléon à Bamberg.
9 — Combat de Schleitz gagné par le maréchal Bernadotte.
10 — Combat de Saalfeld gagné par le général Suchet. Le prince Louis de Prusse y est tué.
14 — Bataille d'Iéna gagnée par l'empereur Napoléon.

T. I.   e

TABLEAU CHRONOLOGIQUE.

an 1806.

16 octobre.	Victoire de Soult à Creussen.
	Prise d'Erfurt par les Français.
	Assassinat de Dessalines, empereur d'Haïty. Christophe prend le gouvernement de l'état.
17 —	Victoire du maréchal Bernadotte à Halle sur l'arrière-garde prussienne.
18 —	Prise de Leipsick par le maréchal Davoust.
	Le général prussien Blucher s'échappe de Auerstaedt en faussant son serment.
20 —	Le passage de l'Elbe est forcé par les maréchaux Soult et Lannes.
24 —	Prise de Postdam par le maréchal Lannes.
25 —	Prise de Brandebourg par le maréchal Bernadotte.
	Prise de Spandaw par le maréchal Lannes.
	Prise de Berlin par le maréchal Davoust.
28 —	Combat de Prentzlow gagné par Murat.
29 —	Prise de Stettin par le général Lasalle.
1 nov.	Prise de Kustrin par le maréchal Davoust.
6 —	Prise de Hesse-Cassel par le maréchal Mortier.
8 —	Prise de Magdebourg par les Français.
10 —	Prise de possession de l'électorat d'Hanovre par le maréchal Mortier.
	Prise de Posen par les Français.
12 —	Décret impérial sur l'organisation de la garde nationale.
19 —	Prise de Hambourg par le maréchal Mortier.
20 —	Prise de Hameln.
21 —	Prise de Brême.
	Décret impérial qui déclare les îles britanniques en état de blocus.
28 —	Entrée de Murat dans Varsovie.
2 décembre.	Reddition de Glogau au général Vandamme.
4 —	Sénatus-consulte pour la levée de quatre-vingt mille conscrits de l'année 1807.
6 —	Prise de Thorn.
11 —	Traité de paix et d'alliance entre l'empereur des Français et l'électeur de Saxe.
17 —	Guerre entre la Turquie et la Russie.
23 à 26 —	Affaires de Czarnowo, de Mohrungen, de Pultusk et de Golymin entre les Français et les Russes : l'avantage reste aux premiers.

TABLEAU CHRONOLOGIQUE.

an 1807.

5 janvier.	Prise de Breslau par les généraux Vandamme et Hédouville.
27 —	Création de la république d'Haïti. Christophe est mis hors la loi.
8 février.	Bataille d'Eylau gagnée par les Français.
16 —	Victoire d'Oudinot à Ostrolenka.
9 mars.	Fin des séances du grand sanhédrin. Les juifs sont admis à la participation des droits civils et politiques.
12 —	Cession de Cassel et Kostheim faite à la France par le prince de Nassau.
7 avril.	Levée de quatre-vingt mille conscrits de l'année 1808.
24 mai.	Prise de Dantzick par le maréchal Lefèvre : il est nommé duc de Dantzick.
29 —	Sélim III est déposé. Son fils Mustapha IV monte sur le trône de Constantinople.
1 juin.	Arrivée de 25,000 Espagnols en Allemagne.
5 à 10 —	Victoires des Français à Spandaw, à Deppen, à Guttstad et à Heilsberg.
14 —	Bataille de Friedland gagnée par Napoléon.
16 —	Prise de Kœnisberg par le maréchal Soult.
16 à 18 —	Prise de Neisse, de Glatz et de Kosel.
25 —	Entrevue des empereurs de France et de Russie sur le Niémen.
7 juillet.	Paix de Tilsitt entre la France et la Russie.
9 —	Traité de paix conclu à Tilsitt entre la France et la Prusse.
29 —	Retour de l'empereur Napoléon à Paris.
18 août.	Formation du royaume de Westphalie.
19 —	Suppression du tribunat.
20 —	Prise de Stralsund par le maréchal Brune.
1 septembre.	Organisation du gouvernement des Sept-Îles.
2 —	Le roi de Prusse interdit tout commerce aux Anglais dans ses états.
7 —	Prise de l'île de Rugen par le maréchal Brune.
	Bombardement et incendie de Copenhague par les Anglais.
14 —	Napoléon déclare qu'il s'opposera à toute liaison des puissances du continent avec l'Angleterre.
16 —	Alliance entre la France et le Danemarck.
17 —	Départ de Bayonne de l'armée aux ordres du général Junot pour le Portugal.
27 —	Traité de Fontainebleau entre la France et l'Espagne.

TABLEAU CHRONOLOGIQUE.

an 1807.

30 octobre.	Le prince des Asturies (Ferdinand VII) est arrêté avec plusieurs seigneurs.
31 —	L'empereur de Russie rompt toute communication avec l'Angleterre, et annonce qu'il reprend la neutralité armée.
5 nov.	Le prince des Asturies se réconcilie avec le roi son père.
10 —	Séquestre ordonné par l'empereur de Russie sur les propriétés anglaises.
11 —	Traité entre la France et la Hollande. Flessingue est cédé à la France.
	Ordonnance du roi d'Angleterre, en représailles du traité de Berlin, du 21 novembre 1806, concernant le système continental.
30 —	Prise de Lisbonne par le général Junot.
1 décembre.	Le roi de Prusse défend toute communication entre ses états et l'Angleterre.
8 —	Élévation de Jérôme Bonaparte, frère de l'empereur Napoléon, au trône de Westphalie.
10 —	Les troupes françaises s'emparent du royaume d'Étrurie.
17 —	Décret rendu à Milan contre l'Angleterre.

an 1808.

3 janvier.	Adoption du décret de Milan par le roi d'Espagne.
21 —	Sénatus-consulte pour la réunion à la France de Flessingue, Cassel, Kehl et Wésel.
	Sénatus-consulte pour la levée de quatre-vingt mille conscrits de 1809.
27 —	Arrivée au Brésil de la famille royale de Portugal.
2 février.	Entrée des troupes françaises à Rome.
17 —	Les Français s'emparent de la citadelle de Pampelune.
29 —	Les mêmes envahissent Barcelone et s'étendent dans toute l'Espagne.
11 mars.	Création des majorats et des titres héréditaires de prince, duc, comte, baron et chevalier.
13 —	Mort de Christiern VII, roi de Dannemarck. Son fils, Frédéric VI, lui succède.
17 à 24 —	Naissance des troubles en Espagne. Abdication de Charles IV en faveur du prince des Asturies. Arrestation de don Manuel Godoï, prince de la Paix.
27 —	Le pape lance un bref comminatoire d'excommunication contre l'empereur Napoléon.

TABLEAU CHRONOLOGIQUE.

an 1808.

2 avril. Démembrement de l'état ecclésiastique et de plusieurs autres états; ils sont réunis au royaume d'Italie.

15 — Arrivée de l'empereur Napoléon à Bayonne, où se rendent successivement Ferdinand VII et Charles IV.

1 mai. Ferdinand remet la couronne d'Espagne à son père.

2 — Insurrection des habitans de Madrid.

5 — Traité de Bayonne par lequel Charles IV cède la couronne d'Espagne à Napoléon.

11 — Départ des princes d'Espagne pour Valençay.

13 — Départ de Charles IV pour Compiègne. Adresse de la junte suprême d'Espagne, qui demande Joseph Bonaparte, frère de l'empereur Napoléon, pour son roi.

24 — Réunion à l'empire français de la Toscane, de Parme et de Plaisance.

27 à 30 — Insurrection dans différentes provinces d'Espagne.

6 juin. Joseph Bonaparte est proclamé roi des Espagnes et des Indes.
Levée d'une milice extraordinaire en Autriche.

14 — Les insurgés espagnols s'emparent des vaisseaux français échappés à la défaite de Trafalgar.

15 — Ouverture de la junte de Bayonne.

16 — Insurrection des Portugais à Oporto.

14 juillet. Bataille de Médina-del-Rio-Seco gagnée par le maréchal Bessière.

15 — Murat, grand-duc de Berg, est nommé roi de Naples.

22 — Capitulation du général Dupont.

28 — Nouvelle révolution de Constantinople. Mustapha est détrôné, et Mahmoud, son frère, proclamé sultan.

29 — Le roi Joseph quitte Madrid et se retire à Vittoria.

31 — Débarquement des Anglais en Portugal.

17 août. Le marquis de la Romana s'embarque avec une partie de ses troupes pour l'Espagne.

21 — Bataille de Vimeiro entre le général Junot et le général anglais Wellington.

24 — Proclamation de Ferdinand VII à Madrid.

30 — Convention du général Junot avec les Anglais, par suite de laquelle il évacue le Portugal.

8 septembre. Traité entre la France et la Prusse.

10 — Sénatus-consulte pour la levée de cent soixante mille conscrits.

27 — Entrevue à Erfurt de l'empereur Napoléon et de l'empereur Alexandre.

TABLEAU CHRONOLOGIQUE.

an 1808.

29 octobre.	Les Anglais pénètrent en Espagne.
4 novembre.	Arrivée de l'empereur Napoléon sur le territoire espagnol.
10 —	Prise de Burgos par les maréchaux Soult et Bessières.
10 à 12 —	Bataille d'Espinosa gagnée par les Français.
23 —	Bataille de Tudéla gagnée par les mêmes.
3 décembre.	Les Français se retirent volontairement de Berlin.
4 —	Prise de Madrid par les Français.
5 —	Prise de Roses par le général Gouvion-Saint-Cyr.
16 —	Combat de Cardedon gagné par ce général.
21 —	Combat de Hobregat gagné par le même.

an 1809.

3 janvier.	Victoire de Priéros remportée par le maréchal Soult sur les Anglais.
12 —	Prise de Cayenne et de la Guiane française par les Espagnols et les Portugais.
13 —	Combat de Taraçoua gagné par le maréchal Victor sur les Espagnols.
14 —	Traité d'alliance entre l'Angleterre et l'Espagne.
19 —	Combat de la Corogne gagné par le maréchal Soult sur les Anglais.
27 —	Prise du Ferrol par le maréchal Soult.
30 —	Descente des Anglais à la Martinique.
21 février.	Prise de Saragosse par le maréchal Lannes.
24 —	Capitulation de la Martinique.
1 mars.	Les États-Unis d'Amérique rompent leurs relations de commerce avec l'Angleterre et la France.
13 —	Révolution de Suède. Gustave-Adolphe IV est arrêté, et le duc de Sudermanie, son oncle, mis à la tête du gouvernement.
28 —	Bataille de Médélin gagnée par les Français sur les Espagnols.
29 —	Prise d'Oporto par le maréchal Soult.
	Abdication du roi de Suède Gustave-Adolphe IV.
9 avril.	Commencement des hostilités par l'Autriche. Entrée du prince Charles en Bavière.
12 —	Les Anglais incendient plusieurs vaisseaux français près de l'île d'Aix.
15 —	Invasion de l'archiduc Ferdinand dans le grand-duché de Varsovie.
19 —	Combat de Pfaffenhofen gagné par le général Oudinot sur les Autrichiens.

TABLEAU CHRONOLOGIQUE.

an 1809.

19 avril.	Combat de Tann gagné par le maréchal Davoust sur les mêmes.
20 —	Bataille d'Abensberg gagnée par l'empereur Napoléon.
21 —	Combat de Landshut gagné par les Français.
	Capitulation de Varsovie.
22 —	Bataille d'Eckmühl gagnée par les Français.
23 —	Prise de Ratisbonne par les mêmes.
26 —	Passage de l'Inn.
28 —	Entrée en campagne du partisan prussien Schill.
29 —	Victoire du prince Eugène Beauharnais sur l'archiduc Jean, à Caldière.
30 —	Passage de la Salza à Burghauzen.
3 mai.	Déclaration de guerre de la Russie à l'Autriche.
4 —	Combat d'Ebersberg.
8 —	Passage de la Piave par l'armée d'Italie.
10 —	La Suède accepte l'abdication de Gustave-Adolphe et le déclare lui et ses héritiers déchus du trône.
13 —	Prise de Vienne.
17 —	Réunion des états romains à l'empire français.
18 —	Rentrée en Espagne du maréchal Soult.
	Prise de Trieste par les Français.
19 —	Prise d'Inspruck par le maréchal Lefèvre.
21 à 22.	Bataille d'Esling.
22 —	Prise de Laybach par Macdonald.
25 —	Prise de Léoben en Styrie par le prince Eugène.
26 —	Jonction de l'armée d'Italie et de la grande armée.
1 juin.	Évacuation de Varsovie par les Autrichiens.
6 —	Proclamation du duc de Sudermanie comme roi de Suède.
11 —	L'empereur Napoléon est excommunié par le pape.
14 —	Bataille de Raab gagnée par le prince Eugène.
18 —	Combat de Belchite gagné par le général Suchet sur les Espagnols.
22 —	Prise de Raab par le général Lauriston.
4 juillet.	Passage du Danube par l'armée française.
5 à 6.	Murat donne l'ordre de s'emparer de la personne du pape et de l'éloigner de Rome.
	Bataille de Wagram.
7 —	Prise de Santo-Domingo par les Anglais.
12 —	Armistice de Znaim.
14 —	Prise des établissemens français au Sénégal par les Anglais.

TABLEAU CHRONOLOGIQUE

an 1809.

14 juillet.	Nomination en qualité de maréchaux de France, de Oudinot, Marmont et Macdonald.
28 —	Bataille du Talavera.
29 à 31 —	Expédition des Anglais sur Flessingue.
8 août.	Combat de l'Arzobispo gagné par le maréchal Soult sur les Espagnols.
15 —	Prise de Flessingue par les Anglais
5 octobre.	Levée de trente-six mille conscrits.
14 —	Paix conclue à Vienne entre les empereurs Napoléon et François II.
19 novembre.	Bataille d'Ocana gagnée par le maréchal Mortier sur les Espagnols.
23 —	Victoire du général Kellermann sur les insurgés espagnols, à Alba-de-la-Tormès.
10 décembre.	Prise de Gironne par le maréchal Augereau.
16 —	Dissolution du mariage de l'empereur Napoléon et de l'impératrice Joséphine.
24 —	Évacuation de Flessingue par les Anglais.

an 1810.

6 janvier.	Traité de paix entre la France et la Suède. Par ce traité cette dernière puissance entre dans le système continental.
2 février.	Prise de Séville par le maréchal Soult. La junte se réfugie à Cadix.
6 —	Prise de la Guadeloupe par les Anglais.
7 —	Convention de mariage entre l'empereur Napoléon et l'archiduchesse Marie-Louise, fille de l'empereur d'Autriche.
17 —	Sénatus-consulte qui accorde au pape deux millions de dotation.
16 mars.	Cession à la France de la Zélande, du Brabant hollandais, etc.
19 avril.	Formation du gouvernement fédératif de Venezuela.
23 —	Victoire du général Suchet sur O'Donnell à Lérida.
1 mai.	Interdiction de l'entrée des ports américains aux vaisseaux de guerre anglais et français.
6 —	Prise d'Astorga par le général Junot.
13 —	Prise de Lérida par le général Suchet.
15 —	Évasion des prisonniers français des pontons de Cadix.
8 juin.	Prise de Mequinenza par le général Suchet.
1 au 9 juillet.	Abdication de Louis Bonaparte, roi de Hollande.

TABLEAU CHRONOLOGIQUE.

an 1810.

	Incorporation des états de ce prince à la France.
7 au 8 juillet.	Prise de l'île Bourbon par les Anglais.
10 —	Prise de Ciudad-Rodrigo par le maréchal Ney.
21 août.	Le maréchal Bernadotte est élu prince héréditaire de Suède.
27 —	Prise d'Almeida en Portugal par le maréchal Masséna.
27 septembre.	Bataille de Busaco en Portugal.
18 octobre.	Institution des cours prévôtales et des tribunaux de douanes.
2 novembre.	Révocation de l'acte de 1er mai du congrès des états-Unis d'Amérique contre la France.
9 —	Ouverture du canal de Saint-Quentin.
3 décembre.	Prise de l'Ile-de-France par les Anglais.
13 —	Senatus-consulte qui réunit à la France la Hollande, les villes anséatiques, le Valais, etc., et porte à cent trente le nombre de ses départemens.
	Levée de cent vingt mille conscrits de l'année 1811.

an 1811.

2 janvier.	Prise de Tortose par le général Suchet.
8 —	Le prince de Galles est nommé régent d'Angleterre.
20-22 —	Prise par les Français d'Oporto et d'Olivenza en Portugal.
19 février.	Bataille de la Gébora gagnée par le maréchal Soult sur les Espagnols.
28 —	Les Français s'emparent du duché d'Oldenbourg.
4 mars.	Retraite du maréchal Masséna du Portugal.
5	Combat de Chiclana gagné par le maréchal Victor sur les Espagnols.
10 —	Prise de Badajoz par le maréchal Mortier.
20 —	Naissance du roi de Rome.
4-5-6 —	Combat de la Fuente de Onoro. Évacuation d'Almeida.
16 —	Bataille d'Alboerra.
2 juin.	Christophe est couronné roi d'Haïti.
11 —	Ouverture d'un concile à Paris.
18 —	Levée du siége de Badajoz par le général anglais Wellington.
28 —	Prise de Tarragone par le général Suchet.
20 septembre.	Bref du Pape qui confirme les décrets du 4 août du concile de Paris.
25 octobre.	Bataille de Sagonte gagnée par le maréchal Suchet sur les Espagnols.
26 —	Prise de Sagonte.

TABLEAU CHRONOLOGIQUE.

an 1811.

20 décembre. — Sénatus-consulte pour la levée de cent vingt mille conscrits.

an 1812.

9 janvier. — Prise de Valence par le maréchal Suchet.
15 — Cent mille hectares de terrain sont affectés à la culture des betteraves.
19 — Prise de Ciudad-Rodrigo par le général anglais Wellington.
26 — Prise de Stralsund par le général Friant.
24 février. — Nouveau traité entre la France et la Prusse.
13 mars. — Division de la garde nationale de France en trois bans.
14 — Traité d'alliance entre la France et l'Autriche.
24 — Traité d'alliance entre la Russie et la Suède.
7 avril. — Prise d'assaut de Badajoz par les Anglois.
3 mai. — L'Angleterre accède au traité conclu entre la Suède et la Russie.
9 — Départ de l'empereur Napoléon pour l'Allemagne.
26 — Réunion à Dresde des empereurs de France et d'Autriche et du roi de Prusse.
28 — Préliminaires de la paix entre la Russie et la Turquie.
12 juin. — Combat de Tarragone gagné par le maréchal Suchet sur l'armée anglo-espagnole.
18 — Déclaration de guerre des États-Unis d'Amérique à l'Angleterre.
19 — Arrivée du pape à Fontainebleau.
22 — Déclaration de guerre de l'empereur Napoléon à la Russie.
24 à 25 — Passage du Niémen par l'armée française.
25 — Proclamation de l'empereur de Russie à ses peuples.
28 — Entrée des Français à Wilna.
    Proclamation annonçant le rétablissement du royaume de Pologne.
18 juillet. — Traité de paix d'Oerebro entre l'Angleterre et la Suède.
20 — Traité entre la Russie et l'Espagne.
22 — Bataille des Aropiles perdue par le maréchal Marmont contre le général anglais Wellington.
23 — Combat de Mohilow sur le Dniéper par le maréchal Davoust contre le général russe Bagration.
28 — Entrée des Français à Witepsk.
1 août. — Traité d'alliance entre la Russie et l'Angleterre.

TABLEAU CHRONOLOGIQUE.

an 1812.

1 août.	Combat d'Obaïarzma gagné par le maréchal Oudinot sur les Russes.
14 —	Prise de Madrid et du Retiro par les Anglais.
17 —	Bataille et prise de Smolensk.
18 —	Bataille de Potolsk gagnée par le général Gouvion-Saint-Cyr.
19 —	Combat de Voluntina-Cora gagné par les Français sur les Russes.
28 —	Entrevue de l'empereur Alexandre et de Bernadotte à Abo en Finlande.
1 septembre.	Sénatus-consulte pour la levée de cent trente-sept mille conscrits.
7 —	Bataille de la Moskowa gagnée par les Français.
14 —	Prise et incendie de Moscow.
18 —	Jonction des armées russes dites du *Danube* et de *réserve*.
17 au 19 octobre.	Victoire du maréchal Gouvion-Saint-Cyr sur le général russe Wittgenstein à Potolsk.
20 —	Levée honteuse du siége de Burgos par le général anglais Wellington.
21 —	Combat de Winskowo perdu par Murat.
23 —	Conspiration de Mallet.
	Evacuation de Moskow.
24 —	Bataille de Malo-Jaroslawitz gagnée par le prince Eugène sur le général Kutusow.
3 novembre.	Bataille de Wiazma gagnée par les Français sur les Russes.
7 —	Arrivée des Français à Smolensk.
10 —	Jonction des armées françaises de Portugal, du centre et du midi en Espagne. Retraite du général anglois Wellington sur Ciudad-Rodrigo.
14 à 16 —	Evacuation de Smolensk.
16 —	Prise de Minsk par les Russes.
16 à 19 —	Victoire des Français à Krasnoë.
21 —	Prise de Borisow, sur la Bérésina, par l'armée russe du Danube.
23 —	Combat de Borisow.
26 à 28 —	Passage de la Bérésina.
3 décembre.	L'empereur Napoléon annonce ses désastres dans le vingt-neuvième bulletin de la grande armée.
5 —	Arrivée de l'empereur Napoléon à Smorgony, et son départ de l'armée.
11 —	Evacuation de Wilna.

TABLEAU CHRONOLOGIQUE.

an 1812.

16 décembre.	Passage du Niémen par les débris de l'armée française.
20 —	Arrivée de l'empereur Napoléon à Paris.
30 —	Le général prussien Yorck signe à Taurogen un traité de neutralité avec les Russes.

an 1813.

8 janvier.	Le commandement de l'armée française est donné au prince Eugène, en remplacement de Murat.
11 —	Sénatus-consulte pour la levée de deux cent cinquante mille conscrits.
21 —	Arrivée à Berlin de l'armée française.
25 —	Concordat de Fontainebleau.
1 février.	Proclamation de Louis XVIII aux Français.
8 —	Prise de Varsovie par les Russes.
10 —	Proclamation de l'empereur Alexandre aux peuples de l'Allemagne.
1 mars.	Traité d'alliance entre l'empereur de Russie et le roi de Prusse.
3 —	Traité conclu à Stockolm entre l'Angleterre et la Suède.
4 —	Les Cosaques occupent Berlin.
10	Retraite de l'armée d'Espagne sur le nord de ce royaume.
12 —	Evacuation d'Hambourg par les Français.
21 —	Prise de Dresde par les Russes.
23 —	Lettre de Bernadotte à l'empereur Napoléon pour l'engager à la paix.
31 —	Manifeste de la Prusse contre la France.
1 avril.	Déclaration de guerre de la France à la Prusse.
3 —	Sénatus-consulte pour la levée de cent quatre-vingt mille combattans.
5 —	Création de trente-sept cohortes urbaines.
15 —	Départ de Napoléon de Paris pour l'armée d'Allemagne.
16 —	Prise de Thorn par les Russes.
29 —	Combat de Weissenfels entre les Français et les Prussiens.
2 mai.	Bataille de Lutzen gagnée par les Français.
8 —	Reprise de Dresde par le prince Eugène.
20 —	Combat de Bautzen et autres gagnés par les Français.
22 —	Combat de Reichenbach.
30 —	Prise de Hambourg par le maréchal Davoust.
1 juin.	Reprise de Breslau par le général Lauriston.
4 —	Armistice conclu entre les Français et les alliés.

TABLEAU CHRONOLOGIQUE.

an 1813.

21 juin.	Bataille de Vittoria perdue par le maréchal Jourdan.
30 —	Convention de Dresde.
1 juillet.	Retour du maréchal Soult en Espagne.
5 —	Retraite du maréchal Suchet sur l'Ebre.
10 —	Alliance entre la France et le Danemarck.
12 —	Ouverture du congrès de Prague.
20 —	Arrivée du général Moreau à Gothembourg.
27 —	L'Autriche adhère à l'alliance de la Russie à la Prusse.
28 —	Arrivée du duc de Vicence à Prague.
28 à 31 —	Combats de Roncevaux entre les Anglais et les Français.
12 août.	L'Autriche notifie son adhésion à l'alliance de la Russie et de la Prusse.
15 —	Proclamation du prince Bernadotte à ses soldats pour les préparer à la guerre contre la France. Trahison du général Jomini, chef d'état-major du corps du maréchal Ney. Il fait connaître à l'ennemi le projet de Napoléon de marcher sur Berlin.
18 —	Évacuation du royaume de Valence par le maréchal Suchet.
23 —	Combats près de Berlin gagnés par Bernadotte sur le maréchal Oudinot.
24 —	Sénatus-consulte pour la levée de trente mille conscrits dans les départemens situés près des Pyrénées.
26 à 27 —	Bataille de Dresde gagnée par Napoléon.
26 —	Combat sur la Katsbalk en Silésie gagné par le général prussien Blucher sur le maréchal Macdonald.
27 à 29 —	Défaite du maréchal Macdonald au passage de la Bober et de la Queiss.
30 —	Combat de Kulm. Le général Vandamme y est fait prisonnier.
2 septembre.	Évacuation de Schwerin par le maréchal Davoust.
6 —	Combat de Dennewitz, près de Berlin, gagné par le prince Bernadotte sur le maréchal Ney.
8 —	Prise de Saint-Sébastien par les Anglais.
9 —	L'Autriche, la Russie et la Prusse signent un traité d'alliance à Tœplitz.
12 —	Victoire du maréchal Suchet sur les anglais à Villa-Franca-de-Panade.
3 octobre.	L'Angleterre et l'Autriche concluent un traité préliminaire d'alliance.
7 —	Passage de la Bidassoa par les Anglais, les Espagnols et les Portugais.

TABLEAU CHRONOLOGIQUE.

an 1813.

9 octobre.	Sénatus-consulte pour la levée de deux cent quatre-vingt mille conscrits.
15 —	Réunion des Bavarois aux Autrichiens.
16 à 17 —	Combat près de Leipsick.
18 à 19 —	Bataille de Leipsick perdue par les Français.
30 —	Combat de Hanau gagné par les mêmes.
31 —	Prise de Bassano par le prince Eugène.
	Prise de Pampelune par les Anglais.
3 novembre.	Arrivée de Napoléon à Mayence.
9 —	Arrivée de ce prince à Saint-Cloud.
10 —	Combat de Saint-Jean-de-Luz gagné par le général anglais Wellington.
11 —	Capitulation de Dresde par les Français.
15 —	Sénatus-consulte qui ordonne la levée de trois cent mille conscrits.
21 —	Capitulation de Stettin par les Français.
24 —	Prise d'Amsterdam par les Prussiens.
1 décembre.	Déclaration des souverains à Francfort : ils annoncent *qu'ils ne font point la guerre à la France.*
2 —	Proposition de paix par le duc de Vicence au ministre d'Autriche.
	Prise d'Utrecht par les Prussiens.
5 —	Prise de Lubeck par les Suédois.
8-13 —	Combats sur la Nive entre lord Wellington et le maréchal Soult.
8 —	Prise d'Ancône par le roi Joachim.
11 —	Traité de Valençay entre Napoléon et Ferdinand VII.
15 —	Armistice entre la Russie et le Danemarck.
19 —	Convocation du corps législatif.
21 —	Passage du Rhin par les Autrichiens.
22 —	Nomination de deux commissions pour prendre connaissance des pièces relatives aux négociations entamées.
24 —	Évacuation de la Hollande par les Français.
28 à 30 —	Rapport de la commission précédemment indiquée.
31 —	Ajournement du corps législatif.
	Genève se rend aux Autrichiens.
	Passage du Rhin par les Prussiens.

an 1814.

1 janvier.	Capitulation de Dantzick par les Français.
2 —	Prise de Fort-Louis (Bas-Rhin) par les Russes.
6 —	Traité entre l'Angleterre et le roi de Naples.

TABLEAU CHRONOLOGIQUE.

an 1814.

10 janvier.	Prise de Forbach (Moselle) par les Prussiens.
11 —	Traité entre l'Autriche et le roi de Naples.
12 —	La ville de Bourg (Ain) est livrée au pillage par les Autrichiens.
16 —	Prise de Nanci par les Russes.
	Capitulation du fort de Joux.
19 —	Occupation de Dijon par les Autrichiens.
	Prise de Rome par l'armée napolitaine.
20 —	Prise de Toul par les Russes.
	Prise de Chambéry par les Autrichiens.
21 —	Passage de la Meuse par les Russes.
25 —	Arrivée de l'armée russe sur la Marne.
26 —	Établissement du quartier-général de Napoléon à Châlons-sur-Marne.
27 —	Reprise de Saint-Dizier par Napoléon.
29 —	Combat de Brienne gagné par Napoléon sur l'armée de Silésie.
1 février.	Bataille de la Rothière entre Napoléon et l'armée de Silésie.
	Évacuation de Bruxelles.
3 —	Désaveu du traité de Valençay par les Cortès.
4 —	Retraite du prince Eugène Beauharnais sur le Mincio.
5 —	Ouverture du congrès de Châtillon.
6-7 —	Prise de Châlons-sur-Marne et de Troyes par les alliés.
8 —	Bataille du Mincio gagnée par le prince Eugène.
9 —	Prise d'Avesnes par les Russes.
10 —	Combat de Champaubert gagné par Napoléon.
11 —	Combat de Montmirail gagné par le même.
	Proclamation du duc d'Angoulême.
11-12 —	Prise de Nogent-sur-Seine, de Sens et de Pont-sur-Yonne par les alliés.
12 —	Prise de Laon par les Russes.
14 —	Combat de Vauchamp gagné par Napoléon.
17 —	Ce prince rejette les conditions de paix imposées par les alliés au congrès de Châtillon.
	Combat de Naugin gagné par Napoléon.
18 —	Combat de Montereau gagné par le même.
21 —	Arrivée du comte d'Artois à Vesoul.
22 —	Combat de Méry-sur-Seine gagné par les Français.
24 —	Reprise de Troyes par les mêmes.
27 —	Prise de la Fère par le général prussien Bulow.
	Bataille d'Orthez entre le maréchal Soult et lord Wellington.

TABLEAU CHRONOLOGIQUE.

an 1814.

27-28 février.	Combats de Bar et de la Ferté-sur-Aube perdus par le maréchal Oudinot.
2 mars.	Combat de Parme gagné par le général Grenier sur les Autrichiens et les Napolitains.
	Prise de Soissons par le général prussien Bulow.
7 —	Bataille de Craonne.
9-10 —	Combats près de Laon.
9 —	Victoire mémorable des Français contre les Anglais, dans Berg-op-Zoom.
12 —	Entrée dans Bordeaux du duc d'Angoulême avec l'armée anglo-espagnole.
13 —	Départ de Ferdinand VII pour l'Espagne.
13-14 —	Combats près de Reims; reprise de cette ville par Napoléon.
19 —	Rupture du congrès de Châtillon.
20-21 —	Combats d'Arcis-sur-Aube.
21 —	Prise de Lyon par les Autrichiens.
24 —	Arrivée de Ferdinand VII en Espagne.
25 —	Combat de Fère-Champenoise perdu par les maréchaux Mortier et Marmont.
26 —	Combat de Saint-Dizier gagné par Napoléon sur la cavalerie russe.
28 —	Marche des alliés sur Paris.
29 —	L'empereur de Russie et le roi de Prusse établissent leur quartier-général à Bondi, près de Paris.
30 —	Napoléon quitte son armée pour se rendre à Fontainebleau.
	Bataille de Paris.
31 —	Capitulation de cette capitale.
	Entrée des alliés.
1 avril.	Propositions faites sans succès à l'empereur de Russie par le général Caulaincourt.
	Établissement d'un gouvernement provisoire.
2 —	Le sénat conservateur déclare Napoléon déchu du trône, et abolit le droit d'hérédité dans sa famille.
	Le général Dessolles est nommé, par le gouvernement provisoire, commandant de la garde parisienne.
	Le gouvernement provisoire dégage l'armée de ses sermens envers Napoléon.
3 —	Adhésion du corps législatif à la déchéance de ce prince.
4 —	Le gouvernement provisoire supprime les emblèmes du gouvernement impérial.

S. M. Louis XVIII.

Valois. Frany del. et Sculp.

TABLEAU CHRONOLOGIQUE.

An 1814.

4-5 avril.	Convention de Chantilly entre le maréchal Marmont et les armées étrangères.
6 —	L'empereur Alexandre refuse de sanctionner l'abdication de Napoléon en faveur de son fils.
	Constitution décrétée par le sénat. Les Bourbons sont rappelés.
9 —	Le gouvernement provisoire arrête que la cocarde blanche sera substituée à la cocarde tricolore.
10 —	Bataille mémorable de Toulouse par le maréchal Soult contre lord Wellington.
11 —	Traité de Paris entre les plénipotentiaires de Napoléon et les ministres des puissances alliées.
	Abdication de l'empereur Napoléon.
12 —	Entrée du comte d'Artois à Paris.
14 —	Le gouvernement provisoire de la France est conféré au comte d'Artois, sous le titre de lieutenant général du royaume.
16 —	Convention entre le prince Eugène et le général autrichien Bellegarde.
	Le départ de l'impératrice Marie-Louise pour Vienne est décidé dans une entrevue qu'elle a avec l'empereur d'Autriche.
18 —	Armistice entre le maréchal Soult et lord Wellington.
20 —	Départ de Napoléon pour l'île d'Elbe.
24 —	Débarquement de Louis XVIII à Calais.
27 —	Traité de Paris, par lequel Napoléon est reconnu souverain de l'île d'Elbe.
2 mai.	Déclaration du Roi à Saint-Ouen.
3 —	Entrée de Louis XVIII à Paris.
4 —	Dissolution des Cortès, par Ferdinand VII.
13 —	Création du ministère.
15 m	Le Roi autorise les conscrits de 1815 à rentrer dans leurs familles.
30 —	Traité de paix conclu à Paris entre la France et les puissances alliées.
4 juin.	Séance royale dans l'assemblée formée du corps législatif et d'une partie du sénat. Publication de la charte.
	Formation des chambres.
16 juillet.	Ordonnance du Roi sur la garde nationale.
20 —	Paix entre la France et l'Espagne.
7 août.	Rétablissement des jésuites par Pie VII.
21 —	Abolition de l'inscription sur les listes d'émigrés.

T. I.   *f*

TABLEAU CHRONOLOGIQUE.

An 1814.

18 septembre.	Proclamation de Christophe, sous le nom d'Henri Ier roi d'Haïty (St.-Domingue.)
21 octobre.	Loi sur la liberté de la presse.
3 novembre.	Ouverture du congrès de Vienne.
8 —	Loi relative à la liste civile.
3 décembre.	Nomination du maréchal Soult au ministère de la guerre.
5 —	Loi sur les biens non vendus des émigrés.
21 —	Loi qui reconnaît comme dettes de l'Etat, celles que la famille royale a contractées en pays étranger jusqu'à concurrence de trente millions.
30 —	Les chambres législatives sont ajournées au premier mai 1815.

1815.

18-19 janvier.	Exhumation des restes de Louis XVI et de Marie-Antoinette.
26 février.	Le roi de Naples demande à l'Autriche le passage d'une armée contre la France.
1 mars.	Napoléon débarque au golfe Juan, près de Cannes.
6 —	Convocation des chambres législatives. Napoléon Bonaparte est déclaré traître et rebelle par une ordonnance du Roi.
7 —	Arrivée de Napoléon à Grenoble.
10 —	Arrivée de ce prince à Lyon.
11 —	Convocation des conseils généraux de département. Le duc de Feltre est nommé ministre de la guerre en remplacement du maréchal Soult.
13 —	Déclaration des puissances alliées composant le congrès de Vienne.
—	Un décret, rendu à Lyon par Napoléon, dissout les chambres, et convoque les colléges électoraux en assemblée du Champ-de-Mars.
16 —	Séance royale des chambres réunies. Le Roi et tous les princes jurent fidélité à la charte.
17 —	Le prince d'Orange se constitue roi des Pays-Bas.
20 —	Départ du Roi. Arrivée de Napoléon à Paris. Le général Carnot est nommé ministre de l'intérieur.
23 —	Arrivée de Louis XVIII à Lille.
25 —	Les quatre grandes puissances de l'Europe concluent

TABLEAU CHRONOLOGIQUE.

An 1815.

	à Vienne un nouveau traité d'alliance contre la France.
27 mars.	Le conseil d'état annulle l'abdication de Napoléon.
28 —	Entrée de l'armée napolitaine dans les états du pape. Murat attaque les Autrichiens. Il se déclare souverain des pays qu'il parcourt.
1 avril.	Départ du duc de Bourbon de la Vendée, après des tentatives inutiles pour en soulever les habitans.
2 —	Départ de la duchesse d'Angoulême de Bordeaux.
5 —	L'empereur François I réunit à son empire le royaume de Lombardie.
16 —	Embarquement du duc d'Angoulême à Cette.
22 —	Présentation de l'acte additionnel aux constitutions de l'empire.
2 et 3 mai.	Bataille de Tolentino perdue par Murat contre les Autrichiens.
12 —	Rapport fait au congrès de Vienne sur la nécessité de la guerre.
19 —	Marche des Russes sur le Rhin.
20 —	Adhésion de la Suisse à l'alliance contre la France. Traité de Capoue, qui enlève au roi Murat toutes ses possessions.
26 à 27 —	Départ des empereurs de Russie et d'Autriche et du roi de Prusse pour leurs armées.
31 —	Traité de Vienne, par lequel les quatre grandes puissances reconnaissent l'érection du royaume des Pays-Bas.
1 juin.	Assemblée du Champ-de-Mai.
2 —	Nomination de cent dix-huit pairs.
7 —	Ouverture des chambres.
8 —	Signature de l'acte de la confédération de l'Allemagne.
9 —	Fin du congrès de Vienne.
12 —	Départ de Napoléon pour l'armée.
13 —	Établissement de l'enseignement mutuel.
15 —	Entrée des Français en Belgique.
16 —	Bataille de Ligny gagnée par Napoléon.
18 —	Fatale bataille de Waterloo.
21 —	Arrivée de Napoléon à Paris. Les chambres se constituent en permanence; elles déclarent que l'indépendance de la nation est menacée.
22 —	Nouvelle abdication de Napoléon. Nomination d'une commission exécutive provisoire.

TABLEAU CHRONOLOGIQUE.

An 1815.

23 juin.	Invasion des Autrichiens en France.
25 et 26 —	Massacres à Marseille.
26 —	Fin de la guerre dans la Vendée.
28 —	Louis XVIII adresse, de Cambrai, une proclamation aux Français.
29 —	Départ de Napoléon de Paris.
3 juillet.	Armistice conclu entre le maréchal Davoust d'une part, et les généraux anglais et prussien Wellington et Blucher de l'autre.
6 —	Entrée des armées étrangères à Paris.
7 —	Cessation des fonctions de la commission provisoire.
7-8 —	Les salles des chambres sont fermées pendant la nuit.
8 —	Rentrée de Louis XVIII à Paris.
9 —	Nomination des ministres.
11 —	Proclamation du maréchal Davoust à l'armée de la Loire.
15 —	Embarquement de Napoléon sur le vaisseau anglais le Bellérophon.
16 —	Ordonnance du roi pour une nouvelle organisation de l'armée.
17 —	L'armée de la Loire reçoit le drapeau blanc.
20 —	Licenciement des gardes nationales.
21 —	L'Angleterre cesse ses hostilités sur les côtes de France.
24 —	Ordonnance qui prescrit l'arrestation et la mise en jugement de dix-neuf généraux ou officiers supérieurs, et la mise en surveillance de trente-huit personnes jusqu'à la décision des chambres sur leur sort.
1 août.	Licenciement de l'armée de la Loire.
2 —	Le maréchal Brune est assassiné à Avignon.
	Traité entre les quatre grandes puissances; elles déclarent que Napoléon Bonaparte est leur prisonnier, et confient sa garde à l'Angleterre.
7 —	Le général Ramel est assassiné à Toulouse.
	Nomination de quatre-vingt-treize pairs.
19 —	Ordonnance du roi qui établit l'hérédité de la pairie.
27 —	Capitulation d'Huningue par le général Barbanègre.
1 septembre.	Ordonnance du roi qui élève la garde royale à vingt-cinq mille hommes, et qui nomme quatorze cents gardes-du-corps.
14 —	L'impératrice Marie-Louise est nommée duchesse de Parme et de Plaisance.

TABLEAU CHRONOLOGIQUE.

An 1815.

18 septemb.	Capitulation de Longwy par les Français.
26 —	Renouvellement des ministres.
	Traité de la sainte alliance, conclu à Paris entre les empereurs de Russie, d'Autriche et le roi de Prusse.
7 octobre.	Ouverture des chambres ; le roi y assiste.
13 —	Arrivée de Napoléon Bonaparte à Sainte-Hélène.
	Murat, ex-roi de Naples, est fusillé à Pizzo en Calabre.
29 —	Suspension de la liberté individuelle.
5 novembre.	Formation de l'État-Uni des îles Ioniennes sous la protection de l'Angleterre.
6 —.	Mise en surveillance des officiers de l'ancienne armée.
9 —	Loi contre les cris séditieux et les provocations à la révolte.
12 —	Le général Lagarde est assassiné à Nimes.
20 —	Traité de Paris entre la France et les quatre principales puissances.
	Les forteresses de Philippeville, Mariembourg, Sarre-Louis, Landau, etc., etc., sont enlevées à la France. Cent cinquante mille hommes occuperont son territoire pendant cinq années.
27 —	Constitution donnée à la Pologne par l'empereur Alexandre.
7 décembre.	Le maréchal Ney, condamné à mort, est fusillé.
12 —	Établissement des cours prévôtales.
27 —	Ordonnance du roi relative à la nomination des officiers de la garde nationale.

1816.

2 janvier.	Les jésuites sont expulsés de Russie.
12 —	Loi d'amnistie avec des modifications nombreuses.
19 —	Loi pour l'érection d'un monument expiatoire de la mort de Louis XVI.
31 —	Création d'un collége de marine établi à Angoulême.
13 mars.	Traité entre la France et la Suisse. Celle-ci devra fournir douze mille hommes de troupes à la France.
20 —	Mort de la reine de Portugal.
21 —	Substitution de quatre académies aux quatre classes de l'Institut.
13 avril.	Licenciement des élèves de l'école polytechnique.
29 —	Fin de la session des chambres.
4 mai.	Troubles de Grenoble.

TABLEAU CHRONOLOGIQUE.

An 1816.

8 mai.	Abolition du divorce.
8 juin.	Mort du maréchal Augereau.
2-6 juillet.	Naufrage de la Méduse.
9 —	Plusieurs provinces de l'Amérique méridionale proclament leur indépendance.
	Puyredon est nommé directeur suprême de la république dite *argentine*.
4 septembre.	Rétablissement de l'école polytechnique.
5 —	Ordonnance du roi qui déclare que la charte constitutionnelle ne sera point révisée.
25 —	Autre ordonnance qui autorise les missions en France.
30 octobre.	Mort du roi de Wurtemberg.
4 novembre.	Ouverture de la session de 1816. Le roi, dans son discours, dit qu'il ne sera porté aucune atteinte à la charte.
5 —	La confédération germanique est constituée.

1817.

5 février.	Loi constitutionnelle de ce jour relative aux élections.
10 —	Réduction de l'armée d'occupation en France à 120,000 hommes.
12 —	Nouvelle loi sur la liberté individuelle.
	Victoire de Chacabuco remportée sur les Espagnols par le général indépendant Saint-Martin.
28 —	Loi sur les journaux et contre les écrits saisis.
25 mars.	Fixation du budget de 1817.
26 —	Fin de la session de 1816.
30 —	Discours remarquable de l'ex-maréchal français Bernadotte, prince royal de Suède, au sujet de la conspiration formée contre lui.
4 avril.	Mort du maréchal Masséna.
8 juin.	Troubles de Lyon, à l'occasion desquels le général Canuel est inculpé.
10 —	Traité conclu à Paris entre la France et les puissances alliées, qui décide la reversion des duchés de Parme et de Plaisance à l'infante d'Espagne Marie-Louise et à son fils Charles-Louis, après la mort de l'archiduchesse Marie-Louise d'Autriche.
16 juillet.	Le Roi fait avec le pape une convention pour remettre en vigueur le concordat passé entre François Ier et Léon X.

TABLEAU CHRONOLOGIQUE.

An 1817.

25 août.	Ordonnance du Roi qui établit les majorats et les rend inhérens à la pairie.
28 —	Traité entre la France et le Portugal pour la remise définitive de la Guiane française.
12 septembre.	Nomination du maréchal Gouvion-Saint-Cyr au ministère de la guerre.
26 —	Convocation des colléges électoraux de la première série.
15 octobre.	Mort du célèbre Polonais Kosciusko.
2-17 novembre.	Combats des Anglais dans l'Inde contre le Peishwa ; ce prince se retire dans les provinces du sud.
5 —	Discours du Roi à l'ouverture de la session de 1817. S. M. promet de nouveau que la charte sera fidèlement observée.
6 —	Mort de la princesse Charlotte, fille du prince régent d'Angleterre.
10 —	Bolivar est nommé chef suprême du gouvernement de Venezuela.
22 —	Les dispositions du concordat du 16 juillet sont rejetées.
14 décembre.	Victoire des Anglais dans l'Inde contre le Rajah de Behrar.
21 —	Bataille de Madheipoor gagnée par les Anglais sur les Marattes.
30 —	Loi qui astreint les journaux à ne paraître qu'avec l'autorisation du Roi.

1818.

1 janvier.	Le Chili proclame son indépendance.
5 février.	Mort de Charles XIII et avénement de Bernadotte au trône de Suède.
11 —	Déposition du Peishwa et abolition de ce titre par les Anglais.
15 —.	Éruption d'un volcan dans les Cordillières ; il engloutit deux ou trois cents soldats espagnols.
17 —	Affaire de Sumbrero entre Bolivar et le général espagnol Morillo.
18 —	Jugement de Mathurin Bruneau, dit le *faux dauphin*.
21 —	Fin de la guerre dans l'Inde.
28 —	Loi qui détermine la manière de recruter l'armée, et qui fixe la durée du service.
6 mars.	Loi sur le recrutement de l'armée.

TABLEAU CHRONOLOGIQUE.

An 1818.

19 mars.	Victoire des Espagnols sur les indépendans commandés par le général Saint-Martin près de Talca.
20 —	Deuxième incendie de la salle de l'Odéon.
26 —	Victoire de Bolivar sur les Espagnols à Orliz.
29 —	Mort de Pétion, président de la république d'Haïty; il est remplacé par Boyer (Jean-Pierre).
5 avril.	Victoire du général Saint-Martin sur les Espagnols près du Maipo.
25 —	Une convention est conclue entre le Roi de France et les puissances alliées pour l'extinction des dettes contractées par le gouvernement français envers les sujets de ces puissances.
2 mai.	Combat sanglant entre les indépendans et les Espagnols dans les plaines de Sebanos.
11 —	Proclamation des réfugiés du Champ d'Asile à leur arrivée au Texas.
13	Mort du prince de Condé.
15 mai.	Fixation du budget.
16 —	Fin de la session de 1817.
21 —	Depart de Cadix sur la flotte russe d'une expédition espagnole pour Lima.
26 —	Publication de la constitution du royaume de Bavière.
28 —	Prise de Pensacola par le général américain Jackson.
2 août.	Ordonnance du Roi sur l'avancement dans l'armée.
13 —	Troubles à Constantinople. Incendie de vingt mille maisons.
26 —	Ordonnance du Roi pour la levée de quatre-vingt mille conscrits des années 1816 et 1817.
50 —	Ordonnance du Roi qui met la garde nationale à la disposition des préfets, sous-préfets et maires.
2 septembre.	Troubles à Manchester en Angleterre.
27 —	Arrivée des souverains alliés au congrès d'Aix-la-Chapelle. Ouverture du congrès.
9 octobre.	Le congrès d'Aix-la-Chapelle fixe au 30 novembre l'époque de l'évacuation de la France par l'armée d'occupation.
20 au 26	Nomination des députés de la deuxième série par les colléges électoraux.
28 —	Arrivée de l'empereur de Russie et du roi de Prusse à Paris.
15 novembre.	Une déclaration des puissances de l'Europe au congrès d'Aix-la-Chapelle fait entrer la France dans leur coalition.

Mgr le Prince de Condé.

Dessine. Fremy del. et Sculp.

TABLEAU CHRONOLOGIQUE.

An 1818.

17 novemb.	Commencement de l'évacuation de la France par l'armée d'occupation.
24 —	Le maréchal Gouvion-Saint-Cyr fait ouvrir à Paris un cours normal d'enseignement mutuel pour tous les corps de l'armée.
10 décembre.	Ouverture de la session de 1818.
24 —	Mort du maréchal Pérignon.
26 —	Rappel de plusieurs bannis.
27 —	Mort de la reine d'Espagne.
29 —	Changement dans le ministère en France.

1819.

2 janvier.	Conjuration du colonel espagnol Vidal à Valence; il est tué par le général Elio.
4 janvier.	Décret du roi d'Espagne contre les étrangers au service des insurgés.
8 —	Mort de la reine de Wurtemberg, sœur de l'empereur de Russie.
20 —	Mort de Charles IV, père de Ferdinand VII.
21 —	Reprise des travaux de la diète germanique à Francfort.
2 février.	Création d'un majorat de cinquante mille francs de revenu, en faveur de M. le duc de Richelieu.
2 — 4 —	Troubles à l'école de médecine de Montpellier.
10 —	Départ de Vienne de l'empereur d'Autriche pour l'Italie.
15 —	Ouverture du congrès de Venezuela; la république se constitue en état indépendant.
20 —	Proposition de M. le marquis Barthélemy à la chambre des pairs pour le changement de la loi des élections.
22 —	Traité entre l'Espagne et les États-Unis d'Amérique, pour la cession des Florides.
23 —	Expédition infructueuse de lord Cochrane sur Lima.
5 mars.	Création de soixante pairs par ordonnance du roi.
8 au 9 —	Troubles de Nîmes.
10 —	Arrivée de l'ambassadeur persan à Paris.
22 —	Rejet à la chambre des députés de la proposition de M. Barthélemy contre la loi des élections, précédemment adoptée à la chambre des pairs.
23 —	Assassinat de Kotzebue par Sand, jeune patriote fanatique.

TABLEAU CHRONOLOGIQUE.

An 1819.

24 mars.	Une société royale est créée en France pour l'amélioration des prisons.
25 —	Nomination de M. Benjamin Constant et de plusieurs autres libéraux à la chambre des députés.
9 avril.	Prise d'Asseerghur, ville de l'Inde, par les Anglais.
10 —	Prise de Puerto-Bello par Mac-Gregor, chef indépendant.
24 —	Cession de Parga faite par les Anglais à Ali, pacha de Janna, le plus mortel ennemi des Parganiotes.
	Cession des îles Ioniennes à l'Angleterre.
28 —	Ordonnance pour la levée de quarante mille conscrits de 1818.
30 —	Reprise de Puerto-Bello par le général espagnol Alexandre Hore.
17 mai.	Loi sur la répression des délits de la presse.
	Pétition pour le rappel des bannis, à l'occasion de laquelle M. de Serre, garde des sceaux, prononce le terrible mot : *jamais*.
12 juin.	Entrée du général Lelong dans le Texas avec quatre ou cinq cents étrangers; il y proclame l'indépendance du pays.
	Victoire du général indépendant Marino sur les Espagnols.
20 —	Prise de la ville de Glava par l'empereur de Maroc.
26 —	Débarquement à San-Fernando du San-Julian; ce vaisseau apporte la peste en Espagne.
29 juin — 2 juill.	Troubles à l'école de droit de Paris.
1 juillet.	Tentative d'assassinat du jeune Loerning sur la personne de M. Ibell, président de la régence de Nassau; elle cause un grand nombre d'arrestations.
	Victoire de Bolivar, près de Tunja, sur les Espagnols.
8 —	Désarmement d'une division de l'expédition de Cadix, par le général O'Donnell, par suite de la révolte de l'armée.
9 — 10	Troubles à Constantinople.
12 —	Assemblée à Birmingham (Angleterre) de cinquante mille radicaux.
17 —	Fixation du budget de 1819.
20 —	Signature du recez général de la commission territoriale établie à Francfort.
21 —	Assemblée de près de quatre-vingt mille radicaux à Smithfield (Angleterre).

TABLEAU CHRONOLOGIQUE.

An 1819.

25 juillet.	Émigration de plus de deux mille Suisses pour le Brésil.
30 —	Assemblée des réformatrices anglaises à Stockport.
2 août.	Troubles à Wurtzbourg; les juifs sont obligés d'en sortir.
7 —	Ouverture du congrès de Carlsbad.
	Bataille de Boyaca gagnée par le chef indépendant Bolivar sur les Espagnols.
10 —	Prise de Santa-Fé par Bolivar.
11 —	Émeute contre les juifs à Francfort.
16 —	Journée sanglante de Manchester.
28 —	Mariage du roi d'Espagne Ferdinand VII avec la princesse Joséphine, nièce du roi de Saxe.
7 septembre.	Émeute contre les juifs à Copenhague.
11 —	Convocation des collèges électoraux de la troisième série.
20 —	Mouvemens séditieux dans le district de Starkemburg, (Hesse-Darmstadt.)
	Arrêté de la diète de Francfort pour l'établissement d'une commission centrale à Mayence.
25 —	Constitution donnée au royaume de Wurtemberg.
6 octobre.	Mort de Charles Emmanuel IV, ancien roi de Sardaigne. Les jésuites veulent s'emparer de sa succession.
8 —	Arrivée du roi de Wurtemberg à Varsovie; il obtient de l'empereur de Russie son adhésion au maintien de la constitution qu'il vient de donner à ses états.
9 —	Défaite des Hollandais dans la rivière de Palembang.
16 —	Supplice de la famille arménienne des Douz-Oglou.
24 — 27 —	Troubles de Brest; les missionnaires sont obligés de quitter cette ville.
25 —	Amnistie générale accordée par le roi d'Espagne à ses sujets; des exceptions nombreuses la rendent presque nulle.
30 —	Traité entre les Anglais et le roi des Caffres après plusieurs défaites de ces derniers.
19 novembre.	Nouveau changement dans le ministère de France.
20 —	Licenciement de la landwehr de Hesse-Darmstadt, par suite des troubles de ce pays.
29 —	Ouverture de la session des chambres.
7 décembre.	Nouvelle organisation du royaume d'Hanovre.
17 —	Réunion des républiques de Venezuela et de la Nouvelle-Grenade.

TABLEAU CHRONOLOGIQUE.

An 1819.

18 décembre. — Le gouvernement français interdit la réunion des amis de la liberté de la presse.

1820.

1 janvier. — Insurrection en Espagne.
5 — Prise de Calaboso par Bolivar.
— Prise de l'île de Léon par les insurgés espagnols.
15 — Ouverture de la première session de l'assemblée représentative du royaume de Wurtemberg.
16 — La chambre des députés passe à l'ordre du jour sur les pétitions de dix-neuf mille citoyens qui réclament le maintien de la loi des élections.
23 — Prise d'Alep par le pacha Chorsched-Ahmed après deux assauts sanglans.
29 — Mort du roi d'Angleterre Georges III, et avénement au trône du prince de Galles qui prend le nom de Georges IV.
31 janv. — 4 fév. Publication de la constitution des Cortès à Algésiras et Veger par le colonel Riégo.
12 — Prise par lord Cochrane de la forteresse de Valdivia et de plusieurs navires espagnols.
13 — Assassinat du duc de Berri.
— Entrée de Riégo dans Grenade.
14 — Proclamation de la constitution à Oviédo.
— M. Clausel de Coussergues propose à la chambre des députés de porter un acte d'accusation contre M. Decazes, président du conseil des ministres, comme complice de l'assassinat du duc de Berri.
19 — 21 — Proclamation de la constitution espagnole au Ferrol et à la Corogne.
20 — Victoire de Casa-Vermeja remportée par Riégo sur le général O'Donnell.
— Démission de M. Decazes; il est nommé duc, ministre d'État, membre du conseil privé de S. M., et ambassadeur à la cour de Londres.
22 — Traité entre l'Espagne et les États-Unis d'Amérique, pour la cession des Florides.
25 — Retour du général Mina en Espagne; il rassemble ses vieilles bandes dans la Navarre.
— Troubles en Irlande; affaire entre la troupe et les rubanniers.
— Création d'une junte consultative de législation en Sardaigne.

TABLEAU CHRONOLOGIQUE.

An 1820.

5 mars.		Proclamation de la constitution à Sarragosse.
6	—	Décret du roi d'Espagne, par lequel il convoque l'assemblée des Cortès.
7	—	Le roi d'Espagne accepte la constitution des Cortès de 1812.
9	—	Abolition de l'inquisition en Espagne.
10	—	La junte de ce pays établit la liberté de la presse. Massacre des habitans de Cadix par la garnison de cette ville.
11	—	Entrée de Mina dans Pampelune; la constitution y est proclamée.
16	—	Publication de la constitution des Cortès à Caracas.
20	—	Proclamation de la constitution à Cadix. Réunion des troupes de Buenos-Ayres à celles du général Artigas, et fuite de Puyredon. Traité entre les gouvernemens de Santa-Fé, Buenos-Ayres et Rios.
25	—	Loi qui restreint la liberté individuelle. Renvoi définitif des jésuites de la Russie.
28	—	Fixation des limites des royaumes de France et des Pays-Bas.
30	—	Adoption à la chambre des députés du projet de loi sur la censure des journaux et feuilles périodiques.
8 avril.		Continuation des troubles en Écosse; affaire entre les radicaux et la troupe.
17	—	Mariage du roi de Wurtemberg.
25	—	Discussion à la chambre des députés sur la pétition de M. Madier de Montjau.
9 mai.		Nouvelle de la défaite entière de l'armée espagnole de Moralès. La province de Caracas recouvre l'indépendance.
20	—	Exécution de Saud, assassin de Kotzebue. Préparatifs de guerre entre la Porte et le pacha de Janina.
31	— 7 juin.	Troubles à Paris au sujet de la loi des élections; plusieurs personnes sont blessées, et le jeune élève en droit Lallemant, qui était sans armes, est tué par un soldat de la garde royale; six mille jeunes gens accompagnent son convoi.
5 juin.		Arrivée de la reine d'Angleterre à Douvres.
6	—	Condamnation à mort, par la chambre des pairs, de Louvel, assassin du duc de Berry.
10	—	Soixante-cinq articles du congrès de Vienne sont dé-

An 1820.

	clarés articles fondamentaux de l'Allemagne par la diète de Francfort.
19 juin.	Protestation de trente-un députés de Darmstadt contre la constitution.
28 —	Adoption, par le chambre des pairs, de la nouvelle loi des élections, qui augmente le nombre des députés, etc.
5 juillet.	Troubles à Naples; les troupes se réunissent au peuple, aux cris de vive la constitution.
6 —	Proclamation de la constitution à Naples.
	Bill d'accusation contre la reine d'Angleterre.
9 —	Ouverture de la chambre des Cortès.
21 —	Adoption du budget par la chambre des pairs.
22 —	Fin de la session de 1819.

S. A. R. M.gr le Duc d'Angoulême

Ruxthiel   Fremy del et sculp

TABLE DES MATIÈRES.

Discours préliminaire, pour servir d'introduction à la Biographie nouvelle des contemporains. pag. 1

Tableau chronologique des époques célèbres depuis 1787 jusqu'à ce jour, avec une indication sommaire des principaux événemens, faits remarquables, lois, décrets ou décisions importantes, combats maritimes, siéges et batailles de la révolution française, événemens remarquables chez les puissances étrangères, etc. XVII

Liste alphabétique des membres de l'assemblée constituante, de 1789 à 1791. XCVII

Liste alphabétique des membres de l'assemblée législative, de 1791 à 1792. CXIX

Liste alphabétique des membres de la convention nationale, de 1792 à 1795. CXXVIII

Liste alphabétique des membres du conseil des anciens, depuis 1795 jusqu'à 1799. CXXXVII

Liste alphabétique des membres du conseil des cinq-cents, depuis 1795 jusqu'à 1799. CXI

Liste alphabétique des membres du sénat conservateur, depuis 1799 jusqu'à 1814. CXLVI

Liste alphabétique des membres du tribunat, depuis 1799 jusqu'à 1807. CXLIX

Liste alphabétique des membres du corps législatif, depuis 1799 jusqu'à 1814. CLI

Liste alphabétique des membres de la chambre des pairs formée par Napoléon pendant les cent jours. CLIX

Liste alphabétique des membres de la chambre des pairs nommés par le roi depuis 1814 jusqu'à 1820. CLX

Liste alphabétique des membres de la chambre des députés, depuis 1814 jusqu'à la fin de la session de 1819. pag. CLXIV

Vocabulaire des mots et expressions qui servent à faire connaître les factions, les partis et les traits de la révolution française. CLXXVII

LISTE ALPHABÉTIQUE

DES MEMBRES

DES ASSEMBLÉES LÉGISLATIVES,

DEPUIS LA CONSTITUANTE JUSQU'A LA SESSION DE 1820 INCLUSIVEMENT.

PRÉSIDENS

De l'assemblée nationale constituante, tout le temps de sa session.

MM.
Bailly.
L'archevêque de Vienne.
De la Fayette, *vice-président*.
De Liancourt.
Le Chapelier.
De Clermont-Tonnerre.
L'évêque de Langres.
De Clermont-Tonnerre.
Mounier.
Freteau.
Camus.
Thouret.
L'archevêque d'Aix.
Freteau.
Demenniers.
L'abbé de Montesquiou.
Target.
Bureau de Puzy.
L'évêque d'Autun.
L'abbé de Montesquiou.

MM.
Rabaud de Saint-Etienne.
Menou.
De Bonnay.
De Virieu.
Gouttes, curé d'Argilliers.
Thouret.
De Beaumetz.
L'abbé Sieyes.
De Saint-Fargeau.
De Bonnay.
Treilhard.
D'André.
Jessé.
Bureau de Puzy.
Emmery.
Merlin.
Barnave.
Chasset.
Alexandre de Lameth.
Peytion.
D'André.

MM.
Emmery.
L'abbé Grégoire.
Mirabeau.
Duport.
De Noailles.
De Montesquiou.
Tronchet.
Chabroud.
Rewbel.
D'André.
Bureau de Puzy.
D'Auchy.
De Beauharnais.
Charles de Lameth.
De Fermont.
De Beauharnais.
Victor Broglie.
Vernier.
Thouret.

DÉPUTÉS DE L'ASSEMBLÉE NATIONALE.

A.

MM.
Achard de Bonvouloir, bailliage de Coutances.
Adam de Verdonne, bailliage de Crépy en Valois.
Afforty, cultivateur à Villepinte, prévôté et vicomté de Paris.
Agier, sénéchaussée du Poitou.
Agoult (Antoine d'), Dauphiné.
Aiguillon (Alexis Vignerot d') sénéchaussée d'Agen.
Ailly (d'), bailliage de Chaumont en Vexin.
Alençon (d'), bailliage de Toul et vicomté, (suppléant M. de Renel.)

MM.
Allain, recteur de Josselin. Bretagne.
Allard, médecin, sénéchaussée d'Anjou.
Allard du Plantier, propriétaire, Dauphiné.
Allarde (d'), bailliage de Saint-Pierre-le-Moutiers.
Alquier, sénéchaussée de la Rochelle.
Ambly (Jacques Brulart d') bailliage de Reims.
Andlau de Hombourg (d'), bailliages de Hagueneau et Wissembourg.
Andlau (d'), ci-devant abbé de Murbach, bailliages de Colmar et Schelestat.

LISTE DES DÉPUTÉS [1789-91]

MM.

André (d'), ci-devant conseiller au parlement, sénéchaussée d'Aix.
Andrieu, sénéchaussée de Riom en Auvergne.
Andurand, avocat, sénéchaussée de Villefranche de Rouergue.
Ango, bailliage de Coutances.
Angosse (d'), sénéchaussée d'Armagnac, Lectoure et Isle Jourdain.
Anson, receveur des finances, Paris.
Antoine, bailliage de Sarguemines.
Antraigues (d') sénéchaussée de Villeneuve-de-Bergue, en Vivarais.
Aoust (d'), bailliage de Douai et Orchies.
Archevêque d'Aix (de Boisgelin), sénéchaussée d'Aix.
Archevêque d'Arles (Dulau), sénéchaussée d'Arles.
Archevêque de Bordeaux (Champion de Cicé), sénéchaussée de Bordeaux, et depuis garde des sceaux.
Archevêque de Bourges (de Chastenet de Puységur), bailliage du Berry.
Archevêque de Damas (de Bernis), coadjuteur d'Alby, sén. de Carcassonne.
Archevêque de Paris (de Juigné), Paris, absent sans démission.
Archevêque de Rheims (de Talleyrand-Périgord), bailliage de Rheims.
Archevêque de Rouen (de la Rochefoucauld), bailliage de Rouen.
Archevêque de Toulouse (de Fontanges), sénéchaussée de Toulouse.
Archevêque de Tours (de Couzié), bailliage de Touraine.
Archevêque de Vienne (le Franc de Pompignan), Dauphiné, ayant la feuille des bénéfices.
Argenteuil (Antoine le Bascle d'), maréchal de camp, bailliage d'Auxois.
Armand, avocat, bailliage de Saint-Flour en Auvergne.
Arnaudat (d'), ci-devant conseiller au parlement de Navarre, Béarn.
Arnoult, avocat, bailliage de Dijon.
Arraing (d'), pays de Soule.
Arriveur, sénéchaussée de Trévoux, principauté de Dombes.
Arthur Dillon, Martinique.
Arthur de la Villarmois, bailliage de Coutances.
Aubert, curé de Convignon, bailliage de Chaumont en Bassigny.
Aubry, curé de Veel, bailliage de Bar-le-Duc.
Aubry du Bochet, commissaire à terrier, bailliage de Villers-Cotterets.
Auclerc des Cottes, médecin, bailliage du Berry.
Andier Massillon, sénéchaussée d'Aix.
Augier, négociant à Cognac, bailliage d'Angoulême.

MM.

Augier-Sauzaye, négociant à Charente, sénéchaussée de Saintes.
Aurillac (d'), bailliage de Saint-Flour en Auvergne.
Aury, curé d'Hérisson, sénéchaussée de Moulins en Bourbonnois.
Auvry, bailliage de Montfort-l'Amaury.
Auvynet, Marches-communes du Poitou et Bretagne.
Avaray (d'), bailliage d'Orléans.
Avessens de Saint-Rome (d'), sénéchaussée de Toulouse.
Ayrolles, curé de Reirevigne, sénéchaussée du Quercy.

B.

Babey, bailliage d'Aval, en Franche-Comté.
Baco de la Chapelle, province de Bretagne.
Bailleul, bailliage du Perche.
Baillot, avocat, bailliage de Troyes.
Bailly (de), sénéchaussée du Maine.
Bailly, de l'Académie Française, maire de Paris.
Bailly, laboureur, bailliage de Vermandois.
Ballard, curé du Poiré, sénéchaussée du Poitou.
Ballidard (de), bailliage de Vitry-le-Français.
Banassat (de), curé de Saint-Fiel, sénéchaussée de Guéret, en Haute-Marche.
Bandi de la Chaux, sénéchaussée de Guéret en Haute-Marche.
Barbie, bailliage de Vitry-le-Français.
Barbotan (de), sénéchaussées de Dax, Saint-Sever-Cap et Bayonne.
Barbotin, curé de Prouvy, Quesnoy.
Barmond (de), ci-devant conseiller au parlement de Paris.
Barnave, propriétaire, Dauphiné.
Barrère de Vieuzac, avocat au parlement de Toulouse, sénéchaussée de Bigorre.
Baron, avocat, bailliage de Rheims.
Basquiat de Mugriet, sénéchaussées de Dax, Saint-Sever-Cap et Bayonne.
Batz (François de Culan de), grand sénéchal, sénéchaussée de Nerac, duché d'Albret.
Baucheton, avocat au bailliage d'Issoudun, bailliage du Berry.
Baudoin de Maison-Blanche, avocat, province de Bretagne.
Bazin, avocat, bailliage de Gien en Orléanais.
Bazoche, avocat du Roi à St. Michel, Bar-le-Duc.
Beauchamps (de), sénéchaussée de Saint-Jean-d'Angely.
Beaudrap (de), bailliage de Coutances.

DE L'ASSEMBLÉE NATIONALE.

MM.

Beauharnois (de), Paris, suppléant de M. de Lally-Tollendal.
Beauharnois (de), major en second d'infanterie, bailliage de Blois.
Beaulieu, propriétaire, bailliage de Touraine.
Beauperrey, propriétaire, bailliage d'Evreux.
Béchant, bailliage de Dourdan.
Bécherel, curé de Saint-Loup, bailliage de Coutances.
Béguoen, négociant au Havre, bailliage de Caux.
Behin, curé d'Hersin-Coupigny, province d'Artois.
Belbœuf (de), ci-devant avocat-général au parlement, bailliage de Rouen.
Belzais de Courmenil, bailliage d'Alençon.
Bénazet, bourgeois, sénéchaussée de Carcassonne.
Bengy de Puivallée (de), baill. de Berri.
Benoit, avocat et notaire à Froslois, bailliage de la Montagne, séant à Châtillon-sur-Seine.
Benoit, curé du Saint-Esprit, sénéchaussée de Nimes et Beaucaire.
Béranger, Dauphiné.
Berardier, ancien principal du collége de Louis-le-Grand, de Paris; suppléant de M. Le Gros, prévôt de Saint-Louis du Louvre.
Bergasse Larizoule, ancien officier d'artillerie, sénéchaussée de Pamiers, comté de Foix.
Bergasse, avocat, sénéchaussée de Lyon.
Bernard, syndic du chapitre de Weissembourg, dix villes ci-devant impériales d'Alsace.
Bernard Sassenay (de), bailliage de Châlons-sur-Saône.
Bernigaud de Grange, bailliage de Châlons-sur-Saône.
Bertereau, curé de Tille, sén. du Maine.
Berthereau, procureur au châtelet, Paris.
Berthon (le), ci-devant premier président du parlement, sén. de Bordeaux.
Berthonnier de la Vilette, sénéchaussée de Moulins en Bourbonnais.
Bertrand, avocat, bailliage de Saint-Flour en Auvergne.
Bertrand du Montlurt (de), Dauphiné.
Bernard de Chesne, bailliage de Coutances.
Besse, curé de Saint-Aubin, bailliage d'Avesne.
Bévière, notaire, Paris.
Beylié, Indes-Orientales.
Biailledе Germon, sénéchaussée du Poitou.
Bidault, baill. d'Aval en Franche-Comté.
Biencourt (de), maréchal de camp, sénéchaussée de Guéret, en Haute-Marche.
Bignan, négociant, Dauphiné.
Bigot de Beauregard (le), baill. d'Alençon.

MM.

Bigot de Vernière, curé de Saint-Flour, bailliage de Saint-Flour en Auvergne.
Billette, négociant, province de Bretagne.
Binot, principal du collége d'Anseny, province de Bretagne.
Bion, avocat, bailliage de Loudun.
Biron (Armand Gontaut de), sénéchaussée du Querci.
Biroteau de Burendières, avocat, sénéchaussée du Poitou.
Bizard, ancien maire, sén. de Saumur.
Blache (de), Dauphiné.
Blacons (de), Dauphiné.
Blanc (le), bailliage de Senlis.
Blancard, propriétaire, Dauphiné.
Blandin, curé de Saint-Pierre le Puellier, bailliage d'Orléans.
Blanquard des Salines, bailliages de Calais et Ardres.
Blin, médecin, province de Bretagne.
Bluget, curé des Riceys, bailliage de Bar-sur-Seine.
Bodineau, curé, bailliage de Vendôme.
Boery, bailliage de Berri.
Boislandry (de), négociant à Versailles, Paris.
Bois (de) Rouvray, remplaçant M. Gramberg de Belleau, Château-Thierry.
Boisse (de), sénéchaussée de Lyon.
Boissière (de la), vicaire-général de Perpignan, province de Roussillon.
Boissonnot, notaire, sén. de Bordeaux.
Boissy d'Anglas (de), sén. d'Annonay.
Bonnet de Treyches, sénéchaussée du Puy.
Bonnay (de), bailliage de Nivernais.
Bonnefoy (de), sénéchaussée de Riom.
Bonnegen (de), sénéchaussée de Saint-Jean-d'Angely.
Bonnemant, avocat, Arles.
Bonnet, avocat, sénéchaussée de Limoux.
Bonnet, curé de Villefort, sénéchaussée de Nimes et Beaucaire.
Bonneval (de), Paris.
Bonneville (de), bailliage d'Evreux.
Borde de Méreville (de la), bailliage d'Etampes.
Bordeaux, bailliage de Chaumont en Vexin.
Bordier, bailliage de Nemours.
Borthe de Grandpré (le), curé d'Ouradour Fanois, sénéchaussée de Basse-Marche.
Buttex, curé de Neuville-sur-Ain, bailliage de Bourg-en-Bresse.
Bouche fils, avocat, sénéchaussées de Forcalquier, Sisteron, etc.
Bouche, avocat, sénéchaussée d'Aix.
Boucher, négociant, province d'Artois.
Bouchet, bailliage de Touraine.
Bouchette, avocat à Bergues, bailliage de Bailleul.
Bouchotte, Bar-sur-Seine.
Boudard, curé de la Coutare, Artois.

LISTE DES DÉPUTÉS [1789-91]

MM.

Bonfflers (de), bailliage de Nancy.
Bouillote, curé d'Arney-le-duc, bailliage d'Auxois.
Boullé, avocat de Pontivi, province de Bretagne.
Boulouvard, négociant, Arles.
Bourdet, curé de Bouère, près Sablé, sénéchaussée du Maine.
Bourdon, curé d'Evaux, sénéchaussée de Riom, en Auvergne, suppléant de M. Boyer, curé de Nécher.
Bourdon, bailliage de Caux.
Bourgeois, laboureur, bailliage de Villers-Cotterets.
Bournazel (de), sénéchaussée de Villefranche de Rouergue.
Bouron, sénéchaussée du Poitou.
Bourran (de), sénéchaussée d'Agen.
Bousmard (de), capitaine au corps royal du génie, bailliage de Bar-le-Duc.
Boussion, sénéchaussée d'Agen, suppléant de M. Escoure de Pélurat.
Boutaric, sénéchaussée du Querci.
Bouteville, avocat, bailliages de Péronne, Roye et Montdidier.
Bouthillet (de), bailliage de Berri.
Bouvet, négociant, baill. de Chartres.
Bouveyron, bourgeois, bailliage de Bourg-en-Bresse.
Bouvier, professeur en droit civil, principauté d'Orange.
Bouville, (de) bailliage de Caux.
Boys de Guays (le), baill. de Montargis.
Bracq, curé de Ribecourt, Cambresis.
Branche, avocat, sénéchaussée de Riom, en Auvergne.
Brassard, avocat, province d'Artois.
Brémont d'Ars (de), sénéchaussée de Sointer, suppléant de M. de la Tour-du-Pin, nommé ministre de la guerre.
Breuvard, curé de Saint-Pierre de Douai, bailliages de Douai et Orchies.
Brevet de Beaujour, sénéchaussée d'Anjou.
Briault, avocat, sénéchaussée du Poitou.
Brignon (de), curé de Doro-l'Eglise, sénéchaussée de Riom.
Brillat Savarin, avocat, bailliage de Bugey et Valromey.
Brivis de Daumez, province d'Artois.
Broglie (ci-devant prince de) bailliages de Colmar et Scheleslat.
Brocheton, avocat, bailliage de Soissons.
Brostaret, avocat, sénéchaussée de Nérac.
Brouillet, curé d'Avise, bailliage de Vitry-le-François.
Brousse de Beauregard (la), curé de Champagnoles, sénéchaussée de Saintes.
Brousse, curé de Volcranges, bailliage des Trois-Evêchés de Lorraine.
Brueys, sén. de Nimes et Beaucaire.
Bruges (de), sénéchaussée de Mende en Cévaudan, suppléant de M. Brun.

MM.

Brun (le), curé de Lions-la-Forest, bailliage de Rouen.
Brunet de la Tuque, sénéchaussée de Nérac.
Bucaille, curé de Fréthun, bailliages de Calais et Ardres.
Buffy, notaire, bailliage de Dourdan.
Buffy, curé de Mouthe, bailliage d'Aval en Franche-Comté.
Burdelot, bailliage de Coutances.
Bureau de Puzy, officier du génie, bailliage d'Aumont en Franche-Comté.
Burignot de Varenne, bailliage de Châlons-sur-Saône.
Burle (de), sénéchaussées de Forcalquier, Sisteron, etc.
Buschey Desnoes, bailliage d'Evreux.
Buttafuoco (de), maréchal-de-camp, isle de Corse.
Buzot, avocat, bailliage d'Evreux.

C.

Cairon (de), bailliage de Caux.
Campmas, docteur en médecine, sénéchaussée de Toulouse.
Camus, avocat, Paris.
Camuzat de Belombre, négociant, bailliage de Troyes.
Cardon (de), bailliage de Bourg-en-Bresse.
Carlier (le), bailliage de Vermandois.
Carondelet (de), ci-devant prévôt au chapitre de Seclin, bail. de Lille en Flandre.
Carpentier de Chailloué (le), bailliage d'Alençon (a donné sa démission.)
Cartier, curé de la Ville-aux-Dames, bailliage de Touraine.
Castaignede, notaire royal, sénéchaussée de Tartas, au duché d'Albret.
Castellane (de), bailliage de Châteauneuf en Thimerais.
Castelanet, sén. de Marseille; suppléant de M. Liquier.
Castellas (de), ci-devant comté de Lyon, sénéchaussée de Lyon.
Castries (de), prévôté et vicomté de Paris.
Caunelles, curé de Belvis, sénéchaussée de Limoux.
Causans (de), principauté d'Orange.
Cavailhés, sénéchaussée de Castres; suppléant de M. Royère, évêque de Castres.
Cayla de la Garde, supérieur général de Saint-Lazare, Paris; suppléant de M. Vaytard, curé de Saint-Gervais.
Caylus (de), bailliage de Saint-Flour en Auvergne.
Cazalès (de), pays et jugerie de Rivière-Verdun, Gaure, etc.
Cernon, bailliage de Châlons-sur-Marne.
Cesarges, remplaçant de M. de Barville, bailliage d'Orléans.
Chabanettes (de), curé de Saint-Michel, sénéchaussée de Toulouse.

DE L'ASSEMBLÉE NATIONALE.

MM.

Chabaut, curé de la Chaussée Saint-Victor, bailliage de Blois.
Chabert de la Charière, Guadeloupe.
Chabrol (de), sénéchaussée de Riom en Auvergne.
Chabroud, avocat, Dauphiné.
Chaillon, avocat, province de Bretagne.
Chalon (de), sénéchaussée de Castel-Moron d'Albret.
Chambon de la Tour, bailliage de Nimes et Beaucaire.
Chambors (de), vicomté de Couserans.
Chambrais (de), bailliage d'Evreux.
Champeaux (de), curé de Montigny, bailliage de Montfort-l'Amaury.
Camprouès (de), Dauphiné; suppléant de M. de Morge.
Chantaire, bailliage de Mirecourt.
Chapelier (le), avocat, province de Bretagne.
Chapt de Rastignac (de), bailliage d'Orléans.
Charier, avocat, sénéchaussée de Mende.
Charrier de la Roche, sénéchaussée de Lyon.
Chartriau, Toul et Vic; suppléant de M Bastien.
Chasseboeuf-Volney, propriétaire d'Angers, sénéchaussée d'Anjou.
Chasset, avocat, sén. de Beaujolais.
Chastenay-Lanty (de), bailliage de la Montagne,
Chastre (de la), bailliage de Berry
Chastre (de la), sénéchaussée du Poitou.
Châteauneuf-Randon, sénéchaussée de Mende en Gévaudan.
Châtelet (du), bailliage de Bar-le-Duc.
Chatizet, curé de Soulaines, sénéchaussée d'Anjou.
Chavoix, avocat, sénéchaussées de Limoges et Saint-Yriex.
Chenon de Beaumont, sén. du Maine.
Chérière, bailliage de Mirecourt.
Cherfils, procureur du Roi à Cani, bailliage de Caux.
Chesnon de Baigneux, baill. de Touraine.
Chevalier, cultivateur, prévôté et vicomté de Paris.
Chevreuil, Paris.
Chevreux, Paris, général de la Congrégation de Saint-Maur.
Cheze (de la), sénéchaussée du Querci.
Choiseul d'Aillecourt (de), colonel du régiment Dauphin, Chaumont en Bassigny.
Choiseul Praslin (de), sén. d'Anjou.
Choisy d'Arcefay, cultivateur, bailliage de Châlons-sur-Marne.
Chombart, propriétaire, bailliage de Lille en Flandre.
Choppier, curé de Flins, bailliages de Mantes et Meulan.

MM.

Chouvet, curé de Thoméras, sénéchaussée de Villeneuve-de-Berg en Vivarais.
Cigongne (de) sénéchaussée de Saumur.
Clairmont (d Esclaibes de), bailliage de Chaumont en Bassigni.
Clapiers (de); sénéchaussée d'Aix.
Claude, avocat, bailliage de Metz.
Claverie de la Chapelle (la), avocat, sénéchaussées d'Armagnac, Lectoure et Isle-Jourdain.
Claye, laboureur, bailliage du Châteauneuf en Thimerais.
Clerget, curé d'Onans, bailliage d'Amont en Franche-Comté.
Clermont Mont-Saint-Jean (de), bailliage de Bugey et Valromey.
Clermont-Tonnerre (de). Paris.
Cochard, avocat, bailliage d'Amont en Franche-Comté.
Cochelet, principauté de Charleville.
Cochorel (de), colonie de Saint-Domininique, province de l'Ouest.
Cochon de Lapparent, sén. du Poitou.
Coigny (de), bailliage de Caen.
Colaud de la Salcette, Dauphiné.
Colombel de Boisautard, ancien négociant, bailliage d'Alençon.
Colonna, capitaine au régiment provincial, île de Corse.
Colson, curé de Nitting, Sarguemines.
Comaserra, Perpignan.
Coquille, île Marigalante.
Corentin le Floc, laboureur, province de Bretagne.
Cornus, curé de Muret, Comminges et Nébouzan.
Coroller du Moustoir, province de Bretagne.
Coste (de la), bailliage de Chavolles.
Costel, curé de Foissy, bailliage de Sens et Villeneuve-le-Roi.
Coster, bailliages de Verdun et Clermont en Argone.
Cottin, province de Bretagne.
Coudere, négociant, Lyon.
Coulmiers (de), prévôté et vicomté de Paris.
Coupard, avocat, Dinan, province de Bretagne.
Couppé, province de Bretagne.
Cour (de la), cultivateur, bailliage de de Senlis
Cousin, curé de Cucuron, sénéchaussée d'Aix.
Couteulx (le), Rouen.
Couturier, curé de Salives, bailliage de la Montagne.
Crécy (de), sénéchaussée du Ponthieu.
Crénières, négociant à Vendôme, bailliage de Vendôme.
Crenzé de la Touche, sénéchaussée de Châtellerault.

MM.

Crezolles (de), bailliage du Forez.
Crillon (de), bailliage de Beauvais.
Crillon (de), maréchal-de-camp, bailliage de Troyes.
Cristin, avocat, bailliage d'Aval en Franche-Comté.
Croix (de), major en second d'infanterie, province d'Artois.
Crussol (de), bailliage de Bar-sur-Seine.
Crussol d'Amboise (de), sénéchaussée du Poitou.
Crussol (de), prévôté et vicomté de Paris.
Culant (de), bailliage d'Angoulême.
Curt (de), la Guadeloupe.
Cussy (de), ancien directeur de la Monnaie, bailliage de Caen.
Custine (de), bailliages des Trois-Evêchés de Lorraine.
Cypières (de), sénéchaussée de Marseille.

D.

Dabadie, capitaine au corps royal de génie, Quatre-Vallées.
Darche, maître de Forges à Marienbourg, bailliage d'Avesne.
Daubert, sénéchaussée d'Agen.
Dauchy, cultivateur, bailliage de Clermont en Beauvoisis.
Dande, avocat du Roi, bailliage de Saint-Flour en Auvergne.
David, curé de Lormaison, bailliage de Beauvais.
Davin, sénéchaussée de Marseille.
Davost, greffier du Point-d'Honneur, bailliage de Provins.
Davoust, bailliage de Rouen.
Déan (le), commissaire des Etats, province de Bretagne.
Debourge, négociant, Paris.
Decretot, négociant à Louviers, bailliage de Rouen.
Dedelay-d'Agier, ancien maire de Romans, Dauphiné.
Deist (Jean de), Bretagne, remplaçant M. Robin Morery.
Delabat, négociant, sénéchaussée de Marseille.
Delabat, curé de Saint-Léger, bailliage de Soissons.
Delacourt d'Ambesieux, avocat, Dauphiné.
Delage, curé de Saint-Christoly en Blayois, sénéchaussée de Bordeaux.
Delahaye Delaunay, bailliage d'Orange.
Delambre, cultivateur, du Cambresis.
Delarenne, curé de Saint-Martin de Nevers, bailliage de Nivernais.
Delattre, négociant, sén. du Ponthieu.
Delattre de Balzaert, bailliage de Bailleul.
Delaunay, de Tréguier, province de Bretagne.

MM.

Delbhecq, bailliage de Lille en Flandre, suppléant de M. de Noyelles.
Delfaut, sénéchaussée du Périgord.
Delort de Puymolic, sénéchaussées de Tulles, Brive et Uzerches.
Demandre, curé de la paroisse de Saint-Pierre, bailliage de Besançon.
Deméunier, bourgeois, Paris.
Denenville, sénéchal de Jugon, province de Bretagne.
Desandrouin (de), bailliages de Calais et Ardres.
Deschamps, sénéchaussée de Lyon.
Desfossez, bailliage de Vermandois.
Desmazière, sénéchaussée d'Anjou.
Despatys, lieutenant-général au Châtelet, bailliage de Melun.
Desvernay, curé de Villefranche, sénéchaussée du Beaujolais.
Devielville des Essarts, avocat, bailliage de Vermandois.
Devillas, bailliage de Saint-Flour en Auvergne.
Devoisins, avocat, sénéchaussée de Toulouse.
Dienzie (de), sénéchaussée d'Anjou.
Digoine (de), bailliage d'Autun.
Dillon (de), la Martinique.
Dillon, curé du Vieux-Pousauges, sénéchaussée du Poitou.
Dinocheau, avocat, bailliage de Blois.
Dionis du Séjour, conseiller au parlement, de Paris.
Diot, curé de Ligny-sur-Canche, province d'Artois.
Dortan (de), bailliage de Dôle en Franche-Comté.
Dosfant, notaire, Paris.
Douchet, cultivateur, bailliages d'Amiens et Ham.
Drevon, avocat, bailliage de Langres, suppléant de M. Henriot.
Druillon, bailliage de Blois.
Dublais, sénéchaussée de Boulogne-sur-Mer, suppléant de M. de Villequier.
Dubois, curé de Ste-Madelaine de Troyes, bailliage de Troyes.
Dubois, sénéchaussée de Châtelleraut.
Dubois de Crancé ancien mousquetaire, bailliage de Vitry-le-Français.
Dubois Maurin, sénéchaussée de Villeneuve-le-Roi.
Dubourg Lamelot, province de Bretagne, suppléant de M. Hunaut.
Dubuat, de Meaux, remplaçant M. d'Aguessean.
Dubuisson d'Inchy, agriculteur propriétaire, province d'Artois.
Ducastaing (Raymond), curé de Lanux, sénéchaussée d'Armagnac.
Ducellier, avocat, prévôté et vicomté de Paris.

DE L'ASSEMBLÉE NATIONALE.

MM.

Ducret, curé de Saint-André de Tournus, bailliage de Mâcon.
Dusau, sénéchaussée du Mont-de-Marsan en Gascogne ; suppléant de M. Péres d'Artassan.
Dufraisse du Chey, sénéchaussée de Riom en Auvergne.
Dufresne, curé de MesnileDurand, bailliage d'Alençon.
Duhart, pays de Soules.
Dumans, Maine, remplaçant M. de Tessé.
Dumas, avocat, principauté d'Orange.
Dumas Gontier, sénéchaussée de Libourne.
Dumer, bailliage de Sarguemines, suppléant de M. d'Helmstatt.
Dumesnil Desplanques, bailliage de Coutances.
Dumont, curé de Villers-devant-le-Tours, bailliage de Vitry-le-François.
Dumouchel, recteur de l'Université, Paris.
Dumoutier de la Fond, avocat du roi, bailliage de Loudun.
Duplaquet, bailliage de Saint-Quentin.
Dupont, conseiller d'état, propriétaire cultivateur au Bois des Fossés, bailliage de Nemours.
Dupont, avocat, assesseur de la Vallée de Baréges, sénéchaussée du Bigorre.
Duport, ci devant conseiller au parlement, Paris.
Dupré, négociant, sén. de Carcassonne.
Dupuis, curé d'Ailly-le-haut-Clocher, sénéchaussée du Ponthieu.
Duquesnoy, avocat, bailliage de Bar-le-Duc.
Durand, avocat, sénéchaussée du Querci.
Durand, négociant, sénéchaussée de Lyon.
Durand (Toussaint), avocat, sénéchaussée d'Arles en Provence.
Durget l'aîné, bailliage d'Amont en Franche-Comté.
Dursers, conseiller au présidial de Vannes, province de Bretagne.
Dustous Saint-Michel (de), Comminges et Nébouzan.
Dutrou de Bornier, sén. du Poitou.
Duval d'Eprémesnil, ci-devant conseiller au parlement, prév. et vic. de Paris.
Duval de Grandpré, avocat, sénéchaussée du Ponthieu.
Duvivier, cultivateur à Bouneuil en France, prévôté et vicomté de Paris.

E.

Eomont (d'), bailliage de Soissons.
Emmery, l'aîné, avocat, bailliage de Metz.
Enjubault de la Roche, sén. du Maine.
Escars (François d'), sénéchaussée de Châtelleraut.

MM.

Esclaibes (d'), bailliage de Chaumont en Bassigny.
Esclans (d'), bailliage d'Amont en Franche-Comté.
Escouloubre (d'), sén. de Toulouse.
Escurier (l'), bailliage de Saint-Flour en Auvergne.
Espic, avocat, sénéchaussée de Villeneuve-de-Berg en Vivarais.
Espinasse (l'), bailliage de Saint-Pierre-le-Moutier.
Esquille (d'), Béarn.
Estagniol (d'), bailliages des Trois-Evêchés, Sedan, Mouzon, etc.
Estin (Dom), bailliage de Touraine.
Estourmel (d'), Cambrésis.
Eude, curé d'Angerville-Lorcher, bailliage de Caux.
Evêque d'Agen (de Bonnac), sén. d'Agen.
Evêque d'Amiens (de Machault), bailliages d'Amiens et Ham.
Evêque d'Angoulême (Albignac de Castelnau), bailliage d'Angoulême.
Evêque d'Autun (de Talleyrand-Périgord), bailliage d'Autun.
Evêque d'Auxerre (Champion de Cicé), bailliage d'Auxerre.
Evêque de Bayonne (Pavée de Villevieille), le Navarre.
Evêque de Bazas (de Saint-Sauveur), sénéchaussée de Bazas.
Evêque de Beauvais (de la Rochefoucauld), bailliage de Clermont en Beauvoisis.
Evêque de Cahors (de Nicolaï), sénéchaussée du Querci.
Evêque de Châlons (de Clermont-Tonnerre), bailliage de Châlons-sur-Marne.
Evêque de Chartres (de Lubersac), bailliage de Chartres.
Evêque de Clermont (de Bonnal), bailliage de Clermont en Auvergne.
Evêque de Condom (d'Anteroche), sénéchaussée de Nérac.
Evêque de Couserans (de Laslic), vicomté de Couserans.
Evêque de Coutances (de Talaru de Chalmazel), bailliage de Coutances.
Evêque de Dijon (Desmoutiers de Mérinville), bailliage de Dijon.
Evêque de Laon (de Sabran), Vermandois.
Evêque de Limoges (Duplessis d'Argentré), sénéchaussée de Limoges et Saint-Yriex.
Evêque de Luçon (de Mercy), sénéchaussée du Poitou.
Evêque de Lydda (Gobet), suffragant du diocèse de Bâle, bailliages de Belfort et Huningue, en Alsace.
Evêque du Mans (de Jouffroi de Gonsans), sénéchaussée du Maine.

MM.

Evêque de Montauban (le Tonnelier-Breteuil), pays et jugerie de Rivière-Verdun, etc.
Evêque de Montpellier (de Malide), sénéchaussée de Montpellier.
Evêque de Nancy (de la Fare), bailliage de Nancy.
Evêque de Nîmes (Cortois de Balore), sénéchaussée de Nîmes et Beaucaire.
Evêque d'Oleron (de Villoutreix de Faye), pays de Soule.
Evêque de Perpignan (d'Esponchez), Perpignan, province de Roussillon.
Evêque de Poitiers (de Beaupoil de Saint-Aulaire), sénéchaussée du Poitou.
Evêque de Rhodès (de Saignelay-Colbert), sénéchaussée de Rhodès.
Evêque de Saint-Flour (Ruffo), bailliage de Saint-Flour en Auvergne.
Evêque de Saintes (de la Rochefoucauld-Bayers), sénéchaussée de Saintes.
Evêque de Strasbourg (de Rohan-Guémenée), bailliages de Haguenau et Weissembourg.
Evêque d'Uzès (de Bethezy de Mézières), sénéchaussée de Nîmes et Beaucaire.
Expilly, recteur de Saint-Martin de Morlaix, Saint-Pol-de-Léon, province de Bretagne.
Eymar (d'), sénéchaussées de Forcalquier, Sisteron, etc.
Eymar (d'), bailliages de Haguenau et Weissembourg.

F.

FAILLY, bailliage de Vitry-le-Français.
Fargue (la), ancien consul, sénéchaussée de Bordeaux.
Farochon, curé d'Ormoy, bailliage de Crépy en Valois.
Faulcon, sénéchaussée du Poitou, suppléant de M. Filleau, mort.
Faucigny-Lucinge (de), bailliage de Bourg-en-Bresse, suppléant de M. Canon de la Bévière.
Favre, curé d'Hotonne, bailliages de Bugey et Valromey.
Fay (de), bailliage d'Orléans.
Faydel, avocat à Cahors, sénéchaussée du Quercy.
Fayette (de la) sénéchaussée de Riom en Auvergne, et commandant général de la garde nationale parisienne.
Félix de Pardieu, bailliage de Saint-Quentin.
Foraud, avocat, sénéchaussée de Toulon.
Fermon de Chapellières, ci-devant procureur au parlement, province de Bretagne.
Ferrières (de), sénéchaussée de Saumur.
Ferté, laboureur, bailliage de Soissons.

MM.

Fisson Joubert, médecin, sénéchaussée de Bordeaux.
Flachat, curé de Notre-Dame de Saint-Chamond, ville et sénéchaussée de Lyon.
Flachstanden, bailliages de Haguenau et Wissembourg.
Flachslanden (de), maréchal de camp, bailliages de Colmar et Schelestat.
Flaust, bailliage de Caen.
Fleury, fermier à Coupelle-Vieille, province d'Artois.
Fleury, curé d'Ige, bailliages de Sédan, Mouzon, etc.
Fleurye, bailliage de Caux.
Folleville, bailliage de Péronne, Roye et Montdidier, suppléant de M. de Mailly.
Font, chanoine de l'église collégiale de Pamiers, sénéchaussée de Pamiers, comté de Foix.
Fontenai (de), ancien échevin, ville de Rouen.
Forest de Masmoury, curé de la ville d'Ussel, sénéchaussée de Tulle, Brive et Uzerches.
Forge (de la) avocat à Châteaudun, bailliage de Blois.
Fornetz, curé de Pui-Miclan, sénéchaussée d'Agen.
Fort (le), négociant, bailliage d'Orléans.
Fos de la Borde, médecin, sénéchaussée de Toulouse.
Foucauld-l'Ardimalie (de), sénéchaussée du Périgord.
Fougères, curé de Saint-Laurent, Nevers.
Fouquier d'Héroüel, bailliage de Saint-Quentin.
Fournès (de), sénéchaussée de Nîmes et Beaucaire.
Fournier, curé d'Heilly, bailliages d'Amiens et de Ham.
Fournier de la Charmie, sénéchaussée du Périgord.
Fournier de la Pommerais, Fougères, province de Bretagne.
Frances (de), avocat, sénéchaussée de Villeneuve-de-Berg, en Vivarais.
Francheteau de la Glaustière, avocat, Marches-communes du Poitou et Bretagne.
Franchistegny, la Navarre.
François, agriculteur, sénéchaussée d'Agen.
François (le), curé du Mage, bailliage du Perche.
François (le), curé de Mutrecy, bailliage de Caen.
François de Sainte-Aldegonde, bailliage d'Avesne.
Francoville, avocat, bailliage de Calais et Ardres.

DE L'ASSEMBLÉE NATIONALE.

MM.

Fresnay, sénéchaussée du Maine.
Fretcau, ci-devant conseiller au Parlement de Paris, bailliage de Melun.
Fricaud, avocat, bailliage de Charolles.
Fricot, bailliage de Mirecourt.
Frocot, avocat, bailliage de la Montagne.
Froment (de), ancien lieutenant colonel du régiment de Rohan, bailliage de Langres.
Fumel de Monségur (de), sénéchaussée d'Agen.

G.

GABRIEL, recteur de Questemberg, Vannes, province de Bretagne.
Gagnières, curé de Saint-Cyr-les-Vignes, bailliage de Forez.
Gagnon de Chenay, avocat, province de Bretagne.
Gaillon (de), bailliage de Mantes et Maclan (a donné sa démission, et n'est pas encore remplacé).
Galland, curé de Charmes, bailliage de Mirecourt.
Gallot, médecin des épidémies, sénéchaussée du Poitou.
Galissonnière (de la), sén. d'Anjou.
Gandolphe, curé de Séres, prévôté et vicomté de Paris, suppléant de M. de Beauvais, ancien évêque de Senez, mort le 4 avril 1790.
Gautheret, cultivateur-propriétaire, bailliage de Dijon.
Garat, avocat à Bordeaux, bailliage de Labour.
Garat, frère du précédent, professeur d'histoire ancienne et moderne au Lycée de Paris, bailliage de Labour.
Garesché, propriétaire à Nieul, sénéchaussée de Saintes.
Gardiol, curé de Caillan, sénéchaussée de Draguignan, Grasse et Castellane.
Garnier, conseiller au Châtelet, ville de Paris.
Garnier, recteur de Notre-Dame, Dol, province de Bretagne.
Gaschet de Lille, négociant, sénéchaussée de Bordeaux.
Gassendi, curé de Barras, sénéchaussées de Forcalquier, Sisteron, etc.
Gaussérand, Toulouse.
Gauthier, bailliage de Touraine.
Gauthier de Biauzat, avocat, bailliage de Clermont en Auvergne.
Gautier des Orcières, avocat, bailliage de Bourg-en-Bresse.
Genetet, curé d'Etrigny, bailliage de Châlons-sur-Marne.
Geoffroy, avocat, bailliage de Charolles.
George, bailliage de Verdun et Clermont en Argone.

MM.

Gérard, laboureur, prov. de Bretagne.
Gérard, colonie de Saint-Domingue, province du Sud.
Gérard, avocat, bailliage de Toul et Vic.
Gerle (dom), sénéchaussée de Riom en Auvergne, suppléant de M. de la Bastide, curé de Paufi-Giagnet.
Germain, négociant, ville de Paris.
Germiot, agriculteur, bailliage de Mantes et Meulan.
Gibert, curé de Saint-Martin-de-Noyon, bailliage de Vermandois.
Gidoin, bailliage d'Etampes.
Gillet de la Jacqueminière, bailliage de Montargis.
Gillon, avocat, bailliages de Verdun et Clermont en Argone.
Girard, doyen, curé de Lorris, bailliage de Montargis.
Girard, médecin à Tarare, sénéchaussée de Lyon.
Giraud du Plessix, Nantes, province de Bretagne.
Girod de Toiry, avocat, bailliage de Gex, province de Bourgogne.
Girord de Givry, Gex, province de Bourgogne.
Girot de Pouzol, sénéchaussée de Riom en Auvergne.
Glézen, avocat, province de Bretagne.
Gleizes de la Banque (de), sénéchaussée de Béziers.
Goazre de Kervelegan (le), Quimper, province de Bretagne.
Godefroy, curé de Nonville, bailliage de Mericourt.
Golias, avocat à Châteaulin, province de Bretagne.
Goille de Rochefontaine (la), bailliage de Reims. (Il a donné sa démission.)
Gombert, Chaumont en Bassigny, remplaçant de M. Morel.
Gonnés (de), sénéchaussée de Bigorre.
Gontier de Biran, sénéch. du Périgord.
Gossin, bailliage de Bar-le-Duc.
Gossuin, bail. du Quesnoy, en Hainaut.
Goubert, sénéc. de Gueret, en Haute-Marche.
Goudart, négociant, ville de Lyon.
Gouches-Carton, négociant, sénéchaussée du Quercy.
Goullard, curé de Roanne, bail. de Forez.
Gounot, avocat, bailliage de Nivernais.
Goupil de Préfeln, ancien magistrat, bailliage d'Alençon.
Goupilleau, notaire à Montaigu, sénéc. du Poitou.
Gourdan, bailliage d'Amont, en Franche-Comté.
Gournay, avocat, sénéchaussée du Maine.
Gousserans, curé de Rivière en Albigeois, sénéchaussée de Toulouse.

LISTE DES DÉPUTÉS [1789-91]

MM.

Gouttes, curé d'Argeliers, sénéchaussée de Beziers.
Gouy d'Arcy (de), colonie de Saint-Domingue, province de l'Ouest.
Goyard, avocat, sénéchaussée de Moulins en Bourbonnais.
Goze, curé de Gaas, sénéc. de Daux, Saint-Sever-Cap et Bayonne.
Graffran, Perpignan.
Grammont (de), Béarn.
Grand (le), avocat du roi, bailliage de Châteauroux, bailliage de Berry.
Grandin, curé d'Ernée, sénéc. du Maine.
Grangier, avocat, bailliage de Berry.
Grégoire, curé d'Emberménil, bailliage de Nancy.
Grellet de Beauregard, avocat, sénéchaussée de Guéret, en Haute-Marche.
Grenier, avocat, sénéchaussée de Riom, en Auvergne.
Grenot, avocat, bailliage de Dol, en Franche-Comté.
Gressolles, Forez.
Grieux (de), bailliage de Rouen.
Griffon de Romagne, sén. de la Rochelle.
Gros, avocat, sénéchaussée de Boulogne-sur-Mer.
Gros, curé de Saint-Nicolas du Chardonnet, Paris.
Crosbois (de), ci-devant premier président du parlement de Besançon, bail. de Besançon.
Gualbert (de), Guadeloupe.
Guégan, recteur de Pontivy, province de Bretagne.
Gueidan, curé de Saint-Trivier, bailliage de Bourg-en-Bresse.
Guen de Kerangal (le), propriétaire, province de Bretagne.
Guépin, curé à Tours, bail. de Touraine.
Guérin, maître de forges à Sougé, sénéchaussée du Maine.
Guilhem-Clermont-Lodève (de), ville d'Arles.
Guilhermy (de), sén. de Castelnaudary.
Guillaume, avocat aux conseils, prévôté et vicomté de Paris.
Guillotin, docteur en médecine, ville de Paris.
Guilloz, curé d'Orchamps-en-Venne, baill. de Dole en Franche-Comté.
Guinebeaut de Saint-Mesme, négociant, Nantes, province de Bretagne.
Guingan de Saint-Mathieu, curé de Saint-Pierre, sénéchaussée de Limoges et Saint-Yriex.
Guino, recteur d'Elliant, province de Bretagne.
Guiot, avocat d'Arnay-le-Duc, bailliage d'Auxois.
Guiot de Saint-Florent, avocat de Sémur, bailliage d'Auxois.

MM

Guiraudez de Saint-Mézard, sén. d'Auch.
Guittard, chevalier de S.-Louis, bailliage de Belfort et Huningue, en Alsace.
Guyardin, bailliage de Langres (suppléant de M. l'évêque de Langres, retiré au mois de septembre 1789).
Guyon, curé de Baziéges, sénéchaussée de Castelnaudary.

H.

Hanotrau, fermier, bailliage de Crépy, en Valois.
Haramburé (d'), bail. de Touraine.
Harchies (de), bail. de Bailleul (absent sans démission).
Hardy de la Largère, ancien maire de Vitré, province de Bretagne.
Harmand, avocat, bailliage de Château-Thierry.
Handucœur, ancien laboureur, bail. de Montfort l'Amaury.
Hautoy (du), bail. de Bar-le Duc.
Havré (d'), bail. d'Amiens et de Ham.
Hébrard, avocat, bail. de Saint-Flour, en Auvergne.
Hébrard, sén. de Toulouse, suppléant de M. Mounirat.
Hell, bail. de Haguenau et Weissembourg.
Hennet, prévôt de Maubeuge, bailliage d'Avesnes.
Henri de Longuèves, avocat du roi, bail. d'Orléans.
Héral (d'), vicaire général, sénéc. de Bordeaux.
Hercé (d'), sénéc. du Maine.
Hernoux, négociant à Saint-Jean-de-Lône, bailliage de Dijon.
Herrman, bail. de Colmar et Schelestat.
Herwyn, bail. de Bailleul.
Heurtault de Lamerville, bail. de Berry.
Hinguant, curé d'Andel, province de Bretagne.
Hodicq (d'), maréchal de camp, bail. de Montreuil-sur-Mer.
Houdet, bail. de Meaux.
Huget, bail. de Clermont en Auvergne.
Huillier-Rouvenac (de l'), sén de Limoux.
Humblot, négociant, sén. de Beaujolais.
Huot de Goncourt, avocat, bailliage de Bassigny-Barrois.
Hutteau, avocat, Paris.

I.

Irland de Bazoches, sén. du Poitou.

J.

Jac, propriétaire, sén. de Montpellier.
Jacquemart, curé de Bisarte, sén. d'Anjou, suppléant de M. Robin, curé.

DE L'ASSEMBLÉE NATIONALE.

MM.

Jailliant, bail. de Sens et Villeneuve-le-Roi.
Jallet, curé de Cérigné, sén. du Poitou.
Jamier, propriétaire à Montbrison, officier du Point-d'Honneur, bail. du Forez.
Janny, ancien avocat à Brienne, bail. de Chaumont en Bassigny.
Janson, bail. de Gien en Orléanais.
Jarry, agriculteur, province de Bretagne.
Jaume d'Hyères, sén. de Toulon.
Jeannet, bail. de Troyes.
Janot, curé, bail. des Trois-Évêchés de Lorraine.
Jersey, bail. de Sarguemines, suppléant de M. de Gomer.
Jessé (de), sén. de Trévoux, principauté de Dombes.
Joussard d'Iversey (de), sén du Poitou.
Jouye des Roches, sén. du Maine.
Joyeux, curé de Saint-Jean, sén. de Châtellerault.
Juigné (de), Marches-communes de Poitou et Bretagne.
Julien, curé d'Arrosez, Béarn.

K.

Kauffmann, bail. de Colmar et Schelestat.
Kytspelher (de), bail. de Bailleul.

L.

Labeste, propriétaire à Cumières, bail. de Reims.
Laborde, curé de Corneillan, sén. de Condom.
Laborde-Escuret, notaire royal à Mauléon, pays de Soule.
Laboreys de Château-Favier, inspecteur des manufactures d'Aubusson, sén. de Guéret, en Haute-Marche.
Lacombe (l'abbé), sén. de Tulle, Brives et Uzerches, suppléant de M. Laqueuille.
Ladenberg-Wagenbourg (de), baill. de Belfort et Huningue, en Alsace.
Lai de Grantugen (le), province de Bretagne.
Loignier, avocat, bailliage de Montfort-l'Amaury.
Laipaud (de), sén. de Basse-Marche.
Laloy, médecin, bailliage de Chaumont en Bassigny.
Lamarque, sén. de Dax, Saint-Sever-Cap et Bayonne.
Lambel, avocat, sén. de Villefranche de Rouergue.
Lambere de Frondeville (de), baill. de Rouen.
Lamberty (de), maréchal de camp, sén. du Poitou.
Lamerville (Hurtault de), bailliage de Berry.

MM.

Lameth (Alexandre de), baill. de Péronne, Roye et Montdidier.
Lameth (Charles de) colonel des cuirassiers, province d'Artois.
Lamy, négociant, baill. de Caen.
Lancosme (de), baill. de Touraine.
Lande (de la), ancien maître des eaux et Forêts, sén. du Maine.
Lande (de la), curé d'Illiers-l'Evêque, baill. d'Evreux.
Landine (de), avocat, baill. du Forez.
Landreau, curé de Moragne, sén. de Saint-Jean-d'Angely.
Landrin, curé de Garancières, baill. de Montfort l'Amaury.
Langlier, cultivateur, baill. d'Amiens et de Ham.
Langon (de), Dauphiné.
Lanjuinais, avocat et professeur en droit canon, province de Bretagne.
Lannoy (de), baill. de Lille en Flandre.
Lanusse, curé de Saint-Etienne, près de Bayonne, sén. de Tartas, au duché d'Albret.
Laplace (de), curé, baill. de Péronne, Roye et Montdidier.
Laporte, curé de S. Martial d'Hautefort, sén. du Périgord.
Laqueuille (de), sén. de Riom en Auvergne.
Larade, sén. de Limour.
Larreyre, sén. de Tartas, au duché d'Albret.
Lartigue (de), sén. de Toulouse.
Laslier, marchand, baill. de Montfort-l'Amaury.
Lasmastres, curé de Lisle-en-Dodon, Comminges et Nébouzan.
Laserin de Vaussenay, négociant à Laval, sén. du Maine.
Lasnon, cultivateur, baill. de Caux.
Lassigny de Juigné (de), sén. de Draguignan, Grasse et Castellane, en Provence.
Latil, avocat, sén. de Forcalquier, Sisteron, etc.
Latour, médecin, Comminges et Nébouzan.
Latteux, avocat, sén. de Boulogne-sur-Mer.
Latyl, supérieur du collège de Nantes, province de Bretagne.
Launay (de), avocat à Bayeux, baill. de Caen.
Laurence, négociant à Poitiers, sén. du Poitou.
Laurendeau, avocat, baill. d'Amiens et de Ham.
Laurent, curé d'Huillaux, sén. de Moulins en Bourbonnais.
Lavenue, avocat, sén. de Bazas.
Lavie, sén. de Bordeaux.

LISTE DES DÉPUTÉS [1789-91]

MM.

Lavignerie, Comminges et Néhouzan.
Lavye, cultivateur, baill. de Belfort et Huningue, en Alsace.
Lebrethon, prieur de Redon, province de Bretagne.
Lebrun, baill. de Dourdan, en Orléanais.
Lebrun, sén. de Moulins, en Bourbonnais.
Lecesve, curé de Saint-Triaize, sén. du Poitou.
Leclerc, Paris.
Leclerc, curé de la Cambe, baill. d'Alençon.
Leclerc, laboureur, baill. de Vermandois.
Lefebvre de Chailly, propriétaire à Gamaches, baill. de Rouen.
Lelort, propriétaire à Cantelon, baill. de Rouen.
Lefrançois, curé de Mutrecy, baill. de Caen.
Legendre, avocat, Brest, province de Bretagne
Leissegues de Losaven (de), recteur de Plogonet, province de Bretagne.
Lejeans, négociant, sén. de Marseille.
L'Eleu de la Ville-aux-Bois, baill. de Vermandois.
Lemoine, aîné, orfèvre, Paris.
Lemoine de la Giraudais, avocat, province de Bretagne.
Lemoine de Belleisle, baill. de Chaumont en Vexin.
Lereffait, propriétaire, baill. de Rouen.
Le Roulx, curé de Saint-Po, Artois.
Lespinasse, baill. de S.-Pierre-le-Moutiers.
Lesterpt, avocat, juge sénéchal du Dorat, sén. de la Basse-Marche.
Lesterpt de Beauvais, avocat au Dorat, sén. de la Basse-Marche.
L'Evêque, curé de Tracy, baill. de Caen.
Levis (de), baill. de Senlis.
Levis (de), baill. de Dijon.
Leymarie, curé de S. Privat, sén. de Quercy.
Lezay-Marnésia, baill. d'Aval, en Franche-Comté.
Liancourt (de), baill. de Clermont en Beauvoisis.
Liénart, Péronne.
Liliaz de Crose, avocat, baill. de Bugey et Valromey.
Lindet, curé de Sainte-Croix de Bernay, baill. d'Evreux.
Linière (de la), sén. de Nîmes, Beaucaire.
Livré, sén. du Maine.
Lœdon de Keromen, recteur de Gonrus, province de Bretagne.
Lois, avocat, sén. du Périgord.
Loison, Verdun.
Lofficial, sén. du Poitou.

MM.

Logras, (de) ci-devant conseiller au parlement de Navarre, Navarre.
Lolier, curé d'Aurillac, baill. de S. Flour en Auvergne.
Lombard de Taradeau, sén. de Draguignan, Grasse et Castellane, en Provence.
Lomet, avocat, sén. de Moulins en Bourbonnais.
Long, Rivière-Verdun, Gaure, etc.
Longpré, baill. d'Amont en Franche-Comté.
Loras (de), ville et sén. de Lyon.
Lousmeau Dupont, curé de S. Didier de Chalarone, sén. de Trévoux, principauté de Dombes.
Loynes (de), sén. du Poitou.
Lubois (le), curé de Fontenay, baill. de Coutances.
Lucas, sén. de Moulins en Bourbonnais.
Lucas, recteur du Minihy-Ploulan, Tréguier, province de Bretagne.
Lucas de Bourgerel, avocat, Vannes, province de Bretagne.
Ludière, avocat, sén. de Tulles, Brives et Uzerches.
Ludres (de), maréchal de camp, baill. de Nancy.
Lupé (de), sén. d'Auch.
Lusignan (de), sén. de Condom.
Luynes (de), de Touraine.
Luze de l'Etang (de), notaire, sén. de Bordeaux.
Luzignem (de), Paris.

M.

Macaye (de), baill. du Labour.
Macquerel de Quemy, baill. du Vermandois.
Madier de Monjau, avocat, sén. de Villeneuve de Borg en Vivarais.
Maygnon (le), sén. d'Anjou.
Maillot, baill. de Toul et Vic.
Malartic, curé de Saint-Denis de Pile, sén. de Castel-Moron d'Albret.
Malartic (de), sén. de la Rochelle.
Malateste de Beaufort, curé de Montastruc, sén. d'Agen.
Malès, avocat, sén. de Tulle, Brive et Uzerches.
Malouet, intendant de la marine à Toulon, sén. de Riom en Auvergne.
Malrieu, curé de Loubous, sén. de Villefranche de Rouergue.
Mangin, baill. de Sedan, Mouzon, etc.
Manhiaval, propriétaire, sén. de Villefranche de Rouergue.
Marandat d'Oliveau, avocat, baill. de Nivernois.
Marchaix, baill. d'Angoulême.
Maréchal (le), négociant, baill. d'Evreux.

DE L'ASSEMBLÉE NATIONALE.

MM.

Marguerittes (de), sén. de Nimes et Beaucaire.
Marie de la Forge, baill. d'Auxerre.
Marck (de la), Quesnoy en Hainaut.
Mavolles, curé de Saint-Jean, baill. de Saint-Quentin.
Marquis, avocat, baill. de Bar-le-duc.
Marsanne-Fonjulianne (de), Dauphiné.
Marsay (de), curé de Nueil-sur-Dive, baill. de Loudun.
Martin, avocat, baill. de Besançon.
Martin, curé de Saint-Aphrodise, sén. de Beziers.
Martin d'Auch, sén. de Castelnaudary.
Martineau, avocat, Paris.
Martinet, curé de Daon, sén. d'Anjou.
Mascon (de), sén. de Riom en Auvergne.
Massieu, curé de Cergy, baill. de Senlis.
Mathias, curé de l'Eglise-Neuve, sén. de Riom en Auvergne.
Mathieu de Rondeville, avocat, baill. de Metz.
Maubec (de), baill. de Sens et Villeneuve-le-Roi.
Maugin, maire de Mouzon, bailliage de Sedan ; suppléant de M. Dourthe.
Maulette (de), baill. de Montfort-l'Amaury.
Maupetit, sén. du Maine.
Maurcins (de), sén. de Toulouse.
Mauriet de Flory, avocat, sén. du Mont-de-Marsan, en Gascogne.
Maury, baill. de Péronne, Roye et Montdidier.
Mayet, curé de Rochetaillée, de la ville et sén. de Lyon.
Mazancourt (de), baill. de Villers-Coterets, suppléant de M. de Barbançon.
Mazuriéde Pennanech, province de Bretagne.
Méchin, curé de Brains en Bretagne, remplaçant M. de Maisonneuve.
Meifrun, sén. de Toulon.
Melon, sén. de Tulle, Brive et Uzerches.
Melon, curé de Saint-Germain-en-Laye, prévôté et vicomté de Paris.
Ménager, baill. de Meaux, suppléant de M. Descoutes.
Ménard de la Groye, sén. du Maine.
Ménonville (de), baill. de Mirecourt.
Menou (de), baill. de Touraine.
Menu de Chomorceau, baill. de Sens et Villeneuve-le-Roi.
Merceret, curé de Fontaine-les-Dijon, baill. de Dijon.
Mercey (de), baill. d'Amont en Franche-Comté ; suppléant de M. de Toulongeon.
Mercier (le), sén. de Saintes.
Mérigeaux, avocat, sén. de Beziers.
Merle, ancien maire de Mâcon, baill. de cette ville.
Merlin, avocat, baill. de Douay et Orchies.

MM.

Mesgrigny, bailliage de Troyes.
Mesnard, curé d'Aubigné, sén. de Saumur.
Mestre, sén. de Libourne.
Méthérie (de la), avocat, baill. de Mâcon.
Meunier du Breuil, baill. de Mantes et Meulan.
Meurinne, cultivateur, baill. de Clermont en Beauvoisis.
Mevolhon, avocat, sén. de Forcalquier, Sisteron, etc.
Meyer, médecin, dix villes ci-devant impériales.
Meyniel, avocat, sén. de Condom.
Meynier de Salinelles, bourgeois, sén. de Nimes et Beaucaire.
Michelon, sén. de Moulins en Bourbonnois.
Milanois, ville de Lyon.
Millet de Mureau, sén. de Toulon ; suppléant de M. de la Poype-Vertrieur.
Millet, curé de Saint-Pierre de Dourdan, baill. de Dourdan, en Orléanais.
Millet de Belleisle, avocat, sén. d'Agen.
Millet de la Mambre, baill. de Sedan, Mohon, etc.
Millon de Montheherlant, avocat-syndic, baill. de Beauvais.
Milscent, baill. d'Anjou.
Mirabeau (l'ainé), sén. d'Aix.
Mirepoix (de), Paris.
Mollien, propriétaire, baill. de Rouen.
Moncorps Duchesnoi (de), bailliage d'Auxerre.
Monnel, curé de Valdelancourt, baill. de Chaumont en Bassigny.
Monneron (l'ainé), sén. d'Annonay.
Monneron (Louis), Indes-Orientales.
Monspey (de), sén. de Beaujolois.
Montagur Barrau (de), Comminges et Nébouzan.
Montauban, avocat, sén. de Limoges et Saint-Yriex.
Montboissier (de), baill. de Clermont en Auvergne.
Montcalm-Gozon (de), lieutenant de vaisseau, sén. de Villefranche de Rouergue.
Montcalm-Gozon (de), maréchal de camp, sén. de Carcassonne.
Mont d'Or (de), sén. de Lyon.
Montesquiou Fezenzac (de), Paris.
Montesquiou (de), ci-devant agent général du clergé, Paris.
Montferré (de), Perpignan.
Montgazin (Méric de), vicaire général de Boulogne, sén. de Boulogne-sur-mer.
Montjallard, curé de Barjols, sén. de Toulon.
Montjoye-Vaufray (de), Belfort et Huningue en Alsace.
Montlosier (Regnaud de), sén. de Riom en Auvergne ; suppléant de M. de la Rouzière.

LISTE DES DÉPUTÉS [1789-91]

MM.

Montmorency (Mathieu de), baill. de Montfort-l'Amaury.
Montrevel (de), maréchal de camp, baill. de Mâcon.
Moreau, avocat, baill. de Touraine.
Morel, de Sarguemines, suppléant de M. Mayer.
Morin, avocat, sén. de Carcassonne.
Mortier, cultivateur, Cambrésis.
Mougeotte des Vignes, baill. de Chaumont en Bassigny.
Mougins de Roquefort, curé de Grasse, sén. de Grasse, Draguignan, etc., en Provence.
Mougins de Roquefort, sén. de Draguignan, Grasse, etc., en Provence.
Mourot, avocat et professeur en droit français en l'Université de Pau, Béarn.
Moutié, baill. d'Orléans.
Moutier, baill. de Sezanne.
Moyot, négociant, Brest, province de Bretagne.
Muguet de Nanthou, baill. d'Amont en Franche-Comté.
Mulier de Bressey (le), baill. de Dijon.
Murinais (de), Dauphiné.

N.

NADAL DE SAINTRAC, Guadeloupe.
Nairac, négociant, sén. de Bordeaux.
Nau de Beilisle, sén. de Castelmoron-d'Albret.
Naurissart, directeur de la Monnaie, sén. de Limoges et Saint-Yriex.
Nedouchel (de), Quesnoy en Hainaut, suppléant de M. de Croy.
Nicodème (Paul-Joseph), Valenciennes.
Nioches, avocat, baill. de Touraine.
Noailles (de), baill. de Nemours.
Noir de la Roche (le), avocat, prévôté et vic. de Paris.
Norf, curé de Saint-Pierre de Lille en Flandre.
Nompeyre de Champagny (de), major de vaisseau, baill. du Forez.
Noussitou, avocat à Pau, Béarn.
Novion (de), baill. de Vermandois; suppléant de M. de Miremont.

O.

Ook, curé de Saint-Pierremont, baill. de Vermandois.
Orléans (d'), baill. de Crépy en Valois.
Ormesson (d'), prévôté et vicomté de Paris.
Oudaille, laboureur, bailliage de Beauvais.
Oudot, curé de Sarigny en Revermont, baill. de Châlons-sur-Saône.

MM.

P.

PACCARD, avocat, baill. de Châlons-sur-Saône.
Pain, baill. de Caen.
Palasne de Champeaux, sén. de Saint-Brieux, province de Bretagne.
Palmaers, desservant de Mardyck, baill. de Bailleul.
Pampelone (de), Villeneuve-de-Berg, en Vivarais.
Panat (de), sén. de Toulouse.
Panat (de), sén. de Rodez.
Pannetier (de), vicomté de Couserans.
Papin, curé de Marly-la-Ville, prévôté de Paris, suppléant de M. Guen, curé d'Argenteuil.
Parent de Chassy, avocat aux conseils, baill. de Nivernais.
Parisot, avocat, baill. de Bar-sur-Seine.
Paroy (de), baill. de Provins.
Paulhiac de Sauvetat, avocat, sén. de Périgord.
Paultre des Epinnettes, bourgeois à Saint-Sauveur, baill. d'Auxerre.
Payen, cultivateur, province d'Artois.
Payen Boisneuf, propriétaire, baill. de Touraine.
Pegot, négociant, Saint-Gaudens, Comminges et Nébouzan.
Pelauque, sén. de Condom.
Pélissier, docteur en médecine, sén. d'Arles en Provence.
Pellegrin, curé de Sommercourt, baill. de Bar-le-duc.
Pellerin, avocat, province de Bretagne.
Pellerin de la Buxière, baill. d'Orléans.
Pelletier de Feumusson, curé de Domfront sén. du Maine.
Peloux, sén. de Marseille; suppléant de M. Roussier, négociant.
Pémartin, avocat, Béarn.
Perdry le cadet, avocat, Valenciennes.
Peretty, de l'île de Corse.
Perez, avocat, sén. d'Auch.
Perez de la Gesse, pays de Rivière-Verdun, Gaure, etc.
Perigny (de), colonie de Saint-Domingue, province du Nord.
Périer, ancien notaire de Paris, baill. d Châteauneuf en Thimerais.
Périer, curé de Saint-Pierre, baill. d'Etampes.
Périsse du Luc, Lyon.
Pernel, notaire royal à Lure, bailliag d'Amont, en Franche-Comté.
Perrée Duhamel, négociant, baill. de Coutances.
Perret de Trégadoret, avocat, provinc de Bretagne.

DE L'ASSEMBLÉE NATIONALE.

MM.

Perrin de Roziers, avocat, de Villefranche de Rouergue.
Pervinquière, avocat, sén. du Poitou.
Pétion de Villeneuve, avocat, baill. de Chartres.
Petiot, Châlons-sur-Saône.
Petit, cultivateur, province d'Artois.
Petit-Mengin, baill. de Mirecourt.
Peyrnchaud, avocat, Castelmeron-d'Albret.
Pezous, avocat d'Alby, sén. de Castres.
Peliéges, cultivateur à Altkirch, baill. de Belfort et Huningue en Alsace.
Phelines (de), capitaine au corps royal du génie, baill. de Blois.
Picart de Lapointe, baill. de Saint-Pierre-le-Montier.
Picquet, baill. de Bourg en Bresse.
Piffon, curé de Valeyrac, Bordeaux.
Piis (de), sén. de Bazas.
Pilastre de la Brurdière, propriétaire sén. d'Anjou.
Pilat, baill. de Douai et Orchies, suppléant de M. Simon de Maibelle.
Pincepré de Buire, Péronne, Roye et Montdidier.
Pinelle, curé de Hilsheim, baill. de Colmar et Schelestat.
Pinnelière, curé de la paroisse de Saint-Martin, île de Rhé, sén. de la Rochelle.
Pinterelle de Louverny, baill. de Château-Thierry.
Pison de Galland, avocat, Dauphiné.
Planelly (de), baill. de Rouen, suppléant de M. de Mortemart.
Plas de Tane (de), sén. du Quesnoy.
Pleure (de), baill. de Sézanne.
Pochon, curé de Champvent, baill. de Charolles.
Pochet (de), sén. d'Aix en Provence.
Poignot, négociant, Paris.
Poissau (de), ci-devant conseiller au parlement de Bordeaux, Tulle, Brives et Uzerches.
Poix, baill. d'Amiens et de Ham.
Poncet d'Elpech, avocat et consul de Montauban, sén. du Querey.
Poncin, avocat, Quesnoy en Hainaut.
Pont de Soulages, propriétaire, sén. de Rhodès.
Populus, avocat, Bourg-en-Bresse.
Porterie (de la), curé de Lincouac, sén. de Mont-de-Marsan en Gascogne.
Pothée, baill. de Vendôme.
Pougeard du Limbart, avocat, Angoulême.
Poulain de Beauchesne, baill. de Caen.
Poulain de Boutancourt, maître de forges, baill. de Vitry-le-François.
Poulain de Corbion, sén. de St.-Brieux, province de Bretagne.

MM.

Poule (de), avocat, baill. de Besançon.
Poulle, principauté d'Orange, suppléant de l'évêque d'Orange.
Poultier, baill. de Montreuil-sur-mer.
Poupert, curé de Sancerre, baill. de Berry.
Pourel-Roquerie, baill. de Coutances.
Pous, curé de Mazameth, baill. de Lille en Flandre.
Puya de l'Herbay, baill. de Berry.
Pradt (de), vicaire-général de Rouen, baill. de Caux.
Praslin (de), sén. du Maine.
Prévôt, baill. de Péronne, Roye et Montdidier.
Préz du Crassier (de), baill. de Gex, province de Bourgogne.
Prieur, avocat, baill. de Châlons-sur-Marne.
Privat, curé de Craponne, sén. du Puy-en-Velay.
Provençal (de), Arles en Provence.
Pruche, ci-devant maire perpétuel de Dormans, baill. de Sézanne.
Prudhomme de Keraugon, sén. de Lesneven, province de Bretagne.
Prugnon, avocat, baill. de Nancy.
Puch de Montbreton (de), sén. de Libourne.
Puysay (de), baill. du Perche.

Q.

Quatrefages de la Roquette, bourgeois, sén. de Nîmes et Beaucaire.
Queru de la Coste, province de Bretagne.
Queille (de la), sén. de Riom, en Auvergne.
Queille (de la), sén. de Tulle, Brive et Uzerches.

R.

Rabaut de Saint-Etienne, bourgeois, sén. de Nîmes et Beaucaire.
Raby de Saint-Médard, sén. de Toulouse.
Ratelis de Broves, sén. de Draguignan, Grasse et Castellane en Provence.
Ramel-Nogaret, avocat du Roi, sén. de Carcassonne.
Rancourt de Villiers (de), baill. de Gien en Orléanois.
Rangeart, curé d'Audart, sén. d'Anjou.
Ratier, recteur de Broons, évêché de Saint-Malo, province de Bretagne.
Ratier de Montguion, sén. de Saintes.
Rathsamhausen (de), baill. de Haguenau et Weissembourg.
Raux, maître de forge, baill. de Reims.
Raymond Ducastaing; curé de Lanne, sén. d'Armagnac, Lectoure et Isle-Jourdain.

MM.

Raze (de), baill. d'Amont en Franche-Comté.
Redon, avocat, sén. de Riom en Auvergne.
Regnard, sénéchaussée de Moulins en Bourbonnais.
Regnaud, avocat, sén. de Riom en Auvergne, suppléant de M. de la Rouzière.
Regnauld d'Épercy, baill. de Dole en Franche-Comté.
Regnault, baill. de Nancy.
Reguier, avocat, baill. de Nancy.
Renaud, avocat, sén. d'Agen.
Renaut, curé de Preux-aux-Bois, Quesnoy en Hainaut.
Renne (de la), curé de Saint-Martin de Nevers, baill. de Nivernais.
Repoux, avocat, baill. d'Autun.
Révellière de l'Épeaux (de la), propriétaire, sén. d'Anjou.
Révol, avocat, Dauphiné.
Rewbell, baill. de Colmar et Schelestat.
Rey, avocat, sén. de Beziers.
Reynaud (de), colonic de Saint-Domingue, province du Nord.
Riberolles (de), négociant, sén. de Riom en Auvergne.
Ricard, sén. de Castres.
Ricard, sén. de Nîmes et Beaucaire.
Ricard de Séalh, avocat, sénéchaussée de Toulouse.
Richard, Dauphiné, suppléant de M. Monnier, retiré au mois de novembre 1789.
Richard, propriétaire, baill. du Forez.
Richard de la Vergne, recteur de la Trinité de la ville de Clisson, Marches-communes de Poitou en Bretagne.
Riche, négociant d'Angers, sén. d'Anjou.
Richier (de), sén. de Saintes.
Richon, avocat, sén. du Puy-en-Velay.
Rigouard, curé de Solhes-la-Fallide, sén. de Toulon.
Riquier, propriétaire, baill. de Montreuil-sur-Mer.
Rivière, sén. de Mende en Gévaudan.
Rivière, curé de la ville de Vic, sén. de Bigorre.
Robecq (de), baill. de Bailleul.
Robert, avocat, baill. de Nivernais.
Robespierre, avocat, province d'Artois.
Robin de Morery, négociant, agriculteur, sén. de Ploermel, province de Bretagne.
Roca, bourgeois de la ville de Brudes, Perpignan.
Rochebrune (de), baill. de Saint-Flour en Auvergne.
Rochechouart (de), Paris.
Rochefoucauld (de la), vicaire général d'Aix, baill. de Provins.
Rochegude (de), capitaine de vaisseau, sénéch. du Carcassonne, suppléant de M. d'Upac de Badens.

MM.

Rochenegly (de la), prieur de Saint-Honoré, baill. de Blois.
Rorque de Mons (de la, sén. du Périgord.
Rocque de Saint-Pons, négociant, sén. de Beziers.
Roda-Dolemps, sén. de Rhodès.
Rœderer, Metz.
Roger, Comminges et Nebousan.
Rohan-Guéménée (de), évêque de Strasbourg, baill. de Haguenau et Weissembourg.
Rolin, curé de Verton, baill. de Montreuil-sur-Mer.
Rolland, curé du Caire, sén. de Forcalquier, Sisteron, etc.
Rostaing (de), baill. du Forez.
Roulhac (de), sén. de Limoges et Saint-Yriex.
Roulx (de), curé de Saint-Pol, province d'Artois.
Rouph de Varicourt, baill. de Gex, province de Bourgogne.
Roussel, curé de Blarenghem, baill. de Bailleul.
Rousselet, baill. de Provins.
Rousselot, curé de Thiénans, bailliage d'Amont en Franche-Comté.
Roussillon, négociant, sén. de Toulon.
Rouvillois (le), curé de Carantilly, baill. de Coutances.
Roux (le), baill. d'Amiens et de Ham.
Rouzière (de la), sén. de Riom en Auvergne.
Roy (le), avocat, sén. d'Angoulême.
Royer, conseiller d'État, Arles en Provence.
Royer, curé de Chavannes, bailliage d'Aval en Franche-Comté; suppléant de M. Bruet, curé d'Arbois.
Roys (des), sén. de Limoges et Saint-Yriex.
Rozé, curé d'Emalleville, baill. de Caux.
Rozé, curé d'Obersteinbronn, baill. de Belfort et Huningue.
Ruslem (de), bailliage de Meaux, suppléant de M. Barbou, curé.
Ruello, curé de Loudéac, évêché de Saint-Brieux, province de Bretagne.
Ruillé (de), sén. d'Anjou.

S.

Sacher de la Palière, avocat, baill. de Coutances.
Saige, avocat, sén. de Bazas.
Sainte-Aldegonde (François de), baill. d'Avesne en Franche-Comté.
Saint-Albin (de), Dauphiné.
Saint-Estevent (de), curé de Ciboure, baill. du Labour.
Saint-Fargeau (de), Paris.
Saint-Maixent (de), maréchal des camps

DE L'ASSEMBLÉE NATIONALE.

MM.

et armées du roi, sén. de Guéret en Haute-Marche.
Saint-Mars (de), baill. d'Etampes.
Saint Martin, sén. d'Annonay, suppléant de M. Doddé, curé de Saint-Péray.
Saint-Maurice (de), sén. de Montpellier.
Saint-Simon (de), baill. d'Angoulême.
Sales de Costebelle, avocat, sén. de Beziers.
Salicetti, avocat au conseil supérieur, Ile de Corse.
Salle (la), baill. de Metz, Thionville, etc.
Salle (de la), sén. de Mont-de-Marsan en Gascogne.
Salle, médecin, baill. de Nancy.
Sallé de Choux, baill. de Berry.
Salmon de la Saugerie, avocat, bailliage d'Orléans.
Samary, curé, sén. de Carcassonne.
Sancy, avocat, bailliage de Châlons-sur-Saône.
Sarrazin (de), baill. de Vendôme.
Satillieu (de), capitaine au corps royal du génie, sen. d'Annonay.
Saurine, Béarn.
Scheppers, négociant, baill. de Lille en Flandre.
Schmits, avocat, baill. de Sarguemines.
Schwendt, Strasbourg.
Ségur (de), maréchal-de-camp, sén. de Bordeaux.
Sentez, sén. d'Auch.
Serent (de), baill. de Nivernais.
Sergeant-Disberg (le), province d'Artois.
Seurrat de la Boullaye, conseiller au Château d'Orléans, baill. de ladite ville.
Sèze (de), médecin, sén. de Bordeaux.
Sieyes, Paris.
Sieyes de la Beaume, propriétaire, sén. de Draguignan, Grasse et Castellane en Provence.
Silley (de), baill. de Reims.
Simon, cultivateur, baill. de Caux.
Simon, recteur de la Boussacq, évêché de Uol, province de Bretagne.
Simon, curé de Wœl, baill. de Bar-le-Duc.
Sineti (de), sén. de Marseille.
Sollier, avocat, sén. de Forcalquier, Sisteron, etc.
Soustelle, avocat, sén. de Nimes et Beaucaire.
Stutt (de), sén. de Moulins en Bourbonnais.
Surade, curé de Plaisance, sén. du Poitou.
Sure (le), baill. de Vitry-le-Français.

T.

Tailhardin, sén. de Riom en Auvergne
Talon, ci-devant conseiller au parlement, bailliage de Chartres, suppléant de M. de Montboissier.

MM.

Target, avocat, pré vôté et vicomté de Paris.
Tellier, avocat du roi, baill. de Melun.
Tellier (le), curé, baill. de Caen.
Terme, cultivateur, sén. d'Agen.
Ternay (du), baill. de Laudun.
Terrade (de la), sén. d'Armagnac, Lectoure et Isle Jourdain.
Terrats, Perpignan.
Texier, chapelain de la reine, baill. de Châteauneuf en Timerais.
Thevenot de Maroise, baill. de Langres.
Thibault, curé de Souppes, bailliage de Nemours.
Thibaudot, avocat, sén. du Poitou.
Thiboutot (de), baill. de Caux.
Thirial, curé de Saint-Crepin, baill. de Château-Thierry.
Thomas, curé de Meynac, sén. de Tulle, Brive et Uzerches.
Thomas, curé de Mormans, bailliage de Melun.
Thoret, médecin, baill. de Berry.
Thouret, avocat, Rouen.
Tixedor, Perpignan.
Touche (de la), chancelier de M. d'Orléans, baill. de Montargis.
Toulongeon (de), bailliage d'Aval en Franche-Comté.
Toulouse-Lautrec (de), maréchal de camp, sén. de Castres.
Tour-Maubourg (de la), sén. de Puy en Velay.
Tourniol, sénéch. de Guéret en Haute-Marche.
Toustain de Viray (de), bailliage de Mirecourt.
Touzet, curé de Sainte-Terre, sén. de Libourne.
Trebol de Clermont, sén. de Quimper et de Concarneau, province de Bretagne, suppléant de M. Guillion de Kérincuff.
Treilhard, avocat, Paris.
Tridon, curé de Rougeres, sén. de Moulins en Bourbonnais.
Trie (de), baill. de Rouen.
Tronchet, avocat, Paris.
Trouillet, négociant, sén. de Lyon.
Tuault, sén. de Ploesmel, province de Bretagne.
Turpin, baill. de Blois.

U.

Ulry, avocat du roi, baill. de Bar-le-Duc.
Usson (d'), maréchal de camp, sén. de Pamiers, comté de Foix.
Ustou de Saint-Michel (d'), Cominges et Nebouzan.

V.

Vadier, sén. de Pamiers, comté de Foix.
Vaillant, province d'Artois.

LISTE DES DÉPUTÉS [1789-91]

MM.

Valentin Bernard, bourgeois, sén. de Bordeaux.
Valerian Duclos, ancien maire du Saint-Esprit, sén. de Nîmes et Beaucaire.
Valete, négociant à Tours, bailliage de Touraine.
Vallet, curé de Saint-Louis, baill. de Gien en Orléanais.
Vanneau, recteur d'Orgeres, évêché de Rennes, province de Bretagne.
Varelles (de), curé de Marolles, baill. de Villers-Cotterets.
Varin, avocat, province de Bretagne.
Vassé (de), sén. du Maine.
Vassy (Louis de), baill. de Caen.
Vaudreuil (de), lieutenant général des armées navales, etc., sén. de Castelnaudary.
Verchère de Reffye, avocat, baill. d'Autun.
Verdet, curé de Vintranges, bailliage de Sarguemines.
Verdolin, avocat, sén. de Draguignan, Grasse et Castellane en Provence.
Verguet (dom), évêché de Saint-Pol de Léon, province de Bretagne.
Vernier, avocat, baill. d'Aval en Franche-Comté.
Vernin, sén. de Moulins en Bourbonnais.
Verny, avocat, sén. de Montpellier.
Verthamon (de), sén. de Bordeaux.
Vialis (de), maréchal de camp, sén. de Toulon.
Viard, bailliage de Bar-le-Duc.
Vieillard fils, avocat, baill. de Coutances.
Vieillard, docteur et professeur en droit, baill. de Reims.
Vignon, Paris.
Viguier, avocat, sén. de Toulouse.

Villaret (de), vicaire général de Rhodès, sén. de Villefranche de Rouergue.
Villebanois (de), curé de Saint-Jean-le-Vieux, bailliage de Berry.
Villeblanche (de), colonie de Saint-Domingue, province du Nord, suppléant de M. Thébaudiers.
Ville-le-Roux (de), négociant de l'Orient, Hennebon, province de Bretagne.
Villemort (de), sén. du Poitou.
Villeneuve-Bergemont, sén. de Marseille.
Vimal-Flouvat, négociant, sén. de Riom en Auvergne.
Vincent de Panette, sén. de Trevoux, principauté de Dombes.
Viochot, curé de Maligny, bailliage de Troyes.
Virieu (de), Dauphiné.
Vismes (de), avocat, baill. du Vermandois.
Vivier, Navarre.
Vogué (de), sén. de Villeneuve-de-Berg en Vivarais.
Voidel, avocat, baill. de Sarguemines.
Volfin, avocat, baill. de Dijon.
Voulland, avocat, sén. de Nîmes et Beaucaire.
Vrigny (de), baill. d'Alençon (a donné sa démission).
Vyau de Beaudrenil, baill. de Saint-Pierre-le-Moutier.
Wartel, avocat, baill. de Lille en Flandre.
Wimphen (de), baill. de Caen.
Wolter de Neurbourg, baill. des Trois-Evêchés de Lorraine.

Y.

YVERNAULT, bailliage de Berry.

DÉPUTÉS

DE L'ASSEMBLÉE NATIONALE LÉGISLATIVE. [1791-92]

A.

MM.

ADAM, procureur-syndic du district de Chinon, Indre-et-Loire.
Adam, vice-président du directoire du district de Sarguemines, accusateur public près le tribunal, Moselle.
Albite, l'aîné, homme de loi et notable à Dieppe, Seine-Inférieure.
Allain Launaye, procureur-syndic du district de Caraix, Finistère.
Allard, procureur de la commune de Poitiers, Vienne.
Allut, procureur de la commune d'Uzès, Gard.

MM.

Amat, administrateur du département, Hautes-Alpes.
Amy, président du tribunal de Janville, Eure-et-Loir.
André de Logny, administrateur du directoire, Orne.
André du Tillot, notaire, administrateur du département, Vosges.
Anseaume, administrateur du département, Calvados.
Antonelle, maire d'Arles, Bouches du Rhône.
Arbogast, recteur de l'université nationale de Strasbourg, Bas-Rhin.

S.A.R. Mme la Duchesse de Berry.

Rasthiel   Fremy del et Sculp

DE L'ASSEMBLÉE LÉGISLATIVE.

MM.

Archier (de S. Chamas), administrateur du département, Bouches-du-Rhône.
Archinard, négociant, administrateur du district de Crest, Drôme.
Arena, Corse.
Arsaud, homme de loi, maire de Rhodès, Aveyron.
Aubert du Bayet, capitaine du treizième régiment d'infanterie, Isère.
Auday, membre du directoire, Tarn.
Audrein, premier vicaire de l'évêque, Morbihan.
Auguis, président du tribunal du district de Melle, Deux-Sèvres.
Aveline, administrateur du département à Caen, Calvados.
Azéma, homme de loi, administrateur du département, Aude.

B.

Baert, Pas-de-Calais.
Baffoigne, administrateur du département, Landes.
Bagot, médecin à S.-Brieux, Côtes-du-Nord.
Baignoux, membre du directoire du district de Tours, Indre-et-Loire.
Ballet, juge du tribunal du district d'Evaux, Creuse.
Ballu, notaire et juge de paix du canton de Péronne, Somme.
Barbon, juge au tribunal du district de Tulle, Corrèze.
Barbotte, administrateur du directoire du département, Orne.
Bardon-Boisaquetin, cultivateur, procureur-syndic du district de Srenay, Sarthe.
Barré, administrateur du directoire du département, Sarthe.
Barennes, homme de loi, procureur-général-syndic du département, Gironde.
Barris, fils, commissaire du Roi au tribunal de Virande, Gers.
Basire, jeune, membre du directoire du district de Dijon, Côte-d'Or.
Bassal, curé de S. Louis, vice-président du district de Versailles, Seine-et-Oise.
Bastide, homme de loi à Gros-Pierre, administrateur du directoire du département, Ardèche.
Batault, président du tribunal d'Arnay-sur-Arroux, Côte-d'Or.
Baudin, maire de Sedan, Ardennes.
Baumelin, membre du directoire du district de Bellefort, Haut-Rhin.
Beaubuy, l'aîné, chevalier de S. Louis, administrateur du département, Dordogne.
Beauvais, docteur en médecine, juge de paix, Paris.

MM.

Becquey, procureur-général-syndic du département, Haute-Marne.
Béguin, administrateur du département, juge du tribunal du district de Semur, Côte-d'Or.
Bejot, cultivateur à Messi, membre du directoire du département, Seine-et-Marne.
Belin, cultivateur à Guise, Aisne.
Belle, membre du directoire du département, Indre-et-Loire.
Belleroche, administrateur et membre du directoire du département, Vienne.
Bellier-du-Chesnay, ancien maire de Chartres, Eure-et-Loir.
Belot la-Digne, chevalier de S. Louis, administrateur du département, Aude.
Benoid, administrateur du directoire du département, Cantal.
Benoiston, président du département, Loire Inférieure.
Bergeras, procureur-général-syndic Basses-Pyrénées.
Bernard de Héry, membre du directoire du département, Yonne.
Bernard, de Saintes, président du tribunal du district de Saintes, Charente-Inférieure.
Bernard, d'Ugny, cultivateur et maire à Ugny, district de Montrecourt, Meuse.
Bernier, cultivateur à Passy, en Valois district de Château-Thierry, Aisne.
Besançon-Perrier, cultivateur à Reims, Marne.
Besson, ancien notaire, administrateur du directoire du département, Doubs.
Beugnot, procureur-général-syndic du département, Aube.
Bigot de Préameneu, juge du tribunal du quatrième arrondissement, Paris.
Bijon, administrateur de Bourbon-Lancy, Saône-et-Loire.
Bissy, jeune, juge au tribunal de Mayenne, Mayenne.
Blancgilly, administrateur du département, Bouches-du-Rhône.
Blanchard, commissaire ordonnateur des guerres, et grand juge militaire à Arras, Pas-de-Calais.
Blanchon, homme de loi, à Confolens, administrateur du département, Charente.
Blanchon, cultivateur à Chazelles, Rhône-et-Loire.
Bô, médecin à Mur-de-Barrez, Aveiron.
Boeriu, Corse.
Bohan, juge au tribunal du district de Châteaulin, Finistère.
Boisrot Delacourt, fils, juge au tribunal du district de Mont-Luçon, Allier.
Boisseau, cultivateur à Roissy, district de Gonesse, Seine-et-Oise.

LISTE DES DÉPUTÉS [1791-92]

MM.

Bonnemère, maire de Saumur, Maine-et-Loire.
Bonnerot, membre du directoire du département, Yonne.
Bonnet de Mautruy, maire de Caen, Calvados.
Bonneval, cultivateur à Orgevillers, membre de l'administration du département, Meurthe.
Bonnier, président du district de Montpellier, Hérault.
Bordas, président du tribunal de S.-Yrieix, Haute-Vienne.
Borie, homme de loi, administrateur du directoire du département, Corrèze.
Bosc, homme de loi, juge au tribunal d'Espalion, Aveyron.
Boscary, jeune, négociant, Paris.
Bouche, administrateur du département, Basses-Alpes.
Boucher, homme de loi à Bonneval, administrateur du directoire du département, Eure-et-Loir.
Bouestard, médecin à Morlaix, Finistère.
Boulenger, président du tribunal du district, administrateur du département, Seine-Inférieure.
Bournel, homme de loi, administrateur du district de Rhetel, Ardennes.
Bourzès, chevalier de S. Louis, maire de Millhau, Aveiron.
Bousquet, administrateur du département, Hérault.
Boutry, commissaire du Roi, à Vire, Calvados.
Bouvenot, homme de loi, à Besançon, administrateur du directoire du département, Doubs.
Bravet, notaire à Chapareillan, Isère.
Bréard, propriétaire à Marennes, et vice-président du directoire du département, Charente-Inférieure.
Brémontier, négociant à Rouen, Seine-Inférieure.
Bretocq, administrateur du district de S. Étienne Lutilaye, Calvados.
Briand, cultivateur et juge de paix à Brice, district de Quimper, Finistère.
Briche, capitaine d'artillerie à Strasbourg, Bas-Rhin.
Briolat, procureur-syndic de S. Dizier, Haute-Marne.
Brisson, procureur-syndic du département, domicilié à Selle, district de Romorantin, Loir-et-Cher.
Brissot de Warville, Paris.
Brival, homme de loi, procureur-général-syndic, Corrèze.
Broussonnet, de l'académie des sciences, secrétaire de la société d'agriculture, Paris.

MM.

Bruat, administrateur du département, Haut-Rhin.
Brugoux, membre du directoire du département, Lot.
Bruley (Prudent), maire de Tours, Indre-et-Loire.
Brulley, de Sézanne, président du département, Marne.
Brun, maire de Pezenas, Hérault.
Brunk, président du directoire du département, Bas-Rhin.

C.

Cailhasson, président du département, Haute-Garonne.
Calmon, homme de loi à Carluces, membre du directoire, Lot.
Calon, officier de l'état major de l'armée, membre du conseil du département, Oise.
Calvet, Arriége.
Cambon, officier municipal à Montpellier, Hérault.
Caminet, négociant et administrateur du directoire du département, Rhône-et-Loire.
Capin, homme de loi à Vic-Fesensac, Gers.
Carant, procureur-syndic du district de la Marche, Vosges.
Carez, imprimeur à Toul, membre de l'administration du district, Meurthe.
Carlier (le), président du tribunal de Coucy, Aisne.
Carnot, l'ainé, capitaine au corps royal de génie, Pas-de-Calais.
Carnot Feuillens, capitaine au corps royal de génie, à Saint-Omer, Pas-de-Calais.
Carpentier, président du district d'Hazebrouk, Nord.
Carret, homme de loi, Haute-Saône.
Cartier-Donineau, négociant, commandant la garde nationale à Tours, Indre-et-Loire.
Cartier-Saint-René, propriétaire à Lenry, district de Vierson, administrateur du directoire, Cher.
Casamajor, commissaire du Roi près le tribunal du district d'Oleron, Basses-Pyrénées.
Casamajor, membre du district de Sauveterre, même département.
Castel, procureur-syndic du district à Vire, Calvados.
Caubère, homme de loi, Arriége.
Causo, négociant à Narbonne, administrateur du département, Aude.
Cavelier, chef des bureaux de la marine, et procureur de la marine à Brest, Finistère.

DE L'ASSEMBLÉE LÉGISLATIVE.

MM.

Cazès, homme de loi, colonel de la garde nationale à S.-Béat, Haute-Garonne.
Cérutti, administrateur du département, Paris.
Chabot, vicaire épiscopal à Blois, Loir-et-Cher.
Champion, curé de Vobles, Jura.
Chaponnet, administrateur du directoire de département, Aube.
Chappe, procureur de la commune du Mans, Sarthe.
Charlier, homme de loi, membre du directoire du district de Châlons, Marne.
Chassaignac, homme de loi, juge de paix et administrateur, Corrèze.
Chasteau, homme de loi à Parthenay, président du département, Deux-Sèvres.
Chaubry de la Roche, administrateur du directoire de département, Haute-Vienne.
Chaudron-Rousseau, procureur-syndic du district de Bourbonne, Haute-Marne.
Chaufton, juge de paix à Orléans, Loiret.
Chauvet, procureur-général-syndic, Basses-Alpes.
Chazaud, administrateur du directoire du district de Confolens, Charente.
Chazot, homme de loi, à Saint-Chely, Lozère.
Chedaneau, administrateur de l'hôpital de Ruffec, Charente.
Chéron, membre du directoire du département, Seine-et-Oise.
Chevalier Malibert, administrateur, membre du directoire de département, Mayenne.
Chira, procureur-général-syndic du département, Rhône-et-Loire.
Choudieu, accusateur public à Angers, Maine-et-Loire.
Chouteau, administrateur du district de Cholet, Maine-et-Loire.
Christinat, négociant, maire du Hâvre, Seine-Inférieure.
Clauzet, jeune, maire de Velanet, Arriége.
Claye, laboureur à Beu, district de Dreux, administrateur du département, Eure-et-Loir.
Clémenceau, juge au tribunal du district de Saint-Florent, Maine-et-Loire.
Clément, cultivateur à Billy-sous-Mangienne, district d'Etain, Meuse.
Clermont, maire de Salins, Jura.
Cochet, administrateur et membre du directoire du département, à Catillon-sur-Sambre, Nord.
Codet, homme de loi à Rennes, Ille-et-Vilaine.
Col, juge du tribunal du district d'Ambert, administrateur du département, Puy-de-Dôme.

MM.

Colas, maire d'Argenteuil, Seine-et-Oise.
Collet, procureur-général-syndic du département, Indre.
Collomb de Gast, juge de paix à Saint-Chamont, administrateur du département, Rhône-et-Loire.
Condorcet, Paris.
Conget, Hautes-Pyrénées.
Constans-Saint-Estève, homme de loi à Saint-Sernin-de-Vabre, administrateur du directoire de département, Aveyron.
Coppens, président du département, Nord.
Corbel, juge au tribunal de Pontivy, Morbihan.
Cornet, jeune, maire de Chagny, Saône-et-Loire.
Cornudet, procureur-syndic du district de Felletin, Creuse.
Coubé, homme de loi, Tarn.
Couppé, curé de Sermaize, président du district de Noyon, Oise.
Courtin, l'aîné, négociant, membre du département, Seine-et-Oise.
Courtois, receveur du district d'Arcis-sur-Aube, Aube.
Courtot, juge au tribunal du district de Vesoul, Haute-Saône.
Coustard, commandant la garde nationale, Loire-Inférieure.
Couthon, président du tribunal de Clermont-Ferrand, Puy-de-Dôme.
Couturier, juge au tribunal de Bonjouville, Moselle.
Crestin, président du tribunal du district de Gray, Haute-Saône.
Cretté, propriétaire et cultivateur à Dugny, administrateur du directoire, Paris.
Croichet, directeur des poudres et salpêtres à Poligny, administrateur du directoire, Jura.
Croizé, juge au tribunal à Vitrey, Ille-et-Vilaine.
Crousse, cultivateur à Lagarde, district de Château-Salins, membre de l'administration du département, Meurthe.
Crublier d'Obterre, lieutenant-colonel au corps royal du génie, Indre.
Cuel, président du département, Puy-de-Dôme.
Cunin, juge au tribunal du district, membre de l'administration, Meurthe.
Curée, membre du directoire du département, Hérault.

D.

Dalibourg, administrateur du district du département, Mayenne.
Dalloz, président du tribunal du district de Saint Claude, Jura.
Dalmas, homme de loi à Aubenas, pro-

LISTE DES DÉPUTÉS [1791-92]

MM.

cureur-syndic du département, Ardèche.
Dameron, président du tribunal du district de la Charité, Nièvre.
Damourette, cultivateur à Chalerange, et président de l'administration du département, Ardennes.
Danthon, cultivateur et procureur-syndic à Vienne, Isère.
Dareau, juge du tribunal de Ré, Hautes-Pyrénées.
Darneuilh, Hautes Pyrénées.
Daverhoult, membre du directoire du département, Ardennes.
Debranges, membre du directoire du département, Marne.
Debray Chamont, négociant à Amiens, Somme.
Debry, administrateur du département, Paris.
Debry (Jean), administrateur du département, Aisne.
Dehaussay-Robecourt, président du tribunal du district de Péronne, Somme.
Debouliere, maire d'Angers, Maine-et-Loire.
Delacoste, président du tribunal du district de la Rochelle, Charente-Inférieure.
Delacroix, membre de la cour de cassation, Eure-et-Loir.
Delafont, membre du directoire du département, Creuse.
Delaizire, directeur des forges du Veaublanc, district de Loudac, Côtes-du-Nord.
Delaporte, avoué au tribunal de Belfort, Haut-Rhin.
Delaunay, juge de paix du canton de Mailly, Somme.
Delaunay, commissaire du Roi au tribunal d'Angers, Maine-et-Loire.
Delcher, homme de loi à Brioude, Haute-Loire.
Delfau, fils, cultivateur à Grives, district de Belvez, Dordogne.
Déliars, juge au tribunal du district de Sedan, Ardennes.
Deliége, officier municipal à Sainte-Menehould, Marne.
Delvet de S.-Mars, procureur-syndic du district d'Évreux, Eure.
Delmas, ancien officier de milice, aide-major-général de la garde nationale de Toulouse, Haute-Garonne.
Delon, administrateur du district de S.-Hyppolyte, Gard.
Delpierre, homme de loi à Valfroicourt, Vosges.
Demées, administrateur du directoire du département, Orne.
Depère, vice-président du département, Lot-et-Garonne.

MM.

Dépéret, médecin, juge de paix du canton de Limoges, Haute-Vienne.
Derebout, homme de loi, au bourg S.-Andéol, vice-président du directoire du département, Ardèche.
Derrien, cultivateur à Trebivan, district de Rosthenen, Côtes-du-Nord.
Desbois, évêque du département, Somme.
Descamps, procureur-syndic du district de Lectour, Gers.
Deschamps, administrateur du directoire de département, Eure.
Descrots-Desirée, père, maréchal de camp, Allier.
Desgranges, jeune, négociant à Luxeuil, Haute-Vienne.
Despinassy, capitaine d'artillerie, Var.
Desplaces, juge de paix du canton de S.-Prix, Saône-et-Loire.
Desportes, fils, administrateur de la marine, à l'Écamp, Seine-Inférieure.
Desprez, vice-président du directoire du département, Manche.
Destrem, négociant à Fanjaux, administrateur du département, Aude.
Deusy, homme de loi à Arras, Pas-de-Calais.
Devaraigne, ingénieur des ponts et chaussées à Langres, Haute-Marne.
Deydier, notaire, feudiste et géomètre à Pont-de-Vaux, Ain.
Dherbez, Basses-Alpes.
Dieudonné, homme de loi à S.-Dié, administrateur du directoire du département, Vosges.
Digaultray, homme de loi, membre du directoire du district de S. Brieux, Côtes-du-Nord.
Dithurbide, vice-président du directoire, Basses-Pyrénées.
Dochier, homme de loi à Romans, administrateur du département, Drôme.
Domergue de Beauregard, chevalier de S. Louis, vice-président du directoire du département, Lozère.
Donguis, procureur-syndic du district d'Embrun, Hautes-Alpes.
Dhrizy, procureur-syndic du district de Vitry, Marne.
Douyet, administrateur du directoire du département, Allier.
Drouin, maire à Lunéville, Meurthe.
Drouliac, homme de loi, administrateur du directoire du département, Haute-Garonne.
Dubois-Duhais, administrateur du département, Calvados.
Dubois-de-Bellegarde, chevalier de S. Louis, commandant de la garde nationale d'Angoulême, Charente.
Dubont, bourgeois à Beauvais, Oise.
Dubreuil-Chamburdel, cultivateur à Axen,

DE L'ASSEMBLÉE LÉGISLATIVE.

MM.

administrateur du département, Deux-Sèvres.
Dubuisson, membre du directoire du district de Provins, Seine-et-Marne.
Ducastel, homme de loi, officier municipal à Rouen, Seine Inférieure.
Ducos, fils, négociant, Gironde.
Ducreux, administrateur du département, Aisne.
Dufrexon, administrateur du directoire du département, Loire-Inférieure.
Duhem, médecin et juge de paix à Lille, Nord.
Dumas, maréchal de camp, Seine-et-Oise.
Dumas-Champvallier, homme de loi, juge de paix de Champagne-Mouton, Charente.
Dumolard, fils, homme de loi à Grenoble, Isère.
Dumoret, Hautes-Pyrénées.
Dumoutier (Aubin), négociant à la Rochelle, Charente-Inférieure.
Dupertuis, administrateur du département, Indre.
Dupetitbois, colonel du seizième régiment de dragons, ci-devant Orléans, à Rennes, Ille-et-Vilaine.
Duphénieux, membre du directoire du département, Lot.
Dupin, homme de loi, procureur-syndic du district de Clamecy, Nièvre.
Dupont-Grandjardin, maire de Mayenne, Mayenne.
Dupont (Jean-Louis), maire de Perusson.
Dupuy, fils, homme de loi, juge au tribunal du district de Montbrison, Rhône-et-Loire.
Dupuy-Montbrun, maréchal-de-camp, commandant-général de la garde nationale du département, Lot.
Duquesnoy, cultivateur à Boyeffles, Pas-de-Calais.
Durin, juge au tribunal du district de Deuje, Nièvre.
Duroussin, juge au tribunal de Rouhans, Saône-et-Loire.
Duval, de Greville, proche Cherbourg, administrateur et membre du directoire du département, Manche.
Duval, aîné, bourgeois, de Plessis-Dorin, district de Montdoubleau, Loir-et-Cher.
Duval, de Vitré (Charles), juge au tribunal de la Guerche, Ille-et-Vilaine.
Duval de Thiel-Nollent, vice-président du département, Eure.
Duvant, homme de loi à Néronde, administrateur du directoire du département, Rhône-et-Loire.
Duvoisin-Delaserve, procureur-syndic du

MM.

district de S. Gimien, Haute-Vienne.
Dyzés, procureur-général syndic du département, Landes.

E.

Elie, vice-président du directoire du district de Josselin, Morbihan.
Emmery, négociant, colonel de la garde nationale, à Dunkerque, Nord.
Escanyé, homme de loi, membre du directoire, Pyrénées-Orientales.
Eschasserianx, aîné, homme de loi à Saintes, administrateur du département, Charente-Inférieure.
Esnue-de Lavallée, juge au tribunal de Craon, Mayenne.
Espariat, Bouches-du-Rhône.
Esperon, maire d'Albi, Tarn.
Euvremer, administrateur et membre du directoire du département, Manche.
Ezingeard, notaire, juge de paix de St.-Jean en Royans, Drôme.

F.

Fabre, de Ploermel, président du tribunal de Ploermel, Morbihan.
Fabre, président de l'administration à Carcassonne, Aude.
Fache, juge de paix de la ville de Château-Thierry, Aisne.
Fauchet, évêque du département, Calvados.
Faure, administrateur du département, Hautes-Alpes.
Faye, administrateur du directoire du département, Haute-Vienne.
Faye-Lachèse, médecin à Brive, Corrèze.
Fayolle, administrateur du département, Yonne.
Ferrière, juge au tribunal près le district de Bauge, administrateur du département, Maine-et-Loire.
Ferrus, maire de Briançon, Haut.-Alp.
Fillassier, procureur-syndic du district de Bourg la-Reine, Paris.
Fiquet, procureur-syndic du district de Soissons, Aisne.
Fleury, homme de loi, administrateur du département et juge du tribunal du district de Romans, Drôme.
Foissey, premier juge au tribunal du district de Nancy, Meurthe.
Font, évêque du département, Arriège.
Forfait, ingénieur-constructeur de la marine à Rouen, Seine-Inférieure.
Fossard, administrateur du directoire du département, Eure.
Foucher, homme de loi, notaire à Aubigny, administrateur du département, Cher.

LISTE DES DÉPUTÉS [1791-92]

MM.

Fouquet, procureur-syndic du district de S.-Armand, Cher.
Fournier, Hautes-Pyrénées.
Fraissenel, homme de loi à Annonay, Ardèche.
François, de Nantes, Loire-Inférieure.
François, de Neufchâteau, juge de paix à Vicheray, et administrateur du département, Vosges.
François, procureur-syndic du district de Sablé, Sarthe.
François, cultivateur à Buneville, Pas-de-Calais.
Frasey, maître de forge à Imphy, et administrateur du département, Nièvre.
Frécine, président du tribunal du district de S.-Aignan et Montrichard, membre du conseil du département, Loir-et-Cher.
Froudière, homme de loi à Rouen, Seine-Inférieure.

G.

GAILLARD, président du tribunal du district de Valence, Drôme.
Garran de Coulon, président du tribunal de cassation, Paris.
Garchery, juge de paix de Montcenis, Saône-et-Loire.
Gasparin, capitaine au second régiment d'infanterie, ci-devant Picardie, Bouches-du-Rhône.
Gastellier, médecin, maire de Montargis, Loiret.
Gaston, juge de paix à Foix, Ariége.
Gaubert, procureur syndic du district de Tiers, Puy-de-Dôme.
Gaudin, négociant, maire des Sables-d'Olonne, Vendée.
Gaudin, de Luçon, premier vicaire de la cathédrale de la Vendée, Vendée.
Gaulmin, médecin et maire de Montmarault, Allier.
Gausseraud, juge du district d'Albi, Tarn.
Gay de Vernon, évêque du département, Haute-Vienne.
Gélin, administrateur du district de Charolles, Saône-et-Loire.
Gélot, membre du directoire du département, Côte-d'Or.
Gensonné, membre du tribunal de cassation, Gironde.
Gentil, administrateur du directoire du département, Loiret.
Ceuty, procureur-syndic du district d'Orléans, Loiret.
Gérardin, président de l'administration du département, Oise.
Germigniac, médecin à Germiniac, président du département, Corrèze.

MM.

Certonx, Hautes-Pyrénées.
Gibergues, prêtre à S.-Floret, Puy-de-Dôme.
Gilbert, homme de loi, Charente-Inférieure.
Girard, négociant, ancien consul à Toulouse, Haute-Garonne.
Giraud, juge au tribunal du district de Fontenay-le-Comte, Vendée.
Giraudy, administrateur du département, Gard.
Girod, de Thoiry, homme de loi, administrateur du directoire du district de Gex, Ain.
Giroult, administrateur et membre du directoire du district d'Avranches, Manche.
Giroust, juge au tribunal du district de Nogent-le-Rotrou, Eure-et-Loire.
Glais de Bisoin, négociant à Saint-Helo, district de Merleac, Côtes-du-Nord.
Gobillard, maître de poste à la Chaussée, Marne.
Goffeaux, administrateur du directoire du département, Maine-et-Loire.
Gohier, homme de loi à Rennes, Ille-et-Vilaine.
Golzart, procureur-syndic du district de Grandpré, Ardennes.
Gonyn, administrateur du directoire du district de Muret, Haute-Garonne.
Gorguereau, juge du tribunal du cinquième arrondissement, Paris.
Gossuin, administrateur, membre du directoire du département, Nord.
Goubert, cultivateur à Flers, Somme.
Goujon, procureur-syndic du district de Beauvais, Oise.
Goupilleau, homme de loi, procureur-syndic du district de Montaigu, Vendée.
Gouvion, major-général de la garde nationale, Paris.
Granet, de Toulon, président du département, Var.
Granet, de Marseille, administrateur du directoire du département, Bouches-du-Rhône.
Grangeneuve, homme de loi, substitut du procureur de la commune de Bordeaux, Gironde.
Gréau, négociant-agriculteur à Villeneuve-le-Roi, Yonne.
Grégoire, aîné, négociant au Hâvre, administrateur du département, Seine-Inférieure.
Gros, homme de loi, procureur-syndic du district de Mauriac, Cantal.
Crosse-du-Rocher, administrateur du département, Mayenne.
Guadet, homme de loi, président du tribunal criminel, Gironde.
Guérin, maire de Mamers, Sarthe.

DE L'ASSEMBLÉE LÉGISLATIVE.

MM.

Guillaud de l'Etanche, secrétaire du directoire du district de Morillon, Vienne.
Guillou, homme de loi, Lot.
Guillioud, homme de loi aux Albrets et administrateur du département, Isère.
Guillois, architecte de la marine à l'Orient, Morbihan.
Guimberteau, juge au tribunal du district d'Angoulême, Charente.
Guitard, fils, président du département, Cantal.
Guyes, membre du directoire du district d'Aubusson, Creuse.
Guyton Morveau, procureur-général-syndic à Dijon, Côte-d'Or.

H.

Hainsselin, procureur-syndic du district de Clermont, Oise.
Hardouin, Indre-et-Loire.
Haudouart, président du tribunal du district de Bapaume, Pas-de-Calais.
Haussmann, négociant à Versailles, membre du département, Seine-et-Oise.
Hébert, chevalier de Saint-Louis, administrateur du département, Eure.
Hébert, cultivateur à Précy, membre du directoire du département, Seine-et-Marne.
Hennequin, maire du Ganat, Allier.
Henry, administrateur du directoire du département et vice-procureur-syndic Cantal.
Henry-Larivière, homme de loi à Falaise, Calvados.
Hérault de Séchelles, commissaire du roi, Paris.
Hillaire, homme de loi à Monastier, administrateur du directoire du district du Puy, Haute-Loire.
Hochet, juge de paix à Manneville-ès-Plain, administrateur du département, Seine-Inférieure.
Hua, juge au tribunal de Mantes, Seine-et-Oise.
Huet Froberville, administrateur du département, Loiret.
Hugau, chevalier de Saint-Louis, administrateur du département, Eure.
Hugot, juge au tribunal du district à Bar-sur-Seine, Aube.
Huguet, homme de loi, administrateur du département, Cher.
Huguet, évêque du département, Creuse.
Hureaux, juge de paix du canton de Vouziers, Ardennes.

I.

Ichon, prêtre supérieur de l'oratoire de Condom, Gers.

MM.

Ille, administrateur du département, Indre-et-Loire.
Ingrand, homme de loi à Usseau, près Châtellerault, administrateur et membre du directoire du département, Vienne.
Inizan, cultivateur à Sizun, expert et administrateur du district de Landernau, Finistère.
Isnard, négociant à Draguignan, Var.

J.

Jagot, juge de paix à Nantua, Ain.
Jahan, juge du tribunal du district de Chinon, Indre-et-Loire.
James, juge au tribunal de Semur, Saône-et-Loire.
Jamon, homme de loi à Montfaucon, et administrateur du directoire du département, Haute-Loire.
Jard Panvilliers, médecin à Niort, procureur-général-syndic du département, Deux-Sèvres.
Jaucourt, chevalier de Saint-Louis, colonel de cavalerie, vice-président du directoire du département, Seine-et-Marne.
Jay, administrateur du département, Gironde.
Jodin, procureur-syndic du district de Montmédy, Meuse.
Jollivet, propriétaire et cultivateur, homme de loi et membre du directoire du département, Seine-et-Marne.
Jolly, l'aîné, négociant à Saint-Quentin, Aisne.
Jouffret, procureur-général du département, Allier.
Jounault, homme de loi, procureur-syndic du district à Thouars, Deux-Sèvres.
Jouneau, administrateur du département et lieutenant de la gendarmerie nationale, Charente-Inférieure.
Journet, maire de Châlons-sur-Saône, Saône-et-Loire.
Journu-Auber, négociant et membre du district de Bordeaux, Gironde.
Jovin-Molle, administrateur du département, Rhône-et-Loire.
Juery, membre du directoire du département, Oise.
Juglar, homme de loi, membre du directoire du département, Basses-Alpes.

K.

Koex, professeur d'histoire à Strasbourg, Bas-Rhin.

L.

Labastie, homme de loi, Hautes-Alpes.

MM.

Laborey, homme de loi à Ormoy, district de Jussey, Haute-Saône.
Laboyssière, juge au tribunal du district de Boissac, Lot.
Lacépède, administrateur du département, Paris.
Lachiese, président du tribunal du district de Martel, Lot.
Lacombe, doctrinaire et curé de Saint-Paul de Bordeaux, Gironde.
Lacombe Saint-Michel, officier d'artillerie, Tarn.
Lacoste, médecin à Montignac, administrateur du département, Dordogne.
Lacoste-Montlausier, Lot.
Lacuée, jeune, capitaine, procureur-général-syndic, Lot et-Garonne.
Lafaye des Rabiers, procureur-syndic du district de Barbesieux, Charente.
Laffon-Ladebat, cultivateur et administrateur du directoire du département, Gironde.
Lafont, membre du directoire du département, Lot-et-Garonne.
Laferrière, Pyrénées-Orientales.
Lagier-Lacondamine, homme de loi, procureur-syndic du district de Die, Drôme.
Lagrevol, homme de loi, juge au tribunal du district d'Issingeaux, Haute-Loire.
Laguire, juge de paix de Manciet, Gers.
Laloy, administrateur du directoire du département, Haute-Marne.
Lamarque, juge au tribunal du district de Périgueux, Dordogne.
Lambert, juge de paix du canton d'Autrecourt, à Belan, Côte-d'Or.
Lambert, administrateur du département, Bas-Rhin.
Lameth (Théodore), colonel du septième régiment de cavalerie, président du département, Jura.
Lamourette, évêque du département, Rhône-et-Loire.
Landrian, président de l'assemblée du département, Haute-Marne.
Langlois (de Louviers), négociant, administrateur du département, Eure.
Langlois, de Lintot, administrateur du district de Dieppe, Seine-Inférieure.
Laplaigne, président du tribunal du district d'Auch, Gers.
Larochette, procureur-général-syndic du district de Rouane, Rhône-et-Loire.
Larroque-Labrcède, membre du directoire du département, Tarn.
Lasalle, fabricant de draps à Chalabre, Aude.
Lasource, Tarn.
Lassabathie, père, citoyen de Moissac, président du directoire du département, Lot.

MM.

Latané, juge au tribunal de Plaisance, administrateur du département, Gers.
Laumond, administrateur du département, Creuse.
Laureau, vice-président du directoire du département, Yonne.
Laurens, homme de loi au Puy, Haute-Loire.
Lautour-Duchâtel, second juge, suppléant au tribunal du district d'Argentan, Orne.
Lauze-Duperret, Bouches-du-Rhône.
Lavigne, négociant à Tonneins, administrateur du directoire du département, Lot-et-Garonne.
Lebœuf, administrateur du directoire du département, Loiret.
Leboucher-Dulonchamp, procureur-syndic du district d'Argentan, Orne.
Lebreton, procureur-syndic du district de Fougères Ille-et-Vilaine.
Lecaron-de-Mazancourt, commandant de la garde nationale de Compiègne, Oise.
Léchelle, commissaire du Roi au tribunal du district de la Rochefoucauld, Charente.
Lecointe-Puiravaux, homme de loi à S.-Maixent, administrateur du département, Deux-Sèvres.
Lecointre, administrateur du département, et commandant de la garde nationale de Versailles, Seine-et-Oise.
Lecomte de Betz, maire d'Alençon, Orne.
Lecoz, évêque métropolitain du Nord-Ouest, Ille-et-Vilaine.
Lécuret, juge au tribunal du district de Champlitte, Haute-Saône.
Lefebvre, homme de loi, vice-procureur-général-syndic du département, Eure-et-Loire.
Lefebvre, officier municipal au Quesnoy.
Lefessier, évêque du département, Orne.
Lefrancq, procureur-syndic du district de Calais, Pas-de-Calais.
Legendre, notaire à Heuqueville, administrateur du conseil général du département, Eure.
Legras, juge du tribunal du district de S. Germain, Seine-et-Oise.
Legressier-Bellanoy, homme de loi à Samer, membre du directoire du district du Boulogne, Pas-de-Calais.
Lejeune, ancien officier de l'élection de Pithiviers, Loiret.
Lejosne, administrateur du directoire du district de Douai, Nord.
Lemaillaud, procureur-général-syndic du département, Morbihan.
Lemaistre, membre du directoire du département, domicilié à Montoire, district de Vendôme, Loir-et-Cher.

DE L'ASSEMBLÉE LÉGISLATIVE.

MM.

Lemesre, administrateur du département, Nord.
Lemoine-Villeneuve, juge au tribunal de Mortain, Manche.
Lemontey, homme de loi, substitut du procureur de la commune de Lyon, Rhône-et-Loire.
Léonetti, Eure-et-Loire.
Léopold, homme de loi, vice-président du directoire du département, Corse.
Lepigeon de Boisval, maire de Coutances, Manche.
Lequinio, juge au tribunal de Vannes, Morbihan.
Lerebourg de la Pigeonnière, juge au tribunal du district de Nortam, administrateur du département, Manche.
Leremboure, membre du directoire, Basses-Pyrénées.
Leroy, de Bayeux, homme de loi, Calvados.
Leroy, de Lisieux, homme de loi, Calvados.
Leroy de Flagis, Tarn.
Lesueur, administrateur du directoire du département, Orne.
Letailleur, cultivateur à Elbeuf, près Gournay, Seine-Inférieure.
Letellier, procureur-syndic du district de Saint-Lô, Manche.
Letourneur, capitaine au corps du génie, à Cherbourg, Manche.
Letutor, administrateur du directoire du département, Morbihan.
Levasseur, procureur-syndic du district, à Toul, Meurthe.
Levasseur (Léon), capitaine d'artillerie des Colonies, à Rouen, Seine-Inférieure.
Leyris, vice-président du district d'Alais, Gard.
Limousin, homme de loi à Riberac, administrateur du départ., Dordogne.
Lindet, homme de loi, procureur-syndic du district de Bernay, Eure.
Lobjoy, maire de Colligis, district de Laon, Aisne.
Lolivier, administrateur du directoire du département, Meuse.
Lomont, administrateur du département, Calvados.
Lonné, administrateur du département, Landes.
Lortal, homme de loi à Villefranche, procureur-général-syndic du département, Aveyron.
Lostalot, juge au tribunal du district de Pau, Basses-Pyrénées.
Louvet, juge au tribunal du district de Montdidier, Somme.
Loyeux, cultivateur, maire de Carligny, Somme.

MM.

Loysel, vice-président du département, domicilié à S. Gobin, district de Chauny, Aisne.
Lozeran-do-Fressac, administrateur du directoire du département, Lozère.
Lucas, homme de loi à Betteville, administrateur du département, Seine-Inférieure.
Lucat, médecin, maire de Dax, Landes.
Lucio, procureur-général-syndic du département, Pyrénées-Orientales.
Lucy, membre du directoire du département, Oise.

M.

Maignen, administrateur du directoire du district de la Châtaigneraie, Vendée.
Maiguet, administrateur du directoire du département, Puy-de-Dôme.
Mailhe, homme de loi, procureur-syndic du département, Haute-Garonne.
Mailho, homme de loi, Hautes-Pyrénées.
Maizières, juge de paix du canton de Couvignon, à Proverville, près Bar-sur-Aube, Aube.
Maleprade, président du département, Lot-et-Garonne.
Mallarmé, procureur-syndic du district de Pont-à-Mousson, Meurthe.
Malassis, imprimeur, et officier municipal à Brest, Finistère.
Malus, membre du directoire du département, Yonne.
Manehan, procureur-syndic du district de Clermont, Meuse.
Mangin, homme de loi à Longuion, district de Longwy, Moselle.
Marand, négociant à Bugneville, administrateur du district de Neufchâteau, Vosges.
Marbot, administrateur du directoire du département, Corrèze.
Marchand, fils, juge de paix du canton de Marolles, et membre du conseil du département, Loir-et-Cher.
Marie, administrateur du district de Prades, Pyrénées-Orientales.
Marie-d'Avigneau, président de l'administration du département, Yonne.
Marin, Moselle.
Martin, négociant, maire de Marseille, Bouches-du-Rhône.
Martin, juge au tribunal du district de Cognac, Charente.
Martin, membre du directoire du département, domicilié à Loches, Indre-et-Loire.
Martineau, juge au tribunal du district de Chatellerault, Vienne.
Martincourt, membre du directoire du district d'Is-sur-Tille, Côte-d'Or.

MM.

Massenet, cultivateur à Heiligenstein, Bas-Rhin.
Massey, entrepreneur et manufacturier à Amiens, Somme.
Massy, administrateur du directoire du département, Loire-Inférieure.
Mathieu, cultivateur à Anlezy, juge de paix, administrateur du département, Nièvre.
Mathieu, procureur-général-syndic du département, Bas-Rhin.
Masuyer, juge au tribunal du district de Louhans, Saône-et-Loire.
Mauche, juge de paix à Tarascon, Bouches-du-Rhône.
Mayerne, procureur-syndic du district du Blanc, Indre.
Menard, membre du directoire du département, Gard.
Mengin, vice-président du directoire du district de S.-Diez, Vosges.
Menuau, juge au tribunal du district de Vihier, Maine-et-Loire.
Mericamp, homme de loi, procureur-syndic du district de S.-Sever, Landes.
Merlet, procureur-syndic du district de Saumur, Maine-et-Loire.
Merlin, homme de loi à Thionville, Moselle.
Merveilleux, administrateur du département, Charente Inférieure.
Meunier, secrétaire général du département, Loiret.
Michaud, homme de loi à Pontarlier, administrateur du directoire du département, Doubs.
Michel, jeune, homme de loi à S.-Malo, Ille-et-Vilaine.
Michelon (de Marbareau), procureur-syndic du district de S. Léonard, Haute-Vienne.
Michon-Dumarais, administrateur du département, Rhône-et-Loire.
Michoud, négociant, administrateur du département, Isère.
Molinier, homme de loi à la Mouline, membre du directoire du département, Aveyron.
Monestier, homme de loi à Manassac, Lozère.
Monneron, négociant, Paris.
Monnot, homme de loi à Besançon, vice-président du directoire du département, Doubs.
Montaut-Desilles, receveur particulier des finances de la ci-devant élection de Condom, Vienne.
Montaut-Maribon, administrateur du directoire de Condom, lieutenant-colonel de la garde nationale, Gers.
Morand, homme de loi à Lauvignec, district de Pontrieux, Côtes-du-Nord.

MM.

Moreau, de Bar, procureur-général syndic du département, Meuse.
Moreau, cultivateur à Compigny, Yonne.
Morel, procureur-syndic du district d'Epernay, Marne.
Morin, juge au tribunal de Bitche.....
Morisson, homme de loi, administrateur du directoire du département, Vendée.
Morivaux, commissaire du Roi près le tribunal du district de Salins, Jura.
Mosneron, aîné, Nantes, Loire-Inférieure.
Moulin, administrateur du district de Besse, Puy-de-Dôme.
Mourain, administrateur du directoire du département, Loire-Inférieure.
Mouysset, juge au tribunal du district de Villeneuve, Lot-et-Garonne.
Mulot, Paris.
Muraire, président du district de Draguignan, Var.
Musset, curé de Falleron, Vendée.

N.

Naret, juge de paix de la ville de Provins, Seine-et-Marne.
Nau, aîné, officier municipal d'Abbeville, Somme.
Navier, juge au tribunal de cassation, Côte-d'Or.
Nion, ingénieur de la marine, maire de Rochefort, Charente inférieure.
Nogaret, fils, homme de loi à S-Laurent, membre du directoire du département, Aveyron.

O.

Oudot, commissaire du Roi au tribunal du district, à Beauns, Côte-d'Or.

P.

Paganel, curé de Noillac, et procureur-syndic du district de Villeneuve, Lot-et-Garonne.
Paigis, médecin à Château-Gontier, Mayenne.
Paignard, négociant, administrateur du district de Bellême, Orne.
Paillet, juge au tribunal du district de Verdun, Meuse.
Pantin, propriétaire cultivateur à Gaillarbois, district des Andelys, Eure.
Papin, administrateur du directoire du département, Loire-Inférieure.
Pastoret, procureur-syndic du département, Paris.
Pellicot, administrateur du district du département, Bouches-du-Rhône.
Peraldi, Corse.

DE L'ASSEMBLÉE LÉGISLATIVE.

MM.

Pérignon, juge de paix à Montech, Haute-Garonne.
Perreon, homme de loi, administrateur du département, juge de paix du canton de Log-Forgereuse, Vendée.
Perret, homme de loi, officier municipal d'Aurillac, Cantal.
Perrin, maire de Troyes, Aube.
Perrin, procureur-syndic du district de Lons-le-Saulnier, Jura.
Petit, négociant, juge de paix à Chamarans, Seine-et-Oise.
Philibert, administrateur du département, Var.
Pierret, ancien maire de Reims, Marne.
Pierron, juge au tribunal de Briey, Moselle.
Pierrot, notaire à Anvilliers-les-Forges, membre du directoire du département, Ardennes.
Pietri, Corse.
Pieyre, fils, membre du directoire du département, Gard.
Pillant, procureur-syndic du district de Dourdan, Seine-et-Oise.
Pinchinat, membre du directoire du département, Basses Alpes.
Pinet l'aîné, administrateur du district de Bergerac, Dordogne.
Piorry, homme de loi, membre et administrateur du directoire du département, Vienne.
Plauchut (Vincent), vice-président du district de Nimes, Gard.
Poisson, président du tribunal de S.-Lô, administrateur du département, Manche.
Poitevin, homme de loi à Barjols, Var.
Pomiers, homme de loi à S.-Antonin, Aveyron.
Pontard, évêque du département, Dordogne.
Pouget, procureur-syndic du district de Castel-Jaloux, Lot-et-Garonne.
Pozzo (di Borgo), Corse.
Prejean, cultivateur propriétaire, homme de loi à Corbone, district de Rieux, Haute Garonne.
Pressac Desplanches, président du tribunal du district de Civray, Vienne.
Prieur Duvernois, officier du génie, Côte d'Or.
Prouveur, juge au tribunal de Valenciennes, Nord.
Prudhomme, juge de paix a Rozoy, district de Laon, Aisne.
Pyrot, procureur-syndic du district de Metz, Moselle.

Q.

Quatremère de Quincy, Paris.

MM.

Quatresolz de Marolles, président de l'administation du district de Rozoy, Seine-et-Marne.
Queslin, homme de loi à Valogne, Manche.
Quesnay, juge au tribunal du district de Saumur, Maine-et-Loire.
Quillet, cultivateur à Cramont, administrateur du district d'Abbeville, Somme.
Quinette, administrateur du département, à Soissons, Aisne.

R.

Rabusson-Lamothe, officier municipal à Clermont-Ferrand, Puy-de-Dôme.
Raffin, ancien officier de cavalerie, Basses Alpes.
Rameau, homme de loi à Cosne, vice-président du directoire du département, Nièvre.
Ramel, procureur-syndic du département, Lot.
Ramond, Paris.
Rataud, maire de Montereau Faut-Yonne, Seine-et-Marne.
Reboul, administrateur du département, domicilié à Pezenes, Hérault.
Regnard Claudin, négociant et maire de la Ferté-sous-Jouare, Seine-et-Marne.
Régnault, juge au tribunal du district, à Ervy, Aube.
Reguier, homme de loi, procureur-syndic du district de Trevoux, Ain.
Reveré, curé de Conteville, administrateur du conseil général du département, Eure.
Reverchon, négociant à Vergisson, Saône-et-Loire.
Reynaud, maire de Puy, Haute-Loire.
Ribes, homme de loi à Limoux, administrateur du département, Aude.
Ribes, de Perpignan, homme de loi, membre du directoire, Pyrénées-Orientales.
Riboup, procureur-général-syndic du département, Ain.
Richard, procureur de la commune de la Flèche, Sarthe.
Richard de Villiers, administrateur, membre du conseil du département, Mayenne.
Riquet, membre du directoire du département, Charente-Inférieure.
Ritter, juge au tribunal d'Altkirch, Haut-Rhin.
Rivery, négociant et cultivateur à Saint-Valery, administrateur du département, Somme.
Rivoallan, homme de loi à Saint-Brieux, Cotes-du-Nord.
Robin, marchand et cultivateur à Nogent-sur-Seine, Aube.

MM.

Robin (Léonard), homme de loi, juge au tribunal du sixième arrondissement, Paris.
Robouam, cultivateur à la Forêt-sur-Sèvres, président du district de Châtillon, Deux-Sèvres.
Rochoux, administrateur du directoire du département, Indre.
Rognint, membre du directoire du département, Isère.
Roiou, administrateur du directoire du département, Sarthe.
Rolland, président du tribunal de Faulquemont, Moselle.
Romme, cultivateur à Gimeaux, ancien professeur de mathématique et physique, Puy-de-Dôme.
Roncier, cultivateur à Flageac, près Brioude, Haute-Loire.
Roubaud, médecin, administrateur du district de Grasse, Var.
Roubaud, médecin à Tourvès, district de S.-Maximin, Var.
Rouède, homme de loi, administrateur du département, et juge de paix au tribunal du district de S.-Gaudens, Haute-Garonne.
Rougier-de-la-Bergerie, de la société d'agriculture de Paris, président du district de S.-Fargeau, Yonne.
Roujoux, commissaire du Roi près le tribunal du district de Landernau, Finistère.
Rousseau, fils, président du département et du tribunal du district du Château-du-Loir, Sarthe.
Roux-Fasillac, chevalier de S.-Louis, à Exideuil, Dordogne.
Royer, maire de Béjurs, Hérault.
Ruamps, cultivateur à S. Saturnin-du-Bois, membre du directoire du département, Charente-Inférieure.
Rubat, juge au tribunal du district de Belley, Ain.
Rubat, fils, juge au tribunal du district de Mâcon, Saône-et-Loire.
Rudler, membre du directoire, Haut-Rhin.
Ruet, administrateur du départ., Allier.
Rühl, administrateur du directoire du département, Bas-Rhin.

S.

Sabathier, notaire à Leré, district de Sancerre, Cher.
Sablière-Lacondamine, médecin à Saint-Roman, près S.-Marcellin, Isère.
Sage, administrateur du département, Rhône-et-Loire.
Saladin, juge au tribunal du district d'Amiens, Somme.

MM.

Sallengros, homme de loi, officier municipal de Maubeuge, Nord.
Salmon, administrateur du dép., Sarthe.
Salvage, homme de loi, administrateur du district de Mauriac, Cantal.
Sancerre, commissaire du Roi, Tarn.
Sapiaville, notaire à Beaujeu, Rhône-et-Loire.
Saulnier, propriétaire à Lautigné, Rhône-et-Loire.
Saluayra, administrateur du directoire du district de Montélimart, Drôme.
Sautereau, homme de loi à S.-Pierre-le-Moutier, procureur-général-syndic du département.
Sauvé, négociant, maire de Duce, district d'Avranches, Manche.
Savonneau, cultivateur à S.-Firmain-des-Prés, district de Vendôme, membre du conseil du département, Loir-et-Cher.
Schirmer, Haut-Rhin.
Sebire, cultivateur à Carfantin, Ille-et-Vilaine.
Sédillez, homme de loi, membre du directoire du district de Nemours, Seine-et-Marne.
Seranne, négociant à Cette, Hérault.
Sers, négociant, officier municipal de Bordeaux, Gironde.
Servière, juge au tribunal du district de Bazas, Gironde.
Sévene, homme de loi à Marvejols, Lozère.
Siau, aîné, négociant, membre du directoire, Pyrénées-Orientales.
Siblot, docteur en médecine, à Lure, Haute-Saône.
Sissons, juge au tribunal du district à Troyes, Aube.
Solomiac, homme de loi à la Grasse, administrateur du département, Aude.
Soret, procureur-syndic du directoire de Pontoise, Seine-et-Oise.
Soubeiran Saint-Prix, homme de loi à S.-Persy, administrateur du directoire du département, Ardèche.
Soubrany, maire de Riom, Puy-de-Dôme.

T.

Taillefer, médecin à Donime, administrateur du district de Sarlat, Dordogne.
Tarbé, négociant, officier municipal de Rouen, Seine-Inférieure.
Tardiveau, homme de loi à Rennes, Ille-et-Vilaine.
Tartenac, fils, juge au tribunal de Valence, Gers.
Taverual, juge au tribunal de Beaucaire, Gard.

DE L'ASSEMBLÉE LÉGISLATIVE.

MM.

Teaillier, administrateur du directoire du département, Puy-de-Dôme.

Teillard, vice-président du département, Cantal.

Ténon, de l'académie des sciences, du collége de chirurgie de Montpellier, de celui de Paris, professeur public et de la société d'agriculture, propriétaire à Massy, Seine-et-Oise.

Térède, docteur en médecine et juge de paix de la ville de l'Aigle, Orne.

Tesson, membre du directoire du département, Manche.

Theule, officier municipal de Toulouse, Haute-Garonne.

Thévenet, cultivateur, administrateur du directoire du district de la campagne de Lyon, Rhône-et-Loire.

Thévenin, procureur syndic du district de Montaigu, Puy-de-Dôme.

Thibaud, membre du directoire du département, Oise.

Thierriot, homme de loi, administrateur du directoire du département, Vendée.

Thorillon, ancien procureur au châtelet, administrateur de police, juge de paix des Gobelins, Paris.

Thuriot, juge au tribunal du district de Sezanne, et électeur de Paris, réuni au 14 juillet 1789, Marne.

Tillonbois de Veleuil, homme de loi à Brézolles, membre du conseil du département, Eure-et-Loire.

Toquot, cultivateur, juge de paix du canton de Doussevrin, district de S. Mihiel, Meuse.

Torné, évêque de Bourges, Cher.

Treilh-Pardailhan, Paris.

Tronchon, cultivateur à Fosse-Martin, membre du conseil du département, Oise.

Turgan, juge au tribunal du district de Tartas, Landes.

Turpetin, procureur-syndic du district de Beaugency, Loiret.

U.

Urvoy-Saint-Mirel, propriétaire à Dinan, Côtes-du-Nord.

V.

Vasuer, homme de loi à Vesseaux,

MM.

administrateur du directoire du département, Ardèche.

Valadier, homme de loi à Valon, Ardèche.

Valdruge, administrateur du directoire du département, Haute-Marne.

Vallier, fils, homme de loi à S.-Marcellin, Isère.

Vanhænacker, Nord.

Vardon, administrateur du directoire du département, Calvados.

Vayron, prêtre, procureur syndic du district de S. Flour, Cantal.

Veirieu, homme de loi, juge au tribunal du district, à Toulouse, Haute-Garonne.

Vergniaud, administrateur du département, Gironde.

Verité, fils, administrateur du district de la Ferté-Bernard, Sarthe.

Vernerey, homme de loi à Baume-les-Dames, administrateur du directoire du département, Doubs.

Verneuilh, président du tribunal de Nautrou, Dordogne.

Vidalot, homme de loi, juge au tribunal du district de Valence, Lot-et-Garonne.

Viennet, officier municipal à Beziers, Hérault.

Villiers, président du bureau de conciliation, Jura.

Vimar, homme de loi, procureur de la commune à Rouen, Seine-Inférieure.

Viennot Veaublanc, propriétaire cultivateur, président de l'administration du département, Seine-et-Marne.

Viquesnel-Delaunay, Oise.

Vivier, administrateur du directoire du département, Indre.

Voipin Cartems, procureur-syndic du district de Guéret, Creuse.

Voisard, fils, administrateur du département, Doubs.

Vosgien, maire d'Épinal, Vosges.

W.

Walterle, membre du directoire, Haut-Rhin.

Walhert, propriétaire à Auxi-le-Château, Pas-de-Calais.

Wilhelm, administrateur du directoire du département, Bas-Rhin.

LISTE DES DÉPUTÉS [1792-95]
DÉPUTÉS A LA CONVENTION NATIONALE.
1792-1795.

CC.

A.

Albert, aîné, homme de loi, Haut-Rhin.
Albitte (Antoine-Louis), Seine-Inférieure.
Albouis, juge au tribunal de Cahors, Lot.
Allafort, vice-président du district de Nautrou, Dordogne.
Allard... Haute-Garonne.
Allasœur,. Cher.
Alquier, député aux états-généraux, Seine-et-Oise.
Amar, Isère.
Amyou ou Amyot (de Poligny), Jura.
Andrey, Corse...
Antoine, Moselle.
Antiboul, avocat à Saint-Tropez, Var.
Arbogast, professeur de mathématiques, Bas-Rhin.
Armomeilley... Marne.
Arrighi... Corse.
Armonville, Marne.
Artauld... Puy-de-Dôme.
Asselin, avocat, Somme.
Aubry, Gard.
Audouin (Pierre-Jean), Seine-et-Oise.
Audrein, vicaire épiscopal de l'évêque constitutionnel du Morbihan.
Augé, Oise.
Auguis, Deux-Sèvres.
Ayral, Haute-Garonne.
Azéma, homme de loi, Aude.

B.

Babey... Jura.
Bailhe, Bouches-du-Rhin.
Baille, Bouches-du-Rhône.
Bailleul, Seine-Inférieure.
Bailly de Juilly, Seine-et-Marne, ex oratorien.
Balivet... Haute-Saône.
Balla, Gard.
Balland, Vosges.
Balmain,. Mont-Blanc.
Bancal (Henri), notaire à Clermont-Ferrand, Puy-de-Dôme.
Bar, avocat à Thionville, Moselle.
Baraillon... Creuse.
Barberoux, Bouches-du-Rhône.
Barbeau Dubarran, Gers.
Barely, Hautes-Alpes.
Barras (le vicomte), Var.
Barrère de Vieuzac (Bertrand), Hautes-Pyrénées.

CC.

Barrot, juge au tribunal de Langogne, Lozère.
Barthélemy, avocat au Puy en Velai, Haute Loire.
Bassal, curé constitutionnel de Saint-Louis, à Versailles, Seine-et-Oise.
Batelier, Marne.
Baucheton, Cher.
Baudin, Ardennes.
Baudot, médecin à Charolles, Saône-et-Loire.
Baudran, Isère.
Bayle (Moyse), Bouches-du-Rhône.
Bazire (Claude), avocat, Côte-d'Or.
Bazoche... Meuse.
Beauchamp, Allier.
Beaugeard, Ille-et-Vilaine.
Beauvais-Saint-Sauveur ou de Préaux, médecin, Paris.
Becker, juge de paix, Moselle.
Beffroi, Aisne.
Belin, cultivateur à Guise, Aisne.
Benoiston... Seine-Inférieure.
Bentabolle, avocat, Bas-Rhin.
Béraud (Marcelin), Rhône-et-Loire.
Bergoing, médecin à Bordeaux, Gironde.
Berlier, avocat à Dijon, Côte-d'Or.
Bernard... Bouches-du-Rhône.
Bernard-Saint-Afrique, Aveyron.
Bernard (de Saintes), député de la législature, Charente-Inférieure.
Bernard-des-Sablons, Seine-et-Marne.
Bernier, Seine-et-Marne.
Berthézène (Jean-Etienne), Gard.
Bertrand... Cantal.
Bertucal, Saône-et-Loire.
Besson... Doubs.
Bezard, Oise.
Bidault... Eure.
Billaud-Varennes, avocat, Paris.
Bion, avocat à Loudun, Vienne.
Biroteau, Pyrénées-Orientales.
Bissy, le jeune, Mayenne.
Blad... Finistère.
Blanc, Marne.
Blanval, marchand, Puy-de-Dôme.
Blaviel... Lot.
Blaux, Moselle.
Blondel, Ardennes.
Blutel, juge de paix à Rouen, Seine-Inf.
Bô, Aveyron.
Bodin, maire à Gournay, Indre-et-Loire.
Bohan... Finistère.
Boileau, juge de paix à Avalon, Yonne.

A LA CONVENTION.

CC.

Boiron... Rhône-et-Loire.
Boisset, Drôme
Boissier... Finistere.
Boissieu, avocat à Saint-Marcelin, Isère.
Boissy-d'Anglas avocat, Ardèche.
Bollet, avocat, Pas-de-Calais.
Bolot... Haute-Saône.
Bonguyod, Jura.
Bonnemain, Aube.
Bonnesœur, Manche.
Bonnet... Calvados.
Bonnet, avocat, Aude.
Bonnet (de Treiches), lieutenant de la sénéchaussée du Puy en Velai, Haute-Loire.
Bonneval (Germain), cultivat., Meurthe.
Bonnier (d'Arco), président à la chambre des Comptes de Montpellier, Hérault.
Bordas, président du district de Saint-Yriez, Haute-Vienne.
Borel, Hautes-Alpes.
Borie... Corrèze.
Botot, Haute-Saône.
Boucher... Paris.
Boucheton... Cher.
Bouchereau, Aisne.
Buzio... Corse.
Bozy... Corse.
Boudin, Indre.
Bouillerot,.. Eure.
Bouquier, aîné..., Dordogne.
Bourbotte, Yonne.
Bourdon, procureur au parlement de Paris, Oise.
Bouret... Basses-Alpes.
Bourgeois, ancien lazariste, Seine-Inférieure.
Bourgeois... Eure-et-Loire.
Bourgouin... Paris.
Boursault-Malherbe... Paris.
Bousquet, médecin, Gers.
Boussion, médecin à Dausane, Lot-et-Garonne.
Boutronne, notaire à Grais, Sarthe.
Bouygues, Lot.
Boyaval, Nord.
Boyer-Fonfrède... Gironde.
Bréart... Charente-Inférieure.
Bresson, Vosges.
Bretel, Manche.
Brisson... Loir-et-Cher.
Briez... Nord.
Brissot de Warville, Eure-et-Loire.
Brival... Corrèze.
Brun (dit Brin), subdélégué à Augonlème, Charente.
Brunel, maire à Béziers, Hérault.
Buzot (Léonard), Eure.

C.

Cabarot... Lot-et-Garonne.

CC.

Cadroy, Landes.
Calès, avocat à Toulouse, Haute-Garonne.
Calon, anc. officier-général, Oise.
Cambacérès, Hérault.
Cambert, Dordogne.
Cambon, Hérault.
Camboulas, Aveyron.
Campmartin... Arriège.
Campmas, médecin à Alby, ex-constituant, Tarn.
Camus, avocat du clergé, Haute-Loire.
Cappin, Gers.
Carelli... Mont-Blanc.
Carnot, capitaine du génie, Pas-de-Calais.
Carpentier... Nord.
Carra, journaliste, Saône-et-Loire.
Carrier, Cantal.
Casa-Bianca, Corse.
Caseneuve, évêque constitutionnel d'Embrun... Hautes-Alpes.
Castainy... Orne.
Cassanies, Pyrénées-Orientales.
Castillon, négociant à Cette, Hérault.
Cavaignac, Lot.
Cavanelle... Pyrénées-Orientales.
Gayla, Lot.
Chabanon, Cantal.
Chabot (Antoine), Hautes-Alpes.
Chabot, capucin, Loir-et-Cher.
Chaillon, avocat, Loire-Inférieure.
Chambon-Latour... Gard.
Chambon, trésorier de France, Corrèze.
Chambord... Saône-et-Loire.
Champeaux-Palesne, Côtes-du-Nord.
Champmartin, Arriège.
Chapigny (Clément), Indre-et-Loire.
Charbonnier, Var.
Charlier (Charles), procureur, Marne.
Charrel, Isère.
Chasles, Eure-et-Loire.
Chasset, avocat à Ville-Franche, Rhône-et-Loire.
Chastelain, Yonne.
Chateauneuf-Randon, Lozère.
Chaudron Rousseau... Haute-Marne.
Chaumont, Ille-et-Vilaine.
Chauvier, Haute-Saône.
Chauvin.. Deux-Sèvres.
Chazal, Gard.
Chazeau, Charente.
Chedaneau, administrateur à l'hôpital de Ruffec, Charente.
Chénier (Marie-Joseph), poète, Seine-et-Oise.
Chevalier (J. C.), ancien lieutenant-général du bailliage de Neufchateau, ex-constituant, Vosges.
Chevalier, Sarthe.
Chevalier, Allier
Chiappe, Corse.

CC.

Choudieu, Maine-et-Loire.
Christiani, avocat à Strasbourg, Bas-Rhin.
Clauzel, maire de Velanet, Arriège.
Claverie, Lot-et-Garonne.
Cledel, médecin, Lot.
Cloots (Jean Baptiste-Anacharsis, baron Prussien...), Oise.
Cochet, membre du département du Nord.
Cochon (Charles), comte de l'Apparent... Deux-Sèvres.
Colaud de la Salcette, Drôme.
Collombel, Meurthe.
Collot-d'Herbois, Paris.
Colombel, Orne.
Conard.., Calvados.
Condorcet, Aisne.
Conte, Basses-Pyrénées.
Corbel, juge au tribunal de Pontivy, Morbihan.
Cordier, Seine-et-Marne.
Coron Fustier, Ardèche.
Cosard... Calvados.
Couhey, Vosges.
Coupard. Côtes-du-Nord.
Coupé, curé à Sermaise, Oise.
Coupé, Côtes-du-Nord.
Courtois, Aube.
Coustard, mousquetaire, lieutenant des maréchaux de France, Loire-Inférieure.
Couthon, avocat à Clermont, Puy-de-Dôme.
Coutisson-Dumas, Creuse.
Couturier, juge au tribunal de Bouzonville, Mozelle.
Crassous... Martinique.
Creuzé-Latouche, Vienne.
Creuzé (Pascal), Vienne.
Crevelier, Charente.
Crèves... Var.
Curée., Hérault.
Cusset, marchand de soiries à Lyon, Rhône-et-Loire.
Cussy, Calvados.

D.

Dabray,.. Alpes-Maritimes.
Damherménil.., Tarn.
Dameron, Nièvre.
Danjou, Oise.
Danton, avocat au conseil, Paris.
Daoust (le marquis Jean-Marie), ex-constituant, Nord.
Dartigoyte, Landes.
Dandenac, aîné, Maine-et-Loire.
Dandenac. jeune, Maine-et-Loire.
Daunou, ex-oratorien, Pas-de-Calais.
Dautriche, Charente-Inférieure.
David, peintre, Paris.
David, Aube.

CC.

Dehourges,. Creuse.
Debrie (Jean), Aisne.
Dechezeau (de la Flotte), Charente-Inférieure.
Defermont (des Chapelières), Ille-et-Vilaine.
Defrance. Seine-et-Marne.
Defrozières... Eure-et-Loire.
Dehoulière, Maine-et-Loire.
Delacroix.., Eure-et-Loire.
Delagueule... Loiret.
Delabaye, procureur au bailliage de Caudebec : Seine-Inférieure.
Delaunay. aîné, commissaire du Roi près le tribunal d'Angers, Maine-et-Loire.
Delaunay (jeune), homme de loi à Angers, Maine-et-Loire.
Delacroix de Constant (Charles), Marne.
Delaguelle, Loiret.
Delamare, Oise.
Delbret, Lot.
Delcher. avocat à Brioude, Haute-Loire.
Delecloy, Somme.
Deleyre... Gironde.
Delleville (Philippe), Calvados.
Deléage... Allier.
Deléasso... Pyrénées-Orientales.
Delmas. Haute-Garonne.
Dentzel, luthérien, Bas-Rhin.
Derasey, Indre.
Derbez-la-Tour, Basses-Alpes
Desacy, Haute-Garonne.
Descamps, Gers.
Deskrouars (la Prise), Orne.
Desmoulins (Camille).. Paris.
Despinassy, capitaine d'artillerie, Var.
Desrues... Paris.
Dettel... Tarn.
Devars, Charente.
Devérité, imprimeur-libraire à Abbeville, Somme.
Deville, Marne.
Deydier, Ain.
Dhiriar... Basses-Pyrénées.
Dizès, procureur-syndic du dép. Landes.
Dopsens... Eure.
Dornier .. Haute-Saône.
Doublet, Seine-Inférieure.
Douge... Aube.
Doulcet (de Pontécoulant), Calvados.
Drouet, Marne.
Drulhe, curé de Toulouse, Haute-Garonne.
Dubignon, Ille-et-Vilaine.
Duboë, avocat, Orne.
Dubois, Haut-Rhin.
Dubois (Julien)... Orne.
Dubois-Crancé, Ardennes.
Dubois de Bellegarde, ancien garde du-corps, Charente.
Dubois-Dubay (Thibaut), ancien garde-du-corps, Calvados.

A LA CONVENTION.

CC.

Dubouchet, médecin à Montbrison, Rhône-et-Loire.
Duboulos, Mont-Blanc.
Dubraucq... Pas-de-Calais.
Dubreuil-Chambardel, Deux-Sèvres.
Dubusc, Eure.
Duchâtel, cultivateur, Deux-Sèvres.
Ducos, Landes.
Ducos, négociant à Bordeaux, Gironde.
Dufestel... Somme.
Dufriche-Valazé, avocat à Alençon, Orne.
Duguenne, Cher.
Dugné-Dassi, Orne.
Duhem, médecin, Nord.
Dulaure, ingénieur-géographe, Puy-de-Dôme.
Dumas... Mont-Blanc.
Dumont, Calvados.
Dumont (André), Somme.
Duperret, Bouches-du-Rhône.
Dupin (A.).
Dupin, jeune... Aisne.
Duplantier, Gironde.
Dupont, Indre-et-Loire.
Dupont de Bigorre, Hautes-Pyrénées.
Duport, Mont-Blanc.
Duprat (Jean); Bouches-du-Rhône.
Dupuch... Guadeloupe.
Dupuis, auteur *de l'Origine des Cultes*, Seine-et-Oise.
Dupuy, avocat et juge de paix à Montbrison, Rhône-et-Loire.
Duquesnoy, ex-moine, Pas-de-Calais.
Durand-Maillane, avocat, Bouches-du-Rhône.
Duroche, Mayenne.
Duroy, juge au tribunal de Bernay, Eure.
Dussaulx, traducteur de Juvénal, Paris.
Dutrou-Bornier, conseiller du présidial de Montmorillon. Vienne.
Duval, avocat à la Guerche, Ille-et-Vilaine.
Duval, Aube.
Duval, Seine-Inférieure.

E.

ÉDOUARD, marchand à Puligny, Côte-d'Or.
Ehrmann, Bas-Rhin.
Enguerrand, Manche.
Enjubault de la Roche, juge du comté-pairie de Laval, ex-constit., Mayenne.
Enlart, Pas-de-Calais.
Eruc... Morbihan.
Eschasseriaux, aîné, avocat à Saintes, Charente-Inférieure.
Eschassariaux, jeune, médecin, Charente-Inférieure.
Escudier, Var.
Esnue-la Vallée (Joachim), juge au tribunal de Craon, Mayenne.
Espert, Arriége.

CC.

Estadens, Haute-Garonne.
Eulart... Pas-de-Calais.
Eumerth... Gironde.
Ezmard (G.), Gironde.

F.

FABRE, Hérault.
Fabre, juge-de-paix à Vinca, Pyrénées-Orientales.
Fabre d'Eglantine, Paris.
Fauchet, prédicateur du roi, Calvados.
Faure, anc. imprimeur, Seine-Inférieure.
Paure, Haute-Loire.
Faure, Creuze.
Faure-la-Brunière, Cher.
Fayot, Vendée.
Faye, Haute-Vienne.
Fayolle, Drôme.
Féraud, Hautes-Pyrénées.
Ferrand, Ain.
Ferroux (de Salins), Jura.
Ferry, Ardennes.
Fiquet, aîné, Aisne.
Finot, Yonne.
Flageas, Haute-Loire.
Fleury, Côtes-du-Nord.
Fockedey, Nord.
Forest, Rhône-et-Loire.
Forestier, Allier.
Fouché de Nantes, Loire-Inférieure.
Foucher, homme de loi et notaire, Cher.
Fourcroy, Paris.
Fourmy, Orne.
Fournel, Lot-et-Garonne.
Fournier... Rhône-et-Loire.
Foussedoire, Loir-et-Cher.
Francastel, Eure.
François, Somme.
Frecine, président au tribunal du district de Saint-Aignan et Montrichard, Loir-et-Cher.
Fremanger, Eure-et-Loire.
Fréron, journaliste, Paris.
Froger, Sarthe.

G.

GAILLARD... Loiret.
Gamont, Ardèche.
Gantois, Somme.
Gardien, Indre-et-Loire.
Garilhe (Privat), Ardèche.
Garnier, Aube.
Garnier, avocat, Charente-Inférieure.
Garnier (Antoine), Meuse.
Garos, Vendée.
Garran de Coulon, Loiret.
Garreau, avocat, Gironde.
Gasparin, capitaine au régiment de Picardie, Bouches-du-Rhône.
Gaston, Arriége.
Gaudin, prêtre à Luçon. Vendée.
Gauthier, jeune, Côtes-du-Nord.

LISTE DES DÉPUTÉS [1792-95]

CC.

Gauthier (des Orcières), Ain.
Gay-Vernon, évêque constitutionnel de Limoges, Haute-Vienne.
Gelin, administrateur du district de Charolles, Saône-et-Loire.
Genevois, président du tribunal criminel de Grenoble, Isère.
Genia... Mont-Blanc.
Génissieux, avocat, Isère.
Gensonné, avocat à Bordeaux, Gironde.
Gentil, administrateur du département du Loiret.
Geoffroi, jeune, Seine-et-Marne.
Gérard-des-Rivières (Jacob), vice-président du tribunal civil d'Alençon, Orne.
Gerente (Olivier), Drôme.
Germignac.. Corrèze.
Gertoux (Brice), Hautes-Pyrénées.
Giberques, Puy-de-Dôme.
Gilet, Morbihan.
Girard, Aude.
Girard... Vendée.
Giraud, Allier.
Giraud, Côtes-du-Nord.
Giraud, Charente-inférieure.
Girot-Poujol, ex-constituant... Puy-de-Dôme.
Giroust... Eure-et-Loire.
Gleizal, Ardèche.
Godefroi... Aveyron.
Godefroy, Oise.
Gomaire, Finistère.
Gorsas, Seine-et-Oise.
Gossuin, Nord.
Goudelin, Côtes-du-Nord.
Coujeon, Seine-et-Oise.
Goupilleau de Fontenay, avocat, Vendée.
Goupilleau de Montaigu, notaire, Vendée.
Gourdan, lieutenant-criminel au bailliage de Gray, Haute-Saône.
Gouzy, Tarn.
Goyre-Laplanche, bénédictin, vicaire épiscopal constitutionnel, Nièvre.
Granet, Bouches-du-Rhône.
Grangeneuve, avocat à Bordeaux, Gironde.
Grégoire (H.) évêque de Blois... Loir-et-Cher.
Grenot, avocat, Jura.
Grosse-du-Rocher, cultivat., Mayenne.
Guadet, avocat à Bordeaux, Gironde.
Guchant, Hautes-Pyrénées.
Guérin, Loiret.
Guermeur, juge, Finistère.
Guezno, marchand, Finistère.
Guffroi, avocat, Pas-de-Calais.
Guilleraut, avocat, Nièvre.
Guillemardet, Saône-et-Loire.
Guillermain, Saône-et-Loire.
Guimberteau, juge au tribunal d'Angoulême, Charente.
Gumery... Mont-Blanc.

CC.

Guiter, Pyrénées-Orientales.
Guyardin, Haute-Marne.
Guyes, avocat à Aubusson, Creuse.
Guyet-Laprade, Lot-et-Garonne.
Guyomar, négociant à Guingamp, Côtes-du-Nord.
Guyot... Drome.
Guyot (Florent), avocat à Semur, Côte-d'Or.
Guyton-Morveau, avocat-général au parlement de Dijon, Côte-d'Or.

H.

Hardy, médecin à Rouen, Seine-Inférieure.
Harmand, Meuse.
Haussman, négociant à Versailles, Seine-et-Oise.
Havin, Manche.
Hecquet, Seine-Inférieure.
Henri-la-Revière, avocat, Calvados.
Hentz, Moselle.
Hérard, Yonne.
Hérault de Séchelles, avocat du roi au Châtelet, Seine-et-Oise.
Himbert, Seine-et-Marne.
Houvier-Eloi, Somme.
Hubert (Michel), Manche.
Hugot... Vosges.
Huguet, évêque constitutionnel du département de la Creuse.
Humbert, Meuse.

I.

Icnon, supérieur de la maison de l'oratoire à Condom, Gers.
Ingrand, avocat et administrateur du département de la Vienne.
Isnard, marchand parfumeur à Draguignan, Var.
Isoré, Oise.
Izoard, Hautes-Alpes.

J.

Jac, Gard.
Jacob... Meurthe.
Jacomin, Drôme.
Jagot, Ain.
Jai (de Sainte-Croix), Gironde.
Jard-Panvilliers, médecin à Niort, Deux-Sèvres.
Jarry, agriculteur près de Nantes, Loire-Inférieure.
Jaurand, notaire, Creuse.
Javogues, Rhône-et-Loire.
Jean-Bon (Saint-André), ministre protestant, Lot.
Jeannet-Lanoue, Yonne.
Johannot, Haut-Rhin.

A LA CONVENTION.

CC.

Joubert, Hérault.
Jouenne de Longchamps, Calvados.
Jourdan, Nièvre.
Julien, Drôme.
Jullien de Toulouse, Haute-Garonne.

K.

Kercher.. Moselle.
Kersaint (le comte de), anc. administrateur du département de la Seine, Seine-et-Oise.
Kervelegan, sénéchal, Finistère.

L.

Laa... Basses-Pyrénées.
Laboissière, juge au tribunal de Moissac, Lot.
Lacaze, négociant à Bordeaux, Gironde.
Lacombe (Joseph), doctrinaire et curé. Aveyron.
Lacombe-Saint-Michel, Tarn.
Lacoste, Cantal.
Lacoste (Elie), médecin, Dordogne.
Lacrampe, avocat, Hautes-Pyrénées.
Lacroix, Haute Vienne.
Lafond, Corrèze.
Laguire, juge de paix, Gers.
Lahosdinière.. Orne.
Laignelot, homme de lettres, Paris.
Lakanal, Arriège.
Lalande, évêque constitutionnel, Meurthe.
Laloue, Puy-de Dôme.
Laloy, Haute-Marne.
Lamarque, Juge au tribunal de Périgueux, Dordogne.
Lambert de Belan, juge de paix, Côte-d'Or.
Lanjuinais, avocat, Ille-et-Vilaine.
Lanot, Corrèze.
Lanthenas, médecin, Rhône-et Loire.
Laplaigne, président du tribunal d'Auch, Gers.
Laporte, avoué au tribunal de Béfort, Haut-Rhin.
Laroche, Lot-et-Garonne.
Lasource, ministre protestant, Tarn.
Laurenceot. Jura.
Laurence-Villedieu, Manche.
Laurent, Bouches-du-Rhône.
Laurent, Lot-et-Garonne.
Laurent, médecin, Bas Rhin.
Lavicomterie, homme de lettres, Paris.
Le Bas, Pas-de-Calais.
Leblanc (de Serval), Bouches-du-Rhône.
Lebon, ex-oratorien, Pas-de-Calais.
Lebreton, Ille et-Vilaine.
Lecarlier. Aisne.
Lecarpentier, Manche.
Leclerc, avocat et juge de paix à Villedieu, Loir-et-Cher.
Lecler..... Maine et Loire.
Lecointre, marchand de toiles à Versailles, Seine et Oise.

CC.

Lecointre Puyraveaux, homme de loi à Saint Maixens, Deux Sèvres.
Lecomte, employé au tribunal de commerce de Rouen, Seine Inférieure.
Lefebvre (Julien), Loire Inférieure.
Lefebvre; propriétaire à Gamache, ex-constituant, Seine Inférieure.
Lefiot, Nièvre.
Lefranc, Landes.
Legendre, maître des forges, Nièvre.
Legendre, boucher, Paris.
Legot, avocat, Calvados.
Lehardy, Morbihan.
Lehault, Sarthe.
Lejeune, Indre.
Lejeune (René-François), Mayenne.
Lemaignan, lieutenant criminel à Beaugé, ex constituant, Maine et Loire.
Lemaillant..... Morbihan.
Lemoine, Calvados.
Lemoine, Haute Loire.
Lemoine, Manche.
Léonard Bourdon, instituteur à Orléans, Loiret.
Lepage, médecin à Montargis, Loiret.
Lepelletier Saint-Fargeau président à mortier au parlement de Paris, Yonne.
Lequinio, ancien maire de Rennes, Morbihan.
Lesage, Eure et Loir.
Le Sage Senault, Nord.
Lesterpt-Beauvais, avocat au Dorat, ex-constituant, Haute Vienne.
Letourneur (Manche).
Letourneur, Sarthe.
Levasseur, procureur-syndic du district de Toul, Meurthe.
Levasseur, chirurgien, Sarthe.
Leyris.. Gard.
Lhémann... Mont-Terrible.
Lidon, Corrèze.
Lindet (Jean-Baptiste-Robert), avocat, Eure.
Lindet (Robert-Thomas), évêque constitutionnel du département de l'Eure.
Lion... Guadeloupe.
Litté... Martinique.
Lobinhès, médecin, Aveyron.
Lofficial, ancien lieutenant-général au bailliage de Vouvant, ex-constituant, Deux Sèvres.
Lombart Lachaux... Loiret.
Lomont, Calvados.
Loncle, Côtes du Nord.
Longueue... Eure et Loir.
Louchet, professeur au collège de Rhodes, Aveyron.
Louis, ancien commis de l'intendant d'Alsace, Bas Rhin.
Louvet, avocat et homme de lettres, Loiret.
Louvet, avocat aux conseils, Somme.

CC.

Loyseau, chirurgien, Eure et Loir.
Loysel, Aisne.
Lozeau, négociant, Charente Inférieure.
Ludot, Aube.

M.

Magniez, propriétaire cultivateur à Bethincourt, Pas de Calais.
Maignen, administrateur du district de Châtaignerie, Vendée.
Maignet, prêtre, Puy-de-Dôme.
Mailhe (Joseph), Cantal.
Mailho, avocat, Haute Garonne.
Mailly, Saône et Loire.
Mainvielle, Bouches-du-Rhône.
Maisse, Basses Alpes.
Mallarmé, procureur-syndic de Pont-à-Mousson, Meurthe.
Mallet... Nord.
Manuel, Paris.
Maras (Julien), Eure et Loire.
Marat, né en Suisse, Paris.
Marboz, Drôme.
Marcoz... Mont-Blanc.
Marec, Finistère.
Maréchal (le), ex-constituant, Eure.
Marey (jeune), négociant à Nuits, Côte d'Or.
Maribon-Montaut, ancien mousquetaire, Gers.
Mariette, avocat à Rouen, Seine Inférieure.
Marin, Mont-Blanc.
Marquis, avocat à Saint Mihiel, ex-constituant, Meuse.
Marragon, Aude.
Martel, Allier.
Martin... Somme.
Martinot, Vienne.
Martinel, Drôme.
Marvejouls, Tarn.
Massa, Alpes maritimes.
Massieu, curé de Sergy, ex-constituant, évêque constitutionnel de l'Oise.
Masuyer, avocat, juge au tribunal du district de Louans, Saône et Loire.
Mathieu (de Mirampol), Oise.
Mauduyt, Seine et Marne.
Maulde-Loisellerie, Charente.
Maure aîné, épicier à Auxerre, Yonne.
Mauriel, Ile et Vilaine.
Mazade, Haute Garonne.
Meaulle, président du tribunal civil de Château-Briand, Loire Inférieure.
Meillan, bourgeois de Bayonne, Basses Pyrénées.
Méjansac, Cantal.
Mellinet, Loire Inférieure.
Menesson, Ardennes.
Menuau, juge au tribunal de Villiers, Maine et Loire.
Mercier, auteur du tableau de Paris, Seine et Oise.

CC.

Merlin de Douai, avocat, Nord.
Merlin de Thionville, Moselle.
Merlino, Ain.
Meyer de Mazarme, Tarn.
Meynard, Dordogne.
Michaud, avocat, Doubs.
Michel, Meurthe.
Michel, Morbihan.
Michel, Rhône et Loire.
Milhaud, Cantal.
Millard, Saône et Loire.
Mirande, Cantal.
Mollet, Ain.
Mollevaut, avocat à Nancy, Meurthe.
Moltedo, chanoine... Corse.
Monnel, curé de Valdancourt, ex-constituant, Haute Marne.
Monestier, avocat à Manassac, Lozère.
Monestier, curé de Saint Pierre de Clermont, Puy-de-Dôme.
Monnot, avocat, Doubs.
Montègut, Pyrénées Orientales.
Mont-Gibert, Saône et Loire.
Mont-Mayout, Lot.
Moreau, avocat à Bar, Meuse.
Moreau, ingénieur à Châlons-sur-Saône, Saône et Loire.
Morin, avocat, Aude.
Morisson, avocat, Vendée.
Moulin, Rhône et Loire.
Moyesset, Gers.
Musset, curé de Falleron, Vendée.

N.

Neveu, Basses Pyrénées.
Nioche, avocat à Loches, ex-constituant, Indre et Loire.
Nion, ingénieur de la marine à Rochefort, Charente Inférieure.
Noailly... Rhône et Loire.
Noël, avocat, Vosges.
Noguer, Lot et Garonne.

O.

Obelin, Ille et Vilaine.
Opoix, Seine et Marne.
Orléans (le duc d'), dit Égalité... Paris.
Osselin... Paris.
Oudot, commissaire du roi au tribunal de Beaune, Côte-d'Or.

P.

Paganel, curé de Noaillac, Lot et Garonne.
Panis, homme de lettres, Paris.
Patrin, Rhône et Loire.
Payne (Thomas) Pas de Calais.
Pelé, Loiret.
Pelet, Lozère.
Pélissier, médecin, Bouches du Rhône.
Pelletier, Cher.
Pemartin, avocat à Oléron, B.-Pyrénées.

À LA CONVENTION.

CC.

Pénières, Corrèze.
Pepin, Indre.
Pérard, Maine et Loire.
Perducat... Saône et Loire.
Pérès, Gers.
Pérès (Lagasse), avocat, ex-constituant, Haute Garonne.
Périez... Aude.
Périez (jeune) Aude.
Perrin, négociant à Troyes.
Perrin, Vosges.
Personne, Pas de Calais.
Pétion (de Villeneuve) avocat ex-constituant, Eure et Loire.
Petit, Aisne.
Petit-Jean, Allier.
Peuvergue... Cantal.
Peyre, Basses-Alpes.
Peyssard, garde-du-corps, Dordogne.
Pflieger, ex-constituant, Haut-Rhin.
Philippeaux, avocat, Sarthe.
Picqué, Hautes-Pyrénées.
Pierret, Aube.
Piette, Ardennes.
Pilastre (de la Brardière), ex-constituant, Maine et Loire.
Pinet, Manche.
Pinet (aîné), administrateur du district de Bergerac, Dordogne.
Piorry, prêtre, Vienne.
Plaichard-Chottière, médecin, Mayenne.
Plat-Beaupré... Orne.
Plazanet, Corrèze.
Pocholle, professeur de rhétorique à Dieppe, Seine Inférieure.
Pointe (Noël) Rhône et Loire.
Poisson (de Coudreville), Manche.
Polly... Ile de France.
Pomme (André), Cayenne.
Pons de Verdun, Meuse.
Porcher (de Lissonnay), Indre.
Portiez, avocat, Oise.
Pothier, Indre et Loire.
Poulain de Boutancourt, maître de Forges; ex-constituant, Marne.
Poulain-Grandpré, avocat à Nancy, Vosges.
Poullier, bénédictin, Nord.
Précy, Yonne.
Pressavin, Rhône et Loire.
Prieur, avocat à Châlons, Marne.
Prieur-Duvernois, Côte-d'Or.
Primandière, avocat, Sarthe.
Projean, Haute Garonne.
Prost, Jura.
Prunelle (de Lierre), Isère.

Q.

Quesnec, Finistère.
Quinette, Aisne.
Quirot, Doubs.

CC.

R.

Rabaut de Saint Étienne, ministre de la religion réformée, Aube.
Rabaut-Pommier, Gard.
Raffront-Dutroüillet, Paris.
Raineau, Côte-d'Or.
Ramel-Nogaret, avocat du Roi, Aude.
Réal, Isère.
Rebecqui, membre du département, Bouches-du-Rhône.
Reguis (Claude-Louis), Basses-Alpes.
Renauld... Manche.
Réveillère-Lépaux, Maine et Loire.
Revelle (L.), juge de paix à Veules Seine Inférieure.
Reverchon, négociant à Vergisson, Saône et Loire.
Rewbell, avocat au conseil souverain d'Alsace, ex-constituant, Haut Rhin.
Reynaud, Haute-Loire.
Ribereau, Charente.
Ribet, Manche.
Richard, avocat à la Flèche, Sarthe.
Richaud, Seine et Oise.
Richoux, Eure.
Ricord, avocat, Var.
Ritter, juge au tribunal d'Altkirch, Haut Rhin.
Rivaud, Haute Vienne.
Rivery, négociant à Saint-Valery, Somme.
Rivière, Corrèze.
Roberjot, curé de Mâcon, Saône et Loire.
Robert, épicier, Paris;
Robert, Ardennes.
Robespierre aîné, Paris.
Robespierre jeune, Paris.
Robin, cultivateur, Aube.
Rochegude, Tarn.
Romme, cultivateur et professeur de mathématiques, Puy-de-Dôme.
Rouault, Morbihan.
Rouband, Var.
Rougemont, Mont-Terrible.
Rousseau, Paris.
Roussel, Meuse.
Roux, Aveyron.
Roux, Haute-Marne.
Roux-Fazillac, Dordogne.
Rouyer, maire de Beziers, Hérault.
Rouzet, Haute Garonne.
Rovère, marquis de Fonvielle, Bouches-du-Rhône.
Roy, Seine et Oise.
Royer, Ain.
Ruamps, cultivateur, Charente Inférieure.
Ruault, bénédictin, puis curé d'Yvetot, Seine Inférieure.
Rudel, avocat, Puy-de-Dôme.
Ruelle, Indre et Loire.

CC.

Ruth, administrateur du département du Bas-Rhin.

S.

Saint-Just, Aisne.
Saint-Martin, avocat, Ardèche.
Saint-Martin Valogne, Aveyron.
Saint-Prix, Ardèche.
Saladin, avocat à Amiens, Somme.
Salicetti, Corse.
Salles, médecin à Vezelise, Meurthe.
Sallezer, procureur à Cahors, Lot.
Sallegros, homme de loi à Maubeuge, Nord.
Salmon de Mézières, Sarthe.
Sauvine (abbé), ex-constituant, Landes.
Santayra de Montelimart, Drôme.
Sautereau, homme de loi, Nièvre.
Sauvé (Gervais), marchand d'ardoises à Dôle, Manche.
Savary.. Eure.
Savary, Orne.
Savornin (Marc Antoine), Basses-Alpes.
Scellier, marchand de draps à Amiens, Somme.
Seconds, homme de lettres, Aveyron.
Seguin, Doubs.
Senadon... Basses Pyrénées.
Sergent, graveur en taille-douce, Paris.
Serres, Hautes Alpes.
Serres, Ile de France.
Serveau, Mayenne.
Servière, Lozère.
Servonat, Isère.
Sevestre (Achille), Ille-et-Vilaine.
Siblot, médecin, Haute Saône.
Sieyes, chanoine et vicaire général de l'évêque de Chartres, ex-constituant, Sarthe.
Sillery (Alexis Brulard de Gondis), Somme.
Simon, vicaire général de l'évêque de Strasbourg, Bas-Rhin.
Solomiac, avocat, Tarn.
Soubrany, officier au régiment de Royal-Dragons, Puy-de-Dôme.
Souhait (Julien), Vosges.
Soulignac, Haute Vienne.

T.

Tallepet, médecin, Dordogne.
Tallien, Seine et Oise.
Talot, Maine et Loire.
Taveau, Calvados.
Tavernel, Gard.
Tellier, avocat du Roi à Melun, ex-constituant, Seine et Marne.
Terral, Tarn.
Texier Mortegonte, Creuse.
Thibaud, Indre.
Thibaudeau, avocat à Poitiers, Vienne.
Thibault, curé de Saoppes, ex-constituant, évêque constitutionnel du Cantal.

CC.

Thierriet, Ardennes.
Thirion, Moselle.
Thomas... Orne.
Thomas, Paris.
Thuriot La Rosière, avocat, Marne.
Tucquot, cultivateur, Meuse.
Toulouse, Ardèche.
Tournier, Aude.
Tréhouart, Ille-et-Vilaine.
Treilhard, avocat, ex-constituant, Seine et Oise.
Triboulai, Tarn.
Trulard, ingénieur, Côte-d'Or.
Turreau-Linières, Yonne.

V.

Vadier, Arriège.
Valdruche... Haute Marne.
Valady Izarn, Aveyron.
Vardon, Calvados.
Varlet, lieutenant-colonel du génie, Pas-de-Calais.
Vasseur... Somme.
Vaucher (Denis)... Jura.
Veau... Indre et Loire.
Venaille, Loir et Cher.
Vénard... Seine et Oise.
Verdolin, Basses Alpes.
Vergniaud, avocat à Bordeaux, Gironde.
Vermon, Ardennes.
Verneley, avocat, Doubs.
Vernier, avocat à Lons-le-Saulnier, Jura.
Vidal... Basses Pyrénées.
Vidalin, imprimeur libraire à Moulins, Allier.
Vidalot, avocat et juge à Valence, Lot et Garonne.
Viennet, Hérault.
Vigneron, procureur-syndic du département de la Haute-Saône.
Villars, évêque constitutionnel de Laval, Mayenne.
Villers, Loire-Inférieure.
Villetard... Yonne.
Villette (Charles)... poète, Oise.
Vincent, Seine-Inférieure.
Vinet, Charente-Inférieure.
Vigny, Seine et Marne.
Vitet, médecin.. Rhône et Loire.
Vouland (Henri)... avocat, ex-constituant, Gard.
Wandelaincourt, principal au collège de Verdun, Haute-Marne.

Y

Yger, avocat à Cany, Seine-Inférieure.
Ysabeau, oratorien, Indre et Loire.

Z.

Zangiacomi fils, Meurthe.

AU CONSEIL DES ANCIENS.

DÉPUTÉS

AU CONSEIL DES ANCIENS.

CC.   CC.

A.

Albert.
Allafort.
Allare.
Alquier.
Amyon.
Anaccy.
Anquetin.
Appert.
Arnould.
Artauld-Blanval.
Aubrée.
Augier.
Auguis.

B.

Bacon.
Baillon.
Barborier.
Balivet.
Ballart.
Bar.
Baraillon.
Barbé-Marbois.
Barennes.
Barreau.
Barret.
Barrot.
Basaget.
Baudin.
Bazoche.
Beaupuy.
Becker.
Béeremhroeck.
Bélin.
Bellegarde.
Benoist.
Beraud.
Bergeras.
Bernard de Sainte-Afrique.
Berthereau.
Bertrand.
Besnard.
Blanc.
Blareau.
Blaux.
Boirot.
Boisserand.
Boisset.
Bollet.
Bolo.

Bonnesœur.
Bonnet.
Bonnier.
Bordas.
Bosquillon.
Baucher Saint-Sauveur.
Bouillerot.
Bouquerot.
Bourdinhom.
Bourdon (de l'Orne.)
Bourdon (de la Seine-Inférieure.)
Bourel.
Bourgeois (Nic.)
Bourgeois.
Bourlet.
Boussion.
Bouteville.
Boyaval.
Bozy.
Brassat-St.-Parthiu.
Brault.
Bravcix.
Bréard.
Brival.
Brostaret.
Brothier.

C.

Cabaroc.
Cailhmer.
Cailly.
Caslilhon.
Cauret.
Cavailhon.
Chabot.
Chaignart.
Chaillon.
Chambon-Latour.
Champion (du Jura).
Champion (de la Meuse).
Champmartin.
Chapsal.
Charlier.
Chartier.
Chasset.
Chassiron-Lafosse.
Châteauvieux.
Chombart.
Citadella.
Claret.

Clausel.
Claverie.
Clavier.
Cochon.
Coquillier.
Coëssurel.
Collombel.
Conte.
Corbel.
Corbinais.
Corenfustier.
Cornet.
Cornilleau.
Cornudet..
Couessurel-Labrousse.
Courte.
Courtisson-Dumas.
Courtois.
Cousin.
Coutausse.
Crenière.
Cretet.
Creuzé.
Creuzé-Latouche.
Curial.

D.

Dalphonse.
Dandenac aîné.
Dandenac jeune.
Danet.
Dargaies.
Dast.
Dautriche.
Debourges.
Declerck.
Decomberousse.
Decrecy.
Dedelay d'Agier.
Degrave.
Delacoste.
Delamarre.
Delamétherie.
Delattre.
Delcher.
Delecloy.
Delmas.
Delmenfcour.
Delor.
Delort.
Delzons.

CC.

Demazière.
Demonceaux.
Dentzel.
Depere.
Deperrez.
Derazey.
Deronty.
Descoutils.
Dessaint.
Detorcy.
Detriché.
Devars.
Devérité.
Deydier.
Dieudonné.
Disenty.
Douge.
Dubac.
Dubois-Bellegarde.
Dubois-Dubais.
Dubourg.
Dubourg.
Dubuisson.
Ducos (Roger).
Duffan.
Duftessieu.
Dufour-Maisoncelle.
Duguë-Dassé.
Dumas.
Dumont-la-Charnaie.
Dupin.
Dupont.
Dupuch.
Durand-Maillanne.
Dussaulx.
Dussieux.
Dutrou-Bornier.

E.

Esnaud.
Estadens.
Estaque.

F.

Fargues.
Faure.
Fauvre-Labrunerie.
Faye.
Férat.
Ferrand-Vaillant.
Ferroux.
Février.
Fiévé.
Fontenay.
Fouquet.
Fourcade.
Fourcroy.
Fourmy.
Fournier.
Frain.

CC.

Francq.
François-Primondière.

G.

Galtier.
Garat.
Garnier.
Garos.
Gastaud.
Gaudin.
Gautier (Corrèze).
Gautier (Ain).
Gaultier (Côte d'Or).
Gautret.
Gérard des Rivières.
Gérente.
Gigault-Crisenoy.
Gheysens.
Gibergues.
Cintrac.
Girard.
Girard (Villars).
Giraud.
Giraud-Fabry.
Girault.
Girod.
Girod-Pouzol.
Gobert.
Godin.
Gonnet.
Gorneau.
Gouly.
Goupilleau de Fontenay.
Goupil-Préfeln.
Gourdan.
Goyard.
Goyet-Dubignon.
Grandsire.
Grison.
Guchand.
Guérard.
Guérin.
Guermeur.
Guineau.
Guiot.
Guizol.
Guittard.
Gumery.
Guthinger.
Guyomard.

H.

Haincque.
Hamont.
Harmand.
Hauzeur.
Havin.
Hecquet.
Hérard.
Hernoux.

CC.

Herwin.
Himbert.
Hopsomère.
Hubard.
Huguet.
Huon.
Husson.

J.

Jac.
Jacomet.
Jan.
Jarry des Loges.
Javardat Fombelle.
Johannot.
Jourdain.
Jousselin.
Judel.

K.

Karcher.
Kauffmann.
Kervélégand.

L.

Laboissière.
Lachau.
Lachièze.
Lacombe-St.-Michel.
Lacoudraye.
Lacuée.
Lafond-Ladebat.
Lagrange.
Lahary.
Laloi.
Langlois.
Lanjuinais.
Lapotaire.
Larcher.
Larmagnac.
Lassé.
Lattache.
Latteur.
Launoy.
Laurent.
Laussat.
Lavaux.
Lavie.
Lebreton.
Lebrun.
Lecref
Leconte-Roujoux.
Lecordier.
Lecouteulx-Canteleu.
Ledanois.
Lefèvre-Cayet.
Legendre.
Legrand.
Lehaut.

AU CONSEIL DES ANCIENS.

CC.
Lejourdain.
Lemaillaud.
Lemée.
Lemenuet-Lajugaunière.
Lemercier.
Lemoine (de Dieppe).
Lemoine (des Forges).
Langlet.
Lenoir-Laroche.
Lepaige
Lerouge.
Lescure.
Lesoinne.
Letourneux.
Levaillant.
Lévêque.
Liborel.
Ligeret père.
Lindet.
Lobjoy.
Loisel.
Loisel (Pierre).
Lomont.
Loyaud.
Luminay.

M.

Maignen.
Maillard.
Mailly.
Maleville.
Malhes.
Mallein.
Maragon.
Marbois.
Marbot.
Marennes.
Marmontel.
Martel.
Maupetit.
Mazade.
Meilhan.
Mennau.
Meric.
Merlino.
Meyer.
Michaud.
Michel.
Michel.
Michet.
Michiels.
Mills.
Missonnet.
Mollevaut.
Monmayou.
Monnin.
Monteau-des-Isles.
Montel.
Moreau.
Moreau (Sigismond.)
Morrand.

CC.
Morrande.
Moulland.
Mouricault.
Moysset.
Muraire.
Murinais.
Mussart.
Musset.

N.

Nayrode.
Nioche.
Niou.
Noblet.

O.

Olbrechts.
Oudot.

P.

Paillart.
Paillet.
Palissot.
Papin.
Paradis.
Pecheur.
Pellet.
Peneau.
Père.
Perès.
Perré de Granville.
Perrin.
Personne.
Peskay.
Pétiet.
Pozous.
Philippe.
Picault.
Piedoux.
Piette.
Pillastre.
Piquet.
Plaichard-Chottière.
Pointel.
Poisson.
Pompei.
Porcher.
Portalis.
Pougear du-Limbert.
Poullain-Granpré.
Poultier.
Precy.
Prévost.
Prud'homme.

R.

Rabaud-Pommier.
Rabaud, jeune.

CC.
Raingeard.
Rallier.
Raspeiller.
Regnaud-Bretel.
Regnier.
Reguis.
Remuzat.
Reubel.
Reverchon.
Ribet.
Richard.
Richoux.
Riflaut.
Rivaud.
Rivière.
Rivoaland.
Robin.
Rodat.
Rossée de Belfort.
Rouhaud.
Roujoux.
Roulhier.
Rousseau.
Rovère.
Roy.
Rubat.
Rudel.

S.

Sallelès.
Salligny.
Sauvé.
Savary.
Schirmer.
Sédillez.
Segretain.
Serres.
Servonat.
Simon.
Simonnet.
Soubdès.

T.

Tarteyron.
Tattegrain.
Thabaud.
Tharreau.
Thévenin.
Thiébaud.
Thierret.
Thierry.
Tonnellier.
Topsent.
Toulget.
Toulgoët.
Tronchet.
Tridoulat.
Tronson du Coudray.
Trotianne.
Tupinière.

DÉPUTÉS [1795-97]

CC.
Turgant.

V.

VACHER.
Vaillant.
Vanderheyden.
Van Kempen.
Van Rossem.
Varlet.
Verne.

CC.
Vernerey.
Vernier.
Vernimen.
Vernin.
Vidalot.
Viennet.
Vigneron.
Vimar.
Vincent.
Violand.
Viquy.

CC.
Voligny.

W.

WERBROUCK.

Y.

YSABEAU.
Ysambart.

DÉPUTÉS

AU CONSEIL DES CINQ-CENTS.

CC.

A.

Abgrall.
Abolin.
Albespy.
Albert.
Alrici.
Amelot.
André.
Andrei.
Andrieux.
Anrich.
Aréna aîné.
Aréna jeune.
Armand.
Arnoul.
Arnould.
Arrighi.
Asselin.
Aubert.
Aubepin.
Aubry.
Audouin.
Auger.
Augereau.
Auguis.
Auverlot.
Aymé.
Azias.

B.

BABEY.
Bachelot.
Baco.
Bahut.
Bailleul.
Bailleul
Bailly-Juilly.
Bailly (de la Haute Ga-
ronne.
Balivet.
Balland.

CC.

Balmain.
Bancal.
Bara.
Baraillon.
Barbier-Jenti.
Bardou-Boisquetin.
Barthélemy.
Barrière.
Bassenge.
Baucheton.
Baucheton-de-la-Marne.
Baudet.
Baudot.
Bayard.
Bazin.
Beauchamp.
Beaugeard.
Beauvais.
Bechard-Casaux.
Beffroi.
Belin.
Belley.
Belligny.
Belmont.
Belzais Courmesnil.
Benard-Lagrave.
Bentabole.
Beraud.
Berenger.
Bergasse.
Bergevin.
Bergier.
Bergoing.
Berlier.
Bermond.
Bernard-des-Sablons.
Bernardy.
Bernier.
Berquier-Neuville.

CC.

Bertezene.
Berthelemy.
Berthot.
Bertrand (du Calvados.)
Bertrand (Cantal.)
Bertrand.
Besson.
Bethune.
Beyts.
Bezard.
Bidanet.
Bidault.
Bigonnet.
Billerey.
Billion.
Bion.
Bissy.
Bitouzet-Deslinières.
Blad.
Blanc.
Blanqui.
Blaviel.
Blin
Blondel.
Blotel.
Bodin.
Bodinier.
Boëll.
Boery.
B.h.n.
Boileau.
Boissier.
Boissieu.
Boisson.
Boissy-d'Anglas.
Boisrond.
Boisvert.
Bollet.
Bollioud.
Bonaparte (Lucien).

AU CONSEIL DES CINQ-CENTS.

CC.

Bonaparte, (Joseph)
Bonaventure.
Bonnaire.
Bonnemain.
Bonnet.
Bontoux.
Bordas.
Bordes.
Borel.
Borel-Durand.
Borie-Camburd.
Bornainville.
Bornes.
Bosc.
Bosschaert.
Bouaissier.
Boudin.
Boulay.
Boulay-Paty.
Boullé.
Bourdon (de l'Oise).
Bourgain.
Bourg-Laprade.
Boursain.
Bouvier.
Bouygues.
Bovis.
Boyer.
Brabander.
Bremontier.
Bresson.
Brichet.
Briot.
Brival.
Brixhes.
Brugous.
Brunet.
Bruslé.
Buquet.
Buvée.

C.

CABANIS.
Cacault.
Cadroy.
Caigny.
Caillou.
Calès.
Calonnes d'Avesnes.
Cambacérès.
Cambe.
Camboulas.
Camus.
Caphlat.
Carbelot.
Cardonnel.
Carlet.
Carpentier.
Carret.
Carrère-Lagarière.
Carrier St-Marc.
Casa-Bianca.

CC.

Casenave.
Caseneuve.
Cassaignes.
Castagnier.
Castel.
Casteran.
Castilon.
Cavaignac.
Cayre.
Cazalis.
Cazaux.
Cellier.
Chabanon.
Chaband-Latour.
Chable-d'Essay.
Chabert.
Chaigneau.
Chaillot.
Chalian.
Chalmel.
Chambé.
Chamborre.
Chamoux.
Champigny.
Changarnier.
Chanorier.
Chapelain.
Chappuis.
Charel.
Charles.
Chassebeuf.
Chasset.
Chastel.
Chastelain.
Chauchet.
Chaumont.
Chauvier.
Chauvin.
Chazal.
Chazauld.
Chenard.
Chené.
Chenier.
Cherrier.
Chevallereau.
Chiappe.
Cholet.
Cholet-Beaufort.
Chotard.
Christiani.
Clairon.
Clauzel.
Clavière.
Cledel.
Clemenceau.
Cochet.
Colaud de la Salcette.
Colet des Cotils.
Coilard.
Collombel (du Nord).
Colombel (Meurthe).
Combedouneus.

CC.

Combet.
Compeyre.
Constans.
Constant.
Corbière.
Corbun S.-Genest.
Costé.
Couchery.
Couhey.
Couillon.
Coupé (de l'Oise).
Coupé (des Côt.-du-Nord).
Couturier.
Couzard.
Crassous.
Croze.
Creuzé-Latouche.
Crevellier.
Crochon.
Cunier.
Curée.

D.

DABRAY.
Dalby Feyard.
Danel.
Danjou.
Darracq.
Daubermesnil.
Dauchel.
Dauchet.
Dauchi (de l'Oise).
Dauchy (du Nord).
Daunou.
Daupholle.
David-Jonquière.
Debacque.
Debats.
Debrabauder.
Debry.
Decaigny.
Declerc.
Defermont.
Defrance.
Dehanssy-Robecourt.
Delabuisse.
Delacarrière.
Delahante.
Delahaye (de l'Aisne).
Delahaye-Delaunay.
Delamarre.
Delaporte.
Delarue.
Delattre.
Delaunay.
Delbret.
Delcassu.
Delcher.
Deleage.
Delecloy.
Delessault.

CC.
Deleyre.
Delorme.
Delpierre aîné.
Delpierre jeune.
Delpy.
Demoor.
Denizart.
Dentzel.
Desquin.
Descamps.
Descamps-Couturier.
Descloseaux.
Descordes.
Desmolins.
Desmoulins.
Desnos.
Despinassi.
Desplanques.
Després (de la Charente).
Després (Orne).
Dessaix.
Destrem.
Detcheverry,
Delhier.
Devaux.
Deville
Devinck-Thierry.
Devroé.
Dezé.
Digautrey.
Digneffe.
Dillon.
Dimartinelly.
Dissande-Moulevade.
Doche-Delille.
Dormay.
Dornier.
Douillard.
Doulcet.
Doumerc.
Doutrepont.
Drévont.
Drouet.
Drulh.
Dubignon,
Duboc.
Dubois-Bellegarde.
Dubois-Crancé.
Dubois-Dieudonné.
Dubois-Dubay.
Dubois (du Haut-Rhin).
Dubois (des Vosges).
Dubouloz.
Dubreuil-Regnay.
Dubroc.
Dubruel.
Dubusc.
Duchastel-Berthelin.
Duchatel.
Duchesne.
Duclaux.
Ducos.

CC.
Dufay.
Duflos.
Dufour.
Dufresne.
Dufresnoy.
Dugua.
Duguet.
Duhot.
Dojardin.
Dulaure.
Dumas.
Dumolard.
Dumonceau.
Dumont (du Calvados).
Dumont (de la Somme).
Dumont (du Cher).
Dumoulin.
Duncy.
Dunez.
Dupayrat.
Dupeloux-St.-Ramin.
Dupire.
Duplantier.
Duplaquet.
Dupont.
Duport.
Dupuy.
Duprat.
Dupuis.
Durand.
Dutrou (Bornier).
Duval) de l'Aube).
Duval (du Nord).
Duval (de la Seine-Infér.).
Duval Villebogard.
Duviquet.

E.

EMMERY.
Engerran.
Enjevelin.
Enjubault.
Erhmann.
Eschasseriaux aîné.
Eschasseriaux jeune.
Estaque.
Eude.
Eversdyck.

F.

FABRE,.
Fabry.
Faisant.
Fadneau-Lahari.
Fargues.
Faulcon.
Faure (de la Haute Loire).
Faure (Loire-Inférieure).
Faure (de la Creuse).
Fauvel.
Favart,

CC.
Faverand.
Favre.
Favre.
Fayolle,
Ferrand.
Ferry.
Fevre.
Fiquet.
Fleury.
Florent-Guiot,
Forest.
Foncez.
Foubert.
Fourcade.
Fourmy.
Fourniot.
Français.
Franchet.
Frarin.
Fregeville.
Fremont.
Fresnel.
Fricot.
Frison.
Froger.

G.

GAILLARD.
Gallet.
Galtié.
Gamon.
Gantois.
Garau de Coulon.
Gareau.
Garilhe.
Garnier.
Garnier (de Saintes.)
Garnot.
Garreau.
Gastin.
Gaston.
Gau.
Gaudin.
Gaultier.
Gauran.
Gauthier du Var.
Gauthier du Calvados.
Gautier-la-Motte.
Gavard.
Gayet.
Gayvernon.
Gentil.
Genevois.
Genissieu.
Geoffroy.
Gerla.
Germain.
Gertoux.
Gesnois.
Gilbert Désmolières,
Gillaiséan.

AU CONSEIL DES CINQ-CENTS.

CC.
Gillet (du Loiret).
Gillet (de Seine et Oise).
Ginestet-Persagols.
Girot.
Giraud.
Girod-Pouzols.
Giroust
Glais.
Godard (de Seine et Marne.
Godard (de la Côte d'Or.)
Godard (d'Eure et Loire.
Golzard.
Gomaire.
Gossuin (Eugène.)
Cot.
Goudelain.
Coupilleau.
Gourdan.
Gourlay.
Gouzy.
Goy.
Gramon.
Grand.
Grandmaison.
Grangier.
Grapp.
Grégoire.
Grégoire-Derumère.
Grelier.
Grenier.
Grenot.
Groscassan-Dorimond.
Guérin (du Loiret.)
Guérin des (Deux-Sèvres.)
Guesdon.
Guezno.
Guichard.
Guillebert.
Guillemardet.
Guillemot.
Guillerault.
Guinard.
Guimberteau.
Guinot-Boismenu.
Guirail.
Guiter.
Guithard.
Guittinguer.
Guyardin.
Guyet-Laprade.
Guyomard.
Guyot.
Guyot-Desherbiers.
Guyton-Morveau.

H.

Hannaire-Vieville.
Hardouin.
Hardy.
Harmand.

CC.
Hannecart.
Hattingais.
Heard.
Hellot.
Hemard.
Henry-Longuève.
Henry-Larivière.
Henry Marcyliy.
Hermann.
Hernandez.
Heurtaud-Lamerville.
Houdbert.
Houdebert-de-la-Flèche.
Housset.
Houriet-Eloi.
Hoverlant.
Hubert.
Huchet-Dreus.
Huguet.
Humbert.
Husson.

I.

Imbert.
Imbert-Colomès.
Ingrand.
Isnard.
Izoard.
Izos.

J.

Jac.
Jacomin.
Jacqueminot.
Jacquier.
Janod.
Japhet.
Jard-Panvilliers.
Jarry.
Jarry (de Nantes.)
Jeannet-Lanoue.
Jordan.
Jorand.
Joubert.
Joubert-Bonnaire.
Jonenne.
Jourdain.
Jourdan.
Jourdan (de la Nièvre.)
Jourdan (le maréchal.)
Jourde.
Jouvent.
Jubié.
Juliel..

K.

Karcher.
Keller.
Keryélégan.

CC.

L.

Laa.
L'abbé.
Laborde.
Laboullaye.
Labrouste.
Lacarrière.
Lacavallerie.
Lacrampe.
Lacuée.
Lafargue.
Lafond.
Laforest.
Lagarde.
Lagentie
Lair.
Lakanal.
Lalande.
Latoue.
Laloi.
Lamarque.
Lamy.
Landrin.
Lanthenas.
Laplaigne.
Laprade.
Larivière.
Lasalle Ceseau.
Laumond.
Lannois.
Laujacq.
Laurans.
Laurence.
Laurenceau.
Laurenceot (du Jura.)
Laurent.
Leblanc.
Leblanc (du Morbihan.)
Leborgne.
Leboucher des Longs-Parcs..
Lecarlier.
Lecerf François.
Leclair, Loir et Cher.
Lecler.
Leclerc, Maine-Loire.
Leclerc-Scheppers.
Lecointre-Puyravaux.
Ledesvé.
Lefebvre, de Nantes.
Lefebvre, Seine-Inférieure.
Lefebvrier.
Lefranc.
Lefollet.
Legendre, Nièvre.
Legendre, Seine-Inférieure.
Legier, Forest.
Legier, Loiret.
Legorrec.
Legot.
Legoupil Duclos.
Lejaulne.

CC.
Lemaignan.
Le Maignen, Manche.
Lemaire.
Lemeilhaud.
Lemann.
Lemarchand de Gomicourt.
Le Merer.
Lemoine.
Lemarcis.
Lemesle.
Lemoale.
Lenormand.
Lepage.
Lepidi.
Leroux.
Leroy, Eure.
Leroy, Marne.
Lesage Senault.
Lespinasse.
Lesterpt aîné.
Leterme Saulnier.
Levallois.
Leyris.
Limon.
Limoges.
Lion.
Littée.
Lobinhès.
Lodin-Lalaire.
Lofficial.
Lonné-Cantau.
Lorie.
Lorier.
Louis.
Louveau.
Louvet, Somme.
Louvet, Haute-Vienne.
Louvot.
Lozeau.
Lucas Bourgerel.
Lucas, Seine-Inférieure.
Ludot.
Luminais.
Lynch.

M.
Macaire.
Madier.
Maës.
Mailhe.
Maillard-Jubainville.
Maine-Biran.
Maisse.
Malès.
Malet.
Malherbe.
Malibran.
Mallarmé.
Maluquer.
Mamert-Couillon.
Mansord.

CC.
Maras.
Marboz.
Marc-Curtain.
Marchoux.
Marcoz.
Marec.
Mariette.
Marin.
Marquezy.
Marquis.
Martin.
Martin-Joseph.
Martin Roger.
Martinel.
Martinot.
Marvaud.
Massa.
Mathieu.
Maugenest.
Maulde.
Mayeuvre.
Meandre.
Méaulle.
Meissas.
Mejansac.
Membrede.
Menard-Lagroye.
Menjot-Delbenne.
Mennessier.
Mennier.
Mentor.
Mensord.
Mercier.
Merlin de Thionville.
Merlino.
Mermoz.
Mersan.
Metz.
Metzger.
Meyer.
Meynard.
Meunier.
Michaud.
Miculle.
Milanges.
Moisson-Devaux.
Mellevaut.
Moltedo.
Monge.
Monmayou.
Monnier.
Monnot.
Monseignat.
Montardier.
Montégut.
Monteil.
Montpellior.
Moreau Mersan.
Morel.
Morin.
Morisset.
Morisson.

CC.
Mortier Duparc.
Mourer.
Moyne.
Moygnon.

N.
Nairac.
Natoire.
Neveu.
Noaille.
Noël-Dupayrat.
Nogaret.
Nogué-Malijai.
Normand.
Nonssiton.
Nugues.
Nugues.

O.
Obelin.
Odolant-Quesnos.
Ortalle.
Oudot.
Ozun.

P.
Pacros.
Pallier.
Panichot.
Parent-Réal.
Parizot.
Pastoret.
Paul-Tack.
Pavie.
Pelot.
Pelet-Beaupré.
Pelissier.
Pellé.
Pémartin.
Penières.
Pepin.
Perès (de la Sarthe).
Perès (du Gers).
Perier.
Perignon.
Perret.
Perrin-Lafargues.
Perrin (de l'Aveyron).
Perrin (des Vosges).
Perroy.
Petiet.
Pelignot.
Peyre.
Pflieger aîné.
Philippe Delleville.
Picault-Lacombe.
Pichegru.
Picquet.
Pierret.

AU CONSEIL DES CINQ-CENTS.

MM.

Piet.
Pigeon.
Pillet.
Pinel.
Pison-du-Galland.
Plazanet.
Plichon.
Poirriez.
Poisson.
Polissart.
Pollart.
Pomme.
Poncet-Delprch.
Pons (de Verdun)
Pons (de l'Aveyron).
Ponsard.
Pontalié.
Portal.
Porte.
Portiez.
Pottier.
Poubaer.
Poulain (Célestin).
Poulain-Bouttancourt.
Poulain de Grandpré.
Poultier.
Pouret.
Pou.ret-Roquerie.
Ponterie-Escot.
Praire.
Prat.
Précy.
Pressavin.
Prevost de la Croix.
Prevost.
Prieur.
Provost.
Prost.
Prudon.

Q.

Quatremère-Quincy.
Queinec.
Quesnel.
Quinette.
Quirot.

R.

Rabasse.
Raffron.
Rallier.
Rambeau.
Rameau.
Ramel.
Rampillon.
Rateau.
Réal.
Rebaud.
Regnie.
Reinaud-Lascours.

Renaud (de l'Orne).
Resch.
Reverchon.
Rial.
Ribault.
Ribereau.
Riboud.
Ricard.
Richard.
Richaud.
Richond.
Ricour.
Riou.
Ritter.
Rivaud.
Rivery.
Rivière.
Roberjot.
Robert (du Tarn).
Robert.
Rochegude.
Rœmers.
Rolland.
Rollin.
Romanet.
Ronault.
Rouche.
Rouchon.
Rouvelet
Roux (de l'Aveyron).
Roux (des Ardennes).
Rouyer.
Rouzet.
Royer.
Royer-Collard.
Roze.
Rozier.
Ruault.
Ruelle-Albert.

S.

Saint-Aignan.
Saint-Amour.
Saint-Gervais.
Saint-Florent.
Saint-Martin
Saint-Martin-Valogne.
Saint-Prix.
Saladin.
Salman.
Salenave.
Salgues.
Sahcetti.
Salmon.
Sartre.
Sauret.
Saurine.
Sausset.
Sautereau.
Sauzéas.
Savary (de l'Eure).

MM

Savary (de Maine-et-Loire).
Savornin.
Scellier.
Scherlock.
Scrive.
Séguin.
Selves.
Sémonville.
Senbausel.
Serclot.
Serres.
Serveau.
Sieyes.
Siméon.
Simon (du Haut-Rhin).
Simon (de Seine-et-Marne).
Sivard.
Somberville.
Sonthonax.
Souhait.
Soulhié.
Soulignac.
Soulignac St.-Rome.
Stévenotte.

T.

Tack.
Tallien.
Talot.
Tarbé.
Tardiveau.
Tardy.
Tarenget.
Tarle.
Tastu.
Texier (de la Creuse).
Texier-Martegoutte.
Texier-Olivier.
Thabaud.
Thélu.
Théuard.
Théuard-Dumousseau.
Thévenin.
Thibaudeau.
Thibault.
Thiessé.
Thomany.
Thomas.
Thomas-Laprise.
Thorel.
Thourel.
Tissandes.
Toudic.
Tournier.
Treilhard.
Trois-Oeufs.
Trottier.
Trouille.
Truc.
Trumeau.

LISTE DES MEMBRES [1795-99]

MM.

V.

Valery.
Vallée.
Vallée.
Van-Hulthem.
Van-Roymbeke.
Vasse.
Varin.
Vaudelin.
Vanvilliers.
Vauzelle.
Vergniaud.
Vernon.

MM.

Veuillet.
Vezin.
Vezu.
Vidal.
Vidalot.
Viennot-Vaublanc.
Villaret-Joyeuse.
Villars.
Villers.
Villetard.
Villiot.
Vinet.
Virieu.
Vistorte.
Vitet.

MM.

Vuidey.
Vuilley.

W.

Wailly.
Wandelaincourt.
Wautelée.
Wilhelm.
Willot.
Woussen.

Z.

Zangiacomi.

LISTE DES MEMBRES

DU SÉNAT-CONSERVATEUR. [1799-1814]

MM.

A.

Aboville (François-Marie), général de division, comte. 14 septembre 1802.
Abrial (André-Joseph), comte. 14 septembre 1802.
Aguesseau (Henri Cardin d'), comte. 5 février 1805.
Anguissola (Joseph-Marie-François-Paul-Louis-Balthasard-Gaspard), comte. 18 mars 1809.
Aremberg (Louis Engelberg), comte. 19 mai 1808.
Aubert (Bernard Journu), comte. 25 septembre 1799.
Auron de Crassous (Jean-François), 18 janvier 1801.

B.

Bacciocchi (Félix), prince de Lucques et de Piombino. 29 novembre 1804.
Barral (Louis-Mathias de), archevêque de Tours. 19 mai 1806.
Barthelemy (François), comte. 13 février 1800.
Beauharnais (Claude de), prince. 21 avril 1804.
Beaumont (Marc-Antoine de), général de division, comte. 14 août 1807.
Beaupuy (Nicolas), 15 novembre 1799, ancien général de division.
Beguinot (François-Barthelemy), général de division, comte. 14 août 1817.
Belderbusch (Charles-Léopold), comte. 5 février 1810.

MM.

Belleyrand de Vaubois (Claude-Henry), comte. 27 juillet 1800.
Belloy (Jean-Baptiste de), cardinal, archevêque. 14 septembre 1802.
Bertholet (Claude-Louis), comte. 24 novembre 1799.
Beurnonville (Pierre-Ryel de), général de division, comte. 5 février 1805.
Bévière (Jean-Baptiste-Pierre), 16 décembre 1814.
Boissy-d'Anglas (François-Antoine), comte. 18 février 1804.
Bonaparte (Joseph), 4 août 1802.
Bonaparte (Lucien), 4 août 1802.
Bougainville (Louis-Antoine), comte. 25 décembre 1799.
Brissac (Hyacinthe-Hugues-Timoléon Cossé de), chambellan honoraire. 19 août 1807.
Buonacorsi (Alexandre), comte. 22 février 1811.

C.

Cabanis (Pierre-Jean-Georges), comte. 24 novembre 1799.
Cacault (François), 30 mars 1804.
Cambacérès (Etienne-Hubert), cardinal, archevêque de Rouen. 5 février 1805.
Cambiaso (Michel-Ange), comte. 26 octobre 1805.
Canclaux (Jean-Baptiste-Camille), général de division, comte. 22 octobre 1804.
Carbonara (Louis-Dominique), comte. 28 mars 1809.

DU SÉNAT - CONSERVATEUR.

MM.

Casa-Bianca (Raphaël de), comte. 25 décembre 1799.
Caselli (Charles-François) , cardinal . archevêque de Parme , comte. 18 mars 1809.
Caulaincourt (Gabriel-Louis de) , général de division. 5 février 1805.
Chaptal (Jean-Antoine) , comte de Chanteloup. 13 aout 1804.
Chassebœuf de Volney (Constantin-François) , comte. 24 novembre 1799.
Chasset (Charles-Antoine), comte. 25 décembre 1799.
Choiseul - Praslin (Charles - Regnard-Laure-Félix), comte. 25 décembre 1799.
Cholet (François-Armand) , comte. 25 septembre 1799.
Claret de Fleurieu (Charles - Pierre), comte. 24 juillet 1805.
Clément de Ris (Dominique) , préteur, comte de Mont. 25 décembre 1799.
Colaud (Claude-Sylvestre) , général de division. 13 février 1801.
Colchen (Victor) , comte. 5 février 1805.
Cornet (Mathieu-Augustin) . comte. 24 novembre 1799.
Cornudet (Joseph) comte. 25 déc. 1799.
Corsini (Thomas) , chambellan de l'empereur, comte. 18 mars 1809.
Coulon (Jean-Philippe-Carran), comte, 24 novembre 1799.
Cousin (Jacques - Antoine - Joseph), 24 novembre 1799.
Crenzé la Touche (Jacques-Antoine,) 24 novembre 1799.
Curée (Jean-François), comte de la Bédissière. 14 août 1807.

D.

Dailly (Michel-François), 15 nov. 1799.
Darcet (Jean), général. 24 novembre 1799.
Darçon (Jean-Claude-Théodore) , général, 15 novembre 1799.
Daubanton (Louis-Jean-Marie) , 24 novembre 1799.
Davous (Pierre-Louis) , comte. 25 décembre 1799.
Dedelay d'Agier (Claude-Pierre), comte. 19 décembre 1800.
Degregory Marcorengo (Laurent), comte. 29 août 1802.
Dejean (Jean-François-Aimé), inspecteur général du génie. 5 février 1810.
Dembarrère (Jean), général de division, comte. 5 février 1805.
Demeunier (Jean-Nicolas) , comte. 18 janvier 1802.
Demont (Joseph-Laurent) , général de division , comte. 19 mai 1806.
Depère (Mathieu) , comte. 25 déc. 1799.

MM.

Destutt Tracy (Antoine-Louis-Claude), comte. 24 novembre 1799.
Dubois Dubay) Louis-Thibaut), comte, 24 novembre 1799.
Ducos (Roger), comte. 13 décembre 1799.
Dupont (Jean) , comte. 14 août 1807.
Dupuy (André-Julien), comte. 28 mars 1806.
Durazzo (Jérôme-Louis-François-Joseph-Marie) , comte. 26 octobre 1805.

E.

Emmery (Jean-Louis-Claude), comte de Grisyeulx. 20 août 1802.

F.

Fabre de Lamartillière (Jean), général de division, comte. 4 janvier 1801.
Fabre de l'Aude (Jean-Pierre), comte. 14 août 1807.
Falletto de Barol (Octave-Alexandre), comte. 19 mai 1806.
Fargues (Henri) , trésorier du sénat. 24 novembre 1799.
Ferino (Pierre-Marie-Barthélemy), général de division , comte. 5 février 1805.
Fesch (Joseph) , cardinal , archevêque de Lyon. 5 février 1805.
Fontanes (Jean-Pierre-Louis de), grand-maitre de l'université, comte. 5 fev. 1810.
Fontenay (Pierre-Nicolas) . 18 fév. 1804.
Fossombroni (Victor - Marie - Joseph - Louis) , comte. 18 mars 1809.
Fouché (Joseph) , duc d'Otrante. 14 septembre 1802.
François de Neufchâteau (Nicolas), comte. 25 décembre 1799.

G.

Garat (Dominique-Joseph), comte. 24 novembre 1799.
Garnier (Germain), comte. 30 mars 1804.
Garnier Laboissière , général de division, comte , 25 août 1802.
Ghyslain Mérode de Westerloo (Guillaume-Charles) , comte. 6 mars 1809.
Gouvion. 5 février 1805.
Grégoire (Henri) , comte. 25 déc. 1801.
Guenheuc (François - Scholastique), comte. 3 mars 1810.

H.

Harax (Jacques-Maurice), général. 24 novembre 1799.
Haultpoul (Joseph-Ange d') général de division , comte. 19 mai 1816.
Hédouville (Gabriel-Marie-Théodore Joseph d') , comte. 5 février 1805.

LISTE DES MEMBRES [1799-1814]

MM.

Herwyn (Pierre-Antoine, comte. 25 décembre 1799.

J.

Jacqueminot (Jean-Ignace), comte. 25 décembre 1799.
Jaucourt (Armail-François de), comte. 31 octobre 1803.

K.

Kellermann, duc de Valmy. 24 nov. 1799.
Klein (Dominique Louis-Antoine), général de division, comte. 14 août 1807.

L.

Lacépède (Bernard-Germain-Etienne de), grand chancelier de la légion d'honneur. 24 novembre 1799.
Lacroix de Saint-Vallier (Jean-Denis-René), comte. 5 février 1805.
Lafaurie de Maubadon (Laurent), comte. 6 mars 1809.
Lagrange (Joseph-Louis), comte. 25 décembre 1799.
Lambrechts (Charles-Joseph-Mathieu) comte. 24 novembre 1799.
Lanjuinais (Jean-Denis), comte. 9 mars 1800.
Lannoy (Chrétien-Joseph-Ernest-Grégoire de), comte. 21 avril 1804.
Laplace (Pierre-Simon), chancelier du sénat. 24 novembre 1799.
Lapparent (Charles de), comte. 28 mars 1809.
Latour (Hyacinthe de), archevêque de Turin. 14 août 1807.
Latour-Maubourg (Marie-Charles-César), comte de Fay, général. 28 mars 1806.
Laville de Villa Stellone (Hercule-Ferdinand), chambellan de Madame mère. 14 décembre 1809.
Laville-Leroux (Joseph). 25 décembre 1799.
Lebrun de Rochemont (Jean-Baptiste), comte. 2 novembre 1803.
Lecouteulx-Cantelou (Jean-Barthélemy), comte de Fresnelles. 24 novembre 1799.
Lefebvre (François-Joseph), duc de Dantzick. 2 avril 1800.
Lejeans (Guillaume-Lazare). 25 déc. 1799.
Lejeas (Martin), comte. 19 août 1807.
Lemercier (Louis-Nicolas), comte. 24 novembre 1799.
Lenoir-Laroche (Jean-Jacques), comte. 24 novembre 1799.
Lespinasse (Augustin), comte. 24 novembre 1799.
Levavasseur (Pierre-Jacques-Amable). 24 novembre 1799.

MM.

Loe (Edmond de), comte d'Imstenroedt. 19 mai 1806.
Luynes (Louis-Joseph-Charles-Amable de). 1 septembre 1802.

M.

Maleville (Jacques de), comte. 28 mars 1806.
Méerman Van Dalen et Wauren (Jean). 30 septembre 1810.
Monge (Gaspard), comte de Péluse. 24 novembre 1799.
Morard de Galles (Justin-Bonaventure), comte. 25 décembre 1799.

O.

Ordener (Michel), général de division, comte. 19 mai 1806.

P.

Pantaléon-Resnier (Louis-Pierre). 24 novembre 1799.
Papin (Jean-Baptiste), comte. 5 février 1805.
Pastoret (Claude-Emmanuel-Joseph-Pierre), comte. 14 décembre 1809.
Peré (Antoine-François), comte. 25 décembre 1799.
Perignon (Dominique-Catherine), maréchal, comte. 29 mars 1801.
Perregaux (Jean-Frédéric), comte. 25 décembre 1799.
Petiet (Claude). 19 mai 1806.
Pléville-le-Pelley (Georges-René), vice-amiral. 24 novembre 1799.
Pontécoulant (Louis-Gustave-Doulcet de), comte. 5 février 1805.
Porcher de Richebourg (Gilles-Charles), comte. 24 novembre 1799.
Primat (Claude-François-Marie), archevêque de Toulouse. 19 mai 1806.

R.

Rampon (Antoine-Guillaume), général de division, comte. 29 décembre 1800.
Redon (Jean-Claude), comte. 5 février 1810.
Rigal (Louis-Maximilien), comte. 29 octobre 1804.
Roederer (Pierre-Louis), comte. 14 septembre 1802.
Rousseau (Jean), comte. 24 nov. 1799.

S.

Saint-Martin-Lamotte (Félix), comte. 21 avril 1804.

DU SÉNAT CONSERVATEUR.

MM.

Sainte-Suzanne (Gilles-Joseph-Martin Bruneteau), comte. 21 avril 1804.
Saur (Jean-André), comte. 22 octobre 1804.
Savenal-des-Vesina d'Harville (Louis-Auguste), général de division, comte. 12 mars 1801.
Schimmelpenninck (Roger-Jean), comte. 30 décembre 1810.
Sémonville (Charles-Louis-Huguet de), comte. 5 février 1805.
Sers (Pierre), comte. 25 décembre 1799.
Serrurier (Jean-Mathieu-Philibert), maréchal. 25 décembre 1799.
Shée (Henri), comte. 5 février 1810.
Sieyes (Emmanuel-Joseph), comte. 13 décembre 1799.
Soulés (Jérôme), général de division, comte. 19 août 1807.
Spada (Joseph), comte. 22 février 1811.

T.

Tascher (Pierre-Jean-Alexandre de), comte. 22 octobre 1804.
Thévenard (Antoine-Jean-Marie), vice-amiral. 5 février 1810.
Thiembrune de Valence (Jean-Cyrus, Marie-Adélaïde), général de division, comte. 5 février 1805.
Tronchet (François-Denis). 27 février 1801.

MM.

V.

Van-Deden-Van-Gelber (Frédéric-Gilbert), comte. 30 décembre 1810.
Van Depool (Jean Valters), comte. 30 septembre 1810.
Venturi (Hippolyte-Louis-Jean-Gualbert-Gaspard), comte. 18 mars 1809.
Vernier (Théodore), comte. 25 décembre 1799.
Vien (Joseph-Marie), comte. 25 décembre 1799.
Villemanzy (Jacques Pierre), comte. 14 décembre 1809.
Villetard (Edme-Pierre-Alexandre), comte. 25 décembre 1799.
Vimar (Nicolas), comte. 24 novembre 1799.
Viry (François-Marie Joseph-Justin de), 4 février 1804.

Y.

Yzez (Jean), comte d'Arène. 25 décembre 1799.

Z.

Zuilleen (Philippe-Jules de), comte. 30 décembre 1810.

LISTE DES MEMBRES

DU TRIBUNAT. [1799-1807]

MM.

A.

Adet.
Albisson, chevalier de la légion d'honneur.
Alexandre, anc. commissaire ordonnateur.
Andrieux.
Arnoud, chev. de la leg. d'honneur.
Arnould, *idem*.

B.

Bailleul.
Hara.
Beaujour (Félix).
Beauvais, chev. de la leg. d'honneur.
Benjamin Constant.
Bérenger.
Berthélemy.

MM.

Bertrand de Greulle, chev. de la lég. d'honneur.
Bezard.
Bitouzé-Linières.
Boisjolin.
Boissy-d'Anglas.
Bosc.
Bouteville.

C.

Caillemer.
Cambe.
Carnot, chev. de la lég. d'honneur.
Carret, chev. de la lég. d'honneur.
Carrion-Nizas, officier de la légion d'honneur.
Chabaud - Latour, chev.

MM.

de la légion d'honneur.
Chabot (de l'Allier), com. de la légion d'honneur.
Challan, chev. de la lég. d'honneur.
Chassiron, chev. de la lég. d'honneur.
Chazal.
Chauvelin.
Chenard.
Chénier.
Costaz.
Costé.
Courtois.
Crassous.
Currée, commandant de la lég. d'honneur.

D.

Dacier, chev. de la légion

MEMBRES DU TRIBUNAT. [1799-1807]

MM.
d'honneur.
Daru, com. de la légion d'honneur.
Daugier, com. de la légion d'honneur.
Daunou.
Debry (Jean).
Delaistre, chev. de la lég. d'honneur.
Delpierre jeune, chev. de la lég. d'honneur.
De Pinteville-Cernon chevalier de la lég. d'hon.
Desmeunier.
Desrenaudes.
Dieudonné.
Duchesne.
Duveyrier, chev. de la lég. d'honneur.
Duvidal, chev. de la lég. d'honneur.

E.
Eschasseriaux aîné.

F.
Fabre (de l'Aude), com. de la lég. d'honneur.
Faure, com de la lég. d'hon.
Favard, chev. de la légion d'honneur.
Fréville, chev. de la lég. d'honneur.

G.
Gallois, chev. de la lég. d'honneur.
Ganilh.
Cara-Mailla.
Gary.
Gaudin.
Gillet (de Seine-et-Oise), chev. de la lég. d'hon.
Gillet-Lajaqueminière, chevalier de la lég. d'hon.
Ginguené.
Girardin (Stanislas), com. de la lég. d'honneur.
Goupil-Préfeln fils, chev. de la lég. d'honneur.
Gourlay.
Grenier, chev. de la légion d'honneur.

MM.
Guinard.
Guttinguer.

H.
Himbert.
Hugnet.

I.
Isnard.

J.
Jacquemont.
Jard-Panvilliers, com. de la lég. d'honneur.
Jaubert, com. de la légion d'honneur.
Jaucourt.
Jubé, com. de la légion d'honneur.

K.
Koch, chev. de la légion d'honneur.

L.
Labrouste, chev. de la lég. d'honneur.
Lahary, chev. de la lég. d'honneur.
Laloy.
Laromignière.
Laussat.
Lebreton.
Lecointre-Puyravaux.
Legier.
Legonidec.
Legoupil-Duclos.
Lejourdan.
Le Roi.
Leroi-Boismarié.
Leroy (de l'Orne), chev. de la lég. d'honneur.
Leroy (Seine).
Ludot.

M.
Malès, chev. de la légion d'honneur.
Malherbe.
Mallarmé, chev. de la lég. d'honneur.
Mathieu.
Menou.

MM.
Miot.
Mongez.
Moreau, chev. de la légion d'honneur.
Mouricault, chev. de la lég. d'honneur.

P.
Parent-Réal.
Penières.
Pernon, chev. de la légion d'honneur.
Perreau.
Perrée, com. de la légion d'honneur.
Perrin, chev. de la légion d'honneur.
Picault.
Pictet, chev. de la légion d'honneur.
Pinteville-Cernon.
Portiez.
Pougeard-du-Limbert, chev. de la lég. d'hon.

R.
Riouffe.
Roujoux.

S.
Sahuc, com. de la légion d'honneur.
Saint-Aubin.
Savoye-Rollin, chev. de la lég. d'honneur.
Say.
Sedillez.
Siméon.

T.
Tarrible, chev. de la lég. d'honneur.
Thibault.
Thiessé.
Thouret, chev. de la lég. d'honneur.
Trouvé.

V.
Van Hultem, chev. de la lég. d'honneur.
Vesin.

DU CORPS LÉGISLATIF.

LISTE DES MEMBRES.
DU CORPS LÉGISLATIF. [1799-1814]

MM.

A.

Adet, chevalier de la légion d'honneur.
Admirauld.
Agar.
Aguel, officier de la légion d'honneur.
Alamanno-Pazzi.
Allard.
Albert aîné.
Albert jeune.
Altieri.
Ambrosye.
Anglès.
Appert.
Aroux.
Arrighi.
Arion, chevalier de la légion d'honneur.
Arménouville (d').
Astorg.
Aubert.
Aubert du Petit-Thouars.
Aubusson de Soubrebost.
Audaert.
Augier.
Augier, général.
Augnis.
Auverlot.
Auxtremoine-Derisbes.
Avoyne-Chantereyne.
Azuni.

B.

BAGLIONI-ODDI.
Baillon.
Baraillon.
Barbier de Solligny.
Barbier de Landrevie.
Bardonet.
Barral, chevalier de la légion d'honneur.
Barré.
Barrin de La Gallissonnière, chevalier de la légion d'honneur.
Baron.
Barrières.
Barrot.
Basoche.
Bassaget.
Bassenge.
Baslit.
Bavouz.
Becaria-Pavie.
Beauclamp.
Beaufranchet.
Beaumont (de).
Becquey.
Béerembrocck.
Beloch.

MM.

Beguinot, commandant de la légion d'honneur.
Bellegarde, chevalier de la légion d'honneur.
Beguin.
Belleville.
Belsais-Courmesnil.
Bergey.
Bergeras.
Bergier.
Bernard du Treuil.
Bernard Vidal-Contant.
Berquier-Nouville.
Bertaux.
Berthesen.
Bertin.
Bosley.
Besqueut.
Besson.
Béthune de Sully.
Bezave-Mazières.
Blanc.
Blanquert de Bailleul.
Blareau.
Bodinier.
Boery.
Boidi-d'Ardizzoni, chevalier de la légion d'honneur.
Boileau.
Boirot.
Bollet.
Bollioud.
Bolmond.
Bonardi.
Bonardo.
Boncampagnie.
Bondani, chevalier de la légion d'honneur.
Bonnet.
Bonnot.
Bouviccino.
Bonvoust, commandant de la lég. d'honn.
Bord, commandant de la lég. d'honn.
Bordes.
Bureau-Lajanadie.
Borie.
Borne des Fourneaux.
Botta.
Bouchard.
Bouchet, chev. de la lég. d'honn.
Boudey, chev. de la lég. d'honn.
Bouffey.
Bouget.
Bouisserin.
Boulard.

LISTE DES MEMBRES [1799-1814]

MM.

Bouquelon.
Bourdon.
Bourguet-Travanet.
Bourg-Laprade.
Bourgeois.
Bourlier, chev. de la lég. d'honn.
Bourran.
Bouteiller (de la Somme.)
Bouteiller (de la Meurthe.)
Bouteleau, chev. de la lég. d'honn.
Bouvier, chev. de la lég. d'honn.
Boyelleau.
Boyer.
Brancadori, chev. de la lég. d'honn.
Brault.
Breard.
Brelivet.
Bremontier.
Brezets, commandant de la lég. d'honn.
Brière de Mondétour, chev. de la légion d'honneur.
Broncker (de).
Brugière Laverchère.
Bruys-Charli.
Bruneau de Beaumetz, chevalier de la légion d'honneur.
Brumeau de Beauregard.
Bucaille.
Buron.
Burmania-Rengers.

C.

Cacault.
Caissotti, command. de la lég. d'honn.
Calvet-Madaillan, chev. de la lég. d'honn.
Cambrières.
Canouville.
Capalti.
Capelli.
Capello.
Cardonnel.
Castagné.
Castaing.
Catoire-Moulainville.
Caumont de la Force.
Cavagnari.
Cavalli.
Cayre.
Cazaux.
Caze-Labove, chev. de la lég. d'honn.
Cazelli.
Cazenave, chev. de la lég. d'honn.
Chabaud-Latour, chevalier de la légion d'honneur.
Chabot.
Chaillot.
Challan, chev. de la lég. d'honn.
Champion (du Jura).
Champou (de la Meuse).
Chancel.
Chappuis, chev. de la lég. d'honn.

MM.

Charrel.
Charles-du-Luc.
Charly aîné.
Chatenay-Lanty.
Chatry-Lafosse, chev. de la lég. d'honn.
Chokier (de).
Chauvin Bois Savary.
Cherrier.
Chastret.
Chevillard, officier de la lég. d'honn.
Chiavarina.
Chillaud-Larigaudie.
Chirat.
Chiron.
Cholet, chevalier de la lég. d'honn.
Chollet-Beaufort.
Chovet de Lachance.
Clairon.
Clary.
Claudet.
Clavier.
Clavières.
Clauzel de Coussergues, chev. de la lég. d'honneur.
Clémenceau (de la Vendée).
Clément.
Clerici.
Cochon-Duvivier.
Coffinhal.
Colaud-Lasalcet.
Colchen, chev. de la lég. d'honn.
Collard.
Collet.
Colonien.
Combes-Dounoux.
Combret-Marsiliac.
Compayre.
Corcelet.
Cordara Antona.
Cornilleau.
Cornis (des Apennins.)
Cosonna.
Costa.
Costé.
Coulmiers.
Couppé, chev. de la lég. d'honn.
Coutausse.
Couzard.
Crouzé.
Crevellier.
Cruchon.
Cugnot d'Aubigny.

D.

Dabray.
Daigremont.
Dalesme, command. de la lég. d'honn.
Dalleaume.
Dallemagne, command. de la lég. d'honn.
Dalmas.
Dalmassy.

DU CORPS LÉGISLATIF.

MM.

Dalphonse.
Dal Pozzo.
Dampmartin.
Danel.
Danet.
Darracq.
Darthenay.
Dattili.
Daubigny.
Dauphole.
Dauzat.
Deboscq.
Debrigode.
Dedelay d'Agier.
Defalaiseau.
Defermon.
Defrance.
D'Elri, chev. de la lég. d'honn.
Degli-Alessandri.
Degregori, chev. de la lég. d'honn.
Dejunquière.
Dekersmaker, chev. de la lég. d'honn.
Delahaye.
Delafaille, offic. de la lég. d'honn.
Delamardelle, chev. de la lég. d'honn.
Delamare.
Delameth.
Delattre, command. de la lég. d'honn.
Delecluze, chev. de la lég. d'honn.
Delecloy.
Delemburg Stirum.
Delacour, chev. de la lég. d'honn.
Delaville.
Delespinay.
Delneufcourt.
Delhorme.
Delort.
Delilaar.
Delpierre aîné.
Delzons, command. de la lég. d'honn.
Delzons, Antoine.
De Lynden de Lunenberg.
Demeulnaere, offic. de la lég. d'honn.
Demissy, chev. de la lég. d'honn.
Demonceaux.
Demortreux, chev. de la lég. d'honn.
Demusset.
De Potter.
Dequeux S.-Hilaire.
Derivas.
Dern.
Desmazières.
Desbois.
Desnos.
Desgraves.
Desaux.
Despallières.
Despérichons, chev. de la lég. d'honn.
Desprot.
Desprez (de l'Orne).
Desprez (du Nord).
Desribes, chev. de la lég. d'honn.

MM.

Desrousseaux.
Deteleff.
Deval.
Devaux.
Devisme, chev. de la lég. d'honn.
Devinck-Thierry.
Deverneilh-Puiraseau.
Devol van Stenwick.
Deurbroucq.
Digneffe.
Dillon.
Donini.
Donyn-de-Chastre.
Doyen.
Drulh.
Dubruel.
Duboscq.
Dubourg.
Dubouchet.
Ducan.
Duclaux.
Duchesne de Gillevoisin.
Ducos, command. de la lég. d'honn.
Dudevant, chev. de la lég. d'honn.
Duflos.
Dufeu.
Dufort.
Duhamel.
Dumas.
Dumaire.
Dumolard.
Dumonceaux.
Dumoulin.
Dupin.
Dupont.
Dupont-Lauberdières.
Dupré.
Dupré de S.-Maur.
Dupoix.
Duplaquet.
Dupuis.
Duquesne.
Durand.
Durandart.
Duranteau, command. de la lég. d'honn.
Durbach.
Durazzo.
Durozier de Magneux.
Dureau de la Malle.
Duval.
Duret.
Duris Dufresne.
Dutrou-Bornier.
Duvillard.

E.

Emmery, chev. de la lég. d'honn.
Emmeric (David).
Emmery (de la Moselle).
Engeran.
Enjubault.

LISTE DES MEMBRES [1799-1814]

MM.

Epo Cremers.
Eschasseriaux jeune.
Eschasseriaux aîné.
Estaque.
Estourmel.
Eversdick.

F.

FABRY.
Fabrony (Charles).
Fabrony (Jean).
Faget de Baure.
Farez.
Faure.
Faucheux.
Fauris de S.-Vincent.
Favard.
Faydel.
Febvre.
Felix-Faulcon.
Ferat.
Fery.
Ferreri.
Fieffé.
Finot.
Flangergues (Pierre-François).
Fleury.
Fontanes, command. de la lég. d'honn.
Fontemoing.
Fontenay, offic. de la lég. d'honn.
Fornier de S.-Lary.
Foubert.
Foucher.
Fouquet.
Fourmy.
Fournier.
Francia.
Franck.
Francoville.
Frantz.
Frautz.
Fremin-Beaumont.
Fremin-Dumesnil.
Fregeville.
Fressenel.
Frontin.
Fulchiron aîné.

G.

GALEN.
Gaillard.
Gally.
Galleani d'Agliano, ch. de la lég. d'honn.
Gallois, chev. de la lég. d'honn.
Gambini.
Ganay-Vessigneux.
Gantois.
Garnier.
Gassendi.
Gaudin.
Gautier (de la Corrèze).

MM.

Gauthier (de la Côte-d'Or).
Gedouin.
Geoffroy (Côme).
Gendebien.
Germain.
Gesnouin.
Gerolt.
Gevers.
Gheysens.
Giera.
Gilbert.
Giutrac.
Girard.
Girardin (Stanislas), command. de la lég. d'honn.
Girardin (de l'Oise).
Giraudet-Bondemange.
Girod-Chantrans, chev. de la lég. d'honn.
Girod-Pouzols.
Glais.
Goblet.
Godailh.
Golzart, chev. de la lég. d'honn.
Gonnet.
Gontier de Biran.
Goyet-Dubignon.
Gosse.
Gossuin.
Goubau.
Gourlay (côtes du Nord), chev. de la lég. d'honneur.
Gourlay (Loire-Inférieure.), chev. de la Légion d'honneur.
Goulard.
Goupil-Préfeln.
Grandsaigne, chev. de la légion d'honn.
Grapp.
Grassy.
Gratte-Pain-Morisot.
Grégoire.
Grellet.
Grenier (Haute-Loire.)
Grenier (Hérault.)
Grenier (chev. de la légion d'honn.)
Grenot.
Gronvelle.
Guerin (des Deux-Sèvres.)
Guérin (du Loiret.)
Griveau.
Guillier de Souancé.
Guibal.
Gui.
Guineau.
Guichard.
Guillemot.
Guillot-Dubodan.
Guirail.
Guiter.
Guyot Desherbiers.

H

HAME (D').

DU CORPS LÉGISLATIF.

MM.
Hardy.
Hardouin.
Haubersart (D').
Haucourt (D').
Haxo.
Haquin.
Harchies (D').
Harel.
Hattinguais.
Hemart.
Hébert, chev. de la lég. d'honn.
Hennequin.
Henin.
Herwyn.
Houzé, chev. de la légion d'honneur.
Houdouart.
Houdebert.
Horn.
Hopsemère.
Houitte de la Chesnais.
Hubar.
Huguet.
Huon.

I.

IMHOFF.

J.

JACOBÉ-NAUROIS.
Jacobi.
Jacomet.
Jacomin.
Jacopin, command. de la légion d'honn.
Jacquier-Rosée.
Jalabert.
Jaquiet.
Jan.
Janet.
Janod.
Jaubert.
Jaubert (Guillaume-Auguste).
Jeannot de Moncey.
Joubert de Bonnaire.
Jourdain.
Jouvent.
Jubié.
Juhel.
Juéry.
Jumentier.
Juncquière (de).

K.

KEPPLER (du Bas-Rhin.)
Kervegan.
Kervélégan.
Kniphausen-Leer.

L.

LABEY-POMPIÈRES.

MM.
Labbé.
Laborde.
Lachieze.
Lacoste.
Lacrampe.
Lacretelle aîné.
La Doueppe du Fougerais.
Lafont.
Lagier-Lacondamine.
Lagrange.
Lahary, chev. de la légion d'honneur.
Lahure, command. de la légion d'honn.
Lainé, chev. de la légion d'honneur.
Lajare (de l'Hérault).
Lajare (de la Seine).
Lallouette.
Lamer.
Lamétherie (Antoine).
Lamoral-Rengers.
Langlois.
Langlois Septenville, de la lég. d'honn.
Lapolaire.
Larché, chevalier de la légion d'honneur.
Larcher.
Lamagnac.
Lascours.
Latour-Maubourg.
Lauberdière, chev. de la légion d'honn.
Laugier.
Laumond.
Laurence-Dumail.
Laur.
Lautour-Boismaheu, comm. de lég. d'honn.
Leblanc.
Leblond.
Lebrun de Rochemont.
Lecerf.
Leclerc (de Maine et Loire).
Leclerc (de Seine-et-Oise).
Lecourbe.
Ledanois.
Lefaucheux.
Lefebvre-Ginault, chev. de la lég. d'honn.
Lefebvre-Cayet.
Lefebvre-Laroche.
Lefebvrier.
Lefeuvre.
Lefort, chev. de la légion d'honneur.
Lefranc, command. de la légion d'honn.
Le Goazre de Kervélogan.
Legrand.
Legier.
Legris-Lasalle.
Legogal-Toulgoet.
Lehire.
Lejeas, officier de la légion d'honneur.
Lelen, chev. de la legion d'honneur.
Lemaillaud.
Lemée.
Lemarchant-Comicourt.
Lemoyle.

LISTE DES MEMBRES [1799-1814]

MM.

Lemaire-Darion, chev. de la lég. d'honn.
Lemarrois, command. de la légion d'honn
Lemoine.
Lemotheux-Daudier.
Lemosy.
Lemore de la Faye.
Lenormand.
Lepaige.
Lerouge.
Leroux.
Leroy, chevalier de la légion d'honneur.
Lesoinne.
Lesperut, chev. de la légion d'honneur.
Lespinasse (Haute-Garonne).
Lespinasse (Nièvre).
Letellier.
Leuse-Harel de Kessel (de).
Lévêque.
Lezurier de la Mariel, officier de la légion d'honneur.
Levieux.
Limonzin.
Ligniville, comm. de la légion d'honn.
Linati.
Littardi, chev. de la légion d'honneur.
Lobjoy, chev. de la légion d'honneur.
Lombard-Taradeau.
Louvet, chev. de la légion d'honneur.
Loyau.
Lucas.
Lucy.
Luminais.

M.

MACAIRE.
Macké.
Maghella.
Maggi.
Maglionne.
Malherbe.
Mallein.
Mallarmé.
Malaspina-Carbonare.
Mallet.
Manières.
Mansord.
Mandelli.
Maras.
Marcorelle chev. de la légion d'honneur.
Marescot-Perignat.
Marescotti.
Marquette de Fleury.
Martin-Bergnac.
Martin (Roger).
Martin fils.
Martin (Saint-Jean).
Martini.
Marquis, chev. de la légion d'honneur.
Marrinel.
Massa.
Masséna.

MM.

Mathieu, chev. de la légion d'honneur.
Mathit-Cacciorna, chev. de la lég. d'honn.
Mathei.
Mattei.
Mauboussin.
Mauclerc.
Maugenest.
Maupetit.
Membrède, chev. de la légion d'honneur.
Mennessier.
Méric, chev. de la légion d'honneur.
Mercier-Vergerie, chev. de la lég. d'honn.
Metz.
Metzger.
Meyer (de l'Escaut).
Meyer (du Tarn).
Meynard.
Mezzeri.
Michelet de Rochemont, chev. de la lég. d'honn.
Milscent.
Molerus, chev. de la légion d'honneur.
Mollevault.
Monseignat.
Montardier.
Montault-Desilles.
Montesquiou-Fezensac, comm. de la légion d'honneur.
Montesquiou (le comte).
Montiglio, chev. de la légion d'honneur.
Morand.
Moreau, chev. de la légion d'honneur.
Moreau-Sigismond.
Morel.
Morellet, chev. de la lég. d'hon.
Moretti.
Morisset.
Morizot.
Mosnerou.
Moullaud.
Murat.
Musset.

N.

NAIRAC.
Nattes, chev. de la lég. d'hon.
Négro.
Nell, offic. de la lég. d'hon.
Nell.
Nelli.
Noaille.
Noguez.
Noguier-Malijai.
Noizet de S.-Paul.
Nougarède.
Nourisson.

O.

OBELIN.
Olbrechts.

DU CORPS LÉGISLATIF.

MM.

Ollivier, chev. de la lég. d'honn.
Ornano.
Ortalle.
Ondaert.
Oudinot.

P.

Paillard.
Paillet.
Pallieri.
Panneboeter.
Panpelone.
Papin.
Pardessus.
Pareto.
Paroletti.
Parterieu-Lafosse.
Pascal.
Passerat de Silano.
Pastoret, chev. de la lég. d'honn.
Pavetti, chev. de la lég. d'honn.
Pellé.
Peltzer.
Pémartin, chev. de la lég. d'hon.
Pémolié de S.-Martin.
Penières-Delzors.
Pepin.
Peppe.
Perès.
Périgny (de).
Périgois.
Perin (des Vosges).
Perrier.
Pervinquière.
Petersen.
Petit (Cher).
Petit (Seine).
Petit-Lafosse, chev. de la lég. d'honn.
Petitot de Mont-Louis, chev. de la légion d'honneur..
Petit de Beauverger, chev. de la légion d'honneur.
Philippe-Delleville.
Picolet.
Picot-Lacombe.
Pictet-Diodati, chev. de la lég. d'honn.
Pigeon.
Pilastre.
Pillet.
Pison-du-Galand.
Plagniat.
Plaschaert.
Pocci.
Poggi.
Poisson.
Polissard.
Pontobevoye de Lanberdière (de), chev. de la leg. d'honn.
Pougny.
Poulain.
Poujaud.
Poujeard du Limbert.

MM.

Poultier.
Poyféré de Cère, chev. de la lég. d'hon.
Prati.
Prevost.
Prevost.
Prunelle.
Prunis.
Puymaurin-Marcassus, chev. de la légion d'honneur.

Q.

Quartara.
Queyseu.

R.

Rabasse.
Rabaud, chev. de la lég. d'honn.
Raepsaet.
Ragon-Gillet.
Raingeard.
Rallier, chev. de la lég. d'honn.
Ramel.
Ramond, chev. de la lég. d'hon.
Rampillon.
Ratier.
Raynouard, chev. de la lég. d'honn.
Regnis.
Reibaud-Clauzonne.
Reinaud-Lascours.
Renault.
Reuter, chev. de la lég. d'honn.
Ricard.
Richard.
Richepanse, chev. de la lég. d'honn.
Ricour.
Riboud, chev. de la lég. d'honn.
Ricussec.
Riffard S.-Martin.
Rigal.
Rigaud-de-l'Isle.
Rioult de Neuville.
Riquet de Caraman.
Rivarola.
Rivas, chev. de la lég. d'honn.
Rivière (Aube).
Rivière (Nord).
Robin de Coulogne.
Robinet, chev. de la lég. d'honn.
Rocci.
Rochefoucauld (de la).
Rochetaille (de).
Rodat
Roemers, command. de la lég. d'honn.
Roger, chev. de la lég. d'honn.
Rolland-Chambaudouin.
Roquain-Devienne
Rosset, offic. de la lég. d'honn.
Roulhac, chev. de la lég. d'honn.
Rousseau d'Etlonne.
Rouvelet.

LISTE DES MEMBRES [1799-1814]

MM.

Ruphy, chev. de la lég. d'honn.

S.

Sacut aîné, chev. de la lég. d'honn.
Saget (Loire-Inférieure).
Sahuc, command. de la lég. d'honn.
Saillour.
Saint-Martin.
Saint-Pierre-Lespéret.
Sainte-Susanne.
Satigny.
Salgues.
Salmon.
Salmour (de).
Salm-Dick.
Salvage.
Sansoni.
Sapey.
Sartelon (Legier).
Saur.
Sauret, command. de la lég. d'honn.
Sauret (Etienne).
Santier, chev. de la lég. d'honn.
Sauvaire.
Sauzay.
Savary, offic. de la lég. d'honn.
Scarpellini.
Schaal.
Schadet.
Schirmer.
Scotti.
Sedillez.
Ségur.
Selys.
Sénès.
Seraval.
Sermatlei.
Servan.
Serra.
Serret (de).
Serviez.
Seyssel.
Sieyes-Léon.
Silvestre-Sacy, chev. de la lég. d'honn.
Siméon.
Simon (de Sambre-et-Meuse).
Simon (de Seine-et-Marne).
Simonnet.
Sirugue-Marot, offic. de la lég. d'honn.
Sol.
Solari.
Solvyns.
Somis.
Sommervogel.
Sorel, command. de la lég. d'honn.
Soufflot aîné.
Souque.
Sproni.
Sturtz.

T.

Tack.

MM.

Talhouet.
Tannegny-Leveneur, chev. de la légion d'honneur.
Tardy, chev. de la lég. d'honn.
Tartas-Conques.
Tarte.
Tarteiron.
Tascher.
Terrasson, command. de la lég. d'honn.
Tesnière Bremesnil.
Tharreau.
Thealdy.
Thenard.
Thevenin.
Thibaudeau, chev. de la lég. d'honn.
Thierry.
Thiry, chev. de la lég. d'honn.
Thomas (Marne).
Thomas (Seine-Inférieure).
Thoummassy, chev. de la lég. d'honn.
Toulgoet.
Toulongeon, chev. de la lég. d'honn.
Trajetta.
Travaglini, chev. de la lég. d'honn.
Trentinian.
Trinqualye-Magnan.
Trion de Montalembert, chev. de la lég. d'honn.
Tronçon-Lecomte, chev. de la lég. d'honn.
Trottier.
Trumeau.
Tuault-Golven.
Tupinier.
Turgan.

V.

Vacher.
Valletaux, chev. de la lég. d'honn.
Van Gutsem, chev. de la lég. d'honn.
Vander-Goes.
Vander-Leyen.
Vandermeersch.
Vander-Sleyden.
Vandoren.
Van-Crasseld.
Van-Imhoff.
Van-Kempen.
Vanlilaar.
Vaurecum.
Van-Royen.
Van-Ruymbeke.
Vautrier.
Van-Tuyll Van-Seroos Kerken.
Vauzelle.
Van-Wambeke.
Vonturi.
Vergniaud.
Vergagni.
Verhuel.
Verno.
Vestreenen de Themat.
Vezin (Jean-François)

DU CORPS LÉGISLATIF.

MM.
Vialettes de Montariou.
Vienot Vaublanc.
Vigneron.
Villar.
Villiers, chev. de la lég. d'honn.
Villiot.
Villot-Freville.
Vistorte.
Von-der-Leyen.

MM.
W.
WALDENER.
Wassein.
Willems.
Wilmar.

Z.
ZACCALFONI.
Zoepffel.

LISTE DES PAIRS

NOMMÉS PAR NAPOLÉON, PENDANT LES CENT JOURS. [1815]

MM.

A.

ABOVILLE (le comte d').
Albuféra (maréchal duc d').
Alsace (le comte d').
Audréossy (lieutenant-général).
Arjuzan (le comte d').
Aubusson (le comte d').

B.

BARRAL (comte), archevêque de Tours.
Bassano (le duc de).
Beaufremont (le comte de).
Beauveau (le comte).
Belliard (lieutenant-général, comte).
Bertrand (lieutenant-général, comte).
Bigot (le comte).
Boissy d'Anglas (le comte).
Brayer (lieutenant-général, comte).
Brune (maréchal, comte).

C.

CABORE (le duc de).
Caffarelli (général, comte).
Cambacérès (cardinal).
Cambrone (lieutenant-général, comte).
Canclaux (le comte), *n'a pas siégé*.
Carnot (le comte).
Casa-Bianca (le comte).
Chaptal (le comte).
Clary (le comte).
Clausel (lieutenant-général, comte).
Clément-de-Riz (comte).
Colchen (le comte).
Conégliano (maréchal, duc de).
Cornudet (le comte).
Cosmao (contre-amiral, baron).
Croix (le comte de).

D.

DALMATIE (le maréchal duc de).
Dantzick (le maréchal, duc de).

MM.

Davilliers (le baron).
Decrès (le duc).
Dedelay d'Agier (le comte).
Dejean (le comte).
Drouot (lieutenant-général, comte).
Duhesme (lieutenant-général, comte).
Dulauloy (lieutenant-général, comte).
Durosnel (lieutenant-général, comte).

E.

ECKMULH (le maréchal prince d').
Émérian (vice-amiral, comte).
Erlon (lieutenant-général, comte d').
Essling (le maréchal prince d').
Excelmans (lieutenant-général, comte).

F.

FABRE de l'Aude (comte).
Fallot de Beaumont (archevêque de Bourges).
Fesch (cardinal).
Flahaut (lieutenant-général, comte).
Forbin-Janson (comte).
Friant (lieutenant-général, comte).

G.

GAETE (le duc de).
Gassendi (le comte).
Gazan (lieutenant-général, comte).
Gérard (lieutenant-général, comte).
Gilbert de Voisins (le comte).
Girard (lieutenant-général, comte).
Grouchy (maréchal, comte).

J.

JÉRÔME BONAPARTE (prince).
Joseph Bonaparte (prince).
Jourdan (maréchal, comte).

LISTE DE MM. LES PAIRS [1815]

MM.

L.

Labédoyère (maréchal de camp, comte).
Laborde (lieutenant-général, comte).
Lacépède (comte).
Laferrière-Levêque (lieutenant-général, comte).
Lallemand (lieutenant-général, comte).
Lameth (le comte Alexandre).
Larochefoucault (le comte Alexandre).
Latour-Maubourg (lieutenant-général, comte).
Lavalette (le comte).
Lecourbe (lieutenant-général, comte).
Lefebvre Desnouettes (lieutenant-général, comte).
Lejeas (comte).
Lemarrois (lieutenant-général, comte).
Lobau (lieutenant-général, comte).
Louis Bonaparte (le prince).
Lucien Bonaparte (le prince).

M.

Maxier (le comte de).
Molé (le comte).
Molitor (lieutenant-général, comte).
Mollien (le comte).
Monge (le comte).
Montalivet (le comte).
Montesquiou (le comte).
Morand (lieutenant général, comte).
Moskwa (le maréchal, prince de la).

N.

Nicolaï (le comte).

O.

Otrante (le duc d').

P.

Padoue (le duc de).

MM.

Pajol (lieutenant-général, comte).
Parme (le duc de).
Perregaux (le comte).
Plaisance (le duc de).
Pontecoulant (le comte).
Praslin (le comte de).
Primat (archevêque de Toulouse, comte).

Q.

Quinette (le baron).

R.

Rampon (le comte).
Rapp (lieutenant-général, comte).
Reille (lieutenant-général, comte).
Rœderer (le comte).
Roger-Ducos (comte).
Rovigo (le duc de).

S.

Ségur (le comte de).
Sieyes (le comte de).
Sussy (le comte).

T.

Thibaudeau (le comte).
Travot (lieutenant général, baron).
Trévise (le maréchal, duc de).
Turenne (le comte).

V.

Valence (lieutenant-général, comte).
Valmy (lieutenant-général, comte).
Vandamme (lieutenant-général, comte).
Verdier (lieutenant-général, comte).
Vicence (le duc de).

LISTE DE MM. LES PAIRS

NOMMÉS PAR LE ROI. [1814-20]

MM.

A.

Aboville (le comte d').
Abrial (le comte).
Aguesseau (le marquis d').
Albertas (le marquis d').
Albuféra (le maréchal duc d').
Aligre (le marquis d').
Andigné (le baron d').
Angosse (le marquis d').

MM.

Aragon (le marquis d').
Aramon (le marquis).
Argout (le comte d').
Arjuzon (le comte d').
Aumont (le duc d').
Autichamp (le comte d').
Avaray (le duc d').

[1814-1820] LISTE DE MM. LES PAIRS.

MM.

B.

Barante (le baron de).
Barthélemy (le marquis), *vice-président*.
Bastard de l'Étang (comte de).
Banffremont (le prince duc de).
Bansaet (le cardinal duc de).
Beaumont (le duc de).
Beaumont (le comte de).
Beker (le comte).
Belliard (le comte).
Bellune (le maréchal, duc de).
Bérenger (Raymond, comte de).
Bertollet (le comte de).
Beurnonville (le maréchal, marquis de).
Biron (le marquis de).
Blacas (le comte de).
Boisgelin (le marquis de).
Boissel de Monville (le baron).
Boissy d'Anglas (le comte).
Boissy du Coudray (le marquis de).
Bonnay (le marquis de).
Bourlier (le comte), évêque d'Evreux.
Brancas (le duc de).
Brézé (le marquis de).
Brigode (le comte de).
Brissac (le duc de).
Broglie (le duc de).

C.

Cadore (le duc de).
Caraman (le marquis de).
Casa-Bianca (le comte de).
Castellane (le comte de).
Castries (le duc de).
Catellan (le marquis de).
Cayla (le comte de).
Caylus (le duc de).
Chabannes (le marquis de).
Chaptal (le comte).
Chasseloup-Laubat (le marquis de).
Châteaubriand (le vicomte de).
Chevreuse (le duc de).
Choiseul (le duc de).
Choiseul-Gouffier (le comte de).
Cholet (le comte).
Clauzel (le comte).
Clément-de-Ris (le comte).
Clermont-Gallerande (le marquis de).
Clermont-Tonnerre (le comte de), ancien évêque de Châlons.
Clermont-Tonnerre (le marquis de).
Clermont-Tonnerre (le duc de).
Coigny (le maréchal, duc de).
Colchen (le comte),
Compans (le comte).
Conégliano (le maréchal, duc de).
Contades (le comte de).
Cornet (le comte de).
Cornudet (le comte).

T. I.

MM.

Crillon (le duc de).
Croi (le duc de).
Croix (le comte de).
Curial (le comte).

D.

Dalberg (le duc).
Damas (le comte de).
Damas-Crux (le duc de).
Dambray (le vicomte).
Dampierre (le marquis de).
Dantzick (le maréchal, duc de).
Daru (le comte).
Davous (le comte).
Decazes (le comte).
Dédelay-d'Agier (le comte).
Dejean (le comte).
Dembarrère (le comte).
Demont (le comte).
Depère (le comte).
Desèze (le comte).
Dessolle (le marquis de).
Destut de Tracy (le comte).
Digeon (le vicomte).
Dondeauville (le duc de).
Dubouchage (le vicomte).
Dubreton (le baron).
Dupuy (le comte).
Duras (le duc de).
Durfort (le comte de).

E.

Eckmuhl (le maréchal, prince d').
Ecquevilly (le comte).
Elbœuf (le duc d').
Emmery (le comte).
Escars (le comte d').
Esclignac (le duc d').

F.

Fabre de l'Aude (le comte).
Feltre (le duc).
Ferrand (le comte).
Fitz-James (le duc de).
Fontanes (le marquis de).

G.

Garnier (le marquis de).
Gassendi (le comte de).
Germain (le comte de).
Germiny (le comte de).
Gouvion (le comte de).
Gouvion Saint-Cyr (le maréchal, marquis de).
Grammont (le duc de).
Grammont-d'Aster (le comte de).
Grave (le marquis de).
Greffulhe (le marquis de).

LISTE DE MM. LES PAIRS. [1814-1820]

MM.

H.

Harcourt (le duc d').
Harcourt (le marquis d').
Haubersart (le comte d')
Haussonville (le comte d').
Havré (le duc de Croÿ d').
Hédouville (le comte d').
Herbouville (le marquis d').
Herwynde Nevèle (le comte).
Houdetot (le vicomte).
Hunolstein (le comte d').

I.

Istrie (le duc d').

J.

Jaucourt (le marquis de).
Jourdan (le maréchal, comte).

K.

Klein (le comte).

L.

La Bourdonnaye Blossac (le comte de).
Lacepède (le comte de).
Le Châtre (le duc de).
La Ferronnays (le comte de).
La Force (le duc de).
Laforest (le comte).
La Guiche (le marquis de).
Lally Tolendal (le marquis de).
La Luzerne (le cardinal, duc de).
Lamoignon (le vicomte de).
Lanjuinais (le comte).
Laplace (le marquis de).
Laroche Aimon (le comte de),
La Rochefoucauld (le duc de).
La Rochefoucauld (le baron de).
La Rochejaquelein (le marquis de).
La Suze (le marquis de.)
La Tour-du-Pin-Gouvernet (le marq. de).
Latour-Maubourg (le marquis de).
Latour-Maubourg (le comte de).
La Trémoille (le duc de).
Lauriston (le marquis de).
Laval-Montmorency(le duc de).
La Vauguyon (le duc de)
La Villegontier (le comte de).
Lebrun de Rochemont (le comte de).
Lecouteulx de Canteleu (le comte).
Lemercier (le comte).
Lenoir-Laroche (le comte).
Lévis (le duc de).
Lorges (le duc de).
Louvois (le marquis de).
Luxembourg (le duc de).
Lynch (le comte).

MM.

M.

Machault-d'Arnouville (le comte de).
Maillé (le duc de).
Mailly (le comte de).
Maison (le marquis).
Maleville (le marquis de).
Marbois (le marquis de).
Marescot (le comte de).
Massa (le duc de).
Mathan (le marquis de).
Maurice Mathieu (le comte).
Molé (le comte).
Mollien (le comte).
Monbadon (le comte de).
Montalembert (le baron de).
Montalivet (le comte de).
Montausier (le comte de Sainte-Maure).
Montbazon (le duc de).
Montebello (le duc de).
Montesquiou (l'abbé comte de).
Montesquiou (le comte de).
Montmorency (le duc de).
Montmorency (le vicomte de)
Morel-Vindé (le vicomte de).
Mortemart (le duc de).
Mortemart (le marquis de).
Mounier (le baron).
Mun (le marquis de).
Muy (le comte du).

N.

Narbonne-Pelet (le duc de).
Nicolaï (le marquis de).
Noailles (le duc de).
Noé (le comte de).

O.

Orvilliers (le comte d').
Osmond (le marquis d')

P.

Pange (le marquis de).
Pastoret (le marquis de).
Pelet de la Lozère (le comte).
Péré (le comte).
Pérignon (le marquis de).
Plaisance (le duc de).
Poix (le prince, duc de).
Polignac (le duc de).
Polignac (le comte de).
Pontécoulant (le comte de).
Portalis (le comte).
Praslin (le duc de).
Pressigny (le comte Corlois de).

R.

Raguse (le maréchal , duc de).
Raigecourt (le marquis de).

LISTE DE MM. LES PAIRS. [1814-1820]

MM.

Rampon (le comte).
Rapp (le comte).
Reggio (le maréchal, duc de).
Reille (le comte).
Ricard (le comte).
Richebourg (le comte de).
Richelieu (le duc de).
Rivière (le marquis de).
Rohan (le duc de).
Rosanbo (le vicomte le Peletier).
Rougé (le marquis de).
Rully (le comte de).
Ruty (le comte).

S.

Sabran (le comte de).
Saint-Aignan (le duc de).
Saint-Priest (le comte de).
Saint-Roman (le comte de).
Saint-Simon (le marquis de).
Saint-Vallier (le comte de).
Sainte-Suzanne (le comte de).
Saulx-Tavannes (le duc de).
Séguier (le baron de).
Ségur (le comte de).
Sémonville (le marquis de), *Grand-Référendaire*.
Sérent (le duc de).
Shée (le comte).
Soulès (le comte).
Sparre (le comte de).
Suffren Saint-Tropez (le comte de).
Sussy (le comte de).

MM.

T.

Talaru (le marquis de).
Talhouet (le marquis de).
Talleyrand-Périgord (le cardinal duc de), archevêque de Paris.
Talleyrand (le prince, duc de).
Talleyrand (le comte Auguste de).
Tarente (le maréchal, duc de).
Tascher (le comte de).
Trévise (le maréchal, duc de).
Truguet (le comte).

U.

Uzès (le duc d').

V.

Valence (le comte de).
Valentinois (le duc de).
Valmy (le maréchal, duc de).
Vaubois (le comte de).
Vaudreuil (le comte de).
Vence (le marquis de).
Verac (le marquis de).
Verhuell (le comte).
Vibraye (le marquis de)
Villemenzy (le comte de).
Vimar (le comte).
Vioménil (le maréchal, marquis de).
Volney (le comte de).

W.

Wagram (le prince, duc de).

LISTE DE MM. LES DEPUTÉS. [1814-1820]

MM.

A.

Abot, Sarthe. Cent jours.
Abzac de la Douze (le marquis d'), Dordogne. 1815.
Adet, Nièvre. 1814.
Alphonse (le baron d'), Allier. 1819.
Admyrauld, Charente-Inférieure. 1814, 15, 16, 17, 18 et 19.
Aigremont de Saint-Monvieux (d'), Calvados. 1816
Alardet, Loir-et-Cher. Cent jours.
Albert, Charente. 1815, 16, 17, 18 et 19.
Albon (le comte d'), Rhône. 1815
Aldegnier (d'), Haute-Garonne. 1815, 16, 17 et 18.
Amariton de Montfleury, Puy-de-Dôme. 1815.
Ambrugeac (le comte Louis d'), Corrèze. 1814, 17, 18 et 19.
Audigné de Maynouf (le comte d'), Maine-et-Loire. 1815, 16, 17, 18 et 19.
André (d'), Lozère. 1815 et 1816.

MM.

Andrieux, Deux-Sèvres. Cent jours.
Andryane, Aube. Cent jours.
Anglès père (le comte), Hautes-Alpes. 1814, 15, 16, 17, 18 et 19.
Angosse (Armand d'), Basses-Pyrénées. 1816, 17, 18 et 19.
Antin (le baron d'), Landes. 1815.
Antoine, Bouches-du-Rhône. Cent jours.
Archimbaud (le marquis d'), Vaucluse.
Ardouin, Hautes-Alpes. Cent jours.
Armand, Mont-Blanc. Cent jours.
Armets, Côtes-du-Nord. Cent jours.
Arnault, Seine. Cent jours.
Arnaud, Pyrénées-Orientales. 1815.
Arnaud de Puymoison, Basses-Alpes 1817, 18 et 19.
Aroux, Seine-inférieure. 1814.
Arpin, Aisne Cent jours.
Arthenay (le baron d'), Calvados 1814.
Asselin, Calvados. Cent jours.
Assolin, Manche. Cent jours.

LISTE DE MM. LES DÉPUTÉS. [1814-1820]

MM.

Asselin de Villequier, Seine-Inférieure. Cent jours.
Astorg (le comte d'), Seine-et-Oise. 1814.
Aubert, Gironde, 1814. Cent jours.
Aubigny (le baron d'), Eure-et-Loir. 1814.
Aubin, Deux-Sèvres. Cent jours.
Aubusson de Soubrehost, Creuse. 1814.
Augier (le baron, maréchal de camp), Cher. 1814, 15, 16, 17 et 18.
Augier du Chézeaud, Creuse. 1817, 18 et 19.
Aupetit-Durand, Allier. 1815, 16, 17 et 18.
Auran-Pierrefeu, Var. 1815, 16, 17, 18 et 19.
Auvinet (Vendée). 1815.
Avoine-Chantereyne, Manche. 1814, 17, 18 et 19.

B.

Babey, Jura. 1815.
Bachelerie, Haute-Vienne. Cent jours.
Bacot, Indre-et-Loire. 1815.
Baert de Château-Renaud, Loiret. 1815.
Baillon, Nord. 1814.
Bailly, Meurthe. Cent jours.
Bailly-de-Fresnay (le marquis de), Mayenne. 1815.
Ballet, Creuse. Cent jours.
Barante (le baron de), Puy-de-Dôme.
Barbary-de-Langlade, Dordogne. Cent jours. 1817, 18 et 19.
Barbault-de-la-Motte, Vienne. Cent j.
Barbeau-du-Baron, Gers. Cent jours.
Barbier, Loire-Inférieure. 1815, 16, 17, 18 et 19.
Barbier de-Landrevie, Charente. 1814.
Barbier-de-Saligny, Marne. 1814.
Barien, Loire-Inférieure. Cent jours.
Barillon, Hautes-Alpes. Cent jours.
Barrairon, Lot. 1816, 17, 18 et 19.
Barrère-de-Vieuzac, Hautes-Pyrénées. Cent jours.
Barrot, Lozère. 1814.
Barthélemy, Moselle. Cent jours.
Barthe-Labastide, Aude. 1815, 16, 17, 18 et 19.
Bary, Pas-de-Calais. Cent jours.
Basin, Yonne. Cent jours.
Basterrèches, Basses-Pyrénées. Cent jours.
Bastian, Mont-Blanc. Cent jours.
Baumez (le marquis de), Pas-de-Calais. 1814.
Baucheton, Cher. Cent jours.
Baudoin, Cher. Cent jours.
Baudier, Finistère. Cent jours.
Baudry, Charente-Inférieure. 1815, 16, 17 et 18.
Bausset, Bouches-du-Rhône. 1815.
Bazoche, Meuse. 1815.
Bayard-de-Plaimville, Oise. 1815.

MM.

Bayet, Puy-de-Dôme. 1815, 16, 17, 18 et 19.
Baylac, Haute-Garonne. Cent jours.
Beaumont (le comte Charles de), Indre-et-Loire. 1814, 1815.
Beaujard, Ille-et-Vilaine. Cent jours.
Beaurepaire (le marquis de), Saône-et-Loire. 1815, 16, 17, 18 et 19.
Beauséjour (Charente-Inférieure). 1819.
Beaussier-Mathon, Nord. 1815, 16 et 17.
Becare (Alexandre), Gard. Cent jours.
Becker (le général), Puy-de-Dôme. Cent jours.
Becquey, Haute-Marne. 1815, 16, 17, 18 et 19.
Bedoch, Corrèze. 1814, cent jours. 1818, 1819.
Begouen (le comte), Seine-Inférieure, 1816, 17 et 18.
Beiarry, Vendée. 1816 et 17.
Bellart, Seine. 1815, 16, 17, 18 et 19.
Bellescize (le marquis de), Isère. 1816, 17 et 18.
Bellegarde (le baron de), Haute-Garonne. 1814.
Benard de Luzinière, Seine. Cent jours.
Benne de la Roncière, Lot. Cent jours.
Benoist, Nord. 1815.
Benoist, Maine-et-Loire. 1816, 17, 18 et 19.
Bera, Vienne. Cent jours.
Beraux, ainé, Loire-Inférieure. Cent jours.
Berckeim (le baron), général, Haut-Rhin. 1815 et 1816.
Berenger, fils, Drôme. Cent jours.
Bernard (Charles), Nord. 1815.
Bernard-Dutreil, Loire-Inférieure. 1814.
Bernard-Duchêne, Manche. Cent jours.
Bernardin, Deux-Sèvres. Cent jours.
Bernier, Mayenne, cent jours.
Bernis (le comte Réné de) Gard. 1815.
Berthier, Manche, cent jours.
Berthier de Sauvigny(le vicomte de), Seine-et-Oise. 1815.
Bertrand, Aube. Cent jours.
Bertrand-Gélin, Loire-Inférieure. Cent j.
Berville, Somme, cent jours.
Beslay, Côtes-du-Nord. 1814. Cent jours, 1815, 16, 17, 18 et 19.
Bessières, Tarn-et-Garonne. Cent jours.
Béthisy (le comte Charles de), Nord. 1815.
Béthune-Sully (le marquis de), Indre. 1814.
Beugnot (le comte), Haute-Marne. 1815, 16, 17, 18 et 19.
Bienvenue, Côtes-du-Nord. Cent jours.
Bienvenue, Vendée. Cent jours.
Bigarré (le baron), lieutenant-général, Ille-et-Vilaine. Cent jours.
Bigonnet, Saône-et-Loire. Cent jours.
Bigot de Préameneu, Ille-et-Vilaine. Cent jours.
Bignon (le baron), Eure. 1817, 18 et 19.

[1814-1820] LISTE DE MM. LES DÉPUTÉS. CLXV

MM.

Billard, Eure-et-Loir. 1815.
Bissardon, Rhône. Cent jours.
Bizard, Maine-et-Loire. Cent jours.
Bizemont (de), Seine-et-Oise, 1815, 16, 17, 18 et 19.
Blamont, Eure. Cent jours.
Blandin de Vallière, Nièvre. Cent jours.
Blangy (le comte de), Eure. 1815.
Blanquart-Bailleul (le baron), Pas-de-Calais. 1814, 15, 16, 17, 18 et 19.
Blin de Bourdon (le vicomte de), Somme. 1815.
Blondel d'Aubers, Pas-de-Calais. 1815.
Blosseville (le marquis de). Eure. 1815.
Bobillier, Haute-Saône. Cent jours.
Bochard, Ain. Cent jours.
Boell, Bas-Rhin. Cent jours.
Boigne de Faye, Nièvre. 1818 et 1819.
Boin, Cher. 1815, 16, 17, 18 et 19.
Boirot, Puy-de-Dôme, 1814, cent jours.
Boisclaireau (le comte de), Sarthe. 1816 et 17.
Boisgelin (le comte Alexandre de), Seine. Ille-et-Vilaine. 1815, 1816, 17, 18 et 19.
Bonald (le vicomte de), Aveyron, 1815, 16, 17, 18 et 19.
Boncenne, Vienne. Cent jours.
Bondy (le comte Taillepied de), Indre. Cent jours. 1816, 17, 18 et 19.
Bonnaire, Ille-et-Vilaine. Cent jours.
Bonne, Saône-et-Loire, 1815.
Bonne-Chevant, Haute-Loire. Cent jours.
Bonne-Sœur, Manche. Cent jours.
Bonnet de Treiches, Haute-Loire, 1814. Cent jours.
Bordesoul (le comte), lieutenant-général, Indre. 1815.
Borel de Bretizel, Oise. 1817, 18 et 19.
Borgnis-Desbordes, Finistère. 1818 et 19.
Borne-des-Fourneaux (le baron), Yonne. 1814. Cent jours.
Bory de Saint-Vincent, Lot-et-Garonne. Cent jours.
Bolderu (le comte de), Morbihan, 1815.
Boitin, Nord, cent jours.
Bouber, Pas-de-Calais. Cent jours.
Bouchard, Côte-d'Or. 1814.
Bouchard, Seine-et-Oise. Cent jours.
Boucher-des-Longparts, Calvados. Cent j.
Bouchet, Loiret, 1814. Cent jours.
Boucherie-de-Mignon, Lot-et-Garonne. Cent jours.
Boudet (le baron), Mayenne. 1814, cent j.
Bouffey, Orne, 1814.
Bouland, Bouches-du-Rhône. Cent jours.
Boulay (le comte), Meurthe. Cent jours.
Boulogne, Pas-de-Calais. Cent jours.
Bouquelon, Eure. 1814.
Bourcier (le comte), lieutenant-général. Meurthe. 1816, 17, 18 et 19.
Bourdeau, Haute-Vienne. 1815, 16, 17, 18 et 19.

MM.

Bourdeau-Fontenet, Indre. 1815, 16 et 17.
Bourienne (de), Yonne. 1815.
Bourran (le marquis de), Lot-et-Garonne. 1814.
Bouteillier, Loire-Inférieure. 1814.
Bouteillier (de) Meurthe. 1815.
Bouteland, Charente. 1814.
Bouteville-Dumetz, Somme. Cent jours.
Bouvet de Louvigny (le comte de), Sarthe. 1815.
Bouville (de), Seine-Inférieure. 1815.
Bouvié, Nord. Cent jours.
Bouvier, Jura. 1814.
Bouvier-Dumolart, Moselle. Cent jours.
Boyer, Ariège. 1814.
Brackenhoffer, Bas-Rhin. Cent jours, 1815 et 1819.
Brassault, Vienne. Cent jours.
Brenet, Côte-d'Or. 1816.
Bresson, Meurthe. Cent jours.
Breton, Seine. 1816, 17, 18 et 19.
Brethous-Lasserre, Landes. Cent jours.
Brière, Seine-Inférieure. Cent jours.
Briges (le marquis de), Lozère. Cent jours.
Brigode (le baron de), Nord. 1815, 16, 17, 18 et 19.
Broglie (le prince de), Orne. 1815, 16, 17, 18 et 19.
Brouard, Loire-Inférieure. Cent jours.
Broussous, Lozère. Cent jours.
Brucre de Vaurois (de), Côte-d'Or. 1815.
Brun de Villeret (le baron), Lozère. 1817, 18 et 19.
Bruneau-Beaumez, Pas-de-Calais. Cent j.
Brusset, Haute-Saône. 1815.
Bruyas, Loire. Cent jours.
Bruyère-Laverchère, Puy-de-Dôme. 1814.
Bruyère-Chalabre (le comte de), Aude. 1815, 16, 17, 18 et 19.
Bruys de Charly, Saône-et-Loire. 1814.
Bryon, Doubs. Cent jours.
Bulle, Jura. 1815.
Buquet (le général), Vosges. Cent jours.
Burck (le général). Cent jours.
Burelle, Allier. Cent jours, 1819.
Busson, Eure-et-Loir. Cent jours, 1819.

C.

Cabanon, Seine-Inférieure. 1819.
Cachard (de), Ardèche. 1815.
Calleudreau, Charente. Cent jours.
Callès, Haute-Garonne. Cent jours.
Calvet de Madaillan (le baron), Ariège. 1814, 15, 16, 17, 18 et 19.
Calvière (le baron de), Gard. 1815, 16 et 17.
Cambon, Hérault. Cent jours.
Cambout-du-Coislin (le comte du), Loire-Inférieure. 1815, 16, 17, 18 et 19.
Camet de la Bonardière (le baron), Seine. 1815.
Camille-Jordan, Ain. 1816, 17, 18 et 19.

LISTE DE MM. LES DÉPUTÉS. [1814-1820]

MM.

Caminade, Charente. Cent jours.
Campaignac, Gironde. Cent jours.
Camus de Richemont, Allier. Cent jours.
Canouville (le comte de), Seine-Inférieure 1814.
Canuel, lieutenant-général. Vienne. 1815.
Caquet, Eure-et-Loir. 1816, 17 et 18.
Caraman (le comte Maurice de), Jemmapes. 1814.
Cardeneau (le général), Landes. 1818 et 19.
Cardonnel, Tarn. 1814, 15, 16, 17, 18 et 19.
Carnot, Saône-et-Loire. Cent jours.
Carpentier, Eure. Cent jours.
Carré, Côtes-du-Nord. Cent jours, 1815, 16, 17, 18 et 19.
Carré, Seine-et-Oise. Cent jours.
Carrie, Aveyron. Cent jours.
Cassaignoles (de), Gers. 1816, 17, 18 et 19.
Castagné, Tarn. Cent jours.
Castel, Seine-Inférieure. 1815, 16, 17 et 18.
Castel-Bajac (le vicomte de), Gers. 1815, 16 et 19.
Castelli (de), Corse. 1816, 17 et 18.
Catellan (de), Haute-Garonne. 1815.
Caumartin, Somme. Cent jours.
Caumartin (de), Côte-d'Or. 1817, 18 et 19.
Caumont de la Force (le comte de), Tarn-et-Garonne, 1815, 16 et 17.
Causans (le marquis de), Vaucluse. 1815, 16, 17 et 18.
Cavrois (le général), Pas-de-Calais. Cent j.
Cazenave, Basses-Pyrénées. 1814, cent j.
Cazo-Labore, Seine. 1814.
Cénac-Monteau, Gers. Cent jours.
Chabaud-Latour (le baron de), Gard. 1814, 18 et 19.
Châbrillant (le marquis de), Drôme. 1815, 16, 17, 18 et 19.
Chabrol de Tournoel (le comte de), Puy-de-Dôme. 1815, 16, 17, 18 et 19.
Chabrol de Volvic, Seine. 1816.
Chabrol de Chanéane, Nièvre. 1818 et 19.
Chabron de Solilhac, Haute-Loire. 1815. 16, 17, 18 et 19.
Challan, ... 1814.
Chalmel, Indre-et-Loire. Cent jours.
Chamorin (de), Marne. Cent jours et 1815.
Champigni (Aubin), Indre-et-Loire. Cent jours.
Chancel, Charente. 1814.
Chantrier, Côte-d'Or. Cent jours.
Chappuis, Vaucluse. 1814, cent jours.
Chaptal fils, Seine. Cent jours.
Charles, Basses-Alpes. Cent jours.
Charlemagne, Indre. Cent jours, 1818 et 19.
Charton, Aube. Cent jours.
Châteaudouble (Paul de), Var. 1816, 17, 18 et 19.

MM.

Chatenay Lanty (le comte de), Côte-d'Or. 1814.
Chauvelin (le marquis de), Côte-d'Or. 1817, 18 et 19.
Chauvin de Bois Savary, Deux-Sèvres. 1814 et 15.
Chauvin-Hersan, Deux-Sèvres. Cent j.
Chebron de la Roulière, Deux-Sèvres. 1815.
Chenet, Meuse. Cent jours.
Chenu, Loire-et-Cher. Cent jours.
Chorrier, Vosges. 1814 et 15.
Chevalier, Mayenne. Cent jours.
Chevalier-Malibert, Mayenne. 1816, 17 et 18.
Chevillard de Marliez, Mont-Blanc. 1814.
Chifflet (de), Doubs. 1815.
Chilhaud de la Rigaudie, Dordogne. 1814, 15 et 16.
Chimay (le prince de), Ardennes. 1815.
Chirat, Rhône. 1814.
Chiron, Finistère. 1814.
Choumouroux (de), Haute-Loire. 1815.
Christophe, Indre-et-Loire. Cent jours.
Clairon, Ardennes. Cent jours.
Clarac (le baron de) Hautes-Pyrénées, 1815.
Claustrier, Allier. Cent jours.
Clauzel de Coussergues, Aveyron. 1814, 15, 16, 17, 18 et 19.
Clément, Doubs. 1814, cent j. et 1819.
Clément, Manche. Cent jours.
Clément (colonel de la gendarmerie de Paris), Nièvre. 1815, 16 et 17.
Clémot, Charente-Inférieure. Cent jours.
Clerc, Doubs. Cent jours.
Clérisse, Landes. 1816 et 17.
Clermont Mont-Saint-Jean (le marquis de), Seine-et-Marne. 1815.
Coeffier de Moret (de), Allier. 1815.
Colaud-Lasalcette, Creuse. 1814.
Colas-Descorval, Orne. Cent jours.
Colbert (le comte de), Eure-et-Loir. 1815.
Colchen, Moselle. 1814.
Collin, Jura. Cent jours.
Colomb, Hautes-Alpes. 1815.
Combes-Dounous, Tarn-et-Garonne. Cent jours.
Conen de Saint-Luc, Finistère. 1815.
Constant (Benjamin), Sarthe. 1818 et 19.
Coppens (le baron), Nord. 1815
Corbière (le baron), Tarn. Cent jours.
Corbière, Ille-et-Vilaine. 1815, 16, 17, 18 et 19
Corcelle (de), Rhône. 1818 et 19.
Corday (de), Calvados. 1815, 16, 17, 18 et 19.
Cornet-d'Incourt (de) Somme. 1815, 16, 17, 18 et 19.
Cotte, Basses-Alpes. Cent jours.
Cotton (de), Rhône. 1815, 16, 17, 18 et 19.

[1814-1820] LISTE DE MM. LES DÉPUTÉS. CLXVII

MM.

Coudé, Morbihan. Cent jours.
Coulogne (le vicomte de), Marne. 1814.
Coupé, Côtes-du-Nord. 1814.
Coupigny (le baron de), Pas-de-Calais. 1815.
Courroux-Desprez, Nièvre. Cent jours.
Courtarvel (le comte Pézé de), Eure-et-Loir. 1816, 17 et 18.
Courval (le bar.), Aisne, 1815,16,17 et 18.
Courvoisier (de), Doubs, 1816, 17, 18 et 19.
Cressonier, Oise. Cent jours.
Grignon d'Auzoner, Loiret. 1815, 16, 17, 18 et 19.
Crochon, Eure. Cent jours.
Croizet, Cantal. 1815.
Crouzet, Tarn. Cent jours.
Cuny, Finistère. Cent jours.
Cuny, Vosges. 1815.

D.

Dahirel aîné, Morbihan. 1815.
Dalbignac, Calvados. Cent jours.
Dalhaume, Seine Inférieure. 1814.
Dalmassy, Haute-Marne. 1814.
Damas (le comte Roger de), Côte-d'Or. 1815.
Dampmartin, Gard. 1814.
Darion, Oise, 1814.
Darligaux. Basses-Pyrénées. Cent j., 1819.
Dartonne, Loiret. Cent jours.
Dassier, Loire, 1818.
Dauchy (le comte), Oise. Cent jours.
Daugier (le comte), contre-amiral, Morbihan, 1815, 16, 17, 18 et 19.
Daunou, Finistère. 1818 et 19.
Daupholle, Hautes-Pyrénées. Cent jours.
Dauzat, Hautes-Pyrénées. 1814.
David, Vosges. Cent jours.
Dayraux, Eure. Cent jours.
Déan, Mayenne. 1815.
Debourges, Creuse. Cent jours.
Debranges, Saône-et-Loire. Cent jours.
Decazes (le comte), Seine. 1815.
Defermont, Ille-et-Vilaine. Cent jours.
Deforêt de Quart-de-Ville, Nord. 1815, 16, 17, 18 et 19.
Delacroix, Drôme. Cent jours.
Delacroix-Frainville, Eure-et-Loir. 1819.
Delafenêtre, Charente-Inférieure. Cent j.
Delaferrière, Maine-et-Loire. Cent jours.
Delaforest d'Armaille, Ille-et-Vilaine. 1815.
Delahaye, Loiret. 1814.
Delahaye, Sarthe. Cent jours.
Delahuproye, Aube. 1815.
Delaistre, Seine-Inférieure. Cent jours.
Delaitre (le baron), Eure-et-Loir). Cent jours, 1815, 16, 17, 18 et 19.
Delaitre (Raimond), Seine. 1815 et 16.
Delamarre, Seine-Inférieure. 1815.
Delamétherie, Cher. Cent jours.
Delaniche, Creuse. Cent jours.

MM.

Delaroche, Seine-Inférieure. 1819.
Delatre, Somme. 1814
Delaville, Manche. 1814, cent jours.
Delaunay, Orne. 1815, 16, 17, 18 et 19.
Delaunay (Prosper), Mayenne. 1817, 18 et 19.
Delauro, Aveyron. 1815.
Delbrel, Tarn-et-Garonne. Cent jours.
Delhreil d'Escorbiac, Tarn-et-Gar. 1815.
Delespinay (le marquis), Vendée. 1815.
Delessert (le baron Benjamin), Seine. Cent jours, 1817, 18 et 19.
Dolhorme, Aisne. 1814.
Delong, Gers. 1817, 18 et 19.
Delorme, Ardèche. Cent jours.
Delorme, Maine-et-Loire. Cent jours.
Delzons, Cantal. 1814.
Demalaret, Haute-Garonne. Cent jours.
Demaurissure fils, Eure-et-Loir. Cent J.
Demesmay, Doubs. Cent jours.
Demissy, Charente-Inférieure. 1815.
Demougeot, Haute-Marne. Cent jours.
Demontreux (le baron), Calvados. 1814.
Denys, Seine. Cent jours.
Dequeux-Saint-Hilaire, Nord. 1814, 15 et 16, cent jours.
Dercix, Dordogne. 1815.
Desaux, Meuse. 1814.
Desbordes, Haute-Vienne. Cent jours.
Desbrest (le comte), Allier. Cent jours.
Deschamps, Yonne. Cent jours.
Desgraves, Charente-Inférieure. 1814. Cent jours,
Deshayes, Eure. Cent jours.
Deslyons du Moncheaux (le baron), Pas-de-Calais. 1815.
Demarçay, général, (Vienne). 1819.
Desmarest, Oise. Cent jours.
Desmazières, Maine-et-Loire. Cent jours.
Desmonsseaux, Charente-Inférieure. Cent jours.
Desmonsseaux, Eure-et-Loir. Cent jours.
Desmoustier (Ernest), Nord. 1815, 16 et 17.
Despatys, Seine-et-Marne. 1816, 17, 18 et 19.
Desperichons (le baron), Loire. 1814.
Desportes (Félix), Haut-Rhin. Cent jours.
Desprez, Orne. Cent jours.
Desribes, Puy-de-Dôme. 1814.
Desrousseaux, Ardennes. 1814, 15, 16, 17, 18 et 19.
Deurbroucq (le baron), Loire-Inférieure. 1814.
Devaux, Cher. 1819.
Devismes, Aisne. Cent jours.
Deydier, Ain. Cent jours.
Dieudonné-Baudel, Bas Rhin. Cent jours.
Dijon (le comte), Lot-et-Garonne 1815, 16, 17, 18 et 19.
Domingon de Bronsac, Tarn-et-Garonne. 1815.

LISTE DE MM. LES DÉPUTÉS. [1814-1820]

MM.

Doria (le marquis de), Saône-et-Loire. 1815, 16, 17, 18 et 19.
Doublat, Vosges. 1815, 16, 17, 18 et 19.
Douglas-Archambaud (le comte de), Ain. 1815.
Drée (de), Saône-et-Loire. Cent jours.
Drouart, Nord. Cent jours.
Drouet, Marne. Cent jours.
Druet-Desvaux, Orne. 1816, 17, 18 et 19.
Duhalen, Landes. Cent jours.
Dubois, Isère. 1815.
Dubois (Félix), Cantal. Cent jours.
Dubois (d'Angers), Maine-et-Loire. Cent j.
Dubois (le comte), Seine. Cent jours.
Dubois-Labernade, Charente. Cent jours.
Dubosque, Aude. Cent jours.
Dubot-Derat, Morbihan. 1815.
Dubouchage (Gabriel), Isère. 1815.
Doubouchet (le baron), Var. 1814.
Dubreuil-Hélion de la Guéronnière, Charente. 1815.
Dubruel, Lot. 1814.
Dubrnel, Aveyron. 1816, 17, 18 et 19.
Duchatel-Berthelin, Aube. Cent jours.
Duchêne, Isère Cent jours.
Duchêne de Gillevoisin (le baron), Seine-et-Oise. 1814.
Ducherray, Moselle. 1816 et 17.
Duclaux, Maine-et-Loire. 1814.
Ducourneau, Landes. Cent jours.
Dudevant (le baron), Lot-et-Garonne. 1814. Cent jours.
Dufeu, Loire-Inférieure. Cent jours.
Dufeigneux, Lot. Cent jours.
Dufort, Gironde. 1814 et 15.
Dufougerai (le baron), Vendée. 1814, 15, 16 et 17.
Dufour, Gironde. Cent jours.
Dufour-Desbartes, Gironde. Cent jours.
Dugas de Varennes, Loire. 1815, 16 et 17.
Dugat, Vaucluse. Cent jours.
Dugonne, Haute-Loire. Cent jours.
Dulac, Rhône. Cent jours.
Duluc (Charles), Var. 1814.
Duhamel (le baron), Manche. 1814, cent jours et 1817.
Dujan ainé, Deux-Sèvres. Cent jours.
Dumaire, Moselle. 1814.
Dumanoir (le comte), Manche. 1815, 17, 18 et 19.
Dumarhallach, Finistère. 1815, 16 et 17.
Dumas, Haute-Vienne. 1814, cent jours.
Dumeylet, Eure. 1817. 18 et 19.
Dumolard, Yonne. 1814, cent jours.
Dumoncel (le comte), Manche. 1815.
Dumoulin, Nord. 1814, cent jours.
Dumoustier, Loire-Inférieure. Cent jours.
Dumoustier, Nord. Cent jours.
Dupavillon-Ducherron, Dordogne. 1816.
Duperreau, Drôme. Cent jours.
Dupin, Nièvre. Cent jours.
Duplaquet, Aisne. Cent jours.
Dupleix de Mezy, Nord. 1816, 17, 18 et 19.

MM.

Duplessis de Grénédan, Ille-et-Vilaine. 1816.
Dupont, de l'Eure. 1814, cent jours, 1817, 18 et 19.
Dupont, Corrèze. Cent jours.
Dupont (le comte), Charente. 1815, 16, 17, 18 et 19.
Dupont des Loges, Ille-et-Vilaine. 1815.
Dupont d'Englesqueville, Eure. 1815.
Dupont-Lavillette, Isère. Cent jours.
Duprat, Allier. Cent jours.
Dupré, Arriége. Cent jours.
Dupuy, Haute-Garonne. Cent jours.
Dupuy, Charente. 1816, 17, 18 et 19.
Durand, Loir-et-Cher. Cent jours.
Durand, Marne. Cent jours.
Durand Fajon (le baron), Hérault. 1815, 16, 17, 18 et 19.
Durand (François), Pyrénées orientales. 1816, 17, 18 et 19.
Duranteau (le baron), Gironde. 1814, cent jours.
Durbach, Moselle. 1814, cent jours.
Duret, Charente-Inférieure. Cent jours.
Dussumier-Fombrune, Gironde. 1815, 16, 17, 18 et 19.
Duvergier de Hauranne, Seine-Inférieure. 1815, 16, 17 et 18.

E.

Ébaudy de Roche-Taillée, Haute-Saône. 1814.
Édouard, Côte-d'Or. Cent jours.
Egonnières, Vendée. 1818 et 19.
Elie, Basses-Pyrénées. Cent jours.
Emeric-David, Bouches-du-Rhône. 1814.
Emmery, Moselle. 1814.
Emmery, Mont-Blanc. Cent jours.
Emmery, Nord. 1814.
Enlard, Pas-de-Calais. Cent jours.
Ernouf (le baron), Orne. 1815, 16 et 17.
Eschasseriaux, Charente-Inférieure. Cent jours.
Estissac (le duc d'), Oise. 1814 et 16.
Estivant, Vosges. Cent jours.
Estourmel (le marquis d'), Somme. 1814.
Estourmel (le comte Alexandre d'), Nord. 1815.
Etcheverry, Basses-Pyrénées. Cent jours.

F.

Fabre (Alexandre), Gard. Cent jours.
Fabre (le baron), Morbihan. 1819.
Fabry (le baron de), Var. 1815.
Fabry-Chailan, Bouches-du-Rhône. Cent jours.
Faget de Baure, Basses-Pyrénées. 1814, 15, 16 et 17.
Faisant, Côtes-du-Nord. Cent jours.
Falation, Gers. Cent jours.
Falatieu, Vosges. Cent jours. 1815, 16, 17, 18 et 19.

[1814-1820] LISTE DE MM. LES DÉPUTÉS,

MM.

Falaiseau (le marquis de) Seine-et-Marne. 1814.
Fany, Cantal. Cent jours.
Farez, Nord. 1814, cent jours.
Fargues (le comte de), Rhône. 1815, 16 et 17.
Faucher, (César). Gironde. Cent jours.
Faure, Seine-Inférieure. 1814 et 15.
Faure, Charente-Inférieure. 1819.
Faure, Hautes-Alpes. Cent jours.
Faure, Isère. 1815.
Fauris-Saint-Vincent, Bouches-du-Rhône. 1814.
Favart de l'Anglade (le baron), Puy-de-Dôme. Cent jours, 1815, 16, 17, 18 et 19.
Félix-Faulcon, Vienne. 1814.
Ferrand, Aube. Cent jours.
Feuillant, Maine-et-Loire. 1815.
Fèvre (Pierre-Andoche), Yonne. Cent j.
Figarol, Hautes-Pyrénées. 1815, 16, 17 18 et 19.
Fillot de Marans, Gironde. 1815.
Finot, Loir-et-Cher. 1814.
Flahaut (le général), Calvados. Cent jours.
Flaugergues., Aveyron. 1814, cent jours.
Fleury, Isère. 1814.
Floirac (le comte de), Hérault. 1817, 18 et 19.
Folleville (le marquis de), Calvados. 1815, 16, 17, 18 et 19.
Fontenay (de), Seine-Inférieure. Cent j.
Fontenoy (Pernot de), Meuse. 1815.
Forbin des Issarts (le marquis de), Vaucluse. 1815.
Forest, Ardennes. Cent jours.
Fornier de Saint Lary, Hautes-Pyrénées. 1814, 15, 16, 17, 18 et 19.
Fornier de Clauzelles, Arriège. 1815, 16, 17, 18 et 19.
Fornier de Savignac, Arriège. 1815.
Foucaud (de), Corrèze. 1815.
Foucher, Mayenne. Cent jours.
Fourcaud de Beauregard, Vienne. Cent j.
Fournas, Loire. 1818 et 19.
Fournerat, Seine-et-Oise. Cent jours.
Fourqueyaux (le marquis de), Haute-Garonne. 1814.
Foy (lieutenant-général), Aisne. 1819.
Fradin, Vienne. 1819.
Frain, Manche. Cent jours.
Français de Nantes (comte), Isère. 1819.
Francoville (de), Pas-de-Calais. 1814, 16, 17, 18 et 19.
Frémicourt, Nord. Cent jours, 1817, 18, et 19.
Fremin du Mesnil (le baron de), Manche. 1814 et 15.
Froc de la Boulaye, Marne. Cent jours. 1815, 16, 17, 18 et 19.
Frogerais, Morbihan. Cent jours.
Frotté (le marquis de), Orne. 1815.
Provençal-Lompré, Hautes-Alpes. Cent j.

MM.

G.

Gacon, Jura. Cent jours.
Gaète (Gaudin, duc de), Aisne, 1815, 16, 17, et 18.
Gagueur, Jura, 1815, 16, 17, 18 et 19.
Gaillard, Drôme, 1815.
Galissonnière (le comte de la), Sarthe. 1814.
Gallois. 1814.
Gallocheau, Charente-Inférieure. Cent j.
Gamon, Ardèche. Cent jours.
Ganay (le marquis de), Saône-et-Loire. 1814, 15, 16, 17, 18 et 19.
Ganilh, Cantal, 1815, 16, 17, 18 et 19.
Garat, Hautes-Pyrénées. Cent jours.
Garnier, Ille-et-Vilaine. 1814, cent jours et 1815.
Garnier de Saintes, Charente-Inférieure. Cent jours.
Garnier, Hérault. Cent jours.
Garnier, Seine. Cent jours.
Garnier-du-Fougeray, Ille-et-Vilaine. 1815 et 16.
Garrau, Gironde Cent jours.
Gaudonville, Arriège. Cent jours.
Gautret, Maine-et-Loire. Cent jours.
Gay, Tarn-et-Garonne. Cent jours.
Gehin, Meurthe. Cent jours.
Gehin, Vosges. Cent jours.
Geoffroy, Saône-et-Loire. 1814, 15.
Geoffroy-Saint-Hilaire, Seine-et-Oise. Cent jours.
Gerbaud (J. G. J.), Creuse. 1815.
Germain, Jura. Cent jours.
Germiny (le comte), Seine-Inférieure. 1815.
Gervais-Lafond, Vienne. Cent jours.
Gestas (de). Basses-Pyrénées. 1815 et 18.
Gillet-Barba, Marne. Cent jours.
Gillons, Meuse. Cent jours.
Gilly, lieutenant-général, Gard. Cent j.
Girard (de), Vaucluse. 1814.
Girardin (le comte Stanislas de), Oise. 1814, cent jours et 1819.
Girod fils, Ain. Cent jours.
Girod père, Ain. 1818.
Givois, Allier. Cent jours.
Glais, Morbihan. 1814, cent jours.
Glandin, Lot. Cent jours.
Godailh (de), Lot-et-Garonne. 1814.
Godefroy, Ille-et-Vilaine. Cent jours.
Godet, Vendée. Cent jours.
Golzart, Ardennes. 1815.
Gonneau, Haute-Vienne. Cent jours.
Gosse, Pas-de-Calais. Cent jours.
Gossuin, Nord. Cent jours, 1818 et 19.
Got, Orne. Cent jours.
Gouet, Seine-et-Marne. Cent jours.
Gouin-Moysant, Indre-et-Loire. 1815, 16, 17, 18 et 19.
Goulard, Seine-et-Oise. 1814.

LISTE DE MM. LES DÉPUTÉS. [1814-1820]

MM.

Goupy, Seine. 1817.
Gourlay, Côtes-du-Nord. 1814.
Gourlay, Loire-Inférieure. 1814, cent j.
Gonyon-Thaumatz (de), Côtes-du-Nord, 1815.
Grammont (le marquis de), Haute-Saône. 1815, 16, 17, 18 et 19.
Grammont-d'Aster (le comte de), Basses-Pyrénées 1815.
Grand, Dordogne. Cent jours.
Grand, fils aîné, Card. Cent jours.
Grandeau, Moselle. Cent jours.
Granet (François-Omer), Bouches-du-Rhône. Cent jours.
Gras, Rhône. Cent jours.
Gravier, Basses-Alpes. 1815.
Grenier (le comte), Moselle. Cent jours, 1818 et 19.
Grisony (le comte de), Gers. 1815.
Griveau, Meurthe. 1814.
Grosbois (de), Doubs. 1815.
Gruyer (le baron), maréchal-de-camp, Haute-Saône. Cent jours.
Guegot, Finistère. Cent jours.
Guepin, Morbihan. Cent jours.
Guerineau, Indre. Cent jours.
Guilhem, Finistère. Cent jours, 1818 et 1819.
Guineau, Haute-Vienne. 1814. cent jours.
Guitard, Cantal. Cent jours, 1819.
Guiter, Pyrénées Orientales. Cent jours.
Guizot, Indre-et-Loire. Cent jours.
Guyardin, Seine-et-Marne. Cent jours.

H.

Halgan, contre-amiral, Morbihan, 1819.
Hannns, Meuse. Cent jours.
Haquin, Seine-et-Oise. 1814.
Hardivilliers (d'), Somme. 1815, 16, 17, 18 et 19.
Hardouin, Sarthe, 1814, cent jours, 1818, et 19.
Hardouin-Riveri, Sarthe. Cent jours.
Harlé, Pas-de-Calais. Cent jours, 1816, 17, 18 et 19.
Hallingais, Seine-et-Marne. Cent jours.
Haudry de Soucy, Seine-et-Oise. 1815.
Haussen de Weidesheim (de), Moselle. 1815, 16 et 17.
Hausses (le baron de), Seine-Inférieure. 1815.
Hautefeuille (le comte Charles de), Calvados. 1815, 16, 17, 18 et 19.
Hay, Yonne. 1815, 16, 17, 18 et 19.
Hébert, Seine-Inférieure. 1814.
Hello, Côtes-du-Nord. Cent jours.
Hellot (Alexandre), Seine-Inférieure. Cent jours.
Holyot aîné (de), Lot. 1815.
Hennequin, Allier, 1814.
Herard, Yonne. Cent jours.
Herbin-Dessault, Ardennes. Cent jours.
Hersé (le comte d'), Mayenne. 1815.

MM.

Hericart Ferrand de Thury (le vicomte Oise. 1815.
Herlincour (le baron d'), Pas-de-Calais. Cent jours, 1816, 17, 18 et 19.
Hernoux, Côte-d'Or. 1817, 18 et 19.
Heroult de Huttot, Calvados. 1815, 16, 17, 18 et 19.
Hersart de la Villemarqué, Finistère. 1815, 16, 17, 18 et 19.
Hervé-Chef-Dubois, Finistère. 1815.
Heuillant de Montigny, Nièvre. Cent j.
Hollinguer, Seine. Cent jours.
Houitte de la Chesnais, Ille-et-Vilaine. 1814.
Hubert, Calvados. Cent jours.
Huerne de Pommercuse, Seine-et-Marne, 1815.
Huet de Coetlisan, Gironde Cent jours.
Huet-Laval, Indre-et-Loire. Cent jours.
Hunoldstein (le comte de), Moselle. 1815.
Hyde de Neuville, Nièvre. 1815.

I.

Isabel des Paros, Calvados. Cent jours.
Ivory (d'), Ardennes. 1815.

J.

Jacomet, Pyrénées-Orient. Cent jours.
Jacotot, Côte-d'Or. Cent jours.
Jaquinot Pampelune, Yonne. 1816, 17, 18 et 19.
Jalabert, Pyrénées-Orientales. 1814. Cent jours.
Jalabert, Lot-et-Garonne. Cent jours.
Janet, Jura. Cent jours.
Janin, Mont Blanc Cent jours.
Jankovics de Jeszenicze, Meurthe. 1815.
Janod, Jura. 1814.
Jard-Panvilliers (le baron), Deux-Sèvres. 1815, 16, 17, 18 et 19.
Jaubert (l'abbé), Cantal, 1814.
Jaubert, Pyrénées-Orientales. Cent jours.
Jay, Gironde. Cent jours.
Jean, Vaucluse Cent jours.
Jessé (Le baron de), Hérault. 1815 et 16.
Joba (le comte de), Moselle. 1815.
Jobert, Marne. Cent jours.
Johez, Jura. Cent jours, 1815, 16, 18 et 19.
Jolliat, Haut-Rhin. Cent jours.
Jullivet, Morbihan, 1815, 16, 17 et 18.
Jomard, Rhône. Cent jours.
Josse-Beauvoir, Loire-et-Cher. 1815, 16, 17, 18 et 19.
Joubert-Bonnaire, Maine-et-Loire. 814.
Joubert-Bonnaire, Indre-et-Loire. Cent jours.
Jouffard, Aude. Cent jours.
Jouffrey (de), Indre-et-Loire. 1815.
Jouliotton, Creuse. Cent jours.
Jounneau des Rases, Charente-Inférieure. 1815, 16, 17 et 18.
Jourduin, Ille-et-Vilaine. 1814.
Juery, Tarn. Cent jours.

[1814-1820] LISTE DE MM. LES DÉPUTÉS.

MM.

Juigné (Le comte Etienne de), Manche. 1815.
Julien, Seine. Cent jours.
Jullou, Finistère. 1815.
Jumentier, Eure-et-Loir. Cent jours.
Jumilhac (Le baron de), Seine-et-Oise. 1815, 16, 17 et 18.
Juteau, Sarthe. Cent jours.

K.

Kenny (de), Nord. Cent jours.
Kératry (de), Finistère. 1818 et 19.
Kergorlay (de), Oise. 1815.
Kérillis-Callock, Finistère. Cent jours.
Kérizouet, Morbihan. 1816, 17 et 18.
Kern (Charles), Bas-Rhin. 1815, 16, 17 et 18.

L.

Labbey de Pompières, Aisne. 1814. Cent jours et 1819.
Labbey de la Rogue, Calvados. 1815.
Laborde, Gers. 1814, cent jours.
Labouillerie (le baron Roullet de), Sarthe. 1815, 16 et 17.
Labourdonnaye (le comte de), Maine-et-Loire. 1816, 17, 18 et 19.
Labriffe (le comte de), Aube. 1815, 16, 17, 18 et 19.
Labrouche, Basses-Pyrénées. Cent jours.
Labrousse-Verteillac, Seine-et-Oise. Cent jours.
Lachaise, Hérault. Cent jours.
Lachèze, Loire. Cent jours.
Lachèze Murel, Lot. 1815.
Lacombe, Corrèze. Cent jours.
Lacoste, Gard. Cent jours.
Ladreyt de la Charrière, Ardèche. 1815, 16, 17, 18 et 19.
Lafayette (le marquis de), Seine-et-Marne. Cent jours. Sarthe. 1818 et 19.
Lafayette (George Washington), fils du précédent, Haute-Loire. Cent jours.
Lafitte (le baron), Arriége. Cent jours.
Lafitte, Seine. Cent jours. 1816, 17, 18 et 19.
Laforêt, Loire-et-Cher. Cent jours.
Lafrogne, Meurthe. 1816, 17, 18 et 19.
Lagoy (le marquis de), Bouches-du-Rhône. 1815, 16, 17, 18 et 19.
Lagrange (le comte de), Gers. 1817, 18, et 19.
Laguette-Mornay, Ain. Cent jours.
Lahary 1814.
Lainé, Gironde. 1814, 15, 16, 17, 18 et 19.
Laisné de Villevêque, Loiret. 1817, 18 et 19.
Lajard, Seine. 1814.
Lajard, Hérault. 1814.
Lallart, Pas-de-Calais. 1815.
Lallouette, Calvados. 1814.
Lamarlière, Somme. Cent jours.

MM.

Lamartinière, Finistère. Cent jours.
Lambrechts, Bas-Rhin. 1819.
Lambry, Meuse. Cent jours.
Lameth (Théodore de), Somme. Cent j.
Lameth (le comte Alexandre), Seine-Inférieure. 1819.
Lancry (de), Oise. 1815.
Langlais, Eure. Cent jours.
Lanjuinais (le comte), Seine. Cent jours.
Lantrac, Gers. Cent jours.
Lapasture (de), Eure. 1815.
Laporte, Hautes-Pyrénées. Cent jours.
Laporte-Belviala, Lozère. Cent jours.
Laprise (Thomas), Orne. Cent jours.
Laramee, Nièvre. Cent jours.
Laroche, Charente. Cent jours.
Larochefoucault-Liancourt (le duc de), Oise. Cent jours.
Larochefoucault (le vicomte Sosthène de), Marne. 1815.
Laroche-Tullon (le marquis de), Vienne. 1815, 16, 17 et 18.
Laroque (Le comte de), Gers. 1816.
Lascours (le baron de), Card. 1818 et 19.
Lastours (de), Tarn. 1815, 16, 17, 18 et 19.
Latour-d'Auvergne-Lauraguais (le comte de), Pyrénées-Orientales. 1815.
Latour-Dupin (le marquis René de), Haute Saône. 1815.
Lauberdière (le comte de), Maine-et-Loire. 1814 et cent jours.
Laumont, Creuse. Cent jours.
Laur, Hérault. 1814.
Laurencin (le comte de), Yonne. 1815.
Laurendeau, Somme. Cent jours.
Lausat, Basses-Pyrénées. Cent jours.
Laval aîné, Vendée. 1815, 16 et 17.
Laval, Dordogne 1816, 17, 18 et 19.
Lazardière (le baron de), Vendée. 1815.
Lebeschu de Sampsavin, Ille-et-Vilaine. 1815.
Lebouhelec, Morbihan. Cent jours.
Lebrun, Loiret. Cent jours.
Lebrun, Seine-et-Oise. Cent jours.
Lecarlier, Aisne. Cent jours, 1819.
Leclerc (Léon), Mayenne. 1815.
Lecousturier-d'Armenonville (le vicomte) Eure. 1814.
Ledanois, Eure. Cent jours.
Ledean, Finistère. Cent jours.
Lefaucheux, Vosges. 1814.
Lefeuvre, Seine-et-Marne. 1814 et cent j.
Lefebvre, Jura. Cent jours.
Lefèvre, Marne. Cent jours.
Lefèvre-Gineau, Ardennes. 1814 et cent j.
Lefollet, Manche. Cent jours.
Legoazre de Kervélégan, Finistère. 1814.
Legorrec, Côtes-du-Nord. Cent jours.
Legouelt, Aube. Cent jours.
Legrand de Bois Landry, Orne. Cent jours.
Legraverend, Ille-et-Vilaine. Cent jours, 1817, 18 et 19.

LISTE DE MM. LES DÉPUTÉS. [1814-1820]

MM.

Lagrix-Lasalle. 1814.
Leguevel, Morbihan Cent jours.
Lehire, Finistère. 1814.
Lejolly de Villiers, Manche. 1817, 18 et 19.
Lemarchand de Gomicourt, Somme. 1814, 15, 16, 17, 18 et 19.
Lemaréchal, Eure, 1815.
Lemennet fils, Calvados. Cent jours.
Lemcre (Chevalier), Haute-Loire. 1816, 17, 18 et 19.
Lemotheux-Daudier, Mayenne. 1814.
Le Nouvel, Calvados. Cent jours.
Le Pelletier (Félix), Seine-Inférieure. Cent jours.
Leboux du Chatelet, Pas-de-Calais, 1815.
Le Seignour, Seine-Inférieure. Cent jours. 1819.
Lesperat, Haute-Marne. Cent jours.
Leveneur (le comte), Orne. 1814.
Lévêque de Pouilly, Aisne. Cent jours.
Leyraud, Creuse. Cent jours.
Lezay-Marnesia (le comte de), Lot. 1816, 17, 18 et 19.
Lezurier de la Martel (le baron), Seine-Inférieure. 1814.
Lizeret de Chazey, Yonne. Cent jours.
Lignières, Haute-Garonne. Cent jours.
Limairac (de), Haute-Garonne. 1815, 16, 17, 18 et 19.
Liottier, Seine-et-Oise. Cent jours.
Lizot, Eure. 1815, 16, 17, 18 et 19.
Lombard, Isère. 1815, 16, 17 et 18.
Lombard-Latune, Drôme. Cent jours.
Longuevue (Henri de), Loiret. 1815, 16.
Lorgeril (le comte de), Manche. 1815.
Lormand fils (de), Basses-Pyrénées. 1815, 16, 17 et 18.
Loubens, Gers. Cent jours.
Loubers, Haute-Garonne. Cent jours.
Louis (le baron), Meurthe et Seine, en 1815, 16, 17, 18 et 19.
Louis-Cade, Lozere. Cent jours.
Louvet, Somme. 81 et cent jours.
Louvigny (le comte Bouvet de), Sarthe. 1816 et 17.
Louvot, Doubs. Cent jours.
Loysel, Ille-et-Vilaine. Cent jours.
Lucas, Allier. 1814.
Lucas. Seine-Inférieure Cent jours.
Lucas-Bourgerel, Morbihan. Cent jours.
Lucien Bonaparte, Isère. Cent jours.
Luneau, Loire-Inférieure. Cent jours.
Lur-Saluces (de), Gironde. 1815.
Luzines, Vienne. 1815, 16, 17 et 18.

M.

Maccarthy (de), Charente-Inférieure. 1815 16, 17, 18 et 19.
Maccarthy (le comte de), Drôme. 1816, 17 et 18.
Macheco (Palamèdede), Haute-Loire. 1815.
Madieu, Puy-de-Dôme. Cent jours.

MM.

Magneval (de), Rhône. 1816, 17, 18 et 19.
Magnier-Grandpré, Bas-Rhin. 1815, 16, 17 et 18.
Maignet, Puy-de-Dôme. Cent jours.
Maigré (André), Gard. Cent jours.
Maine de Biran, Dordogne. 1814, 15, 16, 17, 18 et 19.
Maisonfort (le marquis de la), Nord. 1815.
Majou, Charente-Inférieure. Cent jours
Malet (le baron de), Dordogne. 1814.
Maletosto (le marquis de), Côte-d'Or 1815.
Malherbe, Ille-et-Vilaine. Cent jours.
Malleville fils, Dordogne. Cent jours.
Malric, Aude. Cent jours.
Manuel, Basses-Alpes. Cent jours. Vendée, 1818 et 19.
Maquillé (de), Maine-et-Loire. 1815.
Marandet (de), Haut-Rhin. 1815.
Marcellus (le comte de), Gironde. 1815, 16, 17, 18 et 19.
Marcorelle (le baron de), Haute-Garonne. 1814.
Margadel (de), Morbihan. 1815.
Marmier (le comte de), Haute-Saône. Cent jours.
Marquette de Fleury, Haute-Marne. 1814.
Marquis, Meurthe. 1814.
Martin, Saône-et-Loire. Cent jours.
Martin d'Auche, Aude. 1814.
Martin de Gray (le baron), Haute-Saône. 1816, 17, 18 et 19.
Martineau, Vendée. Cent jours.
Martinez, Bas-Rhin. Cent jours.
Mathieu, Bas-Rhin. 1814.
Mathieu-Faviers, Bas-Rhin. 1815.
Maupetit, Mayenne. 1814 et cent jours.
Maurel, Isère. 1814.
Maynaud de Paucemont, Saône-et-Loire. Cent jours.
Meandre, Loire. Cent jours.
Meaux (de), Loire. 1815.
Méchin (le baron), Aisne. 1819.
Memineau, Charente. Cent jours
Ménager (le baron), Seine-et-Marne. 1816, 17, 18 et 19.
Menanteau, Vendée. Cent jours.
Menessier, Moselle. 1815.
Mercier, Orne. Cent jours.
Merlin, Aveyron. Cent jours.
Merlin de Douai (le comte), Nord. Cent j.
Mermet aîné, Isère. Cent jours.
Mestadier, Creuse. 1817, 18 et 19.
Metz, Bas-Rhin. 1814, cent jours, 1815, 16 et 17.
Mevolhon, Basses-Alpes. Cent jours.
Meynadière (le baron de la), Gard. 1815, cent jours.
Meynard, Dordogne. Cent jours, 1815 et 16.
Michaud, Ain. 1815.
Michel de la Brosse, Loire-Inférieure. Cent jours.

MM.

Michelet, Creuse. 1815 et 16.
Michelet de Rochemont, Loire. 1814.
Milhaud, Hérault. Cent jours.
Miorcec de Kerdanet, Finistère. 1815.
Mirandol (le comte de), Dordogne, 1815 et 16.
Moll, Haut-Rhin. Cent jours, 1815, 17, 18 et 19.
Mollet, Ain. Cent jours
Moncey (le baron), Doubs. 1814.
Monseignat, Aveyron. Cent jours.
Montaignac (le marquis de), Puy-de-Dôme. 1816, 17, 18 et 19.
Monthel (le comte de), Indre. 1815.
Montbrun (le vicomte de), Pas-de-Calais. 1815.
Montcalm (le marquis de), Hérault. 1815, 16, 17, 18 et 19.
Montesquiou (le comte Henri de), Aisne. 1814.
Montmorency (le prince de), Seine-Inférieure. 1815, 16, 17 et 18.
Moreau, Ille-et-Vilaine. 1816.
Morel, Calvados. Cent jours.
Morel, Haut-Rhin. Cent jours.
Morellet, Seine. 1814.
Morgan de Belloy (le baron), Somme. 1815, 16, 17, 18 et 19.
Morillon, Seine-et-Oise. Cent jours.
Morisset (le baron), Deux-Sèvres. 1814, 16, 17, 18 et 19.
Mortarieu (le baron de), Tarn-et-Garonne. 1814, 16, 17, 18 et 19.
Moreau, Haut-Rhin. 1814.
Mouchy (le duc de), Meurthe. 1815.
Mougeote des Vignes, Haute-Marne Cent jours.
Moulin, Puy-de-Dôme. Cent jours
Mourgues. Cent jours.
Moustier-Buisson, Haute-Vienne. 1815, 16, 17, 18 et 19.
Moutardier (Gironde). Cent jours.
Mouton-Duvernet, lieutenant-général Haute-Vienne. Cent jours.
Moyzen, Lot. 1816, 17, 18 et 19.
Murard de Saint-Romain (De), Ain. 1815.
Musset (De), Sarthe. 1884.

N.

Nadailhac (le marquis de), Haute-Vienne. 1815.
Néel, Côtes du Nord. 1815, 16, 17, et 19.
Nérat, Aisne. Cent jours.
Ninon, Lot-et-Garonne. Cent jours.
Noailles (De). Gard. 1814.
Noailles (Alexis de), Rhône. 1815.
Nuiset de Saint-Paul, Pas-de-Calais. 1814.
Not, Aisne. Cent jours.
Nougarède de Fayet (le baron), Hérault. 1814.
Nourrisson, Haute-Saône. Cent jours.

MM.

Nully-d'Hécourt (De), Oise. Cent jours. 17 18 et 19.

O.

Odier, Isère. Cent jours.
Odoard (D'), Seine-Inférieure. 1815.
Olivier de Gérente, Vaucluse. Cent jours.
Olivier, Drôme. 1814.
Orglandes (le comte d'), Orne. 1815, 16, 17, 18 et 19.
Otrante (Fouché duc d'), Loire-Inférieure. Cent jours; nommé en 1815, n'a pas siégé.
Ozenne, Loir-et-Cher. Cent jours.

P.

Paccard, Saône-et-Loire. 1816, 17, 18 et 19.
Paillard du Cléré, Mayenne. 1817, 18 et 19.
Paillet, Meuse. 1814.
Paillot de Loynes, Aube. 1815, 16, 17, 18 et 19.
Papiau de la Verrie, Maine-et-Loire. 1815, 16, 17, 18 et 19.
Paporet, Aisne. 1815, 16, 17 et 18.
Parc (le comte du), Manche. 1815.
Pardessus, Loir-et-Cher. 1815.
Parmentier, Meurthe. Cent jours.
Pascal, Isère. 1814.
Pasquier (le baron), Seine. 1815, 16, 17, 18 et 19.
Passerat de Silans. Ain. 1814 et 17.
Paulinier de Fontenille, Hérault. 1815.
Paultre de la Vernée, Yonne. Cent jours.
Payn, Aube. Cent jours.
Péan de Saint-Gilles, Seine. Cent jours.
Pélissier (De), Turn. 1815.
Pélissier de Féligonde, Puy-de-Dôme. 1815.
Pémartin, Basses-Pyrénées. 1814.
Pémolié de Saint-Martin, Landes. 1814 et 15.
Pénières, Corrèze. Cent jours.
Perceval (De), Indre-et-Loire. 1816, 17, 18 et 19.
Percy (le baron), Haute-Saône. Cent j.
Pérès (le baron), Gers. 1814.
Pérignon, Aisne. 1815.
Perreau (Du), Drôme. Cent jours.
Perreau de Magnies, Vendée. Cent jours, 1818 et 19.
Perreton, Isère. Cent jours.
Perrien (le comte de), Morbihan. 1815.
Perrier, Ardèche. Cent jours.
Perrier (Nicole), Lot. Cent jours.
Perrier, Rhône. Cent jours.
Perrier (Alexandre), Loiret. 1817, 18 et 19.
Perrier (Casimir), Seine. 1817, 18 et 19.
Perrigny (le comte de), Loir-et-Cher. 1814.
Persin, Gers. Cent jours.

MM.

Perrin, Isère. Cent jours.
Perrin, Gironde. Cent jours.
Pervinquière (le baron de), Vendée. 1814, cent jours.
Peschoux, Mayenne. Cent jours, 1819
Petersen, Mont-Tonnerre, 1814.
Petit, Cher. 1814.
Petit de Beauverger (le baron), Seine. 1814.
Peyrot (de Vernoux), Ardèche. Cent j.
Peyrusset, Loire Inférieure. 1815, 16 et 17.
Phelipon, cent jours.
Philippe, Mont-Blanc. Cent jours.
Philipoteaux, Ardennes. Cent jours.
Picot-Lacombe, Puy-de-Dôme, 1814.
Picot de la Peyrouse, Haute-Garonne. Cent jours.
Picot des Ormeaux, Sarthe. 1818 et 19.
Piégay, Loire. Cent jours.
Piet, Sarthe. Cent jours.
Piet de Chambelle, Sarthe. 1815, 16 et 17.
Pieyre, Gard. Cent jours.
Pillot, Nord. Cent jours.
Pinac, Hautes-Pyrénées. Cent jours.
Pinel, Manche. Cent jours.
Piquet, Calvados. 1815.
Pizieux (le comte de), Eure-et-Loir. 1815.
Plaisance (le duc Charles de), Seine-et-Marne. Cent jours.
Planche, Basses-Alpes. Cent jours.
Planelli de la Vallette (le comte), Isère. 1815, 16, 17 et 18.
Pluvinal, Vaucluse. Cent jours.
Poinsot, fils, Haute-Marne. Cent jours.
Pointeau-Bazinville, Loiret. Cent jours.
Poisson, Manche. Cent jours.
Polignac (le comte Armand de), Haute-Loire. 1815.
Polissard, Saône-et-Loire, 1814.
Polluche, Finistère. Cent jours.
Pommerol (de), Loire. 1815, 16 et 17.
Ponsard, Morbihan. 1816, 17 et 18.
Ponsardin, Marne. Cent jours.
Pontet fils, Gironde. 1815, 16, 17, 18 et 19.
Poppe, Bas-Rhin. Cent jours.
Popule, Loire. Cent jours, 1818 et 19.
Portal (le baron de), Tarn-et-Garonne, 1818 et 19.
Poteau-d'Hancarderie, Nord. 1815, 18 et 19.
Pouget (le baron), Aude. Cent jours.
Pouilly (de), Aisne. 1815.
Poulizac, Finistère. Cent jours.
Poullain-Grandpré, Vosges. Cent jours.
Poultier, Pas-de-Calais. Cent jours.
Poyféré de Cère (le baron), Landes. 1814, 15, 16, 17, 18 et 19.
Pracomtal (le marquis de), Nièvre. 1815, 16 et 17.

MM.

Pressac, Vienne. Cent jours.
Pressandoré, Vienne. Cent jours.
Prévérand de la Bouteresse, Allier. 1815, 16, 17 et 18.
Prevot-Laygoffier. . . . . Cent jours.
Prunelé (le vicomte de), Finistère. 1814.
Puisaye (le marquis de), Orne. 1815.
Puymaurin (le baron Marcassus de), Haute-Garonne. 1814, 15, 16, 17, 18 et 19.
Puyvert (le marquis de), Aude 1818.
Pyrot, Moselle. 1815.

Q.

Quentin, Sarthe. Cent jours.

R.

Rallier, Ille-et-Vilaine. 1814.
Rambuteau (le comte), Loire. Cent jours.
Ramel, Lot. Cent jours.
Ramolino, Corse. 1819.
Ramont, Puy-de-Dôme. Cent jours.
Rapp (le comte), lieutenant-général. Haut-Rhin. Cent jours.
Rassis, Bouches-du-Rhône. Cent jours.
Rastignac (le marquis de), Lot. 1817, 18 et 19.
Ratier, Charente-Inférieure. 1814.
Raudot, Yonne. 1815.
Ravez, Gironde. 1816, 17, 18 et 19.
Raymond-Noubel, Lot-et-Garonne. Cent jours.
Reynouard, Var. 1814.
Razey (de), Vosges. 1815.
Régnard, Ardennes. Cent jours.
Regnault, Cher. Cent jours.
Regnault de Saint-Jean-d'Angely (le comte), Charente-Inférieure. Cent j.
Regnouf de Vaios, Manche. 1815.
Regnoust-Duchesnay, Sarthe. 1815.
Reguis, Basses-Alpes. Cent jours.
Reibell, Bas-Rhin. Cent jours, 1816, 17, et 18
Rémond, Orne. Cent jours.
Renaudon, Isère. Cent jours.
Revoire, Nord 1817, 18 et 19.
Reynaud de Trets, Bouches-du-Rhône. 1815.
Rhein, Loiret. Cent jours.
Ribard, Seine-Inférieure. 1815, 16, 17 et 18.
Ribond, Ain. 1814.
Richard jeune, Loire-Inférieure. 1815, 16, 17, 18 et 19.
Richaud, Seine-et-Oise. Cent jours.
Rieussec, Rhône. 1814.
Rillaut, Eure-et-Loir. Cent jours.
Rigaud de l'Isle, Drôme. 1814. Cent j.
Rigoult. Cent jours.
Riocourt (le comte de), Meurthe. 1815.
Rioult de Neuville, Calvados, 1814.
Rivals-Cinola, Aude. Cent jours.
Rivaud de la Rafinière (le comte), lieu-

[1814-1820] LISTE DE MM. LES DÉPUTÉS

MM.

tenant-général. Charente-Inférieure. 1815.
Rivet, Corrèze. Cent jours.
Rivière, Aube. 1814.
Rivière, Lot-et-Garonne. 1816, 17, 18 et 19.
Robert, Charente. Cent jours.
Robert, Morbihan. Cent jours. 1819.
Robin de la Roude, Indre. Cent jours.
Rodet, Ain. 1818 et 19.
Roger, Moselle. Cent jours.
Roger, Seine-et-Oise. 1815.
Rolland, Moselle. Cent jours, 1818 et 19.
Rolland, Bouches-du-Rhône. 1815, cent jours, 16, 17, 18 et 19.
Romiguières, fils, Haute-Garonne. Cent jours.
Roncherolles (le comte de), Eure. 1815.
Rossée, Haut-Rhin. 1814, cent jours.
Roussel, Loire Inférieure. Cent jours.
Rostand, Bouches-du-Rhône. Cent jours.
Rouchon, Ardèche. 1815, 16, 17, 18 et 19.
Rougé (le comte Adrien de), Somme, 1815.
Roussin, Finistère. 1816 et 17.
Roux, Loiret. Cent jours.
Roux de Laborie, Somme. 1815.
Roux du Châtelet, Pas-de-Calais. 1815.
Rouxel, Côtes-du-Nord. 1815.
Rouyère, Vosges. Cent jours.
Roy, Seine. Cent jours, 1815, 16, 17, 18 et 19.
Royer, Saône-et-Loire. 1815.
Royer Collard, Marne. 1815, 16, 17, 18 et 19.
Rozet, Haute-Marne. Cent jours.
Ruinard de Brimont, Marne. 1816, 17 18 et 19.
Ropérou, Côtes-du-Nord. Cent jours. 1815, 16, 17, 18 et 19
Ruphy de Menthon, Mont-Blanc. 1814.

S.

Saglio (Michel), Bas-Rhin. 1815 et 19.
Saint-Aignan (De), Loire Inférieure. 1815 et 19.
Saint-Aulaire (le comte de), Meuse. 1815 18 et 19.
Saint-Cricq (De), Seine-et-Marne. 1815, 16, 17, 18 et 19.
Saint-Géry (le marquis de), Tarn. 1815.
Saint Martin, Indre-et-Loire. 1814.
Saint-Vallier (de), Drôme. 1815.
Sainte-Aldegonde (le comte Charles de), Aisne. 1815, 16, 17 et 18.
Sairas Bouches-du-Rhône. 1816, 17, 18 et 19.
Salavy, Bouches-du-Rhône. Cent jours.
Salis (le comte de), Ardennes. 1815, 16, 17, 18 et 19.
Sallaberry (le comte de), Loir-et-Cher. 1815, 16, 17, 18 et 19.

MM.

Salvage, Cantal. Cent jours.
Salverte, Seine. Cent jours.
Sappey, Isère. Cent jours, 1819
Sarielon, Corrèze. 1814, 15, 16 et 17.
Saulnier, Meuse. 1815, 16, 17, 18 et 19.
Saussel, Ain. Cent jours.
Saussey, Rhône. Cent jours.
Savoye-Rollin, Isère. 1815, 16, 17, 18 et 19.
Scey (le comte de), Doubs. 1815, 16 et 17.
Schaal, Bas-Rhin. 1814.
Schadet, Nord. 1814.
Schmitz, Meurthe. Cent jours.
Sébastiani (le comte), Aisne. Cent jours. Corse. 1819.
Sédillez, Seine-et-Marne. 1814.
Selves, Dordogne. Cent jours.
Sejan de Cejean, Seine. Cent jours.
Sengez, Haute-Garonne. Cent jours.
Serre (de), Haut Rhin. 1815, 61, 17, 18 et 19.
Sesmaisons (le comte Humbert de), Loire-Inférieure. 1818.
Sifruet, Seine-et-Oise. Cent jours.
Silvestre, Lot-et-Garonne. 1815.
Siméon (le comte). Bouches-du-Rhône. Cent jours. Var. 1815, 16, 17, 18 et 19.
Simon, Seine-et-Marne. Cent jours.
Simon, Moselle. 1818 et 19.
Simonot, Côte-d'Or. Cent jours.
Simonot, Saône-et-Loire. Cent jours.
Sirand (de). Ain. 1815, 16 et 17.
Sirieys de Mayrinhac (de), Lot. 1815.
Sirugue Muret (le baron), Aube. 1814, cent jours.
Sivard de Beaulieu, Manche. 1818 et 19.
Solignac, Aveyron. Cent jours.
Sollier, Vaucluse. Cent jours.
Sommis, Bouches-du-Rhône. Cent jours.
Sorbier (le comte), lieutenant-général, Nièvre. Cent jours.
Soubyran, Landes. Cent jours.
Soucques, Loiret. 1814.
Soulié, Vaucluse. 1815, 16, 17 et 18.
Soult, Tarn. Cent jours.
Suchet, Ardennes. Cent jours.
Snipicy, Haute-Vienne. Cent jours.
Silvestre de Sacy (le baron), Seine. 1814.

T.

Tabarié (le vicomte), Seine. 1815.
Taché, Puy-de-Dôme. Cent jours.
Taillhand, Puy-de-Dôme. Cent jours.
Taillandier, Indre. Cent jours.
Talleyrand (le baron de), Loiret. 1814 et 16.
Tanchar, Doubs. Cent jours.
Tannegny-Leveneur (le comte), Orne. 1814.
Tarayre (général), Aveyron. 1819.
Tascher (de) Sarthe. 1814.
Tassel, Côtes-du-Nord. Cent jours.

LISTE DE MM. LES DÉPUTÉS [1815-1820]

MM.

Terneaux, Seine. 1818 et 19.
Tesseire, Isère. 1819.
Teste (Jean-Baptiste), Gard. Cent jours.
Tullé, Tarn-et-Garonne. Cent jours.
Teulon, Lot-et-Garonne. 1815.
Thabaud-Bois-La-Reine, Indre. Cent jours.
Tharreau, Maine-et-Loire. 1814.
Thévenard-Guérin, Cher. Cent jours.
Thézan de Biran, Gers. 1816.
Thiars (le comte de), maréchal de camp. Saône-et-Loire. Cent jours.
Thiry (le baron de), Meurthe. 1814.
Thomas, Ille-et-Vilaine. Cent jours.
Thomas, Vosges. Cent jours.
Thurin, Moselle. Cent jours.
Tibord du Chalard, Creuse. 1816.
Tilly (de), Calvados. Cent jours.
Tixier de la Chapelle, Creuse. 1815.
Thonstant, Hérault. Cent jours.
Toupot de Bevaux, Haute-Marne. 1819.
Tournemine, Cantal. 1815, 16, 17 et 18.
Touzet, Côte-d'Or. Cent jours.
Tramecourt (le marquis de), Pas-de-Calais. 1815.
Trehu de Monthiery, Ille-et-Vilaine. 1817, 18 et 19.
Trémouille (le prince de la), Cher. 1815.
Trenqualye (de), Gers. 1814.
Trévise (le maréchal Mortier duc de), Nord. 1815 et 17.
Trinquelague (de), Gard, 1816 et 17.
Triozon, Puy-de-Dôme. Cent jours.
Trippier, Seine. Cent jours.
Tronchon, Oise. Cent jours. 1817, 18 et 19.
Trousson-Lecomte, Marne. 1814.
Try, Seine. 1815 et 16.
Tryon-Montalembert (le comte de), Vienne. 1814.
Thuault-de-la-Bouverie, Morbihan. 1814.
Tupinier, Saône-et-Loire. Cent jours.
Turckheim (de), Bas-Rhin. 1815 et 16.

U.

Unouet de Saius-Ouen, Sarthe. Cent j.
Usquin, Seine-et-Oise. 1815, 16, 17, 18 et 19.

V.

Vaillant, Côte-d'Or. Cent jours.
Valentin, Hérault. Cent jours.
Valléo, Landes. Cent jours.
Vallée, Meuse. 1817, 18 et 19.
Vallet de Merville, Meurthe. Cent jours.
Vallette, Lozère. Cent jours.
Van-Merris, Nord. 1815.
Varenne de Fenille, Ain. 1815 et 16.
Vassal de Monviellé, Lot-et-Garonne. 1815, 16, 17 et 18.
Vattellier, Ardennes. Cent jours.
Vauquelin de la Rivière, Ille-et-Vilaine. 1815 et 16.
Veaux (le général), Côte-d'Or. Cent jours.
Vergnes, Aveyron. Cent jours.
Verneilh de Puyraseau, Dordogne. 1814 cent jours, 1817, 18 et 19.
Vezin, Aveyron. 1814, cent jours.
Vidal-Contant, Aude. 1814.
Vidal, Ariège. Cent jours.
Vidal fils, Basses-Pyrénées. Cent jours.
Vigier, Cantal. Cent jours.
Vigneron, Haute-Saône. 1814, cent jours.
Vignon-Laversanne, Drôme. Cent jours.
Viguiers, Aude. Cent jours.
Villefranche (le marquis de), Yonne. 1816, 17, 18 et 19.
Villèle (de), Haute-Garonne. 1815, 16, 17, 18 et 19.
Villemain, Morbihan. 1819.
Villiers de Lonjeau, Côte-d'Or. 1814.
Villot de Fréville, Seine. 1814.
Vimal-Teyras, Puy-de-Dôme. 1815.
Vimar, Seine-Inférieure. Cent jours.
Vincent-du-Saint-Laurent, Gard. Cent j.
Vincent-Molinière, Deux-Sèvres. Cent j.
Vistorte, Côtes-du-Nord. 1814.
Vitrolles (le baron de), Basses-Alpes. 1815.
Vivenot, Meuse. Cent jours.
Vogué (le comte Charles de), Gard, 1815, 16 et 17.
Vogué (le comte Eugène de), Ardèche. 1818.
Voucy (le comte Etienne de), Loire. 1815, 16 et 17.
Vouty de la Tour, Rhône. Cent jours.
Voyer d'Argenson (le comte), Haut-Rhin. Cent jours, 1815, 16, 17, 18 et 19.
Voysin de Gartempe, Moselle. 1815, 16 et 17.
Vullier, père, Jura. Cent jours.

W.

Waldner-Freudstein (le comte Geoffroy de), Haut-Rhin. 1814.
Warenghien (De), Nord. Cent jours.
Welches, Vosges. 1816, 17, 18 et 19.
Wendel (De), Moselle 1815, 18 et 19.
Willig, Haut-Rhin. 1815.

Y.

Yver, Manche, 1815.

Z.

Zerffel, Bas-Rhin. 1814.

F I N.

VOCABULAIRE

DES

MOTS ET DÉNOMINATIONS

QUI SERVENT A FAIRE CONNAÎTRE

LES ASSEMBLÉES LÉGISLATIVES,

LES FACTIONS, LES PARTIS,

ET LES TRAITS GÉNÉRAUX OU PARTICULIERS

LES PLUS INTÉRESSANS DE LA RÉVOLUTION FRANÇAISE.

ALARMISTES. Nom donné à ceux qui, dans le cours de la révolution, répandaient des alarmes fausses ou réelles.

ANARCHISTES. Membres de la convention nationale, partisans de Marat et du régime de la terreur, ainsi nommés par les *girondins*.

ANTI-RÉVOLUTIONNAIRES. Ennemis de la révolution.

APITOYEURS. On désignait ainsi, au commencement de la révolution, ceux qui plaignaient le sort des émigrés, des prêtres réfractaires, etc.

ARISTOCRATES. Partisans de l'ancien régime.

ASSEMBLÉES NATIONALES OU LÉGISLATIVES :

    Assemblées des notables, à Versailles. La première, installée le 27 février 1787; et la seconde, le 16 novembre 1788.

    États-généraux, à Versailles, le 5 mai 1789.

    Assemblée constituante, le 9 novembre 1789, à Paris, comme toutes les assemblées subséquentes.

    Assemblée législative, le 1er octobre 1791.

    Convention nationale, le 21 septembre 1792.

    Conseils { des anciens, des cinq-cents, } le 28 octobre 1795.

Sénat-conservateur, le 25 décembre 1799.
Corps législatif, le 1er janvier 1800.
Tribunat, le même jour.
Chambre des pairs, nommés par le Roi, le 4 juin 1814.
Chambre des députés, le même jour.
Chambre des pairs, nommés par Napoléon, le 7 juin 1815.
Chambre des représentans, le même jour.
Chambre des pairs, nommés par le Roi, le 7 octobre 1815.
Chambre des députés, le même jour.
(Depuis cette époque, les sessions de la chambre des députés se sont renouvelées régulièrement par cinquième à la fin de chaque année, à l'exception de celle de 1815, qui a été dissoute par l'ordonnance royale du 5 septembre 1816, et remplacée par une chambre entièrement nouvelle.)

AVILISSEURS. On appelait ainsi, dans les premiers momens de la révolution, ceux qui affectaient du mépris pour le gouvernement républicain, pour les autorités constituées, pour les armées françaises, leurs généraux, les assignats, etc.

BABOUVISTES. Partisans de Babeuf ou du régime populaire.

BASCULE. Manœuvre politique qui consiste à balancer l'influence d'un parti par l'ascendant que l'on donne au parti opposé en l'entourant d'une faveur factice.

BLEUS. Dénomination que les vendéens et les chouans donnaient aux soldats de la république.

BONAPARTISTES. Partisans de Bonaparte.

BONNETS-ROUGES. On a désigné ainsi les républicains ardens qui, dans leur enthousiasme, se coiffaient d'un bonnet de cette couleur.

BRIGANDS DE LA LOIRE. Dénomination odieuse, dont un petit nombre de Français, ennemis de leur patrie, a voulu flétrir les débris de la vieille armée, retirée derrière la Loire en vertu de l'armistice signé sous les murs de Paris, le 3 juillet 1815.

BRISSOTINS. Le conventionnel *Brissot* était le chef du parti qui porte son nom, et qui fut renversé par celui de *Robespierre*.

BUZOTINS. Partisans du conventionnel Buzot.

CAMP DE JALÈS. Réunion armée de nobles, dans le Vélai (Haute-Loire), qui soulevait en 1790 les habitans du midi de la France, contre le gouvernement constitutionnel.

CAPÉTIENS. Partisans du roi. Cette désignation date de 1792; elle est tirée du nom de Hugues Capet, premier roi de la troisième race, dont les descendans sont aussi nommés *capétiens*.

CARMAGNOLE. Sorte de vêtement, composé d'un gilet rond à manches et d'un pantalon à la batelière, qui, avec le bonnet rouge, complétait le costume d'un *parfait jacobin* en 1793.

CARMAGNOLES. Nom donné par les royalistes aux soldats républicains.

CARMAGNOLES. On donnait aussi ce nom à certains rapports emphatiques et mensongers, que les orateurs des comités de gouvernement faisaient de temps en temps à la tribune de la convention pour amuser l'esprit public.

CENTRE. On désigne par ce mot la réunion des députés ministériels qui occupe habituellement le centre de la salle.

CENT JOURS. Temps écoulé entre le 20 mars 1815, époque du départ du roi, et le 8 juillet, de la même année, époque de son retour.

CHAMBRE DES DÉPUTÉS. Réunion des représentans de la nation.

CHAMBRE INTROUVABLE. Dénomination dérisoire qui n'appartient qu'à la chambre des députés, convoquée en 1815, et dissoute en 1816 par l'ordonnance du 5 septembre.

CHARTE. Constitution octroyée par le roi le 2 mai 1814, la dix-neuvième année de son règne.

CHEVALIERS DU POIGNARD. Dénomination donnée à des gentilshommes et à des chevaliers de Saint-Louis, qui, en 1791, affectaient de paraître au château avec des poignards et des pistolets, et qui furent désarmés et dispersés par les gardes nationaux le 28 février de la même année.

CHOUANS. Hommes qui, sous le prétexte de servir la royauté, attaquaient sur les grandes routes les diligences, d'où ils enlevaient les fonds publics, et qui détroussaient parfois les passans. Il ne faut pas les confondre avec les Vendéens.

CLICHI OU CLICHIEN. Après le 9 thermidor an 2, les membres de la convention qui désiraient le rétablissement de la royauté formèrent une réunion politique, d'abord au jardin de *Clichi*, ensuite chez le député de La Haye. La révolution du 18 fructidor an 5 détruisit ce parti.

COMPAGNIES DE JÉSUS ET DU SOLEIL. Associations formées après la chute de Robespierre par des jeunes gens qui, sous le prétexte de venger les victimes du régime de la terreur, assassinaient à Lyon, à Marseille et dans presque tout le midi de la France.

CONSTITUTIONNELS. Amis de la constitution.

CONSTITUTIONS :
1° De *quatre-vingt-onze*, décrétée le 3 septembre 1791, et sanctionnée par le roi le 13 du même mois;
2° De *quatre-vingt-treize*, décrétée par la convention le 24 juin 1793, acceptée par le peuple le 10 août suivant;
3° De *l'an trois*, décrétée le 17 août 1795;
4° De *l'an huit*, acceptée le 7 février 1800;
5° *Senatus-consulte organique* de cette constitution, rendu le 4 août 1802;
6° *Charte constitutionnelle*, octroyée par Louis XVIII le 4 juin 1814;
7° *Acte additionnel* aux constitutions de l'empire, donné le 22 avril 1815.

CONTRE-RÉVOLUTIONNAIRES. Ennemis de la révolution depuis son origine; on les appelle aujourd'hui *anti-révolutionnaires*.

CONVENTIONNELS. Membres de la convention nationale.

CORDELIERS. En 1793, il se forma dans l'église des *cordeliers* un club qui en prit le nom, et devint le rival de celui qui siégeait dans le couvent des *jacobins*.

COTÉ DROIT ET CÔTÉ GAUCHE. Dans toutes les assemblées législatives, depuis l'assemblée constituante jusqu'à ce jour, les députés, *amis des priviléges*, se sont placés au *côté droit*; et les membres, *défenseurs des libertés des citoyens*, au *côté gauche*.

CRAPAUDS DU MARAIS. Voyez *Marais*.

CRÊTE. Voyez *Montagne*.

DANTONISTES. Partisans de Danton.

DÉMAGOGUES. Qualification injurieuse donnée par les ennemis de la révolution à des républicains qu'ils accusaient d'égarer le peuple.

DÉMOCRATES. Partisans de la démocratie ou du gouvernement populaire.

DOCTRINAIRES. Publicistes qui ont établi sur la constitution une doctrine qui leur est particulière. Leur objet ou leur prétention est de tenir la balance entre le parti libéral et le parti royaliste, en restant indépendans du ministère.

ÉGORGEURS. Assassins de toutes les époques et de toutes les couleurs.

ÉMIGRÉS. Français qui volontairement ont quitté la France en haine ou en crainte de la révolution.

ENDORMEURS. Qualification donnée par les républicains à ceux qui, par leurs discours, cherchaient à entraver la marche du nouvel ordre de choses.

ÉTEIGNOIRS. Ennemis des lumières et de leurs résultats, c'est-à-dire de la philosophie et de la liberté.

FAYETTISTES. Partisans du général La Fayette, quand il était commandant de la garde nationale de Paris.

FÉDÉRALISTES, GIRONDINS, MODÉRÉS. Robespierre, ou le parti dit de la *montagne*, donna ce nom aux députés de la Gironde, et à leurs partisans qui semblaient vouloir se soustraire au joug de la commune de Paris, et établir une *république fédérative* de quelques départemens. Ils furent renversés par la révolution du 31 mai 1793.

FÉDÉRÉS. Ouvriers et jeunes gens de tout état et de toute profession qui se firent volontairement soldats, lorsque la patrie était menacée en 1815 par les armées étrangères.

FEUILLANS. A la fin de l'assemblée *constituante*, les membres modérés de cette assemblée se réunirent dans le local des anciens *feuillans*. Ce club était fortement opposé à celui des *jacobins*.

FRUCTIDORISÉ. Le directoire ayant renversé le parti *clichien*, la plupart des membres qui le composaient furent déportés le 19 fructidor an 5, et l'on se servit du mot *fructidorisé* pour désigner les membres éliminés par cette révolution.

GIRONDINS. Voyez *Fédéralistes*, etc.

GIROUETTES. Hommes qui se tournent toujours du côté du pouvoir.

HÉBERTISTES. Partisans d'Hébert, membre de la commune de Paris, en 1793, lequel fut condamné à mort par le parti de la *montagne*. Robespierre, qui les faisait mouvoir, les accusa d'athéisme.

HOMMES D'ÉTAT. C'était les doctrinaires de la convention. Les montagnards désignaient ainsi Brissot et les Girondins.

HOMMES DU 14 JUILLET, DU 10 AOUT, DU 31 MAI. Ceux qui avaient pris les armes à ces diverses époques de la révolution.

VOCABULAIRE.

HOMMES MONARCHIQUES. Royalistes, partisans de la monarchie pure, c'est-à-dire sans la charte constitutionnelle. Voyez *Ultras* et *Honnêtes gens*.

HONNÊTES GENS. Dénomination orgueilleuse que se sont appliquée les ennemis de la révolution depuis 1789. C'est par dérision que les *braves* gens la leur accordent.

IGNORANTINS. Nom des frères des écoles chrétiennes. Il se donne, ainsi qu'à ces jésuites subalternes, à tous les partisans des vieux systèmes d'enseignement primaire, aux ennemis de l'enseignement mutuel, et généralement à tous les ennemis des lumières. (Voyez *Éteignoirs*.)

IMMOBILES. Hommes dont l'opinion n'a point varié, et que l'on opppose aux *girouettes*. Cette qualification est aussi donnée à ceux qui depuis la révolution n'ont rien appris et n'ont rien oublié.

IMPLACABLES. Nom donné aux assassins du midi, et généralement à tous les réacteurs de 1815 et de 1816.

INDÉPENDANS. Voyez *Libéraux*.

JACOBINS. Ultras révolutionnaires.

JACOBINS (Société des). Elle a pris ce nom du local des Jacobins où elle s'assemblait. Elle était composée en grande partie de démagogues. La mort de Robespierre, qui en était le chef, la fit dissoudre. Elle se forma de nouveau en 1799, et tint ses séances dans la salle du *Manége*; mais elle ne fut ni aussi redoutable, ni aussi fameuse qu'elle l'avait été la première fois.

JACOBINS BLANCS. Voyez *Honnêtes gens*.

JOURNÉES REMARQUABLES :

14 Juillet 1789. Première insurrection du peuple de Paris. Prise de la Bastille.

5 et 6 Octobre 1789. Le peuple de Paris se rend à Versailles, attaque le château et pénètre dans les appartemens du roi et de la reine.

21 Juin 1791. Le roi quitte secrètement la capitale.

20 Juin 1792. Le peuple se porte au château des Tuileries, et présente au roi le bonnet rouge que S. M. place sur sa tête.

10 Août. Attaque du château des Tuileries, déchéance et arrestation de Louis XVI.

2 et 3 Septembre. Massacre dans les prisons de Paris.

21 Janvier 1793. Exécution de Louis XVI.

31 Mai. Triomphe de Robespierre et du parti de la *montagne* sur le parti des *girondins* ou modérés.

16 Octobre. Exécution de Marie-Antoinette.

9 Thermidor an 2 (27 juillet 1794). Chute et mort de Robespierre.

12 Germinal an 3 (1er avril 1795). Tentative de la populace de Paris contre la convention nationale.

1, 2 et 3 Prairial (20 et 23 mai.) Nouvelle tentative de la populace, qui assassine le député Féraud.

13 Vendémiaire an 4 (5 octobre 1795). Attaque de la convention nationale par les sections : les insurgés perdent du monde et se retirent.

18 Fructidor an 5 (4 septembre 1797). Dissolution du corps-législatif et triomphe du directoire.

VOCABULAIRE.

30 Prairial an 7 (18 juin 1799). Les conseils des anciens et des cinq-cents renversent les directeurs Merlin, La Reveillère-Lépaux et Rewbel.

18 Brumaire an 8 (novembre 1799). Révolution en faveur du général Bonaparte, et opérée par ce général lui-même.

3 Nivôse an 9 (24 décembre 1800). Attentat contre la vie du premier consul par l'explosion d'une machine infernale.

2 Août 1802. Bonaparte est proclamé premier consul à vie.

18 Mai 1804. Avénement de Napoléon à l'empire.

2 Décembre 1804. Couronnement et sacre de l'empereur Napoléon et de l'impératrice Joséphine.

2 Avril 1810. Mariage de l'empereur Napoléon avec Marie-Louise, archiduchesse d'Autriche.

4 Avril 1814. Abdication de l'empire, souscrite par Napoléon à Fontainebleau.

3 Mai. Entrée solennelle de Louis XVIII à Paris.

20 Mars 1815. Départ du Roi. Retour de Napoléon.

1er Juin. Assemblée solennelle du champ-de-mai.

22 Juin. Seconde abdication de Napoléon.

8 Juillet. Second retour de Louis XVIII.

LIBÉRAUX. Amis de la liberté légale, et ennemis de toute oppression.

LIBERTICIDE. Ennemi de la liberté.

MANÉGE. C'est dans la salle du *Manége* que se tinrent les assemblées *constituante*, *législative*, *conventionnelle*, et, en 1799, la société des *jacobins*.

MARAIS, PLAINE, VENTRE. Parties de la salle de l'assemblée législative et de la convention nationale. Dans la *plaine* ou le *ventre* se réunissaient les représentans qui flottaient entre les deux partis, ou qui, antagonistes des *montagnards*, luttèrent contre eux avant les événemens du 31 mai 1793, et furent nommés *crapauds du marais*.

MARATISTES. Partisans de *Marat*.

MARSEILLAIS. Bataillon de Marseille qui contribua à la journée du 10 août.

MINISTÉRIELS (députés) Voyez *Chambre des députés*.

MODÉRÉS. Voyez *Fédéralistes*.

MONARCHIENS. Partisans de la monarchie sous le gouvernement républicain.

MONTAGNE ou CRÊTE. Les membres de la convention les plus exagérés siégeaient sur les gradins élevés de la salle, d'où on les appela *montagnards*, et cette partie de la salle, la *montagne*.

MUSCADINS. Dénomination donnée par les républicains aux jeunes gens qui affectaient de la recherche dans leurs vêtemens pour n'être pas confondus avec les sans-culottes.

OBSCURANTINS. On désigne de cette manière les ennemis des lumières du siècle, des institutions nouvelles, des découvertes utiles, telles que la *vaccine*, l'*enseignement mutuel*, etc.

OCCULTE. On appelle ainsi un gouvernement illégal dont le principe est inconnu, dont les ressorts sont cachés, et dont les résultats ne sont que trop manifestes.

OLIGARQUES. Plus qu'aristocrates; ils sont l'opposé des démagogues.

ORLÉANISTES. Partisans du feu duc d'*Orléans*.
PARTISANS DE LA LISTE CIVILE. Nom donné par les républicains aux personnes qu'ils croyaient vendues à la cour.
PATRIOTES DE 89. Ceux qui embrassèrent le parti de la révolution dès le principe.
PHILOSOPHES. Voyez *Libéraux*.
PRÊTRES ASSERMENTÉS. Qui avaient prêté serment de soumission à la constitution civile du clergé décrétée en 1791.
PRÊTRES INSERMENTÉS OU RÉFRACTAIRES. Ceux qui n'avaient pas prêté le serment des prêtres assermentés, ou qui l'avaient rétracté.
QUEUE DE ROBESPIERRE. Dénomination donnée aux partisans de Robespierre qui ont survécu à la révolution du 9 thermidor an 2.
RÉACTION. Triomphe d'une opposition quelconque.
RÉVOLUTIONNAIRES. Partisans exagérés de la révolution.
ROBESPIERRISTES Partisans de Robespierre.
SANS-CULOTTES. Qualification donnée par dérision aux patriotes, qui ensuite se firent gloire de la porter.
SEPTEMBRISEURS. Assassins, auteurs et agens des massacres qui furent commis dans les prisons de Paris, les 2 et 3 septembre 1792.
SUSPECTS. Qualification donnée par les républicains à ceux qu'ils soupçonnaient de ne pas aimer le gouvernement démocratique.
TERREUR DE 1793. Nom justement donné à l'époque du gouvernement de Robespierre et de ses complices.
TERREUR DE 1815 ET DE 1816. Par opposition à la *terreur de 93*. Les *libéraux* seuls en furent les victimes.
TERRORISTES. Partisans du régime de la terreur organisée par *Robespierre, Marat*, et autres conventionnels du parti de la *montagne*.
THÉOPHILANTHROPES. Sectaires d'une sorte de déisme établi dans les années 1797, 1798 et 1799, par *La Réveillère-Lépaux*, membre du directoire-exécutif. Tout homme pouvait exercer le sacerdoce théophilanthropique.
THERMIDORIENS. Auteurs de la révolution du 9 thermidor an 2, qui renversa *Robespierre* et les *montagnards*.
ULTRAS. Qualification employée par les *libéraux* pour désigner les soi-disant amis de la royauté, *plus royalistes que le roi*, et qui ne sont autres que les *jacobins* ou *révolutionnaires* de la légitimité. Elle est adoptée par ceux qu'elle désigne.
VENDÉENS. Habitans du département de la Vendée et autres environnans, qui en 1793, 1794 et 1795, s'insurgèrent au nom du trône et de l'autel contre le gouvernement républicain. S'ils se battirent en désespérés, ils n'assassinèrent pas sur les grandes routes comme les Chouans.
VENDÉMIAIRISTES. Partisans des sections de Paris qui attaquèrent la convention au 13 vendémiaire an 4.
VENTRE, VENTRUS. (Voyez *Centre*.)
VERDETS. On prétend que ce sont des compagnies secrètes organisées dans le midi de la France, et prêtes à paraître, dans les temps de réaction, au premier signal de chefs encore invisibles. Voyez *Compagnies de Jésus et du Soleil*.

VOCABULAIRE.

VOLONTAIRES NATIONAUX. Titre que reçurent les Français qui s'enrôlèrent librement dans les premières années de la révolution, avant la levée en masse ou *première réquisition* (de 18 à 25 ans), proclamée le 23 août 1793.

VOLONTAIRES ROYAUX. Jeunes gens qui s'armèrent pour aller au-devant du roi lors de la première restauration. Peu nombreux avant le 20 mars 1815, ils se sont multipliés depuis la seconde restauration.

VOLTIGEURS DE LOUIS XIV. Nom plaisant donné à ces braves amis de la légitimité, qui, après avoir *dissimulé* pendant près de trente ans leur amour pour le roi, et modéré leur ardeur martiale, parurent tout à coup en 1815 et en 1816, pour en demander hardiment le salaire.

VOTANS. Membres de la convention nationale qui ont voté la mort dans le procès de Louis XVI.

FIN DU VOCABULAIRE.

BIOGRAPHIE

NOUVELLE

DES CONTEMPORAINS.

A

AA (Chrétien-Charles van der), ministre luthérien, né à Zwol le 25 août 1718, mort à Harlem le 23 septembre 1793. Après avoir fait d'excellentes études aux universités de Leyde et de Jéna, il fut nommé, en 1739, pasteur de l'église luthérienne d'Alcmaer, et trois ans après, pasteur de celle de Harlem. Pendant cinquante-quatre ans qu'il exerça son honorable ministère, van der Aa obtint un succès qu'il ne vit point s'affaiblir. Ses sermons attiraient en foule non-seulement les fidèles de son église, mais encore ceux des autres communions. La société des sciences, établie à Harlem en 1752, le compte au nombre de ses fondateurs. Il remplit, jusqu'à sa mort, les fonctions de secrétaire de cette société, dont il enrichit le recueil de plusieurs mémoires savans et curieux sur l'histoire naturelle. Ce vieillard vénérable a eu le bonheur bien rare de célébrer, à l'âge de 74 ans, en 1792, la *cinquantennaire* de l'exercice de son ministère évangélique à Harlem, où il est mort, un an après, honoré des regrets de tous les hommes de bien. Une médaille consacrée à rappeler cette fête demi-séculaire, a été gravée par J.-G. Holtzhey, l'un des meilleurs artistes de la Hollande.

ABADIA (François-Xavier), né à Valence (Espagne) en 1774, lieutenant-général des armées d'Espagne, entra au service en qualité de cadet, et mérita tous ses grades par ses talens et par son courage. Accusé assez hautement d'être favorable aux Français, il dédaigna de se justifier, et, fidèle à son devoir, il servit sa patrie sans la déshonorer par aucun sentiment indigne d'un brave militaire. Chef d'état-major de l'armée insurrectionnelle de la Manche, il se retira avec les débris de ce corps à Cadix, où il fut fait maréchal-de-camp, après avoir tenu pendant quelques jours le portefeuille du ministère de la guerre. En 1812, le général Abadia fut nommé au commandement de l'armée de Galice qu'il avait organisée. Après le rétablissement de Ferdinand VII sur le trône d'Espagne, il obtint le grade de lieutenant-général, et fut chargé de l'inspection générale des troupes réunies à Cadix pour l'expédition de l'Amérique espagnole, dont on connaît la mémorable issue.

ABANCOURT (Charles-Xavier-Joseph Franqueville d'), fut chargé par Louis XVI, en 1792, du portefeuille de la guerre. Il fit en cette qualité, à l'assemblée législative, un rapport sur le bon état des frontières du Nord, et lui annonça le choix qu'il avait fait des généraux Servan, Custines, Charton et Beauharnais, pour commander le camp de Soissons. Dénoncé par Thuriot à la séance du 10 août, d'Abancourt fut arrêté avec un de ses commis, envoyé à la Force, et traduit à la haute-cour d'Orléans. On le ramenait de cette dernière ville à Paris, lorsqu'il fut massacré à Versailles, le 9 septembre 1792, avec les autres prisonniers de la haute-cour.

ABANCOURT (François-Jean-Villemain d'), né à Paris en 1745, mort dans cette ville en 1803, était poète et auteur dramatique. Sa réputation s'est toujours maintenue à la hauteur de son mérite. L'abbé Sabatier disait de lui dès 1772 : « Les poésies de d'A- »bancourt n'annoncent que de la »médiocrité. » A défaut de réputation comme littérateur, d'Abancourt s'était fait connaître par une singularité. Il avait formé une collection immense de pièces de théâtre dont il se procurait toutes les éditions, ou, si elles n'étaient pas imprimées, les copies manuscrites, qu'il payait en proportion de la connaissance que l'on avait de sa manie. Un volume de *Fables*, un volume *d'Épitres*, une traduction en vers de *la Mort d'Adam*, tragédie de Klopstock, *le Mausolée de la Dauphine*, pièce qui concourut sans succès pour le prix de l'académie, tels sont les principaux titres poétiques de d'Abancourt, titres auxquels on doit ajouter ses œuvres dramatiques, comédies ou drames : *l'École des Épouses*; *le Sacrifice d'Abraham*; *la Bienfaisance de Voltaire*; *Voltaire à Romilly*, et *la Convalescence de Molière*.

ABANCOURT (Charles-Frérot d'), adjudant-général dans les armées de la république française, résida pendant long-temps en Turquie. De retour en France, il fut employé par l'assemblée constituante auprès de son comité de constitution, en qualité d'ingénieur-géographe; puis chargé en chef du dépôt des cartes et plans de la commission des travaux publics pour la partie militaire et géographique. Nommé chef du bureau topographique de l'armée du Danube, il leva une carte générale de la Suisse. D'Abancourt est mort à Munich en 1801. Il avait rapporté de son voyage dans l'Orient des relations d'un haut intérêt ; on doit regretter qu'elles n'aient pas été publiées, du moins après sa mort.

ABASCAL, vice-roi du Pérou, en 1814, entreprit une expédition contre Buenos-Ayres, le Chili et la Nouvelle-Grenade, et, par une imprévoyance qu'il est difficile d'expliquer, dégarnit de troupes Lima et toute la province. Une insurrection des plus violentes ne tarda point à éclater à Lima et dans presque toutes les autres villes du Pérou. L'armée de Lima, qui se trouvait sous les ordres du général Penzuela, étant coupée, le vice-roi reçut l'ordre de Ferdinand VII de remettre le gouvernement à Penzuela. Abascal obéit, et partit aussitôt après pour l'Europe.

ABBATUCCI (Jacques-Pierre), naquit en Corse, en 1726, d'une famille noble, illustrée par des services militaires. Son aïeul, un oncle, et son frère aîné, sont morts généraux au service de la république de Venise. Après avoir fait ses études à Padoue, il revint en Corse : quoique jeune, ses talens et la considération de sa famille le firent regarder avec jalousie par Paoli. Après lui avoir disputé le généralat de l'île pendant un an, Abbatucci se contenta du second rang, suivit son ancien rival durant toute la guerre contre les Génois, et ne s'en sépara qu'au moment où il s'embarqua pour quitter la Corse. Les Français avaient envahi cette île : Abbatucci fut le dernier chef qui se soumit à la France; mais sa soumission fut franche et loyale : ses nombreux partisans se soumirent de même. Sa conduite fut appréciée par le gouvernement. A la création du régiment Provincial-Corse, il fut nommé lieutenant-colonel. Ses principes d'indépendance, et son patriotisme, le mirent en opposition avec le comte de Marbœuf, gouverneur de l'île, qui, irrité de sa résistance, le fit impliquer, en 1779, dans une procédure criminelle, et il fut condamné à une peine infamante. Les états de l'île, dont Abbatucci était membre, se trouvaient réunis; ils s'intéressèrent vivement en sa faveur. Toute l'île prit le deuil lorsqu'on eut connaissance du jugement. Abbatucci eut recours au conseil privé; il fut renvoyé au parlement de Provence, qui l'acquitta complétement. Louis XVI le réintégra dans son grade, et le nomma chevalier de Saint-Louis. Il fut nommé maréchal-de-camp en 1790. Lors de l'invasion des Anglais en 1793, Abbatucci se mit à la tête d'une grande partie des habitans du département du Liamone, contre Paoli et ses partisans, qui s'étaient déclarés pour les Anglais. Après la prise de Toulon, n'espérant plus de secours, il se réfugia à Calvi avec deux de ses enfans et ses amis. Pendant le siége de cette ville, il en eut le commandement sous les ordres du général de division Casabianca. Après la reddition de la place, il vint en France, et fut nommé général de division. Ses infirmités ne lui permirent pas de servir activement : il resta à Marseille jusqu'au moment de l'évacuation de la Corse par les Anglais en l'an 4 de la république, époque à laquelle il rentra dans ses foyers. Il est mort en 1812, pleuré par les habitans de son canton, dont il était le père et le bienfaiteur. Abbatucci eut quatre fils, qui tous ont servi dans les armées : trois ont péri sur le champ de bataille : un à Toulon, sous-lieutenant d'infanterie légère; le dernier en Égypte, où il était capitaine de dragons; et le deuxième né, à la tête du pont d'Huningue; c'est de celui-ci qu'il est question dans l'article suivant.

ABBATUCCI (CHARLES), fils du précédent, naquit dans l'île de Corse, en 1771. Il entra, en 1786, à l'école militaire de Metz. Lieutenant en 1789, et capitaine en 1792, il passa ensuite dans l'artillerie à cheval de l'armée du Rhin. Le premier coup de canon tiré sur le Rhin fut pointé par Abbatucci contre une barque ennemie qui descendait le fleuve. Elle fut coulée à fond. Abbatucci, seul à la batterie, servit la pièce, l'ajusta et la tira. Ses soldats l'entourèrent, et dans le premier élan de cet enthousiasme que les guerres de la révolution nourrissaient, voulurent le nommer général. En 1794, Pichegru prend le commandement de l'armée; Abbatucci se distingue sous ses yeux, et devient son aide-de-camp. Trois fois Pichegru lui offre le grade d'adjudant-général; trois fois Abbatucci le refuse; enfin il l'accepte, et dirige, en cette qualité, le premier passage du Rhin; il suit le général en chef à l'armée du Nord, et fait avec lui la brillante campagne de la Belgique et de la Hollande. L'année suivante, Moreau le choisit, avec les adjudans-généraux Decaen, Montrichard, Bellavène, pour préparer et exécuter le passage du Rhin à Kehl. Promu au grade de général de brigade, il s'empara de Fribourg, de Donnechingen, de Stockak et de Memmingen. Le 27 juin, au passage du Lech, le torrent entraîne des compagnies entières; les colonnes refusent d'avancer. Abatucci, Montrichard, Cassagne et Savary, s'élancent dans le fleuve. Leur exemple électrise les colonnes; elles s'ébranlent, et opposant une masse serrée à la violence des flots, elles passent enfin le Lech. Abbatucci redescend le fleuve à la nage, et sauve plusieurs soldats qui ne peuvent résister au torrent. La couronne civique lui eût été décernée à Rome. Dans la même journée, il coupe deux fois la retraite à l'ennemi, et lui enlève une grande partie de son artillerie. Toujours attaché à Moreau, il suivit ce général dans ses retraites savantes, rentra, en l'an 5, sur le territoire de la république, fut nommé général de division, et enfin chargé du commandement d'Huningue et de la défense de la tête du pont de cette ville. Dans la nuit du 1ᵉʳ au 2 décembre, les Autrichiens attaquent ce poste. Déjà ils s'étaient emparés de l'ouvrage à corne; Abbatucci fait une sortie à la tête de ses grenadiers, chasse l'ennemi après un combat opiniâtre, fait beaucoup de prisonniers, et se couvre de gloire. Il se trouvait dans la grande île, qui fait face à la ville, quand une balle vint le frapper au flanc. Quelques jours après il expira, âgé de 26 ans, et ces mots furent les derniers qu'il prononça : *Pour la patrie!* telle avait été la devise de sa vie entière. La place qu'il défendait se rendit, et la France regretta Abbatucci comme l'un des capitaines les plus habiles, et comme l'un des meilleurs citoyens qui l'aient illustrée. Plusieurs officiers bâlois, accusés d'avoir favorisé la marche et l'attaque des troupes autrichiennes, furent poursuivis par le gouvernement français. Les ministres Bacher et Mengaud, en sollicitant la punition de ces officiers, les qualifièrent d'assassins du gé-

Le Général Abbatucci

J. Boilly. Sc.

néral Abbatucci. Moreau fit élever, en 1803, à ce héros un monument simple et noble auprès d'Huningue, témoin de ses derniers exploits et de sa mort. En 1815, les ennemis de la France, en détruisant les fortifications d'Huningue, ont renversé ce monument, qui se trouvait à quelque distance de la ville. Mais, en ruinant un faible monument funèbre, ils n'ont pas éteint le souvenir des hauts faits du brave en l'honneur de qui il avait été élevé; et l'on ne peut s'empêcher de rappeler à cette occasion les paroles solennelles de Tacite : « Qu'elle est ridicule, » cette lâcheté qui veut étouffer la » reconnaissance des siècles!..... » Tous ceux qui ont essayé cette » barbarie, ont augmenté la gloire » qu'ils cherchaient à éteindre, et » immortalisé leur propre honte.» (*Annal.* IV, 35.) Abbatucci joignait aux qualités héroïques cette beauté mâle et cette perfection du corps, qui semblaient si précieuses dans les anciens héros; et ces dons extérieurs étaient encore rehaussés par les qualités les plus parfaites de l'esprit et du cœur. Un comité, présidé par le général-comte Rapp, l'immortel défenseur de Dantzick, vient de fonder une souscription pour le rétablissement du monument d'Abbatucci : noble tâche, qui fait un égal honneur au général mort sur le champ de bataille, au guerrier célèbre qui consacre de nouveau la gloire d'un de ses frères d'armes, et à tous les braves qui ont survécu pour le bonheur de la patrie.

ABBATUCCI, fils aîné du général, le seul qui existe encore de cette famille, après avoir été dans sa jeunesse lieutenant au service de la république de Venise, fut nommé chef de bataillon dans la première organisation des gardes nationales soldées. Fait prisonnier par Paoli, lors de l'invasion des Anglais, il resta dix-huit mois détenu, et quitta le service aussitôt qu'il eut recouvré sa liberté. Il a été administrateur du département de la Corse, et a rempli diverses fonctions diplomatiques.

ABBAYTHUA (D'), né à Vittoria en Biscaye, ne suivit pas la carrière de la diplomatie, que ses études paraissaient devoir lui ouvrir. Il vint en France au commencement de la révolution, et s'occupa de littérature. Il donna au théâtre de la cité plusieurs ouvrages dramatiques dans le genre du mélodrame, alors tout-à-fait inconnu. Deux de ses pièces eurent un certain succès, ce sont *les Ruines de Paluzzi* et *la Fête du Sérail*.

ABBEMA (BALTHAZARD), magistrat hollandais, se fit remarquer parmi les chefs du parti patriotique dans l'insurrection de ce peuple contre le stathouder vers 1784, et se réfugia en France, quand, au mois de septembre 1787, l'armée prussienne fut entrée en Hollande. Étant à Paris à l'époque du jugement de Favras, il y parut comme témoin, et déposa que M. Favras lui ayant donné connaissance de ses plans, il lui avait répondu : « Votre affaire est une piè- » ce en trois actes : le premier s'est » passé en Brabant; le second en » Hollande; le troisième se passe » à Paris, mais je ne veux y être » ni acteur ni payeur.» M. Abbema, qui avait formé à Paris une maison de banque, a eu beaucoup de part à la construction, demeurée incomplète, de la cour *Batave*, rue Saint-Denys. De retour dans sa patrie, il fut nommé ministre plénipotentiaire à Hambourg, où il est mort.

ABBOTT (CHARLES), fils d'un maître d'école du Devonshire, naquit en 1755; il eut des succès dans le cours de ses études, qu'il fit au collége de Westminster. Une pièce de vers latins, composée en l'honneur de Catherine II, impératrice de Russie, valut au jeune poète une médaille d'or que S. M. lui fit remettre par son ambassadeur à Londres. Abbott devint maître, à sa majorité, d'une grande fortune, qui ne l'empêcha pas de se livrer avec ardeur à l'étude des lois. Il était déjà connu par plusieurs traités de jurisprudence, quand il fut élu membre du parlement en 1790, puis réélu en 1796 et en 1802. Lors de la discussion élevée à la fin de 1795 sur les bills proposés par Pitt *contre les assemblées séditieuses et pour la sûreté du roi*, Abbott soutint vivement la proposition, justifia les projets du ministre, et attaqua la doctrine de Fox sur la résistance à l'oppression. Il fut appelé à la présidence du comité des finances. Le 2 novembre 1796, il fit à ce comité une motion tendante à régulariser la promulgation des lois; motion qui fut ensuite convertie en bill, et reçut la sanction royale en 1797. Au commencement de 1799, il appuya le projet de la taxe des revenus; le 19 mai 1800, il proposa de contraindre les comptables à payer l'intérêt des sommes restées dans leurs mains, seul moyen, disait-il, d'empêcher l'agiotage et l'emploi illicite des deniers publics. En décembre de la même année, il obtint la prolongation jusqu'au 1er août 1807 du bill destiné *à réprimer dans les armées et sur les flottes les agitations et séductions des malveillans*. Toujours contraire à Fox et aux autres membres du parti de l'opposition, il défendit, avec un courage tout-à-fait ministériel, les vues du chancelier de l'échiquier; aussi fut-il successivement premier secrétaire-d'état d'Irlande, un des lords commissaires de la trésorerie, conseiller-privé du royaume, enfin *speaker*, orateur de la chambre des communes, le 10 février 1802. (Ce poste difficile et délicat, qui répond à la présidence de la chambre des députés en France, demande une profonde connaissance des lois et de l'histoire parlementaire, une élocution facile, un grand talent d'analyse, de la patience, de la fermeté, de la présence d'esprit : c'est d'ailleurs dans le bureau du *speaker* que tous les bills proposés par la chambre des communes sont élaborés et préparés.) Abbott remplit avec distinction cette place importante, et maintint les priviléges de la chambre dans toutes les occasions qui se présentèrent. Son vote dans la fameuse affaire de lord Melville est un exemple remarquable de l'importance que les Anglais attachent aux priviléges de la représentation nationale. Ce lord avait été mis en accusation par le parti anti-ministériel; mais les voix étaient partagées, et, dans cette balance égale, le seul vote du *speaker* décidait la question. Abbott se rangea cette fois du côté des anti-ministériels, et ne dérogea pas à l'exemple de ses prédécesseurs, qui, dans le même cas, avaient constamment voté avec l'opposition. Abbott, orateur de la chambre, était de droit conservateur du musée britannique, et l'un des gouverneurs de l'hôpital de Greenwich; il joignait à ces titres ceux de docteur en droit à l'université d'Oxford, d'archiviste de cette ville, de membre de la société royale de Londres et de celle des antiquaires, enfin de garde-du-sceau d'Irlande. Il quitta en 1817 la présidence de la chambre des communes; à la fin de mai de la même année, il fut nommé pair de la Grande-Bretagne, sous le titre de vicomte de Colchester. Parmi les ouvrages qu'il a publiés, on remarque un très-bon traité *sur la Jurisprudence et le Commerce maritimes*, Londres, 1802, in-8°; et un ouvrage anonyme, écrit avec beaucoup de pureté et de goût, intitulé : *de l'usage et de l'abus de la Satire*, Oxford, 1786, in-8°.

ABEILLE (LOUIS-PAUL), né à Toulouse le 2 juin 1719, a été pendant vingt ans inspecteur-général des manufactures de France, secrétaire-général du conseil du bureau de commerce, puis membre de la société d'agriculture de Paris. Il a publié, en 1761, un ouvrage intitulé : *Corps d'observations de la société d'agriculture, de commerce et des arts, établie par les états de Bretagne*, Rennes, 1761, in-8°; et en 1768, *Principes sur la liberté du commerce des Grains*, Paris, 1768, in-8°. Il a rédigé, en 1790, avec le savant Tillet, son ami, des *Observations sur l'uniformité des poids et mesures*. En 1791, la question suivante : *si l'usage des domaines congéables est utile ou non à l'agriculture*, ayant été proposée par le comité d'agriculture de l'assemblée nationale, Abeille publia des *Observations* judicieuses sur cette matière. Il fut porté à l'institut à la fin de 1799, en remplacement de Baudin des Ardennes. Il est mort à 96 ans, le 28 juillet 1807, honoré de l'estime et de la vénération publiques, que lui avait acquises une vie laborieuse et irréprochable.

ABEILLE (JEAN), était avant la révolution négociant à Saint-Domingue, d'où il vint s'établir à Marseille. Ses sentimens populaires et le rang distingué qu'il tenait dans le commerce, engagèrent les Marseillais à lui confier la défense de leurs intérêts à l'assemblée nationale. Il s'attacha plus particulièrement à y demander la garantie du commerce, et à provoquer des mesures propres à lui donner toute l'indépendance nécessaire pour assurer sa prospérité. Après s'être occupé du commerce français exclusivement, il s'occupa d'en appliquer les intérêts à ceux de nos colonies. Les journaux ont fait mention d'une lettre qu'il écrivit le 19 janvier 1791, au comité colonial de l'assemblée, dans laquelle il combat l'établissement d'une cour de cassation aux colonies, en ce que n'étant plus sous la surveillance immédiate du corps législatif, et sous la sauvegarde du gouvernement, cette cour pouvait être exposée à perdre au moins son impartialité. En 1814, le roi autorisa M. Abeille à porter la décoration de Saint-Jean de Jérusalem, qu'il avait obtenue du grand-maître Rohan, pour avoir publié un mémoire en faveur de l'ordre de Malte, et pour récompense de son zèle dans une mission dont l'ordre l'avait chargé. Il a donné, 1° une brochure ayant pour titre: *Réflexions sur l'Entrepôt de Marseille;* 2° *Essai sur nos Colonies et le rétablissement de Saint-Domingue.*

ABEL (FRÉDÉRIC-GODEFROY), médecin célèbre et poète allemand, fit ses premières études à Halberstadt, où il était né le 8 juillet 1714, sa théologie sous Mosheim en 1731, et assista à Halle aux leçons publiques de Wolf et de Baumgarten. Il prêcha souvent avec un succès qui aurait dû le déterminer à suivre cette carrière, mais ses opinions n'étant pas d'accord en tout avec les dogmes qu'il devait enseigner, sa franchise et sa probité le forcèrent de renoncer à l'état ecclésiastique, quelque espérance qu'il eût de remplacer à Halberstadt le chef de l'école de Saint-Jean. Il étudia alors la médecine, et quoiqu'il fût devenu très-habile dans cette science qu'il cultiva pendant près de cinquante ans, il n'y avait aucune confiance : en toute chose le scepticisme était le fond de son esprit. L'application de M. Abel à la médecine ne lui a point fait négliger la culture des lettres; il a donné, outre une dissertation très-savante sur les opérations chirurgicales, intitulée : *Diss. de Stimulantium mechanicâ operandi ratione,* une traduction de Juvénal en vers métriques, dans laquelle on remarque plus de fidélité que d'élégance et d'harmonie. L'auteur retoucha, dans un âge très-avancé, cet ouvrage qu'il avait entrepris dans sa jeunesse par les conseils d'un ami, et qu'il publia en 1788. Il avait aussi l'intention de revoir et de publier un autre essai de sa jeunesse, la traduction du *Remedium amoris* d'Ovide; mais son âge avancé et ses nombreuses occupations ne lui permirent pas d'accomplir ce projet. Abel mourut le 23 novembre 1794, et laissa deux fils et trois filles.

ABEL (JEAN), l'un des fils du précédent, médecin à Dusseldorf, s'est fait un nom comme écrivain.

ABERCROMBY (SIR RALPH), l'un des meilleurs généraux anglais, avait de l'intrépidité, du sang-froid, et ne sacrifiait pas à sa gloire la vie du soldat. Issu d'une ancienne famille d'Écosse, il entra de bonne heure au service avec ses deux frères, dont l'un fut tué à la bataille de Bunker's-hill en Amérique. Cornette dans les gardes-du-corps, sir Ralph Abercromby devint successivement lieutenant, capitaine de cavalerie, lieutenant-colonel, major-général, enfin commandant du 7ᵐᵉ régiment de dragons en 1788. Au commencement de la guerre de la révolution française, il fit partie de l'armée anglaise continentale, assista aux sanglantes actions qui eurent lieu devant Famars, Dunkerque et Cateau-Cambrésis; reprit le fort Saint-André sur la Meuse, et dirigea une des principales attaques contre Valenciennes. En 1794, il commandait l'avant-garde de l'armée anglaise, et dans l'état déplorable où se trouvaient ses troupes, il montra autant d'habileté que de bravoure. Blessé à Nimègue, au commencement de 1796, il dirigea la retraite difficile de l'armée anglaise, harcelée par les troupes françaises. Il passa ensuite, comme lieutenant-général de l'armée anglaise, en Irlande. Les troubles y rendaient son poste infiniment périlleux. Là, il parvint à garantir le peuple du despotisme militaire; et bientôt, trouvant dans l'administration des obstacles et des contrariétés qu'augmentaient encore l'indiscipline des troupes et la fureur des partis, il quitta ce commandement en 1799, pour se mettre à la tête de l'expédition dirigée par le duc d'York contre la Hollande. Abercromby adressa aux partisans du stathoudérat une proclamation qui resta sans effet, parce que, disent les uns, le rétablissement du stathoudérat n'y était pas assez clairement énoncé, et, suivant d'autres, parce que les doctrines de la liberté avaient déjà gagné la Hollande. Quoi qu'il en soit, cette expédition malheureuse, et presque honteuse, n'attira sur Abercromby aucun blâme, et sa réputation militaire n'en souffrit pas : de sa personne, il s'était battu avec courage; et le corps qu'il commandait, après avoir pris Horn, avait occupé seul le champ de bataille destiné aux Russes, qui refusaient de s'y établir. Abercromby eut plusieurs chevaux tués sous lui; on reprocha long-temps au duc d'York de n'avoir pas suivi les conseils de ce général. Il alla passer en Écosse quelque temps, et bientôt après fut chargé de commander l'expédition contre l'Égypte, alors occupée par les Français; expédition qui devait couronner sa vie militaire, et où il devait trouver la mort. Entré dans la Méditerranée avec une flotte formidable, il refusa au roi de Naples de débarquer des troupes et de l'aider à étouffer la révolte naissante dans son royaume; il insulta Cadix, et passa outre. Après avoir essuyé une tempête qui le maltraita beaucoup, il parut dans la rade d'Aboukir le 1" août 1801. Des vents contraires retardèrent encore son débarquement; enfin le 7, il donna ses ordres : l'élite de son armée mit pied à terre; le général Friant, qui gardait la côte, fut forcé de se retirer sous le canon d'Alexandrie. Bientôt 16,000 hommes de troupes réglées débarquèrent; le fort d'Aboukir fut pris, et Abercromby marcha sur Alexandrie, mais avec les précautions qu'exigeait l'ennemi auquel il avait affaire; toute sa marche fut couverte d'ouvrages et de lignes de défense. Après quelques escarmouches, il porta sa droite à Laaur, vers le camp des Romains; sa gauche, au camp d'Alexandrie, vis-à-vis la pointe du canal Maadiah, et s'empara de toutes les digues. Le 21 mars, l'armée française, commandée par le général Menou, l'attaqua dans ses retranchemens; repoussée une première fois, elle revint à la charge, attaqua le centre, qui résista encore, et à la troisième charge, pénétra jusqu'à la réserve. C'est là qu'Abercromby fut blessé mortellement. Son corps, porté à Malte, reçut des honneurs funèbres dignes de la vie et de la mort de ce guerrier. Abercromby doit toute sa gloire à ses campagnes, et quoique le comté de Kindoss l'ait deux fois élu membre du parlement, il ne paraît pas s'être occupé de travaux législatifs.

ABERCROMBY (sir John Robert), lieutenant-général anglais, chevalier de l'ordre du Bain, commandait dans l'Inde une grande partie des troupes anglaises, lorsqu'il partit de Bombay, au mois de juillet 1790, à la tête d'un corps destiné à combattre Tippo-Sultan. En janvier 1791, il envahit les états de la reine de Cananore, alliée de Tippo ; et vers la fin de juillet de la même année, malgré les efforts d'un ennemi qui le harcelait sans cesse, il parvint à s'établir sur quelques points de la frontière du royaume de Myzore. Il fut nommé gouverneur de Bombay le 20 octobre 1793, gouverneur de Madras six mois après, et promu, au commencement de l'année suivante, au commandement en chef des troupes anglaises en-deçà et au-delà du Gange. Ce fut sous son gouvernement que l'Angleterre devint maîtresse absolue de ces riches contrées. En 1795, Abercromby s'empara des comptoirs hollandais sur la côte malabare, et dès lors le commerce anglais n'eut plus de compétiteurs dans cette partie du monde. De retour en Europe, sir Robert fut nommé membre du parlement, mais il prit peu de part aux débats de la chambre des communes. Il mourut à Marseille, le 14 février 1817, avec la réputation d'un capitaine heureux et d'un habile administrateur.

ABERCROMBY, colonel anglais que le premier consul fit retenir prisonnier à Verdun après la rupture du traité d'Amiens. Son gouvernement voulut sans doute lui faire oublier cette disgrâce en lui donnant, en 1815, le commandement de l'escorte anglaise qui dut accompagner Napoléon à Sainte-Hélène. Le colonel Abercromby est de la famille du général du même nom qui fut tué à la bataille d'Aboukir en 1801.

ABERDEEN (George Gordon, comte d'), vicomte de Formarine, lord Haddo Methlic-Tarvis et Kellie, un des seize pairs d'Écosse dans la chambre-haute, chevalier de l'ordre du Chardon, fut envoyé en Allemagne par le cabinet de Saint-James, quand l'Angleterre voulut engager l'Autriche dans la guerre déclarée à la France. Ce fut le comte d'Aberdeen qui entraîna la décision du cabinet de Vienne, et signa, le 3 octobre 1813, à Tœplitz, un traité préliminaire d'alliance entre les deux couronnes. Nommé bientôt ministre plénipotentiaire auprès de cette cour, il fut chargé par son gouvernement de prendre part aux négociations entamées entre l'Autriche et Murat; il s'agissait d'éloigner ce dernier du trône de Naples, et de lui faire accepter d'autres états en dédommagement. L'invasion de Bonaparte rompit toutes ces mesures ; et la conduite politique de lord Aberdeen est restée ignorée depuis ce temps. C'est à l'enthousiasme de ce diplomate pour la Grèce qu'est dû l'établissement singulier appelé *Société des Voyageurs Athéniens*: on ne peut en devenir membre sans avoir visité Athènes ou la

Grèce. Lord Aberdeen, homme spirituel, instruit, et d'un caractère distingué, fonda cette société en 1804.

ABERLI (JEAN-LOUIS), peintre et graveur, plus connu en Allemagne et en Suisse qu'en France, eut pour maîtres Mayer et Grim, et fit de leurs styles un mélange heureux et original. On estime ses *Vues de la Suisse*, fidèles et pittoresques à la fois, gravées avec soin, coloriées avec un rare talent. Rietter, ami et élève d'Aberli, a surpassé son maître dans le même genre. On lui doit des renseignemens curieux sur la vie privée de ce peintre. Aberli méritait une mention particulière comme maître d'une école nouvelle. Il est né, en 1723, à Winterthur, et mort à Berne vers le commencement de la révolution française.

ABILDGAARD (PIERRE-CHRÉTIEN), médecin et naturaliste célèbre, né à Copenhague, montra de bonne heure du goût pour les sciences, et particulièrement pour la médecine et l'histoire naturelle, dans lesquelles il ne tarda point à devenir habile. M. Abildgaard a composé plusieurs ouvrages sur la médecine, la minéralogie et la zoologie; différens mémoires imprimés dans les recueils de la société d'histoire naturelle et de l'académie des sciences de Copenhague. Il donna la description du fameux *Mégathérium* en même temps que M. Cuvier. L'école vétérinaire et la société d'histoire naturelle de cette ville le comptent au nombre de leurs fondateurs. Il est mort en 1808, laissant le souvenir le plus honorable de ses vertus et de ses talens.

ABINGDON (LORD), membre de la chambre des pairs d'Angleterre. Constant ami de l'autorité, il appuya de ses discours et de ses votes toutes les mesures ministérielles. Quand lord Grenville fit, en 1793, son fameux rapport sur les conspirations d'Angleterre, lord Abingdon fut un des premiers et des plus ardens à défendre ses principes et ses vues. Le 2 mai 1794, il s'éleva avec force contre le bill qui défendait l'*exportation des esclaves*, et s'écria que le jacobinisme était le grand *promoteur* de la liberté des nègres. D'après ces mêmes principes, il se prononça, quelques semaines après, en faveur de la suspension de l'*Habeas corpus;* et l'année suivante, il poursuivit les sociétés secrètes comme séditieuses, démagogiques, et comme les causes premières des troubles de la France. Le 8 mai 1814, il vota l'adresse de félicitation au prince-régent pour la rentrée des chambres, et consacra au panégyrique du gouvernement un très-long discours qu'il termina par ces paroles, qui donnent suffisamment l'idée de son caractère et de ses opinions. «Messieurs, regardez la tâche que je » me suis imposée comme un té- » moignage de mon attachement » au prince, comme un hommage » de mon admiration pour celui » qui, à travers tant de périls, a » conduit d'une main si ferme le » vaisseau de l'état, et qui a su tant » de fois sauver la patrie, affermir le » trône, et protéger l'Europe.» On ne peut s'empêcher de remarquer que la *protection donnée à l'Europe* est un protocole d'usage pour les ultras du parlement anglais.

ABINGDON (lord), le Mécène des musiciens anglais, vivait à Londres vers 1789. Il a donné son nom à ce grand concert, où Graf d'Augsbourg acquit tant de célébrité. C'était alors la réunion musicale la plus brillante de l'Europe. Les compositions d'Abingdon pour la flûte ont de la mélodie, mais manquent, en général, de variété, de verve et d'expression.

ABOVILLE (François-Marie, comte d'), né à Brest le 23 janvier 1730; à 15 ans, il entra comme surnuméraire dans le service de l'artillerie, parvint par degrés au grade de colonel, et fit, en cette qualité, la guerre d'Amérique sous Rochambeau. Il fut un de ceux qui contribuèrent le plus à la capitulation des Anglais à New-York, si glorieuse pour les armes françaises, et si utile à la cause des insurgens. Maréchal-de-camp en 1789, il ne se prononça pour la révolution qu'en 1791 : lors du voyage de Louis XVI à Varennes, d'Aboville protesta de son dévouement à l'assemblée nationale. Lieutenant-général en 1792, il commanda l'artillerie des armées du Nord et des Ardennes, et fit, en 1794, une proclamation véhémente contre la défection de Dumourier. Chargé de la direction de l'arsenal de Paris, premier inspecteur-général d'artillerie après le 18 brumaire, nommé sénateur le 15 décembre 1802, grand-officier de la légion-d'honneur peu de temps après, il fut, le 22 mai 1804, pourvu de la sénatorerie de Besançon. En 1805, il commandait les gardes nationales du Doubs et des départemens voisins; en 1809, il fut fait gouverneur de Brest. Le 3 avril 1814, le comte d'Aboville se trouvant à Paris, envoya le même jour son adhésion aux mesures prises pour le rétablissement de l'ancienne dynastie. Créé pair, et bientôt commandeur de l'ordre de Saint-Louis, il signa, en 1815, une adresse de dévouement au roi, comme membre de l'Association paternelle des chevaliers de Saint-Louis. Napoléon le nomma membre de la chambre des pairs, réorganisée par lui; d'Aboville, en acceptant la nomination, s'excusa d'assister aux séances, dont l'éloignaient ses infirmités. Exclu ensuite par le roi, en qualité de pair nommé par Bonaparte, il obtint une ordonnance du 14 août, qui le rétablit sur le tableau. Il est mort en 1819, et à laissé deux fils, dont l'un a succédé à la dignité héréditaire de la pairie. L'institut, en 1818, a mentionné honorablement une invention mécanique du comte d'Aboville, *les roues à voussoir*, dont les moyeux sont de métal, et qu'emploient aujourd'hui les vélocifères.

ABOVILLE (Augustin-Gabriel d'), fils aîné de François-Marie, comte d'Aboville, naquit à La Fère le 20 mars 1773, fut, dès 1789, sous-lieutenant d'artillerie à la suite, devint lieutenant, puis capitaine en 1792, et fit, dans ces deux grades, les premières campagnes de la révolution aux armées du Nord, de la Moselle, et de Sambre-et-Meuse. Employé en 1800 à l'armée de réserve, il devint bientôt chef de bataillon, colonel en 1804, général de brigade en 1809. Ce fut comme tel, qu'il fit les campagnes de 1810 à 1813 en Espagne et en Portugal, où il se distingua dans plusieurs occasions, et principalement à Talavera. Le roi le nomma en 1814 chevalier de Saint-Louis, puis commandant de la légion-d'honneur, enfin commissaire de l'administration des poudres et salpêtres. A la mort de son père, il succéda à la dignité héréditaire de la pairie. Il a vainement combattu l'article 11 du projet de loi relatif à la fabrication des poudres et salpêtres, article par lequel les fouilles obligées sont supprimées à l'avenir. Il appuyait son vote sur le long usage, sur les prérogatives de la couronne, sur la réduction qu'allait subir une branche d'industrie indigène, et sur l'inconvénient de priver les familles occupées de ce travail, de leurs moyens accoutumés de subsistance. Après avoir demandé sans succès le rejet de l'article, il demanda aussi vainement que l'exécution en fût différée. M. le comte d'Aboville est mort en août 1820.

ABOVILLE (AUGUSTE-MARIE D'), frère cadet du précédent, naquit à La Fère le 12 avril 1776, entra au service comme élève d'artillerie en 1792, et fut nommé capitaine à la fin de 1793. Suspendu de ses fonctions comme noble, puis réintégré, il eut de l'emploi aux armées du Nord, du Rhin et d'Italie. Major d'artillerie de la garde impériale en 1808, il fit, en 1809, la campagne d'Autriche, eut le bras emporté à Wagram, fut fait général de brigade trois jours après, et commandant de l'école d'artillerie de La Fère. Après la première restauration, il reçut du roi la croix de Saint-Louis, le cordon de commandant de la légion-d'honneur, et fut rétabli dans le commandement de l'école de La Fère, qui avait été supprimée. Quelques jours après le 20 mars, M. d'Aboville obtint une audience de Napoléon; cependant lors de la seconde invasion, quand un corps de troupes étrangères tenta de s'emparer de La Fère, le général d'Aboville fit charger les batteries, rangea sa garnison en bataille, et menaça de se défendre vigoureusement; cette conduite lui valut le titre de commandeur de l'ordre de Saint-Louis, et une pension sur la cassette du roi. On a vu ce même général faire partie du conseil de guerre qui jugea, en 1816, le contre-amiral Linois et le colonel Boyer, accusés d'avoir méconnu l'autorité royale à la Guadeloupe en 1815.

ABRIAL (ANDRÉ-JOSEPH, COMTE D'), que les diverses biographies confondent mal à propos avec M. *Jean-Baptiste Abrial,* natif du Puy, est né, le 19 mars 1750, à Annonay, département de l'Ardèche. Il fit avec distinction ses études au collège Louis-le-Grand, et, reçu avocat, il fut nommé commissaire du roi au tribunal du sixième arrondissement, lors de l'établissement de six tribunaux dans Paris. Depuis 1791, commissaire du pouvoir exécutif près le tribunal de cassation, où il remplaça Hérault-de-Séchelles, il passa dans cet emploi tout le cours de la révolution, dont il embrassa les principes avec la modération qui distingue son caractère. En 1799, il partit pour Naples, où il était chargé d'organiser le gouvernement républicain. A son retour, il rentra momentanément à la cour de cassation, et devint, après le 18 brumaire, ministre de la justice. On rapporte que Napoléon, en lui confiant ce portefeuille, lui dit : *Ce n'est pas moi, c'est la voix publique qui vous nomme.* Le ministère de la justice, toujours si important, était alors un pesant fardeau. Il s'agissait de réorganiser tous les corps judiciaires, et de répondre à toutes les consultations des tribunaux, que l'absence des codes jetait dans une perplexité continuelle. Il fallait choisir entre les anciennes et les nouvelles lois, et guider la marche de toute la justice de France. M. Abrial s'acquitta honorablement de cette fonction si difficile. Créé sénateur en 1802, et pourvu, quelque temps après, de la sénatorerie de Grenoble, puis du titre de grand-officier de la légion-d'honneur, il se livra, dans un voyage en Dauphiné, à son goût pour les sciences, visita les fouilles du mont Séleucus, et l'obélisque du mont Genèvre, et, en 1808, alla en Piémont, à Gènes, et dans une partie de l'Italie, réorganiser les tribunaux, proclamer le code Napoléon, et surveiller l'administration de la justice. Il obtint à son retour la grand'croix de l'ordre de la Réunion, et fit partie de la commission nommée près du sénat pour la surveillance de la liberté individuelle. En 1812, il fut nommé président du collége électoral du département du Cantal. En 1814, il vota le gouvernement provisoire ; créé pair de France par le roi, exclu par Bonaparte à son retour, il fut conservé par le roi après la seconde restauration.

ABRIAL (LE VICOMTE), fils du précédent, entra de bonne heure dans la carrière politique, et fut d'abord auditeur au conseil-d'état. Il remplit, en cette qualité, plusieurs missions dans les états de Venise et en Dalmatie, fut successivement attaché à l'administration des ponts et chaussées et à la préfecture de police de Paris ; devint commissaire-général de police à Lyon ; puis préfet du Finistère, de l'Ain et du Gers ; et, au retour du roi, fut nommé maître des requêtes, d'abord honoraire, ensuite en service extraordinaire. Il a été enfin appelé au conseil-d'état en service ordinaire.

ABRANTÈS (LE DUC D'). *Voyez* JUNOT.

ABRANTÈS (DON F. J., MARQUIS D'), président du conseil de régence de Portugal lors de l'invasion des Français, fut membre de la députation envoyée près de Napoléon. Retenu en France, ainsi que les autres membres de cette députation, il supporta la mauvaise fortune avec courage, et quoique privé des secours que les événemens politiques ne lui permettaient pas de retirer de sa famille, il partagea avec ses compagnons d'exil le peu qu'il possédait. Son souverain a dignement récompensé son courage et ses vertus en l'appelant auprès de sa personne, et en lui accordant toute sa confiance.

ABRANTÈS (DON JOSÉ, MARQUIS D'), fils du précédent, est né en 1782. Sa famille, qui jouissait d'une grande faveur à la cour de Lisbonne, le fit entrer de très-bonne heure dans la garde du prince régent. Lors du départ de la cour pour le Brésil, don José d'Abrantés eut ordre de rester en Portugal pour y soutenir la cause nationale contre les Français. En 1807, le marquis d'Abrantès, son père, et plusieurs autres seigneurs, furent envoyés près de Napoléon. Les événemens politiques d'alors ne permirent pas aux membres de la députation de retourner dans leur patrie. Don José d'Abrantès sut consacrer à l'étude des sciences un temps qu'il ne pouvait rendre profitable à son souverain. Il composa en portugais plusieurs traités d'agriculture et de botanique, et, après son retour en 1814, il fut nommé président de la société d'agriculture établie par le conseil de régence : il est aujourd'hui colonel d'un régiment de cuirassiers.

ABUCKAYA, chargé d'affaires du dey d'Alger à Paris, fut mis au Temple au mois de ventôse an 7 (février 1799), par représailles de la conduite de son gouvernement. Quelque temps après, il rentra dans son domicile, mais sous la surveillance de deux gardes. Une année avant cette arrestation, des voleurs, sous des costumes de militaires et d'agens de police, et munis de faux ordres, s'étaient présentés chez lui, et, feignant de vouloir l'arrêter, lui avaient enlevé ses bijoux et une somme considérable en argent. Ils furent bientôt découverts, saisis et condamnés. Abuckaya mourut à Paris à la fin de l'année 1799.

ABZAC de la Douze (le marquis d'), et, suivant l'armorial des familles nobles de France, *de Reillac, de Limerac, de Cazenac, de Falgueyrac*, etc., *en Périgord et en Limosin*. En septembre 1815, il fut nommé, par le département de la Dordogne, membre de la chambre des députés, et fit partie de la majorité de cette chambre.

ABZAC de Falgueyrac et de Montastruc (François-Joseph, comte d'), de la même famille que le précédent, était colonel d'infanterie avant la révolution; il émigra en 1791, et servit dans l'armée des princes. Rentré en France après le licenciement de cette armée, il vécut dans la retraite jusqu'en mars 1816, époque à laquelle il alla présider la cour prévôtale du département du Lot.

AÇARCQ (d'), professeur à l'école royale militaire, auteur d'une grammaire française philosophique; d'observations sur Boileau, Racine, Crébillon et Voltaire; d'un portefeuille hebdomadaire; et d'un plan d'éducation publique. On reproche à d'Açarq d'avoir introduit, dans un ouvrage grammatical, un *jargon philosophique et ridicule;* mais ce défaut à part, on trouve dans les ouvrages de cet auteur de la justesse et de la profondeur, des décisions conformes aux règles du vrai goût, et une manière d'écrire quelquefois pleine de chaleur et d'énergie. Il est mort à la fin du 18ᵐᵉ siècle.

ACCUM (N.), fameux chimiste anglais, a continué les expériences de Priestley, et bien mérité d'une science qui, en peu d'années, a fait de si grands progrès. Il est à regretter que les ouvrages d'Accum soient peu connus en France : on n'y trouve, il est vrai, ni dissertations érudites, ni discours brillans, mais, ce qui est préférable, une suite d'expériences rigoureuses, fruits d'une longue pratique.

ACEDO (Jérôme), né à Valence (Espagne) en 1775, fut destiné par sa famille à la profession d'avocat qu'il exerça bientôt avec succès. Nommé, en 1812, député aux cortès, il se rangea du parti des libéraux, dont il contribua à faire aimer les principes par sa sagesse et par sa modération. Au retour de Ferdinand VII dans ses états, il pressentit la défaveur dans laquelle allaient tomber tous les amis de la liberté, et se démit de ses fonctions publiques, préférant reprendre son honorable et paisible profession.

ACERBI (Joseph), célèbre voyageur italien. A l'époque où les Français entrèrent en Lombardie, il abandonna Castel-Goffredo, sa patrie, et partit pour l'Allemagne avec M. Bellotti de Brescia. Après avoir visité cette contrée, il se rendit en Danemark, et de là en Suède, où il séjourna pendant les trois derniers mois de 1798. Du talent pour le dessin, du goût pour la musique, et surtout l'aménité de son caractère, lui procurèrent dans ce pays-là beaucoup d'amis, dont il obtint des renseignemens précieux sur l'état actuel des mœurs, des usages, des sciences et des arts en Suède. Ayant passé en Finlande, il rencontra, à Tornéo, le colonel suédois Skioldebrand, excellent paysagiste. Ils se proposèrent de parcourir ensemble la Laponie, et de s'avancer jusques au cap Nord s'il leur était possible. M. Acerbi, animé du désir d'être le premier Italien qui eût visité un point du globe si éloigné, et d'un accès si peu praticable, brava avec ardeur tous les genres de peines et de difficultés, et arriva au cap Nord en juillet 1799. Revenu à peu près par le même chemin, il se rendit en Angleterre, et fit paraître à Londres, en 1802, son *Voyage au cap Nord, par la Suède, la Finlande et la Laponie, dans les années 1798 et 1799*, avec cette épigraphe empruntée à l'inscription que le poète Regnard grava lui-même sur les rochers de la Laponie : *Sistimus hìc tandem nobis ubi defuit orbis;* 2 vol. in-4°, ornés d'une carte et de 17 fig. Cet ouvrage, que M. Acerbi a dédié à son père, offre des remarques très-judicieuses qui font connaître parfaitement le climat, le sol, la société, les sciences et les arts en Suède. L'art du dessin surtout y est fort bien apprécié, d'après l'exposition publique qui se fait tous les ans, au mois de mars, dans la capitale. L'auteur de cette relation donne des détails intéressans sur les pays peu fréquentés qu'il a parcourus, et il raconte d'une manière piquante tout ce qui lui est survenu dans son voyage. On a reproché à M. Acerbi d'avoir parlé avec peu de ménagement des académiciens suédois sur lesquels il a fait des notices. Il n'a pas traité plus favorablement le clergé, la noblesse et les académies, regardant ces trois corporations comme contraires aux progrès de la raison, de la liberté, des sciences, des lettres et des arts. L'auteur répondit qu'il avait cru pouvoir écrire avec toute la franchise possible un voyage destiné d'abord à n'être communiqué qu'à ses amis, et que, s'étant depuis déterminé à le faire imprimer, il avait dû conserver, par respect pour le public, ce qui lui avait été dicté par l'amour de la vérité. L'ouvrage de M. Acerbi était terminé par des *Observations générales sur la Laponie*. Il avait mis à contribution pour cette partie de son travail, un écrit du missionnaire suédois Canut Leem, intitulé : *Description des Lapons du Finmark, de leur langue, de leurs mœurs et de leur ancienne idolâtrie;* 1 vol. in-4° avec 101 fig. M. Acerbi ne pouvait pas puiser à une meilleure source; car ce missionnaire avait passé dix années de sa vie chez les Lapons, et son livre, fort estimé, était devenu très-rare. Des morceaux de musique laponne furent ajoutés par M. Acerbi à la relation de son voyage. Le mérite du style de cette relation, écrite en anglais, en fit attribuer la rédaction à quelque auteur anglais, et particulièrement à M. William Thomson. M. Petit-Radel, docteur en médecine, la traduisit en 1804, 3 vol. in-8°; et cette traduction est d'autant plus exacte qu'elle fut revue avec soin par J. Lavallée, sous les yeux même de l'auteur, qui se trouvait à Paris. Quelques journalistes ayant prétendu que le véritable auteur du voyage au cap Nord était Saint-Morys, M. Acerbi les démentit formellement dans les gazettes d'Italie, par une *lettre* qu'il écrivit le 10 août 1810, de Castel-Goffredo, où il s'était retiré. Il a encore été attaqué avec acharnement par un Allemand, M. Ruhs, qui a contesté plusieurs faits avancés par notre auteur, et qui l'a même accusé de plagiat envers les écrivains suédois, pour tout ce que sa relation offre de plus curieux. On ne doit pas omettre de dire qu'à l'époque même où M. Acerbi faisait imprimer à Londres cette relation, M. Skioldebrand, qui avait fait avec lui le voyage au cap Nord, publiait également à Stockholm, par livraisons, et avec un texte explicatif, les vues pittoresques des pays jusqu'alors peu connus qu'ils avaient visités ensemble.

ACEVEDO (Dominique), né en Aragon en 1760, était employé dans l'administration des finances de sa province, lorsqu'il fut nommé, en 1813, député aux cortès. Partisan outré de Ferdinand VII, à qui il voulait qu'on accordât un pouvoir illimité, ennemi violent de ceux qui ne partageaient point ses opinions, d'un caractère naturellement dur et impérieux, M. Acevedo irrita ses collègues, et nuisit, par son exagération, à la cause qu'il servait. Il ne recueillit pas le fruit qu'il espérait de l'excès de son zèle; oublié ou méconnu de son souverain, il traine une vie obscure dans un village de sa province.

ACHAINTRE (Nicolas-Louis), helléniste et philologue, est né à Paris le 19 novembre 1771. Ayant fait de bonnes études au collége d'Harcourt, par les soins de l'abbé Asseline, depuis évêque de Boulogne, il se destina d'abord à l'état ecclésiastique; mais il ne prit point les ordres, et se consacra à l'enseignement. La force des choses le jeta dans une autre direction. Atteint par la réquisition, il fit trois campagnes aux armées du Nord et du Rhin, dans le cours des années 1793, 1794 et 1795. Fait prisonnier à Landrecies, il fut transféré en Hongrie, où il resta détenu pendant vingt-un mois. De retour en France, M. Achaintre reprit la profession d'instituteur. Ayant eu ensuite l'occasion de travailler dans la librairie, pour la partie des auteurs grecs et latins, il conçut l'idée de ranimer en France le goût des belles éditions *cum notis variorum*, et ce fut là ce qui donna lieu à la publication des éditions grecques et latines qu'il a soignées successivement, et qui sont toutes estimées des savans. En voici la note exacte : 1° *Q. Horatii Flacci carmina, cum scholiis J. Bond, edente N. L. Achaintre*, 1806, in-8°; 2° *D. Junii Juvenalis satiræ ad fidem codd. Bibl. recensitæ, et commentario perpetuo illustratæ à N. L. Achaintre*, Firm. Didot, 1810, 2 vol. in-8°; 3° *A. Persii Flacci satiræ, ad fidem codd. Bibl. reg. recensitæ*, Firm. Didot, 1812, in-8°: cet ouvrage fait suite au précédent; 4° *les Synonymes latins de Gardin Duménil*, augmentés de plus de *cinq cents articles*, par M. *Achaintre*, 1814, in-8°; 5° *Excerpta è Cornelio Tacito, cum notis*, in-12; 6° *Phædri fabulæ tum veteres tum recenter repertæ, cum notis*, in-12; 7° *Dictionarium latino-gallicum, auctore Boudot*, Delalain, 1814, in-8°. M. Achaintre est auteur, 1° d'un *Epitome historiæ græcæ, cum notis*, 1815, in-8°; 2° d'un *Cours d'humanités, depuis la sixième jusqu'à la rhétorique inclusivement;* comprenant thèmes, versions latines et grecques, matières de vers, etc., avec les corrigés, 1815 et suiv., 13 vol. in-12; 3° de la première traduction française qui ait été publiée de l'*Histoire de la guerre de Troie*, attribuée à Dictys de Crète, 1813, 2 vol. in-12; 4° de la traduction de plusieurs *Traités de Cicéron*, dans les Œuvres de l'orateur romain, édition de Fournier, 1816 et suiv.; 5° de la *Traduction française d'un manuscrit grec*, inédit, de saint Jean-Damascène, sur la musique, et de celle d'un *Hymne grec*, dans la collection des monumens d'Égypte. Éditeur, avec M. Lemaire, de la collection des classiques latins, M. Achaintre a déjà fait paraître sous son nom : *C. J. Cæsaris commentarii, cum notis*, etc., 4 vol. in-8°. Il a aussi traduit, le premier, en français, cinq *Dialogues de Platon*, qui feront partie de la traduction des œuvres complètes de ce philosophe, que va publier le libraire Fournier. Il a encore en manuscrit un *Lexicon Homericum cum dialectis, anomalis verbis, etymologiis*, etc., 2 vol. in-f°. Il s'occupe d'une nouvelle édition de la traduction de Juvénal par Dusaulx, à laquelle il ajoute des notes et une notice détaillée sur la vie et sur les écrits du traducteur. Enfin, M. Achaintre a publié, sous le voile de l'anonyme, 1° des *Mélanges de poésies*, 1802, in-8°; 2° *la Couronne d'immortelles et le Bouquet de lis*, à l'occasion de la restauration, 1814, in-8°.

ACHARD (CLAUDE-FRANÇOIS), médecin, académicien et bibliothécaire de Marseille, naquit dans cette ville en 1753 ou 1755. Sans négliger sa profession de médecin, il s'occupa beaucoup de littérature, et composa divers ouvrages historiques et bibliographiques assez considérables, dont nous allons donner la liste : 1° *Dictionnaire de la Provence et du comtat Venaissin*, Marseille, 1785 et 1787, 4 vol. in-4°; un vocabulaire français et provençal occupe les deux premiers volumes; dans les deux autres on trouve l'histoire des hommes qui ont illustré ces contrées : l'auteur fut aidé par plusieurs savans, ses compatriotes, et entre autres, par l'avocat Bouche, depuis député aux états-généraux, et l'abbé Paul, traducteur estimé de quelques auteurs latins; 2° *Description historique, géographique et topographique de la Provence et du comtat Venaissin*, Aix, 1787, in-4°; il n'a paru qu'un seul volume de cet ouvrage, qui devait en avoir plusieurs; 3° *Tableau de Marseille*, annoncé en deux volumes, et dont un seul a été publié; 4° *Bulletin des sociétés savantes de Marseille et des départemens du Midi*, 1802, in-8°; 5° *Cours élémentaire de Bibliographie ou la Science du Bibliothécaire*, Marseille, 1807, 3 vol. in-8°. S'il fallait qu'un bibliothécaire réunît toutes les connaissances exigées par l'auteur, bien peu de gens de lettres seraient capables d'en remplir les fonctions. Au reste, ce cours, qui ne manque pas d'exactitude, n'est, comme toutes les compilations, qu'un extrait des meilleurs traités sur la partie qu'il concerne. On doit encore à Achard *le Catalogue curieux de la Bibliothèque de l'abbé Rive*, 1793, in-8°; et celui de *la Bibliothèque publique de Marseille*. Il avait aussi entrepris *le Catalogue des monumens du Musée* de cette ville; mais il n'a donné que quatre feuilles du premier volume. Achard, qui a fait en outre un grand nombre d'opuscules, mourut, en 1809, à Marseille.

ACHARD-DE-BONVOULOIR fut nommé, par la noblesse normande, aux états-généraux. Le 30 mai 1789, il protesta contre la double députation accordée au tiers-état pour balancer les deux ordres privilégiés. Le 2 octobre de la même année, il proposa d'autoriser le prêt à intérêt, afin de favoriser la circulation de l'argent. Le 11 mars 1791, il réclama, au nom de la ci-devant Normandie, contre le projet de décret qui établissait l'égalité des partages dans les successions. Avec une partie des autres membres du côté droit, il signa la protestation des 12 et 15 septembre 1791, contre les innovations de l'assemblée constituante. Ami constant des priviléges, M. Achard-de-Bonvouloir termina sa carrière législative par une protestation particulière contre l'abolition des prérogatives et des coutumes de la Normandie : l'ancien régime des abus provinciaux lui paraissait bien préférable au système d'égalité qui régit un état par les mêmes lois et d'une manière uniforme.

ACHARD, général, était déjà colonel du 108me régiment d'infanterie, quand il partit pour la campagne de Russie. Au combat de Mohilow, qui se donna le 20 juillet 1812, il se fit remarquer par sa bravoure et par son sang-froid. Il fut nommé chevalier de Saint-Louis, le 27 juin 1814, et officier de la légion d'honneur, le 24 août de la même année. Napoléon lui donna, au mois de juin suivant, un commandement dans les départemens de l'Ouest.

ACHARD (François-Charles), célèbre chimiste prussien, probablement d'origine française, est né à Berlin en 1753 ou 1754. Il s'est rendu recommandable par une découverte bien précieuse. C'est lui qui le premier est parvenu à extraire le sucre de la betterave. Dès l'année 1800, il fit connaître ses procédés, qu'il n'a cessé d'améliorer depuis, et il publia les résultats satisfaisans de ses expériences. Dans le mois de juillet de la même année, l'institut national de France, s'étant fait faire un rapport très-détaillé sur une découverte si intéressante, reconnut que l'auteur avait rendu un grand service à la société, et manifesta le vœu vraiment national de voir les Français, qui perdaient leurs colonies, mettre à profit cette nouvelle ressource pour s'affranchir du tribut trop onéreux qu'ils payaient à l'étranger. En 1802, M. Achard publia dans les journaux les calculs des opérations qu'il faisait dès lors en grand, et il en résultait qu'elles procuraient à la Prusse une économie de deux millions et demi de rixdalers par année. C'est là le plus beau titre de gloire de ce chimiste. Cependant il est encore auteur de plusieurs ouvrages presque tous en allemand, savoir: 1° *Mémoires physiques et chimiques*, Berlin, 1780; 2° *Leçons de Physique expérimentale*, 1791-92, 4 vol. in-8°; 3° *Instruction sur la préparation du sucre brut, du sirop et de l'eau-de-vie de betterave*, 1800, in-8°; 4° M. Achard donna successivement divers *Opuscules* relatifs au même objet; 5° Plusieurs *Traités d'agriculture pratique*, mis à la portée du peuple; 6° On trouve dans les journaux d'Allemagne beaucoup de *Mémoires* de cet auteur sur la physique et sur la chimie; 7° Enfin M. Achard a été l'un des collaborateurs du *Dictionnaire de Technologie*, qui donne la description des a.

ACHER (Nicolas d'), né en Picardie vers 1727. Il fut anciennement premier commis des finances, et depuis juge à la cour royale d'Amiens. Il passa ensuite à celle de Lyon. On a de lui un *Abrégé des hommes illustres de Plutarque*, en 4 vol. in-12, dont le premier parut en 1797, et les trois autres en 1807. Son fils a été confirmé dans la place de conseiller à la cour royale de Lyon, par ordonnance du roi du 25 octobre 1815.

ACKERMANN (Jean-Christian-Gottlieb), professeur de médecine, né, en 1756, à Zeulenrade dans la Haute-Saxe. Il s'appliqua fort jeune à l'étude de la médecine, dont il reçut les premières leçons de son père, qui la pratiquait lui-même. Les progrès du jeune Ackermann dans cette science répondirent au goût qu'il avait pour elle, et il était à peine âgé de 15 ans quand il donna des preuves de son habileté, dans une épidémie qui se manifesta à Ottendorf, et dont il sauva un grand nombre de personnes. Il alla ensuite perfectionner ses études à Jéna et à Gœttingen, où il acquit sous le célèbre Heyne des connaissances fort étendues. Il pratiqua long-temps dans son pays, et ses talens le firent appeler en qualité de professeur de médecine à Altdorf, où il se distingua comme praticien. Ackermann s'est encore fait connaître comme écrivain. Outre ses ouvrages en médecine qui sont : 1° *Institutiones historiæ medicinæ*, vol. in-8°, Nuremberg, 1792; 2° *Manuel de médecine militaire* (en allemand), 2 vol. in-8°, Leipsick, 1794 et 1795, il a donné la vie de *Jean-Conrad Dippel*, 1 vol. in-8°, Leipsick, 1781, et celles d'*Hippocrate, Galien, Théophraste, Dioscoride d'Arétée* et *Rufus d'Éphèse*, qui passent pour des chefs-d'œuvre. Ackermann est mort à Altdorf en 1801.

ACLOQUE (ANDRÉ-ARNOULT), brasseur à Paris dans le faubourg Saint-Antoine, est né à Amiens. Le 14 juillet 1789, il fut un des représentans de la commune, puis successivement président de son district, et commandant d'un bataillon de la garde nationale. Dans la tumultueuse journée du 20 juin 1792, étant de garde au château, il resta constamment auprès du roi. Ce prince, ayant mis sur sa tête un bonnet rouge que lui avaient présenté les hommes des faubourgs qui étaient entrés dans ses appartemens, s'appuya sur M. Acloque pour haranguer la multitude. Quelque temps après, M. Acloque se retira à Sens, ne voulant plus se trouver sur le théâtre de la révolution. Si l'on ajoute foi aux Mémoires de M. le marquis Bertrand-de-Molleville sur la révolution, M. Acloque avait été chargé par la cour de distribuer de l'argent au petit peuple du faubourg Saint-Antoine.

ACLOQUE-DE-SAINT-ANDRÉ (ANDRÉ), fils du précédent, exerce à Paris avec succès un commerce de vinaigre et de moutarde. En janvier 1814, M. de Gontaut-Biron ayant refusé le poste de chef de la 11ᵐᵉ légion de la garde nationale, M. Acloque fut promu à ce grade. Il prêta serment de fidélité à Napoléon le 23 du même mois, et signa, conjointement avec les officiers de la garde nationale, une adresse où l'on remarquait les passages suivans : « Partez, sire, avec sécurité; que » nulle inquiétude sur le sort de ce » que vous avez, de ce que nous » avons de plus cher, ne trouble » vos grandes pensées : allez, avec » nos enfans et nos frères, repous- » ser le féroce ennemi qui ravage » nos provinces; fiers du dépôt sa- » cré que vous remettez à notre » foi, nous défendrons votre capi- » tale et votre trône contre tous les » genres d'ennemis... » Deux mois après, le 6 avril, M. Acloque, en envoyant au sénat son adhésion à la déchéance de Napoléon, et à l'exclusion de son fils et de sa famille de tout droit à l'hérédité du trône de France, s'exprimait ainsi : « Le sénat et le gouvernement » provisoire viennent de couron- » ner leur généreuse entreprise, en » proclamant ce prince dont l'an- » tique race fut, pendant huit cents » ans, l'honneur de notre pays. Un » peuple magnanime que des mal- » heurs inouïs n'ont pu abattre, va » recouvrer ses droits, que le des- » potisme du tyran n'avait pu lui » faire oublier. La garde nationale » est appelée à donner à la Fran- » ce entière l'exemple du dévoue- » ment à son prince et à son pays. » J'adhère donc avec empresse- » ment à l'acte constitutionnel qui » rend le trône de France à Louis-

» Stanislas-Xavier et à son augus-
» te famille.» Le 19 décembre 1814,
M. Acloque fut nommé membre
de la légion-d'honneur, et, le 31
janvier 1815, le roi l'anoblit, en
l'autorisant à ajouter à son nom
celui de *Saint-André*. Le 6 juillet
suivant, M. Acloque signa une déclaration par laquelle des officiers
de la garde nationale demandaient
que la *cocarde tricolore* fût con-
servée; mais le lendemain il protesta contre cette déclaration. A la
fin de la même année 1815, M.
Acloque a été nommé officier de
la légion-d'honneur.

ACTON (JOSEPH), occupe une
grande place dans l'histoire des
tyrannies ministérielles. Peut-être
la haine des peuples a-t-elle noir-
ci son portrait, et inventé sur son
compte ces romans vulgaires dont
l'histoire a tant de peine à dégager la vérité. Ainsi la ruse prétendue dont ce ministre se serait
servi, en se faisant de Mme Hamilton un appui auprès du trône, et
plusieurs particularités singulières du despotisme d'Acton, peuvent n'être que les contes populaires d'une nation opprimée et exagérée dans son ressentiment. On
a pu prêter au ministre napolitain
ces douze chambres où, suivant
tant de mémoires, il s'enfermait
tour à tour pour échapper aux poignards; il y aurait encore eu, de
sa part, un certain orgueil à emprunter de pareilles précautions
au tyran de Syracuse et au protecteur absolu de l'Angleterre. Cependant le souvenir d'une vie in-
sidieuse, vindicative, oppressive,
atroce; tant d'actes arbitraires et
sanguinaires, parlent plus fortement contre lui que des détails incertains et vagues, et s'élèvent
pour signaler à la vengeance des
siècles sa mémoire odieuse. Fils
d'un médecin de l'hôpital militaire de Besançon, Acton entra fort
jeune dans la marine, où il éprouva des désagrémens, quitta la France, parcourut l'Italie, se fixa en
Toscane, et, présenté au grand-
duc Léopold par le marquis de Ta-
nucci, obtint le commandement
d'une frégate. Les Espagnols as-
siégeaient Alger. Acton, avec quatre frégates, fut envoyé pour les
soutenir. Leur expédition fut malheureuse, et, dans une descente
qu'ils avaient imprudemment faite, ils auraient été enveloppés par
les Maures, si le feu vif, et commandé à propos par Acton, n'eût
sauvé les troupes de débarquement. Dès lors la route des honneurs s'ouvrit devant cet étranger. Ferdinand IV, roi de Naples,
sur la proposition du marquis de
la Sambuca, son ministre, pria le
grand-duc de lui céder Acton : et
Léopold, qui songeait à réformer
sa marine, laissa passer au service du monarque napolitain un
homme dont il appréciait la fermeté, l'habileté, mais dont il redoutait le caractère. «Prenez gar-
» de à cet homme, dit-il à Ferdi-
» nand. Avec quelques talens, il a
» beaucoup d'intrigue; il est habi-
» le, mais dangereux. » Léopold,
dès les premiers pas d'Acton, jugea quelle serait la carrière qu'il
parcourrait. Bientôt, aidé de la
faveur de son nouveau maître,
devenu le complaisant de la reine
Marie-Caroline, il fut nommé ministre de la marine. Des épargnes
adroitement faites sur son département subvinrent aux dépenses

royales, et son crédit n'eut plus de bornes. C'est ainsi que la sueur des peuples sert de ciment au pouvoir despotique des ministres, et d'aliment au luxe des cours. Acton joignit le ministère de la guerre à celui de la marine, et obtint en outre le portefeuille du marquis de la Sambuca, dont il était la créature, et qui fut disgracié en 1784 : leçon remarquable, mais commune dans les palais, où les protégés supplantent si souvent leurs protecteurs. C'est de cette époque que date le pouvoir illimité d'Acton. Il choisit, parmi les amis de sa fortune, ceux qui lui étaient le plus exclusivement dévoués; fit entrer la reine dans le conseil, et, flattant ainsi l'avidité de pouvoir dont le cœur de cette princesse était dévoré, donna une base presque inébranlable à son autorité usurpée. Ligué avec Hamilton, ministre d'Angleterre, il poursuivit, de concert avec lui, ce plan d'hostilités contre la France, qui fut la pensée, le but et le mobile de sa vie entière. Depuis que M. de Sartines lui avait refusé un grade dans la marine française, il avait voué au pays où il était né, une haine qui ne s'éteignit jamais. Son pouvoir augmenta avec sa bassesse ; devenu le favori de la reine, on le vit lutter contre deux rois, et subjuguer le sien. Cet homme avait si bien spéculé sur les passions de ses maîtres, qu'il ne fit, à force d'audace, que s'affermir dans son crédit. Il sacrifia les plus pressans besoins de l'etat à ses haines personnelles. Tantôt il refusait, sous de vains prétextes, de céder à la France, qu'il détestait, des bois de construction, dont l'exportation était dans les intérêts du gouvernement napolitain : tantôt, au moment où une affreuse catastrophe venait de réduire au dernier excès de la misère la population des Calabres, il déclarait, à une frégate chargée de grains que Louis XVI envoyait pour secourir les victimes, qu'elle ne serait pas reçue dans le port, et qu'elle pouvait porter sa cargaison ailleurs. En vain le père du roi de Naples, Charles III, roi d'Espagne, et le roi de France, signalèrent-ils à la vengeance des lois et du sceptre, cet horrible mépris de la vie des hommes. En vain le cardinal de Bernis, envoyé à Naples par le cabinet de Versailles, essaya-t-il de faire cesser entre un ministre et trois têtes couronnées, entre un père et son fils, cette lutte honteuse, dont le scandale devait se renouveler trente ans plus tard; sous les yeux du même cardinal, Acton fut fait premier ministre. Fier de cette double victoire, le ministre tyran écrasa tout; son ambition et ses vengeances n'eurent plus de bornes. Si, en 1792, l'escadre de Latouche-Tréville, prête à bombarder Naples, contraignit son orgueil à fléchir, il sut, dès l'année suivante, se venger de cette humiliation passagère, en empêchant le ministre français d'être reçu à la cour ottomane. En 1794, sur le simple soupçon d'intelligence avec les Français, il remplissait les cachots de ses victimes. La terrible *junte d'état*, qu'il présidait, frappait tous les rangs d'exil ou de mort : le ministre, aidé de l'implacable reine, n'oublia aucun de ses adversaires. La haine publique était au comble quand l'armée française se présenta. Les conjurations se multiplièrent, et avec elles, les échafauds et les prisons. Du sang des victimes renaissaient sans cesse de nouveaux conspirateurs. Les ennemis d'Acton lui reprochaient d'être Français; au lieu de se faire naturaliser Napolitain, il se donna pour Anglais, changea son nom en celui d'Hecton, et prétendit être fils d'un baronnet d'Irlande. La plupart des biographes ont été induits en erreur par ce fait, et ont répété sérieusement le mensonge politique d'Acton. Cependant l'indignation publique allait toujours croissant. Une démission illusoire, en 1795, ne changea rien à l'influence d'Acton, devenue invisible, et par conséquent plus dangereuse. Enfin, forcé par les événemens, il conclut avec la France une paix perfide, destinée à mieux cacher les préparatifs de la guerre qui éclata en 1798 : on crut cette paix réelle et franche; on s'attendait à voir disgracier ce ministre odieux qui, depuis vingt ans, régnait, et qui avait constamment fait son chemin sur le bord des abimes. Mais la reine était dans le secret de sa perfidie : l'envoyé du gouvernement français, Lachaise, fit de vaines réclamations. Enfin la grande expédition du général Mack, dirigée contre les Français qui occupaient l'État-Romain, eut pour résultat la destruction de l'armée napolitaine, une paix faite aux conditions du vainqueur, et le renvoi définitif d'Acton. On vit ensuite la reine Caroline, protégée par Nelson, rentrer à Naples, et signaler son retour par des actes de la plus atroce vengeance. Acton avait perdu son pouvoir. La bassesse la plus abjecte caractérise la dernière époque de cette vie si superbe : à travers le peu de documens incertains que les mémoires du temps nous donnent, on le voit se réfugier en Sicile; se jeter dans les bras des Anglais, ses nouveaux maîtres; outrager la reine, dont la main seule l'avait si long-temps soutenu et protégé; ne recueillir de sa lâche perfidie que l'humiliation et l'opprobre; et mourir, entouré du mépris public, vers l'année 1808. Cet homme fit servir à son élévation des facultés rares, une grande dissimulation, beaucoup de science, d'habileté, de réflexion, de fermeté. Cependant ses impérieuses et atroces volontés se laissaient subjuguer par les flatteries de ses subalternes. Ses richesses étaient aussi immenses que son pouvoir. Son palais, bâti aux frais du trésor, retourna ensuite au domaine royal, dont il était digne par sa magnificence.

ADAIR (Robert), ambassadeur anglais. Il se livra d'abord à l'étude du barreau, et fut ensuite nommé membre de la chambre des communes par le bourg d'Appleby. Placé dans le parti de l'opposition, il s'éleva avec M. Gray, le 10 février 1794, contre le débarquement des troupes étrangères en Angleterre. Le 14 mars suivant, il s'unit encore avec le même membre pour demander un bill d'abolition pour le débarquement des troupes hessoises, ainsi qu'un autre contre les personnes qui avaient conseillé au roi d'ordonner ce débarquement. Le 7 mars 1796, il s'éleva avec force contre la traite des nègres, et défendit avec vigueur la motion de M. Wilberforce pour son abolition. La mort de Pitt lui fit obtenir l'ambassade de Vienne, où il arriva en juin 1806, et la chute du ministère Fox-Grenville le fit rappeler en mai 1807. Quelque temps après son arrivée, Adair fut néanmoins envoyé en mission en Turquie. La révolution qu'opéra Mustapha-Bairactar, l'arrêta en route et le contraignit de relâcher dans l'île de Malte. Il reprit cependant sa route bientôt après; mais ayant été arrêté au passage des Dardanelles, il fut obligé de retourner à Malte. La mort du grand-vizir et la chute de son parti permirent à l'ambassadeur d'en sortir de nouveau. Il arriva à Constantinople le 27 janvier 1809. L'année suivante, il fut attaqué d'une maladie grave; après sa convalescence, il retourna en Angleterre. En 1817, M. Adair a fait un voyage en France. Il a publié divers écrits sur la politique : 1° *Apologie de la fermeté d'un whig* (ouvrage anonyme), in-8°; 2° *Lettre du très-honorable membre C. J. Fox aux électeurs de Westminster*, vol. in-8°, 1793 et 1802; enfin, à l'occasion d'un écrit publié par Burke, *Fragment d'une lettre au très-honorable membre C. J. Fox*.

ADAIR (JACQUES-MACKITTRICK), docteur en médecine, est auteur de différens ouvrages sur cette science, et *d'une objection sans réplique contre l'abolition de la traite des noirs*. Il a été juge de la cour du banc du roi et des plaidscommuns, d'abord à l'île d'Antigoa, ensuite aux îles Sous-le-Vent.

ADAM (NICOLAS), professeur d'éloquence au collége de Lisieux, fut envoyé par le comte de Choiseul, qui l'aimait beaucoup, comme chargé d'affaires près la république de Venise. Après avoir rempli pendant douze ans ces honorables fonctions, Adam revint à Paris, et publia plusieurs ouvrages élémentaires qui sont dignes d'estime, et mériteraient d'être plus connus; ce sont : *la Manière d'apprendre une langue quelconque, vivante ou morte, par le moyen de la langue française*, 5 vol. in-8°, 1787; *Traduction littérale des OEuvres d'Horace*, même année, 2 vol. in-8°; *Traduction littérale des OEuvres de Phèdre; Traduction italienne de Phèdre; Traduction littérale de Rasselas, prince d'Abissinie*, roman de l'auteur anglais Johnson. Adam était fort instruit, possédait presque toutes les langues de l'Europe, et communiquait ce qu'il savait avec la plus grande facilité. Il naquit à Paris en 1716, et mourut dans cette ville en 1792.

ADAM (GUILLAUME), membre du parlement d'Angleterre, fils d'un architecte de Leith en Écosse. Il commença par étudier le droit, et siégea fort jeune à la chambre des communes. Dans une séance de 1791, il demanda que le parlement d'Angleterre pût appeler des jugemens prononcés par les tribunaux d'Écosse, et cita à l'appui de sa proposition, les jugemens de Muid et de Palmer. Rangé d'abord du côté de l'opposition, il vota avec la minorité lors de l'expulsion de M. Wilkes; mais l'envie de s'élever le fit bientôt changer, et, ayant embrassé avec chaleur le parti ministériel, les dignités semblèrent aller au-devant de ses désirs; il fut fait successivement chancelier garde-du-sceau, conseiller-d'état du prince régent en Écosse, lord-lieutenant du comté de Kinross, enfin avocat du roi et de la compagnie des Indes orientales. Quelques expressions lancées contre lui par M. Fox dans la chambre des communes, donnèrent lieu entre eux à un duel, où il blessa légèrement son adversaire. Il fut ensuite quelques années sans faire partie du parlement, fut réélu en 1807 pour le comté de Kincardine, et ne l'a point été à l'élection suivante. Il a publié quelques-uns de ses discours, entre autres celui sur la question des privilèges dans l'affaire de sir Francis Burdett.

ADAM (Louis), célèbre professeur de piano, né à Miettersboltz vers 1760. Son goût pour la musique fut presque son seul maître dans cet art; il étudia dans sa jeunesse les ouvrages des grands compositeurs, et puisa dans cette étude ses talens pour l'exécution et pour la composition. Il vint à Paris en 1777, et s'y acquit bientôt une grande réputation par ses symphonies concertantes pour piano, harpe et violon, qu'il fit connaître le premier dans cette capitale. En 1797, il entra au conservatoire, et y forma les virtuoses les plus estimés. On a de lui une *Méthode de doigté*, une autre *de piano*, onze *livres de sonates*, les *quatuors d'Haydn et de Pleyel, arrangés pour le clavecin*, et les *délices d'Euterpe*.

ADAMS (Samuel), naquit dans la province de Massachussets, le 27 septembre 1722, reçut les premiers élémens de l'instruction du professeur Lovell, étudia ensuite avec succès au collège d'Harvard, et consacra au soutien de sa famille les premiers essais de sa plume. Un factum, composé par lui, sauva la fortune de son père, qu'un procès avait mise en danger. Bientôt il se distingua comme écrivain politique sous l'administration de Shirley : il attaqua vivement cet homme, dont le pouvoir lui semblait menacer l'indépendance publique. Dès lors on put entrevoir chez lui les premiers germes de cette vigueur d'esprit et de cette force d'âme qui devaient le faire surnommer plus tard le *Caton de l'Amérique* émancipée. Longtemps incertain sur l'état qu'il choisirait, il montra cette inquiétude pénible qui tourmente les hommes supérieurs, jusqu'à ce que des occupations dignes d'eux s'offrent à leurs facultés oisives. Nommé collecteur des deniers publics, il s'acquitta de cette fonction avec fidélité, mais avec dégoût. La politique et les intérêts de son pays étaient l'unique objet de ses méditations et de ses études. Déjà âgé quand les premiers troubles éclatèrent, mais doué d'une âme ardente et d'une tête forte, que les années avaient respectées, il fut le plus actif promoteur de l'opposition formée dans le Massachussets contre la tyrannie fiscale de l'Angleterre, et se joignit aux Franklin et aux Jefferson pour demander, non-seulement le redressement des griefs, mais l'indépendance des colonies. L'inflexibilité de son caractère et la hardiesse de ses opinions effrayèrent le gouvernement; en offrant le pardon à tous les révoltés (12 juin 1775), il crut devoir poursuivre deux seuls hommes, Jean Hancock et Samuel Adams. Mais les troubles continuant, et la lutte devenant plus opiniâtre, Adams, par une seule mesure, opposa un obstacle terrible aux vengeances de la métropole; il organisa les sociétés populaires de manière à ce qu'elles correspondissent entre elles, et eussent toutes un point central dans Boston. Cette organisation, qui facilitait les communications des Américains indépendans, hâta l'explosion. Cependant Adams les accusait de lenteur; et au bruit des premiers coups de fusil tirés à Lexington, il s'écria transporté : *O glorieuse matinée!* Plusieurs fois de suite, nommé membre du congrès par l'état de Massachussets, il se montra toujours ami d'une liberté entière, et admirateur des vieilles républiques; il voulait qu'à l'imitation des Romains, tous les Américains fussent soldats. Inquiet, impatient, concevant avec vivacité, songeant trop peu aux obstacles de l'exécution, il trouva dans Washington un homme doué d'un génie moins prompt à l'attaque, mais plus propre à la résistance; dont la prudence savait attendre le succès, et dont la force ne se brisait jamais contre l'obstacle. On prétend que Samuel Adams eut part au projet formé, en 1778, pour ôter le commandement à Washington, et le donner au général Gates. Zélé partisan de toutes libertés, il fut un des auteurs de la constitution de Massachussets ; cependant il employa dans la suite son influence à former une armée et à établir un gouvernement libre, mais mixte. Instruit, ferme, simple, laborieux, Romain d'âme, de mœurs et de caractère, il vécut pauvre, mais vécut assez long-temps pour voir ses efforts couronnés et sa patrie florissante. On prétend que la vieillesse honorable de ce sage, de ce patriote, dont la vie entière avait été dévouée au bien-être de son pays, fut solitaire, presque indigente, et abandonnée de ceux qui avaient marché de front avec lui dans cette glorieuse carrière. Il mourut, triste et non étonné de cette ordinaire ingratitude, à 80 ans, le 2 octobre 1808.

ADAMS (JOHN), né à Braintree, dans la province de Massachussets, le 19 octobre 1735, descendait en ligne directe d'un des premiers colons qui fondèrent Massachussets-Bay, en 1608. Maître d'école, puis homme de loi, il était déjà célèbre quand la révolution d'Amérique ouvrit un nouveau champ à ses talens. Sa dissertation *sur les lois canoniques et féodales* annonça un défenseur énergique des droits de la nation. Une *Histoire de la querelle entre l'Amérique et la mère-patrie*, insérée par lui dans la gazette de Boston, augmenta la popularité qu'il s'était acquise, et influa puissamment sur les esprits. Il fut, avec Samuel Adams, un des principaux chefs de l'opposition de Massachussets: mais en même temps, ennemi de toute violence, il combattit les mesures trop fortes qu'on voulait prendre, et même défendit, devant le tribunal de Boston, le capitaine Preston et ses soldats.

qui, dans l'émeute du 5 mars 1770, avaient tiré sur le peuple et tué quelques hommes. L'éloquence de John Adams sauva Preston. L'avocat gagna sa cause, et le citoyen perdit son crédit. Cependant, élu membre du congrès en 1774 et réélu en 1775, il fut un des plus ardens promoteurs de la fameuse déclaration de l'indépendance américaine (14 juillet 1776). Envoyé avec le docteur Franklin à la cour de Versailles, il négocia le traité d'alliance entre les deux nations. A son retour, il coopéra (ainsi que Samuel Adams) à la constitution de Massachussets. Nommé ensuite plénipotentiaire auprès des Provinces-Unies de Hollande, il conclut avec elles un traité d'amitié et de commerce, en reçut des secours importans, et sut, à force d'adresse, engager les états-généraux dans la guerre contre la Grande-Bretagne. Quand il s'agit de conclure, avec l'Angleterre, le traité par lequel l'indépendance des États-Unis fut reconnue, Adams vint à Paris comme négociateur, et son habileté valut à sa patrie le droit précieux de la pêche sur les bancs de Terre-Neuve. A son retour, fidèle à ses principes de modération, il conseilla l'indulgence envers les *loyalistes*, et se rendit suspect au parti *républicain*. Envoyé à Londres pour conclure un traité, il échoua dans cette seule entreprise. Pendant ce voyage, l'Amérique, divisée d'opinions, cherchait à s'asseoir sur des bases uniformes et solides. Les volontés distinctes, individuelles et contraires de treize souverainetés indépendantes, semblaient menacer la liberté de l'Amérique : John Adams fut un des premiers à désirer et à demander un changement, qui organisât la constitution de manière à donner à tous les États un centre, au gouvernement un point d'appui. De là naquit la constitution de 1787, dont les partisans, Hamilton, Washington, etc., nommés *fédéralistes*, étaient accusés par les *républicains*, et par Jefferson à leur tête, de vouloir introduire l'aristocratie. John Adams, élu vice-président sous la présidence de Washington, était celui sur qui tombaient les plus vifs reproches; sa maison splendide, sa richesse, ses opinions connues, ses idées anti-démocratiques sur l'équilibre des pouvoirs, fixaient sur lui l'attention et les soupçons du parti. La révolution française, et la guerre entre la France et l'Angleterre, éclatèrent presque en même temps. Les républicains voulaient une rupture avec la Grande-Bretagne : Washington et Adams s'y opposèrent; ils contractèrent même une alliance avec le gouvernement anglais. Cette mesure pouvait avoir pour résultat d'assurer la victoire aux républicains des États-Unis, si les excès de la liberté naissante en France n'étaient venus effrayer l'Amérique, et l'alarmer sur les intentions hostiles des agens du directoire. Toujours opposé aux républicains, Adams fut réélu vice-président, sous la seconde présidence de Washington. A la troisième élection, ce dernier ayant déclaré son intention de se retirer des affaires, Adams fut élu à sa place, malgré les efforts des partisans de Jefferson, et grâce à la demande maladroite de l'agent français du directoire. Ce dernier, au moment même des élections, écrivit au secrétaire d'état une lettre où il accusait le gouvernement de partialité contre la France, et semblait en appeler des administrateurs aux administrés. Cette lettre, insérée dans une gazette le lendemain de sa date, frappa les Américains de l'idée d'une influence étrangère, toujours mortelle à la liberté. Plus d'un républicain dévoué à Jefferson, vota pour Adams, que le parti français repoussait. Adams, à la tête de l'administration, se conduisit d'après les principes qui l'avaient toujours dirigé. Les contestations avec le directoire devinrent chaque jour plus vives. Ce fut à cette occasion qu'il ordonna un jeûne général, pour éloigner la guerre dont l'Amérique était menacée : vers le même temps, il refusa de reconnaître Dupont et Rozières en qualité de consuls français à Philadelphie et à New-York. L'année suivante, 1798, se passa en démonstrations hostiles, mêlées de négociations vaines. M. Gerry vint à Paris, et chercha inutilement à rétablir entre les deux peuples la bonne intelligence ; alors John Adams, exposant au congrès la nature des différens, appela les jeunes gens à la défense de la patrie, et Washington à la tête des armées. Au commencement de 1799, un corsaire français ayant fait capture de *l'Élisa*, bâtiment américain, y trouva un ordre de courir sur les bâtimens français, signé John Adams. Le directoire se plaignit; Adams soumit sa conduite au congrès; elle fut solennellement approuvée. Une rupture totale aurait bientôt suivi, si le gouvernement établi par suite du 18 brumaire, n'avait mis, dans ses relations avec l'Amérique, plus d'adresse et de sagesse. À la fin de l'hiver de 1799, trois agens américains vinrent en France traiter de la paix. Le 2 décembre, John Adams présenta au congrès le tableau de son administration, des améliorations qu'il avait ou effectuées ou préparées, de la situation des États-Unis, de leurs rapports avec le reste du globe, et de leur état intérieur. Il rendit compte des mesures prises par lui pour la répression des troubles de Pensylvanie, avouant la sévérité de ces mesures, mais déclarant n'avoir jamais porté atteinte aux droits politiques des citoyens. Il annonça en même temps la translation du siège du gouvernement à Washington. John Adams, à la fin de sa présidence, se retira des affaires; Jefferson fut élu à sa place. Instruit, éclairé, grand homme d'état, John Adams se distingua aussi comme littérateur. Il a publié : *Défense des Constitutions américaines*, en anglais, Londres, 1787, 2 vol. in-8°. Cet ouvrage a été traduit en français, et imprimé en 1792, également en 2 vol. in-8°. Il a eu du succès. John Adams le reproduisit sous le titre d'*Histoire des Républiques*. Les auteurs de la *Biographie universelle* en font deux ouvrages différens. Ceux de la *Biographie de Leipsick* attribuent à John Adams un *choix de Voyages modernes*, destiné à l'instruction de la jeunesse, dont J. F. André a publié une traduction en 1799.

ADAMS (John-Quincy), fils

aîné du précédent. Il fut envoyé, en 1801, à la cour de Berlin, en qualité de ministre plénipotentiaire. Rappelé dans son pays par le président Jefferson, le parti fédératif, auquel il avait été attaché, le fit nommer professeur au collége d'Harvard, dans la province de Massachussets; enfin il entra comme député de cette province au sénat, où il siégea en 1804. C'est alors qu'Adams embrassa le parti démocratique, auquel il avait été opposé jusque-là, aussi-bien que son père. Il fut ensuite envoyé en Russie avec le titre de ministre, et fit partie, en 1814, des plénipotentiaires de son gouvernement auprès des puissances de l'Europe. En mars 1815, il fut nommé ambassadeur à Londres. Adams, malgré les travaux importans de la diplomatie, a, comme son père, cultivé les lettres; on a de lui la relation d'un voyage qu'il fit en Silésie, lors de son ambassade en Prusse. Cette relation, adressée à son frère, par lettres, traite surtout de l'état des manufactures de la Silésie, dont les objets de commerce lui paraissent devoir être avantageux à son gouvernement; elle renferme des notices sur les meilleurs auteurs de cette province, sur les progrès de l'éducation depuis l'établissement des séminaires d'instituteurs par le grand Frédéric, et enfin une description géographique, topographique et historique de la Silésie, dans laquelle il relève plusieurs inexactitudes des voyageurs allemands, d'après lesquels cependant il composa sa description. Ces lettres intéressent; elles donnent de grandes connaissances sur ce pays jusque-là peu connu : le style en est facile et sans prétention; toutefois on reproche à l'auteur de ne pas s'être assez occupé de l'agriculture. Elles ont été successivement publiées par son frère dans le *Port-Folio*, journal de Philadelphie, traduites en français par J. Dupuy, et imprimées à Paris en 1807, 1 vol. in-8°.

ADANSON (MICHEL), naquit à Aix en Provence le 7 avril 1727, d'un père Écossais d'origine, et fut amené à Paris à l'âge de 3 ans. Une éducation soignée, des succès précoces et une santé délicate, marquèrent l'enfance de Michel Adanson, dont le corps était aussi faible que son esprit était vigoureux. Un Aristote et un Pline qu'on lui donna pour prix de poésie grecque et latine à Sainte-Barbe et au collége du Plessis, où il fit ses études, semblaient écraser de leur poids le jeune enfant qui, à treize ans, les couvrit d'observations savantes, et qui devait aller aussi loin que ses maîtres dans la même carrière. Une autre circonstance détermina sa vocation. Le célèbre Needham, en lui donnant un microscope, lui avait dit : «Vos pro- » grès dans l'étude des ouvrages » des hommes vous rendent digne » de connaitre aussi les œuvres de » la nature. » Ce mot révéla en quelque sorte ce jeune homme à lui-même; et il est curieux de remarquer que le génie d'Adanson unit la finesse et l'exactitude des observations de Needham, les vues grandes et générales de Pline, qui embrasse la nature d'un coup d'œil, et la subtilité systématique d'Aristote, qui veut en deviner tous les ressorts, et en saisir tous les rap-

Adanson (M.)

Tresel del. Derère.

ports. Assidu aux cours du collége royal, guidé dans ses études par les savans Réaumur et Bernard de Jussieu, passionné pour la botanique, et mécontent du système de Linné, qui était alors en vogue, Adanson, à 14 ans, avait étudié toutes les plantes du jardin royal, et tracé le plan de quatre nouveaux systèmes qui semblaient lui offrir plus de certitude. En vain chercha-t-on à le faire entrer dans l'état ecclésiastique, dont les devoirs étaient incompatibles avec ses goûts ou plutôt avec les besoins de son esprit. Résolu à voyager dans l'intérêt de la science, il y sacrifia son patrimoine, et son choix tomba *sur le pays le plus difficile à pénétrer, le plus chaud, le plus malsain; sur le moins connu*, dit-il lui-même, *de tous les établissemens européens.* Le Sénégal, dont l'insalubrité effraya toujours les voyageurs, lui offrait un vaste champ non encore exploité. Il partit en 1748, à 21 ans, mû par le seul amour de la science, sans protecteurs comme sans encouragemens. Il visita, en passant, les Canaries et les Açores, et fit part de ses recherches à l'académie des sciences, qui le nomma son correspondant à l'âge de 25 ans. Arrivé au Sénégal, il se livra avec ardeur aux travaux les plus variés; indépendamment des recherches botaniques, il fit des observations météréologiques suivies jour par jour, leva des plans très-détaillés, dressa une carte du cours auparavant inconnu du Sénégal, et recueillit les vocabulaires des langues de diverses peuplades nègres. Ainsi se passèrent cinq années dans le plus malsain des climats. Mais de cette masse d'observations et de richesses dans les trois règnes, Adanson, qui ne pouvait s'en tenir à entasser tant de trésors, fit sortir un système aussi étrange que gigantesque. Il vit que la faiblesse de nos vieilles méthodes, et leur impuissance à saisir la nature, naissent de leurs étroites limites et du petit nombre de caractères qu'elles prennent pour base. Adanson voulut embrasser dans son système toutes les espèces *d'existences physiques, animées, mortes et intellectuelles;* déterminer tous les chaînons qui les lient entre elles, et fonder sur l'universalité, l'ensemble et les rapports des parties, une méthode grande et détaillée comme la nature même : substances et qualités, êtres et matière, facultés et créations, ce système comprenait tout. Soixante mille espèces *d'existences* étaient mises à part et classées entre elles; Adanson se vantait d'en connaître quatre-vingt-dix mille. Tel était le vaste plan conçu par ce savant sous le ciel brûlant du Sénégal, et dont la seule pensée absorba le reste de sa vie, avec une utilité plus réelle que sentie, plus forte qu'immédiate pour la science dont il reculait si loin les bornes. Adanson fit paraître, en 1757, par souscription, le premier volume de son *Voyage au Sénégal*, avec une carte. Le reste de l'ouvrage n'ayant pas été imprimé, il fit rendre aux souscripteurs l'excédant de la souscription. C'est à tort que l'abbé *Feller*, dans son *Dictionnaire*, et les auteurs de la *Biographie universelle*, prétendent qu'Adanson fut aidé dans la publication de ses différens ouvrages par un riche et généreux amateur des sciences, M. de Bombarde. Les auteurs du *Dictionnaire historique,* MM. Chaudon et Delandine, ne parlent point de ce fait, mais ils s'élèvent contre ceux qui, pour donner une preuve de l'indigence qu'Adanson aurait éprouvée dans les dernières années de sa vie, avançaient que deux domestiques le soutenaient, en se privant d'une partie de leurs gages et en vendant leurs effets. Cet ouvrage, rempli de faits nouveaux, de détails exacts, d'observations précieuses, attira sur lui l'attention publique. Une légère idée qu'il y donne de son système, et un nouvel essai de nomenclature métaphysique, firent naître des discussions longues et vives entre les savans. Son fameux *Mémoire sur le Baobab,* et celui non moins célèbre *sur les arbres qui produisent la gomme* dite *d'Arabie,* lui firent accorder, en 1759, la place d'académicien titulaire. En 1763, à la sollicitation de plusieurs savans, il se détermina à publier, en deux vol. in-8°, ses *Familles des plantes,* ouvrage dont l'influence, alors contrebalancée ou plutôt étouffée par la domination exclusive de Linné, règne aujourd'hui dans nos écoles et dans nos systèmes. Il faut joindre aux causes de l'espèce d'indifférence qui accueillit cet ouvrage, quelques détails négligés et une orthographe singulière qu'Adanson cherchait à introduire. Cinq ans après, il voulut en donner une édition nouvelle et corrigée; mais ramené par ce travail, qui exigeait de grandes recherches et des additions considérables, au plan immense qu'il avait quitté sans jamais le perdre de vue, il l'embrassa avec un nouvel enthousiasme, et consacra dès lors toute son existence à compléter les matériaux de cette espèce d'encyclopédie. En 1775, il effraya l'académie et le public, en soumettant à leur examen cent vingt volumes manuscrits, et soixante-quinze mille figures, bases et matériaux de son grand ouvrage. Des commissaires furent nommés pour prendre connaissance de cet étonnant travail, qui fut trouvé immense, mais peu avancé dans quelques parties, et tout-à-fait au-dessus des forces d'un seul homme. Adanson ne perdit pas courage; il voulut élever seul cet énorme édifice, et mourut à la peine, croyant atteindre chaque année un but qui lui échappait toujours. On n'a de lui que des mémoires, mais tous substantiels et profonds, *sur l'invariabilité des espèces de plantes* contre l'opinion de Linné; *sur la météréologie; sur les mouvemens spontanés de quelques plantes; sur les Tarets* (vers destructeurs des navires); *sur la commotion produite par la torpille et le gymnotus,* phénomène qu'il attribua le premier à l'électricité; *sur la tourmaline,* dans laquelle il découvrit aussi le premier la propriété électrique que la chaleur communique à cette pierre cristallisée. Les articles de botanique, fournis par Adanson au supplément de l'Encyclopédie, se font remarquer par l'érudition la plus vaste, peut-être pourrait-on dire, la plus surabondante; et contraste singulièrement avec la pompe stérile des mots dont le baron de

Tschoudi, son collaborateur, avait coutume de couvrir le vide de ses connaissances réelles. Il nous reste à louer, dans Adanson, un sentiment de patriotisme qu'il porta au plus haut degré; cette vertu, assez rare parmi les savans, trop enclins à vivre dans la sphère intellectuelle où plane leur pensée, dirigea toutes les actions de cet homme célèbre. Il avait proposé, en 1753, au gouvernement français, un plan pour l'abolition progressive de la traite des nègres, dont l'importance fut, selon l'usage, méconnue du ministre courtisan auquel il fut communiqué. Les Anglais, maîtres du Sénégal depuis 1760, firent à Adanson les propositions les plus séduisantes pour obtenir communication de son plan et des renseignemens précieux qu'il avait rapportés d'Afrique; Adanson s'y refusa constamment, et ne voulut pas que les ennemis de son pays profitassent du travail qu'il avait entrepris pour lui. Ce noble désintéressement, inspiré par l'amour de la patrie, lui fit refuser, à peu près à la même époque, les offres de l'empereur d'Autriche, et successivement celles de Catherine II et du roi d'Espagne, qui l'engageaient à venir se fixer dans leurs états. Adanson entreprit plusieurs voyages dans les diverses parties de la France; il visita les côtes de l'Océan et de la Méditerranée, et découvrit en Provence cette tarentule jadis si redoutée à Naples, mais sans venin comme sans nom, à Marseille et à Nice. Censeur royal, et gratifié de plusieurs pensions, il se trouvait dans un état d'aisance qui aurait de beaucoup surpassé ses désirs, si l'exécution de son plan n'eût été comme un gouffre où s'ensevelissaient toutes ses ressources. La révolution lui enleva sa fortune, et le laissa, aux approches de la vieillesse, dans un état de gêne. Il perdit, en un moment, le fruit de cinquante années de travaux : un jardin, où il faisait ses expériences sur la végétation, fut saccagé. Il en conçut une tristesse extrême, et refusa tous les secours qu'on lui offrit, ceux même de sa femme, dont il était depuis longtemps séparé de biens. Il ramassa les faibles débris de sa fortune, et acquit un terrain à Paris, où il fit bâtir une maison avec un jardin propre à y faire ses expériences. En 1798, l'institut réorganisé lui fit témoigner le désir de le voir assister à ses séances; il répondit, en plaisantant, qu'il ne pouvait s'y rendre, *n'ayant pas de souliers.* Le ministre Benezech lui fit donner une pension de 6000 fr., que plus tard l'empereur voulait doubler. Ce prince le nomma membre de la légion-d'honneur le 26 frimaire an 12. Adanson, qui languissait depuis plusieurs années, sentit sa fin approcher. *Mes amis,* s'écria-t-il en s'adressant à ceux qui l'entouraient, *l'immortalité n'est pas de ce monde,* et il expira (le 3 août 1806). Il avait, en 1800, présidé l'assemblée des souscripteurs réunis pour élever un monument à la mémoire de Desaix. Adanson était petit, bien proportionné, adroit, vif, facile à irriter comme à calmer, d'un extérieur fort ordinaire, d'une figure peu agréable, mais qui s'animait dans le discours, et prenait alors un caractère particulier. Son amour-propre était celui du talent qui se connaît. Vif, irritable, mais sans mélange d'envie ou de vanité, il avait pour ses systèmes l'attachement paternel d'un homme qui a consacré sa vie à une grande création. Bernard de Jussieu voulait appeler *Adansona* le genre du Baobab, si bien observé et si bien décrit par Adanson; celui-ci désapprouvant toute autre nomenclature que celle des pays mêmes, refusa constamment cet honneur, qui contrariait son système. Il y a une notice sur sa vie, publiée par M. Le Joyand. Nous terminerons cet article biographique par un passage de l'éloge d'Adanson, prononcé par M. Cuvier, son collègue à l'institut, le 5 janvier 1807: «Courage indomptable, et patien- » ce infinie; génie profond, et bi- » zarrerie choquante; ardent désir » d'une réputation prompte, et mé- » pris des moyens qui la donnent; » calme de l'âme, enfin, au milieu » de tous les genres de privations » et de souffrances; tout, dans sa » longue existence, méritera d'être » médité.»

ADDINGTON (ANTOINE), médecin anglais, père du ministre *Henri Addington*. (Voyez l'article suivant.) Il étudia au collége de la Trinité à Oxford, où il fut reçu maître ès arts en 1740, et docteur en 1744. Ses connaissances le firent admettre, en 1756, au collége des médecins de Londres; il alla ensuite s'établir à Reading, où il tint long-temps une maison de fous, et s'acquit une grande réputation pour le traitement des maladies épidémiques et de l'aliénation mentale. Il fut lié intimement avec lord Chatham; et lorsque celui-ci se retira, après la paix de 1762, Addington fut choisi par lord Bute pour négocier sa rentrée au ministère. On a de lui : 1° *Essai sur le scorbut, suivi d'une Méthode pour conserver l'eau douce en mer*, 1 vol. in-8°, 1735; 2° *Essai sur la mort des bestiaux*, in-8°; 3° une brochure in-8° sur une *Négociation entre lord Chatham et lord Bute*. Addington est mort en 1790, laissant une fortune considérable, acquise dans l'exercice de son art. Les connaissances médicales du docteur ne lui furent pas inutiles en politique. Quand Georges III tomba en démence, Antoine Addington, qui avait long-temps étudié et traité cette maladie, déclara solennellement, dans la chambre des pairs qui l'avaient appelé pour cela, *que le roi recouvrerait bientôt la santé, et que l'accès devait être passager chez un homme qui n'avait jamais été attaqué de mélancolie*. Cette déclaration, contredite par l'événement, ne nuisit pas au jeune Pitt : ses *doctrines politiques* commencèrent alors à l'affermir en même temps que son autorité. Le jeune Henri Addington profita habilement du savoir de son père, comme on en pourra juger ci-après.

ADDINGTON (HENRI), fils du précédent, fut élevé avec le célèbre Pitt, et marcha presque toute sa vie sur une ligne parallèle à ce fameux diplomate. Le fils du ministre et le fils du médecin firent ensemble leurs études, et la carrière brillante qui s'ouvrit devant le jeune Pitt, fut pour le jeune Addington la route des honneurs et de la fortune. Ce dernier entra bientôt au parlement, où il seconda constamment son ami engagé dans une pénible lutte avec Fox, dont la franche et véhémente éloquence dominait auparavant dans les débats. En 1789, Addington fut nommé orateur de la chambre, et occupa ce poste, non-seulement jusqu'à la dissolution du parlement, mais encore jusqu'à la convocation du nouveau. On le vit un jour, plus ministériel que le ministre lui-même, s'écarter de l'opinion de Pitt, dans une question qui intéressait l'humanité. Wilberforce, en 1792, proposa *l'abolition* totale *de la traite des nègres*, et Pitt appuyait vivement sa motion : Addington se rangea de l'avis de l'adroit Dundas, vota l'abolition *graduelle*, et demanda même que l'époque de cette abolition fût prorogée jusqu'à l'année 1800. Peu de temps après, Addington devint ministre, sans que Pitt cessât de l'être; c'était l'ombre de lui-même. Partisan de la paix depuis le traité d'Amiens jusqu'à la rupture, le nouveau chancelier de l'échiquier combattit toujours les projets violens et les mesures extraordinaires, proposés par la *nouvelle opposition*, qui demandait la guerre à grands cris. Cependant il appuya, en 1799, la motion pour une nouvelle levée de troupes, destinées à secourir les Bataves et à soutenir les premiers succès de l'expédition de Hollande : « Tromperons-nous, disait Addington à la chambre des communes, ces hommes que nous avons promis de secourir, et qui ne nous ont livré leur flotte que sous condition de voir le gouvernement stathoudérien rétabli par nous? » Cet aveu était important : les uns voulurent bien le prendre pour de la franchise ; d'autres n'y virent qu'une de ces indiscrétions qui échappent parfois à l'ingénuité des ministres. « Vous avez, leur dit Tierney, accepté la reddition de la flotte batave; et la promesse de rétablir le stathoudérat a été votre seule arme dans ce glorieux triomphe! En vérité, honorables ministres, vous semblez trop sûrs de vous-mêmes; on dirait que vous avez fait un traité avec la victoire! » Pitt se hâta de réparer l'indiscrétion de son ami, assura la chambre que l'amiral hollandais n'avait fait que se rendre à la supériorité des forces anglaises; il protesta qu'il n'y avait eu aucune stipulation secrète, et que la capture et la possession de la flotte ennemie étaient indépendantes de tout événement ultérieur : l'événement a prouvé que cette fois Pitt était sincère. Le 9 mai 1800, Addington assura que le rétablissement de la maison de Bourbon n'entrait pour rien dans les motifs de la guerre actuelle, du moins quant à la Grande-Bretagne. Plus tard, M. Jones voulant que l'on demandât compte à sir Sidney Smith des raisons qui l'avaient porté à entraver l'exécution du traité conclu entre Kléber et le grand-vizir pour l'évacuation de l'Égypte, Addington s'éleva contre cette motion. En 1801, Pitt quitta de nouveau la dignité de chancelier de l'échiquier, pour y laisser monter son ami. Addington semblait, depuis quelque temps, vouloir se faire une réputation d'indépendance ;

et quand M. Grey proposa la formation d'un comité pour examiner l'état de la nation, Addington s'écria : « Non, messieurs, nous » ne devons pas nous attacher à » suivre la trace des anciens minis-» tres : nous sommes leurs amis, » mais non leurs créatures ; jamais » nous ne nous refuserons à des pro-» positions de paix honorables. » Ces vains efforts pour atteindre la popularité faisaient sourire Fox et Shéridan : « Cette indépendance » d'opinions, disait ce dernier (avec la verve caustique qui distinguait son éloquence), est la vertu » dont une jolie femme se vante ; » cette pudeur dont on fait parade, » demande à être attaquée. » La conduite politique suivie ensuite par le chancelier, prouva qu'il n'avait pas quitté son premier système. On le vit donner sur l'état de l'Irlande les détails les plus alarmans, et dénoncer à la chambre les menées des séditieux du nord et du midi de l'Angleterre; peindre le royaume comme près de se bouleverser; demander la suspension de l'*habeas corpus*, et le renouvellement du terrible bill *contre les malintentionnés*. Le trop fameux Dundas, connu par son inviolable fidélité à tous les ministères, trouva en lui un défenseur, quand on l'accusa des malheurs de l'expédition de Hollande. Il faut citer comme un fait plus honorable au chancelier, la demande qu'il fit, pour la veuve du général ABERCROMBY, d'une pension de 2,000 livres sterling, et du titre de baronne d'Aboukir. Mais revenant bientôt à son mode ordinaire de discussion, il défendit le systeme des dîmes, et soutint ce bill d'*abolition*, qui accorde à tout homme revêtu de pouvoir un brevet d'impunité. A la fin de la session de 1801, il demanda que de nouvelles sommes fussent accordées *pour le bien du service;* et quelques mois après, cherchant à justifier l'emploi de ces mêmes sommes, il fit un tableau magnifique du commerce et de l'opulence de la Grande-Bretagne, et conclut que le secours donné au gouvernement par la nation, devait être proportionné à ses ressources. Il demanda bientôt encore de nouveaux fonds, et chercha, par une éloquence fleurie, à couvrir, non-seulement l'aridité de son sujet, mais l'énormité de l'impôt qu'il prélevait sur le peuple. Peu de temps auparavant, il avait voté la prorogation de la loi martiale en Irlande. Croirait-on qu'une conduite si favorable à l'autorité suprême ne mit pas Addington à l'abri de l'inimitié des courtisans? En 1804 on voulut profiter de la maladie du roi pour le renverser, et il ne dut la continuation momentanée de son pouvoir qu'au prompt rétablissement du monarque. De nouvelles attaques l'assaillirent bientôt; on l'accusait de faiblesse, d'incapacité. Le peuple, dans la franchise de son langage, appelait son ministère, toujours dirigé par diverses mains, une administration *de pièces et de morceaux* (of shreds and patches). On disait qu'élevé par Pitt au rang qu'il occupait, il commençait à oublier ce qu'il devait à ce ministre, et ne repoussait les calomnies dirigées contre son bienfaiteur, qu'avec insouciance et faiblesse. C'est en effet de cette époque que date la courte inimitié d'Addington et de Pitt, étroitement unis jusque-là. Addington fut fait vicomte de Sidmouth, et honoré de la confiance particulière du roi. Pitt mourut, et cette mort changea de nouveau la destinée d'Addington. Il fut nommé *gardien du sceau privé*. Quand le parlement délibéra sur les honneurs funèbres qu'il devait rendre à la mémoire de Pitt, Addington se trouva placé entre une inimitié récente, et une reconnaissance déjà ancienne : il déclara que, malgré son opposition prononcée depuis quelque temps contre le système administratif de W. Pitt, il croyait que la nation devait faire à ce grand homme des funérailles publiques aux frais de l'état, et lui élever un monument à Westminster. Fox quitta le ministère en 1806, et Addington lui succéda. Las sans doute de dévouer sa vie à la défense du pouvoir, il se mit à voter avec l'opposition, parla en faveur de l'émancipation des catholiques d'Irlande, et quand le roi refusa d'y consentir, il donna sa démission. Nommé secrétaire d'état de l'intérieur, en 1812, après l'assassinat de Perceval, il soutint de nouveau les droits de ces malheureux *Pariahs* de l'Europe : mais l'opposition repoussa de son sein un transfuge qui avait été son plus cruel ennemi. Sa fidélité à suivre les ordres tyranniques de ses maîtres, la suspension de l'*habeas corpus*, la loi martiale restée en vigueur, le système des emprisonnemens secrets, étaient encore dans tous les souvenirs. En 1811, Addington, indirectement mais vivement attaqué, crut devoir justifier sa conduite ministérielle. En 1820, il avait encore le portefeuille.

ADÉLAIDE (Madame) de France, fille aînée de Louis XV, tante de Louis XVI. Respectable par ses mœurs, sa piété, sa vertu, au milieu d'une cour qui en offrait peu l'exemple ; entourée dans sa jeunesse de tout l'éclat que lui donnait son rang près du trône, elle se vit réduite, dans ses dernières années, à une vie errante et malheureuse. Mme Adélaïde naquit à Versailles, le 3 mai 1732, et vécut dans une étroite liaison avec le roi et les princes, ainsi que Mme Victoire sa sœur, jusqu'au moment de la révolution. Elle se mêla peu des affaires publiques, malgré son ascendant sur l'esprit du roi. On la vit cependant, lors du ministère de Calonne, s'opposer vivement aux vues séduisantes de ce ministre, et combattre de toute son influence ces projets brillans dont l'expérience prouva le vide. En 1791, effrayée des troubles qui s'annonçaient, elle demanda au roi la permission, qu'elle obtint, de quitter le royaume avec sa sœur. Les dames de la halle, informées de cette résolution, allèrent à Bellevue, où elle demeurait, et la supplièrent de ne pas abandonner le roi dans ce moment de crise ; elle répondit d'une manière évasive, et sortit de Paris avec Mme Victoire, le 19 février 1791, à la chute du jour. Elles avaient eu la précaution de se munir d'une attestation du roi et d'une déclaration de la municipalité de Paris, portant qu'elles avaient, ainsi que tous les Français, la liberté de parcourir le royaume. Cependant, arrêtées par la municipalité de Moret, délivrées à main armée par un régiment des chasseurs du Hainaut; arrêtées de nouveau à Arnay-le-Duc, elles ne purent continuer leur route qu'avec des ordres précis du roi et de l'assemblée nationale. A Rome, où elles se rendirent d'abord, elles furent bien accueillies par S. S., et demeurèrent long-temps dans le palais du cardinal de Bernis : en 1796, elles se rendirent à Naples, où elles se croyaient plus en sûreté; elles furent reçues par Ferdinand IV, à Caserte, où elles restèrent jusqu'au moment de l'invasion des Français, en 1799. A cette époque, elles se réfugièrent à Foggia, puis à Cérignol, et s'embarquèrent enfin à Bari, sur une mauvaise tartane, toujours fuyant et toujours poursuivies; elles débarquèrent à Brindisi, furent transportées à Corfou par l'amiral russe Outschacow, qui leur dépêcha une frégate à cet effet, et montèrent enfin sur un vaisseau portugais que leur envoyaient les cardinaux d'York, Braschi et Pignatelli, pour se rendre à Trieste. Mme Victoire mourut le 8 juin 1799, et sa sœur ne lui survécut que de neuf mois.

ADELASIO, Milanais, embrassa les opinions républicaines, et fut un des Italiens que la fortune éprouva davantage dans le cours des révolutions de son pays. En août 1796, nommé par le directoire cisalpin ambassadeur près de la république helvétique, il devint, en juillet 1798, membre de ce même directoire; maintenu en place par le ministre Trouvé, quand ce dernier vint changer et renouveler le gouvernement cisalpin, il fut destitué la même année par le nouvel ambassadeur Fouché, et bientôt après réintégré par le directoire français, qui rappela son dernier agent. Quand les Autrichiens, vainqueurs de Scherer, occupèrent le territoire cisalpin, le patriote Adelasio fut arrêté à Milan. Malheureux pays qui semble destiné à ne connaître que les orages d'une liberté, dont l'ambition de deux puissans voisins ne lui permet pas de jouir !

ADELER (Théodore), capitaine de vaisseau et chambellan du roi de Danemark, appartient à une des plus anciennes familles de ce pays. La faiblesse de sa santé l'obligea, jeune encore, à quitter le service, et à se retirer dans une de ses terres, où il améliora le sort de ses paysans, en les rendant propriétaires emphytéotiques, de serfs qu'ils étaient auparavant, comme ils le sont encore dans quelques états du Nord. Il fit un ouvrage sur l'agriculture, très-estimé en Danemark, et qui lui valut de la part du roi une médaille d'or. Des raisons de santé le déterminèrent à se fixer en France. Après quelques mois de séjour à Paris, il se retira en Provence dont le climat lui était favorable, et vécut en philosophe dans une propriété qu'il avait achetée à deux lieues d'Avignon. Des habitans du Midi, dans l'exécrable réaction de 1815, ne respectèrent pas un vieillard de 70 ans, un étranger, qui, depuis qu'il était parmi eux, avait rendu de nombreux services à ses voisins; ils se portèrent chez lui, pillèrent et dévastèrent son habitation; et, dans leur délire réactionnaire, le frappèrent avec violence, et le laissèrent baigné dans son sang. Les assassins signalèrent leur triomphe en s'emparant de la voiture et des chevaux de leur victime, et en s'en servant publiquement pour aller à de nouvelles expéditions. M. Adeler cependant survécut aux blessures graves qu'il avait reçues, se réfugia à Avignon, où il se tint caché, et ne retourna à sa terre qu'après l'ordonnance du 5 septembre de l'année suivante, dont l'influence fut si salutaire pour la France entière. Comme par le passé, M. Adeler, qui n'a pas été dégoûté de la bienfaisance, continue à donner des leçons d'agriculture à ses voisins, et à ses concitoyens des exemples de modération et de vertu. Il soulage, autant qu'il lui est possible, les pauvres des communes qui l'environnent. Sa bonté s'étend même sur tous les êtres utiles. Il a fondé dans sa terre une espèce d'hôpital pour les bêtes de sa ferme : c'est une grande prairie, plantée d'une multitude d'arbres, où les chevaux et les bœufs de labour sont placés en liberté quand ils sont malades, ou que, devenus vieux à son service, ils ne peuvent plus travailler. Ce n'est pas parmi ces animaux qu'il a trouvé des ingrats.

ADELON (Nicolas-Philibert), médecin à Paris, est né à Dijon en 1782. Il fit avec fruit, dans la première ville, ses études médicales; et depuis ce temps a publié dans divers journaux des articles relatifs à sa profession. Il se fit remarquer, en 1808, par le compte qu'il rendit, dans la Gazette de France, des séances publiques où le docteur Gall exposait son système, aujourd'hui célèbre. Les articles de M. Adelon, réunis en 1 vol. in-8°, furent ensuite publiés sous ce titre : *Analyse du cours du docteur Gall, ou Physiologie et Anatomie du cerveau, d'après son système*, Paris, 1808. Depuis dix ans professant la physiologie dans les amphithéâtres particuliers de la faculté de Paris, il prépare un grand ouvrage sur la physiologie de l'homme. Collaborateur du *Dictionnaire des sciences médicales*, de la *Revue encyclopédique*, etc., il publie en ce moment, de concert avec M. le professeur Chaussier, une édition nouvelle de l'ouvrage important de Morgagni, *de Sedibus et Causis Morborum*, avec notes; déjà le premier volume en a paru.

ADELUNG (Jean-Christophe), esprit méthodique et vaste, grammairien exact, et grand philosophe, ne fut pas ce que Piron appelle un *juré peseur de diphthongues*, mais il fut le législateur de sa langue maternelle; il avait l'érudition qui rassemble les matériaux, le jugement qui les classe, la sagacité qui en tire des résultats nouveaux, l'esprit d'analyse qui les réduit aux plus simples et aux plus fécondes expressions. Né, le 30 août 1734, à Spantekow, en Poméranie, il fit ses études dans trois universités différentes et célèbres, à Anklam, à Closterbergen près de Magdebourg, et enfin au collège de Halle. Nommé, en 1759, professeur au gymnase d'Erfurt, il en sortit après deux ans, et alla se fixer à Leipsick; il s'y livra tout entier à ces recherches philosophiques qui devaient être si utiles à sa réputation, et si précieuses pour la littérature et la grammaire allemandes. Nommé, en 1787, bibliothécaire de l'électeur à Dresde, il mourut dans cette ville, le 10 septembre 1806. Si les faits de sa vie sont faciles et courts à rappeler, la liste de ses ouvrages est longue, et leur mérite est de nature à ne pas être apprécié avec légèreté. Son principal titre de gloire est cet immense dictionnaire (*grammatical et critique*), où, bien qu'inférieur à Johnson en quelques points, il lui est supérieur en beaucoup d'autres. Chez l'Allemand, on trouve plus d'exactitude dans les définitions, plus de sagacité dans la filiation des mots, une métaphysique plus subtile et plus sévère dans l'ordre de leurs acceptions, presque toujours une plus grande vraisemblance d'étymologie; mais l'Anglais l'emporte infiniment, quant au choix des auteurs dont il tire ses exemples. Johnson vivait dans un temps où les Addisson, les Hume, les Dryden, avaient écrit : la langue était à peu près fixée; tout ce qui s'écartait du dialecte de Londres était provincial et inadmissible. Il était facile de déterminer la limite du néologisme. En Allemagne, au contraire, les meilleurs écrivains nationaux n'avaient encore rien publié, quand Adelung s'occupait de son travail; la flexibilité de la langue allemande, la liberté de son génie, le grand nombre de dialectes où elle se trouvait modifiée, rendaient ce travail souvent arbitraire, toujours difficile et hasardeux. Adelung, d'ailleurs, méthodique et sévère, partisan exclusif du dialecte pur de la Misnie, effrayé du grand nombre de mots nouveaux qu'enfantaient chaque jour tant de provinces éloignées, tant d'auteurs indépendans, et tous les nouveaux besoins de l'imagination et de l'esprit, traça autour de lui un cercle beaucoup trop étroit, et se montra partial dans le choix des auteurs qu'il cita, des locutions qu'il approuva, des mots qu'il admit. Jean H. Vosse et Joa. H. Campe le lui reprochèrent avec moins de décence que de justesse. Quoi qu'il en soit, on peut le regarder comme le génie le plus étendu qui se soit occupé de la base nécessaire et aride des sciences, de la grammaire, clef de toutes les connaissances humaines, mais dont les grammairiens eux-mêmes se servent rarement pour pénétrer dans le sanctuaire. On dirait que les hommes qui se consacrent à cette espèce d'études se condamnent à rester éternellement en sentinelles aux portes du palais, et à les tenir ouvertes à des génies plus vigoureux et plus habiles. Adelung n'en resta pas là : ses trois *Grammaires allemandes*, plusieurs fois imprimées; son *Traité du style allemand*, son *Glossarium manuale ad scriptores mediæ et infimæ latinitatis*, décelèrent un homme instruit du mécanisme le plus délié du langage, versé dans la partie artificielle et, pour ainsi dire, mécanique de l'art d'écrire, assez patient pour remonter aux sources impures et mêlées des idiomes modernes, assez habile pour en suivre les déviations et les ramifications. Plusieurs autres ouvrages, comme son *Supplément au Dictionnaire des gens de let-*

tres, par *Jækker;* et son *Tableau de toutes les sciences, arts et métiers, qui servent aux besoins de la vie,* montrèrent l'homme de sens qui porte dans l'histoire littéraire et scientifique cette philosophie pratique si précieuse et si rare, parce qu'elle semble vulgaire. Enfin, après avoir passé sa vie à méditer sur les différens modes dont les hommes se servent pour mettre au dehors leur pensée, il conçut le projet de tracer l'immense tableau comparatif de ces différens modes, c'est-à-dire d'exécuter pour l'anatomie du langage ce que le savant Adanson voulait exécuter pour toutes les existences matérielles. Déjà le premier volume de ce grand système s'imprimait quand la mort surprit l'auteur, dans une vigne plantée sur les bords de l'Elbe, où il venait de rassembler ses amis pour célébrer avec eux l'anniversaire de sa 74me année. Quelques jours auparavant était mort un homme également célèbre, et dont le génie, le caractère et les travaux offrent plus d'un rapport avec les siens; c'était Adanson. Tous deux, doués d'une patience sans bornes, ont eu la douleur de laisser imparfait l'ouvrage le plus important de leur vie; mais Adelung trouva dans M. Vater un continuateur digne de lui. Donnons seulement ici la table des matières de cet ouvrage immense, intitulé: *Aperçu raisonné de toutes les langues anciennes et modernes, divisées en familles et en classes.* Dans le premier volume, l'auteur cherche le berceau de la civilisation humaine, qu'il trouve sous le ciel d'Asie, et la langue primitive, dont il croit reconnaître les traces irrécusables dans le plus ancien et le plus sacré des idiomes, le shanskrit. Le second volume divise en six familles principales toutes les langues européennes. Les troisième et quatrième volumes sont consacrés aux langues d'Afrique, d'Amérique et de la mer du Sud. Les héritiers d'Adelung ont fidèlement remis à M. Vater les manuscrits de ce savant. Il ne faut pas oublier la généreuse entreprise du libraire Voss, qui se chargea seul de tous les frais de cet immense et périlleux ouvrage : plus l'habitude de voir dans la vie un seul but, le gain, rétrécit ordinairement les âmes et abaisse les idées, plus cette sorte de hardiesse et de dévouement est digne de remarque. Adelung était gai, jovial même; il aimait ces *fecundos calices,* où plus d'un grand homme et plus d'un homme de talent trouvèrent l'oubli de leurs travaux ou la verve de leur génie. Sa cave, abondante en vins étrangers, avait reçu de lui le nom de *bibliotheca selectissima.* Il ne se maria pas. Sa femme, disaient ses compatriotes, c'est son bureau; ses enfans, ce sont soixante-dix volumes, de toutes dimensions, que sa plume féconde a mis au jour.

ADELUNG (Frédéric), neveu du précédent, est né à Stetin vers la fin du 18e siècle. Il s'établit à Pétersbourg, fut employé dans la direction du théâtre allemand de cette ville, continua d'une manière honorable les recherches philologiques de son oncle, fut nommé instituteur des jeunes princes de la famille impériale, et reçut de l'empereur Alexandre la croix de l'ordre de Sainte-Anne. L'ouvrage qui a le plus servi à sa réputation, est intitulé : *Notices et extraits d'anciens poètes allemands, dont les manuscrits sont passés de la bibliothéque d'Heidelbert à celle du Vatican;* Kœnigsberg, 1796 et 1798. On connaît encore de Frédérick Adelung plusieurs ouvrages estimables : *de l'ancienneté de quelques poëmes septentrionaux,* inséré dans la collection Bekker, tom. IV; *Rapports entre la langue shanskrite et la langue russe,* en français. En 1811, il présenta à l'académie impériale russe, une très-belle collection de manuscrits sur les diverses langues de l'univers, et principalement sur celles d'Asie. Il en devait une grande partie à M. Backmeister, long-temps bibliothécaire de l'académie des sciences de Saint-Pétersbourg.

ADET (PIERRE-AUGUSTE), officier de la légion-d'honneur, né à Paris en 1765, s'est livré à l'étude des sciences naturelles. Élève d'artillerie, puis médecin, il fut nommé, en 1791, secrétaire de la première commission envoyée à Saint-Domingue, ensuite chef de l'administration des colonies; enfin, adjoint au ministère de la marine, sous d'Albarade. Après le 10 thermidor, le comité de salut public le nomma membre du conseil des mines, et, peu de temps après, l'envoya en qualité de résident à Genève. Adet y recueillit des témoignages de l'estime publique, lorsqu'il quitta cette ville, en 1795, pour se rendre aux États-Unis, en qualité de ministre plénipotentiaire. Ce fut lui qui, en 1796, présenta au congrès, de la part de la nation française, le drapeau tricolore, et qui, l'année suivante, remit au secrétaire-d'état des États-Unis cette note fameuse, où le directoire, se plaignant de ce que le gouvernement américain laissait violer sa neutralité, et manquait aux stipulations du traité de 1778, déclarait que le pavillon de la république traiterait tout pavillon neutre comme celui-ci se laisserait traiter par les Anglais; déclaration que les Américains regardèrent comme contraire aux termes du traité de 1778. Avant cette époque, Adet avait été rappelé, on ne sait pourquoi, et le directoire, sans que l'on en connaisse le motif, l'avait confirmé dans ses fonctions. Mais, après la présentation de la note dont nous venons de parler, Adet annonça au gouvernement américain qu'il avait ordre de suspendre ses fonctions, et, quoique le directoire lui eût laissé la faculté de rester aux États-Unis, ou de revenir en France, il quitta l'Amérique aussitôt qu'il fut informé que le directoire n'avait pas voulu recevoir M. Pincknay, ministre américain. Nommé, en 1799, commissaire à Saint-Domingue, avec Saint-Léger et Fréron, il refusa cette place. Après le 18 brumaire, il fut appelé au tribunat, et établit dans un rapport, fait au nom d'une commission spéciale, que le gouvernement avait seul droit de diriger, par des règlemens, tout ce qui était relatif à la course. Quelques jours après, il fut nommé membre de la commission des inspecteurs de la salle, proposa de suspendre l'effet des engagemens contractés pour acquisition de biens aux colonies, qui auraient été postérieurement dévastés par les événemens de la révolution, et fit successivement plusieurs rapports au nom de diverses commissions spéciales. Il quitta le tribunat au mois de mars 1803 pour passer à la préfecture de la Nièvre, qu'il administra pendant six ans. Ayant été appelé à d'autres fonctions par suite d'une dénonciation calomnieuse qu'un ministre de Napoléon avait accueillie sans examen et sans information, le département de la Nièvre, sept mois après qu'il en eut quitté l'administration, le nomma candidat au corps législatif. Il en fut élu membre par le sénat le 2 mai 1809, et ne parut qu'une seule fois à la tribune, le 13 mars 1813, pour faire hommage à la chambre d'un ouvrage de son ami Bouffey, sur l'influence de l'air dans les maladies. Étant conseiller-maître à la cour des comptes, il combattit contre les ennemis sous les murs de Paris le 30 mars 1814, en qualité de sergent de grenadiers de la garde, et signa l'acte d'adhésion de la cour des comptes à la déchéance de Napoléon. Appelé par la charte à la chambre des députés, en 1814, il siégea parmi les constitutionnels. Au retour de Napoléon, il céda aux instances d'une députation de la ville de Nevers, et s'y joignit. Adet est connu par plusieurs ouvrages en chimie, par un système nouveau de caractères chimiques qu'il imagina avec M. Hassenfratz, et qui n'a pas été généralement adopté. Il a fait plusieurs traductions.

ADHÉMAR (d'). Les membres de cette ancienne famille, évidemment originaire de Florence, et depuis long-temps établie en Languedoc, ont fourni à la révolution plus d'une victime. Nous en trouvons quatre qui ont péri dans nos orages politiques. Jean d'Adhémar, d'une famille distinguée de Languedoc, était, quand la révolution éclata, chevalier de Saint-Louis et lieutenant-colonel du régiment de Cambrésis. En 1791, son corps étant en garnison à Perpignan, on l'accusa d'avoir voulu, de concert avec trente-cinq autres personnes, livrer la citadelle aux Espagnols. Dusaillant, Chollet, lui, et les autres, furent décrétés d'accusation le 9 janvier 1792, traduits devant la haute-cour nationale d'Orléans, et transférés ensuite à Versailles, d'où ils devaient passer à Paris, mais où ils furent massacrés le 9 septembre 1792. Les mêmes assassins frappèrent à la fois Jean d'Adhémar et ses deux fils, François et Félix d'Adhémar, officiers au régiment de Cambrésis, qui n'avaient pas voulu quitter leur père. Raymond d'Adhémar périt aussi, mais sous la hache juridique du tribunal révolutionnaire. D'Adhémar de Lantagnac (le comte Maurice), né le 12 juin 1772, page de Louis XVI, témoin de la journée du 5 octobre 1789, émigra en septembre 1791, se rendit à Coblentz et servit dans l'armée de Condé, jusqu'au licenciement (29 avril 1801). Rentré en France le 6 avril 1814, fit partie de la garde à cheval qui alla au-devant de Monsieur, et envoyé par ce dernier à Bordeaux près du duc d'Angoulême, fut récompensé de cette mission sans danger par le grade de colonel et la croix de Saint-Louis. A la seconde restauration, un ordre du 26 octobre 1816 le nomma colonel de la garde départementale du Haut-Rhin. D'Adhémar de Cransac (Joseph, comte), son cousin, sous-lieutenant au régiment de Viennois en 1782, partit pour l'Amérique, où il fit la guerre sous le général Bouillé, revint en France, émigra en 1792, et rentra de nouveau sous Bonaparte, qui le fit gendarme d'ordonnance, et auquel il s'attacha particulièrement. Il obtint de l'empereur, et conserva jusqu'en 1814, le commandement du 29me régiment d'infanterie. Nommé chevalier de Saint-Louis par ordonnance du roi (27 novembre 1814), il est aujourd'hui colonel de la garde départementale des Deux-Sèvres. D'Adhémar de Colombier (Antoine-Frédéric-Louis, comte), membre de la même famille, échappa aux désastres du temps par un heureux hasard. Né à Anduze, en Languedoc; capitaine d'artillerie avant la révolution, et dès 1791, commandant de la garde nationale d'Anduze, il quitta ce poste pour servir dans l'armée active, fit deux campagnes sur le Rhin, fut, en 1793, suspendu de ses fonctions, se retira dans sa ville natale, et y demeura paisible, au milieu de l'incendie général. Le 17 juillet 1815, une ordonnance le fit commandant de la garde royale.

ADLER (JACQUES-GEORGES-CHRÉTIEN), savant orientaliste, naquit en décembre 1756, dans la ville d'Arnis, duché de Sleswig. Rome, cette ancienne capitale du monde civilisé, eut pour Adler un attrait auquel, à peine sorti du collège, il ne put résister. Là, il fit connaissance avec plusieurs personnages marquans, et, entre autres, avec le cardinal Borgia, qui se chargea de publier, à ses frais, la description des pièces les plus curieuses du cabinet d'Adler. Il revint dans sa patrie, fut nommé, en 1783, professeur de syriaque, professeur de théologie à l'université de Copenhague, en 1788, et prédicateur du château de Gottorp, en 1798. Il remplit dans la même ville, de 1783 à 1789, les fonctions de pasteur de l'église allemande de Christian-Hafen. Il n'avait pas 17 ans, quand parut son ouvrage intitulé : *Recueil de formules et contrats, en hébreu rabbinique et en allemand*, Hambourg, 1773. Outre des sermons allemands, son voyage de Rome, écrit en allemand, et des morceaux de littérature orientale, d'abord épars, ensuite réunis en un seul volume, on a de lui : *Codicis sacri rectè scribendi leges, ad rectè æstimandos codices manuscriptos antiquos*, etc., ib. 1779, in-4°. *Descriptio codicum quorumdam Cuficorum.... in bibliothecâ regiâ Hafniensi servatorum*, Altona, 1780. (Dans cet ouvrage se trouvent des détails sur la graphotechnie des Arabes, détails uniques et curieux.) *Musæum Cuficum Borgianum Velitris*, 1782, 1792, 2 vol. in-4°. *Bibliotheca biblica Wurtembergici ducis, olim Lorchiana;* Altona, in-4°, 1787. *Novi Testamenti versiones syriacæ.... illustratæ*, Copenhague, 1789. La médiocrité peut regarder avec dédain ces travaux obscurs et pénibles. Ce sont des matériaux que la patience prépare au génie, et sans lesquels la science ne bâtirait que dans les nues ou sur le sable.

ADLUNG (Jacques), organiste célèbre, naquit près d'Erfurt, en 1699, et mourut dans cette ville le 5 janvier 1792. C'est un des hommes qui ont le mieux approfondi leur art. D'Alembert a donné les rudimens de la science musicale, Bemetzrieder en a offert la grammaire complète; mais les deux traités d'harmonie où les questions épineuses sont résolues avec le plus de clarté, sont les ouvrages suivans de Jacques Adlung: *Introduction à la science musicale*, Erfurt, 1758, in-8°; *Les sept Étoiles musicales*, Berlin, 1768, in-4°.

ADMIRAL (Henri L') ou L'Amiral, né en 1744, à Auzelot (Puy-de-Dôme), de parens pauvres, vint à Paris et entra comme domestique dans la maison du ministre Bertin, dont la protection le fit nommer directeur de la loterie à Bruxelles. L'Admiral ayant perdu cette place par suite de la révolution, et ne sachant plus où trouver des moyens d'existence, fatigué d'ailleurs des excès de Robespierre et de Collot-d'Herbois, résolut d'immoler ces deux députés. Mais la difficulté de parvenir jusqu'à Robespierre, le porta à ne s'attacher qu'à Collot-d'Herbois, à qui il tira, dans la nuit du 3 prairial an 2 (22 mai 1794), deux coups de pistolet qui firent long feu. Il fut poursuivi par la garde et par un nommé Geoffroi, serrurier, qui enfonça la porte de la chambre où il s'était retiré, et l'arrêta après avoir été blessé d'un coup du dernier pistolet dont il était armé. Dans l'interrogatoire, l'Admiral déclara que «s'il » eût réussi dans son projet d'as- » sassiner Robespierre et Collot- » d'Herbois, il aurait sauvé la ré- » publique, délivré la France, et » serait devenu l'objet de l'admira- » tion et des regrets de l'univers.» Cet attentat fut présenté comme la preuve d'une conspiration dirigée contre la république et les représentans du peuple, par les agens de l'étranger. Le 26 du même mois, sur la proposition d'Élie Lacoste, la convention nationale rendit un décret qui enjoignait au tribunal révolutionnaire de juger sans délai l'Admiral, la fille Renaud, âgée de 20 ans, qui, quelques jours auparavant, s'était rendue chez Robespierre, exprès, disait-elle, pour voir un tyran, et cinquante-deux autres fauteurs ou complices de cette prétendue conspiration, au nombre desquels se trouvaient deux des trois Sombreuil, M. de Sartines, Mme de Sainte-Amaranthe, et Mme Desprémenil, personnes toutes étrangères les unes aux autres. Lorsque l'Admiral vit tant d'infortunés, il ne put retenir l'expression de sa vive douleur. «Que de braves » citoyens compromis pour moi! » dit-il : c'était le plus grand cha- » grin qui pouvait m'atteindre.» Il affirma qu'il n'avait point de complice, et qu'aucun de ceux qu'on lui donnait, ne lui était connu. Condamné à mort, treize jours après le décret de la convention, il chanta d'une voix forte, en entendant prononcer son jugement, ce refrain d'une chanson célèbre :

Plutôt la mort que l'esclavage!
C'est la devise des Français.

En allant au supplice avec la fille Renaud, il lui dit : « Vous vouliez voir un tyran, vous deviez aller à la convention, vous en eussiez vu de toutes les tailles. » L'échafaud était dressé à la barrière du Trône. Ses cinquante-trois co-accusés furent exécutés avant lui; l'exécution dura trente-huit minutes. Lorsque le tour de l'Admiral fut arrivé, il se présenta avec assurance. « J'ai conçu seul mon projet, dit-il avant de mourir, je voulais servir ma patrie. » L'Admiral était un homme musculeux et d'une taille moyenne. Il avait le regard sévère, le visage maigre, le maintien assuré, et une fermeté de caractère qui ne s'est pas démentie.

ADMYRAULD (Julien-Louis), négociant, fut élu, en novembre 1814, au corps législatif, par le département de la Charente-Inférieure, et siégea dès lors parmi les membres constitutionnels. Le 19 novembre, il prononça un discours où il s'élevait contre le système des douanes, et contre *cet esprit de conquête, qui dénaturait tous les élémens de la prospérité publique*. Il obtint un congé pour affaires de familles, et fut absent tout le reste de la session; en août 1815, membre de la chambre des députés, il fit partie de la minorité libérale. En 1816, il fut nommé commissaire pour examiner la proposition de M. Dugus, relativement aux mines. En 1817 et 1818, il siégea au côté gauche, seconde section. En 1819, il essaya de justifier les opérations des ministres, et de présenter les destinées de la France sous un jour favorable et plein d'espérances. Il vota l'adoption du projet de loi relatif aux dépenses de 1815, applaudit aux vues économiques de la commission, et dans un discours remarquable, appela l'attention de la chambre sur la marine française. Traçant le tableau de l'origine et des progrès du commerce extérieur de la France, il prouva que la protection d'une bonne marine était indispensable; démontra l'influence du commerce maritime sur la fortune publique; défendit le système colonial; fit valoir les avantages qu'on peut tirer des colonies qui nous restent; enfin, il établit la nécessité d'accorder de nouveaux secours à la marine. Sur la proposition de M. Lafitte, tendant à répartir entre les actionnaires de la banque, les fonds en réserve et en stagnation, il fit un rapport favorable au projet, qui ne fut néanmoins adopté qu'avec plusieurs amendemens. Dans la session de 1820, M. Admyrauld se prononça fortement en faveur du maintien de la loi des élections, et fit à ce sujet un discours remarquable par la force des raisonnemens et l'éloquente énergie du style.

ADOLPHE (LE PRINCE) d'Angleterre, fils du roi, combattit de bonne heure contre la France. Employé, en 1793, dans l'armée anglaise et hanovrienne, il commandait, au mois de mars, deux colonnes de Hanovriens, à la tête de l'armée combinée. Dans la retraite de la nuit du 6 septembre 1793, il se battit avec fureur, et tomba entre les mains des troupes françaises. Une patrouille hanovrienne se trompa de chemin, passa par le village de Respoede, où on le gardait, et, jointe à un régiment des gardes hanovriennes, rassemblé à la hâte par le général Walmodez, dégagea le prince, qui reçut, à cette affaire, deux légers coups de sabre. Il n'avait que 19 ans.

ADOLPHUS (John), né à Londres en août 1768, est issu d'une ancienne famille saxonne. Un de ses ancêtres vint avec Guillaume III se fixer en Angleterre, et coopéra au nouveau système de gouvernement que ce monarque établit. Son grand-père, médecin de Frédéric-le-Grand, partagea ses opinions philosophiques, et publia quelques ouvrages assez hardis, entre autres une *Histoire des Diables modernes*, qui fut très-favorablement accueillie. John Adolphus était encore très-jeune quand il fut envoyé à l'île de Saint-Christophe, où il exerça pendant quelque temps des fonctions publiques. A son retour à Londres, il suivit la carrière du barreau, d'abord comme procureur, ensuite comme avocat. Sans renoncer à cette dernière profession, où il acquit beaucoup de réputation, M. Adolphus cultiva les lettres, et concourut avec M. Coxe à la publication des mémoires de sir Robert Walpole. Parmi les ouvrages d'histoire et d'économie politique dont il est l'auteur, on remarque, pour l'exactitude des recherches, et un esprit d'impartialité peu commun : *Mémoires biographiques de la Révolution française*, 1799; *Histoire d'Angleterre*, depuis l'avénement de Georges III jusqu'à la paix de 1773. On publie une traduction française de cet ouvrage, sous la direction de M. Campenon; *Réflexions sur les causes de la rupture actuelle avec la France*, 1803; *Histoire de France depuis 1791 jusqu'à la paix d'Amiens*, 4 vol. in-4°; ouvrage fait à la hâte et avec moins d'exactitude qu'un tel sujet n'en demandait. *Vue générale des possessions intérieures et étrangères de la couronne d'Angleterre, des lois de commerce, des revenus des administrations et autres établissemens tant militaires que civils.* Une traduction française de cet ouvrage, long-temps annoncée, n'a pas paru : le simple abrégé d'un livre qui n'a pour la France aucun intérêt immédiat, serait plus utile qu'une traduction complète. M. Adolphus a publié en outre plusieurs Essais sur diverses matières, et un grand nombre de Pamphlets politiques. Cette dernière espèce d'ouvrages fixerait peu l'attention sur leur auteur : mais on se souviendra toujours de l'historien exact, de l'avocat éloquent, du généreux défenseur de Thistlewood et de ses complices; de l'homme qui, attaché au gouvernement par ses opinions et par ses places, osa élever sa voix en faveur de malheureux abandonnés même de leur parti.

ADOMÉ, nègre de Cayenne, s'était mis à la tête de l'insurrection qui devait éclater dans la nuit du 4 au 5 février 1794, et pendant laquelle les nègres de la campagne, réunis à ceux de la ville, devaient égorger les blancs. Les signaux, pour l'exécution de cette entreprise, étaient plusieurs coups de canon de salut qui devaient partir du port. Mais les conjurés s'étant mépris, et l'attaque, au lieu d'être générale, n'ayant eu lieu que sur quelques points, les habitans eurent le temps de courir aux armes et de se défendre. Ils triomphèrent : Adomé fut pris, désarmé et fusillé.

ADORUS (don Antonio), avocat à Madrid, où il est né, devint partisan de la révolution française, et fut exilé de Madrid en 1792, pour avoir voulu en propager les principes dans son pays. Un retour vrai ou supposé à des sentimens monarchiques, le fit rappeler de son exil ; mais il ne tarda pas à manifester ses opinions libérales. En 1811, il fut nommé député aux cortès, et se prononça aussi énergiquement contre Napoléon, qu'il mit de fermeté, lui et ses partisans, à exiger que Ferdinand VII ne fût pas reçu en qualité de souverain, avant d'avoir prêté serment à la constitution. Ferdinand étant rentré dans ses états, Adorus disparut sans qu'on pût savoir ce qu'il était devenu. On prétendit qu'il avait été enfermé dans la tour de Ségovie. Si en effet Adorus a été privé de sa liberté, il a dû participer aux bienfaits d'une révolution qui a noblement dédommagé les victimes des persécutions qu'elles avaient souffertes.

ADRIAM (Marie), jeune fille de Lyon. En 1793, Lyon était attaqué par les troupes de la convention, et défendu par ses habitans : Marie Adriam, à peine âgée de 16 ans, prit des habits d'homme, et servit pendant toute la durée du siége, en qualité de canonnier ; son dévouement et sa valeur la firent remarquer, même parmi des hommes qui en donnèrent, à cette époque mémorable, les preuves les plus signalées. Arrêtée, après le siége, et condamnée à mort : «Comment, lui dit un des »juges, avez-vous osé braver les »périls de la guerre, et prendre »les armes contre votre patrie ?— »Je les ai prises, répondit-elle, »pour la servir et pour la délivrer »de ses oppresseurs. »

ADRY (Jean-Félicissime), consacra toute sa vie à des travaux philologiques et bibliographiques. Né à Vincelotte près d'Auxerre, en 1749, il fut reçu fort jeune dans la congrégation de l'Oratoire, et professa la rhétorique avec succès au collège de Troyes en Champagne. On le nomma ensuite bibliothécaire de la maison de l'Oratoire, rue Saint-Honoré ; la révolution le priva de cette place, et redevenu séculier, il continua ses recherches, envoya des articles savans au *Journal encyclopédique* et au *Magasin encyclopédique,* et ajouta des préfaces intéressantes et des supplémens curieux à plusieurs éditions d'ouvrages anciens et modernes, qu'il publia. M. Adry est mort il y a quelques années.

ÆPINUS (François-Marie-Ulrich-Théodore), l'un des hommes qui appliquèrent avec le plus d'utilité les mathématiques à la physique ; rigoureux dans ses déductions, doué d'une rare sagacité dans ses expériences, il fit faire plusieurs pas importans aux sciences naturelles. Soumettre au calcul exact cette puissance électrique, si féconde en phénomènes, si rapide, si mystérieuse et si mal connue, ainsi que la force magnétique, dont les rapports avec l'électricité sont encore un secret; voilà l'une des plus audacieuses tentatives de la patience et de la science humaines : Æpinus osa l'entreprendre. S'il n'a pas obtenu un plein succès, du moins lui reste-t-il l'honneur d'avoir approfondi la théorie de l'électricité, quant au mouvement du fluide et à sa manière de se répandre sur la surface des corps; et d'avoir découvert, par la seule force de ses calculs et de ses généralités, des modes d'expériences nouvelles et recommandables, tels que l'électrophore et le condensateur électrique, dont il donna la théorie complète. Æpinus naquit à Rostock, le 13 décembre 1724, et mourut à Dorpt en Livonie, au mois d'août 1802, âgé de 78 ans. Ce savant modeste a laissé de grandes traces de lumière dans les ouvrages intitulés : *Tentamen Theoriæ electricitatis et magnetismi*, Pétersbourg, 1 vol. in-4° (M. Haüy en a donné un abrégé en 1787); *Réflexions sur la distribution de la chaleur sur la surface de la terre*, 1762, in-4°, traduit en français par Raoul de Rouen; enfin, dans des Mémoires intéressans, insérés dans le *Recueil des mémoires de l'académie de Saint-Pétersbourg*, Æpinus est le premier qui ait fait des expériences exactes sur l'électricité de la tourmaline. Ses *Recherches*, réunies à celles d'autres académiciens de Russie, sur la même matière, forment un vol. in-8°, imprimé à Saint-Pétersbourg en 1762.

ACREL (Olaus), chirurgien et médecin suédois, né dans les environs de Stockholm au commencement du 18ᵐᵉ siècle; il étudia d'abord la chirurgie à Upsal et ensuite à Stockholm, puis voyagea en Allemagne et en France, séjournant à Gœttingue, à Strasbourg et à Paris. Après avoir servi deux ans comme chirurgien dans les armées françaises, il revint en Suède, où ses talens et son zèle lui acquirent une grande réputation, et lui firent obtenir des places importantes. Il fut nommé directeur-général de tous les hôpitaux du royaume, chevalier de Wasa, et peu de temps après, commandeur de cet ordre. On lui doit des idées nouvelles sur la manière d'établir des hôpitaux dans les camps et dans les armées, et plusieurs ouvrages, parmi lesquels on distingue, 1° *Traité sur les plaies récentes*, Stockholm, 1745; 2° *Observations de chirurgie*, ibid., 1750; 3° *Dissertation sur l'opération de la cataracte*, ibid., 1766; 4° *Discours sur la réforme nécessaire dans les opérations chirurgicales*, ibid., 1767. Acrel mourut en 1807, dans un âge très-avancé. Il avait été nommé docteur de l'université d'Upsal, membre de l'académie des sciences de Stockholm, et associé étranger de l'académie de chirurgie de Paris.

AFFRY (Louis-Auguste-Augustin d'), fils de François d'Affry, lieutenant-général au service de France, d'une des plus anciennes familles de Fribourg, entra au service dès sa jeunesse : une grande partie de sa vie fut guerrière. Né à Versailles en 1713, capitaine aux gardes en 1734, il se trouvait à Guastalla, où son père fut tué. Il fit les campagnes de 1746, 1747 et 1750, avec une bravoure qui lui valut le grade de maréchal-de-camp. En 1755, il fut accrédité près des états-généraux des Provinces-Unies, d'abord comme envoyé extraordinaire du roi de France, ensuite comme ambassadeur. Il servit dans l'armée de Hesse, en 1762, avec le grade de lieutenant-général, et fut nommé, en 1781, colonel des gardes-suisses. Ce fut en cette qualité qu'il commanda, en 1789, les régimens destinés à la garde personnelle de Louis XVI. Il le défendit courageusement aux jours périlleux des 5 et 6 octobre; mais lorsque, par la retraite de ce prince, il se crut délié de ses sermens, il vint offrir ses services à l'assemblée nationale, en protestant de son dévouement à la nation. Étranger aux événemens politiques depuis 1792, ce vieillard fut cependant enveloppé dans les arrestations d'août 1793; il échappa miraculeusement aux massacres de septembre, et se retira dans son château du pays de Vaud, où il mourut peu de temps après. Le comte d'Affry était un des hommes les plus distingués de la haute société, où il exerça, jusqu'à la fin de son séjour à Paris, une sorte de dictature, soit par les services qui distinguèrent sa vie militaire et politique, soit par la protection spéciale dont il ne cessa d'honorer les gens de lettres et les artistes, soit enfin par le charme toujours piquant d'une conversation éclairée et philosophique, dans laquelle il savait entremêler, avec une grâce qui lui était particulière, les souvenirs des deux règnes, et ceux des hommes du premier ordre en tout genre, avec lesquels il avait vécu. Peu d'hommes ont fourni une carrière plus pleine, plus honorée, et plus justement heureuse. Il n'y eut peut-être jamais de Français plus aimable, plus brave et plus habile.

AFFRY (Louis-Augustin-Philippe, comte d'), prouva dans tout le cours de sa vie, que la prudence, la dextérité, l'usage du monde et la finesse du tact servent bien plus à l'avancement personnel, et quelquefois remplissent mieux les fonctions délicates de la politique, que ne peuvent le faire un talent supérieur, de la science et du génie. Fils du général comte d'Affry, il naquit à Fribourg en 1743. Destiné de bonne heure à l'état militaire, le comte d'Affry accompagna son père à La Haye, comme gentilhomme d'ambassade, et devint ensuite aide-major aux gardes-suisses, capitaine, brigadier, maréchal-de-camp, et lieutenant-général. En cette dernière qualité, il commanda l'armée du Haut-Rhin jusqu'au 10 août 1792, et après le licenciement des troupes suisses, se retira dans sa patrie; il fut adjoint au conseil secret de Fribourg, et, en 1798, nommé commandant des forces militaires : poste bien difficile dans un moment où la Suisse, tourmentée par des mouvemens intérieurs, était menacée d'une invasion étrangère. Ces deux calamités fondirent en effet sur la Suisse. D'Affry employa tous les moyens que lui suggéra la prudence, pour en conjurer les effets. Quand les troupes françaises occupèrent Fribourg, d'Affry devint membre du gouvernement provisoire; mais une mesure générale l'ayant exclu de toute fonction publique, il ne remplit aucune place pendant la révolution de la Suisse. Cependant il n'entra dans aucune intrigue contre le gouvernement qui l'éliminait, et resta étranger aux insurrections de 1801 et de 1802. Nommé député pour Paris, quand Napoléon s'offrit aux cantons en qualité de médiateur, il fut regardé généralement comme l'homme le plus propre à rallier toutes les opinions, tous les partis; et à servir la cause de la patrie. Doué d'un esprit conciliant, et joignant à l'aménité des mœurs la pénétration de l'homme de cour, à l'habitude de traiter les affaires épineuses, un extérieur plein de franchise, il conserva des relations dans tous les partis. Bonaparte le distingua parmi les députés de l'Helvétie, et ce fut à lui qu'il confia l'acte de médiation du 19 février 1803, et le soin pénible de rétablir une paix bannie depuis longtemps, d'amortir toutes les haines, et de réunir tous les intérêts. d'Affry fut créé *landamman* de cette année, et revêtu de pouvoirs extraordinaires, jusqu'à la réunion de la diète. Rentré en Suisse, il fut nommé par ses concitoyens premier-avoyer de Fribourg, et des fonctions d'honneur marquèrent tout le reste de sa vie. Lors du couronnement de l'empereur, ce fut lui qui présenta au nouveau monarque les félicitations de l'Helvétie; au commencement de la campagne de 1807, il fut choisi par ses concitoyens, et député pour recommander à Napoléon les intérêts de la neutralité suisse; en 1810, député de nouveau près de ce souverain pour le complimenter à l'occasion de son mariage avec l'archiduchesse Marie-Louise, il fut comblé de faveurs, reçut des présens magnifiques et la grande décoration de la légion d'honneur. Il allait rendre compte de sa mission à la diète de Berne, quand il mourut frappé d'apoplexie, le 26 juin de la même année.

AFFRY (Charles d'), fils du landamman, suivit avec honneur la carrière des armes. Il entra de bonne heure au service, et n'échappa au massacre du 10 août que par un hasard heureux qui le retint en Normandie : il y était resté comme lieutenant, à la tête d'un détachement de son corps. Colonel d'un régiment suisse, il fit en 1812 la campagne de Russie; fut nommé officier de la légion d'honneur. En septembre 1814, il reçut du roi la croix de Saint-Louis, et, six mois après, de Monsieur, le brevet de commandant de légion. Le 22 mars 1815, deux jours après le retour de Napoléon, il lui fut ordonné de paraître le lendemain à la parade, mais il crut devoir auparavant se rendre chez le général de Castella, à qui le roi avait remis, le 19. le commandement des quatre régimens suisses. Ce général lui défendit à lui et à tous les officiers suisses de se montrer au château, et, en effet, aucun d'eux n'y vint. Les quatre régimens partirent pour retourner dans leur pays, et avec eux M. Charles d'Affry. Pendant les *cent jours*, il commanda à Bâle une division de l'armée de la Confédération suisse, pénétra en France avec sa division, et occupa Pontarlier : il n'était plus au service de France. L'empereur d'Autriche lui donna la petite croix de Saint-Léopold, et Louis XVIII le nomma maréchal-de-camp, colonel de l'un des deux régimens de la garde. Il mourut en Suisse, étant en congé, en 1818.

AGAR (JEAN-ANTOINE-MICHEL, COMTE DE MOSBOURG), né dans le département du Lot en 1771, avocat et professeur à Cahors, s'attacha, en 1801, à la fortune du général Murat, son compatriote, et le suivit à l'armée que ce général commandait en Toscane; il fut chargé d'une mission relative à l'organisation de ce grand-duché, que le premier consul Napoléon Bonaparte érigeait en royaume en faveur d'un prince espagnol de la maison de Bourbon. M. Agar fut employé, peu de temps après, pour les affaires de la consulte tant à Lyon qu'à Milan; il fut nommé, en 1802, président du conseil général de son département, et, en 1804, membre du corps législatif. L'année suivante, le général Murat, devenu prince, invita M. Agar à l'accompagner dans la brillante campagne qui livra l'Autriche à l'armée de Boulogne. On ne peut se refuser à une observation qui caractérise cette époque : M. Agar crut pouvoir renoncer à son mandat de député, et suivre le général en costume de législateur. Nommé grand-duc de Berg et de Clèves, Joachim Murat lui confia l'administration de ses états, et, en 1807, il voulut l'attacher à sa famille, en lui donnant en mariage une de ses nièces. Le comté de Mosbourg fut également conféré alors à M. Agar en récompense de ses services; Joachim étant monté sur le trône de Naples, le comte de Mosbourg fut chargé du ministère des finances de ce royaume. Les événemens de 1814, qui portèrent le roi de Naples à prendre parti contre la France, et ceux de 1815, qui le forcèrent à s'armer contre l'Autriche, rendirent difficile la position du comte de Mosbourg. Joachim, forcé à une retraite honteuse, songea enfin à la ressource d'une constitution libérale qui pût ranimer en sa faveur l'amour de ses peuples. Le comte de Mosbourg fut chargé de la rédiger pendant cette retraite; mais la fatalité voulut qu'elle fût publiée à Naples, le matin même du jour où Joachim, forcé de fuir sa capitale et ses états, se souvint trop tard que la France avait été sa patrie. Le comte de Mosbourg resta à Naples près de la reine et de ses enfans, qu'il accompagna à Trieste, et il rentra en France, en septembre 1815. Ce ne fut qu'à Paris qu'il apprit la retraite en Corse, et la fin déplorable en Calabre, de celui qu'il avait servi pendant quinze ans. Le roi de Prusse étant devenu maître du duché de Berg et de Clèves, le comte de Mosbourg crut devoir se rendre à Berlin en 1816, pour y réclamer ses propriétés séquestrées. Le plus heureux succès répondit à cette démarche, à laquelle il n'attachait probablement pas une grande espérance. La restitution du comté de Mosbourg, situé dans le duché de Clèves, est jusqu'à présent la seule exception connue au système d'aliénation adopté et exercé par le cabinet de Berlin sur toutes les dotations françaises, malgré les plus pressantes et les plus justes réclamations de ceux pour qui ces dotations étaient une véritable récompense nationale.

AGIER (JEAN-PIERRE), jurisconsulte, chevalier de la légion-d'honneur (cousin de Charles Guy François), est né à Paris. Il suivit la carrière du barreau, où il était avantageusement connu comme jurisconsulte, lorsque la révolution annonça un nouvel ordre de choses. Les hommes versés dans l'étude du droit se distinguèrent presque tous par leur attachement aux réformes qui se fondaient sur les principes d'ordre et de justice. M. Agier fut du nombre. Nommé en 1789, député suppléant de Paris aux états-généraux, et membre de la commune au 14 juillet, il entra, le 18 novembre de la même année, au comité des recherches, où il se fit remarquer par sa modération et son impartialité. Ce furent sans doute les souvenirs de cette honorable conduite, et la haute idée qu'on avait de son caractère et de ses principes, qui le firent placer au nombre des candidats pour la place de gouverneur du Dauphin, désigné alors sous le nom de *prince royal*. M. Agier fut appelé, vers la fin de 1790, aux fonctions de juge du deuxième arrondissement de Paris. *La Biographie des hommes vivans* prétend qu'il fit, en 1791, un voyage à Londres, où il assista à une séance de la société révolutionnaire. Nous avons la certitude que cette assertion est contraire à la vérité, et que M. Agier n'est jamais allé en Angleterre. Étranger aux affaires pendant quelques années, il fut nommé, au mois de janvier 1795, président du tribunal révolutionnaire, alors complétement régénéré. M. Liger de Verdigny, aujourd'hui membre du tribunal de cassation, fut choisi pour vice-président; et M. Agier présidait le tribunal, lorsque Fouquier-Tinville et ses complices furent envoyés à l'échafaud. Nommé haut-juré en 1796, et désigné par le sort comme suppléant pour la haute-cour nationale devant laquelle Babeuf et ses co-accusés étaient traduits, il se récusa dès la première séance, comme ayant été inscrit par les prévenus sur une liste de proscription. Cette récusation, fondée sur les motifs les plus louables, ne fut point admise. La première année du gouvernement consulaire, M. Agier reçut deux arrêtés qui portaient sa nomination, l'un à la place de juge du tribunal d'appel, l'autre à celle de président du tribunal criminel. Ces présidens, suivant la loi, devaient être membres du tribunal d'appel, et pris dans son sein. M. Agier demanda la division; il accepta la nomination à la place de juge au tribunal d'appel, et pria le ministre de le dispenser de remplir les fonctions de président du tribunal criminel, qui ne convenaient ni à ses goûts, ni à l'état de sa santé. On eut égard à sa demande. Dix-huit mois après, M. d'Aguesseau, président du tribunal d'appel, ayant cessé de l'être, et M. Treilhard, l'un des vice-présidens, étant appelé à le remplacer, M. Agier fut nommé vice-président à la place de M. Treilhard. En janvier 1816, il fut confirmé dans la place de président de la cour royale. Nous avons de lui plusieurs ouvrages estimés : 1° *le Jurisconsulte national* ou

Principes sur les droits les plus importans de la nation, 1789, in-8°; 2° *Vues sur la réformation des lois civiles*, 1793, in-8°; 3° *du Mariage dans ses rapports avec la religion et avec les lois nouvelles de France*, 1801, 2 vol. in-8°; 4° *Psaumes nouvellement traduits de l'hébreu et mis dans leur ordre naturel, avec des explications et des notes critiques*, 1809, 3 vol. in-8°. M. Agier continue d'exercer les fonctions de président à la cour royale.

AGIER (Charles-Guy-François), né le 29 août 1753, était avant la révolution lieutenant-général de la sénéchaussée de Poitou, et procureur du roi à Saint-Maixent. Nommé en 1789 député du tiers-état aux états-généraux, il s'acquit une honorable réputation par le mérite de ses travaux dans les comités, et par un patriotisme éloigné de toute exagération. Il ne pensait pas que la liberté fût incompatible avec les institutions monarchiques, et cette idée a été constamment la règle de sa conduite. Il se prononça, en 1790, pour la suppression des ordres monastiques; et ce fut sur sa proposition que le nom de *communes* remplaça celui de *paroisses*. Lorsque, après le 21 juin 1791, Louis XVI fut ramené de Varennes, M. Agier combattit la proposition de Robespierre qui demandait la mise en jugement de ce prince. L'assemblée constituante parvenue au terme de sa session, nomma M. Agier membre de la cour de cassation; il refusa cette marque éclatante d'estime, et revint chercher dans sa famille et sa province un repos qui fut troublé en 1793, par l'agitation révolutionnaire de cette époque. Il partagea la persécution qui atteignait alors plus spécialement les membres de l'assemblée constituante, et les services qu'il avait rendus à la cause nationale ne le sauvèrent point de la détention. Remis en liberté après le 9 thermidor, il fut nommé commissaire du gouvernement près le tribunal civil de Niort; M. Agier est maintenant procureur du roi près la cour royale de la même ville.

AGIER, ancien substitut du procureur-général près la cour royale de Paris, fils du précédent. Il se fit remarquer de bonne heure dans la même carrière que son père, et n'était encore qu'élève de l'académie de législation de Paris, lorsqu'il apprit qu'un jeune homme, nommé Troche, impliqué dans l'affaire de Moreau, était sans défenseur; il offrit à l'accusé de le défendre, fut accepté avec reconnaissance, et eut le bonheur, non-seulement de sauver ce jeune homme, mais encore son père, dont il n'avait point entrepris la cause. Protégé par des amis puissans, M. Agier fut présenté à la fois pour conseiller-auditeur à la cour impériale de Poitiers et à celle de Paris; il fut reçu à cette dernière en 1808. Deux ans après, il remplit les fonctions de substitut du procureur-général de cette cour, et fut chargé des audiences des assises et des appels de police correctionnelle. En avril 1814, M. Agier manifesta un dévouement extraordinaire à la famille des Bourbons. Au mois de mars 1815, il fit un réquisitoire dans l'affaire de Méhée contre Guefiier, et fut ensuite nommé capitaine d'une compagnie de volontaires royaux. M. Agier conserva sa place après l'événement du 20 mars, quoiqu'il se fût opposé à l'adresse qu'il était question d'envoyer à Napoléon, et qu'il eût refusé de donner son adhésion à l'acte additionnel. Il était, au commencement de 1816, président de la société des *Francs régénérés*, que le garde des sceaux crut devoir dissoudre, à cause de l'exaltation des principes de cette société. En 1819 et en 1820, il coopérait à la rédaction du *Conservateur*. Ses articles ont été peu remarqués.

AGIORMEL, voyageur espagnol, parcourut le monde, et s'il parvint à satisfaire une insatiable curiosité, il n'acquit pas une réputation proportionnée à ses travaux. Ses découvertes, dit-on, sont précieuses; ses notes nombreuses, intéressantes : mais ses manuscrits, que l'on croit à Paris, sont encore inédits, et son nom est aujourd'hui peu connu. Fils d'un riche négociant, il quitta l'Espagne, en 1768; vint à Paris à 16 ans, pour y prendre sa licence de droit dans l'université. En 1777, il passa aux îles de la Sonde, aborda sur la côte de la Nouvelle-Hollande, pénétra dans l'intérieur de ce pays si peu connu, y resta sept ans et demi, arriva aux Indes en 1786, entra comme aide-de-camp au service du malheureux Tippo-Saëb, revint à Paris en 1789, et en fut éloigné par la révolution. En 1790, il retourna en Espagne, et alla s'établir à Acapulco, d'où il pénétra dans le Mexique. Le reste de sa destinée errante nous est inconnu.

AGNEAUX DE VIENNE (JEAN-BAPTISTE), né en 1728, bénédictin de la congrégation de Saint-Maur, essaya dans sa jeunesse de prouver que Montaigne était un excellent catholique : c'était mal choisir son temps. Ce bénédictin fut tiré de l'oubli, où quelques ouvrages du même genre l'avaient laissé, par les critiques que celui-ci lui attira. Aujourd'hui ses *Lettres en forme de dissertation sur l'incrédulité* (1756); son *Point de vue concernant la défense de l'état religieux* (1757); son *Plan d'éducation*, etc. (1769); son *Éloge de Montaigne;* sa *Dissertation sur la religion de Montaigne* (1755) dorment en paix avec *les OEuvres de Nonotte et de Garasse*. Agneaux de Vienne, professeur à Séez, survécut à la suppression de son ordre; il embrassa, dit-on (mais un peu tard) les idées du jour, et mourut en 1792. Parmi ses ouvrages, nous citerons son *Histoire de Bordeaux* (1771), et son *Histoire d'Artois* (cinq parties, 1785 à 1787).

AGNESE (D'), patriote napolitain, s'était fait naturaliser en France, où il avait passé trente années. Pendant la révolution, il occupa plusieurs places administratives, suivit l'armée française quand elle alla faire la conquête de Naples, resta imprudemment dans cette ville après le départ des Français, et, à la rentrée du roi de Naples, fut pendu comme rebelle.

AGNESI (MARIE-GAETANE), née à Milan le 16 mars 1718, de parens nobles, morte dans la même ville, le 9 janvier 1799, à l'âge de 81 ans. Cette dame, dont la vie a été aussi longue que remplie par l'étude et le travail, par la pratique de hautes vertus et par une piété profonde, est digne d'occuper un rang honorable parmi les savans les plus distingués. Si M™ du Châtelet n'eût pas existé, elle serait la première personne de son sexe qui se fût élevée, dans la science des mathématiques, à une hauteur qu'un bien petit nombre d'hommes ont su atteindre. A 5 ans, Agnesi parlait la langue française avec autant de facilité que sa langue maternelle; à 9 ans, elle traduisait le latin en italien; et à 11 ans, elle écrivait avec correction et goût les langues italienne, française, latine, grecque, hébraïque, allemande et espagnole. Agnesi, à 14 ans, transporta dans la langue grecque l'ouvrage intitulé : *Il Combattimento spirituale del P. Lorenzo Scupoli;* dans les langues italienne, française, allemande et grecque, deux livres de supplément à Quinte-Curce, par Freinshemius. Elle composa pour son usage particulier trois petits volumes, contenant un lexique grec-latin de treize mille trois cents mots. Les plus savans hommes de l'Italie se plurent à lui donner des leçons : les PP. Manara et Casati lui apprirent les élémens d'Euclide, la physique générale, particulière et expérimentale; elle soutint publiquement des thèses de philosophie, dans la forme scolastique, et fit imprimer, en 1738, sous le titre de *Propositiones philosophicæ*, un recueil de cent quatre-vingt-onze thèses qu'elle avait soutenues à l'âge de 19 ans, dans une assemblée générale, tenue dans la maison de son père, en présence des principaux ministres, sénateurs et gens de lettres de Milan. L'aptitude et les heureuses dispositions d'Agnesi pour les hautes sciences, déterminèrent le savant et habile professeur Ramir Rampinelli de Brescia à la mettre en état de résoudre les problèmes les plus obscurs et les plus difficiles de l'algèbre. Cette fille studieuse justifia la confiance et l'espérance de ses maîtres; après un travail de dix années, elle publia, en 1748, en 2 vol. in-4°, avec 59 pl., un ouvrage sous le titre de *Instituzioni analitiche*, le premier de ce genre qui ait été écrit dans sa langue, et qui ait contribué à répandre en Italie le goût d'une science, jusqu'alors regardée comme étrangère. Cet ouvrage, dédié à l'impératrice Marie-Thérèse, produisit une sensation extraordinaire dans le monde savant, quoique l'auteur prétendît modestement que ses *Institutions analytiques*, qu'elle pouvait appeler un *Cours complet d'analyse*, n'étaient destinées qu'à l'*usage de la jeunesse italienne*. Les principales sociétés savantes de l'Europe lui adressèrent les éloges les plus flatteurs. En 1749, l'académie des sciences de Paris, au rapport de M. de Fontenelle, déclara « que c'était » le meilleur ouvrage qui eût paru » dans ce genre. M'''⁕ Agnesi, a- » joute le même savant, aurait été » nommée membre de l'académie, » si les lois de l'institution de la » société avaient permis d'y ad- » mettre des dames. » Cet honneur, Agnesi l'avait reçu, au commencement de 1748, de l'institut de Bologne. Le pape Benoît XIV, en la félicitant de cette élection, la nomma, en 1750, lectrice honoraire de mathématiques de l'université de la même ville. On fera remarquer, à cette occasion, que ce fut de son propre mouvement, et non à la sollicitation d'Agnesi, ainsi que le rapportent les diverses biographies, que S. S. lui confia la chaire de mathématiques. On fera remarquer aussi, contre le rapport de ces mêmes autorités, qu'Agnesi ne remplaça pas son père dans cette chaire, qu'il n'occupa jamais : dom Pierre Agnesi Mariani, père de cette savante, était feudataire royal de Monteveglia et de ses appartenances. Les *Institutions analytiques* ont été traduites, en partie, sous le titre de *Traités élémentaires du calcul différentiel et du calcul intégral*, par d'Anthelmi, avec des notes de l'abbé Bossut, en 1 vol. in-8°. L'éloge d'Agnesi, écrit en italien par l'abbé Frisi, a été traduit en français par M. Boulard, en 1807.

AGOULT (Vincent d'), occupait une place importante dans la maison de Condé. Se croyant offensé par le prince, il lui offrit sa démission, et lui demanda réparation. Le prince voulut bien se rendre avec lui sur le terrain, et tira l'épée. M. d'Agoult baissa la sienne, et déclara s'en tenir à cette satisfaction. Il prit ensuite parti dans un de ces événemens qui préparaient de loin le renversement de la monarchie, et qui étaient, comme dit Leibnitz, *gros de révolution*. Quand le parlement fut violé par ordre du roi; quand d'Éprémesnil et Goeslard de Montsabert furent arrêtés au sein même du palais de la justice, Vincent d'Agoult, aide-major du régiment des gardes-françaises, fut chargé d'effectuer cette arrestation. Il doit à ces deux faits la place qu'il occupe dans l'histoire de son temps.

AGOULT (Antoine-Jean, vicomte d'), d'une ancienne famille de Provence. Constamment attaché à la maison de Bourbon, il a partagé toutes les vicissitudes de sa destinée. Mousquetaire en 1768, il obtint, le 30 mars 1781, le brevet de sous-lieutenant des gardes-du-corps, fut fait mestre-de-camp en 1783, et commandeur de l'ordre de Saint-Lazare en 1787; il émigra en 1791, et fit, sous le prince de Condé, cette campagne de 1792, dont les premiers jours donnèrent aux royalistes de si trompeuses espérances. Le vicomte d'Agoult rejoignit ensuite Louis XVIII, à Vérone, l'accompagna depuis en Allemagne, en Russie, en Angleterre, et revint en France avec ce prince, qui le nomma lieutenant-général, et commandeur de l'ordre de Saint-Louis.

AGOULT (Antoine, comte d'), cousin du précédent. Sous-lieutenant de cavalerie en 1763, lieutenant bientôt après, capitaine en 1769, il entra, en 1784, dans les gardes-du-corps du roi, comme sous-lieutenant, et fut nommé mestre-de-camp en 1788. Député de la noblesse du Dauphiné aux états-généraux, on le vit d'abord se joindre au tiers-état, dans la fameuse séance du 22 juin; mais le décret qui abolit la noblesse le rendit au côté droit. En 1791, il rejoignit à Coblentz ses anciens camarades, et prit du service dans l'armée de Condé, dont il ne s'éloigna que lors de son dernier licenciement. Il se rendit à Paris en 1814, et fut aussitôt nommé aide-major général des gardes-du-corps. Quand Napoléon reparut, M. d'Agoult accompagna les princes jusqu'à Armentières. Au second retour du roi, il reprit ses fonctions, et déposa contre La Bedoyère, dans le procès où ce jeune et brillant général fut condamné à mort.

AGUESSEAU (Henri-Cardin-Jean-Baptiste, comte d'), né à Fresnes, petit-fils du célèbre chancelier, suivit aussi la carrière du barreau. Avant la révolution, il était conseiller-d'état, avocat-général au parlement de Paris, prévôt, maître des cérémonies, et depuis 1783, grand-officier commandeur. En 1789, il fut reçu à l'académie française. Envoyé aux états-généraux par le bailliage de Meaux, on le vit au nombre des députés de la noblesse qui les premiers se réunirent aux communes; mais, en 1790, au mois de juin, il donna sa démission. En 1792, une partie de l'assemblée législative ayant des projets de république, le comte d'Aguesseau fut dénoncé dans la séance du 4 juin : Chabot l'accusait de former chez lui des réunions secrètes, des conciliabules, et de s'unir au parti royaliste dans le dessein de dissoudre l'assemblée; mais cette plainte n'eut pas de suite. Nommé par le premier consul président de la cour d'appel de Paris, il lui présenta les hommages de son corps, et célébra, dans un discours de félicitation, le vainqueur de l'Italie. Le 1ᵉʳ janvier 1803, Bonaparte le choisit pour ministre plénipotentiaire de France à Copenhague ; et, en 1805, il le nomma au sénat-conservateur. Il y fut peu remarqué, mais ce n'était pas un obstacle, et ne s'en fraya pas moins vite un chemin à des dignités nouvelles; il devint comte de l'empire, et commandant de la légion-d'honneur. En 1814, le roi le créa commandeur de l'ordre du Saint-Esprit et membre de la chambre des pairs : il y fut d'abord l'un des commissaires chargés de former le règlement, et, vers le mois de juillet, il fit partie du comité des pétitions. Il se retira l'année suivante à l'époque du départ du roi, et ne reparut à la chambre des pairs qu'après la seconde restauration. Ce fut lui qui, cette même année, le 13 septembre, et conjointement avec M. de Sèze, présenta aux monarques alliés les ordres de Saint-Michel et du Saint-Esprit, que S. M. leur conférait. Lorsque à la chambre des pairs, on discuta la résolution prise le 30 janvier 1818, par la chambre des députés, relativement à l'admission de ses membres, il en vota l'adoption simple. «Le temps est passé, disait-il, où tout homme parvenu à »l'âge de 50 ans était regardé par »le chef du gouvernement comme »peu capable de servir son pays.» On se rappelle aussi qu'il fut favorable au projet de loi sur la contrainte par corps. Ce n'était, selon lui, qu'une loi d'ordre, et non pas une institution nouvelle, une loi d'établissement. Il la considérait comme réunissant les dispositions diverses des lois déjà en vigueur; et quant à cette objection, que la détention pour dettes deviendrait une peine à perpétuité, il l'écartait, en observant que

Aignan?

J. Boilly Sc.

la loi proposée laissait un asile aux débiteurs malheureux, et en prétendant qu'elle était indispensable pour mettre un terme aux incertitudes dans cette partie de la jurisprudence.

AHLWARDT (Pierre), professeur de métaphysique, naquit à Greifswald, le 19 février 1710; il était fils d'un cordonnier. Le jeune Ahlwardt étudia d'abord dans sa ville natale, et ensuite à l'université de Jéna. On a de cet écrivain : 1° *Dissertations sur l'immortalité de l'âme et sur la liberté de Dieu;* 2° *Sermons et Dissertations philosophiques;* 3° *Réflexions sur la Confession d'Augsbourg,* huit parties en 3 vol. in-4°, Greifswald, 1742 à 1750 ; 4° *la Brontothéologie,* ou *Méditations pieuses sur les phénomènes du tonnerre et des éclairs,* in-8°, Greifswald, 1745. Ces méditations ont été traduites en flamand. Il est encore auteur de plusieurs autres ouvrages d'un moindre intérêt. P. Ahlwardt fonda l'ordre des Abélites, qui faisait profession de candeur et de sincérité parfaites. Également recommandable par ses talens et par ses qualités sociales, il a joui d'une haute estime parmi ses concitoyens : il aimait à donner; et sa modestie ajoutait un nouveau prix au bien qu'il faisait. Il mourut le 1ᵉʳ mars 1791, emportant de sincères et universels regrets.

AHMED (Bey de Soliman). A la suite de la révolution qui eut lieu en Égypte contre les Mamelucks, en 1801, Ahmed se réfugia à Paris, et reçut une pension du gouvernement consulaire, qui paraît avoir obtenu de lui des renseignemens politiques très-importans sur l'Égypte. Lorsque Fouché fut exilé, il suivit ce ministre à Aix. Ahmed s'est enrôlé, en 1813, dans un corps français, où il se distingua par son intrépidité dans les différens combats qui eurent lieu contre les armées étrangères. Ayant été fait prisonnier par l'armée russe, il fut rendu après la prise de Paris. On a une notice sur sa vie, écrite par lui-même.

AIGNAN (Étienne), homme de lettres, né à Beaugency-sur-Loire, en 1773, d'une famille de robe très-estimée. Les principes d'une liberté sage furent ceux de sa vie entière. *La Mort de Louis XVI,* sa première tragédie, ou plutôt ses premiers vers, qu'il osa faire imprimer quelques semaines après ce déplorable événement, est un monument non de talent poétique, mais de courage et d'indignation, dont la révolution n'offre peut-être pas un second exemple. Ces sentimens, toujours si vifs en lui, firent illusion à sa jeunesse, lorsque, peu de temps après, à peine âgé de 19 ans, il accepta la place de procureur-syndic du district d'Orléans, s'imaginant dans toute l'imprudence de son âge qu'il pourrait contenir et diriger, dans une petite portion de la France, les mouvemens terribles qui s'y opéraient : il y réussit en partie par des actes d'un dévouement téméraire, dont la prison de la Conciergerie fut la récompense. Nous l'avons dit, et nous le répéterons en toute circonstance, nous ne jugeons pas nos contemporains vivans, nous nous contentons d'exposer les preuves, c'est-à-dire de citer les faits : nous avons sous les yeux une pièce authentique qui constate les services éclatans que dans ce poste périlleux, et dans ces temps difficiles, M. Aignan rendit à son pays et à l'humanité, c'est le *procès-verbal* (imprimé chez Jacob aîné) de la séance publique tenue à Orléans le 14 ventôse an 3, pour la destitution des fonctionnaires jacobins, par M. Porchet, aujourd'hui comte de Richebourg, l'un des membres les plus respectables de la chambre des pairs; chacun y est interpellé sans ménagement. Voici l'article de M. Aignan littéralement copié : « Ils » ne sont plus ces temps funestes, » où de vils intrigans avaient le » droit de calomnier les meilleurs » citoyens; il est permis enfin de » décerner la couronne civique au » petit nombre d'hommes qui, sous » l'empire de la tyrannie, eurent » le courage si rare d'attaquer ses » suppôts. Aignan, tu te dévouas » pour la liberté, pour la patrie! » *Ton courage entreprit de devan-* » *cer dans ces murs l'heureuse é-* » *poque du 9 thermidor;* le repré- » sentant d'un peuple juste veut » aujourd'hui payer la dette de ses » concitoyens; tu jouiras de la re- » connaissance publique. » A cette même époque de la réaction anti-terroriste, la municipalité d'Orléans, voulant honorer par une fête funèbre la mémoire de neuf citoyens, qu'un proconsul de ce département avait fait condamner à mort par le tribunal révolutionnaire, M. Aignan fut choisi pour composer les chants et les récits de la fête. Cet opuscule, intitulé : *Chant funèbre aux mânes des neuf victimes d'Orléans,* comparé à la tragédie de Louis XVI, marque un immense progrès dans le talent littéraire de l'auteur, qui dès lors se livra constamment à la culture des lettres. Cependant, en 1800, la députation du Loiret l'ayant désigné pour secrétaire-général de la préfecture de ce département, dont M. de Lucay devait être préfet, le même lieu les réunit dans la nouvelle résidence qui fut donnée à M. de Lucay. M. Aignan l'accompagna d'abord à Bourges en qualité de secrétaire-général-adjoint de la préfecture du Cher, puis à Paris, comme secrétaire du palais impérial. En 1808, M. Aignan fut nommé aide des cérémonies, et secrétaire de l'empereur à l'introduction des ambassades. Les fonctions qu'il remplissait ne l'empêchèrent point de suivre ses travaux littéraires. En 1814, il fut nommé membre de l'académie française à la place vacante par la mort de Bernardin de Saint-Pierre. Il avait publié une traduction en vers de l'Iliade, qui fut vivement critiquée par des hommes moins animés de l'amour de l'art que d'une basse envie. La traduction de M. Aignan n'est pas sans défauts; mais on y trouve de l'élégance, de la fidélité, et souvent même des beautés d'un ordre supérieur. C'est jusqu'ici la meilleure traduction française en vers que nous ayons de l'Iliade. M. Aignan a été moins heureux au théâtre : cependant sa tragédie de *Brunehaut* a obtenu beaucoup de succès. On lui doit une traduction en vers de l'*Essai sur la critique* de Pope ; quelques traductions de romans anglais, entre lesquels il faut distinguer celle *du ministre de Wakefield.* Il est l'auteur de deux opéras, l'un intitulé : *Clisson*, musique de Porta; l'autre : *Nephtali*, musique de Blangini, qui a eu beaucoup de succès. Dans le rapport sur les prix décennaux, en 1810, l'institut a parlé avec éloge de ces deux ouvrages lyriques. Nous devons aussi à M. Aignan deux excellentes brochures politiques; l'une sur *le Jury*, à l'occasion du procès de l'Épingle noire, dans lequel il était juré, et l'autre sur *les Protestans français*, ainsi que quelques pages fort courageuses sur les *Coups d'état*. Il a été l'un des collaborateurs les plus zélés et les plus assidus de *la Minerve française*. M. Aignan achève une traduction en vers de l'*Odyssée*, dont on parle très-avantageusement.

AIGOIN (FRANÇOIS-VICTOR), fut successivement juré au tribunal révolutionnaire de Paris, et commissaire national à la trésorerie; il occupa ce dernier emploi en remplacement de Davesne. En 1795, il lut à la convention nationale un discours, où il prouva qu'il existait, contre la liberté publique, une conspiration tramée d'après le système de Robespierre. M. Aigoin a occupé ensuite un emploi à l'école polytechnique. Il habite aujourd'hui le village de Gantelu, dans le département de Seine-et-Oise.

AIGREMONT (JEAN-BAPTISTE-AUGUSTIN D'), né le 29 mai 1761, a été successivement membre de l'administration municipale, et maire de Caen, puis président du collége électoral du département du Calvados, et aide-de-camp de l'empereur. Il cessa momentanément des fonctions militaires pour venir siéger au corps législatif, où il avait été nommé en 1805. Après avoir fait partie de cette assemblée pendant cinq ans, il reprit son poste à l'armée. Comme membre du conseil municipal de Caen, il signa, en 1815, l'adresse que cette ville présenta à l'impératrice, pour l'assurer de son dévouement.

• AIGREMONT (LE GÉNÉRAL D'), était colonel au 13ᵐᵉ régiment de cuirassiers, en 1809. Ses chefs firent l'éloge de sa conduite à la bataille de Wagram, où il déploya beaucoup de courage. Envoyé en Espagne, en 1810, à la tête de son régiment, il contribua puissamment au gain de la bataille de Lerida. Il fut nommé peu après général de brigade.

AIGUILLON (ARMAND-VIGNEROD-DUPLESSIS-RICHELIEU, DUC D'), né en 1720. Bien que ce ministre de Louis XV n'appartienne point à la *Biographie des Contemporains*, puisqu'il est mort avant la révolution, nous croyons devoir l'y placer, à cause de l'importance des événemens qui ont eu lieu sous son ministère, et à cause du zèle que son fils mit à défendre sa mémoire contre les attaques auxquelles elle fut en butte à l'assemblée constituante. Le duc d'Aiguillon, ministre et pair de France sous Louis XV, avait paru dans sa jeunesse avec avantage à la cour de ce monarque; mais, distingué très-particulièrement par la duchesse de Châteauroux, aimée du monarque lui-même, il avait été envoyé à l'armée, en Italie. En 1742, il fut blessé à l'attaque de Château-Dauphin, où il acquit quelque gloire. On le vit bientôt gouverneur de l'Alsace, puis commandant de la Bretagne : ce qu'on attribua moins à ses services militaires qu'à la faveur dont il jouissait à la cour. La protection du dauphin, fils de Louis XV, lui permit de s'opposer constamment au duc de Choiseul, premier ministre. De certains édits bursaux ayant provoqué la résistance du parlement de Bretagne, l'extrême sévérité du duc d'Aiguillon irrita plus encore les esprits. Lorsqu'en 1758, il eut battu et chassé les Anglais, qui avaient hasardé une descente, les Bretons, après l'avoir bien secondé toutefois, s'efforcèrent de lui ôter sa part de l'honneur du succès, et l'accusèrent de s'être caché dans un moulin pendant l'action. Le procureur-général La Chalotais se permit les plaisanteries les plus amères, dans une lettre qui devint publique; il dit en propres termes : « Si notre » général ne s'est pas couvert de » gloire, du moins il s'est couvert » de farine. » Implacables dans leur animadversion, les Bretons lui reprochaient son faste, et l'accusaient aussi d'exactions ou d'infidélité. Le parlement informa contre lui, et sollicita son rappel. Déjà les cours de plusieurs provinces, aux prises avec l'autorité militaire, avaient obtenu de semblables avantages; celle de Rennes ne voulut pas se montrer moins entreprenante et moins ferme. Malgré l'inimitié du premier ministre, le duc d'Aiguillon se prépare à lutter vigoureusement contre le parlement de sa province, et accuse lui-même le procureur-général de tramer le renversement des lois du royaume. La Chalotais, poursuivi et jeté en prison, devient l'idole des partisans du parlement. Loin d'apaiser le tumulte, les mesures prises par le commandant excitent une sédition : un simulacre de parlement, qu'il a formé, se voit en butte aux outrages. Fatigué de ces démêlés, le gouvernement croit y mettre un terme, en décidant que la procédure n'aura point de suites; mais les partisans du commandant et de la prérogative royale, toujours contraires au parti dominant, à celui du premier ministre, affectent d'opposer en tout au duc de Choiseul le duc d'Aiguillon, et de publier qu'il fera renaître la politique, et rappellera la vigueur de son grand-oncle, le ministre de Louis XIII. Néanmoins Choiseul l'emporte; il parvient même à réintégrer l'ancien parlement, et à donner le commandement de la Bretagne au duc de Duras. Les plaintes contre le duc d'Aiguillon se renouvellent; et le roi, qui avait voulu apaiser promptement ces discussions, leur laisse ensuite un plus libre cours. L'affaire est évoquée au parlement de Paris. L'accusé se voit au moment de succomber; il a recours à Mme Dubarry : cette protection lui vaut un ordre du roi pour supprimer la procédure, et par ce moyen humiliant, le duc croit sortir de cette affaire avec honneur; mais un arrêt du parlement irrité le suspend provisoirement des fonctions de la pairie, comme prévenu de faits susceptibles d'entraîner la dégradation. Le public prend parti, et le parlement est approuvé d'autant plus hautement, que la cour cherche à l'accabler par la formalité d'un lit de justice. Quoi qu'il en soit, le duc d'Aiguillon y siége lui-même; et tandis que ses ennemis se vengent par des couplets, il fait enlever des greffes du parlement toutes les pièces de la procédure. Ses intrigues lui ménagèrent pour l'année suivante un triomphe plus décisif, sa nomination au ministère et l'exil du duc de Choiseul. Le chancelier Maupeou, l'abbé Terrai, et le duc d'Aiguillon, chargé d'abord des affaires étrangères, se concertèrent pour établir un système d'administration entièrement nouveau. Les personnes qui avaient cru voir dans ce changement l'extension ou l'affermissement de l'autorité royale, ne tardèrent pas à être détrompées. Tant d'oscillations inconsidérées hâtèrent cette inquiétude des esprits, dont la même génération vit les effets dix-huit ans plus tard. Cependant le nouveau ministre n'était pas encore satisfait, le chancelier Maupeou lui faisait ombrage. Le duc eût voulu disposer seul de l'autorité, qui, disait-il, lui devait tout : mais il n'avait pas l'opinion pour soutien; il avait préféré l'appui honteux et fragile d'une favorite, et, de plus, il n'avait mis aucun obstacle au partage de la Pologne, à cette injustice si frappante et en même temps si contraire aux intérêts de la France. On savait que Louis XV s'était écrié : « Ah! si Choiseul eût été ici, le » partage n'aurait pas eu lieu. » On répétait ce mot, croyant par-là disculper le roi. Ce n'est pas que son ministre eût favorisé expressément cette spoliation, méditée par des monarques, au mépris même des principes qu'il était plus que jamais de leur intérêt de conserver; mais le duc d'Aiguillon avait été si négligent, ou si mal servi, surtout par le cardinal de Rohan, ambassadeur à Vienne, qu'il connut trop tard l'adhésion de la Prusse et de l'Autriche. Les regrets de Marie-Thérèse, qui se reprocha toujours son consentement au partage, et qui l'avait donné avec répugnance, indiquent assez que le cabinet de Versailles eût facilement déjoué cette grande intrigue. Entraîné par son aversion pour les plans ou pour les maximes de son prédécesseur, ce ministre relâcha les liens du pacte de famille, et se déclara contre l'alliance avec l'Autriche. Gustave III, dans son voyage en France, reçut de ses mains une partie de l'arriéré des subsides que la France lui accordait. Le duc se vanta d'avoir contribué à la révolution de Suède, en 1772. Vers la fin du règne de Louis XV, il réunissait les portefeuilles de la guerre et des affaires étrangères; mais l'avénement de Louis XVI décida de sa disgrâce, malgré l'appui du comte de Maurepas, son oncle. La reine lui était contraire, et il déplaisait au public : c'est en 1775 qu'il fut exilé. On connaît ses démêlés avec Linguet; et on lui croit des titres littéraires. Malgré la difficulté qu'offrent les dates, on lui attribue une collection des plus libres, sous le titre de *Recueil de pièces choisies, rassemblées par les soins d'un cosmopolite*, in-4°, 1735; et ensuite *la Nouvelle Cyropédie, ou Réflexions de Cyrus sur ses voyages*, in-8°, 1738. On veut que la princesse de Conti, le P. Vinot, de l'Oratoire, et l'abbé de Grécourt aient été ses collaborateurs. Le duc d'Aiguillon mourut, en 1780, avec la réputation d'un ingénieux courtisan, d'un homme d'esprit, mais non d'un ministre consommé, d'un véritable homme d'état. Dix ans plus tard, son fils eut occasion de le défendre ; il justifia son ancienne conduite, et parut détruire les imputations de Cazalès.

AIGUILLON (ARMAND - VIGNEROD-DUPLESSIS-RICHELIEU, DUC D') fils du précédent, était pair de France, colonel du régiment Pologne-cavalerie, et commandant des chevau-légers de la garde du roi. La noblesse d'Anjou le députa, en 1789, aux états-généraux ; il s'y réunit à la chambre du tiers, dès le 25 juin, et vota le second, dans la nuit du 4 août, pour la suppression des priviléges de son ordre. Son patriotisme lui fit des ennemis qui n'épargnèrent pas même la calomnie pour le perdre de réputation. On alla jusqu'à prétendre qu'il avait été reconnu, déguisé en femme des halles, dans les journées des 5 et 6 octobre. Ces accusations n'ont jamais été prouvées. Le duc d'Aiguillon se distingua, dans l'assemblée constituante, par une conduite loyale et par un ardent amour de la liberté fondée sur les lois. Dans la grande discussion *de la paix et de la guerre,* il vota pour que ce droit fût réservé à la nation. Il attaqua vivement les ministres sur leur proposition, de faire intervenir la France dans les querelles qui venaient de s'élever entre l'Angleterre et l'Espagne. Peu après la dissolution de l'assemblée constituante, il remplaça le général Custines dans le commandement des troupes destinées à protéger Porentruy. Dénoncé à la convention nationale et décrété d'arrestation, il se vit forcé de quitter la France, et se rendit à Londres, d'où il passa à Hambourg. Rayé de la liste des émigrés, en 1810, il était sur le point de rentrer dans sa patrie, lorsqu'il fut atteint d'une maladie grave dont il mourut. Peu d'hommes publics ont excité d'aussi vives inimitiés que le duc d'Aiguillon. Il suffit, pour recommander sa mémoire à la postérité, qu'il ait été membre de cette minorité de la noblesse qui se réunit aux communes, et qu'il n'ait jamais abandonné le parti constitutionnel.

AIKIN (JEAN), littérateur anglais, est un des hommes qui, par la pureté du goût, la grâce du style et la sévérité toujours juste et polie de la critique, se rapprochent le plus de la manière française. Fils d'un ministre presbytérien, qui enseignait la théologie dans l'école de Warrington, il étudia la médecine, commença, en 1780, à l'exercer, ainsi que la chirurgie, et se fit connaître en même temps par des ouvrages purement littéraires, où un style élégant et concis se joignait à des recherches plus curieuses qu'importantes. Sa sœur LÆTITIA AIKIN, connue sous le nom de mistriss BARBAULD, a travaillé à plusieurs de ses ouvrages : on sait que le nom de cette femme équivaut, en Angleterre, aux mots réunis de *raison,* de *gout,* d'*élégance* et de *philosophie.* Parmi les ouvrages nombreux de Jean Aikin, nous citerons seulement son *Essai sur la composition des chansons,* avec un *Recueil des meilleures chansons anglaises* (1774, in-12), traité qui n'a pas été traduit en français, et où l'on trouve une foule de curiosités littéraires, de détails sur la chanson philosophique et rêveuse ou romantique des Anglais, et des exemples singuliers de cette étrange composition; *Essai* (plusieurs fois réimprimé) *sur l'application de l'histoire naturelle à la poésie* (1777), ouvrage remarquable, dans lequel on reconnaît à chaque page la poésie descriptive, les images tirées de la nature morte, le besoin de peindre aux yeux plus qu'à l'âme, caractère de la muse septentrionale; *Esquisse du caractère et des services publics de J. Howard* (1792), hommage rendu par un talent exercé à l'un des plus beaux caractères dont l'Angleterre puisse s'honorer (traduit en allemand, Leipsick, 1792, in-8°, et en français par M. Boulard, 1796); *Lettres d'un père à son fils, sur divers sujets de morale* (1793 et 1800); *Soirées au logis* (de moitié avec mistriss Barbauld, 1793 et 1796); *Les arts nécessaires à la vie, décrits dans une série de lettres* (on peut rapprocher cet ouvrage du traité allemand d'Adelung sur le même sujet); *Essais littéraires et mélanges* (1811); *Annales du règne de Georges III* (1815). Quand Napoléon menaçait ou feignait de menacer l'Angleterre d'une invasion, Aikin traduisit en anglais l'*Histoire de l'invasion de la Suisse*, par Zschokke, déjà traduit en français par Briatte, afin de montrer à ses compatriotes ce que la résolution de quelques hommes dévoués à leur patrie, peut contre l'ambition appuyée d'un pouvoir immense. Jean Aikin a fait l'essai de plusieurs entreprises plus ou moins heureuses : en 1775, il conçut le plan d'une *Histoire complète de la médecine en Angleterre*; fit un appel aux amis de la science, pour en obtenir les livres et les renseignemens nécessaires, et n'ayant pas eu le succès qu'il désirait, se contenta de publier un fragment très-curieux de son *Histoire médicale*, où l'on trouve des détails intéressans et nouveaux, sur plus de cinquante médecins, qui vécurent de 1230 à 1677. Benjamin Hutchinson a fondu ce travail dans sa *Biographia medica* (1799). Aikin fut aussi l'éditeur d'un grand nombre de poètes anglais. En 1799, il entreprit, avec W. Enfield, une *Biographie générale* : son collaborateur mourut avant la publication du premier volume. Cet ouvrage, continué par différens auteurs, s'élève à 10 vol. in-4° (1799 à 1815). L'*Annual Review*, publié tous les ans par Jean Aikin, est un tableau exact de la littérature anglaise pendant l'année qui s'est écoulée, et manque totalement à la littérature française. Aikin dirige, depuis 1806, un journal mensuel, consacré spécialement aux beaux-arts et à la littérature, sous le titre d'*Athenæum*. Il ne faut chercher dans les œuvres de cet auteur, ni des vues neuves, ni des pensées profondes; mais on en est dédommagé par les connaissances, la réflexion, le goût, et l'impartialité, dont il donne généralement des preuves.

AIKIN (ARTHUR), fils du précédent, se livra principalement à l'étude des sciences naturelles, et a publié : 1° *Journal d'un Voyage dans le pays de Galles et le Shropshire,* contenant des observations sur diverses branches de l'histoire naturelle, in-8°, Londres, 1797; 2° une traduction anglaise des *Voyages dans la Haute et Basse-Égypte,* par Denon, 1802, 2 vol. in-4°; 3° *Dictionnaire de chimie et de minéralogie,* 2 vol. in-4°, 1809. Cet ouvrage a été fait en société avec Charles-Roguson Aikin, son frère. Un supplément y a été joint, en 1815, sous le titre d'*Exposé des plus importantes découvertes et des progrès récemment faits dans la chimie et la minéralogie.* Arthur et Charles Aikin ont travaillé à une édition de l'*Encyclopédie britannique,* publiée par Rees, et aux *Annales de physique, d'histoire naturelle,* etc.

AILLAUD (L'ABBÉ), professeur de rhétorique au collége de Montauban, a publié à Toulouse, en 1813, sous le titre de *l'Égyptiade,* un poëme sur la campagne du général Bonaparte en Égypte. Ce poëme, dont le plan est calqué sur celui de la *Jérusalem délivrée,* renferme quelques vers remarquables, et fait regretter que l'auteur ait plus consulté son admiration pour son héros, que la force de son talent poétique.

AINE (MARIE-JEAN-BAPTISTE-NICOLAS D'), naquit à Paris vers l'an 1750; fut maître des requêtes et intendant des villes de Pau, de Tours et de Limoges. Il est connu en littérature par deux traductions : l'une des *Églogues de Pope,* insérée dans la *Nouvelle bigarrure,* pag. 75 du IIme tome; l'autre de l'*Économie de la vie humaine* de Tole Dodsley, 1752, Édimbourg, in-12. Il mourut à Paris en 1804.

AITON (GUILLAUME), botaniste anglais, naquit en Écosse, dans le comté de Lanerk, en 1731. De simple jardinier qu'il était, Aiton, recommandé par Miller, *le prince des Jardiniers,* devint, en 1759, directeur du jardin du roi d'Angleterre à Kew. Du moment qu'il eut à conserver un dépôt aussi précieux, il consacra une grande partie de son temps à l'étude de la botanique, et parvint à enrichir cette collection d'un nombre considérable de plantes qu'on n'était point encore parvenu à acclimater en Angleterre. Son ouvrage ayant pour titre : *Hortus Kewensis or a catalogue of the plants cultivated in the royal botanic garden at Kew,* 3 vol. in-8°, contient la liste des plantes cultivées dans ce jardin, parmi lesquelles on en remarque un grand nombre de nouvelles et de curieuses, avec l'indication des noms de ceux qui les ont introduites en Angleterre; il existe pour ces dernières, à la suite de l'ouvrage, une belle collection de gravures. Cet ouvrage présente, outre le nom et l'espèce de chaque plante, sa description d'après Linné, son origine, ses variétés, sa culture, et ses caractères particuliers. Aiton joignait à des talens distingués des qualités recommandables, et l'on saura toujours gré à sa modestie d'avoir cité avec éloge parmi ses collaborateurs, MM. Solander et Dryander, naturalistes danois. Un catalogue, sous le même titre, rédigé par John Hill, a paru en 1768. Aiton est mort en 1793. C'est par estime pour ce savant botaniste que

M. Thunberg a donné le nom d'*Aitonia* à un genre de la famille des méliacées.

AKERBLAD. On assure que ce savant Suédois est parvenu à retrouver l'alphabet des anciens Égyptiens, et qu'il l'a analysé dans une lettre remplie d'érudition, sur les inscriptions de Rosette. Il avait déjà expliqué celles de plusieurs monumens phéniciens; et il avait donné la clef d'une écriture inconnue jusqu'alors dans le monde lettré, l'écriture cursive des Cophtes.

ALANCOURT (D'), adjudant-général au service de la république française. Il se distingua dans la guerre de la Vendée, et remporta, en juillet 1795, au château de Brunet, des avantages signalés sur les Chouans.

ALARY (Antoine), simple soldat, fit des prodiges de valeur, que doivent conserver les *Annales contemporaines*. Né à Mussidan, département de la Dordogne, il s'était distingué avant l'âge de 15 ans, dans les armées de la république. Au Bois-des-Chèvres, on le vit rester seul sur le champ de bataille, parmi les Vendéens vainqueurs; leur disputer, le sabre à la main, le drapeau national; le prendre, le perdre, le ressaisir, et le remporter enfin au milieu de ses camarades en déroute. Plus tard, il s'embarque sur un vaisseau de guerre, et fait naufrage, avec 1,300 hommes d'équipage, sur un rocher désert. Après cinq jours de solitude, de famine et de désespoir, Alary se jette à la mer, entreprend de franchir à la nage les six lieues qui le séparent du continent, lutte pendant sept heures contre les vagues, et est jeté mourant sur la côte de Bretagne. Quelques gardes-côtes le relèvent, lui donnent des soins; il raconte son histoire, et la détresse de ses compagnons. On envoie à leur secours : les 1,300 hommes sont sauvés. Cinq ans après, à Stockak, il soutient avec 15 hussards le choc de 600 Autrichiens. Les blessures couvrent son corps, son sang ruisselle; il tombe sous les pieds des chevaux, qui le meurtrissent : enfin, quelques hommes du même régiment l'aperçoivent, volent à son secours, et l'emportent. Il a survécu à ses blessures.

ALAVA (Michel d'), ambassadeur, lieutenant-général espagnol. Né à Vittoria, en 1771, il entra au service comme garde-marine, se distingua dans la carrière qu'il avait embrassée, et y obtint le grade de capitaine de frégate. Après l'abdication des Bourbons et l'avénement du roi Joseph Bonaparte au trône d'Espagne, il se prononça pour ce prince, et alla, en juin 1808, à Bayonne, où il siégea à l'assemblée des notables espagnols, et signa la constitution donnée alors à son pays. Il se mit aussitôt en route pour préparer à Vittoria la réception du roi Joseph, à laquelle les ennemis du nouveau gouvernement opposèrent des difficultés que M. Alava, rempli alors de zèle, parvint facilement à lever. De là il accompagna le monarque jusqu'à Madrid; mais il abandonna ensuite ses drapeaux pour passer du côté des Anglais, non pas après la déroute de l'armée française, ainsi que l'a prétendu la *Biographie des hommes vivans* (ce qui change en trait de lâcheté un trait d'inconstance), mais bien en 1811, avant la bataille d'Albufera, où il fut blessé, ainsi qu'à l'affaire de Burgos, étant au service des Anglais. M. Alava obtint ensuite le grade de général et plusieurs autres récompenses, par la protection de lord Wellington, avec lequel il se trouva à la bataille de Vittoria. Ce général l'employa dans différentes circonstances jusqu'à l'affaire de Toulouse, du 10 avril 1814, après laquelle il rentra en Espagne. Les derniers services de M. Alava n'avaient point entièrement effacé de l'esprit de Ferdinand le souvenir de sa défection. Aussi fut-il d'abord arrêté; mais ayant obtenu sa liberté au bout de quelques jours, il sut mériter la faveur du prince, qui le nomma lieutenant-général, et l'envoya en Belgique comme ambassadeur extraordinaire. M. Alava n'a pas été employé depuis les derniers changemens arrivés dans son pays : la nation espagnole, qui vient de récompenser Ballesteros, d'abord arrêté et persécuté, parce qu'il n'avait pas voulu s'avilir en servant sous les ordres d'un général étranger, n'a pas cru devoir accorder sa confiance à un aide-de-camp, favori de lord Wellington. On reproche encore à M. Alava de ne point avoir employé son influence auprès du général anglo-espagnol pour diminuer les maux de ses concitoyens, et l'on cite surtout l'exemple de M. Zéa, qui lui fut présenté, après la bataille de Vittoria, où il avait été fait prisonnier. Ce savant avait une infinité de titres qui devaient lui faire espérer d'être bien accueilli; il était malade, dans la dernière misère, et avait signé, comme M. Alava lui-même, la constitution de Bayonne; mais celui-ci le traita fort mal, et l'abandonna à toute la rigueur de son sort. L'indignation que produisit cette conduite dans l'âme de M. Zéa contribua sans doute à lui faire chercher les moyens de s'évader et de passer en Amérique, pour se soustraire à la domination anglaise sous laquelle l'Espagne gémissait alors. M. Zéa porta ses connaissances dans les provinces de Venezuela et de Santa-Fé, et contribua puissamment à l'indépendance de ces vastes contrées. Tels furent les effets de l'injustice et de l'intolérance politique. M. Alava a tenu en Belgique une conduite plus honorable. Tout en se conformant extérieurement aux instructions de son cabinet, qui lui prescrivaient de faire peser la rigueur du règlement des Pays-Bas sur les Espagnols réfugiés, il aidait et consolait secrètement ses compatriotes malheureux. Bel exemple, que d'autres diplomates se sont bien gardés de suivre! M. Alava, en conséquence de cette conduite, peut-être, a été rappelé en 1819. Mais s'il est attaqué en 1820, il est probable qu'il trouvera des défenseurs sous le régime libéral, qui vient enfin de prévaloir en Espagne.

ALBANÈZE (N.), célèbre chanteur italien, du genre de ceux qu'on appelle *soprani*, est né à Naples, en 1731, et acquit, au conservatoire de cette ville, une méthode de chant excellente; il avait à peine 18 ans lorsqu'il vint à Paris, où il fut bientôt avantageusement connu. Son talent le fit recevoir à la chapelle du roi, et ensuite premier chanteur au concert spirituel. Albanèze s'est rendu fameux, non-seulement par son chant, mais encore par ses compositions; il a donné, de 1752 à 1762, plusieurs airs remarquables, et des duo pleins de grâce et de mélodie, qui ont fait long-temps les délices des amateurs, et qu'on répète encore avec plaisir. Il est mort en 1800, regretté pour son amabilité et pour son talent.

ALBANI D'URBIN (JEAN-FRANÇOIS), neveu de Clément XI. Né en 1720, il fut évêque d'Ostie et de Velletri, puis cardinal, et enfin doyen du sacré collége; il mourut à Rome, vers la fin de septembre 1803. Il avait fait des études brillantes, et réunissait une figure remarquable, à une grande pénétration d'esprit. A l'âge de 27 ans, il obtint le chapeau de cardinal, et alors le goût des plaisirs lui fit négliger les affaires ecclésiastiques. Comme il avait aussi beaucoup de penchant pour la représentation, on le chargea de recevoir les ambassadeurs. Il dut sa grande réputation aux jésuites, que, depuis l'époque de la bulle *Unigenitus*, sa famille avait toujours protégés, et son parti dirigeait le conclave dans l'élection des papes. Devenu l'un des principaux membres de la congrégation d'état relative aux affaires de la révolution française, le cardinal Albani, en s'élevant avec violence contre les principes modernes, se déclara ouvertement pour l'Autriche, à laquelle des liens anciens attachaient sa maison. Mais les Français entrent dans Rome; il s'éloigne précipitamment, et son palais est pillé. Il se retire d'abord dans son abbaye de la Crope; puis il se rend à Naples, que bientôt l'approche des Français le force de quitter; enfin il s'arrête à Venise, où il contribue puissamment à l'élévation de Pie VII au pontificat. Mais ce pape, quoique nommé sous l'influence de l'Autriche, et par le crédit d'un cardinal dont elle disposait, s'occupa aussitôt de réconcilier avec le saint-siège la république française; peu de temps après, il rétablit le culte catholique en France, au moyen du concordat avec le premier consul. Le cardinal Albani était juste et humain; passionné contre la révolution, il n'en protégea pas moins dans Rome les partisans du nouveau système politique, lorsqu'on les persécuta. Si la tiare lui échappa deux fois, malgré l'influence de son parti et son propre ascendant, il faut l'attribuer à l'empire qu'il laissa prendre sur lui-même à son valet-de-chambre, Mariano. Cette faiblesse parut d'autant plus étrange, que ce Mariano protégeait visiblement ce que Rome renfermait de plus vil : l'évêché d'Ostie et de Velletri, un des évêchés *privilégiés*, était devenu le refuge d'une grande partie des malfaiteurs de l'état romain. Mariano trafiquait du droit de cité, et disposait de la signature et du cachet de son maître. On remarqua, pendant l'administration française, que l'arrondissement de Velletri produisait à lui seul, par année, plus de délits, de crimes et de procès, que le reste du département. Les habitans en attribuaient justement la cause aux amnistiés du cardinal Albani, ou plutôt de Mariano.

ALBANI (Joseph), neveu du précédent, et aussi cardinal. Né à Rome en 1757, ou peut-être quelques années plus tôt, il ne s'occupa des affaires d'état que dans un âge assez avancé. Dans sa jeunesse, peu studieuse et fort dissipée, il s'était livré particulièrement à son goût pour la musique, et ensuite il mit sa gloire à exceller sur le violon. Le moment vint pour lui de se livrer à d'autres soins, et de réparer les torts de la fortune. Il fit remarquer, à cet égard, son talent et sa promptitude. Chargé de l'annone, il s'approvisionna lui même : sa famille voyant ses richesses nouvelles et ses bonnes dispositions, voulait le faire passer à Vienne avec le titre de nonce, dans le dessein de le porter ensuite aux premières dignités de l'église. Son refus de quitter l'Italie fut généralement attribué, soit à son goût pour les beaux-arts, soit à une inclination différente. Mais d'autres pensèrent que ces prétendus motifs en cachaient de plus ambitieux; on les apercevait jusque dans la feinte modestie qui lui faisait dire : « J'ai » manqué ma vocation, je devais » être un compositeur de musique » plutôt qu'un prince de l'église. » Il comptait pour beaucoup dans ses projets la puissante influence de sa famille; ce qui ne l'empêcha pas de rester long-temps sans emploi : Pie VI n'était pas facile à décider. Enfin on le nomma auditeur de la chambre apostolique, et dès lors, conformément au système général de sa famille, il embrassa les intérêts de l'Autriche contre la France. Il prit hautement ce parti à l'époque de l'assassinat de Basseville; et l'on crut même, d'après ses discours et d'autres circonstances, qu'il n'était pas étranger à cet événement. En 1795, il parcourut divers états de l'Italie, avec la mission de former une ligue contre la république française. Il eut peu de succès, et le pape voyant qu'il n'avait pu traiter qu'avec le roi des Deux-Siciles, se crut réduit à conclure un armistice avec la France. Envoyé à Vienne pour faire part à l'empereur de l'état des affaires au-delà des Alpes, il fut reçu très-froidement, si l'on en croit une dépêche lue dans la congrégation d'état, et en présence du pape, le 28 novembre 1796. L'empereur trouvait mauvais que, sans sa participation, S. S. eût conclu un armistice avec la France, et un traité avec le roi de Naples. Malgré cet accueil défavorable, Albani espérait que l'empereur n'abandonnerait pas l'intérêt de l'église; il ne quitta point Vienne, et ses négociations, ou plutôt ses intrigues, attirèrent sur Rome de grands malheurs. Une lettre que lui adressait le cardinal Busca, fut interceptée par le général en chef de l'armée d'Italie: on y voyait avec quelle sincérité la cour de Rome venait de traiter avec la France. Cette lettre envoyée au directoire fit rompre l'armistice, et de rapides succès mirent la capitale au pouvoir du général Bonaparte. Albani en éprouva personnellement les conséquences; il perdit des bénéfices considérables dans la Lombardie, et l'on pilla son palais. En 1801, il reçut le chapeau des mains de Pie VII, et continua de résider dans la capitale de l'Autriche.

ALBARADE (N. d'), contre-amiral sous la république française, s'est constamment montré, depuis sa jeunesse, partisan des opinions libérales qui prirent naissance dans la révolution, dont il embrassa avec feu les principes. En 1795, M. Monge ayant quitté le ministère de la marine, M. d'Albarade le remplaça, et parut digne de la confiance qu'on lui avait accordée. La liberté, en effet, ne pouvait avoir de plus ferme soutien, et l'administration de ministre plus zélé. Il ne put cependant se soustraire aux envieux qu'importunaient son mérite, et la faveur dont il jouissait : ils saisirent le prétexte des troubles survenus à Marseille et à Toulon, après le 31 mai 1793, pour le dénoncer à l'assemblée. Il se justifia pleinement des griefs portés contre lui, et en 1794, dénoncé de nouveau, il démontra que toutes ses mesures avaient été dictées par le véritable amour de la patrie, et réduisit ainsi ses détracteurs au silence. Remplacé le 1er avril 1794, il reprit du service dans la marine, et fut chargé, en 1796, du commandement du port de Lorient. Après l'incendie du vaisseau *le Quatorze Juillet*, il fut destitué et traduit devant une cour martiale, où il fut accusé de négligence dans l'exercice de ses fonctions, et déclaré déchu de tout commandement. Ce jugement, auquel l'esprit de parti semblait avoir présidé, ne flétrit point la réputation de M. d'Albarade, qui fut quelque temps après réintégré dans son grade de capitaine de vaisseau, et promu ensuite à celui de contre-amiral.

ALBARET (Étienne). Nommé, le 22 novembre 1791, l'un des grands-juges de la cour nationale à Orléans, il en fut le président, par droit d'ancienneté. Ce tribunal devait connaître des délits des agens du pouvoir-exécutif, et il était chargé, au moins spécialement, de poursuivre tous les conspirateurs; mais ses opérations, un peu lentes, s'accordèrent mal avec la farouche impatience d'une partie de ceux qui conduisaient alors les affaires. Le président et ses collègues furent inculpés, et après dix mois de fonctions, ils se virent réduits à se justifier eux-mêmes. Albaret siégea depuis au tribunal de cassation; et, sous le consulat, fut nommé conseiller à la cour d'appel de Montpellier.

ALBEMARLE (W. Charles-Keppel), pair d'Angleterre, est du nombre de ces hommes qui, comblés par le gouvernement de dignités et de richesses, osent néanmoins défendre dans la chambre haute les intérêts nationaux. Né vers 1774, élève politique de Lauderdale, admirateur passionné de Fox, il fut de bonne heure membre du club des whigs, et prononça, le 21 février 1794, son premier discours, ce *Maiden-speech*, toujours écouté avec une attention avide, parce que la parole en est ordinairement *vierge*, et offre l'image pure des sentimens du jeune homme, que la corruption ministérielle ou l'ambition populaire, n'a point encore séduit. Dans ce premier discours, où brillaient éminemment l'éloquence et le patriotisme, le nouvel orateur s'élevait avec force contre l'illégalité du débarquement des troupes étrangères sur le sol anglais. Il continua à marcher sur la même ligne anti-ministérielle. Quand lord Grenville proposa l'examen, en comité, du bill sur la formation d'un corps d'émigrés, lord Albemarle s'écria qu'il y avait dans cette motion *une barbarie inconstitutionnelle;* qu'elle prolongerait une guerre sanglante, et seconderait les vues des ennemis de l'Angleterre. En 1797, il fit la motion qu'on examinât les mesures adoptées pour faire servir la marine anglaise à la protection de l'Irlande contre l'invasion de l'ennemi; et depuis ce temps, il ne cessa de s'opposer aux usurpations et à l'arbitraire.

ALBENAS (LE CHEVALIER D'), né à Sommières, département du Gard, en 1760, ancien officier au régiment de Touraine, fit, en cette qualité, la guerre de la liberté en Amérique, sous le général La Fayette; quitta le service avant la révolution, et remplit diverses fonctions publiques: il était conseiller de préfecture du département du Gard, en 1803. On a de lui plusieurs écrits politiques en prose et en vers.

ALBENAS (LOUIS-EUGÈNE D'), fils aîné du précédent, chef d'escadron, officier de la légion-d'honneur. Né à Sommières, en 1787, il débuta bien honorablement dans la carrière, en sauvant à la nage, au camp de Boulogne, cinq militaires qui périssaient dans un naufrage. Eugène d'Albenas, avant l'âge de 25 ans, avait fait toutes les campagnes de 1805 à 1815, inclusivement; blessé plusieurs fois, il fut nommé chef d'escadron à Moskow. En non activité depuis le licenciement de l'armée. Il est auteur des *Éphémérides militaires, depuis 1792 jusqu'en 1815,* ouvrage estimable et éminemment patriotique.

ALBENAS (PROSPER D'), fils cadet du chevalier, a fait les campagnes de 1812 et de 1813. Il est aujourd'hui lieutenant au 1er régiment de la garde royale.

ALBERT (JEAN-BERNARD), homme de loi, nommé par le département du Haut-Rhin, en 1792, fut membre de la convention. Dans le procès de Louis XVI, il vota pour l'appel au peuple, pour la détention, pour le sursis, pour le bannissement jusqu'à la paix. Compatriote du directeur Rewbel, il se montra entièrement dévoué à ses intérêts, contre le directeur Carnot. Sorti du conseil des anciens, le 1er prairial an 5, il était membre du tribunal de cassation, lorsque dans les élections de l'an 6, la section des électeurs du département de la Seine, séante à l'institut, le nomma pour deux ans au conseil des anciens. Après le 18 brumaire, il fit partie du corps-législatif, jusqu'en 1803. En 1814, il était procureur du roi près la cour criminelle de Schelestadt, dans le département du Bas-Rhin.

ALBERT (N.), député de la Charente, dès l'année 1814, fit partie de la majorité de la chambre de 1815. L'année suivante il fut réélu, et durant cette dernière session, il proposa des amendemens sur la manière de procéder contre les auteurs d'écrits saisis, en vertu de la loi du 21 octobre 1816. Rapporteur de diverses pétitions en 1817 et 1818, il proposa le renvoi au ministre de la marine, de celle qui était signée par Laignel, capitaine de vaisseau en retraite, et qui avait pour objet l'impression et la publication du tableau des pensions accordées par ce ministère. Il appuya le renvoi à la commission du budget et au ministre des finances, d'une pétition de plusieurs propriétaires ruraux d'Angoulême, qui en se plaignant d'un abus de pouvoir de la part du conseil municipal de cette ville, accusaient aussi le ministre des finances, et demandaient qu'on les autorisât à le poursuivre devant la chambre des pairs. Ce député ne quitta la chambre qu'en 1819; il est aujourd'hui président du tribunal de première instance à Angoulême.

ALBERT (N.), était dans le barreau, quand la révolution éclata. Il s'attacha aux nouveaux principes, mais avec cette modération qui devrait toujours être le partage des hommes assez droits pour abandonner d'anciennes préventions, et pour condamner, au besoin, jusqu'aux habitudes de leur esprit. Il avait rempli avec un talent remarquable plusieurs fonctions civiles et militaires, lorsqu'en 1798, le choix des électeurs de son département, celui du Bas-Rhin, le désigna pour le conseil des cinq-cents, où les travaux des comités paraissent avoir absorbé tout son temps. A l'époque du 18 brumaire, après l'abolition du directoire, et l'élimination de soixante membres du corps-législatif, M. Albert continua de faire partie de ce corps pendant plusieurs années.

ALBERT (N.), parent du précédent, était substitut du commissaire du directoire-exécutif près le tribunal de Metz. A la séance du 20 pluviôse an 5, il adressa au conseil une pétition qui déclarait que sur tous les points de la république, et principalement dans les départemens du Rhin et de la Moselle, les prêtres réfractaires prêchaient la guerre civile, et fomentaient la discorde et les assassinats. Plusieurs membres démentirent cette accusation, qui causa de grands débats dans l'assemblée. En 1800, un arrêté des consuls nomma M. Albert juge au tribunal de Metz.

ALBERT (NICOLAS), né vers 1753, fonda les bains médicinaux établis sur le quai d'Orçay, à Paris, et en fut long-temps le seul propriétaire. Les sociétés de médecine et de chirurgie, après un examen particulier de cet établissement, en rendirent un compte très-favorable; un système de la *douche ascendante* pour le traitement de quelques maladies secrètes fut surtout admiré, et le célèbre Louis, secrétaire de l'académie de chirurgie, en fit dans son rapport l'éloge le plus flatteur. Les pompes qui servent ces bains, font monter l'eau de la Seine à la hauteur de deux cent quatre-vingt-huit pieds.

ALBERT (DE RIOMS, LE COMTE), chef d'escadre, né dans le Dauphiné, en 1740, d'autres disent en 1738. Il était fort jeune encore lorsqu'il entra dans la marine, et il se distingua durant la guerre que la France soutint pour l'indépendance des États-Unis; il commandait, en 1779, le vaisseau *le Sagittaire*, de 50 canons. Au combat de la Grenade, il aida le comte d'Estaing à battre l'amiral Byron. La même année, le 24 septembre, il s'empara du vaisseau l'*Experiment*, qui était de la même force que le sien, et dont la défense doit avoir été opiniâtre, puisque le bâtiment anglais portait une somme d'argent considérable. En 1781, il commandait *le Pluton*, vaisseau de 74 canons. Il s'acquit beaucoup de réputation dans les combats livrés par le comte de Grasse, le 25 avril, contre l'amiral Hood, près du fort royal de la Martinique; le 25 septembre, contre l'amiral Graven, devant la baie de Chesapeak; le 25 et le 26 janvier 1782, près de Saint-Christophe; enfin, le 9 et le 12 avril, contre l'amiral Rodney, entre la Dominique et la Guadeloupe. Ces dernières journées, si malheureuses, furent attribuées à la désunion des chefs, et un conseil militaire examina leur conduite : celle d'Albert de Rioms lui mérita des éloges. Il fut récompensé de ses services par le grade de chef d'escadre. En 1789, il commandait dans Toulon, avec le titre de lieutenant-général; il interdit aux ouvriers des arsenaux de la marine l'entrée dans la garde nationale, et leur défendit de porter la cocarde tricolore. Deux charpentiers, ou maîtres d'équipages, ayant enfreint ses ordres, il les fit traîner en prison, ce qui occasiona un soulèvement général. La troupe de ligne, qu'il ne s'était pas attachée, l'abandonna, et le peuple l'incarcéra lui-même, ainsi que Castellet et de Villager. Le conseil municipal de Toulon, présidé par d'André, examina la conduite du comte Albert, et en rédigea un procès-verbal, en concluant pour sa mise en liberté. Il fit en outre un mémoire pour sa justification, et il demandait à être entendu à la barre de l'assemblée nationale. L'assemblée décréta qu'il n'y avait pas lieu à le poursuivre, non plus que Castellet et de Villager; des témoignages d'estime furent même votés pour Albert en particulier. Il reçut le commandement de la flotte de trente vaisseaux de ligne armés à Brest, pour soutenir l'Espagne contre l'Angleterre, dans les démêlés relatifs à l'affaire de Nootka, et prêta le serment civique au nom de l'escadre. Ses matelots lui ayant résisté lorsqu'on publia le code pénal, il envoya une plainte contre eux, et sa conduite fut approuvée par un décret. Désespérant toutefois de rétablir la discipline parmi l'équipage, il renonça au commandement. Il sortit de France, se rendit auprès des princes, et fit la campagne de 1792 avec un corps d'officiers de marine émigrés. Après la retraite des Prussiens, et la dispersion de l'armée de Coblentz, le comte Albert se retira en Dalmatie, où il ne prit aucune part aux affaires. C'est après le 18 brumaire qu'il rentra en France; on croit qu'il a vécu jusqu'en 1806.

ALBERT (Joseph-Jean-Baptiste), lieutenant-général, né le 28 août 1771, à Guillestre, département des Hautes-Alpes, fit d'excellentes études, et venait de les terminer, lorsque, en 1790, la France fut menacée de l'invasion des étrangers. Albert ne s'était pas destiné à l'état militaire, mais à la voix de la patrie il s'arme; son exemple, son ardeur et son éloquence naturelle, enflamment ses jeunes compatriotes. Le 1ᵉʳ bataillon des volontaires des Hautes-Alpes est formé; Albert, quoique à peine âgé de 19 ans, est nommé lieutenant par ses compagnons d'armes, et marche avec eux contre les ennemis de son pays. Le bataillon des Hautes-Alpes, envoyé à l'armée des Pyrénées-Orientales, y fit partie de la division Augereau, dont les succès furent si brillans. Albert se couvrit de gloire dans plusieurs combats, fut nommé capitaine, et ne tarda pas à être distingué par le général Augereau, qui le choisit pour aide-de-camp. La belle conduite du capitaine Albert pendant les trois campagnes des Pyrénées, lui valut la mission honorable d'aller présenter au gouvernement les drapeaux pris par l'armée française sur les Espagnols. Le directoire éleva Albert au grade de chef de bataillon, et lui fit présent d'un sabre et d'une paire de pistolets. Albert fit avec le général Augereau les célèbres campagnes d'Italie et la campagne de Franconie. Il est fait mention de lui d'une manière distinguée dans les bulletins de l'armée dite *Gallo-Batave*, an 10. A la fin de cette année, Albert fut nommé chef de brigade (colonel). Il se maria, à cette époque, à Offenbach, près de Francfort-sur-le-Mein; sa femme appartenait à une famille de riches et estimables fabricans, descendans de Français bannis par la révocation de l'édit de Nantes. Lors de la formation des camps sur les côtes de la Manche et de l'Océan, Albert, sous-chef d'état-major du camp de Brest, fit les campagnes d'Austerlitz et d'Iéna, et s'étant particulièrement distingué au combat de Golymin, l'empereur le nomma général de brigade. Ce fut à la sanglante bataille d'Eylau, qu'Albert débuta comme officier-général à la tête d'une brigade d'infanterie du 7ᵐᵉ corps, et mérita, par son courage et ses talens, d'avoir part à la gloire que ce corps d'armée acquit en résistant une journée entière à des forces quadruples des siennes. Dans les bulletins de 1807, on trouve l'éloge du général Albert, qui, pendant le siége de Dantzick, eut une affaire brillante dans le *Nehrung*, où il fit 1,200 prisonniers, et prit plusieurs pièces d'artillerie. L'empereur lui fit écrire par le major-général pour le complimenter sur la belle conduite qu'il avait tenue en cette occasion. Le général Albert fit la campagne de 1809 à la tête d'une brigade de grenadiers réunis; il coopéra aux batailles d'Essling et de Wagram, et reçut en récompense la croix de la Couronne-de-Fer. En 1812, le général Albert commandait en Russie la 1ʳᵉ brigade de la division Legrand, qui faisait partie du 2ᵐᵉ corps d'armée. Il acquit beaucoup de gloire au combat de *Jakobowo*, où, avec sa brigade, il tint tête à une partie de l'armée russe. Cependant les suites de ce combat n'ayant pas été favorables au corps d'armée français, il fut forcé de se retirer derrière la Drissa; l'ennemi le suivit en-deçà de cette rivière, et la situation des Français n'était alors rien moins qu'heureuse, car on présageait pour le lendemain une affaire sanglante et défavorable. L'avis de presque tous les généraux était pour la retraite; le général Albert désapprouve cette résolution, demande le combat, et déclare que sa brigade marchera la première ; son avis est adopté : l'ennemi, attaqué au point du jour, est complétement battu, et se retire dans le plus grand désordre derrière la Drissa, laissant sur le champ de bataille un grand nombre de morts, de prisonniers, et 15 pièces d'artillerie. Lors de la retraite de Russie, la brigade du général Albert fut la première brigade d'infanterie qui passa le pont de la Bérézina. Elle courut au pas de charge sur l'ennemi, et le repoussa pendant l'espace de deux lieues. Napoléon, en félicitant le général Albert, le nomma général de division sur le champ de bataille. Dans la campagne de 1813, il commanda une division du corps du maréchal Ney, et prit une part très-active à la bataille de Bautzen. Le maréchal demanda et obtint pour lui la croix de grand-officier de la légion-d'honneur. Il ne tarda pas à mériter de nouveaux éloges. Attaqué le 19 août entre *Hainau* et *Buntzlaw* par le général russe Saken, à la tête de 25,000 fantassins et 5,000 chevaux, le général Albert, quoiqu'il n'eût avec lui que 5,000 fantassins et 800 chevaux, résista à tous les efforts de l'ennemi, sans laisser entamer sa division, qui, bien que débordée, ne perdit ni soldats ni matériel. Le général Albert, pendant sept heures du combat le plus opiniâtre, ne fit qu'une retraite d'une lieue. Ce fait d'armes extraordinaire fut placé par le maréchal Ney, surnommé le *brave des braves,* au rang des plus belles actions qui eussent été faites à la guerre. Le général Lauriston ayant été fait prisonnier à Leipsick, le général Albert commanda provisoirement son corps d'armée, qu'il ramena en France. Après avoir combattu avec tant de courage au-delà de nos frontières, il redoubla de zèle et d'ardeur lorsqu'il s'agit de défendre le sol de la patrie. Il contribua aux succès que le général Sébastiani obtint aux environs de *Bonn* sur les Russes qui venaient de passer le Rhin. Le 1ᵉʳ février 1814, couvrant la retraite que le corps du maréchal Macdonald opérait sur Châlons, le général Albert résiste avec une poignée de fantassins à une charge de 1500 dragons prussiens, les repousse avec perte, et sauve, par sa bonne contenance, le parc du corps d'armée dont ils allaient s'emparer. Le 9 du même mois, l'armée française se retirait de La Ferté-sous-Jouarre, lorsque les Russes attaquent les faubourgs; la prise de cette ville aurait coupé la retraite à plusieurs divisions françaises, et fait tomber une partie du matériel de l'armée au pouvoir de l'ennemi. Le général Albert aperçoit le danger, réunit les débris de sa division et un bataillon de la garde, se met à leur tête, fond la baïonnette en avant sur les Russes, les enfonce, les met en fuite, les poursuit pendant une heure, leur fait éprouver une perte considérable en tués et en prisonniers, et assure ainsi le mouvement rétrograde de l'armée française, qui s'effectua dès lors tranquillement. Le maréchal Macdonald, en rendant compte à l'empereur de cette action, déclara que, dans l'espace de neuf jours, le général Albert avait deux fois rendu les services les plus signalés à la patrie, et demanda pour lui le grand-cordon de la légion-d'honneur. Le général Albert, qui a fait toutes les guerres depuis 1790, a reçu plusieurs blessures, et notamment une balle à la tête au combat de la Bérézina. En mai 1814, il fut nommé commandant de la 19me division militaire à Lyon. Il sut, en maintenant la discipline, se faire aimer des troupes et des habitans, qui rendirent justice à la loyauté de son caractère. Le général Albert est aujourd'hui premier aide-de-camp de M. le duc d'Orléans. A l'époque du 20 mars 1815, il fit ce qu'il devait pour assurer la retraite du prince qui lui avait donné sa confiance; mais, toujours fidèle à la France, il ne dépassa pas les frontières; prit les armes pour s'opposer à l'invasion des étrangers, et commanda une des divisions de l'armée d'Alsace.

ALBERT (CASIMIR-IGNACE-PIERRE-FRANÇOIS, DUC DE SAXE-TESCHEN), naquit le 11 juillet 1738. Ayant épousé l'archiduchesse Marie-Christine, il gouverna les Pays-Bas, conjointement avec elle. Il fut contraint de quitter Bruxelles, et de se réfugier à Vienne, en 1789, lorsque le Brabant se souleva tout entier; mais bientôt l'autorité de l'Autriche y fut rétablie par la force des armes, et le duc Albert rentra dans son gouvernement, à la suite des troupes. Il commanda celles qui firent le siége de Lille, en 1792. Le 25 septembre, la municipalité de cette ville, sommée de se rendre, lui fit une réponse dont il n'avait pas prévu la fermeté. Réduit à lever le siége, il ne laissa d'autre trace de son expédition, que la mémoire des dégâts commis par ses soldats, avec tant d'excès et d'inhumanité, que Gossuin proposa à la convention de mettre à prix la tête de leur chef, comme ayant violé le droit des gens, et les lois de la guerre. Un peu plus tard, les Belges et les Liégeois, à qui le duc Albert offrait, avec le pardon, l'avantage de rentrer à son service, ne voulurent ni l'un ni l'autre, et restèrent à la France. Cherchant alors à gagner Dumouriez, il en vint au point d'avoir des conférences avec lui. Mais ce général, que ses victoires récentes ne disposaient pas à évacuer la Belgique, trouva assez ridicules des propositions semblables, et en instruisit la convention, le 20 novembre 1792. Lorsque M. de La Fayette fut conduit à Luxembourg, le duc Albert, en lui refusant des passeports, lui dit qu'ils étaient inutiles pour ceux à qui on réservait l'échafaud. Retiré des affaires, à cause de son âge avancé, il vit maintenant à la cour de Vienne; on assure qu'il y jouit d'une grande fortune, et qu'il en fait un excellent usage.

ALBERTAS (SUZANNE, MARQUIS D'), fils du magistrat de ce nom, qui fut assassiné après une fête qu'il avait donnée à ses vassaux. Il naquit à Aix d'une famille estimée, et depuis long-temps honorée dans la robe, et succéda à son père dans la place de premier président du parlement d'Aix, place qu'il occupa jusqu'à la révolution. S'il n'émigra pas, il n'en resta pas moins fidèle aux anciens principes. Nommé préfet du département des Bouches-du-Rhône, le 10 juin 1814, il perdit cette place lors du retour de l'empereur, en 1815, et se retira dans sa terre de Gemnos. Dans le mois d'août 1815, le roi lui écrivit une lettre autographe très-flatteuse, le nomma pair de France, et lui accorda le titre de marquis.

ALBERTI DI VILLANOVA (François d'), Piémontais, naquit à Nice en 1737. Les succès qui accompagnèrent ses études l'engagèrent à cultiver les belles-lettres. Le premier ouvrage qu'il donna fut un dictionnaire italien-français et français-italien, le meilleur que nous ayons. Les trois premières éditions en furent promptement enlevées : il augmenta la quatrième de plusieurs mots et de remarques utiles. Il publia ensuite son *Dizzionario universale critico, encyclopedico della lingua italiana*, ouvrage très-estimé. Il mourut vers la fin de 1800, au moment où il revoyait une nouvelle édition de ce dernier ouvrage; il eut le temps d'en confier la direction à l'abbé Federighi.

ALBIGNAC (comte d'), issu d'une ancienne famille noble du midi de la France, transplantée en Normandie. Il se destina au service dès sa jeunesse; en 1780, il fut nommé mestre-de-camp des gardes-du-corps, et en 1784, lieutenant-chef de brigade. Ayant émigré en 1791, ce ne fut qu'après le 18 brumaire qu'il rentra en France, où il vécut dans l'obscurité jusqu'en 1814, époque de la première restauration, pendant laquelle il fut nommé major-général des gardes-du-corps. M. d'Albignac a été atteint par l'ordonnance du mois d'août 1816, qui met à la retraite les officiers âgés de plus de 50 ans.

ALBIGNAC (N.), fils du précédent, et militaire comme lui, a été aide-de-camp du maréchal Ney, et s'est élevé, par son mérite, au grade de maréchal-de-camp. En 1815, il fut nommé membre de la chambre des représentans par le département du Calvados, et néanmoins par ordonnance du roi, dans la même année, président du collége électoral de l'arrondissement de Bayeux.

ALBIGNAC (Maurice Castelnau, comte d'), cousin des précédens, ancien page de Louis XVI, officier à l'époque de la révolution, émigré en 1792, servit dans l'armée des princes, et fut depuis attaché au service d'Autriche. Il rentra en France après la paix, et y reprit du service, en 1806, en qualité de simple gendarme d'ordonnance dans la garde impériale. Il fit la campagne de Tilsit dans ce corps, où il fut successivement maréchal-des-logis-chef, et officier. Après cette mémorable campagne, M. d'Albignac passa au service du roi de Westphalie, qui le prit pour un de ses aides-de-camp. Il servit pendant quatre ans en Westphalie, où il fut nommé lieutenant-général, grand écuyer et ministre de la guerre. Il quitta cette dernière place pour rentrer au service de France, en qualité de chef d'état-major du 6me corps, sous les ordres du maréchal Gouvion Saint-Cyr, et, peu de temps après, sous ceux du vice-roi d'Italie. En 1813,

M. d'Albignac fut nommé au commandement du département du Gard, et chargé de l'organisation de la 4ᵐᵉ division de réserve. Au retour du roi, il fut mis à la demi-solde, jusqu'au 20 mars, où il reprit de nouveau les fonctions de chef d'état-major auprès du maréchal Gouvion-Saint-Cyr à Orléans. Il alla rejoindre M. le duc d'Angoulême, et ensuite le roi à Gand. De retour en France avec S. M., M. d'Albignac fut nommé secrétaire-général du ministère de la guerre, puis gouverneur de l'école royale militaire de Saint-Cyr, place qu'il occupe encore : la manière distinguée avec laquelle M. d'Albignac remplit cette tâche aussi pénible qu'honorable, lui concilie chaque jour davantage l'affection de ses élèves, malgré la sévérité de la discipline qu'il a établie, et dont, avec une santé affaiblie, il partage courageusement toute la rigueur.

ALBIGNAC (d'), lieutenant-général. Il était issu d'une famille noble, et officier supérieur avant la révolution. Ses principes populaires et son amour pour la liberté, lui gagnèrent la confiance du gouvernement, qui lui accorda, en 1791, le commandement des troupes en garnison dans le département du Gard; il comprima, dès leur naissance, les tentatives faites par les royalistes d'Uzès, et dispersa sans violence ceux qui s'étaient rassemblés à Jalès. La modération qu'il montra dans cette occasion lui gagna l'estime de tous les habitans, et lui valut bientôt le grade de maréchal-de-camp, commandant la 9ᵐᵉ division militaire. Nommé, en octobre de la même année, commissaire pour la réunion du comtat Venaissin à la France, une affaire de discipline relative à un régiment, à qui on donna raison, le détermina à offrir sa démission. Il fut rappelé peu de temps après, et élevé, en 1792, au grade de lieutenant-général des armées; il se battit derechef contre les royalistes du Gard, et se retira ensuite dans ses foyers. On lui a donné, en 1799, le commandement de la 11ᵐᵉ division militaire.

ALBINI (LE BARON D'), ministre de l'électeur de Mayence. En 1792, il notifia au ministre français en cette ville l'arrivée du roi de Prusse, de l'empereur d'Autriche et des princes français, en lui laissant le choix de rester à Mayence ou de s'éloigner pendant les conférences qui auraient lieu. La même année, les Français s'étant emparés de Mayence, il fit partie du conseil chargé de conclure la capitulation, et, en 1795, fut nommé pour représenter l'électeur au congrès de pacification; il fut employé, en 1797, à celui de Rastadt. On lui confia ensuite le commandement des troupes levées à Mayence. Après avoir eu quelques avantages sur l'ennemi, il se retira à Aschaffenbourg, et voulut entrer à la solde de l'Angleterre. Il était à Vienne en l'année 1800. M. d'Albini reçut de l'électeur de Mayence un sabre très-riche, orné d'une inscription, qui, en lui rappelant ses exploits militaires, marquait tout l'attachement que ce prince avait pour lui.

ALBISSON, homme de loi. Né à Montpellier, en 1732, il se livra dès son enfance aux études qu'exige cette profession ; il eut beaucoup de succès, et se fit un nom au milieu d'un certain nombre d'hommes de mérite, que le barreau de cette ville comptait alors. Il entra au conseil des états du Languedoc, et l'importance qu'il attachait à cette charge multiplia ses occupations. Il publia un discours sur l'*Origine des municipalités diocésaines du pays*, ainsi qu'un ouvrage plus considérable sur les *Lois municipales de cette même province*. La révolution ne laissant subsister presque rien de ce qui avait été le principal objet de ses recherches, il se livra aux fonctions administratives ou judiciaires, et remplit, avec autant de zèle que de talent, les divers emplois dont il fut chargé. Nommé, en 1802, tribun sur la présentation du département de l'Hérault, il se fit remarquer dans les discussions relatives aux codes de législation civile et judiciaire. Il appuya vivement la proposition de rendre la couronne impériale héréditaire dans la famille de Napoléon. Ses services lui valurent la décoration de la légion-d'honneur, et bientôt après, en 1805, il fut désigné pour remplir auprès de la cour de cassation les fonctions de substitut du procureur-général impérial. Enfin, il venait d'être nommé conseiller-d'état, lorsqu'une maladie douloureuse termina ses jours, à Paris, le 22 janvier 1810.

ALBITTE (Antoine-Louis), l'aîné, avocat à Dieppe, membre de l'assemblée législative et de la convention nationale. Nommé, en septembre 1791, par le département de la Seine-Inférieure, à l'assemblée législative, quoique ses études eussent dû diriger entièrement son esprit vers le barreau, il s'occupa presque exclusivement de l'organisation militaire, et, entre autres objets, présenta un décret sur le mode de remplacement dans les armées, fit décréter que la trésorerie nationale verserait des fonds dans la caisse des invalides, s'opposa à ce que les troupes de ligne qui dépendaient du roi séjournassent près de l'assemblée, demanda que le ministre de la guerre répondît sur sa tête de l'exactitude des détails transmis sur la situation des frontières. En janvier 1792, il témoigne la crainte que l'augmentation de la gendarmerie ne nuisît à la liberté, observations qui, toutes fondées qu'elles étaient, ne sont point prises en considération ; il demande l'examen des lois sur la marine, et vote la mise en accusation de Bertrand de Molleville, chargé de ce ministère, et de Narbonne, ministre de la guerre ; le 11 juillet, il provoque la démolition des fortifications des villes de l'intérieur, comme pouvant servir de point d'appui aux contre-révolutionnaires ; contribue puissamment aux événemens du 10 août, et dès le lendemain, concurremment avec Sers, son collègue, fait décréter le renversement des statues des rois, et leur remplacement par la statue de la liberté. Membre de la convention nationale, il rend compte de sa mission dans le département de la Seine-Inférieure, où il avait été envoyé avec Lecointre, pour y faire effectuer le désarmement des suspects et la déportation des prêtres insermentés ; demande la vente des biens des émigrés et la réduction du traitement des prêtres; fait écarter la dénonciation de l'ex-ministre Narbonne, qui l'accusait d'être un des députés qui avaient reçu de l'argent pour s'attacher au parti royal; s'oppose à ce que Louis XVI puisse se choisir un ou plusieurs conseils; dans le procès de ce prince, vote la mort, et s'oppose à l'appel au peuple et au sursis; demande l'ostracisme contre le ministre Roland; obtient, le 23 mars, un décret pour que les émigrés, arrêtés en pays étrangers, armés ou non armés, soient traités de la même manière; réclame l'établissement d'une commission pour l'examen de la conduite des généraux; fait décréter l'arrestation des généraux Estournel et Ligneville, et ordonner que l'ex-législateur Mathieu Dumas soit gardé à vue. Commissaire à l'armée des Alpes, il envoie des détails sur le département de l'Isère; annonce les mesures qu'il a prises avec le général Cartaux, pour soumettre les rebelles du Midi; donne des détails sur Toulon, Marseille et Lyon; fait traduire au tribunal révolutionnaire le général Brunet, qui commandait l'armée en Savoie, et qui, pour prix de ses services, meurt sur l'échafaud; demande que ceux qui ont dirigé le siége de Lyon soient tenus de rendre compte de leur conduite. En mission dans les départemens de l'Ain et du Mont-Blanc, il écrit que la superstition et les châteaux sont détruits, et que les biens des suspects servent à la république; il sollicite de la commune de Paris l'approbation de ses arrêtés, mais plusieurs dénonciations sont envoyées contre lui, des départemens de l'Ain et du Montblanc. Il se plaint à la convention et à la société des jacobins des fausses accusations multipliées contre les députés les plus fidèles à la patrie, et résiste à toutes les attaques qui se renouvellent contre lui. Le mouvement insurrectionnel du 1er Prairial mit un terme à sa fortune. Ce jour même, il avait demandé que le bureau, vacant par l'absence des secrétaires, fût occupé par les représentans qui avaient été aux armées. Delahaye s'élève contre lui, et l'accuse d'être l'un des auteurs de l'insurrection; le président donne l'ordre de l'empêcher de sortir de la salle; Tallien vote son arrestation; Vernier le dénonce; Albitte jeune, son frère, le défend avec chaleur, mais sans aucun succès. Décrété d'accusation, avec Bourbotte, Romme, Duroi, Goujeon, Duquesnoi et Soubrany, il parvient à se soustraire, par la fuite, à l'exécution du décret. La commission militaire, qui condamne ses co-accusés, le déclare contumace. Compris dans la loi d'amnistie du 4 brumaire, il reparaît. Albitte, surpris très-jeune par la révolution, se jeta dans l'exagération démagogique, avec toute la violence de son âge; ses écarts ont plus d'une fois fait frémir l'humanité. Lors des représentations de *Caius-Gracchus* de Chénier, il osa s'élever seul contre le public, qui applaudissait avec transport ce bel hémistiche : *Des lois, et non du sang!* et demanda *du sang, et non des lois!* Comment le directoire n'a-t-il pas eu honte de lui confier, après cela, les fonctions de maire de Dieppe? Après le 18 brumaire, il entra dans l'administration militaire, et servit long-temps dans les armées, en qualité de sous-inspecteur aux revues. Il est mort de froid, de faim et de fatigue, dans la campagne de Moscou.

ALBITTE, jeune, frère du précédent, nommé, en septembre 1792, par le département de la Seine-Inférieure, député suppléant à la convention nationale, ne prit séance que lorsque la révolution du 31 mai eut mis l'assemblée dans la nécessité de remplacer par les suppléans les membres que cette révolution avait moissonnés. Moins ambitieux et plus modéré que son frère, il ne parut à la tribune que pour le défendre de l'accusation d'être l'un des auteurs des journées de prairial, mouvement naturel dans des temps ordinaires, mais héroïque à cette horrible époque. Albitte jeune ne passa point dans les conseils en septembre 1795, et n'exerça aucune autre fonction législative. Il était encore, en 1816, inspecteur de la loterie à Reims.

ALBON (CLAUDE-CAMILLE-FRANÇOIS, COMTE D'), descendant de Jacques d'Albon, marquis de Fronsac, qu'on appelait le *maréchal de Saint-André*, naquit à Lyon, en 1753. Il annonça fort jeune d'heureuses dispositions pour les lettres, et publia divers ouvrages qui lui ouvrirent de bonne heure les portes de plusieurs sociétés académiques, entre autres de celles de Lyon, de Rome, della Crusca à Florence, etc. Quoiqu'il fût doué de beaucoup d'esprit, et qu'il affectât une grande philosophie, il ne sut point se défendre des préjugés nobiliaires. Comme il était seigneur d'Yvetot en Normandie, il y fit bâtir des halles pour la tenue des foires, et se croyant sans doute encore au 6me siècle, où les seigneurs de cette petite ville usurpèrent le titre de rois, il décora ces halles de l'inscription pompeuse : *Gentium commodo*, CAMILLUS III; et fit ainsi de cet établissement utile un monument de sa puérile vanité. Voici la note des ouvrages que le comte d'Albon a donnés : 1° *Dialogue entre Alexandre et Titus*; 2° *Observations d'un citoyen sur le nouveau plan d'imposition*, 1774, in-8°; 3° *OEuvres diverses*, lues le jour de sa réception à l'académie de Lyon, 1774, in-8°; 4° *Éloge de Quesnay*, Paris, 1775, in-8°. Cet éloge du chef des économistes, dont il partageait les opinions, a été réimprimé plusieurs fois, et entre autres dans le *Nécrologe des hommes célèbres* : on y trouve des vues patriotiques, présentées judicieusement et avec élégance. 5° *Éloge de Chamousset*, 1776, in-8° : il a su louer dignement cet homme de bien, à qui l'on doit tant d'établissemens utiles, et surtout l'amélioration des hôpitaux. 6° *La Paresse*, poëme traduit du grec, de Nicander, 1777, in-8°. Ce poëme en prose, prétendu traduit du grec, a été composé par le comte d'Albon lui-même : on y remarque une morale excellente, beaucoup d'imagination, et une profonde connaissance de la mythologie. Le *Dialogue entre Alexandre et Titus* a été réimprimé à la suite de ce poëme. 7° *OEuvres diverses*, 1778, in-12 : on y trouve des fables et d'autres poésies peu remarquables, un mémoire à la société économique de Berne, où se décèle son âme philantropique, et une lettre à un évêque suffragant. 8° *Discours sur cette question : Si le siècle d'Auguste doit être préféré au siècle de Louis XIV, relativement aux lettres et aux sciences ?* 1784, in-8°. L'auteur y prenait le parti des modernes; mais son opinion ayant été attaquée dans le *Journal de Paris,* le comte d'Albon fit bientôt paraître : 9° *Réponse à un critique du 18me siècle,* Paris, in-8°, sous la date de Neufchâtel. 10° *Discours politiques, historiques et critiques sur quelques gouvernemens de l'Europe,* 1779, 3 vol. in-8°. Cet ouvrage, qui passe pour le meilleur du comte d'Albon, fut réimprimé trois ans après, avec ce nouveau titre : *Discours sur l'histoire, le gouvernement, les usages, la littérature et les arts de plusieurs nations de l'Europe,* 1782, 4 vol. in-12. L'auteur examine sous ces divers points de vue la Hollande, l'Angleterre, l'Allemagne, l'Italie et l'Espagne, qu'il pouvait juger avec connaissance de cause, ayant visité toutes ces contrées en observateur. Effectivement son discours sur l'Espagne fut lu avec intérêt; mais on critiqua vivement celui qui a pour objet les états britanniques. L'auteur y désapprouve hautement la constitution anglaise, qu'il croit même propre à corrompre la nation (ce qui ne serait pas absolument faux, s'il avait eu en vue les modifications qu'elle a éprouvées sous le ministère de Robert Walpole et depuis sous celui de M. Pitt); il va jusqu'à dire que les Anglais ne pourront jouir de la vraie liberté et du véritable bonheur, que lorsqu'ils auront renoncé à leur système de législation. Il ne faut pas s'étonner que cette dernière opinion ait trouvé des contradicteurs. 11° *Discours prononcé à la séance de la société d'agriculture de Lyon,* 1785, in-8°. 12° *Éloge de Court-de-Gébelin,* 1785, in-8°. Le comte d'Albon, qui aimait ce savant, ne se contenta point d'honorer sa mémoire par cet écrit; il lui érigea un tombeau dans ses jardins, à Franconville la-Garenne, dans la vallée de Montmorency. Ces jardins sont distribués et décorés d'une manière si pittoresque, qu'on publia, en 1784, un recueil de 19 gravures in-8°, représentant les *Vues des monumens* qui s'y trouvent, et ils ont été décrits avec beaucoup de détails par Dulaure, dans ses *Curiosités des environs de Paris.* Le comte d'Albon mourut à Paris, en 1789, à peine âgé de 36 ans.

ALBON (André-Suzanne, d'), né à Lyon, le 15 mai 1761; appartient à cette famille ancienne, dont les membres portaient avant la révolution le titre de princes d'Yvetot. On sait que les seigneurs de ce pays s'étaient fait appeler, dès l'année 534, *rois d'Yvetot,* et que Louis XI changea le titre royal de cette terre en celui de principauté. M. d'Albon était arrière-petit-neveu du maréchal de Saint-André. Pour se conformer aux usages nobiliaires, il suivit la carrière des armes, et obtint, à 17 ans, une compagnie de cuirassiers. Il émigra en 1791, et servit dans l'armée royale, sous les ordres des princes français. La ville de Lyon ayant été assiégée par l'armée qu'avait envoyée la convention, sous les ordres de Kellermann, M. d'Albon se rendit à Berne pour engager les Suisses à concourir, avec les princes, à la délivrance de Lyon; mais ces cantons avaient alors d'autres intérêts, et il fut contraint de retourner en Allemagne, où il demeura jusqu'en 1801. A cette époque, revenu à Lyon, ce descendant des rois épousa Mlle de Viennois, descendante d'Humbert II, dauphin de Viennois. En 1813, M. d'Albon fut nommé maire de Lyon. Lors de l'entrée des Autrichiens dans cette ville, en 1814, ce fonctionnaire public, de son propre mouvement, sans avoir connaissance de l'abdication de l'empereur, fit placer le drapeau blanc sur l'hôtel-de-ville. Alors s'expliquèrent, pour les administrés, les refus réitérés de M. d'Albon de leur ouvrir l'arsenal pour s'opposer à l'invasion de l'ennemi, et les menaces faites à ceux qui voulaient aller combattre l'armée autrichienne, et défendre la ville. M. d'Albon obtint, peu après, de S. M. Louis XVIII une audience particulière. De retour à Lyon, il continua ses fonctions de maire, et rendit un arrêté pour prohiber l'étalage de toutes les estampes qui pouvaient rappeler le souvenir de l'empereur. On ne sait pourquoi M. d'Albon, si connu par son dévouement à la cause royale, fut destitué. Pendant les *cent jours*, il vécut ignoré, et n'éprouva aucune persécution de la part de Napoléon. Au second retour du roi, élu membre de la chambre des députés, il y fit constamment partie de la majorité, et se signala par un discours sur la loi relative à l'amnistie, discours qu'il termina ainsi : « Les régicides seront bannis de France à perpétuité; une » peine convenable sera infligée à » ceux qui enfreindraient leur ban, » et leurs biens serviront à payer » les frais de la guerre. » Cette proposition, plus que législative, ne fut point accueillie dans son entier. Éloigné de cette assemblée par l'ordonnance du 5 septembre, M. d'Albon n'a point été réélu.

ALBON (D'), frère du précédent, ancien officier de cavalerie, et depuis commissaire des guerres. Le 19 brumaire an 8 (10 novembre 1799), le conseil des cinqcents avait été transféré à Saint-Cloud, en vertu d'un décret rendu la veille par le conseil des anciens, qui avait chargé le général Bonaparte de le mettre à exécution. Ce général ayant paru à la barre, plusieurs députés, informés secrètement qu'il se proposait de dissoudre le conseil, l'apostrophèrent vivement, en demandant qu'il fût mis hors la loi. M. d'Albon, avec d'autres militaires, concourut à protéger Bonaparte, que défendit avec beaucoup de chaleur son frère Lucien, alors président du conseil. Mais bientôt après, Murat entra dans la salle à la tête des grenadiers, déclara le conseil dissous, et fit battre le pas de charge pour faire retirer les députés, qui sortirent par toutes les issues.

ALBORGHETTI (DE BERGAME), fut un des chefs de la révolution que l'approche des Français fit éclater dans sa patrie, en 1797. Il devint membre du grand conseil cisalpin, et prononça, dans l'une des séances les plus remarquables de ce conseil, un discours relatif aux biens ecclésiastiques.

ALBOUIS D'AZINCOURT (Joseph-Jean-Baptiste), comédien, né à Marseille, le 11 décembre 1747, d'une famille de commerçans. Il renonça de bonne heure à la profession de son père, à la sollicitation du maréchal de Richelieu, qui l'employait en qualité de bibliothécaire, et qui l'avait chargé de rédiger les mémoires de sa vie. Plusieurs rôles, dans lesquels il s'exerça sur des théâtres de société, lui donnèrent le goût de la scène. La facilité et le talent qu'il développa dans ces réunions d'amis, lui promettaient un accueil favorable à la Comédie-Française; mais il préféra s'essayer sur un théâtre moins élevé. Il obtint à Bruxelles les plus vifs applaudissemens dans le rôle de Crispin des *Folies amoureuses*. Ce fut dans cette ville qu'il prit le nom de d'Azincourt; il parut peu après au Théâtre-Français, où la protection du prince de Ligne le fit admettre; il y réussit, et fut reçu sociétaire en 1778. La reine, qui désirait apprendre à jouer la comédie, se fit donner des leçons par d'Azincourt, et l'en récompensa noblement. La révolution dissipa la fortune de cet artiste, et détruisit toutes ses espérances. Il en conçut une tristesse qui contrastait d'une manière bizarre avec le genre de son emploi. La société du Théâtre-Français, désorganisée pendant la révolution, dut son rétablissement aux nombreuses démarches de d'Azincourt. En 1807, nommé professeur de déclamation au conservatoire, il obtint bientôt la direction des spectacles de la cour; il en était chargé depuis quelques mois quand il fut enlevé à la scène, le 28 mars 1809, à l'âge de 62 ans. Le jeu de d'Azincourt était fin, profond et souple à la fois; il n'était jamais trivial. En cela, il se distingua surtout de Dugazon, qui partageait avec lui les rôles à livrées. Ce fut un valet de bon ton, c'est-à-dire un peu froid. Préville disait de lui : « Il est » charmant, plaisanterie à part! » Pendant les troubles révolutionnaires, on l'avertit un soir qu'on devait arrêter une partie des comédiens du Théâtre-Français, et qu'il avait encore la faculté de se sauver; mais il déclara vouloir partager le sort de ses camarades. Il fut arrêté et détenu pendant onze mois.

ALBOUYS était juge au tribunal de Cahors, lorsque le département du Lot le nomma député à la convention, où il siégea aussitôt qu'elle se fut constituée. Il n'est connu que par son vote remarquable dans le procès du roi, où il essaya de concilier tous les intérêts, ceux de la justice, ceux de la nation, et ceux du législateur. «Ce serait, dit-il, méconnaître l'autorité du peuple sur la question de l'appel, que de ne pas dire : oui! » Il se prononça pour la réclusion, le bannissement à la paix et le sursis.

ALBRECHTS BERGER (Jean-Georges), organiste allemand, naquit, en 1729, à Kloster-Neuhwr; il entra comme enfant de chœur dans le chapitre de cette ville, et fut, quelque temps après, chargé de diriger un gymnase à l'abbaye de Moelk. Ayant pris des leçons du musicien Monu, il devint organiste de cette abbaye, où il demeura douze ans. Il fut nommé membre des académies musicales de Stockholm et de Vienne, et maître de chapelle de la cathédrale de cette dernière ville. Il a composé beaucoup de morceaux de musique, parmi lesquels on distingue un oratorio allemand, à quatre voix: il a publié, en 1790, un traité élémentaire de composition ayant pour titre : *Grundliche Anweisung zur composition*. C'est un des meilleurs ouvrages allemands en ce genre. Les talens de M. Albrechts lui ont fait obtenir l'estime de ses contemporains, et notamment du célèbre Haydn, qui l'a souvent consulté sur ses ouvrages. Il mourut le 7 mars 1803, âgé de 74 ans.

ALBRIZZI (ISABELLA TEOTOCHI, COMTESSE D'), née à Corfou, en 1770, s'est distinguée par la délicatesse de son esprit, ses grâces et son amabilité, et a su mériter les hommages et l'amitié d'un grand nombre d'hommes célèbres de son pays et de l'étranger, tels que Victor Alfieri, l'abbé Cesarotti, l'abbé Bertola, le misanthrope Hugues Foscolo, Lauro Quirini, M. Denon, d'Hancarville, le général Cervoni, etc. M*** Albrizzi, par un sentiment qui conciliait à la fois sa gloire et son affection, écrivit les portraits moraux de ces hommes distingués, et les publia, sous le titre de *Ritratti scritti da Isabella Teotochi Albrizzi*, à Brescia, en 1807. Une originalité pleine de grâces, un style piquant et léger, distinguent cette agréable production, qui n'a pas besoin de l'intérêt attaché au sexe de son auteur pour être appréciée par les gens de lettres. Peut-être pourrait-on reprocher à Mme Albrizzi d'avoir un peu flatté ses modèles; mais on sait que sous la plume des femmes l'esprit n'est que l'interprète du cœur, et que la reconnaissance devient facilement chez elles une sorte d'enthousiasme. Ce recueil renferme en outre les portraits d'Antoine Téotochi son père, et de Joseph Albrizzi son mari; elle les a dédiés, en bonne mère, à son fils Joséphin. Chaque portrait moral est accompagné d'une gravure représentant les traits du modèle. Mme Albrizzi a successivement épousé deux gentilshommes vénitiens.

ALBUFÉRA (LOUIS-GABRIEL SUCHET, DUC D'), maréchal et pair de France, grand'croix de l'ordre royal de la légion-d'honneur, commandeur de l'ordre royal et militaire de Saint-Louis, et de celui de Saint-Henri de Saxe, chevalier de l'ordre impérial d'Autriche de la Couronne-de-Fer, né à Lyon, le 2 mars 1772. Son père était un manufacturier en soie, très-considéré par ses utiles découvertes et par ses services dans différentes administrations municipales. Après avoir terminé ses études au collége de l'Ile-Barbe, il entra, en 1792, comme volontaire, dans la cavalerie nationale Lyonnaise; le 12 mai 1793, il fut reçu capitaine d'une compagnie franche, formée à l'Argentière (Ardèche), où il se trouvait avec sa famille, originaire de cette contrée. Le 20 septembre, il fut nommé chef du 4me bataillon de l'Ardèche, qui, au siége de Toulon, le 30 novembre, fit prisonnier le général en chef anglais O'Hara. A l'armée d'I-

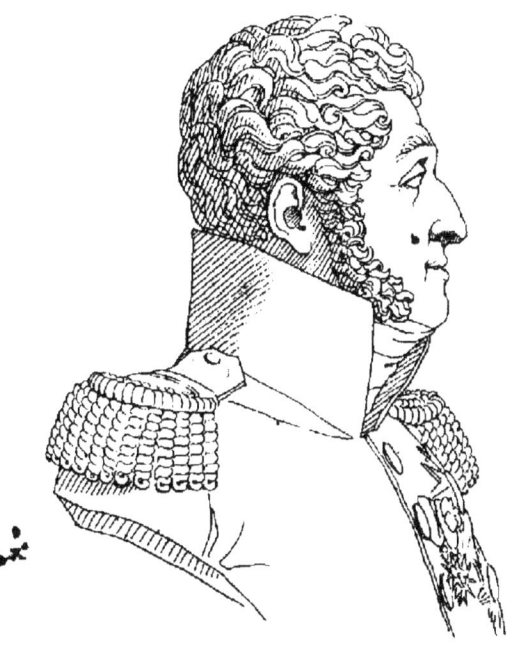

Le Duc d'Albuféra.

Michalon. Fremy del. et Sculp.

talie, il assista, en 1794, aux combats de Vado, de Saint-Jacques, et à tous ceux qui furent livrés par la brigade Laharpe. A la bataille de Loano, les 22 et 23 novembre 1795, il enleva, à la tête de son bataillon, trois drapeaux aux Autrichiens. En 1796, le 4me bataillon de l'Ardèche fit successivement partie de la 211me, 69me, et enfin, 18me demi-brigade de ligne, dont Suchet commandait le 1er bataillon. Il combattit à Cossaria, Dego, Lodi et Borghetto, sous les ordres du général Augereau. Étant passé ensuite dans l'immortelle division Masséna, il prit part aux batailles et combats de Rivoli, Castiglione, Lonata, Peschiera, Saint-Marc, Trente, Bassano et Arcole. Il fut blessé dangereusement, le 24 septembre, à Cerca, près d'Arcole. A peine rétabli, il fit la mémorable campagne qui amena le traité de Campo-Formio. Le 4 mars 1797, après la bataille de Tarvis, où Suchet fut blessé, le général Masséna l'envoya porter au général en chef, les drapeaux conquis dans cette journée. Au combat des gorges de Neumarck, en Haute-Stirie, il fut atteint d'une balle à l'épaule. Le 29 novembre, il fut nommé chef de brigade sur le champ de bataille, par le général en chef Bonaparte. Son régiment fit partie de l'armée envoyée en Suisse, en 1798. Suchet s'établit à Versoix, pénétra dans le pays de Vaud, et traita, au nom du général de division Ménard, avec les envoyés de Berne et de Fribourg. Le général Brune vint prendre le commandement en chef de l'armée, et les hostilités commencèrent. Suchet concourut à la prise des postes importans de Morat et de Gumine ; à la capitulation de Fribourg, et au combat qui eut lieu au pont de Seuvine, après lequel l'armée s'avança sous les murs de Berne, et y opéra sa jonction avec les troupes venues du Rhin. La conduite brillante de Suchet dans cette campagne, lui valut l'honneur de porter à Paris vingt-trois drapeaux pris à l'ennemi. Le 23 mars, il fut élevé au grade de général de brigade, et désigné pour faire partie de l'expédition d'Égypte. A cette époque, une désorganisation totale menaçait l'armée d'Italie ; l'autorité des généraux et des officiers était méconnue ; il fallait rétablir la discipline et la confiance. Ces causes déterminèrent le général en chef Brune à faire donner l'ordre au général Suchet de ne point partir pour l'Égypte, et à le nommer son chef d'état-major. Bientôt la solde fut payée, et la discipline raffermie. Quelques mois après, Suchet continua les mêmes fonctions sous le général en chef Joubert, dont il fut l'ami et le compagnon de gloire. Dès lors, on remarqua dans Suchet cette activité constante pour l'organisation et l'administration des corps, et surtout le talent rare d'entraîner les troupes par son exemple et de se les attacher, autant par sa fermeté dans le maintien de la discipline, que par son empressement à relever les actions du soldat et à exalter son ardeur pour la gloire. Une coalition formidable entre la Russie et l'Autriche, et la marche d'un corps russe vers l'Italie, annonçaient de vastes projets. Le Piémont donnaît des inquiétudes, et par sa position menaçait la sûreté de l'armée. Le général Joubert reçut ordre de l'occuper, à la fin de 1798. Suchet prépara cette expédition, et par ses soins elle fut terminée sans effusion de sang. Occupé à réorganiser l'armée, il se trouva en opposition avec les commissaires du directoire, qui voulaient faire passer en France les fonds levés en Italie, tandis qu'ils étaient indispensablement nécessaires pour l'entretien d'une armée formée avec soin. Ce démêlé lui attira un décret, par lequel il était menacé d'être porté sur la liste des émigrés, s'il ne rentrait en France sous trois jours. Il fallut obéir; mais le général Joubert, mécontent de la conduite du directoire et du rappel injuste de son ami, dont il avait dicté ou approuvé toutes les dispositions, remit le commandement de l'armée, dans les premiers jours de février 1799, au général de division Delmas, qui le garda jusqu'à l'arrivée du nouveau général en chef Scherer, ex-ministre de la guerre. Arrivé à Paris, Suchet n'eut pas de peine à détromper le gouvernement, qui l'envoya, en avril, à l'armée du Danube. Détaché dans les Grisons, sous les ordres du général Masséna, qui, deux fois, l'avait appelé près de lui, et séparé de l'armée du 15 au 19 mai, il défendit les positions de Davos, Bergen et Splungen, battit l'ennemi qui l'entourait, et rejoignit le gros de l'armée par les sources du Rhin, sur le Saint-Gothard, sans être entamé, en passant sur la glace le lac Oberlaps, pour arriver à Urseren. Il fut blessé dans ces affaires. Par ce mouvement, il contribua avec succès à favoriser la rentrée à l'armée du corps du général Lecourbe, qui se trouvait à Bellinzone, et courait risque d'en être séparé sans retour. Ce fut alors que le général en chef Masséna le choisit pour son chef d'état-major. Après la campagne désastreuse de Scherer, Joubert reprit le commandement de l'armée d'Italie, et fit nommer, le 10 juillet, général de division et chef de son état-major, Suchet, qui quitta à regret l'armée du Danube, la plus forte qu'eût alors la France. Il dut sacrifier, à l'amitié qui l'unissait étroitement à Joubert, les sentimens d'attachement et de reconnaissance qu'il portait au général Masséna, sous les ordres duquel il avait servi dans tous les grades. Après la bataille de Novi (15 août), où la France perdit le vaillant Joubert, Suchet, son meilleur ami, continua ses fonctions sous le général Moreau, et devait le suivre sur le Rhin, lorsque Championnet fut envoyé en Italie. Le général Bernadotte, alors ministre de la guerre, écrivit au général Suchet, le 26 août : « La pa- » trie réclame vos secours, mon » cher et brave ami; n'abandonnez » pas l'armée dans un instant où » vos talens lui sont si nécessaires. » Championnet remplace Joubert. » Aidez-le de vos lumières; le bien » public l'exige. » Il fut donc obligé de rester sur la rivière de Gênes, où il acheva, sous Championnet, une campagne d'autant plus pénible, que la supériorité numérique de l'ennemi rendait les combats très-multipliés et sans résultats éclatans. En novembre, Masséna remplaça Championnet, et nomma Suchet son lieutenant. Le brevet lui en fut expédié par le premier consul Bonaparte, le 7 mars 1800. Au premier rang comme chef d'état-major-général, il commença à s'y placer comme général d'armée. A la tête d'un faible corps de 6 à 7000 hommes à peine vêtus, sans magasins, dans un pays ruiné, ayant à combattre 40,000 Autrichiens, commandés par le général en chef baron Mélas, Suchet prit une part brillante aux résultats de la campagne de la rivière de Gènes et du Var (avril, mai et juin), campagne non moins mémorable par les talens, la prévoyance et la prodigieuse activité qu'il y déploya, que par l'inébranlable courage de ses troupes, au milieu des plus grands dangers et des privations les plus absolues. Séparé de la droite de l'armée, qui fut forcée de se renfermer dans Gènes, où le général en chef Masséna accrut encore sa gloire par la plus héroïque défense, son lieutenant lutta pendant trente-huit jours avec succès, contre les forces décuples du général Mélas, et défendit pied à pied la rivière de Gènes. Les progrès de l'ennemi l'obligèrent de se retirer sur la rive droite du Var, où il se retrancha, et conserva une tête de pont. Les efforts de Mélas et de son lieutenant Elsnitz, renouvelés pendant seize jours et soutenus par une escadre anglaise, échouèrent contre ses dispositions et la valeur de ses troupes. Par cette défense opiniâtre et savante, il sauva le midi de la France d'une invasion étrangère, et facilita en outre les succès de l'armée de réserve qui franchissait les Alpes pour opérer en Italie. Il avait su rendre utile le secours ingénieux du télégraphe. Deux sections, qu'il avait laissées aux forts de Villefranche et de Montalban, au milieu des Autrichiens, le prévinrent du mouvement rétrograde qu'avait ordonné Mélas, pour s'opposer aux troupes françaises qui descendaient le mont Saint-Bernard. Aussitôt, prenant l'offensive, Suchet précipita sa marche par la crête des montagnes, coupa la retraite à l'ennemi qui avait suivi les bords de la mer, et lui enleva dans cette campagne 33 pièces de canon, 6 drapeaux et 15,000 prisonniers. Gènes, affamée, s'était rendue. Suchet, qui l'ignorait et qui conservait l'espoir de la dégager, traversa en peu de temps la rivière de Gènes, rejoignit, en avant de Savone, la droite de l'armée, sortie de cette place par une très-honorable convention, et se porta rapidement vers les plaines d'Alexandrie. Sa présence à Acqui contribua beaucoup à la victoire de Marengo (14 juin 1800), suivant le rapport officiel de Mélas, qui avait été obligé de lui opposer un fort détachement. Par suite du traité conclu à Marengo, Suchet fut chargé de réoccuper Gènes, Lucques et leurs territoires, où il fit observer une discipline sévère. La campagne se rouvrit le 16 décembre 1800, après six mois d'armistice. Le général Suchet commandait alors le centre de l'armée, composé de trois divisions fortes de 18,000 hommes. Au passage du Mincio, le 25 décembre, il secourut et dégagea le général Dupont, et fit avec lui 4,000 prisonniers sur le général autrichien Bellegarde, à Pozzolo. Il prit une part active à toutes les brillantes affaires qui eurent lieu à Borghetto, Vérone, Montebello, etc., jusqu'au 16 janvier 1801, époque de l'armistice signé à Trévise. Les troupes ayant été cantonnées, il fut nommé gouverneur du Padouan jusqu'à la paix de Lunéville. En 1802 et en 1803, il fut choisi pour inspecter un grand nombre de régimens dans le midi et l'ouest de la France. Le 25 octobre 1803, il alla commander une division au camp de Boulogne, et fut particulièrement chargé de faire creuser le port de Wimereux. Le 11 décembre, il fut nommé membre de la légion-d'honneur, grand-officier le 14 juin 1804, et gouverneur du palais de Laeken, près de Bruxelles, le 3 février 1805. A l'ouverture de la campagne d'Allemagne en 1805, sa division devint la 1re du 5me corps de la grande armée, commandé par le maréchal Lannes. Elle se distingua à Ulm et à Hollabrunn; à Austerlitz (2 décembre), placée à la gauche où elle occupait le Santon, elle enfonça la droite de l'armée russe, et la sépara du centre. On admira sa marche en échelons par régiment, comme à l'exercice, sous le feu de 50 pièces de canon. Le 8 février 1806, Suchet reçut, en récompense de ses services dans cette journée, le grand cordon de la légion-d'honneur et une dotation de 20,000 fr. de rente sur les biens de l'ordre. Dans la campagne de Prusse, sa division remporta le premier avantage à Saalfeld. Elle commença l'attaque à Iéna, et contribua au succès de la bataille par l'habileté de ses manœuvres et par des prodiges de valeur. Elle se signala de nouveau en Pologne, où elle résista seule à l'armée russe, au combat de Pultusk. Le général russe Benningsen annonça, dans son rapport officiel, qu'il avait combattu contre une armée entière. Elle battit encore les Russes à Ostrolenka. Après la paix de Tilsitt, signée le 8 juillet 1807, Suchet fut chargé, de concert avec les généraux russes, comtes de Tolstoi et de Wittgenstein, de fixer la nouvelle ligne de démarcation des frontières du nouveau grand-duché de Varsovie. Ensuite il commanda en chef le 5me corps, qu'il fit cantonner en Silésie. La plus parfaite discipline fut observée par ses troupes; et les habitans en ont conservé un souvenir reconnaissant. Le 19 mars 1808, il fut nommé comte de l'empire, et le 22 décembre, commandeur de l'ordre militaire de Saint-Henri de Saxe, que le roi de Saxe lui conféra comme marque de sa haute estime et de sa considération particulière. Le 5me corps, destiné pour l'Espagne, fut fêté à son passage en France, et arriva sur les Pyrénées le 29 novembre. Le général Suchet couvrit avec sa division le siége de Saragosse sur la droite de l'Ebre, où il obtint des succès. Nommé, le 10 mai 1809, général en chef du 3me corps devenu armée d'Aragon, et gouverneur de cette province, le départ du 5me corps, la guerre d'Autriche, et le délabrement d'une armée affaiblie, rendirent sa position très-critique. A peine était-il arrivé à sa destination, que le général espagnol Blacke se présente avec 25,000 hommes devant Saragosse. Les troupes, abattues, demandaient la retraite. Suchet leur communique son énergie, et les conduit à l'ennemi, qu'il bat à Maria, le 14 juin : il lui prend 4,000 hommes, 30 pièces de canon, et complète sa défaite, le 18, à Balchite. Ses succès renversèrent les projets des Espagnols, qui voulaient se porter sur les Pyrénées et renfermer les Français en Espagne. Sa bonne administration, sa justice, sa modération, son empressement à conserver dans leurs emplois les fonctionnaires qui jouissaient de l'estime générale, la protection politique qu'il accorda au clergé, sa sévérité pour la discipline, ses talens et sa valeur brillante, lui attachèrent les Aragonais, et lui créèrent des ressources. Son armée devint florissante. Après une marche sur Valence, en janvier 1810, ordonnée par le gouvernement de Madrid, elle commença ses mémorables campagnes. Lerida, l'écueil de plusieurs grands capitaines, tomba la première en son pouvoir, le 13 mai, après une victoire complète (13 avril) sur le général Henri O'Donnel, depuis comte d'Abisval, dans la plaine de Margalef, sous les murs de la place assiégée. L'ennemi y perdit 5,600 hommes. Mequinenza fut forcée de capituler, le 8 juin. Tortose ouvrit ses portes, le 2 janvier 1811, après treize jours de tranchée ouverte. Le fort San Felipe, au col de Balaguer, fut pris le 9. Tarragone-la-Forte succomba, le 28 juin, après cinquante-six jours de siége, ou plutôt d'une continuelle et terrible bataille, en présence et sous le feu de l'escadre anglaise, de ses troupes de débarquement, et de l'armée espagnole de Catalogne. Suchet y conquit le bâton de maréchal : le décret qui le lui donna, du 8 juillet, rappelle tous les services de cet illustre guerrier, et notamment les exploits de Lerida, Mequinenza, Tortose et Tarragone. La chute de Tarragone fut suivie de la prise de vive force de la redoutable position du Mont-Serrat. Le maréchal ouvrit, en septembre, la campagne de Valence. Les forts de l'antique Sagonte, qui couvrent cette capitale, relevés à grands frais par les Espagnols, arrêtèrent sa marche. On ne pouvait faire arriver l'artillerie de siége que par la grande route de Barcelone, dont le passage était dominé et défendu par Oropeza. Ce fort fut assiégé et pris par le maréchal en personne. Le 25 octobre, la garnison de Sagonte avait repoussé deux assauts ; elle continuait d'être battue en brèche, lorsque le général Blacke sortit de Valence avec 30,000 hommes pour la secourir ; il fut totalement défait à la vue même de Sagonte, qui capitula, et donna son nom à cette bataille. Le maréchal y fut blessé à l'épaule. Le 26 décembre, ayant reçu le corps de réserve de la Navarre, commandé par le général Reille, et sans attendre les divisions de l'armée de Portugal, il passa le Guadalaviar, investit Valence le même jour, poussa vivement le siége, et força Blacke à capituler, le 9 janvier 1812. Le 10, les Espagnols, au nombre de 17,500 hommes d'infanterie et

1,800 hommes de cavalerie, se rendirent prisonniers de guerre, et Valence fut occupée. La prise de Peniscola et de Denia compléta la conquête du royaume de Valence. Comme l'Aragon, moins malheureux par les soins du vainqueur, le royaume de Valence imita sa soumission. Dans ses rapports, le maréchal cite avec éloge la bravoure et les talens des généraux Valée, Rogniat, Haxo, Reille, Harispe, Habert, Musnier, Severoli, Palombini et Saint-Cyr-Nugues, son chef d'état-major. En récompense de sa brillante campagne et de sa noble conduite, le maréchal obtint, par deux décrets du 24 janvier, le titre de duc d'Albuféra et la possession de ce domaine, situé près de Valence, et sur lequel il avait combattu. Le 24 avril 1813, il fut nommé commandant en chef des armées d'Aragon et de Catalogne réunies. Il soutint victorieusement divers engagemens contre le général José O'Donnel et l'armée anglo-espagnole. Il reçut à Valence les armées du centre et du midi, qui s'y rallièrent pour marcher contre l'armée anglaise, commandée par lord Wellington. Le maréchal fit, en juin, lever le siège de Tarragone, vivement pressé par le général Murray, qui perdit toute son artillerie. La retraite de l'armée française au-delà des Pyrénées, après la bataille de Vittoria, l'obligea à évacuer Valence, le 5 juillet, dix-huit mois après la reddition de cette ville. Il laissa des garnisons à Denia, Sagonte, Peniscola, Tortose, Lerida et Mequinenza, qui avaient été approvisionnées pour plus d'un an. En septembre, il battit lord Bentinck au col d'Ordal. Le 19 novembre, il fut nommé colonel-général de la garde impériale, en remplacement du duc d'Istrie. Il occupa pendant six mois la Catalogne : 20,000 hommes de ses troupes lui furent demandés en janvier et février 1814; il se rapprocha alors des Pyrénées, et reçut le roi Ferdinand VII à son quartier général, à Figuières. Chargé de la mission de conduire ce monarque à l'armée espagnole, il reçut de S. M. des témoignages publics d'estime, et contribua à accélérer son départ. Il persista, malgré la faiblesse de son armée, réduite à 9,000 hommes, à rester en Espagne pour assurer la rentrée, promise par Ferdinand VII, des 18,000 hommes de garnison qu'il y avait laissés, et surtout pour empêcher l'ennemi d'envahir la frontière. Quand la nouvelle officielle de l'abdication de Napoléon fut parvenue à l'armée (13 avril), elle reconnut Louis XVIII. Le 22 avril, le maréchal eut le commandement en chef de l'armée du Midi, composée des armées de Catalogne et des Pyrénées. Le 4 juin, il fut nommé pair de France; le 22, gouverneur de la 10me division militaire à Toulouse; le 24 septembre, commandeur de l'ordre royal et militaire de Saint-Louis, et le 27 novembre, gouverneur de la 5me division militaire à Strasbourg. Malgré l'exaltation produite par les graves événemens de 1815, il maintint les troupes dans la fidélité au roi jusqu'après son départ de France. Sans avoir d'instructions des ministres, il se rendit à Paris le 30 mars, et reçut ordre, le 5 avril, d'aller à Lyon.

A son arrivée, il leva l'état de siége, et renvoya les gardes nationales. Au mois de mai, il fut nommé commandant de l'armée des Alpes, forte de 10,000 hommes. Le 15 juin, il battit les Piémontais, et quelques jours après, les Autrichiens à Conflans. L'arrivée à Genève de la grande armée autrichienne, de plus de 100,000 hommes, l'obligea à quitter la Savoie, et à se replier sur Lyon, menacé. Ayant appris, le 11 juillet, que le roi était, pour la seconde fois, de retour à Paris, il obtint pour Lyon une convention honorable, qui, en sauvant sa ville natale, lui donna le moyen de conserver à l'état pour 10,000,000 de matériel d'artillerie. Le corps municipal et la chambre de commerce lui exprimèrent la vive reconnaissance des Lyonnais pour cet éminent service, et la consignèrent dans les journaux. Le même jour, 11 juillet, il envoya trois généraux au roi pour lui porter la soumission de l'armée, qu'il commanda jusqu'à son licenciement. Le 16 août 1816, il fut reçu grand' croix de l'ordre royal de la légion-d'honneur. Enfin, par ordonnance du 5 mars 1819, il fut réintégré dans la dignité de pair de France.

ALBUQUERQUE, grand d'Espagne, lieutenant-général. Son nom seul est une illustration, et il s'en montra digne par son patriotisme. Employé sous le général La Romana, dans le corps espagnol détaché en Danemark, il partit avec son chef pour concourir à la défense de son pays : c'est le premier des devoirs. Albuquerque, chargé de commander l'un des corps d'armée aux ordres du duc de l'Infantado, se distingua à la bataille de Médellin. Il occupa l'île de Léon quand le duc de Bellune attaquait Cadix, qui allait se rendre, et qui, encouragée par la présence du général espagnol, résista aux efforts des armées françaises, et lui dut ainsi sa conservation. Il mourut en Angleterre, où le gouvernement espagnol l'avait nommé ambassadeur.

ALCUDIA (DUC D'), prince de la Paix. (*Voyez* GODOÏ.)

ALDÉGUIER (D'), conseiller au parlement de Toulouse avant la révolution. Le gouvernement consulaire le nomma juge à la cour d'appel de cette ville ; sous l'empereur, il fut fait président en la même cour. Maintenu dans sa place au retour du roi, il donna sa démission, en 1815, lors du retour de Napoléon. Le roi, après les *cent jours*, lui rendit son premier emploi; élu membre de la chambre des députés par le département de la Haute-Garonne, il fit partie du comité des pétitions, au nom duquel il présenta plusieurs rapports. ALDÉGUIER (Auguste d'), son frère, inspecteur de la librairie, a publié : *Réponse à Chénier, au nom de Voltaire* (in-8°, 1806), dont il n'a pas suffisamment imité le style.

ALDINI (ANTOINE), né en 1756, à Bologne, où il fit ses premières études. Ce fut à Rome qu'il étudia le droit sous de célèbres professeurs, qui remarquèrent en lui les plus heureuses dispositions. La réputation que ses plaidoiries lui acquirent à Bologne, le fit nommer professeur de droit à l'université; et lorsque ses compatriotes se furent affranchis de la domination du pape, ils le nommèrent leur ambassadeur en France. Il fut, peu après, président du congrès de Modène, et exerça ensuite les mêmes fonctions au conseil des anciens de la république cisalpine. Cette république le chargea successivement de plusieurs missions, et Napoléon le nomma membre de la commission du gouvernement. On l'envoya de nouveau à Paris, pour traiter des intérêts de la république, et il assista, en 1801, à la *consulta* tenue à Lyon. De retour en Italie, il y fut président du conseil-d'état. Ayant été exclu de ce conseil, à la suite d'une lutte qui s'était établie entre lui et le vice-président Melzi, Aldini fit, contre cet acte arbitraire, de vives réclamations qui ne furent point accueillies. En 1805, lors de l'érection de l'Italie en royaume, l'empereur l'appela à Paris, et le nomma ministre secrétaire-d'état d'Italie, en le créant comte et chevalier de divers ordres. M. Aldini était encore avec Napoléon, lors de sa déchéance, en 1814, époque à laquelle il obtint la bienveillance de l'empereur d'Autriche, qui le chargea d'une mission pour Vienne. De retour en Italie, en 1815, il s'est fixé à Milan.

ALDINI (JEAN), physicien, frère du ministre, membre de la société galvanique, professeur de physique à l'université de Bologne. On a de lui quelques écrits : *Essai historique et expérimental sur le galvanisme, avec une série d'expériences faites en présence des commissaires de l'institut national de France et dans plusieurs amphithéâtres de Londres* (avec des planches). Le vice-roi Eugène Beauharnais ayant désiré qu'on inventât une machine pour moudre les grains au moyen du flux et du reflux de la mer dans les lagunes, M. Aldini fit, sur cette matière, un ouvrage italien dont voici le titre en français : *Observations sur le flux de la mer, considéré comme moteur des moulins*. Il a publié à Londres, *an Account of the late improvements in galvanism*, in-4°. Par le crédit de son frère, il fut, en 1811, nommé conseiller-d'état du royaume d'Italie, et obtint la décoration de la Couronne-de-Fer.

ALDOBRANDINI. (*Voyez* BORGHÈSE.)

ALESSANDRI (DE BERGAME), joua, en 1797, un rôle important dans la révolution de cette ville, et fut élu membre du congrès cispadan. Il fut ensuite élevé à la dignité de directeur de la république cisalpine. En l'an 6, M. Trouvé, ministre français chargé du renouvellement des autorités et de la constitution de cet état, le conserva dans cette place.

ALEXANDRE PAULOWITZ, premier du nom, empereur autocrate de toutes les Russies, et roi de Pologne. Ce Prince, fils aîné de Paul Ier et de Sophie-Dorothée-Marie de Wurtemberg-Stuttgard, est né le 24 décembre 1777. Il épousa, le 9 octobre 1793, Elisabeth Alexiewna (Louise-Marie-Auguste de Bade), et monta sur le trône, le 24 mars 1801. Le système politique de Catherine II avait été interrompu par le despotisme capricieux de l'empereur Paul Ier. Alexandre, son fils, élevé par le colonel La Harpe, du pays de Vaud, recueillit les

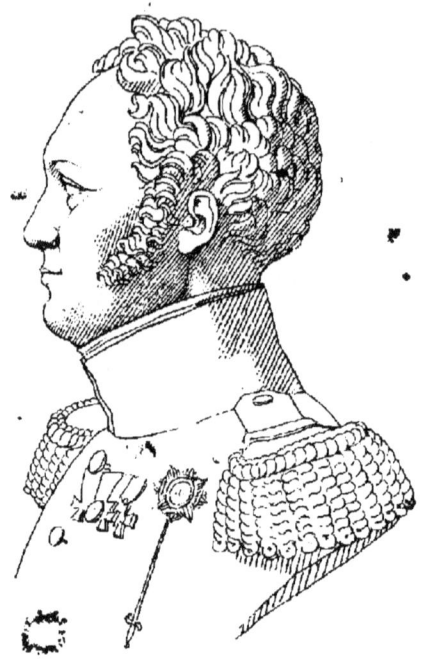

Alexandre 1.er

Rutchiel.   Fremy del. et Sculp.

traditions de ce grand système, et se hâta de le reprendre, comme le seul capable de transporter les arts et la civilisation dans les provinces les plus reculées de ses états, et d'établir un jour, sur des bases fixes, la prépondérance, et peut-être plutôt la domination de la Russie sur l'Europe et sur l'Asie. Si la force des événemens a modifié ce système en quelques circonstances, le gouvernement russe y est toujours revenu, avec ardeur, à la première occasion favorable. Comme Français, nous devons être alarmés des progrès rapides de ce vaste empire; comme historiens, nous ne pouvons que rendre justice à l'habileté avec laquelle ce plan a été conçu et mis à exécution. Il est heureux que l'ambition soit une fois d'accord avec l'humanité; il est heureux que la culture des arts et des sciences, la propagation des lumières, l'abolition graduelle de l'esclavage, concourent avec les armes à élever au plus haut point de grandeur le pouvoir d'un prince et les destinées de ses peuples. A l'exemple de Catherine II, Alexandre s'est mis à la tête des doctrines libérales, tempérées toutefois par un sentiment religieux qui, sans doute, est le produit de la conviction, mais qui pourrait être celui de la politique, puisqu'il donne au gouvernement plus d'énergie, et une influence plus étendue. Ces observations préliminaires expliqueront tous les faits que nous allons raconter avec exactitude et précision. Le jour où l'empereur Alexandre prit en main les rênes de l'empire, à la suite d'un événement déplorable, divers actes de bienfaisance annoncèrent cet événement; la censure fut abolie, l'uniformité des poids et mesures adoptée, le haut commerce encouragé et honoré. L'administration de la justice éprouva bientôt des améliorations, et il fut ordonné que dans les affaires criminelles, l'unanimité d'opinions, parmi les juges, serait indispensable pour condamner à mort. Ce fut en juin 1802 que commença, à Memel, la liaison qui a existé, depuis cette époque, entre l'empereur de Russie et le roi de Prusse. Alexandre, avant ce voyage, avait renoncé à la grande-maîtrise de Malte, titre vain qui pouvait irriter inutilement la jalousie des princes attachés à la communion romaine. Dès ce moment on put remarquer la tolérance, l'affabilité, la générosité de l'empereur de Russie. Il ordonna qu'une somme considérable fût appliquée à l'impression des ouvrages dont l'utilité serait reconnue; il fit l'acquisition du beau cabinet de la princesse Zablonowska, et de la célèbre collection minéralogique de Forster. Les savans, les littérateurs célèbres de l'Europe, partagèrent ses bienfaits, avec les hommes de mérite nés dans ses états. L'abbé Delille, qui lui dédia sa traduction de l'*Énéide,* en reçut un magnifique présent. Le trait le plus sage de la vie publique d'Alexandre, fut l'organisation du sénat dirigeant. Ce monarque comprit qu'il rendait son pouvoir plus stable, en élevant un corps intermédiaire entre le prince et la noblesse; il sentit que les révolutions du palais seraient moins à craindre, avec une institution qui attirerait les regards, et distrairait l'attention de la classe supérieure, fière de ses titres et de ses priviléges, et qui ne pardonnait le despotisme qu'autant qu'on lui pardonnait l'oppression. L'expérience a prouvé jusqu'ici que cette mesure était un calcul de haute politique, et un moyen de conservation. N'oublions pas que, par un décret mémorable, Alexandre abolit, pour toutes les classes de ses sujets, la confiscation des biens héréditaires, quel que fût le crime pour lequel le coupable eût été condamné. Dans l'année 1804, l'empereur de Russie établit une école d'enseignement public à Téflis, capitale de la Géorgie; il ouvrit l'université de Wilna, et celle de Cherson; il fonda un séminaire, où les clercs catholiques reçoivent l'instruction qui leur est nécessaire; il prescrivit l'organisation des écoles de médecine, de chimie et de chirurgie; enfin, il créa dans la capitale une école de marine. Des fonds considérables furent affectés à tous les établissemens que la munificence impériale venait de fonder. Les dépenses annuelles de l'éducation publique s'élevaient seules à 2,000,000 de roubles. Les progrès de ces établissemens ont répondu aux espérances du fondateur; le temps n'est pas éloigné, où les lumières ne seront pas moins répandues en Russie qu'elles ne le sont dans le reste de l'Europe. Depuis l'avénement au trône de l'empereur Alexandre, les relations de paix entre la Russie et la France s'étaient maintenues, lorsque le traité d'Amiens fut rompu. Napoléon crut avoir à se plaindre, dans cette circonstance, de la marche politique du cabinet de Saint-Pétersbourg. Il eut des explications très-vives avec M. le comte de Markoff, ambassadeur de Russie, et il donna, dans ces conférences orageuses, un libre cours à la violence de son caractère. La rupture fut décidée; M. de Markoff quitta Paris en 1804, et le comte d'Hédouville, ambasseur de France en Russie, demanda ses passeports à la même époque. En 1805, les cabinets de Saint-Pétersbourg, de Vienne, de Londres et de Stockholm, signèrent un traité d'alliance offensive et défensive contre la France, et à l'instant même où se formait cette redoutable coalition, Napoléon plaçait sur sa tête la couronne royale d'Italie. Dès lors, on put prévoir la lutte terrible qui allait s'engager. Depuis la spoliation et le partage de la Pologne, la balance politique de l'Europe, résultat de trente années de guerre, et du traité fondamental de Westphalie, était brisée. Il était évident que la paix du monde dépendait d'une puissance dominatrice. La question était de savoir si le levier serait à Paris, à Londres, ou à Saint-Pétersbourg. Après des événemens extraordinaires, des efforts gigantesques, de grands succès, des revers inouïs, cette grande question est décidée contre la France. Elle ne l'est pas encore entre l'Angleterre et la Russie. La guerre fut donc déclarée. Jamais activité plus prodigieuse ne fut déployée de la part de Napoléon. L'Autriche, que sa situation exposait aux premiers coups des

Français, succomba presque sans résistance. Il y avait peu d'accord entre les puissances coalisées. La Prusse hésitait à ouvrir un passage, sur son territoire, aux armées russes. Un temps précieux fut perdu, et l'empereur Alexandre ne parut sur le terrain qu'après la défaite de l'armée autrichienne et la prise de Vienne. L'opinion publique se manifestait, en Prusse, contre la France; mais le gouvernement prussien n'était pas encore préparé à la guerre. Sur ces entrefaites, les forces de la Russie et de l'Autriche se réunirent et tentèrent la fortune à Austerlitz. Napoléon remporta, le 2 décembre 1805, sur les deux empereurs, l'une des victoires les plus décisives et les plus glorieuses dont l'histoire moderne ait gardé le souvenir. Le traité signé à Presbourg entre la France et l'Autriche, fut la conséquence immédiate de cette mémorable journée. Les intentions hostiles manifestées par la Prusse, amenèrent une déclaration de guerre. L'empereur Alexandre s'était engagé à soutenir la Prusse; mais il arriva encore trop tard. Une victoire aussi éclatante que celle d'Austerlitz, la bataille d'Iéna, renversa en un jour l'édifice que le grand Frédéric avait passé sa longue vie à élever. Les armées russes se hâtèrent de rétrograder, et de prendre position derrière la Vistule : elles furent vivement attaquées à Pultusk, et contraintes à livrer la bataille d'Eylau. Après une perte considérable des deux côtés, la fortune se déclara en faveur des Français, qui suspendirent leurs opérations jusqu'au printemps de l'année 1807. De nombreux renforts étant arrivés, Napoléon marcha sur les armées russes et prussiennes combinées, et mettant en usage les plus savantes manœuvres, il les força de se déployer à Friedland, où elles furent battues complétement, et rejetées avec une perte immense au-delà du Niémen. Peu de jours après, une entrevue eut lieu, sur ce même fleuve, entre les trois souverains de Russie, de France et de Prusse. On y convint des préliminaires de la paix, et le traité en fut définitivement signé à Tilsitt, les 8 et 9 juillet 1807. La conduite inexcusable du gouvernement britannique envers le Danemark, le bombardement de Copenhague, sans déclaration de guerre, l'incendie de la flotte danoise, réveillèrent l'attention du cabinet de Saint-Pétersbourg, et parurent influer sur ses conseils. Alexandre annonça que toute relation entre l'Angleterre et la Russie serait interrompue, jusqu'à ce que l'injuste violence commise envers le gouvernement danois eût été réparée. La Suède n'ayant pas voulu se séparer de l'Angleterre, une armée russe envahit la Finlande, province depuis long-temps convoitée par la Russie, et qui est restée sous sa domination. Alexandre et Napoléon, réunis à Erfurt, traitèrent, seul à seul, des intérêts de l'Europe, et convinrent de maintenir rigoureusement le *blocus continental*, comme l'unique moyen de forcer l'Angleterre à consentir à une paix fondée sur des bases solides. L'Angleterre, alarmée, souleva une seconde fois la puissance autrichienne, qui succombat de nouveau dans les champs célèbres de Wagram; et une nouvelle paix, ou plutôt une nouvelle trêve, fut conclue à Vienne. L'union de Napoléon avec l'archiduchesse Marie — Louise semblait devoir consolider les relations d'amitié entre la cour de Vienne et celle des Tuileries. Cette idée devint funeste à Napoléon; croyant n'avoir plus rien à craindre du côté de l'Allemagne, il s'abandonna à l'ivresse des succès, et ne mit plus de bornes à ses projets d'agrandissement. Ce fut alors qu'il se flatta de terminer heureusement cette fatale guerre d'Espagne, source de tous nos revers. La Russie, qui avait laissé le gouvernement français s'engager dans cette lutte insensée, commença bientôt par apporter, au système continental, des modifications qui en détruisaient l'efficacité. Napoléon s'en plaignit avec amertume, et ne reçut point de satisfaction. L'empereur Alexandre se plaignit à son tour de l'occupation du duché d'Oldenbourg, et refusa de confisquer les produits des manufactures anglaises. La guerre fut de nouveau déclarée, et, en 1812, la grande armée française marcha sur la Vistule. La terreur avait rallié le continent sous les aigles de Napoléon. Smolensk, la Moskowa, furent témoins de la valeur française. Les Russes se replièrent en désordre. Moscow fut livré aux flammes par les mains de ses habitans, et cet acte de désespoir fut un moyen de salut. L'armée française, après des batailles sanglantes, des marches longues et pénibles, sans approvisionnemens certains, ne trouva, en arrivant dans l'ancienne capitale de la Russie, que des cendres, la disette, et la perspective du plus horrible avenir. Napoléon se flattait que l'empereur Alexandre lui demanderait la paix. Cette attente lui fit commettre une faute qui n'a pu être réparée. Il perdit du temps sur les ruines de Moscow, et lorsqu'il se préparait à rentrer en Pologne, un hiver prématuré fit sentir ses premières rigueurs. La retraite la plus désastreuse s'opéra au milieu des neiges, pendant un froid extraordinaire pour la saison, et en soutenant de continuels combats avec une intrépidité sans exemple. Rien ne fut sauvé que l'honneur national. Les Français se retirèrent en Allemagne; l'empereur Alexandre se rendit à Varsovie, du moment où il sut que la Pologne était occupée par ses troupes. C'est de cette ville que, le 22 février 1813, il publia un manifeste où il appelait aux armes tous les rois et tous les peuples, contre Napoléon. Cet appel fut entendu; les alliances contractées par l'intérêt furent dissoutes par la politique. La Prusse donna l'exemple de la défection. Cependant les derniers efforts du gouvernement français furent immenses et dignes d'admiration. Dès le mois de mai 1813, après avoir traversé la Franconie, Napoléon, à la tête d'une redoutable armée, parut au milieu de la Saxe, dirigeant sa marche sur Dresde. Les portes de cette ville lui furent ouvertes par les batailles de Lutzen et de Bautzen, livrées à peu de distance l'une de l'autre, et où il remporta deux victoires brillantes qui furent le terme de sa prospérité. L'armée française manquait de cavalerie, et cette arme, dont les alliés étaient abondamment pourvus, devait décider du sort de la campagne. Les défections se multiplièrent pendant l'armistice que Napoléon avait si impolitiquement conclu avec les puissances alliées. Il acquit bientôt la certitude qu'il ne pouvait plus compter sur l'Autriche, et que cette puissance n'attendait qu'un moment favorable pour se déclarer. Le 17 août 1813 était le jour fixé pour la reprise des hostilités; le 16, le général Moreau arriva à Prague: l'empereur Alexandre l'accueillit avec empressement, le nomma major-général de l'armée, et lui confia le soin de régler le plan de campagne. Les préparatifs en furent faits avec promptitude. Dès le 26, les mouvemens des deux armées avaient annoncé un engagement prochain, et, le 27 au matin, commença cette bataille de Dresde, qui fut disputée pendant deux jours avec un incroyable acharnement. Le général Moreau, le vainqueur de Hohenlinden, y fut tué sous des drapeaux ennemis. Le résultat de ces horribles journées, qui laissa les Français maîtres du champ de bataille, put cependant être considéré comme un premier succès pour les alliés, car Napoléon se vit contraint d'abandonner la position de Dresde; il se porta du côté de Leipsick pour se rapprocher des frontières de la France, et rencontra les ennemis à une distance peu considérable de cette ville. C'est là que fut livrée, le 18 octobre, la bataille la plus sanglante comme la plus décisive de la campagne, celle de Leipsick, donnée par les alliés sur les plans de l'ancien maréchal d'empire Bernadotte, alors prince royal de Suède, et qui commandait en chef l'armée ennemie. Repoussé jusqu'aux bords du Rhin, derrière lequel il avait été forcé de se retirer après avoir perdu la moitié de son armée, Napoléon ne cessait de refuser la paix qu'on lui offrait: il était entraîné par sa destinée. Les alliés franchirent la barrière du Rhin, et dès le mois de janvier 1814, le théâtre de la guerre fut transporté dans les plaines de la Champagne. L'empereur Alexandre s'étant réuni à l'empereur d'Autriche et au roi de Prusse, ces trois princes publièrent une déclaration datée de Chaumont, le 24 février, qui garantissait l'indépendance de la Suisse; huit jours après, de concert avec le ministère britannique, ils rendirent public, sous la date du 1ᵉʳ mars, le traité par lequel la coalition s'engageait « à tenir sur pied une » force de 150,000 hommes au » complet, et à consacrer toutes » les ressources de leurs états res- » pectifs à la poursuite vigoureuse » de la guerre contre la France, » jusqu'à la conclusion d'une paix » générale, sous la protection de » laquelle *les droits et la liberté de* » *toutes les nations pussent être* » *établis et assurés.* » Ce fut seulement à cette époque que les espérances des partisans de la maison de Bourbon se réveillèrent; ces espérances étaient d'autant plus fortes, que le despotisme toujours croissant de Napoléon avait aliéné de son gouvernement la partie industrieuse et éclairée de la nation. La gloire militaire, quelque éclatante qu'elle fût, n'était point une compensation suffisante pour la perte de la liberté publique. La chute de Napoléon est un grand exemple pour les rois : elle prouve que l'affection des peuples et la force des institutions nationales, sont le plus ferme soutien des trônes, et que la force matérielle ne suffit point pour soutenir un gouvernement abandonné de la force morale. Les alliés, comptant sur les intelligences qu'ils avaient pratiquées, résolurent enfin de marcher sur Paris. Le 30 mars, à six heures du matin, 150,000 hommes attaquèrent cette ville. Le même jour, après neuf heures de résistance, une capitulation fut proposée par le maréchal Marmont, duc de Raguse, acceptée et signée par les alliés. Le 31 mars l'armée ennemie fit son entrée dans Paris. L'empereur Alexandre déclara, par l'un de ses premiers actes, en son nom et en celui de ses alliés, « qu'ils » ne traiteraient plus avec Napo- » léon Bonaparte ni avec aucun » membre de sa famille; qu'ils res- » pecteraient l'intégrité de l'an- » cienne France, telle qu'elle a- » vait existé avec ses anciens rois; » *qu'ils reconnaitraient et garan-* » *tiraient la constitution que la* » *nation française se donnerait.* » Quelque conduite que les souverains alliés aient tenue ostensiblement dans le cours des négociations, depuis leur arrivée en Champagne ou à Paris, on est tenté de croire qu'ils désiraient la restauration de la maison de Bourbon, dont ils avaient reçu les agens. La France soumise au sceptre héréditaire de cette dynastie, cessait d'être un objet de terreur pour les puissances étrangères : l'Europe voyait, dans le rétablissement de la famille royale, le gage d'une longue paix ; la nation française y vit le terme d'une guerre dévorante, et l'espérance de la liberté. La conduite et le langage de l'empereur Alexandre pendant son premier séjour à Paris, prouvèrent qu'il tenait à l'estime des Français. Il alla visiter au château de la Malmaison l'impératrice Joséphine, et dîna avec elle. Il accepta un déjeuner que lui offrit le maréchal Ney ; il logeait chez M. de Talleyrand, et parcourut successivement et dans les plus petits détails tous les établissemens de la capitale, recueillant avec soin dans l'administration, les sciences et les arts, tout ce qu'il lui paraissait utile de transporter dans ses états et d'y naturaliser. Ce prince et le roi de Prusse assistèrent, le 21 avril, à une séance de l'académie française, presqu'à l'époque séculaire où Pierre-le-Grand avait honoré de sa présence l'académie des sciences, dont il était membre. Enfin, après des discussions longues et difficiles, les puissances alliées signèrent, le 30 mai 1814, avec le roi de France, le traité de paix définitif. Deux jours après, l'empereur de Russie et le roi de Prusse partirent pour Londres, où ils furent reçus de la manière la plus brillante. Le 28 juin, les deux princes quittèrent l'Angleterre. L'empereur Alexandre se dirigea vers Carlsruhe, où il était attendu par l'impératrice, son épouse. Il y passa fort peu de temps, et continua sa route pour Saint-Pétersbourg, où la flatterie et la reconnaissance l'attendaient. Il repoussa l'une et accepta l'autre avec une modération, dont bien peu d'hommes et surtout bien peu de rois sont capables. Il refusa le titre de *béni*, que le sénat voulait lui donner, et répondit que la modestie et l'humilité étaient des vertus dans les souverains comme dans leurs sujets. Bientôt après, Alexandre se rendit au congrès de Vienne, où la politique lui inspira d'autres sentimens. Il arriva dans cette ville le 25 septembre 1814, y déclara que son dessein était de placer la couronne de Pologne sur sa tête, et que dans le cas où il éprouverait de la résistance, il était résolu de prendre les armes pour soutenir ses prétentions. Le congrès souscrivit à tout, et dès le mois de janvier, Alexandre fut reconnu roi de Pologne. En même temps, il se faisait céder, par la Perse, des provinces considérables, et étendait la domination russe jusqu'à la mer Caspienne. Le congrès de Vienne touchait à sa fin lorsqu'on apprit la descente de Napoléon sur les côtes de Provence, et son entrée à Paris. Cette nouvelle retint les monarques alliés, qui s'engagèrent, par un acte formel, à réunir toutes les forces de leurs états respectifs pour faire respecter et exécuter les articles et conditions du traité de Paris, et maintenir dans toute leur intégrité les dispositions prises par le congrès de Vienne. L'armée russe s'était mise en mouvement, lorsqu'une seule bataille décida en deux jours cette haute question politique. Dès que le résultat du désastre de Waterloo fut connu, les troupes russes rétrogradèrent, à l'exception du corps d'armée aux ordres du général Barclay de Tolly, qui, seul, reçut l'ordre de pénétrer en France. Alexandre ne tarda pas lui-même à s'y rendre. Il arriva le 11 juillet 1815. Le second séjour de ce prince à Paris n'offre rien de remarquable. On s'aperçut seulement que son caractère était moins ouvert, et que ses manières avaient quelque chose de la rudesse septentrionale. Après avoir passé une revue de ses troupes au village des Vertus, il se rendit presque immédiatement à Bruxelles, pour conclure le mariage de la grande-duchesse Anne avec le prince royal des Pays-Bas. Il partit bientôt après pour la Pologne, à laquelle il a donné une constitution qui n'a point suffi pour la consoler de la perte de son indépendance. Le traité de la *Sainte-Alliance*, unissant tous les rois dans un intérêt qui n'est point, dit-on, celui des peuples, a été conçu et proposé par l'empereur Alexandre. Ce prince s'occupe constamment d'élever la Russie au plus haut degré de splendeur. Trois élémens nécessaires pour exécuter de grandes choses, le temps, la force et l'espace, sont à sa disposition. Il a entrepris de former, dans les districts inhabités de son vaste empire, des colonies militaires sur le plan des anciennes colonies que Rome organisait dans les pays où elle portait la terreur de ses armes, et qu'elle soumettait à sa domination. Ce système de colonisation fera époque dans l'histoire moderne : peut-être sommes-nous destinés à en voir les premiers résultats. L'empereur Alexandre, qui veut être le maître dans ses états, a chassé, par un édit du 1ᵉʳ janvier 1816, les jésuites, qui commençaient à prendre racine en Russie, et qui déjà prétendaient s'affranchir de la loi commune, et former un corps indépendant. C'est encore une bonne leçon que l'empereur de Russie a donnée aux souverains de l'Europe. Le pouvoir absolu a quelquefois des volontés heureuses, qui tournent au profit des peuples.

ALEXANDRE (CHARLES-LOUIS), embrassa, jeune encore, la cause de la révolution, et prit une part très-active aux mouvemens populaires, particulièrement à la journée du 10 août 1792, où il se fit remarquer, à la tête du bataillon des Gobelins, dont Santerre, son ami, l'avait fait nommer commandant. Étant à l'armée des Alpes, en qualité de commissaire-ordonnateur, en 1793, il fut proposé par Barrère pour être ministre de la guerre, en remplacement de Bouchotte, et sur le refus qu'Alexandre de Beauharnais avait fait de cet emploi; mais Billaud-Varennes et Thuriot s'opposèrent à sa nomination. Il continua son service aux armées jusqu'en l'an 5 (1797), qu'il fut porté comme candidat au directoire exécutif, concurremment avec Barthélemy, qui fut nommé. En 1799, le général Bernadotte, aujourd'hui roi de Suède, ayant été éloigné du ministère de la guerre, M. Alexandre fut nommé chef de la 1ʳᵉ division, puis chef de la 2ᵐᵉ. Après le 18 brumaire, il devint membre du tribunat, d'où il sortit à la seconde élimination, ne s'étant fait remarquer que par un rapport sur l'établissement des bourses de commerce, et l'utilité des agens de change ou courtiers pour établir et fixer légalement le cours des effets publics. En 1814, M. Alexandre était inspecteur-général de l'administration des droits-réunis, où il avait été auparavant chef de division. En 1815, nommé par le roi directeur de la même administration, il n'entra en fonction que dans le second mois des *cent jours*. Après le nouveau retour du roi, il fut pourvu de l'emploi de directeur des contributions directes du département du Haut-Rhin.

ALEZ D'ANDUZE (JEAN-JOSEPH-MARIE-AUGUSTIN), né, en 1757, d'une famille noble du Languedoc, se consacra à l'état ecclésiastique, et reçut l'ordre de la prêtrise le 21 mai 1785. Il fut nommé vicaire-général de Bayeux, et comte de Saint-Pierre et de Saint-Chef de Vienne, titres de noblesse ecclésiastique, à présent peu connus. A la révolution, il refusa de prêter le serment, et protesta contre la constitution civile du clergé. En 1792, il s'offrit en ôtage pour Louis XVI, et donna sa croix chapitrale pour être inscrit sur la liste formée pour le rachat des domaines de la famille royale. On le nomma ensuite vicaire-général et administrateur du diocèse d'Albi. Déporté en Espagne, pendant la terreur, il y demeura douze ans, et en 1814, revint en France, où il fut depuis aumônier de l'institution de Sainte-Périne, à Chaillot. M. l'abbé Alez fut présenté

V.° Alfieri.

Fabre Pinxit

au roi, le 8 juillet 1814, comme faisant partie de la députation d'Albi, et de nouveau, le 21 août suivant, comme l'un des otages de Louis XVI. On assure que M. l'abbé Alez est un des plus zélés francs-maçons du Grand-Orient de France, et qu'il est revêtu des grades les plus éminens de l'ordre.

ALFIELD (THOMAS), capitaine anglais, se signala par sa bravoure au siége de Saint-Jean-d'Acre, en 1799, où le commodore Sidney-Smith, connaissant la valeur de cet officier, le chargea d'aller s'emparer de la mine pratiquée par les Français. Alfield avait traversé avec ses soldats une grande partie des troupes ennemies, et était parvenu près de la mine, quand il fut tué au milieu de ses compagnons. Les Français honorèrent son courage, en l'enterrant parmi leurs morts.

ALFIERI (VICTOR), né à Asti, en Piémont, le 17 janvier 1749, d'Antoine Alfieri, et de Monique Maillard de Tournon, originaire de Savoie. Elle avait été veuve du marquis de Cacherano, et jeune encore, elle fit depuis un troisième mariage. Antoine Alfieri, qui était sexagénaire, mourut cette année même, et Victor passa sous la tutelle de son oncle Pellegrino Alfieri, alors gouverneur de Coni. Reçu, en 1758, à l'académie du collége des nobles, à Turin, où demeurait la famille de sa mère, il fut confié principalement aux soins du comte Benoît Alfieri, premier architecte du roi. Victor ne fit point de progrès, soit qu'il fût mal dirigé, soit par sa propre faute, soit surtout par suite de son tempérament, non moins singulier peut-être que son caractère. Il n'avait que 14 ans, lorsqu'il put disposer de ses revenus, en prenant les conseils d'un simple curateur. A la fin de ses études, il se trouva presque aussi peu instruit qu'en les commençant. Les exercices même, et surtout la danse, lui avaient déplu; l'équitation seule le tira de cette apathie. Ainsi, livré à lui-même avant de se bien connaître, successivement entraîné par le désir de changer de lieu, par le goût de la dépense, et quelquefois par des mouvemens d'avarice, il passa dix ans dans le désordre, entre les plaisirs et l'ennui, amoureux jusqu'à l'emportement, mélancolique jusqu'au délire, et au milieu de toutes les jouissances, tourmenté par de fréquentes envies de mourir. A ces accès de folie succéda bientôt la passion des voyages; il parcourut l'Europe, bien moins avec le dessein d'observer et de s'instruire, que poussé par la simple curiosité, par une humeur, morose au printemps, et toute l'année indisciplinable. Dans une seconde course, il traversa l'Allemagne, le Danemark et la Suède, revint de Russie par la Prusse et la Hollande, et s'arrêta sept mois en Angleterre, où il se fit remarquer par les indiscrétions d'un attachement si mal placé, qu'après mainte aventure, un article de journal l'exposa aux sarcasmes des habitans de Londres : il fallut partir sans poignarder l'infidèle, complétement méprisée, mais encore aimée tendrement. Ce fut alors, en 1771, que tout en larmes, il se précipita de Paris à Barcelone, par Bordeaux et Toulouse, sans que la lecture de Montaigne parvînt à calmer sa douleur : de tous les voyageurs peut-être, nul n'a pleuré davantage, en courant la poste pour son agrément. Mais il s'arrête en Catalogne, achète deux jolis chevaux, bondit de joie, et rentre dans le Piémont, en tournant par Madrid, Lisbonne, Cadix et Valence. De son aveu, il passait alors pour un homme extraordinaire, dans l'acception la moins favorable. Au reste, ce goût pour les chevaux fut une de ses inclinations les plus constantes; il les choisissait avec attention, et il en eut jusqu'à douze. C'était beaucoup pour un esprit indépendant, auquel tout luxe semblait inutile, puisqu'en général, il s'occupait assez peu du soin de plaire dans la société : plus tard, il ne voulait pas voir Jean-Jacques Rousseau, de peur de le trouver, disait-il, moins bourru que lui-même. Ses jugemens, quelquefois très-justes, étaient le plus souvent précipités, ou inexorables. Trop soumis à l'influence des saisons, ou de quelques circonstances particulières, exposé à des préventions de tout genre, dont il ne dissimulait pas les inconvéniens, il n'avait trouvé de son goût que plusieurs parties d'Italie, jusqu'à un certain point la Suède, et pour quelque temps l'Angleterre. Quant à la Prusse de Frédéric, elle n'était, à son avis, qu'un triste corps-de-garde; et il n'avait vu dans les Russes de son temps, que des barbares masqués à l'européenne, aux pieds d'une Clytemnestre. C'est à l'âge de 19 ans qu'il traversa la France à laquelle il ne pardonna jamais l'entrée de Paris par le faubourg Saint-Marceau, le rouge dont les femmes faisaient encore usage, et la prononciation de l'*u*, en avançant les lèvres, comme pour souffler *su la minestra bollente*. Force lui fut désormais d'attaquer dans ses satires la France et Paris, où il fit par choix un long séjour. Il parlait avec estime de Montesquieu, mais il ne goûtait point les ouvrages de J. J. Rousseau : la *Nouvelle Héloïse* lui déplaisait surtout; ce n'était pas aimer, à son gré, que de ne pas rugir contre les obstacles, de ne pas hurler, selon ses propres expressions, de ne pas courir en poste, de Londres à Madrid, ou de Vienne à Lisbonne, la rage et les furies dans le cœur. Un changement essentiel s'opère en lui durant son séjour à Turin, en 1773; une liaison nouvelle et plus sérieuse lui inspire le goût des vers. Après de frivoles essais, il s'occupe de compositions dramatiques. Le 13 juin 1775, il fait représenter une sorte de tragédie, une ébauche intitulée : *Cléopâtre;* et il la critique lui-même dans la petite pièce des *Poètes*, qu'on joue en même temps. Ces deux esquisses n'ont pas paru dignes d'entrer dans la collection de ses œuvres; mais bien qu'on ne les ait représentées que deux fois, ce premier succès avait décidé du sort de l'auteur. Il entrevit dès lors ce qu'il pouvait être; et son âme parut s'affermir aussitôt que son imagination eut aperçu un but éloigné sans doute, mais honorable. Il avait été le plus oisif des hommes; il en devint le plus laborieux : mais l'originalité de son esprit, et son penchant pour les idées exclusives, eurent quelque part au plan d'études qu'il se fit dès lors. En apprenant jusqu'aux élémens de l'italien, qu'il avait presque ignoré, en s'appliquant assez au latin pour entendre du moins les prosateurs, parmi lesquels il affectionnait Tacite et Salluste, il se fit une loi de négliger entièrement le français, quoiqu'il aimât Amyot et Montaigne. Il lisait assidûment le Dante et Pétrarque, dont il eût pu réciter de mémoire les ouvrages. Passionné pour un travail suivi, comme il l'avait été pour les charmes de l'oisiveté, en moins de sept ans il composa l'*Etrurie vengée*, poëme en quatre chants, cinq grandes odes sur la révolution d'Amérique, et le traité *de la Tyrannie*; il traduisit Salluste; enfin, il donna quatorze tragédies : en 1776 *Philippe II*, et *Polinice*; peu de temps après *Antigone*, puis *Agamemnon*, *Virginie*, *Oreste*, *don Garcie*, la *Conjuration des Pazzi*, *Rosamonde*, *Marie-Stuart*, *Timoléon*, *Octavie*, *Mérope* et *Saül*. Cette dernière pièce parut en 1782, et toutes furent reçues avec une sorte d'enthousiasme. On admira dans *Saül* la force, la vérité du principal rôle, et le sublime de celui de David. Quelques critiques ont prétendu que dans la *Mérope* il n'avait rien emprunté à Voltaire. La seule différence qui existe est dans la disposition du plan. Alfieri a réuni dans un acte la double reconnaissance d'Égyste, par Mérope et Polyphonte. C'est une combinaison nouvelle de deux moyens qui ne lui appartiennent pas. Si l'acte où il les réunit y gagne, la pièce y perd. Au reste le théâtre de Voltaire lui plaisait médiocrement, à l'exception peut-être de *Mahomet* et d'*Alzire*. Il voulut refaire *Brutus*, et resta prodigieusement au-dessous du poète français. Alfieri, le seul poète, sans doute, qui à l'occasion d'un cheveu tiré par hasard, eût presque tué son valet de chambre, en lui jetant à la tête un chandelier, faute de mieux, semblait cependant né pour mettre en scène ce consul d'une humeur intraitable. Ces travaux rapides suffisaient à peine à l'activité de son esprit; il n'avait point perdu le goût des voyages, mais ce n'était plus pour lui qu'un délassement. Vers 1780, il s'était attaché pour toujours à une femme aussi distinguée par son mérite personnel que par sa naissance, la princesse de Stolberg, épouse du dernier Stuart, dit le Prétendant. Cette passion rappelait celle de Pétrarque; Alfieri chantait aussi ses amours, mais d'un ton plus viril : son attachement participait de son génie dramatique. Cette liaison le fit exiler de Rome; et il en garda contre les prêtres et contre la ville même, un long ressentiment. Il venait toutefois d'offrir au pape la dédicace d'une de ses tragédies : le refus de S. S. mortifia cet inflexible auteur d'un *Brutus* plus républicain que celui de Voltaire. Dans un premier voyage en Alsace, il composa *Agis*, *Sophonisbe* et *Mirrha*; on a de lui dix-neuf tragédies. Il fit imprimer à Kehl (hors du territoire français), le traité *de la Tyrannie*, celui *du prince et des lettres*, et son poëme de l'*Étrurie*, ouvrages qu'il parut désavouer dans la Gazette de Toscane. Soit qu'il regrettât de les avoir publiés, ou qu'il eût seulement pour but de prévenir les libraires qui, par spéculation, lui en attribueraient d'autres, il ne reconnaissait dans cet article que ses tragédies, le *Panégyrique de Trajan*, l'*Amérique libre*, et *la Vertu méconnue*. Vers ce temps, il se rendit à Paris, où P. Didot imprima son théâtre. C'est dans cette ville que sa constance fut couronnée par un mariage secret: on y avait appris, en février 1788, la mort du Prétendant. Alfieri était depuis trois années dans la capitale. L'impression de son théâtre touchait à sa fin, lorsque la révolution éclata. Il en fut alors un des partisans les plus zélés; ses principes mâles et féconds plaisaient au génie de cet homme enthousiaste, et la prise de la Bastille fut pour lui le sujet d'une ode. Déjà, quelques années auparavant, il avait consacré ses premiers écrits à la cause de la liberté, et les fauteurs du pouvoir arbitraire commençaient à en redouter l'influence; mais du moment qu'il vit les excès commis au nom même de la liberté, il lui porta une haine profonde. Immédiatement après le 10 août 1792, il sortit de France, non sans éprouver quelques difficultés; à peine arrivé en Toscane, il désavoua publiquement les principes qu'il avait professés jusqu'alors, aimant mieux s'exposer à perdre ce qu'il avait laissé à Paris, que de ne pas satisfaire son antipathie récente. On infère de cette aversion d'Alfieri pour le nouvel ordre de choses, qu'il abjura toute politique fondée sur le raisonnement, et conforme à des notions positives; mais il faut du moins observer que dans un de ses plus beaux sonnets, il avait dit: «Tels sont mes sentimens sur »la liberté; telle est ma manière »de voir dans ma jeunesse, dans »ma vigueur; si je suis destiné à »changer quelque jour, je désa- »voue dès aujourd'hui cette fai- »blesse de l'âge.» Il disait, pour justifier son changement d'opinion, *je connaissais les grands, mais je ne connaissais pas les petits*. En 1793, on le traita comme s'il eût été un émigré français: on saisit les meubles et les livres qu'il avait laissés, ainsi que ses fonds placés sur l'état. Il sentit cette injustice, et exprima le mécontentement qu'elle lui causait, avec son emportement ordinaire; sa maison à Florence devint le rendez-vous des Français les plus irrités, et généralement des plus ardens ennemis de la révolution. Il paraissait se passionner de plus en plus pour le travail. A l'âge de 48 ans, il se mit à étudier le grec avec beaucoup d'ardeur; il y réussit parfaitement, à l'aide de méthodes qu'il inventa, et dont il parle dans ses *Mémoires*. Craignant que sa vie ne fût écrite par d'autres, et sans exactitude, il résolut de les prévenir; et il se peignit lui-même, non pas sans doute avec autant de sincérité, mais avec moins d'art et plus d'abandon, que l'on n'en trouve dans les *Confessions de J. J. Rousseau*. Ses Mémoires s'étendent jusqu'au 14 mai 1803; on y remarque vers cette époque des pressentimens d'une prochaine décadence. Épuisé, en effet, par des travaux opiniâtres, par des fantaisies et des impressions toujours extrêmes, ou par les suites d'un régime trop systématique, il s'affaiblit avant l'âge, et mourut le 8 octobre 1803. Tout occupé de l'étude du grec dans les derniers temps de sa vie, il avait imaginé le collier d'un ordre pour récompenser sa propre persévérance. Sur les pierres précieuses placées au bas de ce collier, on devait graver les noms de vingt-trois poètes anciens et modernes : le Dante n'aurait pas été oublié. L'on y aurait attaché un camée représentant Homère, et deux vers grecs auraient attesté que l'ordre inventé par Alfieri, chevalier d'Homère, était plus glorieux, plus noble que ceux qu'avaient créés les empereurs et les rois. Il fut enterré à Florence dans l'église de Santa-Croce, où sont réunis les restes d'un grand nombre d'hommes célèbres. Le tombeau en marbre qu'y fit élever son épouse a été exécuté par Canova. L'inscription est celle qu'il avait préparée lui-même, et qu'on lit dans ses *Mémoires* :

*Quiescit hic tandem
Victorius Alfierius, Astensis,
Musarum ardentissimus cultor,
Veritati tantummodò obnoxius*, etc.

Peu de temps après sa mort, on publia, soit à Florence même, soit à Londres, les deux volumes de sa vie; une traduction en vers de l'*Enéide*; sept comédies satiriques ou politiques d'un genre plus bizarre que plaisant; la traduction en vers de celles de *Térence*, des *Perses* d'Eschyle, du *Philoctète* de Sophocle, des *Grenouilles* d'Aristophane, et de l'*Alceste* d'Euripide, une autre *Alceste*, un drame d'*Abel*, une traduction de *Salluste* fort estimée, quelques sonnets; enfin seize satires dirigées contre divers peuples, et surtout contre les Français. On n'a guère en français que les *Mémoires de la Vie d'Alfieri*, traduits par M***, 2 vol. in-8°, Paris, 1809; *de la Tyrannie*, par un traducteur anonyme, in-8°, Paris, 1802; et ses *OEuvres dramatiques*, traduites par M. Petitot, 4 vol. in-8°, 1802. La version de ce recueil est pure, et le traducteur y a joint des observations judicieuses sur le caractère qu'Alfieri voulait imprimer à la tragédie italienne. Quelque opinion qu'on adopte sur ce point, on reconnaît qu'il a rendu de grands services à la littérature d'une contrée déjà si riche dans tout ce qui tient aux beaux-arts. Quant à cette simplicité sévère à laquelle les Grecs s'attachaient, et dont Alfieri sentait la beauté, peut-être convenait-elle davantage à la disposition d'esprit des anciens. Le progrès des découvertes et la rapide communication des idées, ont changé sans retour le degré de simplicité dans les arts ingénieux : c'est une autre nuance pour une même perfection. Il convient également, et il conviendra toujours, de n'offrir aux esprits justes que le nécessaire; mais les besoins de l'esprit augmentent de siècle en siècle. La sévérité peut-être extrême des principes d'Alfieri à cet égard, a dû produire quelque étonnement, surtout en Italie, mais il ne pouvait y faire une révolution Il aurait eu besoin d'un style plus harmonieux, plus pur, pour captiver les Italiens, et pour conserver dans l'Europe la réputation de premier tragique du dernier siècle qu'il se donnait lui-même. Il comprit trop tard les ressources que lui offrait sa langue maternelle, et bien qu'il l'ait aimée depuis avec une passion assez exclusive pour méconnaître tous les avantages des langues française, anglaise ou allemande, peut-être n'était-ce pas celle qui eût le mieux convenu à son génie. Ces inconvéniens, et son impatience naturelle, l'éloignèrent de la perfection; mais des moyens hardis, des pensées imposantes, de fortes conceptions lui assurent une célébrité durable. Alfieri qui, dans ses premières années, avait été maigre, dont la santé était extrêmement délicate, et les facultés intellectuelles presque nulles, qui était petit pour son âge, acquit peu à peu une haute taille, une figure distinguée, une voix très-forte, et une aptitude qui le rendait presque infatigable. Il avait le front élevé, les cheveux roux, la physionomie sévère, l'air un peu dédaigneux, les jambes assez grêles. La fierté, ou plutôt l'orgueil était son défaut principal, et s'il devint poète, ce fut peut-être moins par penchant que pour laisser un nom, pour s'élever au-dessus des autres hommes, pour entendre autour de lui le murmure de l'admiration : au milieu des succès, il ne paraissait pas que la littérature, ou la poésie, lui offrit d'autres jouissances. Avec beaucoup d'ardeur, et peu de sensibilité, il fut pourtant bon ami, bon époux, bon fils; et même il parut fidèle en amour, lorsque, après de trop mauvais choix, il en eut fait un qui fut digne de lui. Du caractère le plus indépendant, et réunissant de bonne heure une fortune assez considérable aux avantages de la naissance, il paraissait destiné à goûter tous les plaisirs de la jeunesse; mais son humeur déréglée éloigna plus de lui le contentement, que ne l'auraient fait les entraves de la raison, ou même les disgrâces du sort. Ses travaux et ses plaisirs, dans un autre âge, ne le rendirent pas beaucoup plus heureux; au lieu de se donner une occupation, il s'imposait un joug; et d'ailleurs, s'il obtint promptement des succès, on les lui contesta long-temps. On blâmait jusqu'aux beautés qui brillaient dans son style défectueux : on ne voulait y voir que de la singularité. C'est par le style surtout qu'il fut lui-même. Les Italiens ne lui doivent pas un genre de poésie inconnu jusqu'alors sur leurs théâtres; mais il y introduisit plus de fermeté dans l'expression, plus de fierté, plus de pompe et plus de hardiesse. Ses vers, d'une structure savante, sont loin d'être remarquables par la grâce ou par la douceur; il cherche trop, peut-être, le sublime qu'on ne rencontre guère en le cherchant; néanmoins il exprime avec concision, avec vigueur les passions généreuses, ou profondes, et sa marche, quoique simple, est parfaitement combinée. Son dialogue est expressif, précis, convaincant; ses idées sont grandes; malheureusement, il n'est pas exempt d'obscurité, et ses caractères ont presque tous une force trop constante, et par conséquent difficile à concilier avec la vérité dramatique. Il satisfait moins au théâtre que

Ali Pacha de Janina

J. Boilly sculp.

dans le cabinet. En retranchant presque tous les confidens et les interlocuteurs d'un ordre secondaire, il évite sans doute des longueurs ou des scènes d'un intérêt médiocre ; mais dans cette rapidité même, il n'y a plus assez d'épanchemèns pour le trouble de l'ame : on croit moins entendre le personnage ; on ne voit que des morceaux arrangés pour l'effet. Au lieu de réformer la tragédie, comme il se le promettait, il semble avoir porté plus loin que nous, ce défaut de vérité naïve que beaucoup d'étrangers nous reprochent. Ce dont on l'accuse surtout, c'est de parler rarement au cœur ; mais à cet égard il faudrait du moins excepter quelques scènes de *Mérope*, *Polinice*, *Marie-Stuart*, *Antigone* et *Philippe II*. Lorsqu'il entreprend de rajeunir un sujet déjà traité avant lui, s'il n'est pas toujours aussi heureux que ses prédécesseurs, toujours il sait être original. Dans les genres même où il fait moins de sensation, où il a acquis moins de gloire et obtenu moins de succès, dans le *Traité de la Tyrannie*, dans le *Panégyrique de Trajan*, il n'imite ni Pline, ni Machiavel ; moins élégant, mais plus fort que le premier, moins ingénieux que le second, mais combattant à découvert et avec véhémence, il écrit en homme qui ne veut point de maître. La postérité oubliera une partie de ses travaux, comme elle oubliera les écarts où il se laissa entraîner ; mais c'est à ce double titre qu'elle maintiendra son nom. Cet écrivain, remarquable parmi les poètes de la poétique Italie, sera surtout honoré comme un des plus constans interprètes des besoins d'une ame libre, dans des siècles difficiles à tromper. Le *Miso-Gallo*, satire spécialement dirigée contre la France et les Français, est le seul des ouvrages d'Alfieri qui n'ait pas encore été publié.

ALHOY, oratorien, né à Angers, en 1755, professeur dans différens colléges. Pendant la proscription de l'abbé Sicard, il fut choisi pour le remplacer à l'école des sourds-muets ; il fut nommé ensuite membre de la commission administrative des hospices, et, en 1815, principal du collège de Saint-Germain. Il a fait sur l'éducation des sourds-muets un discours, qui a été imprimé en 1800 ; il est auteur d'un poëme ayant pour titre : *les Hospices*, in-8°, 1804, poëme peu connu, mais digne de l'être davantage, par le talent avec lequel le versificateur y surmonte les plus grandes difficultés qu'on puisse rencontrer dans un sujet didactique.

ALI (Tependalenti), pacha de Janina. Issu d'une illustre famille albanaise, il naquit à Tepeleni, en 1744. La fortune lui fut d'abord peu favorable. A peine âgé de 16 ans, il se vit réduit, par la mort de son père, à défendre personnellement, contre les Turcs, sa faible patrie ; il éprouva des revers, et même il fut fait prisonnier. Un caprice du sort devint le signal du prompt rétablissement de ses affaires, et depuis ce temps, les entreprises les plus hasardeuses lui réussirent toutes. On assure qu'au milieu de sa détresse, méditant à l'écart, cherchant des expédiens, et par une sorte de mouvement involontaire, remuant le sable avec son bâton, il fut tiré de sa rêverie par la résistance que lui opposait un coffre qui se trouva rempli d'or. Il paraît qu'on n'a point de renseignemens sur la main qui avait déposé là cette cassette. Quoi qu'il en soit, l'heureux Ali leva aussitôt 2000 hommes, remporta plusieurs avantages, et bientôt rentra triomphant dans sa ville natale. De nouveaux succès ont fait passer des provinces voisines sous son obéissance. Dernièrement encore le rang de vizir lui suffisait, bien que sa position et le voisinage des Grecs le rendissent presque aussi puissant dans la Turquie d'Europe, que le grand-seigneur lui-même. Maintenant il prend, dit-on, le titre de roi d'Épire, et sa rébellion cause beaucoup d'inquiétude à la Porte. L'audace de ses desseins, et le peu d'obstacles qu'ils semblent devoir rencontrer, donneraient lieu à des conjectures qui s'écarteraient de notre objet. Considéré comme un chef entreprenant, ou même comme un homme d'état, ce nouveau favori de la fortune possède de grands avantages ; on reconnaît en lui une assez profonde connaissance du cœur humain, et beaucoup de discernement dans le choix des gens propres à le servir selon ses vues. Il démêle avec sagacité ce que présentent de favorable les circonstances les plus contraires ; et, ce qui est rare chez un homme audacieux, il sait quelquefois attendre l'occasion. L'âge n'a pas encore affaibli sa valeur, ou déconcerté ce courage réfléchi, qui laisse à son ambition le choix de braver les périls, ou de s'y soustraire adroitement ; et, pour sa sûreté même, il sait affecter une confiance bien calculée au milieu de ses sujets, qui le haïssent pour la plupart, mais qui tous le craignent. Malgré les ressources de son esprit et celles de son caractère, il n'a pas dû s'attendre à être aimé ; il est faux, défiant, vindicatif. L'avarice et l'ambition concourent à le rendre sanguinaire. Cette cupidité, cette passion d'agrandir ses états, l'ont dirigé dans ses relations avec quelques-unes des puissances de l'Europe ; mais ses inclinations féroces et perfides se manifestèrent surtout à l'égard de ses alliés, les Français, lorsqu'ils cessèrent d'être redoutables dans cette contrée, après les désastres de 1812. Rien n'apaise ses ressentimens ; lorsqu'il est réduit à dissimuler, il n'en devient que plus cruel, plus implacable. On l'a vu reconnaître, en faisant l'inspection de ses troupes, un soldat albanais qui lui avait déplu vingt ans auparavant, l'arracher lui-même du bataillon, et le livrer aux bourreaux, pour qu'il fût mis à mort sur-le-champ et sous ses propres yeux. Des trois fils du farouche destructeur de Parga, Sally est trop jeune pour attirer encore l'attention, et Vali, homme brutal, est un dissipateur, qui, ne s'occupant que de ses plaisirs, a peu de partisans. L'aîné donne plus d'inquiétude à son père ; c'est celui sur lequel il craignait l'influence d'une femme, nommée Euphrosine, qu'il fit condamner à mort, avec quinze de ses prétendues complices.

ALI EFFENDI (Esseïd), ambassadeur turc, travailla à la chancellerie d'état de Constantinople, y obtint les premières charges, et fut envoyé, en mai 1795, à Berlin, en qualité d'ambassadeur extraordinaire. Nommé à l'ambassade de France, il quitta la capitale de la Prusse, en septembre 1795, pour se rendre à Paris, où il arriva en juillet 1797 (24 messidor an 5). Le 28 du même mois de juillet (thermidor), il fut présenté au directoire et obtint la réception la plus brillante. Ali Effendi ne cacha pas qu'il portait plus d'intérêt à la France qu'à l'Angleterre; aussi redoutant l'influence de cette dernière puissance sur la Porte, il n'osa retourner à Constantinople, lorsque la guerre éclata entre son pays et la France, par suite de l'expédition d'Égypte. Le directoire continua à lui témoigner beaucoup d'égards, ce qui donna matière à penser que dans son ambassade, il aurait plus travaillé pour l'intérêt de la France que pour celui de la Turquie. L'événement du 18 brumaire ayant rétabli les relations entre la France et la Porte-Ottomane, Ali Effendi régla et signa avec M. de Talleyrand, le 17 vendémiaire an 10, les préliminaires de la paix, qui fut définitivement conclue et signée par les mêmes ministres, le 6 messidor suivant. Il fut alors permis à Ali de retourner à Constantinople, où il fut parfaitement accueilli du divan. Il se retira ensuite dans une maison de campagne située sur le beau canal de la mer Noire.

ALIBERT (JEAN-LOUIS), médecin de l'hôpital Saint-Louis, à Paris, et médecin-adjoint du collége royal de médecine de Stockholm. Il a publié : 1° *Traité des pertes de sang chez les femmes enceintes, et accidens relatifs aux flux de l'utérus qui succèdent à l'accouchement*, traduit de l'italien de Pasta, 2 vol. in-8°; 2° *Dissertation sur les fièvres pernicieuses et ataxiques intermittentes*, vol. in-8°; première édition, 1779; deuxième, 1801; troisième, 1804; 3° *Nouveaux élémens de thérapeutique et de matière médicale*, 2 vol. in-8°; 4° *Éloges historiques* (de Galvani, Roussel, Spallanzani et Bichat), *suivis d'un Discours sur les rapports de la médecine avec les sciences physiques et morales*, vol. in-8°; 5° neuf livraisons de la *Description des maladies de la peau, et des meilleures méthodes suivies pour leur traitement*, avec figures coloriées, in-fol., en 1806 et années suivantes; en 1810, *Précis théorique et pratique sur les maladies de la peau*, in-8°, traduit en italien en 1812; 7° six éditions du *Système physique et moral de la femme*, par J. L. Roussel, in-8°. M. Alibert est l'un des collaborateurs du *Dictionnaire des sciences médicales*. Il cultive aussi les lettres, mais avec moins de succès que la médecine. Ses dissertations sur les maladies de la peau prouvent beaucoup plus en faveur de son imagination, que son poëme de *la Dispute des fleurs*.

ALIFF, Anglais, auteur de plusieurs ouvrages politiques et d'un livre intitulé : *des Devoirs du citoyen*. M. Aliff, dans cette dernière production, montre une haine prononcée contre la tyrannie, dont il passe en revue tous les agens. Il comprend parmi ces derniers les hommes de loi, les prêtres et les soldats; il s'attache aussi à tourner en ridicule les personnages de l'*Ancien et du Nouveau Testament*, et notamment Moïse et Jésus-Christ. Il étend ensuite ses sarcasmes sur ceux qui croient à la doctrine enseignée par leurs ouvrages, qu'il regarde comme une source de tyrannie. Cet écrit fit rendre un jugement sévère contre M. Aliff et contre l'imprimeur de son ouvrage.

ALIGRE (ÉTIENNE-FRANÇOIS D'), premier président du parlement de Paris, naquit, en 1726, d'une famille qui s'était illustrée dans la carrière militaire et dans la magistrature. La France compte deux chanceliers de ce nom. L'un sous Louis XIII, et l'autre sous Louis XIV. Dès 1768, d'Aligre était président à mortier, lorsque le roi le nomma premier président du parlement de Paris. Quoiqu'un peu jeune pour un poste aussi important, il le remplit avec beaucoup de dignité : il se faisait remarquer surtout par la clarté et la précision, dans la manière dont il prononçait les arrêts. Il fit plusieurs fois, à la tête du parlement, des remontrances au roi contre les impôts et contre certaines opérations ministérielles, qu'il regardait comme subversives du trône. Dans le temps où le ministre Necker, qui jouissait alors du plus grand crédit, préparait la convocation des états-généraux, d'Aligre obtint de S. M. une audience en présence de ce ministre. Il y lut un mémoire dans lequel il pronostiquait les malheurs qui devaient, selon lui, naître de cette convocation. Cette lecture n'ayant pas produit l'effet qu'il en attendait, le premier président donna sa démission, et fut remplacé par d'Ormesson de Noyseau : c'était en 1788. Le jour de la prise de la Bastille (14 juillet 1789), d'Aligre fut arrêté et conduit à l'hôtel-de-ville; il y périssait, sans la présence d'esprit d'un de ses anciens domestiques. Il fut un des premiers à quitter la France; il se rendit en Angleterre, où l'attendaient des fonds immenses qu'il avait placés sur la banque de Londres. Quelques années après, il revint sur le continent, et alla mourir à Brunswick, en 1798, laissant une fortune colossale, dont son avarice extrême ne lui avait pas permis de jouir. Il fut marié deux fois; la première avec Mlle Talon, descendante de la famille de ce nom : il eut un fils et une fille de son second mariage.

ALIGRE (LE MARQUIS D'), fils du premier président dont nous venons de parler. Il fut détenu en 1793; mais après le 18 brumaire, il recueillit l'immense fortune de son père. Chambellan de la princesse Murat, en 1804, et depuis membre du conseil général du département de la Seine, il fut nommé président du collège électoral d'Eure-et-Loir en 1815, et créé pair de France au mois d'août suivant. Dans le procès du maréchal Ney, il vota la déportation. M. d'Aligre est membre du conseil des prisons.

ALISSAC (N.), ancien mousquetaire, est né le 26 juin 1746, à Valréas, lieu de naissance du cardinal Maury, dont il fut le condisciple. Il est receveur des droits de la navigation, au bureau du

Saut-du-Rhône. Il a publié diverses poésies : 1° *la Chouchonide*, poëme en cinq chants sur un chien, 1803, in-8°: cet ouvrage eut sans doute quelque succès, puisque l'auteur en a donné une seconde édition en 1813; 2° une imitation en vers du *treizième livre des Métamorphoses d'Ovide*, 1813, in-8°, qu'il dédia au cardinal Maury, son ancien ami de collége; 3° on trouve aussi une *cantate* de M. Alissac, dans le recueil des pièces de vers sur la naissance du roi de Rome, intitulé *Hommages poétiques* (tom. II, pag. 65).

ALIVA (DON IGNACE-MARIA D'), vice-amiral espagnol. Il fut fait prisonnier par les Anglais, le 21 octobre 1805, au combat de Trafalgar, où le vaisseau la *Santa Anna*, de 112 canons, qu'il montait, tomba en leur pouvoir : l'action avait été des plus meurtrières, et le vice-amiral ne s'était rendu aux Anglais qu'après avoir reçu une blessure grave qui ne lui permettait plus de commander. Le lendemain et le jour suivant, les Espagnols prisonniers profitèrent d'une tempête pour se rendre maîtres de l'équipage anglais et faire rentrer le vaisseau dans le port de Cadix. L'amiral Collingwood, moins admirateur sans doute de ce beau fait d'armes, que juge inflexible de la reddition du vaisseau espagnol, écrivit sept jours après à Aliva, que s'étant lui-même constitué prisonnier dans le combat, il ne devait se considérer que comme étant en liberté sur sa parole, jusqu'à ce qu'il eût été préalablement échangé.

ALIX (JEAN), caporal à la 98ᵐᵉ demi-brigade d'infanterie de ligne. Embusqué, le 21 décembre 1800, dans un chemin creux avec 6 hommes, il tomba avec fureur sur un bataillon de grenadiers hongrois qui y passait, tailla en pièces 80 d'entre eux, mit le reste en fuite, poursuivit les fuyards, dont il tua encore plusieurs, et enfin périt lui-même, atteint d'un coup mortel.

ALIX (JEAN-BAPTISTE), officier de la légion-d'honneur, chef d'escadron au 2ᵐᵉ régiment de cuirassiers, est né à Oullins, près de Lyon, département du Rhône. Le 17 mars 1794, à l'affaire de Mont-Castel, il chargea à la tête de 10 cavaliers plusieurs bataillons anglais, fit 200 prisonniers, et enleva une pièce de canon. Cinq jours après, au combat de Lers, avec seulement 2 cavaliers, il fit prisonnier un peloton d'Autrichiens. Dans les campagnes d'Italie, il chassa avec 12 hommes un parti assez fort d'Autrichiens, qui tenaient une position avantageuse dans Multa, et leur enleva 11 hussards. Alix réunissait les talens militaires à la valeur; il en donna des preuves à la bataille de Marengo, au gain de laquelle il contribua, à la tête du 2ᵐᵉ régiment de cuirassiers, dont il avait le commandement. Au plus fort de la mêlée, emporté par son courage, il s'élance seul au milieu des bataillons ennemis, s'empare d'un drapeau, et reçoit un sabre d'honneur en récompense. Alix vivait retiré dans ses foyers, depuis plusieurs années, estimé de ses concitoyens, qui l'avaient plusieurs fois nommé maire. En 1815, cet excellent citoyen, ce brave soldat est incarcéré, et mis au secret comme conspirateur. Des temps moins malheureux ayant succédé à cette déplorable époque, M. Alix a été rendu à sa famille.

ALLAFORT (Jean), l'un des membres de la convention nationale, qui se firent le moins remarquer. Lorsque le département de la Dordogne le nomma, en septembre 1792, son représentant à la convention nationale, il était vice-président du disctrict de Nontron. Dans le procès du roi, il vota la mort, et se prononça contre l'appel au peuple et le sursis. Il passa au conseil des anciens, lors de sa formation, en sortit en 1797, et fut nommé commissaire du directoire dans son département; il est mort dans l'obscurité.

ALLAIN (le chevalier), adjudant-commandant, était, en 1806, employé à la 3ᵐᵉ division du 5ᵐᵉ corps de la grande armée. S'étant distingué à la bataille d'Austerlitz, si glorieuse pour la France, il fut nommé commandant de la légion-d'honneur. Le 16 mai 1814, il fut chargé par les colonels de l'armée d'offrir leur hommage au roi : il dit à S. M. qu'ils avaient passé par tous les grades pour arriver à celui qu'ils occupaient, et il protesta de leur dévouement et de leur fidélité. Lors de la création des cours prevôtales, en mars 1816, M. le colonel Allain devint prevôt de celle d'Ajaccio.

ALLAIN-DE-LA-COEURTIÈRE, homme de lettres, est né vers le milieu du siècle dernier. Il s'est fait connaître par les deux ouvrages suivans : 1° *Histoire de l'homme*, Paris, an 6 (1798); 2° Poëme sur la *Nature*, formant plus de 400 pages in-8°. Dans cette production tout originale, l'auteur a mis à la fois à contribution les mythologies grecque, égyptienne, juive, scandinave et chrétienne. Il est aussi auteur d'une production singulière, format atlantique, intitulée *Horloge des Savans*.

ALLAIS-TARGÉ (N.), était maire de Saumur, sous le règne de Napoléon. Tandis que ce prince faisait la campagne de Russie, il envoya, le 22 octobre 1812, à l'impératrice Marie-Louise, une adresse du conseil municipal de sa commune; cette adresse était conçue dans les termes suivans : « A l'époque la plus désastreuse de »notre monarchie, en 1589, lors- »que le souverain ne possédait »plus que cinq villes, Saumur, » par la fidélité et la ferme volonté » de ses citoyens, était de ce nom- »bre ; lorsqu'en 1808, votre illus- »tre époux entra dans nos murs, »il lut, sur l'arc de triomphe que »nous lui avions élevé, cette ex- »pression simple des sentimens »qui animaient et animeront tou- »jours les habitans de cette ville et » de son arrondissement : *Au plus »grand des héros ! Nos cœurs et »nos bras sont à lui.* »Tels ont été, en effet, les principes du brave maire qui était, en 1589, gouverneur de Saumur. On remarquera que cette adresse fut écrite à une époque où la fortune avait déjà abandonné Napoléon. Nous ne citerions pas ce fait, s'il n'était rapporté dans la *Biographie des frères Michaud*, qui s'étonnent qu'avant d'avoir été délié par l'autorité suffisante, un magistrat soit resté fidèle à son serment. Ils nous pardonneront sans doute ce plagiat en faveur des principes.

ALLAN (le major), officier anglais. Une action noble et courageuse rattache son nom aux malheurs de Tippoo-Saïb. Seul, pendant l'assaut, il osa pénétrer dans l'intérieur du palais du sultan, conjura les princes ses fils et leurs mères de se confier à la générosité du vainqueur : ce ne fut qu'avec peine qu'il obtint leur consentement, et qu'il parvint à les sauver. Il se mit ensuite à la recherche du corps de Tippoo, qu'il trouva sous des monceaux de cadavres, percé de coups, et dans l'attitude où Salluste peint Catilina expiré. Ce fut le major Allan qui présenta au marquis de Wellesley, gouverneur de Madras, l'épée du commandant et la garnison de Seringapatnam. Le jour où le général reçut solennellement les drapeaux de cette place, il donna de grands éloges à la bravoure avec laquelle le major Allan avait rempli sa périlleuse mission. Le reste de sa vie nous est inconnu.

ALLARD-DE-LA-ROCHELLE, chef vendéen, est né aux Sables-d'Olonne. Il fit la campagne de 1793 à 1794 en qualité d'aide-de-camp de Henri de La Rochejacquelein. Les Vendéens ayant été battus à Savenay, M. Allard se déroba pendant plusieurs jours aux poursuites des républicains; il fut saisi et traduit à la Roche-sur-Yon, où on le condamna à la peine de mort. Il allait subir son jugement, quand les républicains furent attaqués. L'exécution fut suspendue par l'effet de cette diversion ; et, pour se soustraire à son mauvais sort, M. Allard s'enrôla parmi les républicains, et se rendit avec eux à Noirmoutiers. Il y trouva un soldat de la division de Charette, qui s'était engagé, comme lui, dans l'armée républicaine. Quelque temps après, ils désertèrent ensemble pendant la nuit, au moment où l'on transférait aux Sables-d'Olonne le détachement auquel ils appartenaient. En juin 1795, le chef vendéen Guérin ayant été tué au combat de Saint-Cyr, Charette, qui, dans le principe, avait mal accueilli M. Allard, le mit à la tête de la division des Sables. Bientôt après, des républicains étant entrés dans son camp, s'emparèrent de sa personne et d'une vingtaine d'officiers. M. Allard fut enfermé dans les prisons des Sables, puis au château de Saumur, d'où il parvint encore à s'échapper; il fut repris, et mis de nouveau en jugement : on l'accusait d'avoir fait massacrer des soldats républicains. Il fut acquitté, et déposa les armes pour vivre tranquillement à Fontenay-le-Comte ; il les reprit en juin 1815, et commanda la division des Aubiers, sous les ordres de M. Auguste La Rochejacquelein. Le fils de M. Allard, alors âgé de 15 ans, servit d'aide-camp à son père.

ALLARD (Marguerite-Anne-Louis), né le 16 octobre 1750, docteur et professeur en droit; il se trouvait président de la commune de Poitiers, lorsque la révolution éclata. On estimait assez généralement sa conduite, et la modération de ses principes; son département le choisit pour l'assemblée législative; il y combattit les propositions qui tendaient à l'établissement de la république. Dans l'affaire du juge de paix Larivière, il reproche à l'assemblée d'usurper les attributions du pouvoir militaire, et, dans celle de Grangeneuve et de Jouneau, il s'élève contre la proposition de faire exécuter le mandat d'amener contre ce dernier. Après l'événement du 10 août, dans la séance du 19, il ose dire à l'assemblée qu'elle s'est laissé contraindre, et que la minorité lui a fait rendre les décrets auxquels on doit cette journée. Plus tard, il devint membre du tribunal criminel du département qui l'avait député à l'assemblée. Un de ses parens, curé de Brosneux, dans le département de Maine-et-Loire, avait refusé, peut-être à son instigation, le serment civique, et Allard lui-même avait provoqué, par des écrits et des discours, le rétablissement de la royauté; traduit devant le tribunal révolutionnaire de Paris, il fut condamné à mort et exécuté en février 1794.

ALLARD ou ALLART, député à la convention nationale, est né à Revel, en Languedoc. S'étant montré partisan zélé de la révolution, il fut, dès le principe, nommé maire de Montesquieu, près de Muret. Il devint ensuite commissaire national du district de Rieux. En septembre 1792, nommé député suppléant à la convention nationale, il ne fut admis au nombre des membres de cette assemblée, que le 16 thermidor an 2 (3 août 1794), bien que le député Julien, de Toulouse, qu'il devait remplacer, eût été décrété d'arrestation quatre mois auparavant; mais M. Allard se trouvait alors lui-même sous le poids de quelques inculpations, dont le déchargea le comité de sûreté générale. Par suite de nouvelles dénonciations, il fut arrêté le 15 prairial an 3 (1ᵉʳ juin 1795) : la loi du 4 brumaire an 4 (20 octobre 1795) ayant prononcé une amnistie pour tous les délits relatifs à la révolution, antérieurs au 13 vendémiaire, la liberté lui fut rendue.

ALLARDE (PIERRE-GILBERT LEROI, BARON D') né à Besançon, en 1749, d'une famille noble de Franche-Comté. Entré fort jeune au service, il était capitaine au régiment de Franche-Comté, au commencement de la révolution. La noblesse de Saint-Pierre-le-Moustier le nomma aux états-généraux. Quoique militaire, il s'y occupa presque exclusivement de finances, proposa plusieurs plans sur les impositions, et combattit les projets de Necker à cet égard. Nommé commissaire pour examiner la situation de la caisse d'escompte, il s'opposa à ce que l'on donnât un cours forcé aux billets de cette caisse, et réfuta, sur ce sujet, l'opinion de l'abbé Maury. En janvier 1790, élu membre du comité des impositions dont il avait provoqué la création, il répondit au discours de Dupont de Nemours sur les banques; fit allouer 130,000 livres au receveur-général du clergé, pour frais de comptabilité; s'éleva contre les propositions de Rabaud Saint-Étienne, sur une nouvelle création de petits assignats, et prouva combien étaient inexactes les assertions de ce député, sur le papier numéraire en Angleterre. En 1791, il fit rendre un décret pour accélérer la reddition des comptes des receveurs des décimes; obtint l'abolition et le remboursement des jurandes et maîtrises, réservant à chaque citoyen la liberté de se livrer au commerce, et d'embrasser l'état qu'il jugerait convenable; enfin il fit adopter et régler l'institution des patentes, et signa la protestation du 6 octobre 1790, contre les rapports et les conclusions de Chabroud, sur les événemens des 5 et 6 octobre 1789. Après la session, d'Allarde abandonna les affaires politiques pour se livrer aux opérations de commerce. Oublié pendant le temps le plus orageux de la révolution, ce ne fut qu'après le 18 brumaire an 8 (9 novembre 1799), qu'il reparut. Il fut nommé régisseur de l'octroi municipal de Paris, en 1803; mais le défaut de paiement des sommes que lui devait le gouvernement, le força de manquer aux engagemens qu'il avait contractés. Sa faillite, bien qu'elle fût considérable, n'entacha ni son honneur ni son crédit : il s'est d'ailleurs empressé d'acquitter ses dettes intégralement, dès qu'il en a eu la possibilité. Il mourut à Besançon, en 1809, à l'âge de 60 ans. Sous le nom de FRANCIS, son fils s'est fait connaître dans la littérature, par d'agréables chansons et par de jolis vaudevilles, tels que *Boileau à Auteuil*, etc.

ALLASSEUR (PIERRE), député du département du Cher à la convention nationale, où il prit séance en septembre 1792, ne parut qu'une fois à la tribune, pour donner son vote dans le procès de Louis XVI. Il s'exprima ainsi :
« Rome chassa ses rois, et eut la » liberté; César fut assassiné par » Brutus, et eut un successeur; » les Anglais immolèrent leur ty- » ran, et bientôt ils rentrèrent » dans les fers. Je pense donc que » pour établir la liberté, Louis » doit être détenu jusqu'à la paix, » et ensuite banni. » Dans cette apparition, et dans ce peu de mots, se trouve toute la vie politique de M. Allasseur, qu'on ne revoit plus nulle part.

ALLEGRAIN (CHRISTOPHE-GABRIEL), sculpteur, naquit à Paris, en 1710, d'Étienne Allegrain, paysagiste, peintre du roi. L'école française était engagée alors dans une fausse route. Le goût du vrai et du beau n'était pas celui qu'on encourageait. Allegrain, digne d'un siècle plus éclairé dans les arts, dut éprouver bien des difficultés en s'écartant de la manière adoptée par ses contemporains, et en travaillant d'après son propre génie. Pigale, dont il avait épousé la sœur, ne put, malgré ses avis, et la réputation dont il jouissait, lui faire adopter aucun système; son ambition était d'être original; aussi fut-il souvent rebuté par les membres de l'académie, qui affectaient de dédaigner un artiste dont ils se croyaient dédaignés eux-mêmes. Une figure de Narcisse lui ouvrit néanmoins l'entrée de l'académie. Cependant on ne fut pas généralement d'accord sur le mérite de cette production. Il n'en fut pas de même à l'égard des statues de Diane et de Vénus. Elles réunirent tous les suffrages. On peut juger si elles en étaient dignes, elles sont aujourd'hui placées dans la galerie du Luxembourg. Allegrain fit plusieurs autres statues pour les jardins de Mme Dubarry, à Luciennes. Cet artiste est un de ceux qui ont substitué l'étude de la belle nature et des chefs-d'œuvre de l'antiquité, aux théories qui ont trop long-temps dominé dans notre école, où elles érigeaient le mauvais goût en principe. Allegrain mourut le 17 avril 1795, sans enfans et sans élèves, à l'âge de 85 ans.

ALLÈGRE-DE-SAINT-TRONE, chef vendéen, a commandé, dans la Basse-Bretagne, une division de l'armée des chouans. Le 5 janvier 1796, il signa une adresse aux habitans des villes de cette contrée, pour les engager à faire cause commune avec ceux des campagnes, qui combattaient au nom de la religion et du roi. Mais, bientôt après, ayant reconnu le gouvernement républicain, il déposa les armes, vers la fin de juin de la même année, et se soumit aux lois qui régissaient alors la France.

ALLEMAND (Zacharie-Jacques-Théodore, comte), né à Port-Louis en 1762, fils d'un lieutenant de vaisseau, chevalier de Saint-Louis, a commencé comme Jean-Bart, et n'a dû ses titres et ses succès qu'à son mérite personnel. Matelot, pilote, officier auxiliaire, sous-lieutenant de vaisseau, lieutenant, capitaine de haut-bord, chef de division, contre-amiral et vice-amiral, tels sont les échelons de sa fortune. Entré au service à l'âge de 12 ans, M. Allemand se distingua sous le bailli de Suffren dans la guerre maritime de 1778 à 1783 comme officier auxiliaire; en 1786, il fut fait sous-lieutenant; en 1792, lieutenant, et en 1793 capitaine de haut-bord. Chargé à cette époque du commandement de la frégate *la Carmagnole*, de 44 canons, il s'empara de la frégate anglaise *la Tamise*, de 32, prit bon nombre de bâtimens, et pendant son commandement dans la Manche, approvisionna les ports par ses différentes prises. En 1794, il commanda *le Duquesne*, de 74; puis devenu chef de division, il commanda une partie de l'escadre du contre-amiral Richeri, destinée à détruire les établissemens formés par les Anglais sur la côte de Labrador, et s'empara du convoi de Québec. En 1801, il fut envoyé par l'amiral Bruix contre Toussaint-l'Ouverture; en 1803, il se distingua à la Dominique. En 1805, commandant à Rochefort, il fit une campagne sur l'Océan, prit le vaisseau de ligne *le Calcutta*, et s'empara ou détruisit environ cent bâtimens. En 1808, il commanda l'armée navale de Toulon. Nommé en 1809 contre-amiral et commandant des escadres de Brest et de Rochefort, réunies dans la rade de l'île d'Aix, où il dut rester d'après l'ordre du ministre de la marine, il ne put empêcher que par suite des mauvaises dispositions prises par plusieurs des officiers sous ses ordres, quatre vaisseaux de l'escadre ne fussent détruits par l'explosion de la machine infernale des Anglais, dirigée par le capitaine, aujourd'hui lord Cochrane. Ce malheur ne fit aucun tort à sa réputation. Le gouvernement approuva hautement sa conduite. En 1810, il fut nommé vice-amiral et commandant en chef de l'escadre de Toulon, qu'il quitta en 1811, pour armer et réunir à l'escadre de Brest celle de Lorient. Dans une nouvelle campagne sur l'Océan, il fit pour 20 millions de prises, dont il coula ou brûla les bâtimens, et rentra au port, quoique ayant à sa poursuite 30 vaisseaux anglais. Appelé le 28 décembre de la même année au commandement de la flotte de Flessingue, il le refusa. M. Allemand, qui avait été fait comte, fut nommé grand-officier de la légion-d'honneur en 1813. Ayant adhéré à la déchéance de Napoléon, il reçut la croix de Saint-Louis en 1814. Il n'a point été compris dans l'organisation de la marine royale, bien qu'il n'ait point servi pendant les *cent jours*. Le vice-amiral Allemand, chevalier de l'ordre ou confrérie du Saint-Sépulchre, a écrit, en 1816, l'histoire abrégée de cette confrérie, dont il est grand administrateur.

* ALLEN (ETHAN), l'un des héros de la révolution américaine; homme simple dans ses mœurs, brave jusqu'à la témérité, généreux après le combat, patriote plein d'ardeur, naquit vers 1752, à Salisbury, dans le Connecticut. Très-jeune, il se montra l'adversaire du gouvernement anglais de New-York, prit une part active dans la révolte des *enfans des Montagnes vertes*, fut exilé, puis condamné à mort. Son parti, si énergique et si entreprenant, parvint facilement à le sauver; 500 guinées offertes à qui apporterait sa tête ne tentèrent personne, quoiqu'il résidât dans le pays et que sa retraite fût connue. On vit Allen, après la bataille de Lexington, premier signal de l'indépendance américaine, s'emparer de Ticonderago et du lac Champlain, de concert avec le général Arnold, dont les brillans commencemens ne promettaient pas la fin méprisable. Cette clef du Canada était, pour les États, une conquête précieuse. Mais Allen ne s'en tint pas là; il conçut le dessein de réunir à l'Amérique ce vaste pays, dont les Anglais venaient de dépouiller la France, et qui tôt ou tard, doit, par la seule force des choses, se fondre dans les possessions des États-Unis. Le général américain attaqua Montréal, fut repoussé, cruellement maltraité par les sauvages, et devint prisonnier des Anglais, qui lui firent éprouver d'autres barbaries, plus lentes et plus horribles que celles des Canadiens. Enfin, relâché, il revint en Amérique vers 1778, et, après avoir passé tranquillement dans ses terres la fin d'une vie dévouée à son pays, il mourut subitement en 1789. Seul, de tous les chefs de l'opposition américaine, il montra peu de respect, du mépris même pour les croyances religieuses, et cependant quoique doué d'une pensée forte et d'une âme ardente, il croyait à la métempsycose et aux rêveries pythagoriciennes. Le même homme qui venait d'écrire un pamphlet satirique contre Moïse et les oracles (*Théologie d'Allen, ou les Oracles de la raison*, 1786), disait à ses amis intimes : « Vous voyez » ce cheval blanc; eh bien! c'est » là le corps qui attend mon âme, » quand je sortirai de la vie. »

ALLENT (PIERRE-ALEXANDRE-JOSEPH), né à Saint-Omer, le 2

août 1772. Il était canonnier lors du bombardement de Lille, en 1792. Le 1ᵉʳ mai 1793 il fut nommé adjoint au corps du génie, et ne tarda pas à parvenir au grade de capitaine, dont il fut revêtu le 21 mai 1795. Après avoir été successivement employé à Dunkerque, au fort Louis, sur les côtes, au cabinet topographique, pour les opérations et l'historique de la guerre, et à l'école du génie de Metz, il fut nommé chef d'état-major du génie aux armées de Mayence et du Danube. En 1797 ou 1798, M. Allent remporta le prix proposé par l'institut national sur *la question de l'influence morale et politique de la peinture*. En 1799, le ministre de la guerre le chargea de diriger le mouvement de l'armée de réserve par le Saint-Gothard. Le 7 août 1800, il fut nommé chef de bataillon, puis successivement secrétaire et directeur du dépôt des fortifications, des conseils du génie, des travaux publics, et chef de l'état-major du génie à l'armée de réserve et des Grisons. En 1809, pendant l'expédition anglaise de l'Escaut, il reçut une mission du ministre-directeur à Anvers, et fut chargé de la reconnaissance des positions. Il fut membre du comité des fortifications, après avoir été fait major, le 3 août 1811. Depuis décembre 1813 jusqu'au 30 mars 1814, il fit partie du conseil de défense qui eut lieu à cette époque. Le 29 mars, il opéra une reconnaissance des débouchés de l'ennemi sur Paris, et, le 30, il en effectua une autre sur la ligne de bataille de l'armée, jusqu'au mouvement que fit le maréchal Blucher pour déboucher par la gauche; il résista à ce mouvement, et sut contenir l'ennemi sur la route de Clichy jusqu'à la signature de la capitulation; il assista aux conférences qui la précédèrent, et fut chargé de son exécution relativement à la garde nationale. Nommé aux fonctions de chef d'état-major de la garde nationale de Paris, par un arrêté du gouvernement provisoire du 10 avril 1814, il fut ensuite aide-major des gardes nationales du royaume. Dans les *cent jours*, Napoléon l'ayant appelé au conseil-d'état, il refusa par écrit; et envoya aux journaux copie de sa lettre. M. Allent reprit ses fonctions d'aide-major de la garde nationale, le jour de la rentrée du roi, et fut peu après nommé au conseil-d'état, en service extraordinaire. Il est auteur de plusieurs ouvrages : 1° *Mémoire sur la réunion de l'artillerie et du génie*, 1800; 2° *Essai sur les reconnaissances militaires*. Cet ouvrage fut fait pour le mémorial du dépôt de la guerre, et publié dans son n° 4, 1804; il a été traduit en anglais; 3° *Histoire du corps du génie, ou de la guerre de siéges et de l'établissement des frontières, sous Louis XIV*, écrite et publiée d'après une délibération du comité des fortifications, Paris, 1805; 4° *Précis de l'histoire des arts et des institutions militaires en France depuis les Romains*, composé pour les officiers du génie, et publié dans l'état du corps de 1808. Il a, en manuscrit, une *Histoire de France, considérée dans ses rapports avec l'établissement de ses frontières et avec ses guerres défensives*.

ALLIER (Claude), curé de

Chambonas près d'Uzès, manifesta, dès le principe, sa haine pour la révolution. Il présida le comité central du rassemblement de nobles qui s'était formé en 1790, dans un village voisin du Puy-en-Vélay, et qu'on appelait le *camp de Jalès*. Ce ministre d'un dieu de paix avait organisé un corps de partisans si nombreux, pour renverser les autorités et les institutions nouvelles, qu'il fallut lui opposer plusieurs régimens, et ce ne fut encore qu'après une lutte opiniâtre que le parti contre-révolutionnaire succomba. Le 18 juillet 1792, l'assemblée législative décréta d'accusation Claude Allier, qui parvint à se soustraire au mandat d'arrêt lancé contre lui. Cependant, il fut arrêté dans le courant de l'année suivante, et traduit à Mende, devant le tribunal criminel de la Lozère, qui le condamna à la peine de mort, en même temps qu'un émigré, convaincu d'avoir voulu livrer à l'armée d'Espagne l'entrée du territoire français. Ce fut le 5 septembre 1793 que Claude Allier fut exécuté.

ALLIER (Dominique), parent du précédent, ne fut pas moins fameux par le rôle qu'il joua au *camp de Jalès*, et fut aussi décrété d'accusation le même jour. Mais il était alors absent pour mission auprès des princes français, à Coblentz. Bien qu'il eût été porté sur la liste des émigrés, Dominique ne craignit point de revenir, en 1794, avec le comte du Saillant, pour soulever de nouveau la population du midi. En 1797, il insurgea encore une partie du département du Gard, et concourut, avec Saint-Christol, à la prise de la citadelle du Pont-Saint-Esprit, le 14 septembre de la même année. A l'occasion de la journée du 18 fructidor an 5 (4 septembre), ces deux chefs adressèrent plusieurs proclamations aux royalistes de ces contrées, pour les armer contre le directoire exécutif. Mais Dominique Allier et Saint-Christol ayant été battus, le premier se réfugia avec le reste de sa troupe dans les montagnes du Vivarais, où il fut bientôt arrêté. On trouva dans ses papiers la preuve qu'il était agent des princes français, dont le comte de Surville lui envoyait les instructions. Il fut condamné à mort, dans le mois de novembre 1798.

ALLIETTE, prétendu chiromancien ou cartonomancien, a publié quelques ouvrages sur l'art imaginaire de prédire l'avenir, savoir : 1° *Etteilla* (c'est l'anagramme du nom de l'auteur), *ou la seule manière de tirer les cartes*, Amsterdam, 1770 et 1773, in-8° : cet écrit, très-souvent réimprimé, a constamment trouvé beaucoup de lecteurs parmi certains esprits crédules; 2° *le Zodiaque universel, ou les Oracles d'Etteilla*, 1772, in-8°; 3° *Manière de se récréer avec le jeu de cartes nommé Tarots*, 1784, in-8°; 4° *Cours théorique et pratique du livre de Thott, pour entendre avec justesse l'art, la science et la sagesse de rendre les oracles*, 1790, in-8°. Ces recueils de rêveries et d'inepties, dont les éditions se multiplient sans cesse, ont acquis à leur auteur plus de réputation qu'il n'en eût obtenu peut-être par des ouvrages utiles. Dès la fin du siècle dernier, sa mort fut annoncée, bien qu'il fût encore vivant.

ALLIONI (CHARLES), médecin piémontais, naquit en 1725, et fut professeur de botanique à l'université de Turin, membre de l'institut de Bologne, de l'académie de Montpellier, des sociétés royales de Londres, de Madrid, de Gottingue, etc. On a de lui un grand nombre d'ouvrages sur la médecine, la botanique et l'histoire naturelle, tels que 1° *Tractatio de miliarum origine, progressu, naturâ et curatione; Augustæ Taurinorum*, 1758, in-8°: ouvrage de médecine fort estimé. 2° *Stirpium præcipuarum littoris et agri Nicænsis enumeratio methodica, cum elencho aliquot animalium ejusdem maris; Parisiis*, 1757, in-8°: ouvrage souvent cité par les naturalistes, sous le titre abrégé d'*Enumeratio stirpium Nicænsis*. La plupart des matériaux qui le composent avaient été rassemblés par Jean Giudice, botaniste de Nice. Allioni les a mis en ordre, et a rangé les plantes suivant la méthode de Ludwig. La dénomination, ou la phrase des divers auteurs, surtout de Tournefort, Linné, et G. Bauhin, y est rapportée pour chaque espèce; la fin du volume ne traite que de diverses espèces de sèches, d'oursins, de crabes et d'étoiles de mer. Ce livre est un abrégé de la *Flore* de Nice, qui diffère peu de celle de la Provence. 3° *Pedemontii Stirpium rariorum Specimen primum; Augustæ Taurinorum*, 1755, in-4°, avec 12 pl.: on trouve dans cet ouvrage la description et les figures de trente plantes toutes nouvelles ou peu connues, et presque toutes indigènes des montagnes du Piémont. 4° *Orictographiæ pedemontanæ specimen; Parisiis*, 1757, in-8°: ouvrage contenant la description des fossiles observés dans le Piémont par l'auteur. 5° *Synopsis methodica horti Taurinensis; Taurini*, 1762, in-4°: toutes les plantes cultivées, à cette époque, dans le jardin botanique de Turin, y sont divisées en treize classes rangées dans un tableau synoptique. Allioni ne diffère de Rivin que parce qu'il s'occupe peu des caractères de la corolle; c'est d'après le système sexuel de Linné qu'il établit les divisions de ses classes. 6° *Flora Pedemontana, sive enumeratio methodica stirpium indigenarum Pedemontii; Augustæ Taurinorum*, 1785, 3 tom. in-f°. On trouve dans les deux premiers volumes la notice et les synonymes de deux mille huit cents plantes distribuées en douze classes, d'après le nombre des pétales ou la forme de la corolle: la considération du fruit sous le rapport de la forme, de la structure et du nombre, y sert de base à l'établissement des diverses sections. Le troisième volume contient un abrégé des élémens de botanique, et les figures de deux cent trente-sept espèces réunies en quatre-vingt-douze planches très-exactement et très-élégamment dessinées; les dessins originaux de chaque espèce sont déposés au musée de Turin. Leur lieu natal, le sol qui leur convient, le nom vulgaire qu'on leur donne dans les diversidiomes des provinces du Piémont, sont indiqués par Allioni, qui, plus consciencieux que le commun des savans, n'a jamais négligé de citer, avec reconnaissance, les botanistes qui lui ont communiqué leurs travaux, ou l'ont aidé dans ses recherches. Ce qu'il dit des propriétés des plantes est le résultat d'une étude profonde et d'une longue expérience; il appliquait à l'art de guérir les immenses connaissances qu'il possédait en physique, et il pratiquait la médecine dans un système qui lui était propre. De tous ses ouvrages, le plus considérable et le plus important, c'est la *Flore du Piémont*, très-recommandable aussi par la manière soignée qui distingue la partie typographique. Cette Flore ressemble, par sa distribution, à l'histoire des plantes de la Suisse, de Haller, avec lequel Allioni était en correspondance continuelle. 7° *Auctuarium ad Flora Pedemontana; Taurini*, 1789, tab. 2. Cet ouvrage contient toutes les additions et corrections qu'Allioni a faites à la *Flore du Piémont*. 8° *Fasciculus Stirpium Sardiniæ in diocesi Calaris lectarum*, à *M. Ant. Plazzu* (in *Miscellan; Taurin.*, tom. I). Fascicule de plantes de Sardaigne, recueillies dans le diocèse de Cagliari, par M. Ant. Plazza. 9° *Florula Corsica*, à *Félix Valle, edita à Carol. Allioną* (*Miscellan.; Taurin.*, tom. II). Allioni rédigea et publia cette esquisse de la *Flore* de l'île de Corse, dont Félix Valle est l'auteur. Nicolas-Laurent Burmann en publia une seconde édition augmentée des écrits de Jaussin, qui ont été recueillis dans les nouveaux actes de l'académie des Curieux de la nature, tom. IV. On trouve dans les mélanges de l'académie de Turin plusieurs Mémoires publiés par Allioni. Les progrès que ce botaniste a fait faire à la science qu'il a enrichie par des découvertes nouvelles, lui donnent droit de prendre place immédiatement après ceux qui l'ont créée. Il a reçu plusieurs témoignages publics de l'estime des savans. Loefling lui a consacré, sous le nom d'*Allionie*, un genre de la famille des Dipsacées, que Linné a adopté. Allioni mourut en 1804, âgé de 79 ans.

ALLIX (Jacques-Alexandre-François), fils d'un célèbre professeur de mathématiques d'une école d'artillerie, lieutenant-général, chevalier de la légion-d'honneur, ancien commandeur de la couronne de Westphalie, membre de l'académie de Gœttingue, né à Perci, en Normandie, le 21 septembre 1776. Après avoir fait des études brillantes, il entra au service, à l'âge de seize ans, comme élève d'artillerie, et fit les premières campagnes de la révolution à l'armée du Nord. Sa conduite au siège de Luxembourg fut mentionnée honorablement dans un décret de la convention. Il obtint d'abord un avancement rapide; à 20 ans, il était déjà colonel. Il fit diverses campagnes en cette qualité, se distingua surtout au passage du mont Saint-Bernard et à l'attaque de Vérone, qu'il emporta d'assaut. Employé dans l'expédition de Saint-Domingue, il y donna de nouvelles preuves de ses talens et de sa valeur. Le colonel Allix avait mis fort peu d'empressement à adhérer à la révolution du

18 brumaire. On croit que cette indifférence lui a été imputée à crime, et c'est à cela qu'on est tenté d'attribuer la lenteur de son avancement, et l'obstination qu'on a mise à le tenir éloigné de la France. Quoi qu'il en soit, il passa en octobre 1808 au service du roi Jérôme, en qualité de général de brigade. Le 15 avril 1812, il fut nommé général de division, et ce ne fut que dans ce haut grade qu'il obtint la décoration de la légion-d'honneur. Après la retraite de Russie, il déploya les plus grands talens, et se signala par le plus grand courage dans la défense de la Westphalie. En 1813, il comprima les insurgés, enhardis par les revers des Français, et rétablit dans sa capitale le roi Jérôme, que la révolte avait forcé de s'en éloigner. Pour prix de ses services, ce monarque lui assura une pension de 6,000 fr. sur sa cassette, et voulut le faire comte de Freudenthal, titre qu'il n'a jamais pris. Rentré en France par suite de l'invasion des troupes étrangères, il ne fut reconnu que comme général de brigade par Napoléon, qui ne tenait pas compte de l'avancement obtenu à l'étranger. Malgré cette disposition sévère, le général Allix n'hésita pas à demander de l'emploi au moment où l'ennemi ravageait le sol de la patrie. Il se signala dans cette campagne, principalement le 18 février, dans la forêt de Fontainebleau, de laquelle il chassa les Autrichiens et les Cosaques, et le 26 du même mois, par la défense mémorable de la ville de Sens, qu'il mit à couvert de l'ennemi avec un très-petit nombre de troupes. Ce fut ainsi qu'il reconquit son grade de général de division. Après l'abdication de ce prince, il n'eut pas de service actif, et se retira dans sa famille jusqu'en mars 1815, époque à laquelle il alla rejoindre Napoléon à Auxerre et fut chargé du commandement du département de l'Yonne. Peu après il fut appelé au quartier-général de l'armée du Nord, et nommé président d'une commission extraordinaire à Lille. De cette ville, il alla à Calais, et ne se trouva point à Waterloo. Après cette bataille, il prit le commandement de l'une des divisions sous Paris, et fut chargé de fortifier Saint-Denis, dont il eut le talent de faire une position inexpugnable. Il se rendit ensuite sur la Loire, avec le reste de l'armée. Compris, après le retour du roi, dans l'ordonnance du 24 juillet 1815, il fut obligé de s'expatrier en Allemagne. Il espérait trouver un asile dans la ferme de Freudenthal qu'il avait reçue du roi Jérôme; mais il en fut encore chassé par l'électeur de Hesse. Le général Allix appela de cette spoliation à la diète de Francfort, qui, par des motifs que nous ne chercherons pas à approfondir, prononça son incompétence dans cette affaire et la renvoya aux tribunaux ordinaires. Le général Allix a employé les loisirs de son exil d'une manière bien honorable, en s'occupant des sciences. Il a fait paraître un ouvrage où il établit un nouveau système du monde entièrement opposé à celui de Newton : il cherche à prouver que les mouvemens des corps célestes viennent de la décomposition des gaz de leurs atmosphè-

res. Il ne nous appartient pas de prononcer sur le mérite de ce système, que M. le marquis de Laplace a condamné, sans vouloir en prendre connaissance; mais nous devons dire que l'ouvrage où il est exposé, a été traduit en allemand, en anglais et en italien, et que plusieurs savans distingués, et notamment M. Compagnoni, en ont fait un brillant éloge. Le général Allix a été rappelé en France en 1819, et rétabli dans le cadre des officiers-généraux.

ALLONVILLE (ARMAND-FRANÇOIS, COMTE D'), chevalier de Malte, était depuis trois ans major du régiment d'Auxerrois infanterie, lorsqu'il émigra en 1791. Ayant fait la compagne de 1792 avec les princes français, il devint colonel, et fut décoré de la croix de Saint-Louis en 1795. M. le comte d'Allonville, devenu veuf, épousa en Russie, où il avait fait un voyage, une arrière-petite-fille du malheureux feld-maréchal de Munich, et devint par-là possesseur des manuscrits précieux de l'*Eugène du Nord*. Sous la date du 22 mai 1792, M. le comte d'Allonville avait fait paraître une *Lettre d'un royaliste à M. Malouet*, dans laquelle il combattait avec chaleur les principes de ce partisan de la monarchie constitutionnelle. Depuis cette époque, M. le comte d'Allonville s'est sans cesse occupé de divers travaux historiques dont il n'a encore rien publié, si ce n'est un *Précis biographique sur la personne de Louis XVIII*, production inspirée par un zèle ardent pour la cause royale et pour la famille des Bourbons : l'auteur l'adressa en 1813 aux puissances coalisées contre la France. En 1815, M. le comte d'Allonville est venu se fixer à Paris.

ALLONVILLE (LOUIS, COMTE D'), préfet, frère puîné du précédent, est né en 1774. En 1791, il émigra avec son père, maréchal-de-camp, qui, dans la campagne de 1792, commanda les gentilshommes à cheval de la province de Champagne. Depuis, M. le comte d'Allonville servit successivement sur divers points, et toujours pour la même cause, jusqu'en 1797. A cette époque, il rentra en France. Bientôt après s'opéra la révolution du 18 fructidor (5 septembre 1797), et quelques mois plus tard, il accompagna, dans l'expédition d'Égypte, son parent, le général Dommartin, commandant l'artillerie. M. le comte d'Allonville exerça les fonctions de directeur des finances, dans ce pays, et au retour de l'expédition, en octobre 1802, il fut nommé inspecteur dans l'administration des domaines. S'étant prononcé pour la dynastie des Bourbons, dans le mois d'avril 1814, il fut appelé, quatre mois après, à la préfecture du département de la Creuse, et décoré, par le roi, de l'ordre de la légion-d'honneur, le 12 octobre de la même année. Destitué au retour de Napoléon, en mars 1815, M. le comte d'Allonville se retira à Vitry, où habitait sa famille. Le 12 juillet suivant, quatre jours après la seconde rentrée du roi, il fut nommé préfet d'Ille-et-Vilaine, et obtint la croix de Saint-Louis, le 14 février 1816. M. le comte d'Allonville a passé ensuite à la préfecture de la Somme.

ALLUT (Antoine), député à l'assemblée législative, naquit à Montpellier, vers 1743. Il exerçait la profession d'avocat, à Uzès, où demeurait aussi sa sœur, Mᵐᵉ Verdier, qui s'est fait un nom par des poésies pleines de charme. Allut se fit lui-même une assez grande réputation par plusieurs articles intéressans qu'il rédigea pour l'*Encyclopédie*, à la sollicitation de l'un des principaux éditeurs de cet important recueil. Dès l'origine de la révolution, Allut s'en étant montré partisan, ses concitoyens l'appelèrent aux fonctions de procureur de la commune, et en septembre 1791, le département du Gard le députa à l'assemblée législative. Il ne se fit guère remarquer à la tribune ; mais il fut successivement membre de divers comités. Un décret du 10 août 1792, ayant convoqué une convention nationale, il alla reprendre son premier poste à Uzès, après le 21 septembre, jour où cette nouvelle assemblée ouvrit sa session. A l'époque du 31 mai de l'année suivante, Allut se prononça avec chaleur pour le parti de la *Gironde*; il rédigea même et signa quelques adresses contre celui de la *Montagne*. Tant de zèle le fit proscrire sous la dénomination de *fédéraliste*. Il parvint long-temps à se soustraire aux poursuites dont il était devenu l'objet. Mais enfin, ayant été saisi, on le traduisit au tribunal révolutionnaire, qui le condamna à mort, au commencement de messidor an 2 (juillet 1794), un mois avant la chute de Robespierre. Allut était alors dans la 51ᵐᵉ année de son âge.

ALMENARA (don Joseph Martinez de Hervas, marquis d'), est né dans la ville d'Uxijar, royaume de Grenade (Espagne) en juillet 1760. Très-jeune encore, il mérita la confiance de Charles IV, qui lui confia, comme conseiller des finances, des missions importantes auprès du directoire-exécutif de France, en faveur de grands établissemens publics de la nation. Il fut chargé d'affaires de sa cour auprès du premier consul, et ensuite envoyé extraordinaire et ministre plénipotentiaire à Constantinople, où il se trouva dans des momens très-difficiles. Rappelé de cette ambassade à la fin de 1808, il n'arriva en Espagne que vers le milieu de l'année 1809, et fut par conséquent étranger aux événemens qui préparèrent l'invasion de son pays. Lorsque les Maxarredo, les Azanza, les O'Farrill, les Urquijo, et tant d'autres illustres et vertueux citoyens, qui avaient donné de longues preuves de talens et de probité, entourèrent le trône du frère de Napoléon, le marquis d'Almenara accepta l'emploi de conseiller-d'état, et peu après le portefeuille de ministre de l'intérieur. Pendant la durée de son ministère, il sut justifier l'opinion favorable que l'on avait généralement conçue de son patriotisme et de ses talens, comme diplomate et comme administrateur. Forcé de quitter sa patrie lors du retour de Ferdinand VII, ce fut au milieu des angoisses de la proscription qu'il prit la plume pour défendre son fils, le chevalier d'Hervas, injustement attaqué dans un écrit de D. Pedro Cevallos. Dans cette position délicate, le marquis d'Almenara sut montrer à la fois le dévouement d'un père et la dignité de l'homme supérieur à la mauvaise fortune. Il vengea noblement la mémoire de son fils, en forçant ses ennemis à reconnaitre et à avouer leurs torts. Le marquis d'Almenara s'est aussi fait remarquer par des productions littéraires de beaucoup de mérite. L'*Éloge historique du général Ricardos*, publié en 1795, fut accueilli avec une faveur particulière. Pendant son exil en France, le marquis d'Almenara a donné au *Mercure* des articles ingénieux et piquans sous la signature du *Bachelier de Salamanque*, où ses compatriotes ont aussitôt reconnu l'auteur de l'*Espagnol pacifique*, de l'*Alcade de Mirabueno*, et de plusieurs autres bluettes, à la fois philosophiques et patriotiques, et qui, sous le voile d'un frivole badinage, cachaient les vues les plus saines et les plus généreuses. C'est avec les mêmes sentimens, mais avec des idées plus graves, qu'il a écrit l'analyse des deux premiers volumes de l'*Histoire critique de l'inquisition d'Espagne*. Il appartient aux hommes tels que M. le marquis d'Almenara d'éclairer l'opinion, et l'on attend de son talent et de son expérience, une *Histoire véritable et philosophique de la guerre et de la révolution d'Espagne*. La duchesse de Frioul, veuve du général Duroc, est fille de cet illustre réfugié.

ALMENARA (don Diego), né dans l'Estramadure. Le prince de la Paix, Manuel Godoi, le recommanda au roi Charles IV, dont il parvint à captiver la bienveillance. Don Diego fut obligé de se cacher lors de la révolution de Madrid contre ce ministre. Lorsqu'il revint à la cour après l'avénement de Ferdinand VII au trône, il en reçut un mauvais accueil, et passa bientôt en France. A la junte de Bayonne, il s'opposa de tout son pouvoir à l'établissement de Ferdinand VII sur le trône d'Espagne; mais quand il vit que la famille royale était demeurée au pouvoir de Napoléon, il retourna dans son pays et se déclara fortement contre ce dernier. Ses opinions libérales le firent députer aux *Cortès*, où il ne cessa de s'élever contre Ferdinand. Il participa ensuite à la rédaction de l'acte constitutionnel, et quand ce monarque fut remonté sur le trône, il se vit obligé de se réfugier en France, où il était encore en 1818.

ALMÉRAS, lieutenant-général, commandant de la légion-d'honneur, embrassa de bonne heure la carrière des armes. Engagé dans les Alpes en 1794, il fut attaqué par un corps sarde de 1,500 hommes, et, à la tête seulement de 200 hommes, il parvint à le mettre en déroute et demeura maître du champ de bataille. A la suite de cette affaire, il obtint le commandement d'un corps, dispersa dans le département du Gard les rassemblemens des royalistes, et arrêta Saint-Christol et Allier, deux de leurs chefs. Il suivit le général Kléber en Égypte, où il se distingua de nouveau. Revenu en France, il assista aux différentes batailles livrées contre l'Autriche et contre la Prusse. En 1810, il était général de brigade; en 1812, il fit la campagne de Russie et celle de France.

ALMODOVAR (duc d'), mort à

Madrid en l'année 1794. Il avait fait paraître dans cette ville, en 1781, un journal ayant pour titre : *Decada epistolen*. On a aussi de lui une traduction de l'*Histoire philosophique et politique des Deux-Indes*, par l'abbé Raynal. Cette traduction se ressent de l'influence de l'époque où elle a été faite, par les sacrifices auxquels son auteur a dû consentir pour sa publication. On doit lui savoir gré de ne s'être pas laissé rebuter par les rigueurs de la censure monacale, qui mutilait alors si impitoyablement toutes les productions capables de porter la lumière en Espagne. Le moment des réhabilitations philosophiques et littéraires est enfin venu consoler ce beau pays et sa grande nation, de tant de siècles de barbarie et de persécution. Le duc d'Almodovar a été successivement nommé, par le roi d'Espagne, ministre plénipotentiaire en Russie, en Portugal et en Angleterre.

ALMON (JEAN), libraire anglais, sans avoir attaqué l'autorité d'une manière directe et menaçante, est compté parmi les hommes qui, vers le milieu du règne de Georges III, effrayèrent de leur opposition énergique, un pouvoir capricieux, irritable, mais faible et inquiet. Il naquit à Liverpool, en 1738, vint s'établir à Londres, en 1759, après avoir voyagé à l'étranger, et publia divers ouvrages qui attirèrent sur lui l'attention et l'estime publiques. Son *Examen du règne de Georges II*, publié en 1760, à la mort de ce prince; son *Examen de l'administration de Pitt*; ses *Anecdotes de la vie de Chatam*; ses *Anecdotes biographiques sur les personnages les plus illustres de ce temps*, sans annoncer une grande supériorité littéraire, prouvèrent un jugement droit et une âme patriotique. Bientôt on vit commencer cette fameuse lutte, honteuse pour le trône, de Wilkes contre Bute, le ministère et l'autorité. Almon, qui venait d'acheter un fonds de librairie dans Piccadily, prêta, non-seulement son crédit et ses presses à l'écrivain anti-ministériel, mais sa plume et son nom. Le pamphlet publié par lui à cette occasion (*Des jurés et des libelles*) le fit citer au banc du roi : une action criminelle lui fut intentée, mais n'eut aucune suite; de plus terribles ennemis occupaient l'autorité. Les premières *Lettres de Junius* venaient de paraître : ce champion hardi et inconnu des libertés publiques, *ce géant*, comme dit Burke, *la terreur des pygmées de la cour* avait une éloquence dure et véhémente, une force de style, une verve de satire, dont personne encore n'avait donné l'exemple, et qu'on n'a retrouvées depuis avec plus de mesure que dans *la Minerve française*. C'était une haute puissance littéraire qui attaquait, visière baissée, toutes les puissances du jour, et les écrasait sous son génie et de sa franchise. Cependant son audace avait quelque chose de si solide, sa véhémence et son amertume semblaient si bien jaillir d'un profond et pur patriotisme, que l'autorité muette restait comme accablée; Junius n'avait pas été déféré aux tribunaux. Parut enfin cette fameuse *Lettre de Junius au Roi*, où les vérités les plus fortes et les plus sévères sont adressées au monarque, où l'histoire elle-même semble prendre une voix pour montrer au prince les fautes du passé, les besoins du présent et les menaces de l'avenir. Tout ce qui entourait le trône fut en mouvement dès que cette lettre parut. L'éditeur des lettres fut jugé, les recherches juridiques furent nombreuses, mais vaines; et les libraires convaincus d'avoir vendu des exemplaires de la lettre, traités avec une rigueur extrême. Almon était du nombre de ces derniers; on le condamna à payer une amende de dix marcs, et à donner, pendant l'espace de trois ans, des cautions de sa bonne conduite. Almon fonda ensuite le journal périodique, précieux pour l'histoire, intitulé : *Registre parlementaire*, journal qui se continue encore aujourd'hui. Il publia aussi *la Correspondance de Wilkes*, et un *Recueil d'œuvres poétiques*, qui ne se distinguent que par un ardent patriotisme. Sa dernière entreprise est le *Junius, accompagné de notes biographiques et curieuses;* c'est l'édition où se trouvent les renseignemens les plus exacts sur les différens personnages qui figurent dans ces lettres. Almon a cherché à découvrir le véritable auteur de ce mystère littéraire; mais il n'a fait, comme tous ceux qui se sont occupés de ce sujet, qu'amasser de nouveaux nuages sur une question déjà très-obscure. En vain les *Lettres de Junius* ont-elles été vingt fois commentées et tour à tour attribuées à tous les plus grands écrivains, à tous les hommes d'état de cette époque : le secret est demeuré impénétrable. L'écrivain le plus profondément éloquent de ce temps, l'homme doué de la logique la plus pressante et la plus forte, et qui savait employer avec autant d'art que de vigueur la raillerie la plus impétueuse et la plus irrésistible, est resté inconnu et conserve son épigraphe : *Stat nominis umbra.*

ALONZO DE VIADO (Emmanuel-Joseph-Bernard), né, le 27 février 1775, à Gijon, dans les Asturies. Ses parens le destinaient à la magistrature, et des succès remarquables dans ses études, à l'université d'Oviedo, semblaient annoncer qu'il se ferait un nom dans cette carrière. Cependant Alonzo entra comme cadet dans le régiment de Léon, en 1792. Il fut adjudant-major dans le régiment des nobles des Asturies, et après avoir passé dans d'autres corps avec le même grade, il eut le rang de major dans les milices disciplinées du royaume de Guatimala. Il servit sous le marquis de Campo-Sagrado, qui fut depuis ministre de Ferdinand; et il fit, sous le général Caro, les campagnes de Biscaye et de Navarre contre les Français. Ce sont des intentions patriotiques et des vues militaires qui changèrent, pour ainsi dire, la destination d'Alonzo de Viado, et qui en firent un savant et un homme d'état. Dans ses campagnes, il avait eu occasion de reconnaître que l'organisation de la monarchie castillane offrait peu de moyens d'éviter une invasion. Les événemens ont justifié cette manière de voir, malgré l'issue de la lutte contre les troupes françaises. Le succès des Espagnols exigea des auxiliaires, et dépendit du concours de certaines circonstances, non moins favorables à l'Espagne que sa persévérance même. Plein de cette idée, Alonzo proposa des améliorations, et présenta son *Projet de réforme de l'armée espagnole*, in-8°, 1802. Retiré du service, en 1805, il fut nommé administrateur-général de la dîme royale du royaume de Grenade. Les Français étant en Espagne, la junte de cette même province l'envoya auprès de celle de Séville; et, dans cette mission, il fit remarquer ses talens, son dévouement pour son pays, et son attachement aux principes d'une sage liberté. C'est à ce mérite qu'il dut, sous le roi Joseph, l'emploi d'administrateur-général de la dîme et des biens nationaux du royaume de Jaën. Jeté en France par les événemens de 1813, il fut membre de la commission des secours que l'on destinait aux Espagnols réfugiés à Toulouse. M. Alonzo de Viado est aujourd'hui des sociétés patriotiques de Madrid, de Grenade et de Jaën; il est aussi membre de la société royale des antiquaires de France, et correspondant de l'académie des inscriptions, sciences et belles-lettres de Toulouse. Outre son *Projet de réforme de l'armée espagnole*, on a de lui plusieurs ouvrages estimables: *Règlement organique du préside correctionnel de Cadix*, in-4°, 1802; les *Hommes illustres de Plutarque*, avec des notes critiques. On ne connaît de cet ouvrage que les fragmens insérés, en 1804, dans le *Mémorial littéraire de Madrid;* la *Géométrie de La Croix*, traduite en espagnol, in-4°; l'*Histoire de l'Amérique*, traduite de Robertson, avec des notes historiques, critiques et politiques, in-4°; enfin, un *Mémoire*, lu à l'académie de Toulouse, en 1813, *sur l'origine de l'Architecture improprement appelée Gothique.*

ALOPEUS (Maxime d'), fils d'un archidiacre de la cathédrale de Wibourg. Après avoir terminé ses études avec distinction, il se livra à la diplomatie, et fut envoyé comme ministre de Russie à Berlin. C'est là qu'il reçut sa nomination de conseiller-d'état de l'impératrice Catherine II, au mois de janvier 1796. Remplacé en Prusse par M. Kalitcheff, il passa près du cercle de Basse-Saxe en qualité d'envoyé de Russie, puis en cette même qualité près de la diète de Ratisbonne, en 1798. En 1802, choisi une seconde fois par sa cour pour l'ambassade de Berlin, il y demeura pendant la guerre de la Russie et de l'Autriche avec la France. Les troupes du roi de Suède occupaient le pays de Lauenbourg: envoyé près de ce prince pour l'engager à les faire retirer, M. Alopeus réussit dans cette négociation. En mars 1806, il fut chargé par son souverain, de remettre au baron de Hardenberg la grand' croix de l'ordre de Saint-André. En 1810, désirant s'éloigner des affaires et de la cour, il sollicita sa démission, et revint à Berlin vivre comme un simple particulier; il est néanmoins rentré depuis dans les affaires. L'empereur Alexandre le nomma, vers la fin de 1815, conseiller-privé en activité: il occupe encore cette place.

ALOPEUS (David d'), frère cadet du précédent, né comme lui à Wibourg, élevé à l'académie militaire de Stuttgard, fut ministre de Russie à la cour de Suède. Gustave IV se trouvait dans une position très-critique, par la résistance qu'il avait opposée à l'exécution des engagemens pris par diverses puissances, et notamment par la Russie, en faveur du système continental : M. d'Alopeus fut chargé, par son souverain, d'engager ce prince à se soumettre aux circonstances et à se résigner aux évènemens. Gustave repoussa ses conseils, et lorsque les troupes russes eurent envahi la Finlande suédoise, il le fit arrêter, et fit mettre les scellés sur ses papiers. Un pareil traitement attira sur M. d'Alopeus les bienfaits d'Alexandre. Ce prince voulant le dédommager, le nomma chambellan, le décora de la croix de Sainte-Anne de première classe, et lui donna une terre du revenu de 5,000 roubles, et plus tard l'éleva à la dignité de conseiller-privé. C'est en cette qualité qu'il signa le traité de paix avec la Suède. Après la révolution qui força Gustave à abdiquer, le duc de Sudermanie, son oncle, ayant été porté au trône de Suède (sous le nom de Charles XIII), M. d'Alopeus fut de nouveau envoyé en Suède pour le complimenter au nom de l'empereur Alexandre; nommé ensuite ministre à la cour de Naples, il reçut contre-ordre à Wilna, et revint à Saint-Pétersbourg. En 1811, il fut envoyé à la cour de Wurtemberg. Pendant les campagnes de 1814 et de 1815, il fut attaché à l'administration centrale des armées alliées, et nommé gouverneur-général de la Lorraine, pour l'empereur de Russie. Une proclamation qu'il adressa aux habitans de cette province, dans le mois de juillet 1815, donne la mesure de la modération avec laquelle il a administré en France.

ALPHONSE (le baron d'). (*Voyez* Dalphonse.)

ALQUIER, né à Talmont, département de la Vendée, le 13 octobre 1752. Après avoir terminé ses études chez les oratoriens, il passa quelque temps dans la congrégation, et alla ensuite exercer, à La Rochelle, les fonctions de la magistrature, dans la charge d'avocat du roi au présidial, et dans celle de procureur du roi au tribunal des trésoriers de France : il fut aussi maire électif de cette ville. En 1789, député du tiers-état par le pays d'Aunis aux états-généraux, il devint membre du comité des rapports, et fut chargé de rendre compte à l'assemblée d'un mandement de l'évêque de Tréguier, qui tendait à soulever la Bretagne contre les nouvelles lois. Ce rapport donna lieu à un décret concernant les mesures à prendre pour maintenir la tranquillité dans cette contrée, et pour poursuivre le délit devant le tribunal chargé d'en connaître. Le 4 mars 1790, il entra au comité de la marine et des colonies; mais il y passa peu de temps, et rentra au comité des rapports. Le 31 juillet il fut nommé secrétaire de l'assemblée, sous la présidence de Dandré. Des troubles étant survenus dans l'île de Tabago, relativement aux principes de la révolution, dont les partisans étaient en butte aux persécutions des chefs de la colonie, il fut chargé d'un rapport, qui eut pour résultat le rappel du gouverneur. Des rixes très-violentes avaient eu lieu à Nîmes, entre les catholiques et les protestans. Ceux-ci avaient eu à souffrir des plus affreux excès; il rendit compte de cette affaire, au nom du comité des rapports, et conclut au blâme et à la dissolution de la municipalité : l'assemblée adopta ces conclusions. Il fit rendre, le 2 avril suivant, un décret par lequel l'assemblée déclarait qu'il n'y avait pas lieu à délibérer sur la conduite des chefs des assemblées, dites *Catholiques d'Uzès*, et ordonnait de traduire devant les tribunaux ceux qui persisteraient à former ces rassemblemens séditieux. Lors du départ du roi, on parut craindre que cet événement ne servît de prétexte à des soulèvemens dans les troupes qui, sous les ordres de M. de Rochambeau, occupaient les départemens du Nord et du Pas-de-Calais. M. Alquier fut nommé, le 22 juin suivant, commissaire près ces départemens, avec deux autres membres de l'assemblée, M. Boullé, député du Morbihan, et M. le duc de Biron. Au retour de sa mission, il informa l'assemblée, dans la séance du 28 août, de l'état d'insurrection dans lequel se trouvait le régiment de Bauce, demanda qu'on employât les moyens les plus prompts pour réprimer ce désordre. Son rapport sur les troubles d'Arles produisit l'annulation des arrêtés du département des Bouches-du-Rhône, et fit improuver la conduite de l'assemblée électorale. Dans le cours de ses travaux à l'assemblée constituante, il vota pour la libre ouverture de tous les ports, au retour de l'Inde; il demanda qu'il fût fait une instruction au peuple sur la constitution civile du clergé. Après la session il fut président du tribunal criminel du département de Seine-et-Oise. Ce fut pendant la durée de cette nouvelle fonction, qu'arriva l'époque où les prisonniers d'Orléans, amenés à Versailles, y furent massacrés : il avait voulu prendre des mesures pour prévenir cet affreux événement; mais des ordres très-impérieux de Danton, alors ministre de la justice, l'empêchèrent de réaliser ses intentions ; il se vit même, pendant quelque temps, forcé de s'absenter de Versailles. Élu, en 1792, député de Seine-et-Oise à la convention nationale, il fut, un mois après, nommé avec MM. Boissy-d'Anglas et Vitet, commissaire à Lyon, pour empêcher les troubles que la nomination prochaine du maire de cette ville pouvait occasioner: cette commission était aussi chargée d'examiner les dépôts d'habillement de l'armée des Alpes. A son retour à la convention nationale, occupée alors de l'affaire du roi, il vota pour la mort, mais avec cette restriction, que l'exécution ne pourrait avoir lieu qu'à la paix générale; qu'à cette époque le corps-législatif pourrait faire exécuter ou commuer le jugement, mais que l'application aurait lieu en cas d'invasion étrangère. En 1794, il s'éleva contre les horreurs commises dans la Vendée, et accusa le général Turreau d'avoir donné des ordres d'une extrême violence. Il remplit quelques missions : la première dans les départemens de l'Ouest, pour la réquisition des chevaux destinés à la remonte de la cavalerie; la deuxième, en janvier 1795, à l'armée du Nord, où il se fit estimer par la modération de sa conduite. Après la conquête de la Hollande par l'armée du Nord, il en transmit les détails, et organisa provisoirement, et de concert avec ses collègues de mission, les nouvelles administrations de ce pays. Après la session conventionnelle, il devint membre du conseil des anciens, et y fut nommé secrétaire; il fit le rapport qui avait pour objet l'établissement du conservatoire des arts et métiers, et la collocation de cette institution dans les bâtimens de l'ancienne abbaye de Saint-Martin-des-Champs. En mai 1798, après sa sortie du corps-législatif, le directoire le nomma consul-général à Alger, et, deux mois après, ministre résident, et ensuite ministre plénipotentiaire près de l'électeur de Bavière : il avait l'ordre de demander la retraite des troupes impériales. Il démentit très-énergiquement, pendant son séjour à Munich, dans une lettre au baron de Hompech, les projets attribués au directoire de vouloir révolutionner le pays de Wirtemberg et l'électorat de Bavière; il accusa le gouvernement anglais d'avoir insidieusement propagé ces nouvelles. Quelque temps avant la dissolution du congrès de Rastadt, le prince Charles l'invita à se retirer de Munich, et donna des ordres pour qu'il pût, accompagné de deux officiers, traverser les lignes autrichiennes jusqu'aux avant-postes de l'armée française, où il arriva en mars 1799. Au mois de septembre de la même année, il fut nommé receveur-général du département de Seine-et-Oise, et n'en exerça que pendant quelques semaines les fonctions, peu conformes à ses goûts, et absolument différentes de celles qu'il avait remplies jusqu'alors. Peu de jours après les événemens du 18 brumaire, il fut nommé, par le consulat, à l'ambassade d'Espagne : il fut chargé, au mois de juillet, de négocier avec la cour de Madrid la rétrocession de la Louisiane, en échange de la Toscane, qui, en vertu de cette convention, a formé depuis le royaume d'Étrurie. Le traité fut négocié et rédigé sur les bases qu'il avait posées; mais ce fut un autre qui le signa. Il continua de résider en Espagne jusqu'à la fin de 1800, époque à laquelle Lucien Bonaparte vint le remplacer dans son ambassade. Rentré en France au commencement de 1801, il fut chargé, dans le mois de février, d'aller, comme ministre plénipotentiaire, traiter de la paix à Florence, avec la cour de Naples : ce fut par l'effet de cette négociation que la France acquit la possession de l'île d'Elbe. Immédiatement après la ratification du traité de Florence, M. Alquier fut nommé à l'ambassade de Naples; il y arriva au mois d'avril 1801. En 1804, le chevalier Acton, premier ministre depuis près de trente ans, et maître absolu des affaires de cette cour, s'étant permis, dans un entretien diplomatique, de parler de la France en termes peu mesurés, M. Alquier rompit la conférence, déclara qu'il ne traiterait plus avec lui, et en prévint le roi : cette affaire occasiona la retraite d'Acton, qui partit pour la Sicile. M. Alquier résida à Naples, jusqu'à la fin de 1805, et se retira sans prendre congé, emmenant avec lui tous les fonctionnaires de la légation, et du consulat-général, le jour même où la cour de Sicile, en recevant dans ses ports et dans sa capitale une flotte et une armée combinée russes et anglaises, rompit ouvertement le traité de neutralité qu'un mois auparavant elle avait conclu avec la France. Il se rendit à Rome, où il remplaça bientôt le cardinal Fesch, comme ambassadeur auprès du saint-siége. Chargé de continuer la négociation ouverte par son prédécesseur, sur les discussions survenues entre la France et Rome, il eut très-souvent l'occasion de la suivre directement avec le pape lui-même. Il se convainquit bientôt que la résistance noble et ferme du souverain pontife, à des prétentions exagérées et peu légitimes, serait un obstacle insurmontable à toute conciliation : il ne le dissimula point au gouvernement. Cette manière de juger déplut à celui qui était accoutumé à voir tout plier sous ses volontés ; l'ambassadeur fut appelé à Paris, pour y développer les motifs de son opinion. Il partit de Rome dans le courant de février 1808. Ce fut quatre mois après son départ, en juin, que des mesures violentes furent ordonnées contre la personne du pape. Sa conduite, en cette circonstance, ne lui attira pas cependant une disgrâce. En 1810,

M. Alquier partit pour Stockholm, en qualité d'envoyé extraordinaire ; il avait l'ordre d'exiger l'observation la plus stricte du système continental, et de s'opposer à toute entreprise commerciale avec l'Angleterre, genre de succès auquel il était véritablement impossible d'atteindre, d'après la nécessité où se trouvait la Suède, d'échanger avec la Grande-Bretagne ses produits territoriaux, pour en obtenir les objets de première nécessité, que son sol ne produit pas. Cet état de choses, et les arrangemens déjà concertés entre quelques cours du Nord, amenèrent des signes de mésintelligence entre les cabinets de Paris et de Stockholm ; le ministre de France passa en Danemark avec le titre d'envoyé extraordinaire ; il arriva au mois de novembre 1811 à Copenhague ; il y conclut, en 1813, un traité d'alliance offensive et défensive : ce fut le dernier acte de sa vie politique. Les événemens de la restauration firent bientôt cesser ses pouvoirs et son activité près de la cour de Danemark ; il quitta cette résidence comblé des bontés du roi, et revint en France au mois de juin 1814. En 1816, on lui appliqua la loi du 12 janvier ; il alla chercher un asile en Belgique ; il y vécut isolé et tranquille dans la petite ville de Vilvorde. En 1818, au commencement de l'année, il apprit inopinément que la liberté de rentrer en France lui était accordée. Un homme dont la vie est fertile en traits de tous les genres de vertu, de courage et de bonté, M. le comte Boissy-d'Anglas, pair de France, sachant parfaitement que la loi du 12 janvier n'était pas applicable à M. Alquier, sans en être sollicité, de son propre mouvement, et même à l'insu de cet exilé, entreprit de réclamer en sa faveur auprès du gouvernement. Le roi, par décision prise en son conseil des ministres, du 14 janvier 1818, approuva, sur le rapport de M. de Cazes, les représentations de M. de Boissy-d'Anglas, et autorisa M. Alquier à rentrer en France. Il se hâta d'y revenir, pour jouir, dans toute leur plénitude, des droits de citoyen français. Il vit aujourd'hui tranquille et retiré, à Paris, ou dans les environs. Tous ces faits ont été recueillis et vérifiés avec le plus grand scrupule. Que l'on compare cet article avec les notices des autres *Biographies*, et l'on verra combien de faits y avaient été omis, supposés ou altérés.

ALRICY (A. J.), membre du conseil des cinq-cents; il y fut nommé par le département de l'Isère pour la session de l'an 4 (septembre 1795).

ALSTRŒMER, naturaliste, élève de Linné, né en Suède, en 1736, étudia l'histoire naturelle sous ce prince des botanistes. Il est mentionné dans les ouvrages de Linné, pour lui avoir fourni un grand nombre de plantes nouvelles, et notamment le *lis d'Alstrœmer ou des Incas*. Alstrœmer est mort, en 1794, à l'âge de 58 ans.

ALTER (François-Charles), né en 1749, à Engelsberg en Silésie. Ce savant philologue était jésuite. Après la suppression de son ordre, il entra au gymnase de Sainte-Anne; puis il obtint une chaire, et jusqu'à sa mort, arrivée le 29 mars 1804, professa la langue grecque au gymnase académique de Vienne. J. G. Menzel a donné, dans son *Allemagne savante*, la liste des nombreux ouvrages d'Alter; nous ne désignerons que les principaux : la traduction de la *Biographie classique d'Édouard Harvood, ministre anglican*, avec des notes, in-8°, Vienne, 1778; quelques *Dialogues de Platon*, in-8°, 1784; *Thucydide*, in-8°, 1785; *la Chronique grecque de Georges Phranza, ou Phranzes*, grand-maître de la garde-robe de l'empereur d'Orient, in-f°, Vienne, 1796; une *Notice sur la littérature géorgienne*, in-8°, Vienne, 1798; les éditions de *Lysias*, des *Tusculanes*, de Lucrèce, de l'*Iliade* et de l'*Odyssée*, avec des variantes, tirées des manuscrits de la bibliothèque impériale et de ceux de la bibliothèque palatine; des dissertations sur des manuscrits orientaux et grecs, de la bibliothèque impériale, et sur la *langue tagalique*; enfin, une édition critique du *Nouveau Testament*, ayant pour titre : *Novum Testamentum, ad codicem vindobonensem græcè expressum, varietatem lectionis addidit Franciscus Carolus Alter, professor gymnasii vindobonensis*, in-8°, tom. Ier, 1786, et tom. II, 1787. Alter prit pour base de cette édition, qui est utile, mais non pas à tous égards, le *Codex Lambecii* de la bibliothèque de Vienne, comparé aux *Versions esclavone, coptte et latine*, et à plusieurs manuscrits de cette même bibliothèque.

ALTON (Richard, comte d'), général autrichien, fit avec succès les guerres qui suivirent le partage de la Pologne. C'est en 1789, dans le temps où ce malheureux pays faisait de nobles, mais infructueux efforts, pour conserver sa liberté, que l'empereur Joseph II songea à changer l'ancienne constitution de la Belgique. Les vues de ce monarque furent mal jugées; il voulait réformer des abus; on l'accusa d'attenter à des droits. Le peuple seul dans les Pays-Bas supportait la charge des impôts; la noblesse, le clergé et les abbayes, dont les biens composaient les deux cinquièmes du territoire, en étaient exempts. L'empereur, pour rétablir l'égalité des taxes, rendit plusieurs arrêts par lesquels il ordonna la vente des propriétés de certaines congrégations religieuses, défendant que par la suite le clergé pût devenir propriétaire, et l'astreignant, pour les biens qu'il conservait, à payer l'impôt territorial qu'il avait réglé par la nouvelle constitution. Les Belges, peu éclairés sur leurs intérêts, ne virent dans cet acte du souverain qu'une violation à cette vieille charte qu'ils appelaient *joyeuse entrée*. Le clergé profita du mécontentement. Il parvint à mettre dans ses intérêts l'archiduchesse Christine, gouvernante générale des Pays-Bas : cette princesse ambitieuse goûta des propositions qui lui donnaient l'espoir de devenir souveraine de la Belgique. L'empereur, fortement irrité des obstacles que sa propre famille mettait à ses projets, nomma deux gouverneurs, l'un civil et l'autre militaire, qui, bien que subordonnés, par leur titre, à la gouvernante-générale, s'emparèrent de tout le pouvoir. M. de Trautmansdorf fut appelé au gouvernement civil, le choix était assez bon. Mais l'empereur se trompa complétement en donnant le gouvernement militaire au comte d'Alton. Ce général, qui, par caractère et par habitude, était sévère jusqu'à la rigueur, arriva à Bruxelles, persuadé qu'il fallait traiter les Belges comme il avait traité les Polonais. Il voulut effrayer quand il ne devait chercher qu'à concilier, et c'est avec des soldats et des bourreaux qu'il prétendit faire accepter la constitution impériale. Les prisons des Pays-Bas furent bientôt remplies de gens qui avaient manifesté leur opposition aux nouveaux principes du gouvernement. Les personnes les plus qualifiées furent arrêtées; des exécutions eurent lieu ; la terreur s'organisa jusque dans les villages. Pour comble d'imprudence, la mésintelligence se mit entre les deux gouverneurs. Ils se contrarièrent et se dénoncèrent à l'envi l'un de l'autre. Les principes du comte d'Alton rappelaient ceux du duc d'Albe : ils eurent les mêmes conséquences. Le peuple se souleva : des bourgeois sans armes chassèrent de Bruxelles 6,000 hommes des meilleures troupes autrichiennes. Les Gantois ayant renfermé 4,000 hommes dans les casernes de Saint-Pierre, les obligèrent à capituler et à rendre leurs armes. De toutes parts on vit d'horribles représailles, et ceux qui passaient pour *Joséphistes* furent impitoyablement massacrés. Les événemens se passèrent si promptement et si unanimement, que le comte d'Alton eut beaucoup de peine à se retirer avec moins de 2,000 hommes. Joseph, au désespoir de tant de malheurs, naturellement attribués au choix d'un tel général, lui ordonna de se rendre à Vienne. On l'arrêta à quelques journées de cette capitale. L'empereur, autant pour satisfaire son ressentiment que pour apaiser les Belges, ordonna la formation d'une commission militaire à Luxembourg. Le général semblait devoir être infailliblement condamné ; mais vers la fin de décembre 1789, il mourut avant d'y arriver, à quelques lieues de Lintz. Son genre de mort est encore ignoré : on prétendit qu'il s'était empoisonné. Ces événemens, qui, à d'autres époques, auraient produit une grande sensation en Europe, furent bientôt oubliés; la révolution française commençait : elle occupait tellement toutes les têtes, qu'on fit peu d'attention à ce qui s'était passé en Belgique. En rapprochant les causes de ces deux révolutions, on ne peut s'empêcher de faire remarquer qu'en France, la révolution se faisait par le peuple, contre la noblesse et le clergé, dont le gouvernement voulait maintenir les priviléges; tandis qu'en Belgique, le peuple s'armait contre le gouvernement qui voulait détruire une partie des priviléges des nobles et des prêtres, et dans les deux pays le cri de ralliement était *liberté !*

ALTON (COMTE D'), lieutenant-général au service d'Autriche, s'était distingué dans la guerre contre les Turcs. Il avait permis à l'imprimeur Joubert de publier des mémoires pour servir à la justification du feu comte Richard d'Alton son frère; ce qui fut cause de son arrestation, le 20 mars 1792, ainsi que de celle de l'imprimeur. Au mois suivant, il fut employé dans l'armée des Pays-Bas contre les Français, en qualité de commandant d'une division de cette armée. Il était au siége de Valenciennes, et y servit sous les ordres du général Ferrari; il commanda ensuite les troupes autrichiennes qui, de concert avec le duc d'York, étaient destinées à assiéger Dunkerque. Le 24 août 1793, il se livra, près de cette ville, une bataille sanglante, où le comte d'Alton fut tué.

ALVENSLEBEN (PHILIPPE-CHARLES, COMTE D'), né à Hanovre, le 12 décembre 1745, fils d'un conseiller intime pour le département de la guerre. Après avoir fait ses études à Magdebourg, avec Frédéric-Guillaume II, actuellement roi de Prusse, il alla étudier le droit à l'université de Halle. En sortant de cette université, il se rendit à Berlin, où il fut nommé référendaire à la cour des comptes. Il fut successivement ambassadeur près de différentes cours de l'Europe. En 1775, envoyé extraordinaire du roi de Prusse près de l'électeur de Saxe, il servit ensuite d'intermédiaire entre la cour de Bavière et celle de Berlin, entre l'armée de Frédéric et l'armée du prince Henri. En 1787, il fut chargé d'une mission près du roi de France, et se rendit, dans les deux années suivantes, en Hollande et en Angleterre en qualité d'ambassadeur. Revenu en Prusse, en 1790, on lui confia le ministère des relations extérieures. Le comte d'Alvensleben possédait toutes les qualités qui distinguent l'homme d'état supérieur. Comme ministre, il avait de la profondeur dans ses vues, de la sagesse dans ses calculs, et une prodigieuse activité. Comme homme privé, il se concilia l'affection de ses concitoyens par une bienfaisance éclairée, et une philanthropie sans bornes. Il fonda plusieurs établissemens utiles, et mourut vivement regretté, le 21 octobre 1802. Il a publié à Berlin, en 1792 : *Essai d'un tableau chronologique des événemens de la guerre, depuis la paix de Munster jusqu'à celle de Hubertsbourg*, in-8°. Le comte d'Alvensleben était décoré des ordres de l'aigle-rouge et de l'aigle-noir.

ALVINZY (BARON D'), né en Transylvanie en 1726, général au service de l'empereur d'Autriche, colonel propriétaire d'un régiment d'infanterie, grand'croix de l'ordre de Marie-Thérèse. Il se distingua dans la guerre de sept ans, où il servit comme capitaine de grenadiers. En 1789, il fit la guerre contre les Turcs, et commanda une division de l'armée du général Lawdon. La même année, il parut devant Liége, et somma cette place de se soumettre à l'autorité de l'empereur. En 1792 et 1793, il servit contre la France dans les Pays-Bas. Le 25 juillet, il se rendit à Leuze, où s'étaient rassemblées les troupes qui avaient suivi Dumouriez, et leur demanda *si elles voulaient s'engager à remettre Louis XVIII sur le trône*. Sur leur réponse affirmative, il leur fit prêter le serment *de fidélité à l'empereur.* Le 17 avril 1794, il remporta quelques avantages sur les Français à Nouvion et à Catillon, sur la Sambre, où il reçut sa nomination de grand'croix de l'ordre de Marie-Thérèse. Au mois de juin de la même année, il défendit la Hollande, à la tête du corps d'armée autrichien sous les ordres du prince de Cobourg, et passa au commandement de l'armée autrichienne sur le Rhin, en avril 1795. Le 26 mars 1796, il prit le commandement de la Gallicie, et le 25 mars suivant, il fut nommé membre du conseil aulique de la guerre. Il passe ensuite au commandement de l'armée d'Italie, traverse la Piave le 13 octobre, obtient de nouveau quelques avantages sur les Français de *Scalda-Ferro.* et se rend à Roveredo le 9 janvier, après avoir détaché le marquis de Provera pour aller à Mantoue. Ici le sort change. Dès le 13, il avait recommencé ses attaques, dont le succès avait été douteux; le 14, il est complétement battu, et les fameuses batailles de Rivoli et d'Arcole achèvent entièrement sa défaite. Là se termina sa carrière militaire, après quarante-quatre ans de services. Il fut accusé d'impéritie et même de trahison : c'est dans l'ordre. En déshonorant le vaincu, on croyait rabaisser la gloire du vainqueur. Alvinzy se justifia aisément sur le fait de trahison. Son souverain, qui avait reçu de lui des leçons de tactique, et qui l'honorait d'une bienveillance particulière, le nomma, en 1798, commandant-général en Hongrie. Il est mort à Offen, estimé et regretté, le 27 novembre 1810, à l'âge de 84 ans, d'une attaque d'apoplexie.

ALXINGER (Jean-Baptiste), chevalier héréditaire de la maison d'Autriche, naquit à Vienne, le 24 janvier 1755. Il étudia sous Eckel, conservateur du cabinet des médailles de Vienne. Ce célèbre antiquaire developpa tellement le goût naturel de son élève pour la littérature ancienne, qu'Alxinger chargea sa mémoire de la plupart des ouvrages qui nous restent des poètes contemporains d'Horace et de Pindare. Un seul genre ne suffisait pas à l'imagination d'Alxinger; il étudia avec une ardeur presque égale la philosophie et la jurisprudence. Il fut reçu docteur en droit, et prit le titre d'avocat. Il n'avait pas en vue une profession lucrative; héritier d'une fortune considérable, il se servit de la connaissance des lois pour concilier entre eux les plaideurs les moins opiniâtres, et il consacra ses talens à la défense de ceux à qui le défaut de fortune eût ôté l'espoir d'obtenir justice. En 1777, Alxinger rédigea le Journal de l'Autriche, et ensuite il donna, dans l'*almanach des Muses de Vienne* et dans les *Mois littéraires*, quelques essais de poésies. Ces morceaux réunis parurent à Leipsick, en 1784, au profit des pauvres de l'institut de Vienne, et commencèrent sa réputation littéraire, qu'assura bientôt le poëme chevaleresque de *Doolin de Mayence*, Vienne, 1787. Choisir ainsi des sujets nationaux, c'était marcher sur les traces de Wieland; il lui dédia son *Doolin*, et donna ensuite, à Leipsick, *Bliomberis*, poëme du même genre. Sa traduction du *Numa Pompilius*, de Florian, parut à Vienne en deux volumes. Enfin, il publia, en 1794, une *Collection de poésies diverses*, où l'on remarqua beaucoup d'images triviales et de négligences; on n'y reconnut point la pureté de style et la sensibilité qui avaient valu tant d'éloges au recueil de 1784. Depuis cette époque, Alxinger ne s'occupa que de la rédaction de quelques journaux; mais il s'acquitta de ce soin d'une manière qui rappelait et son patriotisme et l'étendue de ses connaissances. Toujours passionné pour la littérature, il donnait des encouragemens à ceux qui s'y livraient. Haselcka était à ses yeux dans les premiers rangs; il se lia étroitement avec lui, et après en avoir fait son hôte pendant longtemps, il lui remit un jour 10,000 florins. Ses procédés envers ses amis, et en général son désintéressement, doivent faire oublier quelques reproches auxquels il fut exposé; un peu d'intempérance et de vanité ne sauraient balancer des qualités si estimables. Il fut, en dernier lieu, secrétaire et inspecteur du spectacle de la cour pendant trois ans, et mourut le 1er mai 1797.

ALY BEY. (*Voyez* Badia y Leblich.)

ALYON (Pierre-Philippe), né dans l'Auvergne en 1758. Il fut lecteur du duc d'Orléans, et il prit part à l'éducation des fils de ce prince. En 1783, il présenta à la société de médecine un mémoire sur les préservatifs à opposer au virus vénérien. Il ne persista point dans son désir d'éteindre, s'il était possible, une maladie qui a fait tant de victimes; il en fut détourné par les scrupules systématiques d'un de ses amis. Cet étrange moraliste trouvait convenable de la laisser se propager, comme un frein contre les désordres d'une jeunesse trop peu timorée. M. Alyon a publié un *Cours élémentaire de chimie;* la première édition est de 1787, et la seconde de 1800. Plus tard, il a donné par livraisons un *Cours élémentaire de botanique*, in-f°. 1788. Il a surveillé ou rédigé à quelques égards la partie botanique de l'édition de J. J. Rousseau, que le libraire Poinçot a présenté à la convention. C'est en 1797 qu'il publia l'ouvrage auquel il doit surtout sa réputation, et qu'on a traduit dans toutes les langues de l'Europe, l'*Essai sur les propriétés médicales de l'oxigène*. On a aussi de lui la traduction du livre de Rollot *sur les Maladies gastriques*, in-8°, Paris, 1798, et celle du *Traité italien des Maladies vénériennes*, par Vacca-Berlinghieri, in-8°. Enfin, il ajouta des notes au *Traité de la gonorrhée, de Necker*. Après la mort du duc d'Orléans, en 1794, M. Alyon fut détenu à Nantes pendant plusieurs mois. Depuis, il dirigea la pharmacie du Val-de-Grâce, et ensuite celle de l'hôpital de la Garde. Il fait partie du collége de pharmacie à Paris, et il est membre de la société de médecine de cette capitale, ainsi que de plusieurs autres corporations savantes.

AMALIE, duchesse de Saxe-Weymar, de la famille des Guelfes. Née en Italie, elle épousa en 1756 le duc Ernest-Constantin de Saxe-Weymar. Devenue veuve deux années après, elle se trouva à la tête des affaires à l'âge de 19 ans. Malgré sa jeunesse et les maux de la guerre dite de *sept ans*, elle gouverna avec tant d'ordre, de douceur et de prudence, qu'elle répara des pertes inévitables dans ces temps désastreux, et parvint même à remplir le trésor, sans surcharger le peuple. C'est surtout en 1772 que l'on reconnut la sagesse de son administration; elle sut écarter de ses états la disette qui affligeait une grande partie de l'Allemagne. Dès que son fils fut majeur, elle lui remit l'autorité dont elle avait fait un si estimable usage. La princesse Amalie a d'autres titres à l'immortalité. Elle ne se borna pas aux soins du présent, elle voulut préparer des moyens durables de félicité publique; elle favorisa autant qu'il lui fut possible le progrès des lumières et les avantages progressifs de la civilisation dans la contrée où s'étendait son influence. Elle créa, perfectionna, ou protégea de nombreux établissemens littéraires et toutes les entreprises de l'industrie. Elle accueillit les savans et les écrivains distingués. C'est à Wieland qu'elle confia l'éducation de son fils. Les Horder, les Goethe, les Boettiger, les Schiller, et d'autres hommes célèbres, allemands ou étrangers, firent les délices de sa retraite après avoir embelli sa cour. On y avait aussi vu Mounier, dont le mérite parut si remarquable, même dans l'assemblée nationale. En 1788, cette princesse passa les Alpes; l'auteur de *Werther* l'accompagnait. Le penchant qu'elle avait toujours pour les beaux-arts devint en Italie une véritable passion; après son retour en Allemagne, elle s'occupa plus que jamais d'encourager ou de soutenir avec autant de générosité que de discernement ceux qui les cultivaient. Elle fut universellement regrettée. Cependant on a varié en France, ou dans les Pays-Bas, sur l'époque de sa mort. C'est par erreur sans doute qu'on la place en 1808 et même en 1809, puisqu'elle fut l'effet des chagrins que causèrent à cette princesse les événemens de la fin de 1806. A la défaite des troupes allemandes dans la journée d'Iéna, se joignit le danger de son fils, qui n'évita que par l'intercession de la duchesse son épouse, d'être sacrifié au juste ressentiment de Napoléon.

AMAND (François), né à Bourg, département de l'Ain, le 4 septembre 1774. Soldat dans le 102me d'infanterie de ligne, il donna souvent des preuves de courage, et particulièrement à la bataille de Zurich, où il se signala par un rare exemple d'intrépidité : seul il s'élance au milieu d'un bataillon ennemi, s'empare du drapeau, et tue trois hommes qui voulaient le défendre. Secondé bientôt après par quatre de ses camarades, il fait mettre bas les armes à 14 officiers et à 163 soldats, et après la bataille remet lui-même au général Masséna le drapeau qu'il avait enlevé. Ce ne fut que trois ans après que le conseil d'administration de son régiment, dans un rapport fait au général Legrand, inspecteur, rappela sa belle conduite. Il fut nommé, le 25 prairial an 11, membre de la légion-d'honneur; il est mort à Alexandrie, regretté de ses chefs et de ses camarades, qui appréciaient ses vertus militaires et son brillant courage.

AMANTHON (Claude-Nicolas), né à Villers-les-Ports, le 20 janvier 1760. Avant la révolution, il était avocat au parlement de Dijon. Il fut ensuite adjoint du maire de cette ville, puis maire d'Auxonne, et enfin, en 1813, conseiller de préfecture du département. Il est aujourd'hui correspondant de la société des sciences, arts et agriculture, de Dijon. Il a publié un grand nombre de mémoires judiciaires et plusieurs autres écrits ; l'*Apothéose de Rameau*, in-8°, Dijon, 1785 ; des recherches et notices biographiques sur différens personnages ; des essais relatifs aux intérêts de la contrée qu'il habite ; quelques discours, dont l'un fut prononcé au sujet du mariage de Marie-Louise avec Napoléon ; enfin, divers mémoires sur les antiquités, insérés dans le *Magasin encyclopédique*.

AMAR (N.), était avocat au parlement de Grenoble, et trésorier de France. En 1792, il fut nommé député à la convention nationale par le département de l'Isère. Faible partisan de la révolution dans ses commencemens, il en devint bientôt un des plus fougueux défenseurs, et ne tarda pas à faire connaître ses principes à l'assemblée : il y débuta par dénoncer *les machinations de l'aristocratie du Bas-Rhin;* se prononça ensuite contre M. Lanjuinais, qui prétendait que la convention était incompétente pour juger Louis XVI, et voulut que l'on jugeât, dans ce procès, le fait de tyrannie. Il vota successivement contre l'appel au peuple, pour la peine de mort, pour l'exécution dans les vingt-quatre heures, et contre le sursis. Bientôt après, il propose une adresse aux départemens sur la conduite de l'assemblée dans cette affaire ; dénonce une addition faite au plan de constitution, lu par Condorcet, et appuie le projet de Robert Lindet sur l'organisation du tribunal révolutionnaire. Prétendant que la république était trahie du côté du Mont-Blanc, où Kellermann commandait, il accuse ce général à la tribune, et demande qu'il soit mis en jugement. En mars 1793, il fut envoyé en mission dans le département de l'Ain. Son zèle patriotique ne se renferma pas dans les bornes de la modération, à en juger par les réclamations que les habitans de ce département firent parvenir à la convention nationale, au sujet des nombreuses incarcérations qu'il avait ordonnées. Entre les plus injustes, on remarquait celle d'une dame accusée d'entretenir correspondance avec son fils émigré, quoiqu'elle n'eût jamais eu d'enfans. Rentré au sein de la convention, il demanda l'envoi de commissaires dans le département de la Lozère pour y apaiser les troubles, et provoqua le décret d'accusation contre Buzot. Après l'évasion de Pétion et de M. Lanjuinais, il demanda que les députés qui, depuis le 31 mai, s'étaient abstenu de paraître aux séances, fussent enfermés dans une maison nationale. Il fit décréter l'arrestation de Duprat, jeune, et de Mainvielle, comme complices de Barbaroux ; accusa Carra de recevoir chez lui des aristocrates, puis proposa la suspension du comité de surveillance de Clamecy, et l'envoi de Forestier dans le département de la Nièvre. Il fut nommé secrétaire, le 8 août ; vota la réclusion des aristocrates et des suspects jusqu'à la paix, et confirma les dépositions faites contre Lesterp-Beauvais, comme complice des Lyonnais. Le 14 septembre suivant, il entra au comité de sûreté générale ; il en fut le rapporteur, et provoqua un grand nombre de mesures révolutionnaires. Le 3 octobre, il fit le rapport sur la faction *Brissot*, à la suite duquel soixante-treize députés furent mis en arrestation, et quarante-six décrétés d'accusation. Cet homme farouche et soupçonneux ne cessa de poursuivre les Girondins ; il n'épargna pas même les gens de son parti, et fit contre Chabot, Bazire et Fabre d'Églantine, un rapport pour prouver que ces députés, de concert avec Delaunay d'Angers et Jullien de Toulouse, avaient voulu s'enrichir aux dépens de la république, et que les dispositions du décret qui réglait les intérêts de la nation dans les comptes de la compagnie des Indes, avaient été falsifiées par eux. Cette manière d'agir ne manqua pas de lui faire des ennemis dangereux : Hébert le dénonça aux *Cordeliers* comme noble, comme conspirateur et comme un aristocrate déguisé, qui voulait faire périr les amis de la liberté, en les animant les uns contre les autres. Loin de succomber sous le poids de ces accusations, il dénonça lui-même Hébert et ses adhérens, qui ne tardèrent pas à suivre à l'échafaud Bazire, Chabot et Fabre d'Églantine. Nommé président de la convention nationale, le 4 avril 1794, il fit, en cette qualité, un don au canonnier Gechter, et sur une pétition des habitans de *Franciade* (Saint-Denis), il proclama les titres de J. J. Rousseau à l'immortalité et aux honneurs du Panthéon. Le 8 thermidor (25 juillet), il se réunit aux autres députés qui, comme lui, redoutaient les desseins de Robespierre ; osa s'élever contre ses accusations, et le somma de les *préciser*. Il contribua de cette manière au succès de la journée du 9. Cela n'empêcha pas qu'il ne fût dénoncé, le 11 fructidor (28 août), par Lecointre de Versailles, comme complice de ce même Robespierre ; mais il parvint à obtenir un décret qui déclara *sa conduite conforme au vœu national*. Collot-d'Herbois, Billaud-Varennes et Barrère, membres de l'ancien comité de salut public, ayant été, dans la journée du 12 germinal an 3 (1er avril 1795), condamnés à la déportation. Amar prit leur défense : son dévouement l'entraîna dans leur perte ; il fut arrêté, et conduit au château de Ham. On découvrit alors une lettre de lui, par laquelle il reprochait au comité révolutionnaire de ne pas indiquer la quotité de la fortune des individus qu'il mettait en arrestation. Après quelques mois, Amar fut rendu à la liberté ; la loi d'amnistie, du 4 brumaire an 4, brisa ses fers. Il vivait à Paris, éloigné des affaires et dans l'obscurité, lorsque le directoire ordonna son arrestation, comme complice de la conspiration de Drouet et de Babœuf : il dut son salut à une ouvrière en linge, qu'il a épousée par reconnaissance ; elle était parvenue à le soustraire pendant quelque temps à toutes les recherches : mais enfin il fut arrêté dans une maison voisine de celle où il avait arrêté lui-même son collègue Rabaud de Saint-Étienne. Transféré à Vendôme devant la haute cour nationale, il y fit l'apologie de sa conduite politique et du gouvernement révolutionnaire, et cria à l'injustice. On ne le trouva pas exempt de blâme et de cruauté ; mais aucune preuve légale ne s'élevait contre lui. Reconduit en prison, il fut renvoyé devant le tribunal de la Seine pour l'application de la loi du 22 floréal, qui exilait de Paris plusieurs ex-conventionnels. Amar était naturellement sombre et systématique. Sous le gouvernement de Bonaparte, en 1815, ce conventionnel, content de l'obscurité dans laquelle il vivait depuis quelque temps, ne voulut accepter aucune place, ni prêter aucun serment ; par conséquent il ne se trouva pas compris dans la catégorie des proscrits du 12 janvier 1816. Il est mort subitement à Paris, en 1816, âgé de soixante et quelques années. Il était dans l'aisance.

AMAR DURIVIER (Jean-Augustin), l'un des conservateurs de la bibliothèque Mazarine, et professeur émérite en l'université de France, est né à Paris, en 1765. Il passa de la maîtrise de *Notre-Dame* au collége de Montaigu, où il fut admis au moyen d'une bourse, qu'il avait obtenue en remportant un prix à l'université, et il acheva ses études, sous des maîtres habiles qui dirigeaient alors cette maison célèbre. Voué par goût à l'instruction publique, M. Amar entra de bonne heure dans la congrégation des PP. de la doctrine chrétienne, et y professa avec succès, jusqu'à la fin de 1791. Plusieurs éducations particulières remplirent pour lui l'intervalle écoulé depuis cette époque, jusqu'à celle où le grand-maître de l'université, qui venait d'être créée en France, lui ouvrit de nouveau la carrière de l'enseignement public. Quoique éloigné par caractère, et par la nature même de ses occupations, des troubles politiques, il n'en paya pas moins sa part du tribut que les circonstances imposaient successivement à toutes les classes de la société française. Il remplissait à Lyon les fonctions d'instituteur, lors du siége de cette ville : il en partagea les dangers et les malheurs; et n'échappa à l'arrêt de mort porté contre lui, que par le dévouement énergique de l'un des membres de la commission même qui l'avait condamné. Quelque temps après, M. Amar reprit, à Lyon, son cours d'enseignement, qu'il continua jusqu'à la fin de 1802. Appelé, à cette époque, dans la capitale, par le ministre de l'intérieur, il fut nommé, en 1803, conservateur de la bibliothèque Mazarine, et il a, depuis, constamment occupé ce poste avec distinction. M. Amar a publié, 1° *le Fablier anglais, ou Fables choisies de Gay, Moore, Wilkes et autres*, traduites en français, avec le texte anglais, 1 vol. in-12, Paris, 1802, Debray, Théophile Barrois; 2° *Cours complet de rhétorique*, 1 vol. in-8°, Paris, Langlois, 1804 et 1811; 3° *les Comédies de Térence*, traduction de Lemonier, nouvelle édition revue et corrigée, avec des notes, 3 vol. in-12, Paris, Delalain, 1812; 4° *Bibliotheca rhetorum, auctore P. G. F. Le Jay, è societate Jesu : editio nova*, 3 vol. in-8°, Paris, Delalain, 1809 et 1813; 5° *Pharsale de Lucain*, traduction de Marmontel, revue et augmentée de tous les passages omis dans la première édition, et du *Supplément de Thomas May*, traduit pour la première fois en français, 2 vol. in-12, Paris, Delalain, 1816; 6° les deux premiers volumes d'*Ovide*, dans la collection de la bibliothèque des *Classiques latins*, dirigée par M. Lemaire; 7° *OEuvres complètes de J. B. Rousseau, avec des notes critiques*, et un *Essai historique sur la vie et les ouvrages de l'auteur*, 5 vol. in-8°, Paris, Lefèvre, 1820. M. Amar insère depuis quinze ans au *Moniteur* des articles littéraires, qui se distinguent surtout par les principes d'une critique saine, et d'une louable impartialité : qualités qui ne suffirent pas néanmoins pour soutenir l'ouvrage périodique qu'il avait entrepris sous le titre de *Quinzaine littéraire*, et qui n'eut qu'un an environ d'existence. Il a également fourni à la *Biographie universelle* un assez grand nombre d'articles, ceux, entre autres, d'*Hésiode* et d'*Homère*, qui peuvent être comptés parmi les meilleurs de cette immense collection, que l'esprit de parti déshonore.

AMBÉRIEUX (Dujas d'), ci-devant seigneur du bourg d'Ambérieux, près de Lyon, où il est né, passa dans ses foyers le temps orageux de 1793, aimé de ses concitoyens qui recevaient de lui de nombreux bienfaits. Il cultive les lettres, et il est auteur d'un opuscule fort agréable sous le titre *des Singes*. En août 1815, il présida le collége électoral du département de l'Ain, et prononça à cette occasion un discours qui a été imprimé. Le fils de M. d'Ambérieux a composé des romans qui ont eu du succès, et a travaillé à la *Flore* publiée à Lyon chez Bruyset.

AMBERT (JEAN-JACQUES), lieutenant-général des armées du roi, est né le 1ᵉʳ octobre 1766, à Saint-Céré, département du Lot. En 1780, volontaire au service de la marine, sur *le Pluton*, il fit, sous Albert de Rioms, cette campagne marquée par la prise de Saint-Christophe et de Tabago. La paix fut signée en 1783. En 1792, il est nommé chef du 2ᵐᵉ bataillon du Lot : sa troupe, neuve encore, est surprise et attaquée à Rodomack, par les Prussiens; retenu au lit par la maladie, Ambert s'en arrache, dirige ses soldats, et bat les ennemis : le grade de général de brigade le récompense aussitôt. Fait général de division en novembre 1793, on le vit seconder puissamment l'habile général Hoche, et commander, sous ses ordres, toute l'infanterie de l'armée, à la malheureuse affaire de Keiserlautern; soutenir en 1794, avec 4,500 hommes, le choc de 25,000 Prussiens; et chasser l'ennemi de tout le pays des Deux-Ponts. Chargé en chef, en 1795, du blocus de Luxembourg, il passe cinq mois entiers sous les murs de cette ville, neutralise les efforts de la garnison, et prépare la reddition de la place. Une partie de l'armée de Sambre-et-Meuse vient relever celle de la Moselle, qui, sous les ordres du général Ambert, fut fondue dans l'armée du Rhin. Il continue à se distinguer dans nombre d'occasions, devant Manheim, à Heidelberg, à Neberau, et forcé par sa santé affaiblie de rentrer dans sa famille, il exerce sur son département, menacé d'une commotion, la puissante et rare influence de la modération et de la sagesse. Après avoir ramené la paix parmi ses concitoyens, il va rejoindre ses drapeaux, et combat vaillamment à la mémorable retraite de Walkirk, à l'affaire de Steiteteun, à Huningue, devant Kehl, jusqu'à la paix de Léoben. Pendant la tenue du congrès de Rastadt, il prit d'assaut le fort de Manheim, sur le Rhin, et renvoya les 800 prisonniers qu'il y avait faits. Envoyé en Corse en 1795, il y commanda trois ans, assoupit les discordes sanglantes dont cette île était le théâtre, et laissa un tel souvenir parmi les Corses, qu'après son rappel, en 1801, ils demandèrent vivement qu'il leur fût rendu; mais le général Ambert était passé en Italie. Après en avoir fait les campagnes, de retour à Paris, en 1802, il attire sur lui les regards d'une autorité soupçonneuse : on voit avec défiance l'ami de Moreau et de Pichegru. Il est envoyé à la Guadeloupe, comme commandant des troupes et gouverneur en survivance. C'était placer, au milieu des partis les plus furieux, un pacificateur impuissant. Il le sentit, et à peine débarqué se retira à la campagne. Ne pouvant donner aux affaires une direction utile, il refusa d'y prendre part. Quatre ans se passent ainsi ; et, par une singularité remarquable, un décret du 23 août 1808, en le destituant, lui ôte un pouvoir dont il n'a fait aucun usage, et le signale comme criminel d'état. Il veut quitter l'île; on le lui refuse : il demande à rester en paix dans sa retraite ; on le lui refuse. Enfin, il demande que sa conduite soit examinée ; et, en 1812, un tribunal présidé par un maréchal de l'empire le déclare innocent, et porte sur cette affaire la sentence la plus solennelle, comme la plus honorable pour lui. Remis en activité, par décret du 17 avril 1812, il est nommé au commandement de la 11me division militaire en Hollande; se retire à travers la Frise soulevée; se rend à Anvers, et par diverses opérations militaires, enchaîne encore sur plusieurs points la fortune, prête à quitter les aigles françaises. Le 13 janvier 1814, à Merxen, avec 3,000 Français, il résiste à 12,000 hommes de l'armée anglaise, et à un corps prussien de 5,000 hommes : le général Graham commandait les troupes ennemies, le duc de Clarence était là; pendant deux heures, les Français enveloppés se croient sans ressource; le général Ambert parvient à les dégager, et continue le combat jusqu'à la nuit qui favorise sa retraite. Blessé quelque temps après, il rentra en France avec une colonne de troupes et un parc d'artillerie, débris miraculeusement sauvés. En janvier 1815, nommé commandant de la 9me division militaire, il donne, pour arrêter la marche paisiblement triomphante de Napoléon, des conseils qui ne sont pas suivis ; croit ensuite trouver dans la force des choses, dans la crainte de la guerre civile, des motifs suffisans pour justifier l'adhérence au gouvernement impérial, et se voit destitué. Il fut depuis chargé du commandement de la ligne de défense du canal de l'Ourcq, et du commandement de l'aile gauche de l'armée de la Loire, à l'époque de son licenciement. Les rapports avec les chefs des troupes vendéennes étaient délicats et difficiles ; il sut se conduire assez habilement, dans de si épineuses circonstances, pour que le conseil municipal de Tours lui votât un remercîment solennel.

AMBLY (LE MARQUIS D') fut un de ces hommes intrépides que le torrent de la révolution et du siècle n'entraîna pas, et qui, se plaçant sur un terrain déjà perdu, défendirent pied à pied des institutions tombées en ruines et des préjugés vaincus. Gouverneur de Reims, lieutenant-général et cordon-rouge, la noblesse de Champagne le députa en 1789 aux états-généraux, où il se signala d'abord par l'ardeur qu'il mit à demander les délibérations particulières de chaque ordre, lors de la communication des pouvoirs. Quand la discussion sur le droit de chasse donna occasion de relever pour les détruire tant de barbaries féodales, le marquis demanda que le port d'armes fût attaché à une certaine portion de terre. On l'entendit, quelque temps après, proposer l'exclusion de tout député calomniateur ; Mirabeau repoussa cette motion, *injurieuse*, disait-il, *au corps des représentans ;* et d'Ambly ne trouva que son épée pour répondre à l'éloquence de l'orateur populaire. Tout le reste de sa conduite politique fut la conséquence des mêmes principes. Il défendit le comte de Lautrec, son ami, inculpé devant l'assemblée pour son séjour à Toulouse, demanda que l'armée fût organisée sur le pied de l'ancien avancement, et provoqua la poursuite des auteurs des 5 et 6 octobre, quel que fût leur rang et leur pouvoir. Quand le roi eut fui à Varennes, et que le renouvellement du serment civique fut décrété, il monta à la tribune, et dit ces mots remarquables : «Je suis fort âgé, » j'avais demandé à être employé, » et j'avais été mis sur la liste des » lieutenans-généraux; mais j'ai » été rayé par les jacobins, qui ont » substitué à ma place M. de Mon- » tesquiou. Je suis vieux; ma pa- » trie est ingrate envers moi; n'im- » porte, je jure de lui rester fidèle.» M. le marquis d'Ambly émigra quelques jours après.

AMBROGI (Antoine-Marie), jésuite et poëte, s'est fait plus de réputation par son improvisation brillante, que par ses poésies écrites. Les compositions qu'il avait travaillées dans le cabinet, se sentaient de l'habitude improvisatrice; on y trouvait plus de nombre que de pensées, une abondance fastidieuse, souvent *un déluge de mots dans un désert d'idées*, mais de l'imagination, de la grâce, de la facilité. Il les récitait les jours de séance de l'académie des Arcades, où elles ne manquaient jamais d'attirer un grand concours d'auditeurs. Ambrogi, né à Florence le 13 juin 1712, entra chez les jésuites en 1729, occupa pendant trente-deux années, dans l'université de Rome, la chaire d'éloquence et de poésie, forma des élèves qui se distinguèrent presque tous, fut nommé, en 1745, conservateur du musée Kirchérien, resta à Rome après l'extinction de son ordre, et mourut en 1793. Il n'a laissé que des traductions, mais toutes estimées : *Traduction, en vers, des poëmes du P. Noceti, de Iride, de Aurora boreali*. (On reconnaît ici le jésuite, toujours attaché à relever la gloire de son ordre). *Traduction de l'histoire du Pélagianisme*, par l'abbé Patouillet; *Traduction des Lettres choisies de Cicéron; Traduction de l'Énéide de Virgile*, estimable par sa fidélité, sa correction, son harmonie, mais trop diffuse, et quelquefois prosaïque; cette dernière est inférieure à la version noble, élégante et ferme d'Annibal Caro. La première édition (Rome, 3 vol. in-f°, 1763), ornée de belles gravures tirées des peintures du musée du Vatican, et accompagnée de dissertations savantes, est la plus recherchée. Il y en a une en 5 vol. in-8°, 1772. Ce jésuite n'a pas cru profaner sa plume, en traduisant plusieurs tragédies de Voltaire. Il a aussi laissé un bon poëme didactique sur la culture des citronniers.

AMBROSIO, général napolitain, avait exercé la profession d'avocat (paglietta); il n'avait dans l'ancienne armée que le grade de sous-lieutenant (alfiere), et s'y trouvait même sans emploi à l'époque de l'entrée des Français dans le royaume de Naples, au mois de février 1806. Six ans après, il avait franchi tous les grades de l'armée, et était lieutenant-général. Ambrosio dut principalement son avancement aux chances favorables que présente l'extension presque quotidienne des cadres d'une armée qui se forme. Durant ce petit nombre d'années, le général Ambrosio servit activement en Italie, en Espagne, en Calabre; il avait été capitaine-aide-de-camp du comte Mathieu Dumas, ministre de la guerre, sous le roi Joseph, et fut envoyé par lui, en qualité de chef de bataillon, en Espagne, où il fut blessé. En 1809, il fut nommé par le roi Joachim colonel du régiment de Royal-Samnite, qu'il organisa en peu de temps, avec le plus grand succès. Ce fut à la tête de ce régiment, qu'il fit partie de l'expédition de Sicile, sous les ordres du général de division Cavaignac. Après avoir fait rembarquer la plus grande partie des troupes, il fut au moment de s'embarquer lui-même; déjà en mer, il fut atteint et pris par la cavalerie anglaise, et envoyé à Malte, où, s'il n'était pas libre sur parole, du moins le gouverneur lui accordait toutes sortes de facilités; il en profita pour s'échapper pendant une fête que donnait ce gouverneur, et où il avait d'abord paru. Au moment de mettre son projet à exécution, le général Ambrosio proposa aux officiers français qui avaient été pris avec lui, de profiter des moyens qu'il s'était procurés; ils s'y refusèrent : le gouverneur en ayant été instruit, les renvoya sur parole, et peu de temps après, le gouverneur anglais consentit à leur échange définitif; mais il s'est refusé constamment à celui du général Ambrosio. Au retour de Malte, en 1811, il fut nommé maréchal-de-camp et fit, en cette qualité, la campagne de 1813, en Saxe, au corps d'armée commandé par le général en chef comte Gérard. De retour à Naples, il fut nommé, la même année, lieutenant-général-aide-de-camp du roi. En 1814, ce général fut envoyé au congrès de Vienne, conjointement avec le prince Cariati et le duc de Campo-Chiaro, pour y défendre les intérêts du roi Joachim. Sa conduite dans cette circonstance le rendit l'objet des plus graves inculpations : on l'accusa à tort, sans doute, d'avoir accueilli favorablement des propositions que l'honneur lui faisait un devoir de repousser. Joachim ayant déclaré la guerre à l'empereur d'Autriche, le général Ambrosio, qui fut rappelé, eut le commandement de la division chargée, le 18 avril, de s'établir à Ravenne, et de soutenir la retraite de l'armée napolitaine. Quoique Ambrosio eût été blessé, même grièvement, la précipitation avec laquelle il se retira dans la nuit du 9, et la perte d'une grande partie de sa division, faite prisonnière par les Autrichiens, lui attirèrent de nouveaux reproches. La justice que nous professons, nous empêche de dire si ce général les avait ou non mérités; mais la faveur dont il a joui auprès de Ferdinand IV, qui le nomma inspecteur-général d'infanterie, n'a pas donné un léger aliment à ces bruits défavorables. Cependant la révolution actuelle de Naples le compte parmi ceux qui y ont pris la part la plus active. En récompense de ces nouveaux services, le commandement du château neuf lui fut conféré, et il est aujourd'hui gouverneur de Naples.

AMBRUGEAC (LE COMTE ALEXANDRE VALON D'), d'une ancienne famille d'Auvergne, naquit en 1770, et entra fort jeune au service. Il fut envoyé en 1789 dans la Marche, comme capitaine de dragons, pour y réprimer les séditions occasionées par la disette. Il mit assez de vigueur dans l'exécution des ordres de la cour, pour que Louis XVI lui écrivit une lettre flatteuse, et que les autorités de la ville la *Souterraine* lui érigeassent une pyramide, au milieu d'une place qui fut nommée *place Valon*. Il alla rejoindre sa compagnie à Valenciennes, émigra en 1791, et après avoir servi à Coblentz, dans le corps des gentilshommes d'Auvergne, il fut nommé major par les princes français, et chargé par eux de recruter et de former leur premier régiment; colonel après la campagne de 1792, il servit ensuite, quand l'armée royaliste fut licenciée, dans un corps au service d'Angleterre. Il se trouva bloqué dans Nieuport, en 1794, par l'aile gauche des troupes françaises, et sauva, dans cette occasion, cinq cents émigrés, qui allaient être écrasés par l'artillerie républicaine; c'étaient les restes de 1,100 hommes qui avaient fait voile vers la flotte anglaise, et que le canon caché dans les dunes avait surpris et détruits en partie. Nieuport se rendit; les émigrés périrent : M. d'Ambrugeac se sauva, lui quatrième, en parlant allemand et se donnant pour charretier hanovrien. On fit cependant prisonniers les quatre fugitifs, qui imposèrent au tribunal révolutionnaire de Dunkerque, par l'assurance de leur langage et de leurs manières, et qui, traduits de nouveau devant le tribunal d'Ypres, furent envoyés à Amiens, comme prisonniers de guerre. L'un d'eux fut reconnu en route, et fusillé. M. d'Ambrugeac échappa, partit un mois après pour la Suisse, rejoignit les princes en 1795, fut nommé chevalier de Saint-Louis, à Londres, en 1797, et bientôt après, ayant demandé du service en Espagne, fut arrêté comme infidèle à la cause des Bourbons. Il s'excusa sur ce que *ne pouvant plus servir directement son souverain, il voulait du moins aller servir un prince du même sang que lui.* En 1799 il rentra en France, et en 1803 fut nommé colonel d'un régiment de gardes-d'honneur. A peine Napoléon eut-il abdiqué, que M. d'Ambrugeac se déclara en faveur de l'ancienne dynastie. Pendant les *cent jours*, il fut un des chefs les plus actifs de la réorganisation de la Vendée. Ayant reçu l'ordre de s'emparer du Maine et des pays adjacens, il correspondit avec tous les chefs royalistes, s'empara du Lude, occupa bientôt après le Maine, et fit arrêter M. Dubois, représentant, qui l'accusa, dans les feuilles publiques, d'attentat punissable à la représentation nationale. S. M. nomma, en 1815, M. d'Ambrugeac commandant de la 1re brigade de la garde royale. Élu, en septembre suivant, membre de la chambre, dite *introuvable*, il siégea au côté droit, seconde section. On remarqua en deux occasions, avec quelle chaleur et d'après quels principes il voulait agrandir la prérogative royale, et ne lui donner pour limites que la modération du monarque : ce fut dans son rapport à l'occasion du projet de loi sur le recrutement, et dans la discussion du budget particulier du ministre de la guerre. Dans le premier, il combattit le mode d'avancement par ancienneté, pour laisser à la nomination royale l'extension la plus arbitraire ; et dans l'autre, il établit en dernière analyse, qu'il fallait s'en reposer indéfiniment sur la sagesse du monarque, pour concilier l'économie nécessaire, avec la dignité du trône.

AMBRUGEAC (LOUIS, COMTE D'), frère du précédent, émigra comme lui, en 1791, et servit long-temps contre la France républicaine; en 1792, 93 et 94, il commandait un corps de hullans britanniques. Rentré dans sa patrie, en 1800, il prit du service comme chef de bataillon, fit deux campagnes sous le maréchal Victor, et se trouva au blocus de Cadix. Son avancement fut ensuite favorisé par son mariage avec Mlle de Marbœuf, et Napoléon fit donner aux deux frères d'Ambrugeac, des brevets de colonels dans des armes différentes. Confirmé par le roi dans le grade accordé par l'empereur, M. d'Ambrugeac obtint le commandement du 10me régiment de ligne. Député de la Corrèze, en 1816, 1817 et 1818, il a constamment siégé au côté droit de la chambre. En 1817, on l'a vu se prononcer en faveur des pensions accordées aux émigrés et aux royalistes de l'intérieur ; amender quelquefois les budgets de la guerre ; et le plus souvent s'opposer aux réductions proposées. Dans la session de 1819, il a voté pour les deux lois d'exception et pour la nouvelle loi d'élection. Le 7 juin 1820, à l'occasion des troubles qui eurent lieu dans Paris, et particulièrement aux environs du palais des députés, relativement à la discussion de cette dernière loi, M. d'Ambrugeac essaya de justifier la garde royale, notamment les dragons, du reproche qu'on leur adressait dans l'assemblée même, d'avoir sabré des citoyens paisibles et sans armes.

AMEDROZ (JACOB) se distingua pendant ces guerres malheureuses, dont Mme de Pompadour traçait la marche dans son boudoir, et suivant l'expression de Diderot, *avec des mouches*. A la malheureuse bataille de Rosbach, son régiment fut l'un de ceux qui résistèrent le plus long-temps aux Prussiens victorieux. Nommé lieutenant de roi à Cassel, pendant le siége de cette ville, ce fut lui qui s'opposa seul à la signature de la honteuse capitulation proposée, et qui insista sur la nécessité de réparer les fortifications extérieures. Aujourd'hui même, ce fait après tant de guerres et tant d'actes d'héroïsme, est remarquable à une époque où des chefs sans expérience, et des soldats sans émulation, marchaient de défaite en défaite. Né à la Chaux-de-Fonds, dans la principauté de Neufchâtel, en 1719, Amedroz devint lieutenant-colonel du régiment de Guastalla, eut dans la guerre de sept ans une grande part à toutes les opérations militaires, occupa des postes distingués, et employa toute son habileté et tout son courage à soutenir des opérations souvent imprudentes et désastreuses. Il est mort à Neufchâtel, le 15 février 1812. Les vertus privées se joignaient, chez lui, aux talens et à la bravoure.

AMEILH (LE BARON), commandant de la légion-d'honneur, et chevalier de Saint-Louis. Après avoir servi d'abord comme simple soldat dans l'infanterie, il passa successivement par tous les grades militaires dans les campagnes de la révolution, et parvint à celui de colonel. En 1805, il faisait partie de l'état-major de l'armée de Hanovre, sous les ordres du maréchal Bernadotte, aujourd'hui roi de Suède. Il fit avec distinction les diverses campagnes d'Allemagne et de Russie, et le 21 novembre 1812, à la retraite de Moscow, il fut nommé général de brigade. En 1814, il était employé à l'intérieur lors de la première invasion des troupes étrangères, et de l'établissement d'un gouvernement provisoire. Le 7 avril, il envoya à ce gouvernement son adhésion à la déchéance de Napoléon et au rétablissement des Bourbons sur le trône. En mars 1815, le général Ameilh accompagna *Monsieur*, comte d'Artois, qui allait s'opposer à la marche de Napoléon. Mais S. A. R. ayant cru devoir abréger ce voyage, le général Ameilh attendit à Lyon l'arrivée de Napoléon, qui l'envoya à Auxerre, où il fut arrêté par ordre du roi, et de là transféré à Paris, dans la prison militaire de l'Abhaye. Il y resta détenu jusqu'à l'arrivée de Napoléon, sous les ordres duquel il prit encore du service. En juillet de la même année, ayant à Issoudun le commandement d'un corps de cavalerie, il écrivit au roi la lettre suivante : « Frappé des mal- » heurs de la France, convaincu » qu'ils ne peuvent finir que par la » réunion de tous les Français, per- » suadé que V. M. épargnera à la » nation et à l'armée toute réac- » tion et toute poursuite pour ac- » tes ou opinions politiques, j'a- » dresse respectueusement à V. M. » l'assurance de ma soumission ; » je lui offre mes services pour la » défense de la patrie et de ses » lois. Sire, V. M. se rappellera, » dans les intérêts de la France et » du trône, que la paix qui termi- » na la guerre civile de la minorité » de Louis XIV, tint à l'entier ou- » bli du passé, et que du parti de la » fronde sortirent Turenne, Con- » dé, et des personnages qui illus- » trèrent le règne de ce grand roi. » Je porte au pied du trône de V. » M. les assurances du plus res- » pectueux dévouement. » Cet acte de soumission ne fut pas accueilli, et le général Ameilh, ayant appris que l'ordonnance du 24 juillet le désignait pour être traduit devant un conseil de guerre, prit le parti de quitter la France. Il se réfugia en Angleterre, après avoir été pillé par les troupes bavaroises. De là il passa dans le pays de Hanovre, avec l'intention de partir pour la Suède, où il espérait être bien reçu par le roi actuel, dont il avait été le compagnon d'armes. Mais sur le point de s'embarquer, il fut, au mépris du droit des gens, arrêté à Lunebourg, en mars 1816, et renfermé à Hildesheim comme prisonnier d'état. Là, placé par la *générosité* anglaise entre le choix d'une extradition, c'est-à-dire d'une mort certaine, en France, ou celui d'une éternelle captivité en terre étrangère, sa raison a succombé sous le poids d'une telle infortune. Elle est restée depuis dans un état constant d'aliénation, dans lequel il ignore du moins le malheur de son expatriation : il y a d'heureuses illusions dans la folie, il n'y en a pas dans le désespoir!

AMEILHON (Hubert-Pascal), savant et homme de goût : chose rare au temps des Scioppius et des Salmasius. En 1800, quand Ameilhon, doyen et président de l'institut, couronna les jeunes artistes qui avaient obtenu le prix de cette année, on l'entendit, après avoir décrit avec une sagacité remarquable l'état des beaux-arts dans l'antiquité, rappeler qu'ils étaient alors, non de simples objets de luxe et d'agrément, mais les parties essentielles et précieuses des institutions politiques. En développant cette vérité, le savant académicien montra que c'était ravaler les beaux-arts et prouver sa propre bassesse, comme nation, que de les priver de leur noble influence sur la morale publique, de les prostituer au vice ou au pouvoir, et d'en faire, au lieu d'une espèce de sacerdoce de l'imagination et de l'intelligence, des jouets de frivolité ou des instrumens de corruption. Telle a été la tendance constante des travaux scientifiques d'Ameilhon. Ses recherches sur les arts chez les anciens, sur leur éducation et leurs mœurs, ont toutes été dirigées par cette grande vue morale, qui manquait à la plupart des anciens commentateurs. Né à Paris, le 5 avril 1730, Ameilhon se distingua de bonne heure par son *Histoire du commerce et de la navigation des Egyptiens sous le règne des Ptolémées*. C'était choisir, dans les ténèbres de l'antiquité, le point le plus obscur et le plus conjectural. Un succès complet couronna le travail d'Ameilhon. On s'étonna de voir la carte immense du commerce fait par la voie d'Alexandrie se dérouler après des siècles, et toutes les routes de mer et de terre indiquées avec une précision parfaite. Ce fut après la publication de cet ouvrage curieux, qu'Ameilhon fut chargé, à la mort de Lebeau, de continuer l'*Histoire du Bas-Empire*; souvent forcé d'interrompre ce travail, il y a fait néanmoins preuve d'un esprit judicieux, philosophique, ami d'une discussion sage, et qui ne s'appuie que sur les faits : cependant, comme chez presque tous les modernes, l'histoire y semble pâle, inanimée, et plutôt habilement analysée que peinte à grands traits. Il remporta successivement trois prix proposés par l'académie des inscriptions, et fut appelé, en 1766, à siéger dans cette compagnie. Le reste de sa vie fut consacré à la rédaction de journaux, spécialement du journal de Verdun, et au classement de plusieurs bibliothèques, qui lui fut confié par le gouvernement. Ce fut lui qui organisa la belle bibliothèque de l'Arsenal; il passa sept années à rassembler et coordonner les bibliothèques des corporations religieuses et séculières, supprimées dans le département de Paris, par suite de la révolution. Plus de huit mille volumes furent ainsi recueillis, classés et déposés par ses soins en divers endroits. Ces travaux absorbèrent un temps dont la science aurait pu retirer un fruit plus réel. Cependant Ameilhon se livra encore à des recherches d'antiquité, et lut sur cette matière plusieurs mémoires à l'institut. Autrefois les commentaires diffus, les annotations minutieuses, les étymologies souvent forcées, les longues et stériles recherches sur le sens d'un mot, sur une coutume ancienne, sur une lettre et un accent, étaient l'occupation de quelques érudits. Ameilhon, en dirigeant ses recherches vers l'état des arts mécaniques chez les anciens, a suivi la pente d'un siècle où l'on estime trop ce qui est utile, pour ne pas dédaigner le fatras pompeux d'une vaine érudition. Il est mort à Paris, en 1811.

AMELOT (N.), ancien ministre de la maison du roi, vécut dans l'opulence, et mourut en prison. Incarcéré au Luxembourg, il reçut d'une jeune femme (*voyez* Tardieu-Malassis) les soins les plus touchans et les plus héroïques, mais qui prolongèrent peu son existence; il périt, en 1794, dans ce lieu de détention. Ce ministre ne s'est pas justifié de l'acte arbitraire et cruel dont il se rendit coupable envers le malheureux Latude, en déclarant qu'il n'avait fait qu'obéir aux ordres d'une courtisane qui gouvernait alors la France. Latude, sorti des cachots de la Bastille, par suite de la révolution, poursuivit en justice les héritiers de son persécuteur, et ceux-ci furent condamnés à réparer envers lui les torts que l'agent de Mme de Pompadour avait faits à sa fortune.

AMELOT (N.), fils du précédent, échappa aux orages de la révolution, malgré son nom et les principes qu'il professait. Intendant de Bourgogne, en 1786, il fit paraître une espèce de statistique de cette province, ouvrage fort exact, et exécuté avec le plus grand soin : on y trouve le dénombrement, paroisse par paroisse, de la population de toute la généralité (1790, grand in-f°). Nommé commissaire au département de la caisse de l'extraordinaire, en 1790, on le vit, l'année suivante, combattre les projets du comité des finances, et provoquer, en 1792, l'émission de nouveaux assignats. La commune de Paris, toujours devançant les événemens et l'opinion publique, fit apposer chez lui les scellés, que l'assemblée législative fit lever. M. Amelot supplia cette chambre de soumettre sa conduite et ses comptes à un examen sévère. Après avoir prêté, à l'ouverture de la convention nationale, serment à la constitution, il fut nommé directeur des domaines nationaux, destitué en 1793, décrété d'accusation, élargi après le 9 thermidor, et envoyé en Italie, en

1798, pour vérifier les comptes de tous les administrateurs français de ce pays. M. Amelot, comme tous les agens de Schérer, fut accusé de concussion par le directoire : M. Briot demanda au conseil des cinq-cents qu'il fût pris connaissance des poursuites dirigées contre eux ; mais l'affaire en resta là. La vie politique de M. Amelot se termine à cette époque. Retiré à la campagne, il s'y occupe exclusivement d'agriculture.

AMELOT (N.), parent du précédent, fut nommé par le premier consul administrateur de la loterie, puis chef de division dans la même administration, en 1815. On connaît de lui un *Mémoire sur les avantages de l'assiette et de la perception de l'impôt en nature.*

AMES (FISHER), l'un des plus éloquens orateurs des États-Unis, grand homme d'état, patriote zélé, naquit à Dedham, petite ville de Massachussets, d'un père médecin. Après avoir fait ses études à Harvard, il se livra à la jurisprudence, et devint célèbre comme avocat. En étudiant les lois de son pays, il apprit à connaître et à respecter les droits des hommes. Comment approfondir les relations établies par la nature et la société, sans concevoir un violent amour de la liberté, sans détester la tyrannie, qui met son *vouloir* à la place de tous les droits? L'Amérique libre compte vingt ouvrages de législation pour un poëme ; elle regarde la connaissance du juste et de l'injuste, comme la base des connaissances les plus utiles; au-dessus de ses magistrats suprêmes, elle a placé la table éternelle des lois. Dès que la révolution éclata, Fisher Ames consacra ses talens à l'émancipation de sa patrie. Élu membre de la convention de Massachussets, puis appelé à la législature comme premier représentant de son district, il développa pendant huit années un talent oratoire remarquable, éclaira toutes les discussions importantes, et attacha son nom à la plupart des grandes questions de cette époque. Quoique malade et affaibli par le travail, il prit une part active dans le dernier traité conclu avec l'Angleterre ; l'importance des relations à établir entre son pays et l'ennemie éternelle de la liberté américaine, l'emporta sur le soin de sa santé et de son repos. Tel était l'entraînement de son éloquence simple, sans ornemens, sans emphase, mais énergique et pleine de ces mouvemens qui partent du fond de l'âme, que, le 23 avril 1796, après qu'il eut fini de parler, un membre d'une opinion opposée à la sienne, se leva, et dit : « Messieurs, il m'est impossible » de donner mon vote, dans un » moment où l'assemblée et moi-» même sommes encore sous l'in-» fluence irrésistible de l'orateur » qui vient de parler. » Fisher Ames mourut le 4 juillet 1808.

AMEY (LE BARON), lieutenant-général, chevalier de l'ordre royal et militaire de Saint-Louis, commandant de la légion-d'honneur. Il fit ses premières armes dans un bataillon de volontaires, où sa bonne conduite, son courage et ses talens, lui procurèrent un avancement rapide; bientôt il fut nommé adjudant-général, et fit, en 1792, en cette qualité, la guerre de la Vendée. Le 8 frimaire an 2 (novembre 1793), promu au grade de général de brigade, il passa, l'année suivante, à l'armée des Alpes. Après plusieurs campagnes, il fut chargé de divers commandemens militaires dans l'intérieur. Il se trouva à Saint-Cloud à la journée du 18 brumaire an 8, et fut, immédiatement après, attaché à la 17*me* division; puis président au conseil de révision. En 1801, il partit avec le général Leclerc pour l'expédition de Saint-Domingue. De retour en France, il fut présent à la distribution des croix aux légionnaires, et fit un discours à cette occasion. Il se distingua, à l'armée d'Espagne dont il fit partie, et particulièrement au siége de Gironne, en novembre 1809; il passa, en 1812, à la grande armée; et dans la campagne de Russie, qu'il fit sous les ordres du maréchal Gouvion-Saint-Cyr, il ne cessa de donner des preuves de cette valeur qui lui avait déjà mérité tant d'éloges. Il prit part, les 18 et 19 octobre de la même année, aux combats de Polotsk, et fut honorablement cité dans les rapports officiels. Après la fatale retraite des 18 et 19 novembre, dans laquelle il avait contribué, par ses talens et son courage, à sauver une partie de l'armée française, il fut fait général de division. Le 8 juillet 1814, il fut nommé par le roi chevalier de Saint-Louis et commandant de la légion-d'honneur; puis il obtint, en qualité de lieutenant-général, le commandement de Bourges, dans la 21*me* division militaire, sous les ordres du maréchal duc de Tarente (Macdonald). A la rentrée de Napoléon, au mois de mars 1815, il ne renonça point au service, et au mois de juillet de la même année, il envoya sa soumission au roi.

AMFRYE (N.), chimiste. Il est parvenu, par un procédé particulier, qu'il a découvert conjointement avec d'Arcet, à obtenir des carbonates de strontiane et de baryte, qu'il pouvait donner à très-bas prix. Cette matière, l'un des plus puissans agens de décomposition que l'on connaisse, promettait à la science et aux manufactures des perfectionnemens, qui n'ont pas encore répondu à l'attente des savans. M. Amfryc était employé à la Monnaie de Paris, et n'est encore connu que par cette découverte.

AMHERST (Jeffery, lord d'Holmsdale et de Montréal), l'un des généraux anglais qui s'emparèrent du Canada, dont la France était en possession depuis deux cents ans, et qui, jusqu'alors, était resté français, malgré les tentatives fréquentes et les expéditions immenses de l'Angleterre. La seule affection des sauvages pour les Français leur avait conservé cet établissement, ravagé presque tous les ans par la famine et par l'incendie, et que les possesseurs laissaient sans secours, sans activité, sans industrie. Enfin, l'expédition commandée par Amherst, Wolf et Prideaux réussit en 1759. Né dans le comté de Kent, le 29 juin 1717, Amherst, ou plutôt Jefery (car tel était son nom avant que son mérite lui fît obtenir un titre), entra de bonne heure au service, fut nommé, en 1741, aide-de-camp du général Ligonier, et se trouva, en cette qualité, à Deltingen, à Rocoux, à Fontenoi. Nommé aide-de-camp du duc de Cumberland à la bataille de Lawfeld, il partit pour l'Amérique le 16 mars 1748, prit Louisbourg et le cap Breton, en juillet suivant, et succéda au général Abercromby dans le commandement de l'armée de l'Amérique septentrionale. Bientôt après, le plan de la conquête du Canada est formé; l'armée d'Amherst, l'une des trois destinées à l'attaque générale, entre par Albany et Ticonderago, s'empare de Crown-Point, hiverne trois mois, et au printemps de 1760, descend le Saint-Laurent, assiége Montréal; Amherst en reçoit les clefs des mains du gouverneur, M. de Vaudreuil: bientôt toutes les places du Canada sont au pouvoir des Anglais. Il commande en Amérique jusqu'en 1763, revient en Angleterre, est nommé gouverneur de Guernesey, baron d'Amherst, commandant de l'armée, enfin lieutenant-général de toutes les armées, dignité à laquelle est attaché l'insigne du bâton d'or. Créé pair, en 1787, il quitte le commandement de l'armée, le reprend en 1793, et, en 1795, est remplacé par le duc d'York. Amherst, destitué, accepta en 1796 le grade de feld-maréchal, et mourut octogénaire, dans son château de Kent, le 3 août 1797.

AMHERST (LORD). Le nom de cet ambassadeur n'est connu que par sa mission en Chine, en 1804. Lord Amherst, parvenu jusqu'au centre de cet impénétrable empire, refusa de se soumettre à quelques cérémonies chinoises, et fut renvoyé du territoire d'une manière aussi offensante pour lui, que nuisible aux intérêts du commerce de son pays. Ce voyage a cependant jeté quelques lumières nouvelles sur l'état de la Chine. On peut consulter la *Relation du capitaine Élie,* et admirer la grave stupidité des mandarins, la noble ignorance du peuple, la silencieuse nullité, l'abrutissement moral des hommes, dans ce pays, où jamais le poison des doctrines libérales n'a pénétré, où le gouvernement paternel régit tout depuis des siècles, où la théocratie, le bambou, la cangue et le pal, gouvernent une nation *immobile.*

AMICI (N.), physicien-machiniste, était encore très-jeune, quand il composa une sorte de métal aussi dur et aussi peu fusible que les compositions anglaises, destinées aux instrumens d'astronomie et de physique. M. Amici s'en servit pour construire des miroirs d'une perfection remarquable, et deux télescopes, les plus grands que l'on eût encore vus en Italie. M. Amici présenta, en décembre 1811, aux astronomes de l'observatoire de Milan, un instrument de ce genre, qui avait dix-sept pieds de foyer, sur onze pouces d'ouverture. Ce télescope a déjà donné à la science plusieurs résultats utiles. M. Amici était professeur de mathématiques au lycée de Panaro.

AMIET, voleur de diligences, s'est fait, à force d'audace et de brigandages, une odieuse célébrité. Il avait organisé une troupe qui ravagea long-temps le département de l'Ain, mais dont une partie tomba enfin entre les mains de la justice, avec son chef. Condamnés à mort par le tribunal de ce département, en octobre 1800, ces brigands furent conduits au supplice; ils allaient monter sur l'échafaud, quand on les vit s'échapper des mains de ceux qui les gardaient, renverser tout sur leur passage, franchir les obstacles, traverser plusieurs cours, se battre en désespérés contre la gendarmerie, et périr, ou de leur propre main, ou sous les baïonnettes. On ne parvint à prendre vivans qu'Amiet et un nommé Hyvert, qui furent livrés au bourreau.

AMIOT (le P.), savant jésuite, missionnaire en Chine, naquit à Toulon en 1718. Il se rendit à Macao en 1750, et dès l'année suivante, l'empereur, informé de l'étendue de ses connaissances, particulièrement en physique et en mathématiques, l'appela dans sa capitale. Le P. Amiot exécuta divers travaux pour ce prince, qui sut apprécier son mérite, et le récompensa en lui accordant toute son estime. Le zélé missionnaire eut bientôt appris assez de chinois pour diriger une congrégation de jeunes chrétiens. Il ne tarda pas à se fortifier dans cette langue, et apprit également le tartare. Aidé de ces moyens, il consulta tous les ouvrages, soit anciens soit modernes, qui traitent de l'histoire, des mœurs, des sciences, des arts, de la littérature, enfin tout ce qui a rapport à la Chine. Un esprit judicieux, une mémoire heureuse et un zèle constant pour l'étude et les recherches, lui firent produire une foule d'écrits aussi savans qu'utiles. Nous citerons : 1° La traduction française d'un poëme chinois, sous ce titre :

Éloge de la ville de Moukden, par l'empereur Khian Laoung, Paris, 1770, in-8°, avec fig., ouvrage au sujet duquel Voltaire a adressé au roi de la Chine une épître si piquante et si connue. Le traducteur y a ajouté beaucoup de *Notes* géographiques et historiques sur le pays de Moukden, dont sont originaires les Tartares-Mantchoux, race de la dynastie régnante; on voit aussi dans ces notes la description des trente-deux espèces de caractères chinois. Ce fut le savant orientaliste de Guignes qui publia la traduction du P. Amiot, ainsi que l'ouvrage suivant : 2° *Art militaire des Chinois*, Didot, 1772, in-4°, avec fig. Ce traité a été réimprimé dans le tom. VII des *Mémoires sur les Chinois*, et l'on trouve dans le tom. VIII un *Supplément*, avec figures, donné à l'ouvrage par l'auteur lui-même. Bien qu'il y ait en Chine six ouvrages classiques sur l'art militaire, le P. Amiot s'est contenté de traduire les trois premiers et une partie du quatrième, parce que tous les préceptes des Chinois sur la guerre s'y trouvent renfermés; 3° *Lettre sur les caractères chinois*, adressée à la société royale de Londres, et insérée dans le tom. I" des *Mémoires sur les Chinois*. Cette lettre fut écrite à l'occasion de caractères égyptiens trouvés par le célèbre naturaliste Needham sur une statue d'Isis, et qu'il prétendait ressembler aux caractères chinois. La conjecture de Needham ayant partagé les savans, la question fut soumise aux missionnaires de la Chine. Le P. Amiot, leur interprète, prononça que les caractères gravés sur l'Isis n'avaient point de conformité avec ceux de la Chine. Sa lettre, qui est une dissertation savante sur la langue et l'écriture chinoises, fut généralement approuvée, même par Needham, qui eut la modestie d'avouer son erreur; 4° *de la Musique des Chinois, tant anciens que modernes*, ouvrage important qui remplit presqu'en entier le tom. VI des *Mémoires des Chinois*. Ce traité, qu'on peut regarder comme *ex professo*, car l'auteur, malgré son état, avait acquis des connaissances en musique avant son départ pour la Chine; ce traité, disons-nous, fut revu par l'abbé Roussier, qui y ajouta des notes. Toutefois, des critiques modernes ont témoigné leurs regrets de ce que l'auteur avait adopté les systèmes bizarres de cet abbé, qui osa se déclarer l'adversaire des Gluck et des Sacchini; 5° *Vie de Confucius*, ornée de figures, d'après les dessins chinois. Elle forme presque tout le tom. XII des *Mémoires sur les Chinois*. C'est l'histoire la plus complète du philosophe de la Chine; elle comprend sa généalogie et ses descendans, dont plusieurs vivent encore; ce qui fait une série non-interrompue de plus de 4,000 ans. Voilà ce qui s'appelle des gentilshommes! 6° *Dictionnaire tartare-mantchou-français*, Didot aîné, 1789, 3 vol. in-4°. C'est le premier vocabulaire qui ait répandu en Europe la connaissance de cette langue. Il fut publié par les soins de feu M. Bertin, ministre, amateur éclairé des sciences et des curiosités de la Chine. Ce ministre instruit et généreux, fit graver les caractères à ses frais, et chargea M. Langlès, savant orientaliste, de présider à l'édition, qui a eu le plus grand succès; 7° *Grammaire abrégée de la langue tartare-mantchou*: elle fait partie du tom. XIII des *Mémoires sur les Chinois;* 8° une foule de Lettres, d'*Observations*, de *Mémoires*, de *Traités* et autres écrits intéressans, qui enrichissent les 15 vol. in-4° des *Mémoires concernant l'histoire, les sciences et les arts des Chinois*. Les dissertations du P. Amiot sont en si grand nombre, que la liste de celles qui se trouvent insérées dans les dix premiers volumes seulement, remplit quatorze colonnes de la table de ces *Mémoires*. Nous ne pouvons cependant nous dispenser de citer, à cause de son importance, la dissertation de ce savant missionnaire, qui a pour titre : *l'Antiquité des Chinois, prouvée par les monumens*. Elle ouvre le tom. II des *Mémoires*, et réfute victorieusement l'*Essai sur l'antiquité des Chinois*, inséré au tom. Ier. Le P. Cibot, aussi jésuite missionnaire, auteur de cet essai, ayant emprunté le nom supposé du P. Ko, *jésuite chinois*, avait traité de fabuleuse l'*Histoire du règne des sept empereurs qui ont précédé Yao*, prétendant que ce prince avait été le fondateur et le premier législateur de l'empire de la Chine. Mais les autres confrères du P. Amiot se rangèrent de l'avis de ce dernier, que partagent aussi la plupart des lettrés de la Chine, en faveur de l'intégrité de la chronologie chinoise; 9° *la Traduction d'un traité sur la musique*, par Ly-Koang-Ty : c'est le meilleur ouvrage des Chinois en ce genre. Bougainville, secrétaire de l'académie des inscriptions et belles-lettres, ayant reçu, en 1754, cette traduction manuscrite du P. Amiot, la déposa à la bibliothéque royale, où les curieux peuvent encore la consulter. Le savant P. Amiot, à qui l'Europe est redevable du plus grand nombre des renseignemens exacts qu'elle a obtenus sur la Chine pendant la seconde moitié du 18me siècle, mourut à Pékin, où il s'était fixé depuis son arrivée en Chine, en 1794, dans la 77me année de son âge : il avait vécu quarante-quatre ans dans ce pays, aussi digne des recherches du savant que des observations du philosophe.

AMMAN (IGNACE-AMBROISE), géographe allemand, doit une célébrité méritée à son travail intitulé : *Détermination géographique de la Souabe-Orientale et des pays voisins*, Augsbourg, 1796, in-8°. Il s'est servi pour exécuter ce précieux ouvrage, d'un secteur de dix pieds et d'un sextant à réflexion (Dollond) de sept pouces. On y trouve une grande exactitude, ainsi que dans les six feuilles formant la partie sud-ouest de la grande carte de Souabe, données par le même, et gravées à Stuttgard par Abel. Né le 7 décembre 1753, à Mühlhein-sur-le-Danube, il passa du service du comte de Schenk à celui du prince-évêque d'Augsbourg, devint conseiller aulique et arpenteur public à Dillingen, conseiller de la direction de ce pays pour le roi de Bavière, en 1803, et se retira à Ulm, avec une pension. Il ne faut pas le confondre avec le naturaliste de Schaffouse, *Ammann*, mort à 85 ans dans cette ville, en 1811.

AMMON (CHRISTOPHE-FRÉDÉRIC), célèbre théologien bavarois, adversaire des doctrines de Kant : c'est un des écrivains que le protestantisme allemand oppose avec le plus de confiance aux progrès de la philosophie théiste et de l'idéalisme transcendental. Il est né à Bareuth, le 16 février 1765; et fut nommé, en 1790, professeur extraordinaire de philosophie; en 1792, quatrième professeur ordinaire de théologie, et deuxième prédicateur de l'université d'Erlang; en 1794, professeur ordinaire de théologie et prédicateur de l'université de Gottingue; en 1803, conseiller du consistoire. Rappelé à Erlang, en 1804, il devint directeur du séminaire *Homilétique*. Des articles de journaux, des sermons allemands, divers traités de théologie, lui ont fait une réputation de science et d'orthodoxie. Nous citerons son *Histoire de la théologie homilétique*; le tom. IVme du *Nouveau Testament grec*, avec les Commentaires de *Kopp*; le *Nouveau Journal Théologique*, de *Nuremberg*, en société avec Paulus et Hanlem; la *Nouvelle Version grecque du Pentateuque*, d'après le *Missel* (unique) de la bibliothéque de Saint-Marc; et un grand nombre d'ouvrages académiques contre les systèmes de Kant. Une érudition vaste, une critique ou ferme ou subtile, sont les armes dont s'est servi le théologien protestant pour attaquer le géant bizarre de la métaphysique allemande; mais ces armes sont bien faibles contre l'homme qui a sondé si profondément les secrets de la pensée humaine. M. Ammon n'a pas toujours pu le suivre dans les détours et les obscurités de son scepticisme idéologue. Partout où Kant se demande : *Pourquoi?.... Comment?.... à quelle fin?....* l'érudit croit lui répondre par des citations bibliques. Ce n'était peut-être pas ainsi qu'il fallait combattre le hardi novateur qui a osé faire le procès à la raison, aux sens, à toutes les croyances et à toutes les réalités. On peut d'ailleurs révoquer, dans une discussion aussi épineuse, l'autorité de l'écrivain qui, sérieusement, et dans le *Journal des savans de Ratisbonne*, a tâché de prouver que *la musique du ciel doit être excellente, suave, pleine de mélodie et forte d'harmonie,* et que *les chœurs des anges doivent ressembler aux fugues italiennes.*

AMORETTI (L'ABBÉ CHARLES), célèbre minéralogiste italien, est né dans le Milanais, vers l'année 1743. Il est un des conservateurs de la bibliothèque ambroisienne, à Milan, et s'est fait connaître par un *Viaggio da Milano ai tre laghi* (Voyage de Milan aux trois lacs, de *Côme,* de *Lugano* et *Majeur*); Milan, 1805, in-4°. Cet ouvrage contient une description exacte et curieuse de toutes les substances minérales qui se trouvent dans les lieux que l'auteur a explorés. M. Amoretti a fait encore un grand nombre d'opuscules qui sont insérés dans les divers recueils littéraires ou scientifiques de l'Italie. Les 12 vol. in-4° qui composent les mémoires de la *Società italiana,* ou Société des savans dispersés, offrent aussi des dissertations intéressantes de l'abbé Amoretti, qui ont presque toujours l'utilité publique pour objet. Après de nombreuses recherches dans la bibliothèque dont la garde lui est confiée, et qui renferme, entre autres manuscrits précieux, ceux de Léonard de Vinci, M. Amoretti avait publié, en 1784, des *Osservazioni su la vita e i disegni di Leonardo da Vinci.* On y remarque une foule de particularités sur ce grand peintre, qui excellait dans tous les arts. Les observations de l'abbé Amoretti ont été imprimées en 1809, in-8°, dans la collection des *Classici italiani.* Le diplomate abbé Fumagalli étant mort, au commencement de 1804, M. Amoretti, à qui il avait légué ses notes manuscrites, pleines d'érudition, donna une seconde édition du *Codice diplomatico Sant-Ambrosiano,* enrichie de ces notes, avec l'éloge de Fumagalli, composé par l'éditeur. En 1805, lorsque Napoléon se fit couronner roi d'Italie, l'abbé Amoretti publia en français le *Guide des étrangers dans Milan et les environs de cette ville.* C'est une description détaillée de cette capitale et des lieux circonvoisins, avec leur itinéraire et l'indication de toutes les curiosités qu'on y remarque. L'auteur obtint pour récompense l'ordre de la Couronne-de-Fer, et fut nommé membre de l'institut des sciences, lettres et arts du royaume d'Italie; il entra aussi au conseil des mines. L'abbé Amoretti est en outre membre de plusieurs académies d'Italie, de Genève, etc. On lui doit encore une édition du *Premier Voyage* autour du monde, par Pigafetta, in-4°, avec des notes et des éclaircissemens: Jansen en a donné une traduction française. Enfin, l'abbé Amoretti a publié un *Voyage de Ferrer Maldonad à l'océan atlantique pacifique, par le nord-ouest;* Milan, 1811, in-4°. L'année suivante, il en a paru, à Plaisance, une traduction française. Homme de bien, M. Amoretti n'a que des goûts simples; et comme il est sans ambition, il vit heureux dans une médiocre aisance: l'estime publique est la seule fortune qu'il ait désirée, et il en jouit paisiblement.

AMOREUX (PIERRE-JOSEPH), né à Beaucaire (Gard), membre et bibliothécaire de la faculté de médecine de Montpellier, s'est fait connaître par de nombreux ouvrages, où une érudition remarquable n'est malheureusement pas toujours jointe à la clarté du style et à l'ordre parfait des idées. Cependant l'économie rurale et les sciences naturelles doivent beaucoup à ses recherches. M. Tessier a donné de grands éloges à ses mémoires sur les haies de clôture, les mûriers, les vers à soie, le bornage, et l'agriculture de Montpellier. L'ouvrage qui a le plus contribué à sa réputation est sa *Notice des insectes de la France réputés venimeux*, 1789, in-8°, dont le *Mercure* et les journaux du temps rendirent le compte le plus favorable: une seconde édition se prépare. Nous citerons ses principaux écrits: *Tentamen de noxa animalium*, Montpellier, 1762, in-4°; deux *Lettres sur la médecine vétérinaire*, ibid., 1771, et 1773; *Recherches sur la vie et les ouvrages de P. de Belleval*, Avignon, 1786, in-8°; *Dissertaiton historique et critique sur l'origine du cachou*, 1802, in-8°; *Essai historique et littéraire sur la médecine des Arabes*, 1805, in-8°; *Notice biographique sur Guillaume Amoreux* (son père), 1806, in-8°; *Précis historique de l'art vétérinaire*, 1810; *Traité de l'olivier*, 1814, in-8°; *Notice historique et bibliographique* (précieuse sous ce dernier rapport) *sur la vie et les ouvrages de Laurent Joubert*, 1814, in-8°.

AMOROS (DON FRANCISCO), né en Espagne le 19 février 1770, entra au service à l'âge de 9 ans, en qualité de fils de militaire, et y fit ses études. Sous-lieutenant à 21 ans, il assista, au siége de la ville d'Oran, en Afrique, où il obtint le grade de lieutenant. Dans les campagnes de 1792 et de 1793, M. Amoros se distingua par plusieurs actions qui lui méritèrent les suffrages de ses chefs, principalement à l'attaque du fort de Bellegarde, où il entra le premier, et dont il régla la prise de possession. Il se distingua également à la prise de Villefranche, et après l'attaque malheureuse de Vernet, M. Amoros soutint avec intrépidité la retraite de l'armée espagnole. A Peirestortes il quitta le dernier le champ de bataille, et attaqua la batterie de brèche, contre le fort Saint-Elme: après avoir traversé le camp des Français, M. Amoros, qui se trouvait bloqué avec 500 hommes au milieu de l'armée de cette nation, ne voulut pas se rendre, et détermina ses soldats à attaquer les nombreuses colonnes qui l'entouraient.

Animés par son exemple, ils se précipitèrent dans les rangs, mais ils faillirent succomber tous, et 37 seulement, parmi lesquels était M. Amoros, parvinrent à gagner la ville de Collioure. Il était alors major-général, et fut nommé pour traiter de la capitulation du fort Saint-Elme, avec le général Despinois. Ce dernier demanda pour première clause qu'on lui remît les émigrés; M. Amoros s'y opposa formellement. Le général, outré de sa résistance, menaça de faire passer tous les Espagnols au fil de l'épée; M. Amoros lui répondit que les soldats qui avaient bravé la mort pour se faire jour au travers de l'armée française, périraient tous plutôt que de consentir à cet article. Le général Despinois ayant fait recommencer l'assaut, M. Amoros s'empressa de sauver les émigrés, qu'il fit embarquer malgré le feu meurtrier des Français; peu de temps après le fort fut rendu. La guerre entre la France et l'Espagne avait cessé par le traité de Bâle, du 22 juillet 1791; l'activité de M. Amoros prit une autre direction. Il fut appelé pour servir sous les ordres de son oncle, le lieutenant-général Fons de Viela, gouverneur de Cadix, et depuis vice-roi de Navarre. Il ne tarda pas à être placé à la secrétairerie du ministère de la guerre, où il entra en 1796; puis il remplit plusieurs missions extraordinaires, et fut chargé, en 1803, de l'organisation de divers établissemens de bienfaisance et d'utilité publique. M. Amoros posa les bases d'un ministère de l'intérieur qui n'existait pas, et reçut, en récompense de son travail, une pension extraordinaire de 4,000 fr. Il fut chargé de la direction d'un institut militaire établi à Madrid, pour réformer l'éducation publique en Espagne, et faire adopter la méthode de Pestalozzi; et en 1807, il fut choisi pour présider à l'éducation de l'infant d'Espagne, don François de Paule. Les soins qu'il prodigua à ce prince furent récompensés par le roi Charles IV, qui donna à M. Amoros des marques de sa haute estime. A la suite de la révolution qui eut lieu à Madrid, le 19 mars 1808, M. Amoros fut arrêté par l'ordre de Ferdinand, et relâché peu de temps après sur la recommandation écrite de l'infant don Antonio. Pour prouver son dévouement et son obéissance au gouvernement, il offrit ses services à Ferdinand, et fut ensuite nommé pour représenter le conseil des Indes à l'assemblée des Cortès réunis à Bayonne, où il fut admis près de Napoléon. Cette assemblée terminée, M. Amoros s'attacha aux intérêts du roi Joseph. Il fut chargé de plusieurs missions importantes, et nommé successivement conseiller-d'état, intendant-général de la police, et commissaire royal dans les provinces de Guipuscoa, à Alava et à Viscaye. Il repoussa les Anglais à Bermeo et Legueytio, organisa les milices du pays, établit l'ordre, et fit respecter le gouvernement du nouveau roi. Les obstacles qu'il rencontra à Burgos, l'obligèrent de revenir à Madrid, où il fut favorablement accueilli par le roi Joseph, et chargé de la commission de l'intérieur, au conseil-d'état, emploi qu'il avait demandé en remplacement de celui d'intendant de la police, pour lequel il avait montré de la répugnance. On le désigna peu après pour reconnaître l'état de tous les établissemens publics, et proposer les moyens de les améliorer. Lors de l'expédition de l'Andalousie, M. Amoros fut chargé de remplir les fonctions de ministre-secrétaire d'état de la police, et, en 1811, nommé commissaire royal de l'armée de Portugal; on lui confia le gouvernement des provinces de Tolède, d'Avila, d'Estramadure et de la Manche, où il soutint le courage des habitans, menacés des horreurs d'une disette absolue. Forcé de fuir en France après le rétablissement du roi Ferdinand, il adressa à ce prince, en 1814, un mémoire justificatif où il demandait à être jugé, mais sa demande ne fut point accueillie. En 1815, il crut devoir, comme réfugié, présenter ses services à Napoléon et l'assurer de son dévouement. Il s'occupa ensuite de l'instruction publique, fut nommé membre de la société élémentaire de Paris, et publia un mémoire sur les avantages de la méthode d'éducation de Pestalozzi et sur l'éducation physique et gymnastique qu'il avait établie à Madrid. Le conseil du département de la Seine a constamment protégé l'institution gymnastique de M. Amoros. M. le préfet de police a aussi proposé l'établissement d'un gymnase spécial pour les sapeurs-pompiers ; enfin, le ministre de la guerre en organise un autre depuis 1818, pour les militaires. M. Amoros est actuellement directeur du gymnase civil, du gymnase normal militaire, du gymnase spécial des sapeurs-pompiers de la ville de Paris, et dirige gratuitement, d'après les mêmes principes, l'éducation des élèves-apprentis pauvres et orphelins. L'estime dont jouit M. Amoros, et le succès de ses établissemens, le vengent suffisamment des attaques d'une malveillance jalouse. Les ennemis de toute innovation salutaire cherchent vainement à reprendre le monopole de l'éducation, pour mettre la génération présente en opposition avec les souvenirs et les espérances de la nouvelle civilisation française. Comme militaire et comme administrateur, M. Amoros a bien mérité de sa patrie ; comme instituteur philosophe, il a bien mérité du genre humain.

AMPÈRE (ANDRÉ-MARIE), mathématicien distingué, né à Lyon, le 22 janvier 1775, est membre de l'institut, professeur d'analyse à l'école polytechnique, l'un des administrateurs de la société d'encouragement, et membre du bureau consultatif des arts et métiers. Il s'est fait connaître surtout par une dissertation sur le jeu, dont le but est de prémunir contre les dangers de cette passion. Elle a pour titre : *Considérations sur la théorie mathématique du jeu*, Lyon, 1802, in-4°. L'institut, dans son rapport sur les progrès des sciences, a fait le plus bel éloge de cet ouvrage, en disant : « Qu'il serait bien capable » de guérir les joueurs, s'ils étaient » un peu plus géomètres. » On trouve aussi dans les *Mémoires de l'institut*, dans les *Annales de chimie*, et dans le *Bulletin de la société philomatique*, divers Mé-

moires fournis par M. Ampère. Enfin, il a fait insérer, dans le tome 10 du *Journal de l'école polytechnique*, des *Considérations générales sur les intégrales des équations aux différences partielles*. Il est inspecteur-général des études de l'université.

AMY (Louis-Théodore-Antoine), président du tribunal de Joinville, fut, en septembre 1791, nommé député du département d'Eure-et-Loir à l'assemblée législative. Après le 18 brumaire, devenu juge du tribunal de première instance du département de la Seine, il en est aujourd'hui président.

AMYOT, ou AMYON DE POLIGNY, propriétaire, maire et administrateur de son district, fut député, en septembre 1792, par le département du Jura, à la convention nationale. Il vota la mort de Louis XVI, et se déclara contre l'appel et le sursis. Signataire des protestations des 6 et 9 juin, contre les événemens du 31 mai, il fut, sur le rapport d'Amar, mis en arrestation, avec soixante-douze de ses collègues. Le 9 thermidor lui rendit la liberté; il rentra à la convention, et passa au conseil des anciens, d'où il sortit, en mai 1797, pour ne plus reparaître sur la scène politique. Il est mort dans ses foyers.

ANCELOT (N.), né au Havre, vers 1795, débuta par quelques vaudevilles, qui n'eurent aucun succès. Son talent n'était pas d'aiguiser l'épigramme; mais de revêtir ses pensées d'une poésie facile et brillante. Sa tragédie de *Louis IX*, favorablement accueillie à la représentation, est un premier essai qui donne des espérances. On lui attribue aussi quelques opéras-comiques.

ANCILLON (Jean-Pierre-Frédéric), célèbre professeur, prédicateur et historien, est né à Berlin, le 30 avril 1766. Il est petit-fils et arrière-petit-fils de Français célèbres, persécutés pour leurs opinions religieuses. Son bisaïeul, *David Ancillon*, fils d'un habile jurisconsulte calviniste de Metz, avait étudié chez les jésuites, qui, malgré leurs astucieuses suggestions, ne purent parvenir à lui faire embrasser le catholicisme. Mais la révocation de l'édit de Nantes, si fatale à la France, le força de s'expatrier et de se réfugier à Francfort et ensuite à Berlin. *Charles Ancillon*, fils de *David*, et né, ainsi que lui, à Metz, où il acquit une grande réputation comme avocat, fut député à la cour par les réformés de cette ville, pour demander qu'ils fussent exceptés de cette funeste révocation. Mais n'ayant point réussi, malgré les excellentes raisons qu'il donna pour prouver que la persécution des réformés était contraire aux intérêts de la France, et que l'édit de Nantes était irrévocable, d'après les principes du droit et de la politique, il renonça à sa patrie, et alla rejoindre son père à Berlin. Ses qualités personnelles, et le zèle éloquent qu'il avait déployé pour défendre ses malheureux compatriotes, lui donnèrent bientôt une grande considération. Il fut successivement juge et directeur des réfugiés français de cette ville, puis inspecteur de leurs tribunaux dans toute la Prusse; enfin, conseiller d'ambassade, historiographe du roi, et surintendant de l'école française à Berlin, où il mourut en 1715. Jean-Pierre-Frédéric Ancillon, qui est l'objet principal de cet article, annonça de bonne heure de très-heureuses dispositions. Il dut le commencement de sa fortune à un discours qu'il prononça, en 1791, à Rheinsberg, en présence du prince Henri de Prusse, pour la bénédiction d'un mariage. En 1793, M. Ancillon prononça, à Berlin, plusieurs *sermons sur l'amour de la patrie*. Au commencement de 1794, il publia dans le journal littéraire de cette ville le *fragment d'un voyage* qu'il avait fait *en Suisse*, et une *Lettre* écrite de Paris à l'époque de 1789, *sur l'état de la littérature en France, sur les gens de lettres et sur les spectacles*. Ses *Mélanges de littérature et de philosophie*, publiés en 1801, 2 vol. in-8°, obtinrent les honneurs d'une seconde édition en 1809. Mais M. Ancillon doit sa célébrité à l'ouvrage historique qu'il fit paraître à Berlin, en 1806, sous le titre de *Tableau des révolutions du système politique de l'Europe, depuis la fin du 15.me siècle*, 4 vol. in-8°. L'importance de cet écrit, dont le style répond à la force des raisonnemens, place M. Ancillon parmi les auteurs français du premier mérite. Aussi la commission de l'institut de France, chargée, en 1810, de faire un rapport sur les progrès de l'histoire, n'hésita-t-elle point à le proclamer « le digne héritier de Leib- » nitz, montrant par son exemple » que le but de la vraie philoso- » phie est de multiplier et non de » détruire les vérités ; qu'elle tire » sa principale force de l'alliance » des sentimens avec les princi- » pes, et que c'est parmi les âmes » élevées qu'elle aime à chercher » ses premiers adeptes. » Cet ouvrage remarquable, réimprimé à Paris, en 7 vol. in-12, a été traduit en allemand par l'auteur lui-même, sous le titre de *Considérations générales sur l'histoire*, etc., 1806, in-8°. Le roi de Prusse, pour récompenser l'auteur, le nomma gouverneur de son fils, le prince royal, et de son neveu. S. M. le fit ensuite conseiller-d'état, et lui donna les ordres du mérite-civil et de l'aigle-noir. Cependant M. Ancillon, au milieu de tant de soins, ne perdit pas de vue la source de sa gloire : il continua de cultiver les belles-lettres. En 1810, il fit l'éloge de l'académicien Mérian, et la même année, il prononça, au temple des réformés, l'oraison funèbre de la reine de Prusse, qui venait de mourir. Ce discours, imprimé à Berlin, ne put obtenir la faveur de circuler en France. En 1814, M. Ancillon accompagna à Paris les deux princes, ses élèves. Il se lia avec plusieurs hommes célèbres de cette capitale, où il a laissé des amis et d'honorables souvenirs.

ANCKWITZ (N.), nonce du palatinat de Cracovie, joignit de grands vices à des talens remarquables : joueur, ambitieux, cupide, sans conduite, sans principes, mais éloquent, adroit, habile, il fut convaincu d'avoir vendu à la Russie les intérêts de la Pologne. Député de l'ordre équestre à la diète de cette république, et son ambassadeur extraordinaire à la cour de Danemark, il revint à

Varsovie, en 1792, pour rendre compte de sa mission à la confédération générale. Chargé de faire à Grodno l'ouverture de la diète, il se montra l'un des membres les plus actifs de cette assemblée. Ce fut lui qui signa, le 23 juillet 1793, au nom du roi de Pologne et de la république, et après le second partage de ce malheureux pays, le traité d'alliance conclu avec la Russie. On le vit ensuite, étant maréchal du conseil permanent, recevoir un traitement de 30,000 florins. La voix publique s'éleva contre l'homme qui semblait s'enrichir des dépouilles de sa patrie. On ne remarqua pas sans horreur que le signataire d'un traité qui ruinait la Pologne, était stipendié par la cour de Russie. Le 18 avril 1794, une insurrection éclata; le peuple se porta au palais du nonce. Des lettres, saisies dans son secrétaire, prouvèrent son crime : il fut condamné à être pendu et exécuté sur-le-champ, devant l'hôtel-de-ville. Son cadavre, exposé tout le jour aux outrages publics, fut jeté dans la sépulture des malfaiteurs, espèce de *gémonies*.

ANDERMATT (N.), général au service de la république helvétique, fut chargé de soumettre les cantons suisses, qui, en 1802, voulaient conserver leurs anciennes constitutions, et opposaient une résistance opiniâtre à la nouvelle administration qu'on leur imposait. Les habitans des deux faibles cantons de Glaris et d'Appenzel se battirent pour leur indépendance, aussi vaillamment que peuvent le faire de grands peuples pour conserver leur prépondérance et leur gloire. Bientôt le directoire helvétique, effrayé des progrès de l'insurrection, fut obligé de transporter ailleurs sa résidence; Andermatt protégea la retraite du gouvernement. Ce général combattit long-temps contre les cantons, avec des succès divers. Zurich, devenu le centre de l'opposition républicaine, fut bombardé par lui. Ce canton se défendit opiniâtrement, mais il fut forcé de capituler en septembre 1802. Andermatt obtint d'autres avantages décisifs sur les insurgés. Battus à Morat, à Vuilliers, et forcés de quitter la ville de Fribourg, ils durent en grande partie leur entière défaite aux armes de ce général. Aussi, pour prix de ses services, le gouvernement lui conféra le titre de sénateur. Député, en 1809, par le canton de Zurich, à la diète de Fribourg, le général Andermatt fut nommé, en 1816, l'un des commissaires aux négociations de Berne, pour le renouvellement des capitulations de la maison de Bourbon avec la Suisse.

ANDERSON (Enéas), officier anglais. Lorsqu'en 1792, lord Macartney fut nommé ambassadeur à la Chine, M. Anderson l'accompagna, et fit sur les mœurs et les usages des habitans de cet empire, un ouvrage ayant pour titre : *Relation de l'ambassade anglaise à la Chine dans les années 1792, 1793 et 1794; contenant les diverses circonstances de l'ambassade, le détail des mœurs et des coutumes des Chinois, la description du pays, des villes,* etc., 1795, Londres, in-4°. Il est encore auteur d'une relation de voyage intitulée : *Journal des forces qui firent voile* des *Dunes*, au mois d'avril 1800, pour une expédition secrète sous le commandement du lieutenant-général *Pigot*, jusqu'à leur arrivée à Minorque, et continuée, pour toutes les opérations subséquentes de l'armée, sous le commandement du général sir *Ralph Abercromby*, dans la Méditerranée et l'Égypte; et des opérations ultérieures jusqu'à la reddition d'Alexandrie et l'entière évacuation de l'Égypte par les Français, sous le commandement du lieutenant-général lord *Hutchinson*, avec un précis sur *Malte*, in-4°, avec des planches. Ce journal ne peut présenter que peu d'intérêt après celui de sir Wilson, où se trouvent sur cette expédition des détails beaucoup plus intéressans. Il existe cependant dans l'ouvrage d'Anderson des notes très-importantes sur la géographie et sur l'histoire naturelle.

ANDERSON (JEAN), médecin anglais, né en 1726, est auteur d'un ouvrage estimé, ayant pour titre : *Institutions de médecine*. Il professa pendant long-temps la philosophie naturelle, à la célèbre université de Glascow, et mourut en 1796.

ANDERSON (JACQUES), fils d'un cultivateur, né à Hermiston, près d'Édimbourg, en 1739. Son goût pour les sciences se développa de bonne heure. Après avoir achevé ses études, il donna tout son temps à la chimie, et prit des leçons du célèbre Cullen. Il fit dans cette science de rapides progrès, et fut nommé maître ès arts et docteur en droit par l'université d'Aberdeen. L'étude ne l'empêchait pas de se livrer à l'agriculture et aux travaux de la ferme que lui avait laissée son père; c'est sur l'agriculture, à laquelle Anderson s'est particulièrement attaché, qu'il a composé beaucoup d'ouvrages qui lui assignent un rang distingué parmi les agronomes anglais. On a de lui, 1° *Essais sur les plantations*, in-8°, 1771, insérés d'abord dans le *Weekly magazine*, imprimé à Édimbourg; 2° *Essais sur l'agriculture*, 3 vol. in-8°, 1777. Une partie de cet ouvrage, qui traite du desséchement des marais, a été réimprimée en 1797. 3° *Observations sur les moyens d'exciter l'industrie nationale*, Édimbourg, in-4°, 1777; 4° *Relation de l'état actuel des Hébrides, et de la côte occidentale de l'Écosse*, Édimbourg, in-8°, 1785; 5° *Recherches sur les troupeaux et l'amélioration des laines*, in-8°. Cette production a été analysée dans la *Bibliothèque britannique* de Genève. 6° *L'Abeille*, journal périodique, fondé en 1788, par Anderson : ses articles y étaient signés *Timothy Hare-brain, Alcibiades, Senex* : il existe de l'*Abeille*, 18 vol. in-8°. 7° *L'Encyclopédie britannique*, imprimée en 1773; 8° *Récréations*, etc., journal d'histoire naturelle et d'agronomie, 6 vol. in-8°; 9° *Correspondance avec le général Washington*, à la suite de laquelle il y a des *Recherches sur la rareté des grains*. Anderson a fait plusieurs mémoires agronomiques, insérés dans les *Mémoires de la société de Bath*, et il a rédigé, pour la Revue mensuelle (*Monthly review*), une foule d'articles qu'il signait *Agricola, Scoto-Britannus, Henry Plain, Impartial,*

Germanicus, Timoléon, E. Aberdeen, Cimon, etc. Anderson s'est également occupé de travaux philanthropiques; ses écrits sont l'ouvrage d'un ami de l'humanité continuellement porté vers le bien général. Lors de la famine qui affligea l'Écosse, en 1783, Anderson en arrêta les progrès de tout son pouvoir, et mérita de plus en plus l'estime et la reconnaissance de ses concitoyens; il demeurait, en 1797, dans les environs de Londres, et vers le même temps, il fut nommé membre de la société royale de cette ville. Il mourut en 1808.

ANDERSON, alderman de Londres, et membre du parti ministériel dans la chambre des communes du parlement d'Angleterre. A la séance du 18 février 1794, M. Fox voulut prouver que dans toutes les contrées où les Anglais avaient établi leur commerce, le gouvernement britannique avait laissé des preuves de sa négligence. Anderson défendit la cause des ministres, et cita des faits évidens en opposition. « Par exemple, dit-il, bien que nous soyons maintenant en guerre, les primes d'assurances pour la mer Baltique sont les mêmes qu'elles étaient au temps de la plus profonde paix. » Les partisans de la paix avaient présenté une pétition à la chambre des communes; mais à la séance du 28 février 1800, Anderson en présenta une autre dans un esprit contraire : il y improuvait et démentait même les assertions de la première. Puis, prétendant que les affaires de la Grande-Bretagne étaient dans l'état le plus florissant, il déclara qu'il jugeait les ministres dignes de la reconnaissance nationale, et leur vota des remercîmens.

ANDIGNÉ (Louis-Marc-Antoine-Auguste-Fortuné, chevalier d'), maréchal-de-camp et pair de France, est né à Saint-Gault, près de Segré département de Maine-et-Loire. Etant entré de bonne heure au service maritime, il était parvenu au grade de lieutenant de vaisseau à l'époque de la révolution. Comme il n'avait pas adopté les idées nouvelles, il émigra dès 1791, et se rendit en Angleterre, où il fut admis aussitôt comme officier dans le régiment d'Hector, à la solde du gouvernement britannique. En 1795, M. le comte de Puisaye, chef vendéen, l'appela auprès de lui, en Bretagne, où il combattit sous ses ordres. Lorsque Cormatin négociait avec les républicains la paix de la Prévalaye, le chevalier d'Andigné, qui était à Rennes, se fit passer pour officier de l'armée royale, et obtint du conventionnel Rollet, du Pas-de-Calais, en mission à l'armée de l'Ouest, un passe-port pour Paris, où il vint au mois de mars suivant. M. d'Andigné fut accueilli par les agens royalistes, qui le députèrent auprès de Charette. Dès lors il se prononça hautement contre M. de Puisaye, avec qui il avait été lié jusqu'à ce moment. Les mêmes agens ayant chargé le chevalier d'Andigné d'aller stipuler leurs intérêts auprès du gouvernement anglais, il se rendit à Londres, d'où il ne revint qu'après avoir rempli sa mission. A son retour, en 1799, le chevalier d'Andigné devint major-général de l'armée commandée par M. le comte de Châtillon, qui remplaçait M. le vicomte de Scépeaux. En janvier 1800, deux mois après la révolution du 18 brumaire an 8, qui donna au général Bonaparte la direction des affaires, comme premier consul. M. d'Andigné, pendant que les hostilités étaient suspendues, vint à Paris, où il eut une conférence avec les agens royalistes. Ayant ensuite obtenu une audience du premier consul, il lui proposa de rétablir la monarchie, en l'invitant à remettre sur le trône la famille des Bourbons. Cette négociation n'eut aucun succès, et l'année suivante, le 3 nivôse an 9 (24 décembre 1800), après l'explosion de la machine infernale, imputée d'abord aux jacobins, mais bientôt reconnue pour être le crime du parti opposé, le chevalier d'Andigné fut arrêté et renfermé au château de Joux, d'où il s'échappa non sans beaucoup de peine. On le reprit une seconde fois, à l'époque où Georges Cadoudal fut mis en jugement, et on le transféra dans la citadelle de Besançon; mais il eut encore le bonheur de s'évader quelques mois après. S'étant réfugié à Francfort-sur-le-Mein, il fut informé à temps qu'un ordre arrivait de l'enlever pour le transporter à Paris : il quitta précipitamment sa retraite, et après avoir erré quelque temps dans diverses parties de l'Allemagne, il passa secrètement en Angleterre. Il y séjourna jusqu'en 1813, qu'il rentra en France. Il fut envoyé dans les départemens de l'Ouest, pour prendre, sur la rive de la Loire, le commandement d'une division dont il avait été major-général en 1799. De retour à Paris, après la restauration, le chevalier d'Andigné a été élevé au grade de maréchal-de-camp. Mais Napoléon étant revenu au 20 mars 1815, cet officier-général alla reprendre les armes dans les départemens de l'Ouest, et remporta quelques faibles avantages, particulièrement à Auray, pendant les mois de mai et de juin de la même année. Enfin, à la seconde restauration, il fut désigné pour présider le collége électoral du département de Maine-et-Loire, et nommé pair de France par l'ordonnance royale du 7 août 1815.

ANDIGNÉ DE MAINEUF (LE COMTE D'), fut nommé, en septembre 1815, membre de la chambre des députés, par le département de Maine-et-Loire, et a été réélu en septembre 1816. Il a constamment siégé au côté droit de cette assemblée pendant les sessions de 1815, 1816, 1817 et 1818. Dans la session de 1819 à 1820, M. d'Andigné de Maineuf a voté pour les lois d'exception, et pour la nouvelle loi d'élection.

ANDLAW ou ANDELAU DE HOMBOURG (FRÉDÉRIC-ANTOINE-MARC, COMTE D'), chevalier de Saint-Louis et officier de la légion-d'honneur, né en 1736, d'une famille noble d'Alsace, épousa la fille d'*Helvétius*. Ayant embrassé de bonne heure la carrière militaire, il fut d'abord simple officier, puis lieutenant-colonel du régiment Royal-Allemand. Il était maréchal-de-camp à l'époque de la révolution. Député en 1789 aux états-généraux, par la noblesse de Haguenau, il vota avec le tiers-état sur les questions les plus importantes. Il fut ensuite président du district d'Huningue, puis renonça à toute espèce de fonctions publiques. En juillet 1815, nommé par le roi pour présider l'assemblée électorale du Haut-Rhin, sa santé ne lui permit pas de remplir ces fonctions. Il vient de mourir, justement regretté de sa nombreuse famille et de ses amis.

ANDLAW (N.), frère du précédent, qui était abbé-prieur de Mourbach, fut aussi député aux états-généraux par le clergé de Colmar, et vota, comme lui, avec le tiers-état. Il coopéra cependant à la protestation du 19 avril 1790, contre le décret du 13 du même mois, par lequel l'assemblée constituante avait consacré la tolérance religieuse, en refusant d'adopter la proposition de déclarer que la religion catholique serait toujours la religion de l'état.

ANDLAW (Félix), fils aîné du comte, fut écuyer de Napoléon, et, en 1813, major d'un régiment des gardes-d'honneur. Le roi l'a nommé depuis colonel d'un régiment de cuirassiers.

ANDLAW (Gustave), frère puîné du précédent, et qui fut écuyer de l'impératrice Joséphine, est actuellement sous-lieutenant des gardes-du-corps du roi.

ANDLAW (N.), officier du même nom, jadis au régiment de Deux-Ponts, a fait les premières campagnes de la révolution jusqu'en 1793. Il exerçait, en 1814, les fonctions de sous-préfet à Clèves, lorsque l'invasion des troupes étrangères les lui fit cesser.

ANDRE, maire de Lille, homme ayant les mœurs les plus pures et les plus simples. Il dut à son industrie et à sa probité l'aisance qu'il avait acquise dans le commerce. L'estime publique l'avait porté aux fonctions de maire de Lille, et il en était honoré quand les Autrichiens assiégèrent cette place, en septembre 1792. Ils la bombardèrent avec une persévérance qui l'eût peut-être amenée à se rendre, si, de concert avec M. Ruault, commandant militaire, M. André, ranimant partout le courage, déjouant partout la trahison, ne se fût porté constamment là où le péril réclamait sa présence : plus occupé de conserver à la France une place importante que du soin de sa propre vie, il menaçait de faire pendre le premier qui parlerait de capituler. M. André fut pour Lille ce qu'Eustache de Saint-Pierre avait été pour Calais, mais il fut plus heureux. Il est mort il y a quelques années. (Vers 1811.)

ANDRÉ (Pierre), député du Bas-Rhin au conseil des cinq-cents, pour la session de prairial an 4 (mai 1798). Les événemens de la journée du 18 fructidor an 5 (4 septembre 1797) ayant fait exclure plusieurs membres du conseil des cinq-cents, M. André y fut nommé en remplacement pour deux ans. Il commença par approuver le projet de Villers, sur les finances, et proposa le paiement en numéraire des cédules souscrites par les acquéreurs de biens nationaux. Indigné des abus scandaleux qui se commettaient dans les maisons de jeu, il fit, le 5 août 1798, une motion d'ordre contre ces maisons. La liberté de la presse était comprimée par la prorogation d'une loi qui avait mis, depuis le 18 fructidor, tous les journalistes à la discrétion du directoire. M. André se prononça vivement contre cette loi, dont l'inutilité, disait-il, était évidente, puisque les conspirateurs qu'elle frappait avaient été exclus du corps-législatif et bannis de la France au 18 fructidor, comme les partisans de cette loi en convenaient eux-mêmes. Lorsqu'il fut question de l'impôt sur le tabac, il s'éleva contre l'idée d'assimiler les officiers municipaux à des inquisiteurs de fermes, et repoussa le projet. Après un nouveau rapport contre les maisons de jeu, il parvint à obtenir et à faire envoyer un message au directoire, relatif à leur répression. En février 1799, il demanda l'urgence sur la proposition de déclarer nationaux les biens du culte protestant; défendit le projet relatif aux écoles primaires, et appuya le rapport qui tendait à faire juger les émigrés naufragés à Calais. S'étant montré constamment opposé aux événemens qui préparaient la constitution de l'an 8, il fut exclu du corps-législatif au 18 brumaire an 8 (9 novembre 1799). En 1811, il était conseiller en la cour impériale de Colmar, et avait conservé les mêmes fonctions après la réorganisation des tribunaux, en 1815.

ANDRÉ (JEAN-PIERRE), de la Lozère, fut député par ce département au conseil des cinq-cents, en septembre 1795. Il se fit remarquer par le serment qu'il prêta le 21 janvier 1796, dans la formule articulière que voici. « Je jure haine à la royauté et à toute espèce de tyrannie, quel que soit le masque dont elle voudrait se couvrir; car le tyran coiffé d'un bonnet rouge m'inspire autant d'horreur que le tyran couronné. » A cette occasion, le président invita les députés à ne point donner d'extension à la formule consacrée par la loi. M. André soutint les droits qu'avaient les membres d'une administration, de s'adjoindre des collègues en remplacement, et fit prendre une résolution sur le mode de révision des jugemens militaires. En l'an 5 (1796), il s'éleva contre la loi qui excluait de toute fonction publique les parens des émigrés, et eut à ce sujet une vive altercation avec son collègue Legot. Soupçonnant que la municipalité de Toulouse était le foyer des troubles qui agitaient cette ville, M. André promit son appui à quiconque la dénoncerait, et s'unit à ceux qui accusaient les démocrates d'être les artisans du désordre. Il soutint Dumolard dans son opinion contre les journalistes, et se plaignit qu'on en eût interrompu le développement. Le directoire ayant élevé la question d'assujettir les électeurs au serment de haine à la royauté, M. André combattit vivement cette proposition. Le 18 fructidor de la même année (4 septembre 1797), il fut inscrit sur la liste de déportation dressée par le directoire, contre lequel il avait manifesté hautement sa haine. Il prit la fuite, se retira en Allemagne, où il embrassa avec chaleur la cause des Bourbons. Après le 18 brumaire an 8 (9 novembre 1799), il revint en France; mais le gouvernement consulaire le relégua à Toulouse, sous la surveillance des autorités : enfin il eut la liberté de retourner dans son département. Le 18 août 1814, M. André fut anobli par le roi, et le 15 octobre, décoré de l'ordre de la légion-d'honneur. L'année suivante, il devint membre de cette chambre de députés qui s'est rendue si malheureusement célèbre en 1815, et qui serait probablement *introuvable* à présent.

ANDRÉ (JEAN), né à Offenbach, le 28 mars 1741, et mort vers 1800, est l'un des plus célèbres compositeurs modernes de l'Allemagne. Le genre dramatique n'a pas trouvé en ce pays de compositeur plus gracieux et plus gai. Destiné au commerce, J. André se livra long-temps à cette profession; sans maître et sans secours, il apprit le violon et le clavecin ; le *Choral-Buch* (livre de contre-point) de Kœnich, lui servit à étudier l'harmonie. Il débuta par quelques morceaux de musique instrumentale, composa son opéra-comique intitulé le *Portier,* et encouragé par le succès de sa première pièce, vendit son fonds de commerce, fut appelé à la direction de Berlin, donna sur le théâtre de cette ville une foule d'opéras qui réussirent, et devint maître de chapelle du margrave de Brandebourg-Schwedt. Il établit à Offenbach un magasin de musique, l'un des plus beaux que l'Europe possède. Moins grand symphoniste que ses compatriotes, mais plus naïf et plus suave, J. André a eu, pour l'Allemagne, le mérite d'une originalité piquante.

ANDRÉ (JEAN-ANTOINE), troisième fils du précédent, est né, à Berlin, vers 1776. Comme son père, il montra de bonne heure du goût pour la composition musicale. Dès l'âge de 13 ans, il composa une sonate, avec accompagnement de violon obligé. Depuis, il a donné un grand nombre d'ouvrages qui ont eu du succès. En 1799, il succéda à son père dans la direction du beau magasin de musique qu'il avait à Offenbach, et qui contient aujourd'hui plus de trois mille ouvrages, imprimés par les soins de cette famille. En 1802, le premier, il introduisit l'usage de la lithographie dans l'impression de la musique ; et ce nouveau procédé, aussi expéditif qu'économique, ne peut manquer de contribuer beaucoup à faciliter et à encourager l'étude et la culture de l'un des beaux-arts qui agissent le plus puissamment sur le cœur de l'homme.

ANDRÉ (CHRÉTIEN-CHARLES), littérateur allemand, est né le 20 mars 1763, à Hildburghausen, en Franconie. Après avoir été secrétaire du prince de Waldek, il se chargea, en 1788, avec le célèbre Saltzmann, de diriger une maison d'éducation fort renommée à Schnepfenthal, près de Dessau, dans la Haute-Saxe. Deux ans après, il dirigea, à Gotha, le pensionnat des jeunes demoiselles, et, en 1798, à Brunn, en Moravie, le gymnase des protestans. Voici la note de ses ouvrages principaux, qui sont tous écrits en allemand, et ont pour objet l'enseignement mutuel : 1° *Bibliothèque amusante, cadeau du soir pour les enfans qui ont été sages pendant le jour,* Marbourg, 1787 à 1789, 2 vol. in-8° ; 2° *Promenades et voya-*

ges des jeunes filles élevées à Schnepfenthal, Leipsick, 1788, in-8°; 3° *le Minéralogiste et le botaniste,* Halle et Gotha, 1789 à 1795, in-8°; 4° *Caractéristique de Frédéric l'unique,* Berlin, 1790, in-8°; 5° *Magasin pour l'histoire des jésuites,* Erfurt, 1787, in-8°; 6° *Petit dictionnaire allemand-français,* Halle, 1797 à 1798, 2 vol. in-8°; 7° *Introduction à l'étude de la minéralogie,* Vienne, 1804, in-8° avec fig.; 8° *Aperçu de la formation des montagnes et des carrières de la Moravie,* Brunn, 1804, in-4°; 9° *Nouvelle édition de la Géographie de Raff,* entièrement refondue; 10° *divers ouvrages élémentaires pour l'éducation.* Il est à propos de remarquer que M. Saltzmann a eu M. André pour coopérateur dans plusieurs de ses ouvrages, et que ce dernier a fait insérer nombre d'articles intéressans et instructifs dans les journaux et recueils périodiques de l'Allemagne.

ANDRÉ (NOEL) (plus connu sous le nom du P. Chrysologue de Gy), né à Gy, en Franche-Comté, en 1728. S'étant fait recevoir dans l'ordre des capucins, il se dégoûta bientôt de l'oisiveté du cloître, n'en conserva que la sobriété, et se livra à l'étude de la géographie et de l'astronomie. Lié à Paris avec le célèbre Lemonnier, le P. Chrysologue entreprit sous ses yeux divers travaux astronomiques, et entre autres plusieurs planisphères. En 1781, il alla faire dans les Vosges des observations géographiques, et leer, pour ce pays, le plan d'une nouvelle carte perfectionnée. Le gouvernement lui accorda, en 1806, une pension de 600 francs : c'était assez pour un capucin, et trop peu pour un astronome. Il se retira à Gy, où il mourut en 1808. On a de lui : 1° plusieurs *Planisphères, accompagnés d'une instruction ou d'un abrégé d'astronomie;* 2° *une carte de la Franche-Comté;* 3° *Théorie de la surface de la terre,* in-8°. L'académie des sciences a fait de ce dernier ouvrage une mention très-honorable.

ANDRÉA, né à Dijon, se retira à Naples au commencement de la révolution française, et y périt lors de la rentrée des troupes royales en 1800. On le dit auteur de plusieurs productions que n'avouent ni le goût, ni les mœurs, et entre autres du roman souvent réimprimé de *Félicia ou mes Fredaines.*

ANDRÉI (ANTOINE-FRANÇOIS), né en Corse, était attaché à l'opéra-buffa, du théâtre de *Monsieur,* pour la composition de poëmes en italien, ou la traduction des opéras de cette langue en français, lorsque les électeurs de Bastia le nommèrent, en septembre 1792, pour représenter leur département à la convention nationale. Ses opinions étaient modérées. Dans le procès de Louis XVI, il vota l'appel au peuple, la détention aussi long-temps que le salut public l'exigerait, et le sursis. Il siégeait avec les *Girondins,* et fut au moment d'éprouver leur sort. Décrété d'accusation, à la suite des événemens du 31 mai 1793, il fut arrêté avec la majeure partie de ses soixante-douze collègues, et ne dut son salut qu'à la chute de Robespierre. Il rentra à la convention, et passa au conseil des cinq-cents lors de sa formation. Il sortit en mai 1797, et mourut peu de temps après.

ANDREOSSI (Antoine-François, comte), originaire d'Italie, descendant de François Andreossi, qui partage avec Riquet la gloire d'avoir exécuté le grand canal de Languedoc, est né, comme son bisaïeul, à Castelnaudary. Ce fut Antoine-François Andreossi qui, le premier, fit valoir les titres de son aïeul, depuis long-temps étouffés sous la réputation de Riquet. Son *Histoire générale du canal du Midi*, publiée en 1800, et qui eut deux éditions successives, excita les réclamations de la famille de Riquet. Cette discussion intéressante, où l'on voit de grandes autorités (les d'Aguesseau, les Colbert, les Vauban) s'élever les unes contre les autres, est impartialement appréciée dans l'ouvrage de M. Allent, intitulé: *Histoire du corps impérial du génie*. Le général Andreossi est né le 6 mars 1761. Dès l'âge de 20 ans, lieutenant d'artillerie, il fit, en 1787, la guerre de Hollande, fut fait prisonnier par les Prussiens, revint en France en vertu d'un échange, partagea l'enthousiasme de nos armées au commencement de la révolution, dont il fit toutes les campagnes, passa rapidement de grade en grade, et se trouvait inspecteur-général de l'artillerie quand Napoléon monta sur le trône : à cette époque il fut nommé grand-cordon de la légion-d'honneur, commandeur de l'ordre de la Couronne-de-Fer, et grand chancelier de celui des Trois-Toisons, qui ne fut jamais organisé.

Plus d'un beau fait d'armes honore le général Andreossi. Ce fut lui qui, le 29 juillet 1796, devant Mantoue assiégée, commanda les 5 chaloupes canonnières, dont la fausse attaque attira sur lui tout le feu de la place, et favorisa l'attaque réelle dirigée sur deux autres points par les généraux Murat et Dallemagne. Étant général de brigade, il fut chargé, le 19 mai 1797, par le général Bonaparte, de reconnaître si l'Izonso était guéable, et, pour s'en assurer, il se jeta dans cette rivière, la passa et repassa lui-même à pied sur deux points différens. Son voyage de 1798, sur les côtes, était destiné à accélérer les préparatifs de la descente en Angleterre que le même général devait commander. Il le suivit en Égypte; et plus d'une fois le général en chef fit dans ses rapports l'éloge des talens et du courage d'Andreossi qui, étant devenu membre de l'institut établi au Caire, s'acquitta avec une grande supériorité de plusieurs opérations savantes: observa quelques points importans, dont il donna d'exactes descriptions, et concourut d'une manière distinguée au magnifique travail de la commission d'Égypte. Ses *Mémoires sur le lac Menzaleh, sur la vallée du lac Natron, sur le Fleuve-sans-Eau*, publiés dans les *Mémoires sur l'Égypte*, ont aussi paru séparément, Paris, 1800, in-4°. Le général Bonaparte revint en France, et ramena quelques hommes dévoués, choisis dans son état-major: Andreossi fut de ce nombre. Il seconda puissamment son chef, qui franchit le consulat,

Le Général Andréossy

saisit le sceptre, et récompensa son ancien compagnon d'armes, en créant pour lui une 4me division du ministère de la guerre, qui comprenait sous cette dénomination toute l'administration de l'artillerie et du génie. Nommé ensuite général de division, et, en 1810, commandant de Mayence, puis chef de l'état-major de l'armée gallo-batave, ce fut lui qui, en 1800, rendit compte de l'action éclatante, où une poignée de Français, entre Nuremberg et Lauffenbourg, battit une armée entière. Il devint directeur du dépôt de la guerre, et sans que personne lui succédât dans cette place importante, fut chargé de l'ambassade de Londres, si délicate, si difficile, après le traité d'Amiens. Rappelé à Paris lors de la rupture de ce traité, nommé président du collège électoral de l'Aube, en 1806, comte de l'empire un peu plus tard, il fut successivement candidat au sénat, ambassadeur à Vienne, et gouverneur de cette ville en 1809, après cette bataille de Wagram qui fut si fatale à l'Autriche. A son retour, l'ambassade ottomane lui fut confiée; et sa conduite dans ce poste difficile, la protection généreuse et constante qu'il accorda aux Français établis dans ce pays, et au commerce de la France dans le levant, la loyauté de ses relations avec les ministres de Turquie, le firent vivement regretter, lorsque le roi, en lui envoyant la croix de Saint-Louis, le rappela (14 août 1814), et nomma à sa place le marquis de Rivière. Quand les événemens de 1815 vinrent surprendre la France et l'Europe, le général Andreossi, quelque temps rendu au repos dont sa fortune militaire l'avait privé, reparut sur la scène politique, en attachant son nom à la fameuse délibération du conseil d'état (25 mars 1815). On le vit ensuite accepter une pairie qui ne fut que momentanée, et la présidence de la section de la guerre. Napoléon voulait lui rendre son titre d'ambassadeur près la Sublime-Porte : il le refusa. Il fit ensuite partie de la commission chargée de présenter un rapport sur *les mesures de sûreté générale*, et fut, après la bataille de Waterloo, l'un des commissaires envoyés vers les armées étrangères, qui s'avançaient en ravageant le territoire français. On ne lui permit pas d'arriver jusqu'au général Blucher, dont cependant lui et ses collègues rencontrèrent les premières colonnes à Pont-Sainte-Maxence. Le comte Andreossi a rendu utile aux sciences son séjour à Constantinople. Ses recherches sur le Bosphore et sur plusieurs parties de l'empire ottoman, doivent remplir un vaste cadre dont il s'occupe aujourd'hui à classer les matériaux. Les *Mémoires* qu'il a envoyés à l'institut *sur l'Irruption du Pont-Euxin dans la Méditerranée* (où il a cherché à fixer la lithologie de l'embouchure de cette mer d'Asie, ce qu'aucun savant n'avait fait avant lui); *sur le Système des eaux qui abreuvent Constantinople*, et sur l'ensemble des nombreux conduits employés en Turquie pour la distribution de l'eau (où se trouvent des notions extrêmement curieuses sur la science hydraulique chez les Turcs, et sur l'application qu'on peut en faire aux machines d'Europe), sont comptés parmi les acquisitions les plus précieuses à l'hydrostatique, et ont été cités comme tels par M. Barbier du Bocage, dont le suffrage est irrécusable sur cette matière. On doit aussi à M. Andreossi la *Relation de la Campagne sur le Mein et la Rednitz, de l'armée gallo-batave aux ordres du général Augereau*, 1802, in-8°.

ANDREOZZI (GAETANO), célèbre compositeur d'Italie, et maître de chapelle à Naples, est élève du fameux Jomelli, son parent. C'est à l'école de ce grand maître qu'il acquit la facilité, le naturel et l'harmonie qui caractérisent la plupart des productions de Jomelli. L'air magnifique d'Andreozzi : *Nò, questa anima non speri*, a un charme particulier qui ne permet pas qu'on l'oublie. Il a fait encore une *Passion de J. C.* pleine de douleur et de verve. Il a travaillé pour la plupart des théâtres d'Italie. Mais ses ouvrages les plus remarquables sont l'*Olympiade*, l'*Arbas*, le *Caton*, *opere serie*, joués à Florence en 1787, et l'*Agésilas*, représenté l'année suivante, à Venise. Nous ne parlerons pas des *duo*, des *quatuor*, et d'une foule de petits morceaux de musique, qui sont les délassemens des habiles compositeurs, mais où ils impriment toujours le caractère de leur talent.

ANDRES (BONAVENTURE), jésuite et professeur allemand. Après la suppression de l'ordre des jésuites, il fut nommé à l'université de Wurtzbourg, professeur d'éloquence sacrée et de littérature grecque et latine, et successivement membre de la commission des études, conseiller ecclésiastique, et professeur d'homélitique. On a de M. Andrès, 1° *Chrestomathia Quintiliana*, recueil des meilleurs morceaux de Quintilien : il a traduit ce recueil en allemand ; 2° *Prædium rusticum* de Vanière, avec la traduction allemande, 2 vol. in-8°, 1788 ; 3° *Fables de Desbillons*, avec la version allemande, 1789, in-8° ; 4° *Vanierii carmina minora selecta*, in-8°, 1791 ; 5° *Nouveau Magasin pour les prédicateurs et les pasteurs des âmes*, 1803 et 1805, 2 vol. in-8° ; 6° *Chronique de Franconie*, in-4°, 1807 et 1808.

ANDRÈS (L'ABBÉ DON JUAN), ex-jésuite espagnol. Ce savant naquit à Valence, en août 1727. En 1766, lorsque son ordre fut expulsé d'Espagne, il se retira en Italie, et n'y démentit pas la réputation qu'il s'était acquise dans sa patrie. En 1776, il donna, en italien, son *Saggio della filosofia del Galileo*. Cet ouvrage acheva de le rendre recommandable auprès de tous les savans, par la sagesse et par la profondeur des pensées. Une querelle littéraire s'était élevée entre plusieurs docteurs et l'abbé Lampillus, jésuite espagnol : M. Andrès n'y prit aucune part ; mais deux ans après on vit paraître, aussi en italien, son livre : *dell'origine, progresso et stato attuale d'ogni litteratura*, Parme, 1782, Bodoni, 1793 et 1797, 7 vol. grand in-4°. Cet ouvrage, où règne la plus louable impartialité, et qui est écrit avec élégance et pureté, a dû nécessiter d'immenses recherches. Il fut traduit en espagnol par don Carlos Andrès, son frère, et imprimé à Madrid. Le premier volume le fut en français, par J. E. Ortolani : Paris, 1805, in-8°. Ortolani étant mort en 1807, on n'a pu avoir la suite de la traduction. On a encore de don Andrès des lettres sur ses voyages ; elles parurent en espagnol, sous le titre de *Cartas familiares a su hermano D. Carlos, con la noticia del viage a varias ciudades de Europa*, Madrid, 1794, 6 vol. in-4°. Don Andrès était rentré dans sa patrie, lorsque le gouvernement espagnol permit aux ex-jésuites d'y revenir ; mais après la mort de son père, le désir de revoir d'anciens amis, et de reprendre les habitudes qu'il avait contractées, le rappela en Italie. Il fut nommé à la place de bibliothécaire royal à Naples ; et malgré les changemens survenus dans cet état, il a été maintenu dans son poste par le roi Ferdinand. En 1807, il démontra que c'était à tort qu'on avait attribué à Flavio l'invention de la Boussole, et qu'elle n'avait pas même été découverte dans la ville d'Amalfi, sa patrie. Don Andrès a perdu la vue en 1815, par une cataracte que son grand âge n'a pas permis d'enlever. Bien que diverses biographies l'aient fait mourir au commencement de ce siècle, on a quelque raison de croire qu'il est encore vivant.

ANDREZEL (CHRISTOPHE-FRANÇOIS-THÉRÈSE-PICON D'), est né à Paris, en 1746. Après avoir été page, il suivit la carrière des armes jusqu'en 1791, qu'il était parvenu au grade de lieutenant-colonel du régiment de Rouergue. A cette époque, il émigra, et servit sous les princes, dans le régiment de Navarre. Il était décoré de l'ordre de Saint-Louis, et avait siégé aux états de Bretagne, comme membre de la noblesse. Devenu major du régiment de Mortemart, au service d'Angleterre, où il était entré en 1794, il fut envoyé en Portugal, et continua d'y servir jusqu'en 1802. L'année suivante, M. d'Andrezel revint en France, où il a mené une vie ignorée pendant plus de dix ans. Lors de la restauration, le roi le nomma maréchal-de-camp et inspecteur des gardes nationales du département des Vosges. Le retour de Napoléon, au 20 mars 1815, lui ayant fait perdre cet emploi, il devint, après la rentrée du roi, sous-préfet de Saint-Diez, et électeur du département de la Meurthe. On a publié qu'il avait renoncé à une année de sa pension militaire, pour contribuer au soulagement de la France, épuisée par le séjour des étrangers et par la rançon qu'exigèrent d'elle ses libérateurs. Cet acte est d'un vrai Français.

ANDREZEL (BARTHÉLEMI-PHILIBERT D'), frère du précédent, est né à Salins, en 1757. Après avoir fait ses études à l'école-militaire de La Flèche, il parcourut avec rapidité la carrière ecclésiastique, et fut nommé, à l'âge de 25 ans, vicaire-général à Bordeaux. En 1785 et 1786, il fut député à l'assemblée générale du clergé, puis abbé de Saint-Jaent, et membre des états de Bretagne. A la fin d'août 1792, il fut déporté en Angleterre, d'où il ne revint qu'en 1803. L'université impériale ayant été créée en 1808, il en fut, dès l'année suivante, l'un des inspecteurs-généraux, et, en février 1815, le roi le nomma inspecteur-général des études. M. l'abbé d'Andrezel est auteur : 1° de la traduction d'un ouvrage anglais fort curieux, dont la composition a occupé les dix dernières années de la vie du célèbre orateur et publiciste Fox ; il a pour titre : *Histoire des deux derniers rois de la maison de Stuart*, suivie de pièces originales et justificatives, avec une *Notice* sur la vie de l'auteur, Paris, 1802, 2 vol. in-8°. Cet ouvrage est le panégyrique de la révolution de 1688 ; mais il est fâcheux que la censure ait supprimé un grand nombre de passages intéressans, et dont on trouve l'énonciation dans l'*Annual register* de 1806, pag. 915. 2° Il a publié, en 1815, des extraits choisis des écrivains grecs, sous le titre de *Chrestomathie*, 1 vol. in-12 ; 3° enfin, il a travaillé, avant 1809, au *Mémorial des pasteurs*, et, en 1815, pendant les *cent jours*, au *Journal général de France*. Le marquis d'Andrezel, son oncle, avait publié à Amsterdam, en 1757, et sous le voile de l'anonyme, des *Essais politiques*, en deux volumes, qu'on trouve difficilement. C'est à son grand-père, le vicomte d'Andrezel, ambassadeur à Constantinople, qu'on est redevable de l'*école française* établie dans le quartier de Péra, pour l'étude des langues orientales. M. l'abbé d'Andrezel a fini par accepter une place dans la commission de censure, créée par M. Siméon, ministre de l'intérieur.

ANDRIEU, maire d'Aigue-Perse, et autrefois avocat-général fiscal du duché de Montpensier. En 1789, la sénéchaussée de Riom le nomma député aux états-généraux. En 1791, il s'opposa, dans la séance du 22 mars, à ce que l'assemblée nationale rendit des décrets de circonstance, en cas qu'il survînt des troubles dans les départemens. Il réclama ensuite des formes pour constater l'authenticité des pétitions de ceux qui ne savaient pas écrire. Enfin, il opina pour qu'on n'écartât pas de la couronne la maison d'Orléans, en faveur de la branche d'Espagne.

ANDRIEUX (François-Guillaume-Jean-Stanislas), homme de lettres, membre de l'institut et de la légion-d'honneur, professeur de littérature au collége de France, est né à Strasbourg, le 6 mai 1759. Ses parens le placèrent chez un procureur ; il y travailla avec zèle, s'appliqua en même temps à l'étude du droit, et prit goût à la jurisprudence. Il prêta le serment d'avocat en 1781, et songea l'année suivante à devenir professeur de la faculté de droit. M. Andrieux était prêt à soutenir sa thèse de docteur, lorsqu'un agrégé en droit lui proposa, de la part de M. le président de Lamoignon, d'entrer, en qualité de secrétaire, chez M. le duc d'Uzès. Cette existence précaire ne put long-temps lui convenir. Il se mit en *stage* à la fin de 1785, et suivit le barreau. Il devait être inscrit sur le tableau des avocats, en 1789, mais on ne

M. Andrieux.

Rremy del et Sculp.

fit point de tableau cette année, et l'*ordre* fut dissous par suite des événemens de la révolution. Depuis ce temps, chef de bureau à la liquidation générale, juge en la cour de cassation, député au corps-législatif et membre du tribunat, il s'est distingué dans ces différentes fonctions par l'exactitude, le zèle, l'amour de ses devoirs, celui de la justice, et la volonté constante de faire le bien. M. Andrieux professait depuis douze ans, avec beaucoup de succès, la grammaire et les belles-lettres à l'école polytechnique, lorsqu'en 1815 cette place lui fut enlevée. On en gratifia un jeune homme nommé *Aymé Martin*, qui fut choisi, comme il arrive ordinairement dans les réactions politiques, pour ses opinions et non pour ses talens. Sur la présentation du collége royal de France, de l'académie française et du ministre de l'intérieur, M. Andrieux avait été nommé, en 1814, à la chaire de littérature française au collége royal. Les professeurs étant inamovibles, les places de ce collége ont résisté aux *épurations* de 1815. A cette époque, M. Andrieux fut accusé de philosophie par un prêtre qui se donna la peine de composer et de publier un libelle contre lui. Le poète se vengea par une charmante épître pleine de modération et de gaieté. Nous ne savons si le prêtre est heureux, mais la calomnie n'altéra ni le repos ni le bonheur du philosophe. Quoique livré pendant long-temps à des études sérieuses et occupé de fonctions importantes, M. Andrieux n'a jamais cessé de cultiver les lettres, où il a acquis, en plus d'un genre, une juste célébrité qui sauvera de l'oubli son nom et ses ouvrages. Comme poète dramatique, il occupera dans notre littérature une place très-distinguée entre ses deux amis Collin d'Harleville et Picard. *Anaximandre, les Étourdis, le Trésor, la Comédienne, Helvétius, Molière avec ses amis*, feront partie du Répertoire de la comédie française, tant qu'on estimera parmi nous le goût, l'esprit, le naturel et la gaieté. Comme conteur, M. Andrieux s'est placé à côté des maîtres en ce genre. Cet écrivain a publié en 1818 ses œuvres complètes en trois volumes in-8°. Il avait, dit-on, formé le projet de traduire *les Animaux parlans* de Casti. Si ce projet est abandonné, c'est une perte pour notre littérature. On prétend aussi qu'il a fait un travail important sur *Plaute*, trop superficiellement traité par la Harpe, dans son *Lycée*. M. Andrieux s'est réfugié dans les lettres; il est dans toute la force de son talent. L'époque qu'il honore attend de lui de nouvelles productions utiles et agréables. C'est à des hommes tels que lui qu'il appartient d'entretenir, en France, le goût du beau et du vrai.

ANDRIEUX (N.), commerçant de Lyon, était né à Tarare, près de cette ville. Ses occupations ne l'empêchèrent point de se livrer à son goût pour les belles-lettres. On trouve dans les divers recueils littéraires et dans les journaux plusieurs pièces de poésie qui annoncent de la facilité. Son caractère lui avait fait beaucoup d'amis. Il mourut en 1797, et sa perte fut vivement regrettée par eux, ainsi que le fait connaître une épître consacrée à sa mémoire, et insérée dans l'*Almanach des muses* de 1798.

ANDRIEUX (Pierre-Augustin), lieutenant de vaisseau, membre de la légion-d'honneur, né à Toulon. Cet officier, que la *Biographie des hommes vivans* dit avoir été peu connu avant le mois de février 1815, n'avait cessé de se signaler depuis la révolution, et avait été mentionné honorablement dans un arrêté du directoire exécutif, du 30 mai 1796, pour sa belle conduite lors des combats que le vaisseau le *Ça-ira* avait soutenus, les 13 et 14 mars 1795, contre six vaisseaux anglais. Il fut blessé à la bataille d'Aboukir : et ce ne fut pas seulement sur mer que les Anglais éprouvèrent sa valeur, attestée par une foule de rapports des officiers supérieurs au ministre de la marine; ils eurent encore lieu de s'apercevoir qu'il n'était pas moins brave sur terre, lorsqu'en 1813 ils attaquèrent la ville de Livourne, que M. Andrieux contribua à défendre avec l'équipage du brick le *Zéphyr*, qu'il commandait. Dans le même temps, il chassa de la mer de Toscane les corsaires qui l'infestaient, et il était encore en croisière dans les environs de l'île d'Elbe, lorsque Napoléon en sortit, le 26 février 1815, pour rentrer en France. Son brick et celui de Napoléon passèrent bord à bord, et il conversa quelque temps avec le lieutenant de vaisseau Taillade, qu'il connaissait beaucoup; néanmoins, il s'éloigna sans se douter que le frêle bâtiment qui disparaissait de ses yeux, portait la fortune du nouveau César, par la précaution que celui-ci avait prise de faire ôter les bonnets à ses grenadiers. Quelque temps après, M. Andrieux fut nommé capitaine de frégate par Napoléon; mais à la rentrée du roi, il fut destitué par ordonnance du 29 juillet 1815, et, de plus, déclaré *incapable de servir, même dans la marine marchande*. Ce marin réunit au plus brillant courage de grandes connaissances dans la marine, qu'il a acquises dans ses nombreux voyages.

ANDRIEUX (Marie-Martin-Antoine), adjudant-général, né le 25 mars 1768, à Limoux, département de l'Aude. Il entra au service comme capitaine au 1ᵉʳ bataillon de ce département, dans le mois de novembre 1791. Il donna bientôt des marques de la plus grande valeur; entre autres, le 22 septembre 1793, où, à la tête de 100 hommes, il s'élança dans une redoute ennemie, dont il s'empara. Le 6 septembre 1795, il fut nommé adjoint aux adjudans-généraux; chef de bataillon, le 8 octobre 1797, et enfin adjudant-général, en 1799. Il rendit des services importans en Italie, surtout au passage du Mincio, le 26 septembre 1800, où il eut un cheval tué sous lui, et au blocus de Gènes, où il donna des preuves d'un rare talent et d'une grande intrépidité. Le général Masséna le chargea de négocier la capitulation de cette ville, qui, par reconnaissance, lui fit présent d'un sabre magnifique. Après cette campagne, il occupait ses loisirs à écrire la relation de la défense de Gènes, lorsqu'il fut appelé à faire partie de l'expédition de Saint-Domingue, où il mourut, en 1802, de la fièvre jaune, après avoir, jusqu'au dernier moment, donné des preuves de tous les courages.

ANDROEE (JEAN-GÉRARD-REMHARD), fils d'un pharmacien, né à Hanovre, en 1724, mort en 1793. Il succéda à son père, et se fit remarquer par l'étendue de ses connaissances en physique et en chimie. Andrœe a publié sur ces deux sciences de savantes dissertations insérées dans le *Magasin hanovrien*. Il est aussi auteur d'un ouvrage intitulé: *Dissertations sur un grand nombre de terres qui forment le sol des possessions de S. M. Britanique, et sur leur emploi pour l'agriculture*. Cet écrit a été rédigé par ordre du roi d'Angleterre, qui en avait chargé spécialement Andrœe. Ce savant praticien était en relation avec les chimistes et les physiciens les plus célèbres de son temps; Franklin, Gmelin et Muschenbrock, l'honorèrent de leur amitié.

ANDROT (ALBERT-AUGUSTE), compositeur de musique, naquit à Paris, en 1781. Admis à 15 ans au conservatoire de musique, il y obtint le prix d'harmonie, en 1799, et celui de composition quatre ans plus tard. Ayant remporté, en 1804, le grand prix de composition musicale, il fut, suivant l'usage, envoyé à Rome aux frais du gouvernement, pour se perfectionner dans ses études. Le célèbre compositeur Guglielmi remarqua bientôt dans cet élève des dispositions extraordinaires; il lui fit composer, dès la première année, une *messe funèbre* et un *morceau de musique religieuse*. Ce dernier morceau, exécuté dans une église, pendant la semaine sainte, au milieu d'un concours immense d'auditeurs, excita un si grand enthousiasme, que son jeune auteur fut engagé par le directeur du premier théâtre de Rome et par Guglielmi lui-même, à composer la *musique du Grand-Opéra* pour l'automne. Androt se livra à ce travail avec toute l'ardeur de son âge et ce désir de la gloire qui anime le génie naissant. La nouvelle production touchait à sa fin, quand l'excès des veilles et des fatigues termina, le 19 août 1804, les jours de cet intéressant artiste, à peine âgé de 23 ans. Pour honorer sa mémoire, on exécuta, au mois d'octobre de la même année, dans l'église de *san Lorenzo in Lucina*, à Rome, un *de profundis*, qu'il avait composé presqu'au moment de mourir. Ainsi le beau *Requiem* du célèbre Mozart fut exécuté pour Mozart lui-même, qui était mort peu de temps après l'avoir terminé. Tous deux avaient fait entendre le chant du cygne.

ANGELUCCI exerçait à Rome la profession de médecin quand il se signala parmi les partisans de la révolution française. Le gouvernement du pape, dont les intérêts étaient entièrement opposés aux principes philosophiques, ne tarda pas à persécuter M. Angelucci, qui fut arrêté et détenu au château de Saint-Ange. Relâché à la sollicitation des cardinaux Antonelli et Albani, il se lia de nouveau avec les libéraux, et continua à servir la cause de la liberté: sa conduite, devenue suspecte, le fit arrêter une seconde fois;

mais il obtint son élargissement à la demande du général Bonaparte, qu'il vint ensuite remercier à Paris. Après l'occupation de l'Italie par l'armée française, M. Angelucci fut nommé consul; mais une dénonciation l'ayant rendu suspect au commandant français, il fut destitué. Quand l'état romain fut évacué par les Francais, M. Angelucci, craignant avec raison une persécution plus dangereuse, se rendit à Paris; depuis il est retourné à Milan.

ANGIOLINI était ministre du grand-duc de Toscane à Rome, lors du soulèvement qui eut lieu dans cette ville contre les Français, en 1797. La conduite courageuse qu'il tint en cette occasion lui valut la bienveillance du gouvernement directorial. Il protégea les Français restés à Rome après l'évacuation, et leur donna des passe-ports pour revenir en France. Le général Bonaparte, qui commandait en chef l'armée d'Italie, fit au directoire un rapport très-favorable de la conduite de M. Angiolini, qui, envoyé ensuite à Paris comme ambassadeur du grand-duc de Toscane, fut accueilli de la manière la plus honorable par le directoire. Son souverain lui écrivit dans le même temps pour lui témoigner toute sa satisfaction de sa conduite dans sa mission de Paris, qui était la récompense de celle de Rome.

ANGIVILLER (LABILLARDERIE, COMTE D'), a été successivement menin de Louis XVI, conseiller d'état, mestre-de-camp de cavalerie, surintendant des bâtimens, et directeur du Jardin du Roi, et membre de l'académie des sciences. En 1791, l'assemblée décréta la confiscation de ses biens, d'après les dénonciations qui lui furent portées de son administration; il émigra alors. M. d'Angiviller aimait la société des gens de lettres, et était particulièrement lié avec Ducis, qui demeurait chez lui. Les arts lui ont des obligations; c'est lui qui a conçu l'idée de consacrer à la peinture la galerie du Louvre, et de faire de ce monument le plus vaste muséum qui soit au monde.

ANGLÈS (CHARLES-GRÉGOIRE), membre de la chambre des députés, est né vers 1740. Il était maire de Veynes, département des Hautes-Alpes, lorsqu'en 1813, il fut appelé par le sénat au corps-législatif, après avoir été présenté comme candidat par son département. Le 4 février 1815, il devint conseiller de préfecture, et plus tard, président de la cour de Grenoble. Membre de la chambre des députés depuis 1814, il a été président à l'ouverture des sessions, comme doyen d'âge. En 1816, M. Anglès prononça un discours, en appuyant le projet de loi sur la restitution à faire, aux émigrés, de leurs biens non-vendus; et demanda une indemnité en faveur de tous les autres. Dans la séance du 5 décembre 1819, où l'on vérifiait les pouvoirs de M. *Grégoire*, conventionnel, ancien évêque de Blois, M. Anglès, après avoir établi deux motifs pour déclarer nulle l'élection : le premier *l'illégalité*, et le second *l'indignité*, mit aux voix, en sa qualité de président d'âge, l'indignité avant l'illégalité, ce qui excita de vives réclamations. Dans la même session, il a voté pour les deux lois d'exception et pour la nouvelle loi d'élection.

ANGLÈS (LE COMTE), fils du précédent, ministre d'état, préfet de police, est né à Grenoble, en 1780. Il étudia d'abord le droit pour devenir jurisconsulte; mais ses dispositions changèrent lorsqu'il vit que la révolution lui ouvrait la carrière des emplois publics. Il fut auditeur au conseil-d'état, et attaché, en cette qualité, à l'administration des provinces conquises; ce fut à Vienne, en Autriche, qu'il reçut sa nomination de maître des requêtes. A son retour en France, il fut chargé de la correspondance du troisième arrondissement de la police générale de l'empire, qui comprenait les départemens situés au-delà des Alpes, et conserva ce poste jusqu'à l'abdication de Napoléon. Le 3 avril 1814, M. Anglès fut nommé par le gouvernement provisoire ministre de la police générale par intérim, et, trois mois après, il devint conseiller-d'état, en vertu d'une ordonnance royale. Le 20 mars 1815, au retour de Napoléon, M. Anglès suivit le roi à Gand, et revint à Paris peu de temps avant S. M. Dans les derniers jours de septembre 1815, M. Anglès fut nommé préfet de police, en remplacement de M. de Cazes, qui remplaçait lui-même, au ministère de la police générale, M. Fouché, duc d'Otrante, alors envoyé en qualité de ministre plénipotentiaire à Dresde, où il est arrivé exilé. Au mois de mars 1816 le roi confirma le titre de comte donné par Napoléon à M. Anglès.

ANGLESÉA (HENRI-WILLIAM PAGES, COMTE D'OXBBIDGE, MARQUIS D'), officier-général anglais, obtint, en 1815, le titre de marquis. Il avait servi long-temps sans recevoir aucune blessure grave; mais, le 18 juin, à la bataille de Waterloo, il fut frappé d'un boulet de canon qui lui emporta la cuisse. Le marquis d'Angleséa repartit bientôt pour l'Angleterre, afin de se retirer dans son château, et à son passage par Lichtfield, dans le mois d'août, les magistrats, étant allés au-devant de lui, lui firent une réception d'honneur. On le mena en triomphe à l'hôtel-de-ville, où un banquet splendide avait été disposé, et, en présence de toute la population, on lui offrit une épée qui avait été votée par la commune. Après cette cérémonie, les autorités le reconduisirent encore triomphalement jusqu'aux portes de la ville, et, à son départ, il fut salué par les acclamations de la multitude. Dans leurs guerres contre les Français, les Anglais ont eu rarement l'occasion de rendre de si grands honneurs à leurs guerriers; ce triomphe eût été plus beau encore s'il n'avait été partagé par les Russes, les Autrichiens, les Prussiens, les Suédois et toutes les autres armées de la *Sainte-Alliance*.

ANGOSSE (LE MARQUIS D'), pair de France, est né en 1774, dans le Béarn. Son père, aussi marquis d'Angosse, était officier-général, et siégea aux états-généraux, comme député de la noblesse d'Armagnac. Le jeune d'Angosse était à l'École-Militaire, lorsque la révolution éclata. Il entra au service peu de temps après, et, à peine âgé de 17 ans, cédant à l'impulsion qui réunissait au-delà du Rhin la plus grande partie des officiers nobles de l'armée, il quitta la France en 1791, pour ne la revoir qu'en 1801. Un gouvernement réparateur présageait alors à notre patrie des années de gloire et de repos; M. d'Angosse accepta l'une des plus honorable fonctions administratives, celle de maire. En 1806, l'empereur le nomma son chambellan, et lui confia plusieurs missions importantes. En 1810, M. d'Angosse fut nommé à la préfecture du département des Landes, peu de temps après son retour d'Autriche, où il avait été envoyé pour assister à la remise de S. A. I. et R. l'archiduchesse Marie-Louise, et pour l'accompagner en France. Il seconda avec quelque succès la vigoureuse résistance que l'armée du duc de Dalmatie opposa à la coalition du midi, et c'est au moment où M. d'Angosse venait de recevoir la croix d'officier de la légion-d'honneur, comme une récompense de son zèle, qu'ayant été obligé d'évacuer le département dont il était préfet, il y fut remplacé. L'acte qui nommait son successeur est l'un des premiers du gouvernement établi, le 12 mars 1814, à Bordeaux. Lorsque après le 20 mars 1815, tout espoir de paix se fut évanoui, et que la France se vit menacée d'une invasion formidable, M. d'Angosse n'hésita point à se charger de l'administration du Haut-Rhin : il était aux avant-postes. Il dirigea avec dévouement et non sans de grands résultats, les merveilleux efforts et l'ardent patriotisme des Alsaciens : le désastre de Waterloo devait les rendre inutiles. Le 5 mars 1819, le marquis d'Angosse fut appelé par le roi aux fonctions de la pairie.

ANGOSSE (ARMAND D'), député des Basses-Pyrénées, pour les sessions de 1816, 1817 et 1818, a été réélu en 1819, par le même département. Il a voté constamment avec le centre de l'assemblée. Dans la session de 1819 à 1820, son vote fut pour les deux lois d'exception et pour la nouvelle loi d'élection.

ANGOULÊME (LOUIS-ANTOINE DE BOURBON DUC D'). (*Voyez* LOUIS-ANTOINE.)

ANGOULÊME (MADAME, DUCHESSE D'). (*Voyez* MARIE-THÉRÈSE.)

ANGRAN-D'ALLERAY (DENIS-FRANÇOIS), né à Paris, en 1715, d'une famille ancienne et honorée dans la magistrature, fut successivement conseiller au parlement, maître-des-requêtes, intendant de Lyon, procureur-général au grand conseil, lieutenant-civil du Châtelet de Paris, et conseiller-d'état. Ce respectable magistrat présente un de ces caractères si justement vénérés dans les temps anciens, auxquels sa simplicité, sa vertu, sa modestie et son humanité semblent le rattacher. Dans l'intérieur de sa maison, dans ses relations sociales, et dans l'exercice de ses fonctions, M. d'Alleray retraçait ces mœurs antiques de la magistrature française, qui mérita pendant plusieurs siècles d'être nommée le sacerdoce politique de nos institutions. Il avait conservé les vénérables traditions des Lamoignon, des Molé, des Harlay, des d'Aguesseau, et en partageait l'héritage avec l'immortel Malesherbes. Placé sur un théâtre moins élevé, sorti d'une famille moins illustre, doué peut-être d'un esprit moins vaste, d'une âme moins ardente, M. d'Alleray, par l'empire d'une vertu toujours éclairée, qui n'était austère que pour lui, par l'exercice infatigable de ses devoirs publics, et le trésor d'une érudition profonde, arrive également au souvenir et à l'estime de la postérité. On peut dire que les quinze dernières années de la vie politique de M. d'Alleray furent les dernières de la gloire des tribunaux français, à laquelle il semblait destiné à ne pas survivre. Appelé, en 1774, à la place importante de lieutenant-civil du Châtelet, il la remplit jusqu'à la fin de 1789, et il y acquit cette haute considération, qui rappelle si honorablement le souvenir de cette cour de judicature. Une telle fonction plaçait M. d'Alleray à la tête de tous les intérêts privés de la capitale. Il était le magistrat de Paris, il voulut encore être le conciliateur des familles. Il exerçait sur elles cette autorité paternelle, qui avait si justement immortalisé l'illustre arbitre du *chêne de Vincennes*. Dans le secret de son cabinet, où il accueillait toutes les douleurs, toutes les confidences, M. d'Alleray jugeait, consolait, réconciliait les plaideurs, et les renvoyait meilleurs et plus heureux. Il conservait ainsi, par l'action de cette magistrature domestique, la fortune et l'honneur aux citoyens, ainsi que la décence aux tribunaux. Son inaltérable amour du bien le portait encore à ouvrir, deux fois par semaine, un cours de conférences en faveur des jeunes conseillers qu'il croyait plus particulièrement appelés à se distinguer. C'était dans ces conférences que se déployaient la vaste instruction du lieutenant-civil, et la vertu du véritable magistrat; et si une sorte de lenteur paraissait caractériser les opérations de son esprit, aussi juste que son cœur était pur, la jeunesse, attentive malgré sa vivacité naturelle, puisait dans ces entretiens des définitions claires, des applications lumineuses, des indications certaines du juste et de l'injuste, qui se gravaient profondément dans sa pensée, et qui la guidaient dans les fonctions dont M. d'Alleray présidait l'exercice. Ce cours de jurisprudence était en même temps un beau cours de morale. Un trait qui a fourni à M. Chastenet-Puiségur le sujet d'une comédie en 3 actes, intitulée *le Juge bienfaisant*, honore à jamais M. d'Alleray: dans l'hiver de 1787, les gardes du commerce avaient arrêté un malheureux pour une somme assez considérable. Il était père d'une nombreuse famille, et son unique soutien. Le plus intègre des juges ne pouvait soustraire cet infortuné à la condamnation légale; mais le plus humain des hommes attendait le condamné à la prison, et, quand il y entra, il y trouva M. d'Alleray, le paiement de sa dette et la liberté. En 1787, M. d'Alleray fut nommé conseiller-d'état, et membre de l'assemblée des notables; et, deux ans après, il fut appelé par le roi à présider une des sections de la noblesse aux états-généraux. Les membres de cette section le refusèrent pour président au commissaire du roi, afin de mieux assurer la liberté de leurs délibérations; mais M. d'Alleray gagna à ce refus une nouvelle preuve de l'estime publique par le choix que la section fit de lui pour la présider, et auquel il crut devoir se soustraire. Une âme aussi calme devait nécessairement être violemment troublée par l'invasion de la révolution de 1789, dont ces assemblées étaient déjà des préludes orageux. Les fonctions de lieutenant-civil dont il avait fait ses délices pendant quinze ans, lui semblèrent alors un trop lourd fardeau: la chute prochaine du parlement donnait au Châtelet, qui devait lui survivre, un isolement et une responsabilité auxquels ne pouvaient se ployer les habitudes et les souvenirs d'un vieux magistrat. M. d'Alleray donna sa démission au milieu des regrets de sa compagnie, et fut honoré de ceux de la ville de Paris. Ces regrets étaient d'autant mieux sentis que M. d'Alleray fut loin d'être remplacé par M. Talon, qui lui succéda. (*Voyez* FAVRAS et TALON.) La famille de M. d'Alleray fut son asile pendant les troubles révolutionnaires. Elle était composée de trois filles, dont l'aînée avait épousé le marquis de Vibraye, lieutenant-général, gouverneur du duc d'Enghien; la seconde, le marquis de la Luzerne, d'abord ambassadeur à Constantinople, ensuite à Londres; et la troisième, le comte de la Luzerne, alors ministre de la marine. L'émigration le sé-

para bientôt d'une partie de sa famille. Arrêté pendant la terreur, il fut conduit, comme père d'émigrés, devant le trop fameux Fouquier-Thinville, accusateur public du tribunal révolutionnaire. Cet homme, qui avait été procureur au Châtelet, se souvint des vertus de son ancien supérieur; et, par une inexplicable exception à l'implacable férocité de son caractère, conçut le dessein de le soustraire à la mort. Mais il fallait que M. d'Alleray niât qu'il eût envoyé des secours à ses enfans émigrés : cet illustre citoyen ne pouvait balancer entre la vie et le mensonge. Il déclara donc avoir fait parvenir de l'argent à un de ses gendres : « Ignorais-tu, lui dit, avec une » émotion concentrée, le farouche » Fouquier-Thinville, la loi qui » le défend? — J'en connais une » plus sacrée, répondit le vieillard, celle de la nature, qui or- » donne aux pères de secourir » leurs enfans! » Cette noble et touchante réponse fut cause que M. d'Alleray porta sa tête sur l'échafaud, à l'âge de 79 ans, le 18 avril 1794.

ANGRAN (LOUIS-ALEXANDRE), frère du précédent, né en 1715, mourut sans postérité, en 1801. Il était conseiller de grand'chambre, et généralement estimé pour ses lumières et sa piété, qualités héréditaires dans cette famille.

ANGRI (D'), prince napolitain, se montra de bonne heure partisan zélé de la révolution. Mais en 1799, les troupes royales ayant repris la ville de Naples, dont les Français s'étaient emparés, ce prince fut proscrit, et ne parvint qu'avec beaucoup de peine à se soustraire, par la fuite, au supplice qu'on lui réservait: on se porta à son palais qu'on réduisit en cendres.

ANISSON-DUPERRON (ÉTIENNE-ALEXANDRE-JACQUES), d'une famille honorablement connue dans l'art de la typographie, et qui donna plusieurs éditions remarquables par la haute importance des ouvrages, la correction du texte et la beauté de l'impression, est né à Paris, en 1748. Nommé, à l'âge de 35 ans (en 1783), directeur de l'imprimerie royale, Anisson-Duperron soutint la réputation que lui imposait en quelque sorte la célébrité de ses pères. Ses ateliers dirigés et surveillés avec un soin particulier, et dont l'activité ne s'est pas ralentie pendant les travaux de l'assemblée constituante, étaient visités à l'envi par les nationaux, et par les étrangers, amateurs éclairés de l'art admirable

De peindre la parole et de parler aux yeux.

En 1790, Anisson-Duperron publia une *Lettre sur l'impression des assignats*. Le désir d'attacher son nom à une entreprise grande et nouvelle, en se chargeant de confectionner ce papier-monnaie, le jeta dans des démarches qui n'eurent point de succès. Un décret, rendu en décembre de la même année, l'obligea de déposer aux archives l'état de tous les objets composant l'imprimerie royale. Le 4 juillet 1792, il fut forcé, pour se disculper d'avoir imprimé un arrêté *inconstitutionnel* du département de la Somme, de justifier à l'assemblée législative, de l'ordre qu'il en avait reçu du secrétaire-général du ministère de l'intérieur. Après le 10 août, il quitta la direction de l'imprimerie (alors exécutive nationale), par suite des désagrémens qu'il éprouva. Il crut se soustraire entièrement à sa mauvaise fortune, en se retirant à la campagne; mais il fut arrêté, en germinal an 2, et fit, ou essaya de faire, pour recouvrer sa liberté, des sacrifices pécuniaires considérables en faveur de plusieurs membres des autorités municipales de Ris et de Corbeil, où étaient situées ses principales propriétés. Ce moyen accéléra sa perte. Traduit immédiatement après au tribunal révolutionnaire, il fut condamné à mort, le 6 floréal an 2 (25 avril 1794). Sa veuve réclama auprès de plusieurs assemblées législatives, et en dernier lieu au conseil des cinq-cents, contre la confiscation de ses biens. Le conseil, après rapport et discussion, écarta la réclamation par l'ordre du jour. Dans un *Mémoire sur l'impression en lettres, suivi de la description d'une nouvelle presse*, lu en mars 1783, à l'académie des sciences, publié en 1785, in-4°, et qui avait été imprimé dans le tome X du recueil de cette académie, Anisson-Duperron prétend être l'inventeur de la presse à un coup, pour laquelle MM. Didot réclament la priorité, ayant, disent-ils, imprimé avec une presse de cette forme le *Daphnis et Chloé* de d'Ansse de Villoison, en 1777.

ANISSON-DUPERRON (HIPPOLYTE), fils aîné du précédent, avait environ 19 ans lors de la mort de son père. Il remplit plusieurs missions en Italie, sous le gouvernement impérial, qui le nomma, en 1809, auditeur au conseil-d'état, section de législation, puis inspecteur-général de l'imprimerie impériale. Après le rétablissement de la maison de Bourbon sur le trône de France, il fut porté sur le tableau des maîtres-des-requêtes, et, par ordonnance du 2 janvier 1815, nommé directeur de l'imprimerie royale, ayant la jouissance de tout le matériel de l'imprimerie et du local où elle est établie, sans autre condition que celle de l'entretenir, et de ne rien aliéner. Pendant les *cent jours*, l'imprimerie fut rétablie dans l'état où elle était avant la restauration ; mais après le second retour du roi, M. Anisson-Duperron rentra dans la jouissance des prérogatives que lui avait accordées l'ordonnance royale, et fut, en outre, nommé membre de la commission du sceau et maître-des-requêtes en service extraordinaire. Cette ordonnance avait excité beaucoup de mécontentement parmi les imprimeurs de Paris ; ils prétendaient qu'elle donnait à M. Anisson les moyens d'exercer, à leur détriment, un monopole dont le gouvernement ferait tous les frais. Leurs réclamations devaient être présentées à la chambre des députés, lorsque le 20 mars 1815 arriva. Un an après, le 19 mars 1816, M. Roux-Duchâtelet représenta à la chambre combien était onéreux à l'état l'abandon du matériel de l'imprimerie royale. Ses observations furent prises en considération ; mais l'ordonnance ne continua pas moins à avoir tout son effet.

ANKARSTROEM (Jean-Jacques), officier suédois, naquit en 1759. Son père avait été anobli ; mais, en Suède, comme ailleurs, l'ancienne noblesse dédaigne et repousse aussi long-temps qu'elle le peut les nouveaux agrégés. Aussi Ankarstroem était-il plus attaché aux institutions en général qu'à la noblesse en particulier ; le fanatisme aristocratique n'a pas plus contribué que le fanatisme démagogique à lui faire frapper le terrible coup par lequel il s'est rendu si tristement célèbre. Destiné à la carrière des armes, le jeune Ankarstroem fut admis de bonne heure dans les gardes du roi, en qualité d'enseigne, grade qui correspond à celui de sous-lieutenant. Dès l'âge de 24 ans, il quitta le service, en 1783, et non pas en 1789, comme le disent quelques biographes. Il n'avait point obtenu d'avancement, mais dans son brevet de congé on lui accorda le titre de *capitaine*, ainsi que cela se pratiquait au régiment des gardes et dans les autres corps privilégiés, où, à l'instar de ce qui est établi en France, les grades équivalent à des grades supérieurs dans l'armée. Ankarstroem se retira dans une terre dont il était possesseur. Quelque temps après, accusé, par un employé subalterne de la police, d'avoir parlé dans des termes inconvenants de la personne du roi Gustave III, devant des paysans assemblés, il fut arrêté et emprisonné dans la forteresse de Wisby, en l'île de Gothland, et transféré ensuite, pendant plusieurs années, de château fort en château fort. Mais enfin on le relâcha, parce qu'on ne put trouver de témoins ni de preuves juridiques contre lui ; de là l'opinion encore accréditée que le roi lui avait fait grâce. Le fait est qu'on n'avait pas même pu le mettre en jugement. Ankarstroem retourna dans sa terre, et ne reparut à Stockholm qu'en 1789. C'est à la diète de cette année, que Gustave, qui avait déjà changé le gouvernement de la Suède en 1772, fit une révolution complémentaire, abolit le sénat, et s'empara du pouvoir absolu, après avoir fait arrêter dix-sept des représentans les plus influens de la noblesse, tels que le comte de Fersen, père de celui qui a joué un rôle en France, le comte de Horn, les barons Mackleans, et d'autres patriotes distingués. Ankarstroem ne se fit remarquer qu'à l'avant-dernière séance de cette diète, lorsque le roi vint en personne à la chambre des nobles, qu'il avait fait entourer, dès le matin, par ses soldats, pour faire passer, en usant de violence, une nouvelle loi intitulée : *Acte d'union et de sûreté*, acte qui renversait, de fond en comble, la constitution et toute la législation de la Suède. Ankarstroem parla, dans cette séance, avec une véhémence extrême, et apostropha même le roi à plusieurs reprises. Dès lors la noblesse et un grand nombre de plébéiens manifestèrent hautement leurs regrets de la perte des droits que le monarque enlevait à la nation. Ankarstroem, qui gardait contre ce prince un vif ressentiment de la persécution dont il avait été long-temps la victime, avait été encore exaspéré par le supplice du colonel Hœstsko. Cet officier, l'un des plus distingués de l'armée de Finlande, était celui qui avait le plus contribué à empêcher cette armée de faire, contre la Russie, une guerre offensive, dont l'entreprise était regardée comme illégale, n'ayant pas été consentie par les états du royaume. Gustave fit trancher la tête à Hœstsko, sur la place publique de Stockholm. Ankarstroem accompagna le colonel jusqu'au pied de l'échafaud, pour l'assister à son supplice, et ce fut là, suivant la déclaration contenue dans ses interrogatoires, qu'il forma la résolution de tuer le roi. Il l'aurait exécutée seul. C'est en exprimant cette détermination qu'il se lia avec les mécontens qui l'ont favorisé dans l'exécution de son projet. La terrible mission ne lui fut disputée par personne ; il n'y eut donc point de tirage au sort entre les conjurés, comme le prétendent la plupart des biographies. Les actes volumineux du procès d'Ankarstroem, imprimés à Stockholm en 1792, n'en disent pas un mot : *le Courrier de l'Europe*, la feuille la plus mensongère de ce temps, a seule rapporté ce conte absurde ; jamais gazette ou ouvrage suédois n'en a parlé. Quoi qu'il en soit, aucune tentative ne put réussir alors à Stockholm, ni plus tard à Géfle, où le roi avait convoqué la diète pour le 23 janvier 1792 ; les conjurés s'y étaient réunis, mais l'occasion leur manqua. Irrités par des contrariétés et par les nouvelles dispositions de la diète, ils revinrent à Stockholm, résolus à profiter des facilités que leur offrirait un bal masqué. Ce fut là que, le 16 mars, et non le 15, comme on l'a dit encore mal à propos, le monarque suédois reçut le coup qui le renversa mourant dans les bras du comte d'Essen, au moment où il parcourait la salle, appuyé sur ce favori. Ankarstroem tira à bout portant sur Gustave un coup de pistolet chargé de deux balles et de plusieurs clous; puis il se perdit dans la foule. Il avait craint, dit-on, de ne pas reconnaître la personne du roi sous le domino; mais le comte de Horn la lui désigna, en saluant le prince de ces mots : « Bonjour, » beau masque. » Après l'évacuation de la salle, on trouva sur le parquet un pistolet et un poignard. Un armurier de Stockholm ayant reconnu le pistolet pour avoir été acheté chez lui par Ankarstroem, celui-ci fut arrêté, le 18 mars, dans son domicile, où il s'était retiré tranquillement. On a dit à tort qu'une commission avait été nommée pour le juger; il fut traduit devant les tribunaux ordinaires; mais bien que la torture eût été abolie sous le règne même de Gustave III, Ankarstroem fut long-temps torturé pendant qu'il était entre les mains de la police. Il avoua avec fermeté qu'il était l'auteur du meurtre, et désigna quelques personnes, non comme ses complices, mais comme ayant eu connaissance de son projet. Le 29 avril 1792, il fut condamné à être battu de verges pendant trois jours, puis décapité, après avoir eu la main droite coupée. Il marcha au supplice avec tranquillité, en promenant ses regards avec indifférence sur la foule qui l'environnait, et il subit son sort avec résignation, à l'âge de 33 ans. L'usage, en Suède, est de laisser exposés en public les corps des suppliciés. Mais la police fut bientôt obligée de faire disparaître les restes d'Ankarstroem, parce que chaque matin on trouvait sa tête couronnée de laurier, et à sa main un billet contenant deux vers suédois, dont voici le sens : « Bénie soit la main » qui sauva la patrie! » Plus de deux cents personnes de toutes les classes de la société furent impliquées dans cette affaire : gentilshommes, magistrats, bourgeois, officiers et plébéiens. Un de ces derniers se donna la mort dans sa prison au moment même où le baron de Bielke, issu du sang des rois, se la donnait dans sa propre maison, en refusant tous les secours spirituels et temporels qu'on voulait lui administrer. Quatre des co-accusés d'Ankarstroem furent condamnés à l'exil, savoir : les comtes de Horn et de Ribbing, le colonel du régiment des gardes, Liljehorn, et l'adjudant d'artillerie Ehrensward. Cinq autres furent condamnés à une détention plus ou moins longue, savoir : le vieux général Pechlin, les deux frères du ministre des affaires étrangères Engstroem, etc. Les autres furent acquittés. La conspiration d'Ankarstroem, et sa mort, fournirent la matière d'une tragédie, qui fut reçue au Théâtre-Français, et dont le gouvernement de 1793 ne jugea pas à propos de permettre la représentation. Cette pièce, que le comité de salut-public et Roberspierre lui-même trouvèrent trop patriotique, avait été composée par l'auteur de la tragédie républicaine de *Pausanias* (Voyez Trouvé), alors rédacteur du *Moniteur, Gazette na-*

tionale, et depuis collaborateur du *Conservateur,* espèce de gazette *ultra monarchique.* Cet auteur, pour qui la *Gazette nationale* devait être une autorité, avait établi la péripétie de son œuvre tragique sur un tirage au sort, et sur la sortie d'un billet hors de l'urne, apportée pompeusement sur le théâtre. Cela eût donné peut-être lieu à une belle scène de tragédie ou de mélodrame; mais c'était manquer à la vérité de l'histoire. (*Voyez* Gustave III.)

ANNECY, homme de couleur, fut député par la colonie de Saint-Domingue au conseil des-anciens, pour la session de l'an 5 (1797); mais sa nomination ayant présenté quelques difficultés, il ne fut admis dans cette assemblée que le 18 prairial an 6 (7 juin 1798), et il devint secrétaire du conseil, l'année suivante. Lorsqu'en 1801, Toussaint-Louverture eut déclaré la colonie indépendante de la métropole, M. Annecy fut accusé d'avoir des intelligences avec les noirs insurgés, dont il s'était montré le zélé partisan, et, en l'an 10 (1802), on le déporta à l'île d'Elbe.

ANNÉE (Antoine) embrassa de bonne heure la cause de la liberté; mais se trouvant à Paris aux époques du 20 juin, du 10 août et des journées de septembre, les malheurs et les crimes de ces époques firent sur lui une impression si profonde, qu'il ne cessa depuis de s'élever, avec toute l'énergie de son caractère, contre des excès plus funestes à la cause des peuples qu'à celle des rois. Durant le règne de la terreur, il était aux armées, refuge et asile de sûreté des hommes qui n'y occupaient pas des postes assez élevés pour faire naître l'envie, ou éveiller les craintes d'une autorité inquiète et jalouse. Quelques mois après le 9 thermidor an 11, il revint à Paris, et y publia, sous le titre du *Réhabilitateur,* un journal consacré à venger la mémoire des infortunés sacrifiés sur les autels de la terreur : il ne parut qu'une vingtaine de numéros de ce journal; on était encore trop voisin de l'affreux système contre lequel il s'élevait : les hommes qui y avaient joué les premiers rôles, étaient encore trop puissans pour qu'une telle feuille pût être publiée impunément, et l'auteur fut forcé de l'abandonner. Un temps plus heureux a effacé de son esprit, du moins en partie, les impressions funestes de cette déplorable époque; et M. Année, cultivant avec succès la littérature légère, a composé, pour le théâtre du Vaudeville, avec MM. Gersin et Ferrière, *Arlequin décorateur;* avec MM. de Jouy et Gersin, le *Carrosse espagnol;* avec M. Gersin, *Ne pas croire ce qu'on voit; une Heure de Caprice;* avec le même et M. Vieillard, *Gilles ventriloque;* et avec M. Dieu-lafoy, *Thomas Muller; Racine et Cavois :* pour le théâtre Favart, avec les mêmes, le *premier Homme du monde;* la *Petite Maison,* et avec M. Gersin, *une Nuit d'été :* il a encore composé, avec ces auteurs, pour le théâtre de Louvois, un *Tour de Soubrette; Solar, ou l'Innocence reconnue;* et *les Travestissemens.* Il a concouru, par des articles de littérature, à la rédaction de plusieurs ouvrages périodiques, et est un des nombreux collaborateurs de la *Revue encyclopédique*. A l'époque où le fameux critique Geoffroy jetait la consternation dans les coulisses, M. Année recueillit ses divers jugemens, les opposa les uns aux autres, et en composa un ouvrage que l'on a attribué à M. Pigault-Lebrun.

ANQUETIL (Louis-Pierre), membre de la seconde classe de l'institut et de la légion-d'honneur, né à Paris, en 1723. Après avoir fait ses humanités au collége Mazarin, il entra dans la congrégation de Sainte-Geneviève, où il étudia la théologie sous le P. Lecourayer. Employé bientôt en qualité de maître dans cet établissement, la rapidité de ses progrès les fit attribuer à sa prompte élévation. On remarqua qu'il enseignait aux autres ce qu'il étudiait encore lui-même. Cette heureuse disposition fortifia son jugement, développa sa raison, et lui fit acquérir autant de belles connaissances que de maturité d'esprit. A vingt ans, il était professeur de belles-lettres, de philosophie et de théologie au collége Saint-Jean. Nommé directeur du séminaire, à Reims, il y écrivit l'histoire de cette ville, qu'il dégagea de toutes les superfluités dont les historiens précédens l'avaient surchargée. Au moment de faire paraître cet ouvrage, une discussion s'eleva entre Anquetil-Duperron et M. Félix Delasalle, qui prétendait y mettre son nom. Anquetil l'emporta, et l'on peut consulter à ce sujet une brochure intitulée: *Mémoire servant de réponse pour le sieur Delaistre, contre le sieur Anquetil*, in-4°, Reims, 1758. Il fut nommé prieur de l'abbaye de la Roque, et envoyé ensuite au collége de Senlis pour surveiller et ranimer les études. Il y composa l'*Esprit de la ligue*, ouvrage justement célèbre. Nommé, en 1766, au prieuré de Château-Renard, dans le département du Loiret, il espérait y passer le reste de sa vie. Quand la révolution éclata, il eut le bon esprit et le bonheur d'échanger son prieuré pour la cure de la Villette, près Paris; les fonctions qu'il avait à remplir étant moins pénibles, devaient lui laisser plus de temps pour la composition de son *Précis de l'histoire universelle*, dont il avait déjà tracé le plan. Arrêté et détenu à Saint-Lazare pendant la terreur de 1793, il y continua cet ouvrage, qu'il termina peu de temps après avoir recouvré sa liberté. Il fut à cette époque nommé membre de l'académie des inscriptions et belles-lettres, et ensuite employé au ministère des relations extérieures, où il fit ses *Motifs des traités de paix*. Voici la liste de ses ouvrages: 1° *Histoire civile et politique de la ville de Reims*, 3 vol. in-12, 1756 et 1757; 2° *Almanach de Reims*, in-24, 1754; 3° l'*Esprit de la ligue, ou Histoire politique des troubles de France pendant les* 16me *et* 17me *siècles*, 3 vol. in-12, 1767, réimprimés dans le même format en 1771 et en 1797; 4° *Intrigue du cabinet sous Henri IV et sous Louis XIII, terminée par la fronde*, 4 vol. in-12, 1680; 5° *Louis XIV, sa cour et le régent*, 4 vol. in-12, 1789, réimprimés en 3 vol. du même format, en 1794. Les anecdotes rapportées dans cet ouvrage, présentent moins d'intérêt depuis la publication de plusieurs des mémoires d'où l'auteur les avait extraites ; 6° *Vie du maréchal de Villars, écrite par lui-même, suivie du Journal de la cour, de 1724 à 1734*, 4 vol. in-12, 1787, Paris : elle se compose d'un extrait fidèle des mémoires de ce maréchal ; 7° *Précis de l'histoire universelle*, 12 vol. in-12, 1805; réimprimé plusieurs fois, et en différens formats : il a été traduit en anglais, en espagnol et en italien ; 8° *Motifs des guerres et des traités de paix de la France, pendant les règnes de Louis XIV, Louis XV et Louis XVI*, in-8°, 1798 ; 9° *Histoire de France, depuis les Gaules jusqu'à la fin de la monarchie*, 14 vol. in-12, 1805 et suiv. : l'auteur avait 80 ans lorsqu'il composa cette histoire ; 10° *Notice sur la vie d'Anquetil-Duperron*, son frère. Anquetil avait donné plusieurs dissertations, qui toutes furent insérées dans les mémoires de l'institut. Il s'absentait chaque année pour aller visiter ses anciens paroissiens de Château-Renard, qu'il affectionnait toujours. Comme le séjour qu'il y avait fait avait été marqué par son zèle à remplir ses devoirs et par sa bienfaisance, il y recevait de nombreux témoignages d'estime et d'attachement. Anquetil était doué d'un caractère très-sociable, et qui différait de beaucoup de celui de son frère Anquetil-Duperron, avec lequel cependant il entretint constamment une étroite amitié. D'une humeur égale et d'une grande sobriété, Anquetil devait à cette tempérance la force qui le soutint jusqu'à son dernier moment. Il travaillait dix heures par jour, même dans les dernières années de sa vie. Il mourut le 6 septembre 1808, âgé de 84 ans. La veille de sa mort, il dit à un de ses amis : « Venez voir un homme qui » meurt tout plein de vie. »

ANQUETIL-DUPERRON (A-BRAHAM-HYACINTHE), frère du précédent, naquit à Paris le 7 décembre 1731, et fit ses études à l'université, où il apprit avec succès la langue hébraïque. M. de Caylus, évêque d'Auxerre, lui fit faire ses études théologiques, tant dans son diocèse qu'au séminaire d'Amersfort, près d'Utrecht ; mais la vocation d'Anquetil-Duperron le portait à l'étude particulière de l'hébreu, de ses dialectes et du persan. Les instances du prélat ne purent le retenir à Amersfort, quand il crut n'avoir plus rien à y apprendre. Il revint à Paris, où son assiduité à la bibliothèque du roi le fit remarquer de l'abbé Sallier, garde des manuscrits, qui le fit connaître à ses amis. Il dut à leurs sollicitations un modique traitement, en qualité d'élève pour les langues orientales. Quelque temps après, le hasard ayant fait tomber dans ses mains plusieurs feuilles calquées sur un manuscrit du *Vendidad-Sadé*, il conçut le projet d'aller dans l'Inde, afin de découvrir les livres sacrés des Parses. N'ayant pu obtenir son passage gratuit, il s'engagea, en qualité de soldat, sur un vaisseau de la marine royale. Ses amis en informèrent le ministre, qui, touché de son zèle pour les sciences, lui accorda le passage aux frais du gouvernement, la table du capitaine, des livres, des instrumens de mathématiques, des cartes et un traitement que déterminerait le gouverneur des établissemens français dans l'Inde ; mais cette bienveillance ne fut point profitable à Anquetil-Duperron qui était parti avant la réception des dépêches du ministre. La traversée dura neuf mois ; il débarqua à Pondichéry le 10 août 1755, et y séjourna pour apprendre le persan moderne ; il se rendit ensuite à Chandernagor pour y étudier le shanskrit. Anquetil-Duperron se disposait à quitter cette ville quand il y fut attaqué d'une maladie très-grave. A peine rétabli, la guerre se déclara entre la France et l'Angleterre. Chandernagor fut pris. Anquetil-Duperron, craignant d'avoir manqué le but de son voyage, eut le courage de retourner à Pondichéry, par terre, seul, sans argent, à travers de vastes contrées infestées de bêtes féroces. Sur sa route, il visita toutes les pagodes, et après avoir parcouru un espace de quatre cents lieues dans des déserts brûlans, il arriva enfin à Pondichéry, où il trouva un de ses frères, avec lequel il s'embarqua pour Surate. Le vaisseau ayant dû relâcher en route, il se rendit à Calicut, à Goa, à Aurengabad, pénétra dans le pays des Marates, visita les monumens des juifs et des chrétiens de Saint-Thomas, et eut soin d'en recueillir les traditions. Il fit aussi un grand nombre d'observations sur le climat et sur les mœurs des habitans ; il arriva à Surate huit mois après son débarquement ; C'est dans cette ville qu'il espérait trouver, et qu'il trouva en effet les prêtres qui possédaient les livres qu'il cherchait ; mais il éprouva de grandes difficultés de la part de ces prêtres, à qui la loi défendait de donner communication des livres sacrés aux hommes d'une religion étrangère. Cependant, à force d'instances et de soumissions, il parvint à décider un *destour* à lui enseigner la langue *pehlevi*. Il l'étudia avec tant d'ardeur et de succès, qu'il fut bientôt en état de faire un vocabulaire de cette langue ; il le termina le 24 mars 1759. Le prêtre qui l'avait instruit l'introduisit, au péril de sa vie, dans l'intérieur le plus secret du temple ; il y vit pratiquer les rites et cérémonies, dont les liturgies ne contenaient qu'une description très-imparfaite. Il s'était proposé d'aller étudier les langues et les livres des Hindous à Bénarès, quand la prise de Pondichéry le força de renoncer à cette entreprise. Une querelle qu'il eut avec un Français l'obligea de se mettre sous la protection du pavillon britannique. Il débarqua en Angleterre, et alla à Oxford collationner les ouvrages qu'il avait en sa possession sur le manuscrit du *Vendidad-Sadé*, qui y était déposé. Il avait alors traduit la plus grande partie des livres parses. Il revint à Paris, le 4 mai 1762, sans fortune, mais possédant, outre un grand nombre d'objets curieux et rares, 180 manuscrits. L'abbé Barthélemy, de concert avec quelques amis des lettres qui avaient beaucoup d'estime pour Anquetil-Duperron, sollicita en sa faveur une pension et le titre d'interprète des langues orientales à la Bibliothèque du Roi. En 1763, il fut nommé membre de l'académie des inscriptions et belles-let-

tres. En 1771, il publia la traduction du *Zend-Avesta*, recueil des livres sacrés des Parses. Il joignit à cette traduction un récit intéressant de ses voyages, et une *Vie* estimée de Zoroastre, auteur d'une partie du *Zend-Avesta*, dont les deux morceaux les plus anciens et les plus remarquables sont le *Vendidad* et l'*Izeschné*. Dans l'intention de réfuter Montesquieu, qui représente comme esclaves les peuples de l'Inde, Anquetil-Duperron publia un ouvrage ayant pour titre : *Législation orientale, ou le Despotisme considéré dans la Turquie, la Perse et l'Indostan*. Il s'attache principalement à démontrer qu'il y existe des lois également obligatoires pour le souverain et pour la nation. Ses *Recherches historiques et géographiques* furent publiées en 1786. Cet ouvrage fait partie de la *Géographie de l'Inde* du P. Thieffenthaler. Trois ans plus tard, il publia un *Traité de la dignité du commerce et de l'état du commerçant*. A l'époque de la révolution, il rompit toutes ses anciennes liaisons, redoutant les dissensions politiques qui se manifestaient déjà avec violence, et ne voulut plus avoir d'autres amis que ses livres et ses manuscrits. Il mit au jour un ouvrage intitulé *l'Inde en rapport avec l'Europe*, 2 vol. in-8°. En 1804, une traduction du persan des *Oupnek'hat, ou Upanischada*, c'est-à-dire *Secrets qu'on ne doit pas révéler*. Cet ouvrage est plein de réflexions philosophiques et profondes. M. Lanjuinais a donné des *Oupnek'hat* une analyse qui se fait remarquer par sa concision et par sa clarté. Anquetil-Duperron écrivit aux brahmes, depuis son retour en France, pour les engager à traduire en persan les anciens livres de l'Inde. Il leur décrit ainsi sa manière de vivre. «Du pain a-
»vec du fromage, le tout valant 4
»sous de France, ou le douzième
»d'une roupie, et de l'eau de puits,
»voilà ma nourriture journalière.
»Je vis sans feu, même en hiver;
»je couche sans draps, sans lit de
»plumes; mon linge de corps n'est
»ni changé, ni lessivé; je subsiste
»de mes travaux littéraires, sans
»revenu, sans traitement, sans
»place; je n'ai ni femme, ni en-
»fans, ni domestiques. Privé de
»biens, exempt aussi des liens de
»ce monde, seul, absolument li-
»bre, mais très-ami de tous les
»hommes, et surtout des gens de
»probité, dans cet état faisant ru-
»de guerre à mes sens, je triom-
»phe des attraits du monde ou je
»les méprise; aspirant avec ar-
»deur vers l'Être-Suprême et par-
»fait, j'attends avec impatience la
»dissolution de mon corps.» Louis XVI ayant voulu donner des récompenses à un certain nombre d'hommes de lettres, Anquetil-Duperron fut compris dans l'état présenté à S. M. pour 3,000 francs. La difficulté était de lui faire accepter cette somme; un de ses confrères se chargea de cette commission délicate. Après avoir employé vainement tous les moyens de persuasion, celui-ci glissa furtivement la somme sur le coin de la cheminée, et sortit avec précipitation. Mais il ne put descendre assez vite pour que le sac n'arrivât pas avant lui au bas de l'escalier. Anquetil-Duperron re-

fusa pareillement une pension de 6000 livres dont le comité d'instruction publique l'avait jugé digne. Il renvoya le brevet, en protestant qu'il n'avait aucun besoin. Il était cependant dans la plus grande détresse; on en jugeait sans peine au mauvais état de ses vêtemens. Un de ses confrères, qui ne l'avait pas rencontré depuis plusieurs années, le prit un jour pour un pauvre honteux, et ne le reconnut qu'au moment où il lui offrait l'aumône. « Vous ne me » surprenez pas et vous ne m'hu-» miliez pas, dit Anquetil-Duper-» ron : vous vouliez faire une bon-» ne œuvre, vous n'en serez pas » privé, et j'y participerai ; venez » faire votre offrande à l'humanité » souffrante, dans la personne d'un » autre vieillard qui est à quelques » pas d'ici, et qui paraît bien mal-» heureux. Pour moi, soyez sûr que » je ne le suis point, et que je ne » peux pas l'être. » Nommé membre de l'institut au moment de la réorganisation de ce corps, il ne tarda pas à se trouver trop riche. « Indiquez-moi, disait-il à un de » ses amis, quelque honnête famil-» le qui ait besoin de secours, je » n'en connais plus aucune : j'ai au » moins chaque mois 100 fr. qui me » sont inutiles. » Il se débarrassa bientôt de cette opulence, en renonçant à la qualité de membre de l'institut, qu'il perdit par le refus de prêter serment aux constitutions de l'empire. Le même désintéressement et le plus noble patriotisme lui avaient fait refuser, en Angleterre, 30,000 livres de sa traduction du *Zend-Avesta*. La mort l'enleva en 1805 lorsqu'il revoyait une traduction du *Voyage du P. Paulin de Saint-Barthélemy dans l'Inde*, traduction dont il allait publier les premiers volumes. L'impression de cet ouvrage arrêtée par cet événement, et continuée par les soins de M. Sylvestre de Sacy, parut, en 1808, en 3 vol. in-8°. Anquetil-Duperron a laissé beaucoup de manuscrits, parmi lesquels on distingue la traduction d'un *Traité latin sur l'Église*, du célèbre docteur Legros, 4 vol. in-4°. Le monde savant a justement placé Anquetil - Duperron parmi les hommes les plus érudits du 18me siècle, et l'on doit regretter que la rudesse et la singularité de ses mœurs aient privé la société de l'exemple de ses vertus, dignes d'ailleurs d'un meilleur âge.

ANSART (dom André-Joseph), bénédictin, naquit, en 1723, dans la province d'Artois. On rapporte qu'étant devenu procureur d'une maison de son ordre, il s'enfuit avec la caisse dont il était dépositaire. Il entra ensuite dans l'ordre de Malte, comme conventuel ; puis, il se fit recevoir avocat au parlement de Paris et docteur en droit; il fut enfin nommé curé de Villeconin près d'Étampes. On lui doit les ouvrages suivans : 1° *Dialogues sur l'utilité des moines rentés*, 1768, in-12. Cette prétendue *utilité*, qu'il n'était pas encore temps de contester, lorsque l'ouvrage fut mis au jour, ne paraît pas avoir fait, vingt ans plus tard, une grande impression sur les assemblées nationales de France. 2° *Exposition sur le Cantique des cantiques de Salomon*, 1770, in-12. L'auteur a eu pour objet de faire connaître le sens mystique de cet

d'Ansse de Villoison.

J. Boilly Sc.

épithalame. 3° *Histoire de saint Maur, abbé de Glanfeuil*, 1772, in-12. C'est un hommage rendu par dom Ansart au fondateur de son ordre. La vie de saint Maur forme la première partie de cet ouvrage; les diverses translations des reliques du saint occupent la seconde et la troisième; enfin, la quatrième est l'histoire de l'abbaye de Saint-Maur-des-Fossés, bâtie, dit-on, sur l'emplacement du château des *Bagaudes*, que fit raser l'empereur Maximien, vers la fin du 3ᵐᵉ siècle. 4° *Éloge de Charles-Quint, empereur*, traduit du latin de Jacques Masenius, 1777, in-12. C'est un panégyrique qui fait suite à la *Sarcothée*, poëme de ce jésuite. 5° *Esprit de saint Vincent-de-Paule, ou Modèle de conduite proposé à tous les ecclésiastiques*, 1780, in-12. Dom Ansart n'avait sans doute pas ce modèle sous les yeux, quand il emporta les fonds de son couvent, si réellement il s'est rendu coupable de cette soustraction. 6° *Histoire de sainte Reine d'Alise, et de l'abbaye de Flavigny*, 1783, in-12; 7° *Histoire de saint Fiacre*, 1784, in-8°; 8° *Bibliothéque littéraire du Maine*, ou Traité historique et critique de cette province, 1784, in-8°. C'est l'ouvrage le plus utile que dom Ansart ait donné : il est parvenu, par ses recherches, à déterrer environ trois cents auteurs, dont les écrits et les noms mêmes étaient ensevelis dans l'oubli le plus profond. 9° *La Vie de Grégoire Cortez, bénédictin, évêque d'Urbin, et cardinal*, 1786, in-12 : on sait que ce savant cardinal fut, jusqu'à sa mort, le conseiller intime du pape Paul III. Dom Ansart était membre de quelques sociétés littéraires, et entre autres de l'académie d'Arras et de celle des Arcades de Rome. Il coopéra, pendant nombre d'années, avec plusieurs savans de son ordre, aux travaux littéraires qui s'exécutèrent à l'abbaye de Saint-Germain-des-Prés à Paris; mais comme il passait pour n'être ni très-érudit, ni fort laborieux, on croit généralement qu'il a trouvé ses ouvrages presque tout faits dans les archives précieuses de cette abbaye, et qu'il s'est contenté de les mettre en ordre, pour les publier sous son nom : fait que n'a point permis de vérifier l'incendie qui, au commencement de la révolution, détruisit cette bibliothèque célèbre. Dom Ansart mourut, vers 1790, dans la 67ᵐᵉ année de son âge.

ANSE DE VILLOISON (JEAN-BAPTISTE-GASPARD D'), ou DANSSE DE VILLOISON, célèbre helléniste, membre de la légion-d'honneur, de l'institut de France, et des académies de Berlin, Madrid, Gottingue, etc. Originaire d'Espagne, il naquit à Corbeil-sur-Seine, le 5 mars 1750. Ses aïeux s'étaient distingués dans la carrière militaire, au service de France. Son grand-oncle périt à la bataille d'Hochstedt, où il commandait une compagnie de dragons. Son grand-père avait été fait prisonnier à la bataille de Fleurus, et était capitaine-lieutenant de la compagnie colonelle, précédemment sous les ordres du marquis de l'Hospital. Enfin, son père avait été successivement page, mousquetaire et chevalier de Saint-Louis. Le jeune Villoison fit d'excellentes études dans le collège de Lisieux, et à Paris, dans celui du Plessis, où se manifesta son goût passionné pour les langues anciennes. De là, il passa au collège des Grassins, sous l'habile professeur Lebeau, et s'y distingua par ses progrès dans la langue grecque, en remportant tous les prix que l'université y affectait chaque année. Dès l'âge de quinze ans, il s'était rendu familiers les ouvrages grecs les plus difficiles, et ses professeurs n'ayant plus rien à lui enseigner, Villoison suivit avec une nouvelle ardeur, au collège de France, les cours du célèbre Capperonnier, qui achevèrent de perfectionner ses études. Non-seulement il avait lu tous les anciens auteurs, mais par la réunion bien rare d'une mémoire et d'une intelligence également prodigieuses, il les récitait de vive voix, et les expliquait aussitôt. Il s'occupa dès lors d'un grand travail qui paraissait bien au-dessus des forces d'un jeune homme, et qui aurait suffi pour établir la réputation d'un savant consommé, du *Lexique homérique d'Apollonius*, qui jusque-là était resté inédit, et que Villoison publia en grec et en latin, 1773, 2 vol. in-4° ou in-f°, avec un *Commentaire* où l'on remarque une foule de notes pleines d'érudition et d'intérêt. Cet ouvrage valut à son auteur la récompense qui pouvait le flatter le plus : l'académie des inscriptions et belles-lettres voulut le compter au nombre de ses membres; mais comme il n'avait pas encore atteint l'âge exigé (il n'avait que 22 ans), cette compagnie savante sollicita et obtint une exception qui n'a jamais eu lieu en faveur d'aucune autre personne. La demande fut conçue dans des termes extrêmement flatteurs pour le jeune écrivain qui en était l'objet : « d'Anse » de Villoison, disait l'académie, » ayant prévenu l'âge des con- » naissances profondes, il est jus- » te qu'il en recueille les avan- » tages plutôt que les autres hom- » mes, et qu'il les devance dans la » *carrière* des honneurs, comme » il les a devancés dans celle du » *savoir.* » Rien de plus honorable pour une académie, et rien peut-être de moins académique. Après de si glorieux succès, qui lui ouvrirent une correspondance intéressante avec un grand nombre de savans étrangers, il ne tarda pas à être associé aux principales sociétés savantes de l'Europe. Vers le même temps, il lut à celle dont il était membre, des *Recherches historiques sur les Jeux Néméens*, et des *Recherches critiques sur le grec vulgaire*. Ces deux dissertations ont été insérées dans l'histoire de l'académie des inscriptions et belles-lettres, tome XXXVIII, pag. 29 et 60. Le *Journal des Savans*, du mois de juin de la même année (1773), renferme aussi une *Lettre* de Villoison, où il proposait une correction sur un passage de la tragédie grecque de Sophocle, qui a pour titre : *OEdipe Roi*. Mais cette correction fut rejetée par les philologues Vauvilliers et Brunk. En 1776, Villoison présida à la première édition du *Voyage littéraire de la Grèce*, par M. Guys. A la même époque, Dutems donna dans son *Explication de quelques médailles grecques et phéniciennes*, une *Lettre* que lui avait adressée cet helléniste sur l'inscription d'une médaille de Cydon. En 1778, Villoison publia une édition grecque et latine, avec des notes fort estimées, de la pastorale de *Daphnis et Chloé*, par Longus. Ayant en quelque sorte épuisé par ses recherches toutes les bibliothèques de la France, il se rendit à Venise, aux frais du gouvernement, pour visiter celle de Saint-Marc, qui s'était enrichie des manuscits importans que le cardinal Bessarion y avait apportés de la Grèce, dans le 15ᵐᵉ siècle. Il puisa en grande partie dans ce dépôt précieux, les matériaux d'un recueil historique, mythologique et philologique, qu'il fit paraître à Venise, en 1781, sous le titre d'*Anecdota græca è regiâ Parisiensi et è Venetâ Sancti-Marci deprompta*, 2 vol. C'est aussi dans cette bibliothèque que Villoison recueillit, sur le premier des poètes, les anciennes scholies d'Alexandrie, dont il se servit avec tant de goût et de discernement dans son édition de l'*Iliade* d'Homère, publiée à Venise, en 1788, in-f°, sous ce titre : *Homeri Ilias ad veteris codicis Veneti fidem recensita. Scholia in eam antiquissima ex eodem codice aliisque nunc primùm edidit obeliscis, aliisque signis criticis*. Ce travail important mit le sceau à sa réputation, et mérita à l'auteur les félicitations de l'Europe savante, qui lui décerna le titre glorieux de *Sauveur d'Homère*. Il avait publié à Venise, en 1783, un opuscule critique, de format in-4°, sur quelques passages du prince de la médecine, sous le titre d'*Epistola ad virum Lorry, de locis quibusdam Hyppocratis*. Dans les visites longues et fréquentes qu'il faisait à la bibliothéque de Saint-Marc, Villoison avait copié une traduction grecque, sans nom d'auteur, de plusieurs livres de la Bible. Ayant quitté l'Italie, pour visiter l'Allemagne, il fit paraître à Strasbourg, en 1784, cette traduction qu'il enrichit de notes, et qu'il intitula : *Nova versio græca Proverbiorum* etc., *ex unico S. Marci bibliothecæ codice veneto, nunc primùm eruta et notulis illustrata*. Le duc régnant de Saxe-Weimar, qui aimait à rendre justice au savoir et au talent, accueillit avec bienveillance dans ses états ce laborieux érudit, qui publia, à Weimar, une collection considérable de variantes, de corrections et de remarques sur Nonnus, Homère, Hésiode, Hypparthus, Josephe, etc., sous le titre d'*Epistolæ Vimarienses*. Villoison se lia avec plusieurs savans et littérateurs de cette contrée, notamment avec le célèbre Goethe et avec Wieland, surnommé *le Voltaire de l'Allemagne*. Une dissertation de notre auteur, *de Triplici theologiâ, mysteriisque veterum*, parut dans l'ouvrage plein d'érudition que Sainte-Croix donna, en 1784, in-8°, sous le titre de *Mémoires pour servir à l'histoire de la religion secrète des anciens peuples, ou Recherches historiques sur les mystères du paganisme*. En 1785, M. de Choiseul-Gouffier, nommé ambassadeur à Constantinople, emmena avec lui Villoison, qui brûlait du désir d'explorer la Grèce, cette contrée si riche en souvenirs. Aussi la parcourut-il pendant trois années, avec l'avide curiosité d'un observateur qui ne laisse rien échapper d'intéressant, et qui sait apercevoir, dans les ruines mêmes, les monumens précieux qui ont embelli la patrie des Homère, des Platon et des Périclès. Il visita surtout avec une attention particulière toutes les bibliothèques, et spécialement celles des monastères, où il trouva des manuscrits curieux, dont il a dû tirer un grand parti pour la composition d'un ouvrage important, auquel il a travaillé pendant les vingt dernières années de sa vie, *sur la Grèce ancienne et moderne, considérée sous tous ses rapports*, etc. Ce corps complet d'histoire, qui forme 15 vol. in-4°, est resté inédit, et l'on croit même que l'auteur n'y avait pas mis encore la dernière main. Pendant son séjour en Grèce, Villoison s'était tellement perfectionné dans l'étude du grec moderne, qu'il le parlait avec presque autant de facilité qu'un naturel du pays. De retour en France, il rendit compte du résultat de son voyage à l'académie des inscriptions et belles-lettres; puis, il passa plusieurs années à Orléans, pour consulter tous les ouvrages rares et précieux que renferme la bibliothèque publique de cette ville. Il était entraîné par son goût et par le désir d'achever sa grande histoire des arts, des mœurs, des institutions et de la langue des Grecs. Il s'attacha plus particulièrement à la lecture des nombreuses éditions grecques et latines qu'il trouva chargées de notes manuscrites. Il eut la patience de copier toutes ces notes, et, ensuite, il se fit un plaisir et même un devoir (tant il était animé d'un zèle pur et désintéressé pour les lettres) d'en donner communication, en y joignant ses propres remarques, aussi utiles qu'intéressantes, aux nouveaux éditeurs ou commentateurs de Lucien, de Xénophon, de Philostrate, etc. Etant revenu à Paris, il y ouvrit, au commencement de l'an 6 (1797), un *Cours de littérature grecque*, et bientôt après il fut nommé par le gouvernement professeur de grec moderne à l'école spéciale des langues orientales. En 1802, il remplaça, à l'institut, le littérateur Sélis, qui venait de mourir. (Suivant le *Dictionnaire historique*, édition de *Prudhomme*, Villoison serait entré à l'institut en 1799; mais c'est une erreur, puisque Sélis, dont il a été le successeur, ne mourut que le 19 février 1802.) A la fin de 1804, il fit établir une *chaire de grec moderne*, au collége de France, et il la remplissait avec distinction, quand une maladie cruelle, qui dura trois mois, l'enleva, le 26 avril 1805 (6 floréal an 13), aux sciences et à l'amitié. Il n'était âgé que de 55 ans, et venait d'être décoré de l'ordre de la légion-d'honneur. Comme il n'avait point fait de testament, et qu'on ne lui connaissait aucun parent, le gouvernement fit des dispositions pour se mettre en possession de ses biens, par droit de déshérence. Mais on rapporte à ce sujet une anecdote assez singulière. Un passant ayant remarqué le nom de *d'Ansse* sur l'enseigne d'un décroteur du Pont-Neuf, soupçonna que le sort, qui a fait des nobles de tant de vilains, avait pu faire un vilain d'un noble, et que ce pauvre diable pourrait bien appartenir à la famille de d'*Ansse* de Villoison. Il questionna cet homme, et apprit qu'il était de Corbeil, ainsi que le savant helléniste, et qu'il ne se connaissait aucun parent. Mais ses titres prouvèrent bientôt qu'il avait seul droit à la succession dont il s'agissait. Ce décroteur fut, en conséquence, mis en possession d'un héritage considérable. On ajoute que les sentimens du nouvel enrichi ne furent pas au-dessous de sa nouvelle fortune; car il résolut aussitôt de faire donner une brillante éducation à son fils, pour en faire un jour, disait il, un *savant* comme son grand-oncle. On trouve dans les ouvrages périodiques du temps, et particulièrement dans le *Magasin encyclopédique*, une foule de dissertations de Villoison, qui sont toutes recherchées des érudits. Les mémoires de l'académie des inscriptions et belles-lettres en contiennent aussi plusieurs, et entre autres, une *sur l'art qu'avaient les Orientaux de charmer les serpens*. Le *Voyage à la Troade*, par M. Chevalier, renferme également un morceau intéressant de Villoison, *sur l'état de ce pays au temps du Bas-Empire*. Le *Dictionnaire étymologique des mots français tirés du grec*, a été enrichi par Villoison d'un grand nombre de *Notes* instructives. On assure même que cet ouvrage très-utile qui, dans le principe, ne consistait qu'en un seul volume in-8°, et dont la seconde édition en forme deux, fut rédigé d'après un plan fourni par Villoison à l'auteur, M. Morin, son élève. Outre son grand ouvrage sur la Grèce, dont nous avons parlé plus haut, Villoison a laissé plusieurs manuscrits importans qui n'ont pas encore été publiés. Nous citerons d'abord une dissertation sur l'antiquité, sous le titre de *Palæographie critique*, et un *Traité de la théologie physique des stoïciens*. On a trouvé aussi dans ses papiers un *Commentaire sur les déclamations du sophiste grec Choricius*. Enfin la bibliothèque royale possède un manuscrit précieux de Villoison dont les savans désirent vivement la publication. C'est une édition revue avec beaucoup de soin du traité *de naturâ Deorum*, écrit en grec, par Cornutus, philosophe stoïcien, avec une nouvelle traduction latine et un commentaire fort curieux. On doit à M. Dacier, secrétaire perpétuel de la classe d'histoire et de littérature ancienne de l'institut, une bonne notice historique sur la vie et sur les écrits de d'Anse de Villoison.

ANSELME, général français, colonel de grenadiers avant la révolution, fut élevé au grade de maréchal-de-camp, en 1791, et chargé de la conduite de l'armée du Var. Lors des troubles occasionés à Perpignan, en avril 1792, par les soldats du régiment de Vermandois, M. Anselme se rendit aux casernes avec les autorités de la ville, et parvint à apaiser les mutins. Dans le mois de septembre suivant, il passa le Var à la tête de son corps d'armée, s'empara de Nice et de la forteresse de Montalban; il fit ensuite capituler le château de Villefranche, défendu par 100 pièces de canon, et remporta une victoire complète sur l'ennemi, dont les troupes prirent la fuite dans le plus grand désordre. Le 3 décembre 1792, un aide-de-camp du général Anselme, accompagné d'une nombreuse députation de Marseillais, présenta à la convention, au nom de ce général, 4 drapeaux pris à l'ennemi. Peu après, le général Anselme éprouva des revers, et fut battu à Sospello : les commissaires envoyés à l'armée du Var le suspendirent de ses fonctions, et l'accusèrent d'avoir favorisé le pillage dans le pays de Nice. Il publia un *Mémoire justificatif*, où il attribue les désordres qui eurent lieu à la négligence du général Montesquiou. A la séance du 16 février 1793, M. Anselme fut décrété d'arrestation sur la proposition de Goupilleau, et envoyé à l'Abbaye; il obtint peu après son élargissement, à cause d'une blessure grave.

ANSON (PIERRE-HUBERT), né à Paris, le 18 juin 1744, mort le 20 novembre 1810. M. d'Ormesson, intendant des finances, lui confia l'éducation de son fils, qui fut depuis contrôleur-général. Anson récompensé de ses soins par une place de receveur-général des finances, fut membre du comité central des receveurs-généraux. En 1789, il fut nommé député aux états-généraux, et se fit remarquer et estimer par la libéralité de ses opinions : il demanda que les charges des privilégiés fussent employées au dégrèvement des contribuables; et appuya les plans de Necker, en votant néanmoins pour que la caisse d'escompte ne reçût pas de priviléges. En 1790, il proposa de donner cours de monnaie aux assignats; fit soumettre toute l'enceinte des murs de Paris aux droits d'entrée, et publia une lettre à l'abbé Maury sur les finances; demanda, peu après, la suppression de la caisse du clergé, et la liquidation de la dette publique en assignats. Occupant la tribune, le 24 décembre, il dit : « Je viens an- » noncer à la nation une bonne » nouvelle ; enfin, un million des » premiers assignats a été brûlé » aujourd'hui même! Il se vérifie » donc ce présage que nous avions » eu le bonheur de vous offrir, au » mois d'avril dernier, que l'année » ne se passerait pas sans voir a- » néantir le premier million de ce » papier-monnaie qui a sauvé l'é- » tat! Au 1er janvier, aucune nation » ne sera plus au courant de ses » paiemens que la nation françai- » se. » On l'accabla d'applaudissemens. Le 3 février 1791, il signa, en qualité de vice-président, la pétition adressée au roi, afin de le supplier d'apposer son *veto* au décret du 21 novembre 1790, relatif aux prêtres non assermentés ; il attaqua ensuite le projet du comité de constitution, concernant l'organisation du ministère. Son projet de décret, ainsi que son discours, furent imprimés. Il s'opposa à ce qu'on attribuât au corps-législatif l'apurement des comptes arriérés. Lors des discussions relatives à la révision de la constitution de 1791, il vota la condition d'une imposition pour ceux qui seraient éligibles à l'électorat. Depuis la révolution, Anson, livré aux travaux de l'agriculture, s'était fait fermier; il était entièrement occupé de plans agronomiques quand il fut nommé président du conseil général de préfecture du département de la Seine, et administrateur des postes. Il avait été pendant quelques années membre de l'administration des prytanées de Paris et de Saint-Cyr. Anson possédait des connaissances réelles en littérature et montrait beaucoup de goût pour les lettres ; il a donné : 1° *Anecdotes sur la famille de Lefèvre de la branche d'Ormesson*, dans le *Journal encyclopédique* de 1770; 2° deux *Mémoires historiques sur les villes de Milly et de Nemours*, dans les *Nouvelles Recherches sur la France*, 1766, 2 vol. in-12; 3° les *deux Seigneurs, ou l'Alchimiste*, comédie en deux actes et en vers, ouvrage fait en société avec M. L. Th. Hérissant ; 4° *Odes d'Anacréon*, traduction nouvelle en vers, Paris, 1795, in-8°. Elle est inférieure pour le mérite de la versification à celui des notes qui l'accompagnent ; 5° *Lettres de milady Montague*, 1795, 2 vol. in-12, réimprimés en 1805. Les poésies de milady Montague font partie de cette édition ; elles sont traduites par M. Germain Garnier. La traduction d'Anson, qui a fait oublier toutes les précédentes, est son meilleur ouvrage. 6° Des discours ou rapports à l'assemblée constituante, et des pièces de vers éparses dans plusieurs recueils.

ANSPACH (LA MARGRAVINE D'), plus connue sous le nom de MILADY CRAVEN, doit sa réputation à une vie errante et singulière, à quelques bons écrits, et à des talens distingués. Elle était la plus jeune des filles du comte de Berkeley. Née en 1750, elle épousa, en 1767, Guillaume, comte de Craven, et vécut heureuse avec lui pendant quatorze années. Lui ayant donné sept enfans, mais maltraitée par lui, après une si longue union, elle s'en sépara en 1781. Ce fut une femme, aimée du comte Guillaume, et avec laquelle il vivait publiquement, qui donna lieu à cette séparation. Milady Craven quitta l'Angleterre pour venir en France, et passa par Anspach, où le margrave Chrétien-Frédéric-Charles-Alexandre, neveu du grand Frédéric, tenait sa cour; cette dame lui inspira une vive passion qu'elle partagea bientôt. En 1787, elle parcourut la Crimée, la Turquie et la Russie. Reçue à Constantinople, par M. de Choiseul-Gouffier, ambasseur de France, elle descendit, encouragée par lui, dans la grotte d'Antiparos, qui n'avait encore été visitée par aucune femme. Ce spectacle, dont les voyageurs parlent avec enthousiasme, fit peu d'impression sur elle : il est vrai que son esprit léger et délicat était plus fait pour saisir les nuances des mœurs de la société, que pour admirer les sauvages beautés de la nature. Milord Craven étant mort en 1791, elle épousa, à Lisbonne, ce *frère* d'affection (c'est ainsi qu'elle appelait le margrave dans sa correspondance), qui devait lui rendre un bonheur dont sa première union l'avait long-temps privée. Le margrave d'Anspach et de Beyreuth céda ses états au roi de Prusse, et en reçut une forte pension en échange, puis se retira avec sa femme en Angleterre, où il résida, dans un château dont il fit l'acquisition auprès d'Hammersmith, et qu'il nomma *Brandebourg*. Ce fut dans cette heureuse solitude que milady Craven se livra à son goût pour les lettres. Elle écrivait dans trois langues, l'allemand, l'anglais et le français, avec de l'originalité, de la facilité et de l'élégance. On a d'elle plusieurs comédies agréables, mais qui manquent de force comique; *le Somnambule* (imité de Pont de Veyle); *la Miniature; le Pot d'argent*, espèce de farce qui a eu du succès; *Narjad*, comédie en trois actes, écrite en français ; *le Déguisement*, imitation française de *She would and she would not*, par Colley Cibber (dans cette dernière pièce, jouée à Anspach, milady Craven s'était chargée du rôle d'Hippolite). Ce qu'elle a fait de plus remarquable en pièces de théâtre, est une comédie intitulée *le Philosophe moderne*, en vers français, jouée à Triezdorf chez le margrave. C'est un tableau ingénieux des ridicules qui se sont mêlés aux nobles et sérieuses pensées du 18ᵐᵉ siècle ; car l'exagération et la folie se trouvent quelquefois auprès de la grandeur et de l'enthousiasme. « Du plus grand bien au plus grand » mal, dit Montaigne, il n'y a qu'un » tour de cheville.» Elle avait aussi composé de bonne heure d'assez jolis vers anglais et des romans agréables, une foule de prologues et d'épilogues; enfin, elle avait écrit des voyages extrêmement curieux. On trouve toute la saillie bizarre de l'*humour* anglaise, dans ses *Anecdotes modernes de l'ancienne famille de Kinkervankos-Darspraken - Gotchdern*, satire très-vive de l'étiquette et de la morgue nobiliaires des petites cours allemandes. *Le Soldat de Dierestein, ou Amour et Clémence*, histoire autrichienne, est une parodie d'Ossian; la dédicace à l'aigle autrichienne est originale et gaie. Elle a traduit, du français, *la Relation rapide d'un voyage à Bordeaux*. Son *Voyage à Constantinople par la Crimée* est connu. Moins romanesque et plus exact que la relation piquante de lady Montague, il obtint, du moment qu'il parut, le suffrage des plus sévères critiques. On a en français deux traductions de cet ouvrage, l'une par Guédon de la Berchère, l'autre par Durand le fils. Le voyage de milady Craven renferme des observations précieuses. Si l'on en croit le biographe anglais, la première édition en fut faite au profit de Mercier, auteur du *Tableau de Paris*. Il est assez remarquable qu'une de nos plus jolies romances villageoises, *Non, non, je n'irai plus au bois*, soit l'ouvrage d'une Anglaise, épouse d'un prince allemand, et qui avait passé la plus grande partie de sa jeunesse à Constantinople. C'est dans la maison de milady Craven (Brandeburg-House), que la reine d'Angleterre, repoussée par la cour, traduite devant le plus terrible des tribunaux, a trouvé un asile.

ANSTEY (Christophe), écrivain anglais, remarquable par une causticité originale, une saillie bouffonne, une versification aisée et piquante, a été oublié de la plupart des biographes. Cependant son *Guide de Bath* et ses *Mémoires d'un ci-devant macaroni*, l'ont rangé parmi ces peintres de mœurs, en France prosateurs modestes, qui amusent la société de ses propres ridicules. Né dans le Wiltshire vers 1787, il fut élevé à Eaton et à Cambridge, et commença à exercer son talent satirique contre quelques-uns de ses supérieurs : il paya cher les saillies de son esprit, car l'université chassa de son sein l'écolier mauvais plaisant. Anstey prit alors le parti des armes, et s'établit à Bath. C'est là qu'il publia ce *Guide de Bath*, revue piquante des travers plaisans d'une petite ville où l'on faisait vanité de quelques ridicules de la noblesse, et où l'on portait à l'excès le pédantisme littéraire. Hors le *Poëme sur la mort de lord Taristock*, toutes les productions d'Anstey sont marquées au même coin de malice et de gaieté. On lit encore avec plaisir, quoiqu'ils n'aient plus le mérite de l'à-propos, son *Bail électoral, ou Lettres poétiques d'Inckle, bourgeois de Bath, à son épouse, demeurant à Glocester;* son *Anatomie du sacerdoce;* ses *Spéculations, ou Apologie de l'espèce humaine;* enfin, sa *Fille du fermier*, roman très-agréable. Une observation se présente ici naturellement, c'est que, par une bizarrerie particulière aux mœurs anglaises, les militaires de ce pays ont fini par y tenir la place de cette classe oisive et ridicule, de ces abbés français sans chapitres et sans bénéfices, qui se glissaient dans la plupart des maisons opulentes pour y vivre agréablement, charmer les coquettes, broder et médire, à la faveur du petit collet. Long-temps un colonel anglais a été regardé comme le plus fat et le plus inutile des personnages; et c'est dans les garnisons anglaises que se sont formés ces êtres équivoques que lady Morgan nous a signalés sous le nom de *Dandies*, et qu'on voit encore porter un corset et des bottes. Anstey mourut en 1805. Sa vie a été oisive, frivole, heureuse, et tous ses ouvrages portent l'empreinte de l'esprit d'un homme du monde, à la fois ingénieux, galant et léger.

ANTHOINE (ANTOINE-IGNACE), BARON DE SAINT-JOSEPH, est né à Embrun, département des Hautes-Alpes, le 21 septembre 1749, de parens estimés dans la magistrature. Sa vie a été consacrée à de grandes entreprises commerciales et à l'amélioration du commerce. M. Anthoine résida pendant dix années à Constantinople. Ce fut dans cette ville qu'il conçut le projet d'établir, entre la France, la Pologne et la Russie, une chaîne de rapports commerciaux, en ouvrant une route par la mer Noire et le Bosphore. Les trois puissances intéressées, auxquelles ces plans furent communiqués, les accueillirent et les encouragèrent. La France chargea M. Anthoine de voyager en Russie et en Pologne, dans les années 1781, 1782 et 1783. Il forma à Cherson, en Crimée, une maison de commerce, la première qu'un Français eût établie dans cette contrée. Catherine II protégea ce nouvel établissement; et le commerce de la Crimée, nul jusqu'alors, prit un essor inattendu. Le cabinet de Versailles apprécia les services de M. Anthoine, en reconnaissant qu'ils avaient pour objet une des plus grandes entreprises du siècle. L'abbé Raynal, dont le nom était déjà une autorité en matière de haut commerce, félicita l'auteur, et visita à Toulon les mâtures qu'il avait fait venir de Russie. Ces bois de construction, abattus dans le centre de ce vaste empire, au lieu d'arriver en *trois ans* par les mers du Nord, avaient suivi la route nouvelle tracée par M. Anthoine, sur le Niéper, la mer Noire et la Méditerranée, et se trouvaient, après une traversée seulement de *trois mois,* débarqués dans un port de France. M. Anthoine vit sa fortune s'accroître en proportion des grands avantages que cette entreprise procurait au commerce de la France : il en a lui-même publié les secrets et les moyens dans un *Essai historique sur le commerce et la navigation de la mer Noire,* 1 vol. in-8° avec cartes, 1805, dont il a donné, en 1820, une seconde édition augmentée. C'est là que l'on peut voir le triomphe de la volonté et de la constance sur toute espèce d'obstacles. M. Anthoine fut dignement récompensé de ses utiles travaux; il reçut, en 1786, des lettres de noblesse. S'étant établi à Marseille, il arma des navires, étendit ses opérations dans les Échelles du Levant, dans l'Afrique et dans l'Amérique. Les habitans de Marseille l'appelèrent au conseil de ville et à la chambre de commerce : deux fois il présida leur collège électoral. Candidat au corps législatif, et trois fois candidat au sénat, il fut nommé, lors de la création de la légion-d'honneur, officier de cet ordre et trésorier de la 8me cohorte. Les trois mairies de Marseille ayant été réunies en une seule, il fut appelé, par le vœu de ses concitoyens, à remplir les fonctions de maire. Dans cette magistrature civique, il fut intègre et juste, également attaché aux intérêts de ses concitoyens et soigneux d'embellir leur ville. Il fit restaurer plusieurs monumens et relever l'obélisque de la place Castellane, placé à l'extrémité de la plus belle rue, dans un vaste bassin, où il frappe les premiers regards du voyageur. Ce n'est pas au mérite personnel de cet honorable citoyen que nous croyons ajouter quelque chose, en parlant des alliances qu'il a contractées : nous ne voulons que rappeler des faits. Madame Anthoine de Saint-Joseph est sœur aînée de la reine actuelle de Suède, et de la comtesse de Survilliers, ex-reine d'Espagne; elle est aussi mère de la maréchale duchesse d'Albuféra et de la duchesse Decrès.

ANTHOINE (François, chevalier de Saint-Joseph), fils du précédent, est né à Marseille, en 1787. Il embrassa la carrière militaire; et servit d'abord comme volontaire au 1er régiment de dragons, en 1804, à l'armée des côtes de l'Océan. Reçu dans la même année élève à l'école militaire de Fontainebleau, il passa en sortant de cette école, en qualité de sous-lieutenant dans le 25me de chasseurs à cheval, et se rendit, en 1807, à la grande armée, en Pologne, où le maréchal de Soult le choisit pour son aide-de-camp. Il fit sous ses ordres la glorieuse campagne de Friedland, fut envoyé en mission à Saint-Pétersbourg, et suivit ce maréchal en Espagne et en Portugal, où, fréquemment à l'avant-garde de l'armée, il fut le compagnon fidèle du général Franceschi-Delonne, dont il partagea la captivité à l'Alhambra de Grenade. Échangé, en 1809, par le maréchal d'Albuféra, son beau-frère, il commanda en Hollande une compagnie de hussards dans le 8.me régiment, et revint en Espagne faire, auprès du maréchal d'Albuféra, qui l'avait demandé pour aide-de-camp, les brillantes campagnes de 1811, 1812 et 1813. Il monta un des premiers à l'assaut terrible qui rendit les Français maîtres de Tarragone-la-Forte; il en porta la nouvelle à Paris, fut nommé chef d'escadron, fit les siéges d'Oropéza et de Sagonte, dont il signa la capitulation; se distingua à l'investissement de Valence, et dans cette province, honoré de la confiance de son général en chef, il s'efforça de lui être utile dans ses travaux d'organisation et d'administration civiles et militaires. Nommé colonel en 1814, il a continué de servir auprès du maréchal duc d'Albuféra, et l'a suivi, en 1815, à l'armée des Alpes. Mis en non activité en 1816, il a été nommé, en 1818, au corps royal d'état-major.

ANTHOINE (ANTOINE), ingénieur des ponts et chaussées, a exercé les fonctions de juge de paix. On connaît de lui deux ouvrages, l'un sur les *moyens de faciliter la navigation de la Saône*, et l'autre sur les *motifs qui doivent nécessiter le dépouillement du clergé de France*. Il adressa à la convention une pétition sur le *parachèvement du canal de Bourgogne*.

ANTHOINE (FRANÇOIS-PAUL-NICOLAS), ancien lieutenant-général du bailliage de Boullay. A l'époque de la révolution, il fut nommé, par celui de Sarguemine, député du tiers-état à l'assemblée des états-généraux. Dans l'affaire de Danton, il parla contre le châtelet de Paris, et demanda que ses membres fussent mis en accusation, comme prévaricateurs. Persuadé que la liberté serait illusoire sans une bonne institution du jury, il se déclara fortement, dans la séance du 5 avril 1790, en faveur de cet établissement, qu'après un long essai la France espère encore. Plus tard il fit paraître une lettre au ministre Necker; il y combattait l'opinion de ce ministre, et s'y opposait au maintien des titres honorifiques. Anthoine présenta à l'assemblée constituante un projet pour organiser le tribunal de cassation. La même année, le 9 novembre, il obtint l'élargissement d'un officier, nommé Neslé, qui avait colporté des écrits où l'assemblée était attaquée. En 1791, après le licenciement des officiers de l'armée, il vota la suppression des ordres de chevalerie; proposa de restreindre les attributions du ministre de la justice; enfin, demanda que le roi fût seul chargé de l'organisation des ministères, et que le ruban tricolore fût la seule distinction de la famille royale. Lorsque l'assemblée constituante fut dissoute, Anthoine se rendit à Metz, et y fut nommé maire. Après l'assassinat de l'abbé Fiquelmont, il vint à la barre de l'assemblée législative pour disculper la ville de Metz, qu'on accusait à cette occasion, d'entretenir de secrètes intelligences avec les princes retirés au-delà du Rhin, et avec le général Bouillé. L'administration du département lui ôta ses fonctions; mais l'assemblée le réinstalla, et suspendit les administrateurs. Le mandat d'arrêt lancé ensuite contre lui fut annulé, à la demande de Quinette, dans la séance du 11 août 1792. Le 10, il avait fait partie du rassemblement qui s'était porté sur les Tuileries, et comme il avait fortement contribué à décider le conseil municipal en faveur de ce mouvement populaire, il fut mentionné honorablement dans la séance du 18. Nommé à la convention par le département de la Moselle, il fut un de ceux qui, dans le procès de Louis XVI, votèrent la mort sans appel et sans sursis. Envoyé, immédiatement après, dans le département de la Meurthe, et accusé, par Salles, de vexations et de concussions, il fit imprimer un mémoire adressé à la convention, dans lequel il lui faisait connaître lui-même les reproches dont il était l'objet. Rentré dans Metz, par congé, il y mourut, au mois de mai de cette même année 1793. Comme il laissait tout son bien à la nation, la convention n'accepta point ce legs; mais elle décréta que sa mémoire était chère à la patrie.

ANTHOUARD (CHARLES-NICOLAS D'), né à Verdun, le 3 avril 1773. En 1789, il entra au service comme élève d'artillerie; le 30 juillet de l'année suivante, il fut lieutenant, et capitaine deux ans après. En 1793, il était au siége de Lyon, sous le général Vaubois. Ayant servi à Toulon sous les ordres immédiats de Bonaparte, il le suivit durant les campagnes d'Italie et dans l'expédition d'Égypte. Au retour, il fut fait colonel-aide-de-camp du vice-roi d'Italie. Dès l'année 1807, il obtint le grade de général de brigade, et, en 1809, il se distingua particulièrement à la bataille de Raab, en Hongrie, le 14 juin. Général de division, en 1810, il reçut bientôt après le commandement des provinces Illyriennes. En 1813, au mois de juillet, il rejoignit le vice-roi d'Italie, qui livrait des combats journaliers, pour s'opposer au passage de l'Adige par l'armée autrichienne. Mais alors le roi de Naples, Murat, prenait le parti inconcevable de se joindre à la coalition. Le prince Eugène, informé de la marche des troupes napolitaines vers Parme et Plaisance, donna au général Anthouard le commandement de ces deux villes. L'abdication de Napoléon lui fournit l'occasion de rentrer en France. Le 8 juillet 1814, il fut fait chevalier de Saint-Louis; et, le 29, grand-officier de la légion-d'honneur. Nommé, pendant les *cent jours*, inspecteur-général d'artillerie, il se rendit dans les départemens de l'est. Au mois d'avril 1816, il présida le conseil de guerre qui acquitta le général Drouot. Ce jugement, si juste, fit quelque sensation par cela même. Quelquefois, à cette époque, les conseils de guerre avaient été confondus avec les cours prevôtales, et souvent il arrivait qu'en les formant, on choisissait des officiers dont les intérêts, pendant nos longues guerres, n'avaient pas été ceux de la France.

ANTIBES (LE CHEVALIER D'). Une sorte d'imitation de la romance de *Richard*, qu'il envoya aux journaux en 1791, lui fit donner le surnom de *Blondel*. Il avait montré, dès le commencement de la révolution, un grand amour pour la famille royale, et beaucoup de dévouement à ses intérêts. Il demandait avec instance qu'on l'acceptât pour otage de Louis XVI; et, vers cette époque, en 1792, il acheva de signaler son zèle par un petit ouvrage imprimé sous ce titre : *Marie-Antoinette, reine de France, à la nation*. Des sentimens si peu équivoques compromirent plusieurs fois sa liberté ; mais enfin, ayant eu le bonheur de s'évader, il se retira parmi les Vendéens, et ne rentra dans Paris qu'en 1797. Deux ans après, Trottouin l'employa comme secrétaire dans la rédaction d'un bulletin des affaires de France, qu'on envoyait à Augsbourg. Quels que fussent les mérites littéraire et politique du chevalier d'Antibes, il n'en tirait pas une récompense extrêmement lucrative. *Quarante sous* par jour, qui n'étaient pas même exactement payés, devaient le dédommager de son travail au bulletin; et toujours négativement récompensé, lorsqu'en 1800, il fit un mémoire pour Louis XVIII, il n'eut pas la satisfaction de le voir approuvé des agens de ce prince.

Arrêté de nouveau en 1801, il fut retenu au Temple pendant quatre années ; puis mis en surveillance à Orléans jusqu'aux événemens de 1814. Le reste de la vie du chevalier d'Antibes nous était inconnu, lorsque le *Moniteur* du 25 septembre 1820, nous apprit que Mme la duchesse de Berry avait fait remettre à cet honorable chevalier une médaille à l'effigie de feu son auguste époux.

ANTIBOUL (CHARLES-LOUIS), avocat à Saint-Tropez, avant la révolution. Administrateur du département du Var, et son député à la convention nationale, Antiboul, qui était un homme modéré, le prouva lors du procès de Louis XVI, en déclarant « qu'il » ne se regardait pas comme juge, » qu'il votait la réclusion, et qu'il » ne voulait émettre aucune opi-» nion dans la question du sursis. » Ce représentant du peuple s'était attaché au parti des *girondins*, dont les principes se rapprochaient le plus des siens. Avant sa mission en Corse, il avait, à la tribune nationale, fait excuser la conduite du département du Var, relativement à l'arrestation des fonds de toutes ses caisses publiques, et décréter que les bâtimens de guerre et les corsaires français étaient autorisés à arrêter et à conduire, dans les ports, les navires neutres chargés de marchandises pour des ports ennemis. Rappelé de sa mission, en passant à Marseille, il fut arrêté par les sections insurgées contre la convention, par suite des événemens du 31 mai. Interrogé par elles, il s'expliqua avec très-peu de ménagemens sur les actes du parti proscripteur. L'approche de

T. I.

14

l'armée du général Cartaux, qui s'avançait sur la ville, et qui s'en empara, le 25 août 1793, après avoir détruit les forces peu considérables des rebelles, fit rendre la liberté à Antiboul, qui partit aussitôt pour Paris. A peine fut-il rentré à la convention qu'Amar l'accusa d'avoir dégradé le caractère de représentant, en subissant de la part des révoltés des interrogatoires honteux, et de s'être montré le partisan de la faction renversée. Il fut traduit au tribunal révolutionnaire comme complice du parti de la Gironde, et condamné à mort avec vingt de ses collègues. Le jugement fut mis à exécution le lendemain, 10 brumaire an 2 (31 octobre 1793). Antiboul était âgé de 41 ans.

ANTILLY (A. L. D'), premier commis des finances au département des revenus casuels du roi, a donné quelques pièces de théâtre, qui ont eu un succès d'estime. *L'École de l'adolescence*, jouée en 1789, est la seule où l'auteur ait montré quelque connaissance du cœur humain. Il n'eût appartenu sans doute qu'à un grand maître d'oser prendre le *Jeune Avare*, pour caractère principal d'une comédie. M. d'Antilly n'a que trop bien justifié cette réflexion. Cependant il ne méritait pas d'être omis par toutes les biographies. Un dialogue facile, naturel et piquant, une morale simple et pure, de la sensibilité sans affectation, ne sont pas des qualités si communes, qu'elles doivent être passées sous silence.

ANTOINE (ANTOINE), né à Paris, le 14 octobre 1776, a débuté dans la carrière littéraire par quelques bluettes représentées sur le théâtre des Jeunes-Artistes, en 1799. Un seul roman est sorti de sa plume; il a pour titre: *Un roman comme un autre, par moi*, 2 vol. in-12. *Les Animaux célèbres*, 2 vol. in-12, sont un recueil d'anecdotes historiques sur l'intelligence, l'adresse, le courage, la bonté, l'attachement, la reconnaissance, etc., des animaux de toute espèce, depuis le lion jusqu'à l'insecte. *Les Beautés de la nature*, 1 vol. in-12, ou *Description des arbres, plantes, cataractes, fontaines, volcans, montagnes, mines*, etc., les plus extraordinaires et les plus admirables qui se trouvent dans les quatre parties du monde. Parmi quelques ouvrages in-18 consacrés à l'enfance, on distingue: *Les Petits peureux corrigés; les Nuits enfantines; le Jeune âge des Bourbons; l'Esprit des Enfans; la Vie du jeune Louis XVII*. Quelques-uns de ces livres ont eu plusieurs éditions. Le même auteur a aussi publié, en 1814, une *Vie publique et privée de Louis XVI*, 1 vol. in-12, et, en 1816, une *Histoire de S. M. Louis XVIII*, depuis la naissance de ce prince, jusqu'au traité de paix de novembre 1815, 1 vol. in-8°.

ANTOINE (VICTOR), archiduc d'Autriche, général d'artillerie, etc., né le 31 août 1779. Après la mort de Maximilien, archevêque de Cologne, il fut élu évêque de Munster; mais il se détermina à ne point accepter cette dignité d'après les protestations de la cour de Berlin. François II, après la capitulation de Mack, et la prise de sa capitale par les Français, en

1805, ne fut point rassuré par l'arrivée de l'armée russe, et il envoya le prince Antoine à Berlin, pour engager le roi de Prusse à entrer dans la coalition. Cette démarche ne réussit pas, et, comme l'on sait, ce ne fut que l'année suivante que le gouvernement prussien se décida à la guerre. Le prince Charles, son frère, s'est démis en sa faveur de la dignité de grand-maître de l'ordre Teutonique. L'archiduc Antoine a été nommé vice-roi du royaume lombardo-vénitien, le 7 mars 1816.

ANTOINE (JACQUE-DENIS), architecte de l'hôtel des Monnaies de Paris, membre de l'ancienne académie d'architecture et de l'institut de France, naquit à Paris, le 6 août 1733, et mourut presque subitement dans cette ville, le 24 août 1801. Quoique Antoine ait fait plusieurs constructions remarquables en Espagne, en Suisse et en France, son principal titre à l'estime des artistes et au souvenir de la postérité, est la construction de l'*Hôtel des Monnaies*, qu'il commença en 1768 et qu'il termina en 1775. Cet hôtel avait été mis au concours; Antoine, qui n'était pas connu, vit son projet préféré à ceux des architectes les plus accrédités, et prit, par cette belle conception, un rang honorable parmi les successeurs des Lescot, des Mansard et des Perrault. Antoine n'était pas seulement un artiste distingué, c'était aussi un homme probe et vertueux.

ANTOINE (N.), général français. Il fit, sous Montesquiou, la campagne de 1792, en Savoie, se distingua aux abimes des Mians, où il détruisit les batteries piémontaises, et s'empara, les 21 et 22 septembre, de Bellegarde et du château de Marches.

ANTOINETTE (MARIE-ANTOINETTE-JOSÈPHE-JEANNE), reine de France. (*Voy.* MARIE-ANTOINETTE.)

ANTON (CHARLES-GOTTLOB), écrivain allemand, né à Laubau, en 1751. On a de lui : 1° *Analogie des langues*, vol. in-4°, Leipsick, 1774; 2° *de Moribus Germanorum*, traduit de Tacite, avec un commentaire, vol. in-8°, Dressau, 1780; 3° *Essai d'une histoire de l'ordre des Templiers, avec des recherches sur leur secret*, in-8°, ibid., 1782; 4° *Essai sur l'origine, les mœurs*, etc., *des anciens Slaves*, 2 vol. in-8°, Lepsick, 1783 et 1789; 5° *Histoire des anciens Germains*, vol. in-8°, ibid., 1793; 6° *Histoire des Allemands, à l'usage des écoles*, vol. in-8°, Goerlitz, 1795; 7° *des Langues dans leur rapport avec l'Histoire des peuples*, vol. in-8°, ibid., 1799; 8° *Histoire de l'agriculture allemande, depuis la plus haute antiquité jusqu'à la fin du 15me siècle*, 3 vol. in-8°, avec fig. ibid., de 1799 à 1802. En 1797, il a été nommé sénateur à Goerlitz.

ANTONELLE (PIERRE-ANTOINE, MARQUIS D'), homme qui ne manquait ni de connaissances utiles, ni de bonnes intentions, mais qu'une passion effrénée pour la liberté qu'il concevait mal, a jeté dans d'étranges excès. Né à Arles en Provence d'une famille noble, des plus anciennes et des plus riches de cette ville, il avait, suivant l'usage de la noblesse, avant la révolution, embrassé la carrière mi-

litaire; il était parvenu, quoique lentement, au grade de capitaine, quand dégoûté d'un métier peu conforme aux nouveaux goûts que la réflexion développa en lui, il le quitta, et ne voulut pas même attendre les dix-huit mois qui lui manquaient pour avoir la croix de Saint-Louis. Antonelle, qui se croyait alors philanthrope, dirigea ses études vers les objets qui fondent ou accroissent le bonheur des hommes. La philosophie, la politique, les lettres et les arts, l'occupaient tout entier quand la révolution éclata. Il en devint un des plus chauds partisans, et consigna d'abord ses principes dans un écrit intitulé *Catéchisme du tiers-état*. Cet écrit appela sur lui l'attention. La commune d'Arles l'ayant choisi pour son maire, il obtint en cette qualité les éloges de Mirabeau. Le pouvoir exécutif, en 1791, lui confia deux missions importantes : l'une à Avignon, dans le but de faciliter la réunion du Comtat à la France, à quoi il réussit; l'autre à Marseille, pour y calmer l'exaspération des partis, à quoi il réussit encore, momentanément du moins. La popularité qu'il avait obtenue lui suscita toutefois de nombreux ennemis. Les *chiffonniers*, c'est ainsi que dans Arles on nommait les aristocrates, le poursuivaient avec une fureur égale à celle avec laquelle le défendaient les *monaidiers*, ou les révolutionnaires de ce pays-là. Le nom d'Antonelle avait été donné à une place publique. Pendant qu'il siégeait à l'assemblée législative, où il avait été nommé député par le département des Bouches-du-Rhône, on publia que la pierre qui portait le nom de *place Antonelle*, avait été enlevée et brisée, et qu'un mannequin qui représentait Antonelle, avait été traîné, la corde au cou, dans toute la ville d'Arles, par la populace qui, à la fin, l'avait éventré. La municipalité d'Arles, qui ne partageait pas les opinions d'Antonelle, et que ces bruits contrariaient peu, fut néanmoins obligée de les démentir. Antonelle fit à l'assemblée législative plusieurs rapports sur les troubles du midi, et parla contre les commissaires civils envoyés dans ces contrées. Chargé par la législature de faire connaître à l'armée du centre les événemens du 10 août et la déchéance de Louis XVI, il écrivit à l'assemblée que ces déplorables nouvelles avaient été accueillies avec une joie universelle. C'est à cette occasion qu'il fut arrêté par ordre du général La Fayette, et conduit prisonnier à Sédan, avec ses collègues Kersaint et Peraldi, comme otage de l'inviolabilité du monarque. La municipalité de Sédan, qui avait favorisé cette arrestation, les fit néanmoins mettre en liberté presque sur-le-champ, ce qui n'a pas empêché qu'un an après, tous les membres de cette administration aient payé de leurs têtes la hardiesse de sa première décision. La convention nationale est convoquée. Antonelle n'y fut pas envoyé : on peut s'en étonner. Il s'était montré démocrate forcené long-temps avant l'établissement de la démocratie. « Roi
» des Français, avait-il dit dans
» un de ses écrits, dis un mot à ta
» femme et à tes ministres, aux

» ravisseurs de l'acte constitution-
» nel : c'est que s'ils trahissent un
» jour la foi publique, s'ils abu-
» sent de toi-même, si... alors, cer-
» tes alors, tous les fanatismes réu-
» nis, Rome, Coblentz, Madrid,
» Vienne, le sacerdoce et les cou-
» ronnes, ne les soustrairaient pas
» à la justice éclatante du plus gé-
» néreux des peuples, si lâchement
» abusé; ta femme et tes ministres
» périraient sous le glaive de la loi.»
Cette inconcevable diatribe fut
malheureusement une prophétie.
Nommé par la commission exécutive, en 1793, l'un des commissaires à Saint-Domingue et aux
îles Sous-le-Vent, Antonelle s'embarqua avec ses collègues, mais
les vents contraires le forcèrent
de rentrer à Rochefort ; là se termina sa mission. De retour à Paris, ayant été proposé concurremment avec Pache, pour les fonctions de maire de la capitale, il
eut le bon esprit de se faire rayer
de la liste. On a peine à concevoir, d'après cela, qu'il ait accepté
des fonctions d'une responsabilité
bien autrement grave, celles de juré au tribunal révolutionnaire : à
ce titre, il rivalisa avec Hébert,
le plus infâme des accusateurs de
Marie-Antoinette, dont il provoqua la condamnation comme directeur du jury dans cet horrible
procès. Il fut aussi directeur du
jury dans le procès des girondins,
et sembla se rapprocher davantage des principes d'humanité qu'il
affectait de professer, quand, interpellé par Fouquier-Thinville,
l'accusateur public de cette époque, de faire connaître son opinion sur la culpabilité des accusés, il déclara que sa conscience
n'était pas suffisamment éclairée.
Un décret de la convention, qui
avait un grand intérêt à abréger
les débats en semblables circonstances, rendu à l'occasion même
du procès des girondins, autori-
sait le ministère public à faire au
jury, après trois jours d'instruction, une interpellation pareille.
Antonelle ne sembla s'en prévaloir que pour constater l'indépendance de son opinion, conforme
toutefois aux vœux des proscrip-
teurs; vingt-quatre heures après
il déclara, tant en son nom qu'en
celui de ses collègues, les prévenus coupables du crime dont ils
étaient accusés, du crime de conspiration contre la république : et
c'étaient les Gensonné, les Guadet, les Ducos, les Vergniaud!... Il
avait incontestablement opiné en
conscience, à en juger d'après un
écrit qu'il publia sur le tribunal
révolutionnaire, et où il réclamait
la liberté d'opinion dont il avait
usée pour le jury. Cette brochure
fit oublier ses services. Arrêté par
ordre du comité de salut public,
il fut détenu au Luxembourg jusqu'après le 9 thermidor La reconnaissance, au reste, n'était pas la
vertu dominante chez les terroristes. Avant cette disgrâce, Antonelle avait été rayé, comme noble,
de la liste des jacobins, quoiqu'il
eût fait tout ce qu'il fallait pour y
être conservé. Au 13 vendémiaire
an 4 (5 octobre 1795), il se rangea sous les drapeaux de la convention attaquée par les sections.
Son caractère philosophique se reproduisit d'une manière assez singulière dans cette circonstance ·
on le vit pendant l'action au cul-
de-sac Dauphin, calme et sans ar-

mes, se promenant au milieu du feu, un livre en main. Le directoire, installé peu de temps après, le chargea de la rédaction d'un journal officiel. Ce genre de travail ne s'accordant pas avec l'indépendance de son caractère, il y renonça bientôt. Mais il publia dans le *Journal des hommes libres* un certain nombre d'articles assez hardis pour inquiéter les gouvernans, qui, dit-on, s'en vengèrent en l'impliquant dans l'affaire de Babeuf. Antonelle se déroba quelque temps aux recherches des agens de la police; mais bientôt, las de se cacher, il paraît tout à coup au Palais-Royal, où il fut arrêté par un nommé Dossonville, agent de cette espèce, et traduit devant la haute-cour de Vendôme. Là, dédaignant de se justifier, tournant même en plaisanterie l'accusation dont il était l'objet, il employa toutes les ressources de son esprit à défendre ses co-accusés; bien plus, il défendit d'une manière très-originale l'accusateur public lui-même, qui dans son résumé se crut obligé de rendre justice à cet excès de générosité. Acquitté avec la majeure partie des prévenus, Antonelle revint à Paris, et reprit ses travaux polémiques et politiques. Il fut au moment d'être enveloppé dans la proscription du 18 fructidor an 5 (9 novembre 1797). Merlin de Thionville, en demandant qu'il fût porté sur la liste où tant de royalistes étaient inscrits, voulait, disait-il, frapper du même coup l'anarchie et le despotisme. Cette motion ne fut pas adoptée par la législature. Antonelle cependant fut condamné par l'autorité exécutive, comme anarchiste incorrigible, à demeurer détenu dans le département de la Charente-Inférieure. Mais comme on ne mit aucune rigueur dans l'exécution de cette mesure, il en fut quitte pour se cacher encore quelque temps. Lors des élections de l'an 6 (1798); il fut nommé au conseil des cinq-cents par celle des fractions du collège électoral de Paris, qui s'était établie à l'Oratoire, mais dont les choix furent annulés par la loi du 22 floréal de la même année (17 avril 1798). Antonelle fut également nommé député au même conseil pour la session de l'an 7 (1799), par les électeurs du département des Bouches-du-Rhône; mais, sur le rapport du député Barret, cette élection, reconnue valide par le conseil des cinq-cents, fut infirmée par celui des anciens. Au 18 brumaire, Antonelle se vit encore inscrit sur une liste de déportation révoquée toutefois aussitôt que souscrite. Il était de sa destinée d'être compris dans toutes les proscriptions : aussi fut-il atteint par celle du 3 nivôse. Le citoyen Fouché (aujourd'hui duc d'Otrante) imputant aux terroristes à bonnet rouge un crime qui appartenait à des forcenés d'une autre couleur, le fit exiler à quarante-huit lieues de Paris. Antonelle alla plus loin. Profitant de l'occasion, il parcourut l'Italie, et, dans cette éternelle patrie des arts, il trouva au milieu des ruines et des souvenirs de l'antiquité, au milieu des monumens et des chefs-d'œuvre de l'âge moderne, l'oubli de ses erreurs passées et de ses malheurs présens. Au bout de quelques années, il revint en France sans avoir réclamé contre son ban qui n'était pas levé, mais qu'un gouvernement, assez fort pour n'être pas inquiet, s'embarrassait peu de lui voir rompre. Retiré à Arles, il y vécut enfin en repos, malgré les dénonciations qu'on ne cessa d'adresser contre lui à Napoléon. Exclusivement livré à ses spéculations philosophiques, dont les intérêts de la révolution l'avaient trop long-temps distrait, il s'était fait oublier, lorsqu'en 1814 on vit son nom reparaître en tête d'un écrit dirigé contre le gouvernement de l'empereur. Il s'y prononçait en faveur de l'ancienne dynastie; c'était l'anarchie qui se faisait l'auxiliaire de la monarchie. Cet ouvrage, intitulé : *le Réveil d'un vieillard*, est le *nunc dimittis* d'Antonelle, qui mourut vers 1819. Cet homme, en définitif, plutôt égaré que pervers, plutôt abusé que corrompu, ne manquait, sous certains rapports, ni des qualités de l'esprit, ni même des qualités du cœur. Il partagea ses dernières années, et ce sont malheureusement pour lui les plus obscures, entre l'étude et la bienfaisance; et devint le père des malheureux, après en avoir tant fait. Personnellement désintéressé, il s'occupait si peu de l'administration de sa fortune, que ce ne fut qu'après une absence de quelques années qu'il s'aperçut que ses fermiers lui étaient redevables d'une somme de 27,000 francs. Il leur donna vingt-sept ans pour les payer. Les prêtres catholiques lui refusèrent la sépulture. Plus chrétiens qu'eux, les habitans d'Arles portèrent son corps à l'église, et forcèrent le clergé à l'inhumer.

ANTONELLI (Léonard), cardinal, évêque de Velletri et d'Ostie, doyen du sacré collége, naquit à Sinigaglia, le 6 novembre 1730. Son attachement aux jésuites le mit en opposition avec le pape Clément XIV, qui avait aboli cet ordre, et l'empêcha long-temps de parvenir aux premières dignités de l'église ; ce ne fut que sous le pontificat de Pie VI qu'il reçut le chapeau de cardinal. On peut dire d'Antonelli qu'il vint au monde quelques cents ans trop tard, car ses idées ne furent jamais à la hauteur de son siècle. Agissant comme si l'Europe eût encore été soumise à la domination spirituelle et temporelle de la triple tiare, il ne cessa de proposer avec la plus admirable persévérance, des mesures inexécutables; et lorsqu'il eut été nommé préfet de la propagande, il en remplit les fonctions avec toutes les préventions et toutes les prétentions d'un prélat romain du 15me siècle. Pendant la révolution française, il fut un des chefs de la congrégation d'état, et proposa, de concert avec le fiscal Barberi, les mesures les plus exagérées. Quelques personnes néanmoins ont cru voir dans le vote qu'il émit le 15 janvier 1791, pour la sanction de la constitution civile du clergé, décrétée par l'assemblée nationale de France, le 12 juillet 1790, un penchant secret pour les nouveaux principes ; mais il n'en est pas moins certain qu'il espérait arrêter la révolution par l'opposition des évêques à cette constitution, ce qui, dans son opinion, eût fait avorter la révolution française, et eût prévenu le mouvement européen qui en a été la suite. Il concourut, en 1800, à la nomination de Pie VII, et mourut dans le mois de janvier 1811. Dans sa jeunesse, il avait rédigé le bref de l'interdiction du duc de Parme, qui donna à Voltaire l'idée d'une pièce piquante, sous le titre du *Royaume mis en interdit*.

ANTONIO (Pascal-François-Jean-Népomucène-Aniello-Raymond-Silvestre), infant d'Espagne, né le 21 décembre 1755, frère de Charles IV. Don Antonio se maria avec sa nièce, Marie-Amélie, infante d'Espagne, qui mourut le 27 juillet 1798. Il vécut long-temps étranger aux affaires politiques. Doué de vertus paisibles, ayant le goût des arts mécaniques, et comme Louis XVI, s'occupant de serrurerie, il se trouva surchargé du poste éminent que la révolution le contraignait d'occuper. Ferdinand, à son départ pour Burgos, en avril 1808, le nomma président de la junte suprême du gouvernement, composée des cinq ministres d'état. Ferdinand avait borné le pouvoir de son oncle à l'expédition des affaires les plus pressées (les autres devaient lui être adressées à lui-même); il avait surtout recommandé de la déférence pour les mesures que prescrirait le général Murat, dans la crainte de détruire ce que son voyage pourrait avoir d'avantageux. La position de don Antonio n'en devint pas moins bientôt des plus difficiles, par les menaces du général français, qui réclamait don Manuel Godoï, prince de la Paix, en horreur au peuple et au parti de Ferdinand; par le bruit répandu que Napoléon n'avait point consenti à l'abdication de *Charles IV*, et par la demande que Murat faisait de la reine d'Étrurie et de l'infant don François de Paule. Une lettre que son frère Charles IV lui adressa, et dans laquelle ce prince protestait contre son abdication, attendu qu'elle avait été l'effet des circonstances critiques dans lesquelles il s'était trouvé, vint augmenter son embarras. L'affaire qui s'engagea entre les Espagnols et les Français, y mit le comble. Dans la nuit du 1er au 2 mai, on négociait de part et d'autre, mais sans que les affaires prissent un aspect différent, lorsque, le 2 mai, sur le bruit qui se répandit qu'un aide-de-camp français se présentait pour enlever le prince François de Paule, le peuple se porta en foule vers le palais. On tira quelques coups de fusil, et bientôt une affaire générale fut engagée, dans laquelle deux cents Espagnols furent tués ou blessés, et où les Français perdirent un plus grand nombre d'hommes; ce qui n'empêcha pas que, le soir même, le prince François de Paule ne quittât Madrid, et ne partit pour Bayonne. Il fut bientôt suivi par don Antonio lui-même, qui, après une conférence avec l'ambassadeur de France, dans laquelle il apprit que Ferdinand était au pouvoir de Napoléon, et que Joseph Bonaparte était destiné à la couronne d'Espagne, sortit de Madrid le 4. Les ministres, auxquels il avait communiqué sa résolution, avaient fait tous leurs efforts pour l'en détourner; ils lui avaient en vain représenté le salut de l'état, celui de sa famille. La nécessité plus forte que toutes les représentations, avait déterminé le prince; en partant, il avait laissé au bailli don Francisco Gil de Lemus, le billet suivant: « Je fais savoir à la » junte, pour sa règle, que je suis » parti pour Bayonne par ordre » du roi ; et je préviens ladite jun- » te qu'elle ait à se maintenir sur » le même pied que si j'étais au » milieu d'elle. Dieu nous soit en » aide. Adieu, messieurs, jusqu'à » la vallée de Josaphat.» Don Antonio rejoignit sa famille à Bayonne, et partit avec elle pour Valençay, où il reprit ses exercices de piété, et s'occupa de nouveau des arts mécaniques jusqu'au mois d'avril 1814; il rentra à Madrid avec Ferdinand, et ne tarda pas à être nommé grand-amiral de Castille. Il est mort en avril 1817, à l'âge de 62 ans.

ANTRAIGUES (DE LAUNEY, COMTE D'). Son véritable nom était *Audenel*, qu'il travestit, on ne sait pourquoi, en celui d'*Audeinel*, anagramme du nom de *de Launey*, petite propriété du chef de sa mère. Il fit encore du nom de *d'Entre-Aigues*, autre héritage, d'abord *Entraigues* et ensuite *Antraigues*. Plusieurs de ses ouvrages ont paru sous chacune de ces quatre dénominations. Il fut plus connu sous les deux dernières, que les biographes emploient indifféremment. Quoiqu'il ne fût pas noble, d'Antraigues trouva le moyen de se faire nommer député de la noblesse de la sénéchaussée de Villeneuve-de-Berg aux états-généraux. Ce fut en cette qualité qu'il publia les opinions les plus honorables pour un mandataire de la noblesse. Sur sa proposition, l'ordre de la noblesse autorisa ses commissaires à annoncer aux communes sa renonciation pleine et entière aux privilèges pécuniaires en matière d'impôts. Dans la même année, on le vit appuyer la déclaration des droits de l'homme, proposer un plan patriotique pour la libre circulation des grains, et combattre avec succès un nouvel emprunt du ministre Necker. Ces opinions, soutenues dans le grand monde, pour qui la révolution naissante n'avait encore que la nouveauté d'un spectacle intéressant, lui firent donner le surnom du *Beau-Conjuré*, qu'il justifia encore peu d'années après, mais hors de sa patrie, et pour des intérêts différens. Il émigra, passa en Espagne, reçut un accueil flatteur du roi, en obtint une recommandation pressante pour les princes français, et se rendit à Coblentz, où ses services furent agréés de *Monsieur*, qu'il servit bientôt comme ministre en Italie. Dès lors, la vie politique de d'Antraigues put être considérée sous des faces différentes. A Venise, à Milan, il paraît avoir servi à la fois l'Angleterre, représentée par MM. Drake et Wickam, S. M. Louis XVIII, et la Russie. Il était publiquement accrédité par cette dernière puissance en Italie, où il dirigeait activement trois légations étrangères, et bien étrangères entre elles. Il avait épousé Mme Saint-Huberti, actrice de l'Opéra, et il eut le crédit de lui faire accorder par le roi l'ordre de Saint-Michel. L'existence de d'Antraigues dans la Haute-Italie donna de l'ombrage au gouvernement français : le général Bernadotte, à présent roi de Suède, qui commandait une division de l'armée d'Italie, sous les ordres du général en chef Bonaparte, fit arrêter d'Antraigues, qui écrivit une lettre très-fière au général en chef; il dut sa liberté à l'adresse et aux démarches de sa femme. La correspondance de Lemaitre, arrêtée en 1795, et les déclarations de Duverne de Presle, ne laissent aucun doute sur la qualité et la quantité d'agences secrètes dont d'Antraigues s'était fait le directeur. Les *Mémoires de M. de Montgaillard* renferment à ce sujet des détails et des assertions bien remarquables, dont il peut paraître à présent peu utile d'apprécier les motifs ou de rechercher les preuves. En 1803, la Russie appela d'Antraigues à Dresde, avec le titre de conseiller de légation, chargé d'une mission. Peu d'années après, il fut misérablement assassiné, avec sa femme, par un domestique anglais, à quelques milles de Londres. On parla mystérieusement en Angleterre de cet horrible assassinat, qui fut vaguement attribué à la démence du meurtrier. Pendant les trois premières années de la révolution, d'Antraigues mérita, par ses opinions et par ses écrits, la réputation d'un publiciste distingué et celle d'un homme généreux. Il publia les ouvrages suivans, qui eurent tous un véritable succès : 1° *Quelle est la situation des Français, d'après nos lois fondamentales ?* 2° *Observations sur la conduite des princes coalisés*, Londres, 1795; 3° *Réponse au rapport du général Montesquiou-Fezenzac;* 4° *Réflexions sur le divorce*, en faveur du divorce, qu'il établit conforme aux dogmes de la doctrine catholique; 5° *Dénonciation de l'assemblée nationale aux Français catholiques;* 6° *Adresse à la noblesse française, sur les effets d'une contre-révolution.* Mais le plus important des ouvrages de d'Antraigues, écrit toutefois d'un style peu correct, c'est son *Mémoire sur les états-généraux*, imprimé en 1788. Cet ouvrage porte l'empreinte d'un esprit juste, ardent, élevé, profond, et caractérise en même temps la noble liberté dont jouissaient et usaient les premiers publicistes de la révolution, quand le trône avait encore le choix du despotisme ou d'une autorité légale. Trente-deux ans après la publication de ce Mémoire, on est plus qu'étonné d'y trouver les traits suivans; on croit lire le passé, le présent et l'avenir : «Le ciel sou-»mit l'homme à la loi, et ne le »soumit jamais qu'à elle» (pag. 9). « Nos pères réunis dans les »champs-de-Mars autour d'un roi »qu'ils avaient élu, le vœu géné-»ral dicta la loi; l'autorité législa-»tive résidait tout entière dans »ces augustes assemblées, et leurs »suffrages seuls formaient les lois, »devant lesquelles devaient se »courber leurs têtes invincibles» (pag. 10). « Les rois soumis aux »lois nationales furent punis pour »les avoir enfreintes (déposition »de Thierry), quand l'époque fixée »pour le retour de ces assemblées »présentait à la nation le suprême »législateur, et au roi son sou-»verain juge» (pag. 11). « L'ex-

»ces de l'oppression des ministres » est la sauvegarde des peuples » dans les empires asservis, elle » les ramène à une constitution » nationale » (pag. 12). « Combien » donc s'égarent ces hommes pusil- » lanimes, qui redoutent ces temps » d'effervescence publique, ces » temps orageux qui donnent la vie » aux âmes fortes et les élèvent aus- » sitôt au niveau de leurs vertus! » (pag. 13) « Une mâle résistance » à l'opposition est l'aliment des » grands courages. Tout alors les » élève et soutient leur enthousias- » me, les regards de leurs conci- » toyens, l'espoir du succès, l'hor- » reur de l'esclavage, l'appât même » des dangers et l'espoir de ces puni- » tions honorables, quand des mi- » nistres odieux les infligent à ceux » que la patrie honore, et que cha- » que citoyen voudrait imiter » (pag. 13). « Un militaire éperdu, in- » décis entre l'ordre des ministres » et la voix de sa conscience, ef- » frayé de la désobéissance, mais » plus effrayé encore des assassi- » nats qu'on lui commande, n'ose » briser les liens de la discipline, » mais les relâche sans cesse, en » faisant assez pour ne pas man- » quer au prince, et pas assez pour » faire triompher les ministres, de » la nation et des lois » (pag. 15). « Si la nation ne peut exercer le » pouvoir exécutif, elle est au » moins la maîtresse de le confier » à qui il lui plaît : c'est à elle par » conséquent à établir l'ordre qui » lui convient dans la succession » de ses rois : elle a pu rendre le » trône héréditaire, il dépendait » d'elle de le laisser électif » (pag. 22). « Le pouvoir législatif est le » seul rempart qui reste à un peu- » ple qui s'est dépouillé du droit » de faire mouvoir la force publi- » que ; c'est le seul moyen de ré- » primer le pouvoir exécutif, en » opposant à ses invasions le frein » sacré de la loi » (pag. 24). « Les » Français nés égaux n'accordaient » de distinctions qu'à ceux qui oc- » cupaient les dignités de l'état : » mais déjà, sous cette première » race, nous voyons se développer » le projet de rendre les fiefs hé- » réditaires. De ce changement fu- » neste devait éclore la noblesse » héréditaire, le plus épouvanta- » ble fléau dont le ciel dans sa co- » lère pût frapper une nation li- » bre » (pag. 61). « Les fausses idées » qu'enfanta la féodalité, subsis- » tant encore quand leur cause est » détruite, ont produit ces nobles, » aussi vains que faibles, cette no- » blesse ennemie de la populari- » té, qui assiège le trône, qui s'em- » pare de tout par droit de nais- » sance, et qui semble former au- » tour des rois une nation nou- » velle, ennemie du peuple » (pag. 85). « Il est temps enfin de reve- » nir aux vrais principes ; aussi- » bien nous a-t-on rassasiés jus- » qu'au dégoût et a-t-on avili peut- » être pour jamais ces mots si doux » de *règne paternel, d'enfans ché- » ris, gouvernés par un père ten- » dre.* Les ministres en ont abusé » jusqu'à la niaiserie, jusqu'à la » cruauté : car est-il rien de plus » vil et de plus odieux que d'em- » ployer ces mots, gages du sen- » timent le plus tendre, pour nous » tromper, nous ruiner, nous dés- » honorer? Caligula pensait juste, » quand, voyant l'abjection du » peuple romain, il croyait qu'il » était un dieu ou que les Romains

»étaient des bêtes!»(pag. 107) « En ce siècle (le 16ᵐᵉ) vivait un » jurisconsulte, nommé Loysel. » Qui croirait que c'est lui, lui » seul, qui a établi cette opinion » inconsidérée, autant que tyran- » nique, que *si veut le roi, si veut » la loi?* » (pag. 156) Ce principe, » mis en évidence par le seul Loy- » sel, sort du cloaque affreux de la » plus basse flatterie et du plus ef- » froyable despotisme »(pag. 157).

AOUST (J. M., MARQUIS D'), embrassa, malgré son nom et son titre, les principes les plus hardis de la révolution. Il naquit à Douay. Le marquis d'Aoust avait servi quelque temps, et s'était retiré dans ses terres, quand, en 1789, la noblesse du bailliage de Douay, le nomma député aux états-généraux. Il vota la réunion de la noblesse au tiers-état, et se joignit au petit nombre de nobles qui, foulant aux pieds des préjugés déjà vaincus par la philosophie, préférèrent, à leurs intérêts propres, les intérêts nationaux. Député à la convention, en septembre 1792, il suivit et quelquefois devança l'impulsion de cette époque. En novembre 1792, il dénonça la commune de Saint-Amand, qui s'était livrée sans résistance à une faible troupe autrichienne; fut envoyé en mission, après le siége de Lille, dans les départemens du Pas-de-Calais et du Nord; revint siéger à la convention; se vit exclu des jacobins, comme ancien marquis; fut nommé, par le directoire, commissaire près de l'administration centrale du département du Nord, et enfin par le premier consul Bonaparte, après le 18 brumaire an 8, maire de la commune de Quincy, où se trouvaient ses propriétés, et où il est mort il y a peu de temps.

AOUST (EUSTACHE D'), fils du précédent, suivit, comme son père, le torrent des idées nouvelles, et devint l'un des généraux les plus recommandables de la république. Il subit le sort de presque tous ceux qui avaient acquis, dans ces temps d'orages politiques, quelque gloire militaire, et porta sur l'échafaud une tête, long-temps exposée au feu de l'ennemi, pour le salut de la patrie. Il était à peine âgé de 31 ans. Officier au régiment du roi (infanterie) avant la révolution, d'Aoust devint successivement général de brigade et général de division sous la république. Il fit la guerre d'Espagne avec succès, commanda en chef l'armée pendant la maladie de Doppet, se signala par sa bravoure, et était regardé comme un des meilleurs officiers-généraux, quand une accusation, provoquée par des inimitiés personnelles, lui fit attribuer les revers de Perpignan, et fut cause du jugement qui le condamna à mort.

AOUST (ADOLPHE, MARQUIS D'), second fils du marquis, d'abord officier de marine, émigra en 1792, et ne rentra en France que par suite de la révolution du 18 brumaire. Il fut nommé par Napoléon, le 1ᵉʳ janvier 1811, président du collége électoral de l'arrondissement de Douay: cette place lui donnait une influence dont il se servit ensuite contre celui qui la lui avait donnée. Napoléon le fit arrêter en 1815. Son exil passager, peu éloigné, peu rigoureux, eut pour terme l'abdication de Napoléon; et l'on vit bientôt M. le marquis d'Aoust reparaître sur la scène politique, comme candidat à la chambre des députés, où il siégea sur les premiers bancs du côté droit.

APPARENT (COMTE DE L'). (*Voyez* COCHON.)

APPELIUS, né à Midelbourg, en Zélande. Son père était ministre du saint Évangile en cette ville, où lui-même fut d'abord notaire. Député à l'assemblée nationale de la république batave, il s'y fit remarquer par son activité, et par une habileté dont la moindre preuve n'est pas de s'être perpétué dans les fonctions publiques, sous tous les gouvernemens auxquels la Hollande a été successivement soumise, pendant les vingt-cinq années qui viennent de s'écouler. M. Appelius, nommé ministre et secrétaire-d'état par le roi Louis Napoléon, fonction dans laquelle il avait déployé de grandes connaissances administratives, fut appelé à Paris, en qualité de conseiller-d'état, après la réunion de la Hollande à l'empire français, et attaché à la section des finances. La Hollande ayant recouvré son indépendance, il y retourna, et fut employé par le nouveau gouvernement, d'abord comme conseiller-d'état, puis comme administrateur-général des finances pour les provinces Belgiques, et puis enfin comme directeur-général des impositions indirectes. C'est en cette qualité qu'il a organisé le système d'impositions de ce genre actuellement en vigueur dans le royaume des Pays-Bas. L'esprit de M. Appelius est éminemment fiscal, aussi ses propositions n'ont pas été toutes accueillies par les états-généraux. Le projet de loi qu'il présenta dans la session de 1815, sur les successions, fut vivement combattu par les députés populaires, et rejeté par la seconde chambre. La loi qui s'exécute, si onéreuse qu'elle soit, est un chef-d'œuvre de modération, en comparaison. Grand partisan des peines pécuniaires, M. Appelius en a fait une des principales ressources du fisc. Il les applique à tout. On lui reproche d'avoir assujetti, entre autres, l'extraction des tourbes à des formalités si difficiles, que le propriétaire, quoi qu'il fasse, ne peut éviter de tomber en contravention, et d'encourir l'amende. Qu'en résulte-t-il? Dans le doute, on s'abstient, et la fortune publique ne souffre pas moins que la fortune particulière, de cette législation vicieuse. On conçoit que l'application que M. Appelius a faite de ses talens, lui a plus concilié la faveur du gouvernement que l'affection des gouvernés. A Rotterdam, en 1819, il reçut, dans une promenade, une preuve non équivoque de l'animadversion publique, quoique antérieurement il eût reçu le grand cordon de l'ordre du lion-belgique.

APPIANI (ANDREA), célèbre peintre italien, naquit, en 1754, à Bosizio, sur le lac de Pusiano, dans le Haut-Milanais, d'une famille noble mais sans biens. Il annonça de bonne heure de grandes dispositions pour la peinture. Ayant d'abord étudié les principes du dessin sous le meilleur professeur de Milan, le chevalier *Giudei*, il se mit bientôt aux ordres des décorateurs de théâtres, afin de s'assurer des moyens d'existence; il fit aussi un cours d'anatomie, et en parcourant les principales villes de l'Italie, avec les peintres auxquels il s'était attaché, il étudia avec soin les ouvrages les plus admirés des grands maîtres d'un art dont il était enthousiaste. Sans adopter la manière d'aucun d'eux exclusivement, il se créa un genre original, qui lui assura la palme sur tous ses compatriotes, et qui lui fit balancer en quelque sorte la réputation du *Corrége*. Il excella surtout dans les *fresques* qu'il a peintes à Milan, et auxquelles il donna beaucoup de perfection, en les retouchant au retour de ses voyages. Les plus beaux travaux en ce genre sont ceux qu'il exécuta dans la coupole du chœur de Sainte-Marie, près de Saint-Celse, à Milan; il avait aussi peint un tableau magnifique pour le palais *Busca*, et de jolis plafonds pour le château de *Monza*. L'archiduc Ferdinand, gouverneur de la Lombardie, s'honora en accordant à Appiani sa faveur particulière, faveur qui lui fut continuée par Napoléon, dès l'époque où il subjugua l'Italie : depuis, quand il s'en fut déclaré souverain, il le nomma membre de l'institut d'Italie et peintre du roi, en le gratifiant d'une pension ; enfin, il le décora des ordres de la légion-d'honneur et de la Couronne-de-Fer. Appiani fit les portraits de presque toute la famille de Napoléon et des principaux personnages de sa cour. Mais ce qui lui valut particulièrement les bonnes grâces de ce prince, ce furent les plafonds des salons du palais royal de Milan, qu'il peignit à fresque, d'une manière aussi ingénieuse qu'étonnante, si l'on considère surtout l'âge avancé de l'auteur. Les peintures de ces plafonds sont autant de monumens à la gloire du conquérant, et l'artiste y travaillait encore avec plus de succès même que dans les premiers temps, quand, au mois d'avril 1813, une attaque d'apoplexie, sans toutefois lui ôter la vie, interrompit ces beaux ouvrages, dont aucun autre peintre ne se sentit la force d'entreprendre la continuation. Ces chefs-d'œuvre de l'art, restés en partie incomplets, ont été respectés par le gouvernement actuel, et ils font encore aujourd'hui l'ornement du palais du vice-roi autrichien. On voit aussi un plafond représentant *Apollon et les Muses*, peint par Appiani, dans un salon du palais qui avait été donné en apanage, sous le nom de *Villa-Buonaparte*, au prince Eugène Beauharnais, alors vice-roi. Napoléon étant descendu du trône, cet artiste respectable fut privé de ses pensions, bien que les titres glorieux qui les lui avaient acquises restassent toujours exposés aux regards du public, et ne cessassent de réclamer contre une si misérable injustice. Père d'une nombreuse famille, et accablé d'infirmités, Appiani vécut encore près de six ans dans un état voisin de l'indigence. Enfin, une dernière attaque d'apoplexie vint mettre un terme à son infortune et à sa carrière honorable, le 8 novembre 1818. Ses tableaux à l'huile les plus renommés sont l'*Olympe*, la *Toilette de Junon ser-*

vie par les Grâces, l'*Entrevue de Jacob et de Rachel, Renaud dans les jardins d'Armide*, et surtout *Vénus et l'Amour*, petite composition charmante, qui fait un des plus jolis ornemens de la *villa Sommariva*, sur le lac de Côme. Appiani s'était fait aussi une grande réputation par ses *portraits*. La manière de ce peintre se distingue essentiellement par la grâce et la pureté du dessin, par l'éclat, le charme et l'harmonie de la couleur.

APPLETON (MISS ÉLISABETH), s'est distinguée parmi les femmes anglaises qui ont cultivé la littérature dans ces derniers temps. La littérature britannique offre, depuis 1789, une particularité remarquable : c'est le grand nombre de femmes qui, dans tous les genres, ont obtenu des succès. Les noms de mistriss Barbauld, Edgeworth, Morgan, Trimmer, Han-More, Woollstoncraft, Robinson, Burney, Charlotte Smith, etc., forment une réunion nouvelle de talens poétiques, philosophiques, littéraires et dramatiques. Miss Appleton est née, vers 1792, d'une famille respectable, mais sans fortune; elle perdit de bonne heure son père et son frère, et elle trouva une ressource dans ses talens. Placée dans une famille riche comme institutrice, elle publia bientôt un *Traité d'éducation pour les demoiselles*, qui fixa sur elle l'attention publique. Une grande pensée morale régit tout cet ouvrage, où des vues saines, pures, quelquefois exaltées, sont revêtues d'un style plus brillant et plus pittoresque que ne l'exigeait un pareil ouvrage. La réimpression de ce traité en prouva bientôt le succès. Plus tard, un roman moral, intitulé *Edgard*, fournit à Miss Appleton l'occasion de déployer la richesse de son imagination et un talent descriptif très-remarquable. Elle vient de donner un nouvel ouvrage sous le titre de *l'Éducation des premières années*, dont la duchesse de Kent a accepté la dédicace. Il repose sur cette idée si juste, que rien de ce qui entoure l'homme n'est sans influence sur ses penchans, sur sa destinée. Cet ouvrage offre un singulier mélange d'enthousiasme philosophique et d'enthousiasme religieux.

AQUIN DE CHATEAU-LION (PIERRE-LOUIS), littérateur médiocre, était fils d'un célèbre organiste. « *On souffla pour le père,* » dit une épigramme du temps, *on* » *siffle pour le fils.* » En effet, tout ce qu'il publia prouva peu de talent et fit peu de bruit. Longtemps éditeur de l'*Almanach littéraire*, il fournit peut-être l'occasion aux Grimm et aux Rivarol d'en vanter les beaux caractères et le papier superfin, pour en déprécier quelquefois avec juste raison la poésie. Né à Paris, en 1720, il reçut le grade de bachelier en médecine, mais s'occupa peu de cette profession. On connaît de lui : 1° *Lettres sur les hommes célèbres du règne de Louis XV*, 1723, 2 vol., réimprimés en 1755, sous le titre de *Siècle littéraire de Louis XV*; 2° *lettres sur Fontenelle*, 1751, in-12; 2° *la l'Iliade Française, ou l'Esprit des sept plus grands poètes*, 1724, 2 vol. in-12; 3° *Idée du siècle littéraire présent* (*Éloges de Gresset, Cré-*

billon, Trublet, Fontenelle, Montesquieu et Voltaire), in-12. Il publiait aussi annuellement une compilation moitié vers, moitié prose, intitulée *Étrennes d'Apollon*, qui ne valait pas à beaucoup près l'*Almanach des Muses*. Aquin est mort à Paris en 1796.

AQUILAR (D'), est né dans l'Andalousie. Il entra au service, et s'embarqua pour l'Amérique, en 1808, avec le grade de colonel. Devenu général, il fut employé au Mexique, et, en janvier 1815, il commandait un régiment royaliste de 1200 hommes, avec lequel il alla au-devant d'un corps d'insurgés; mais ceux-ci obtinrent l'avantage, et M. d'Aquilar fut blessé, ainsi que plusieurs officiers de sa suite.

ARAGO (DOMINIQUE-FRANÇOIS), né à Estagel, près Perpignan, le 28 février 1786. Il entra, en 1804, à l'école polytechnique. En 1805, il fut nommé secrétaire du bureau des longitudes. Il fut chargé, avec M. Biot, et deux commissaires espagnols, MM. Chaix et Rodrigues, de continuer, en Espagne, la grande opération géodésique de MM. Delambre et Méchain, destinée à donner une mesure parfaite de l'arc du méridien terrestre, compris entre Barcelone et Dunkerque. Ce travail important fut troublé par les événemens de la guerre d'Espagne. M. Arago, victime de la haine que l'invasion des Français avait excitée, fut détenu dans le fort de Roses. Rendu à la liberté, il revenait en Fance par mer, lorsqu'il tomba au pouvoir d'un corsaire barbaresque, qui le conduisit à Alger; et ce ne fut qu'aux instances du consul français qu'il dut la fin de sa captivité. M. Arago, l'un des savans les plus distingués et les plus célèbres de l'Europe, est membre de l'institut. Il cultive avec succès non-seulement l'astronomie, mais encore la physique. On lui doit de curieuses recherches sur les propriétés de la lumière.

ARANCEY (LE BARON D'), fut, pendant la révolution, en butte à l'une de ces accusations ridicules auxquelles l'exagération des partis peut seule prêter quelque consistance. Après avoir servi dans la campagne d'Espagne (1793), il fut dénoncé à Toulouse, arrêté, détenu quelque temps, comme prévenu d'avoir mis du son dans les cartouches pour arrêter le progrès des armes républicaines. Il est vrai que M. d'Arancey s'est montré depuis l'ennemi des principes qui dominaient alors. Né à Vitry-le-Français, il habita longtemps les garnisons, et après avoir échappé à l'accusation dont il vient d'être parlé, il fit les campagnes d'Italie et de Russie, sous Napoléon, dont la chute lui donna occasion de déployer un zèle pour la cause royale, d'autant plus vif peut-être qu'il avait été longtemps comprimé.

ARANDA (DON PEDRO PABLO, ABARCA DE BOLEA), ministre de Charles IV, né à Saragosse, en 1716. Il descendait de don Sanche Abarca, roi de Navarre, qui vivait en 1082. Il fit les guerres de 1740, et fut grièvement blessé à la bataille mémorable de Campo-Santo, où il fut laissé pour mort, et sauvé deux jours après par un de ses domestiques qui le reconnut sur un monceau de cadavres. En 1758, on l'envoya en ambassade près d'Auguste III, roi de Pologne, et à son retour, on lui conféra le grade de capitaine-général du royaume de Valence. Il fut rappelé peu de temps après par le roi, qui le fit président du conseil de Castille, charge dans laquelle il montra beaucoup de vigueur et de fermeté. Il embellit la capitale de son gouvernement, y fonda des établissemens utiles, et protégea la littérature. Il eut, sous Charles III, une grande part à l'expulsion des jésuites. Ce roi, dont il avait servi en cela les ressentimens, le sacrifia néanmoins à ceux du clergé et de la cour de Rome, et l'écarta honorablement en le nommant ambassadeur à Paris. Il s'y concilia l'estime générale pendant les neuf années qu'il y demeura. Quelques discussions qu'il eut avec le marquis de Florida Blanca, le firent rappeler en Espagne, en 1784. Il vivait à Madrid éloigné de la cour, quand Charles III mourut. La reine le nomma ministre à la place de Florida Blanca. Sa faveur fut de courte durée, et peu de temps après, il fut remplacé par don Manuel Godoï, si malheureusement célèbre sous le nom de *prince de la Paix*. Il était resté doyen du conseil d'état, qui, pendant son ministère, avait été rétabli. Un jour que le roi présidait ce conseil, don Aranda s'exprimant avec franchise sur le mauvais état des finances, se permit à ce sujet quelques réflexions contre l'administration de Godoï; se doutant du sort qu'on lui préparait, il avait fait atteler sa voiture pour se rendre en Aragon dans une de ses terres, et se disposait à y monter quand on vint lui annoncer son exil. « Vous voyez, dit-il, que » je me suis empressé de prévenir » les ordres du roi. » Ce fut en Aragon qu'il termina son honorable carrière, en septembre 1794; après avoir fait construire, près de son château, une chapelle, dans laquelle, par ses ordres, on éleva son tombeau, qui fut terminé sous ses yeux. Il laissa une jeune veuve dont il n'avait point eu d'enfans. Pendant son séjour à Paris don Aranda avait fréquenté les philosophes, qui le distinguèrent pour la pénétration de son esprit, l'élévation de son caractère, et la profonde connaissance qu'il avait des hommes. Il fut digne d'être cité dans cette brillante société que Paris seul offrait à l'Europe, comme le modèle de la civilisation et le centre des connaissances humaines. Don Aranda était fort attaché à la religion, mais il réprouvait l'institution des moines, qui couvraient sa patrie, et il disait que « c'était enlever au- » tant de bras à l'agriculture, au- » tant d'artisans à l'industrie, au » tant de spéculateurs au commer- » ce, et autant de pères de famille » nécessaires à l'état. » Il essaya d'attaquer l'autorité de l'inquisition, et fut moins puissant contre elle que contre les jésuites. Néanmoins Voltaire dit de lui :

Aranda dans l'Espagne éclairant les fidèles,
A l'inquisition vient de rogner les ailes.

Son esprit avait plus de profondeur que d'étendue : c'est ce que Caraccioli, ambassadeur de Naples, faisait entendre par ces mots, « c'est » un puits plus profond que large. »

ARANJO (AZVEDO, CHEVALIER D'), ambassadeur portugais, après avoir rempli une mission en Hollande, lors de l'ouverture de la convention batave, fut chargé d'aller à Paris, en 1796, travailler à la conciliation du Portugal et de la France : quelques différens qui s'étaient élevés, entre la république et le cabinet de Lisbonne, furent arrangés par ce ministre. Un traité fut conclu à Paris; mais la reine ayant refusé de le ratifier, Aranjo fut arrêté par ordre du gouvernement français, et renfermé au Temple, le 30 décembre 1797. En mars de l'année suivante, certains journaux, organes ordinaires des mensonges politiques, annoncèrent que l'ambassadeur s'était échappé de sa prison. Il s'en était échappé en effet, mais avec le consentement tacite du directoire. Les gouvernemens faibles, méticuleux, timides dans leur tyrannie, offrent plus d'un exemple de ces ridicules transactions, de ces misérables ruses. *Ils sont*, comme dit un écrivain éloquent dans de simples mémoires (le duc de Saint-Simon), *toujours dans les sapes.* Aranjo, ayant recouvré sa liberté, retourna en Portugal, et quitta la diplomatie pour les muses. On connaît de lui des poésies brillantes, des odes pleines d'images et d'harmonie.

ARBAUD DE JOUQUES (JOSEPH-CHARLES-ANDRÉ), fils d'un président à mortier du parlement de Provence, mort à Lyon sur l'échafaud, en 1793. Le marquis Arbaud de Jouques entra dans l'ordre de Malte, en 1791, et émigra presque aussitôt avec ses deux frères. Ses services dans l'armée de Condé lui valurent la croix de Saint-Louis. Après le 18 brumaire, ses frères et lui rentrèrent en France. M. Arbaud de Jouques, sous-préfet d'Aix, puis baron d'empire, chevalier de la légion-d'honneur, préfet des Hautes-Pyrénées, ne se montra pas indigne des faveurs impériales. La coalition faisait marcher ses troupes; le zèle fervent du préfet des Hautes-Pyrénées, son activité infatigable pour la levée des conscrits, organisés et mis sur-le-champ en mouvement, les proclamations énergiques qu'il répandait avec profusion dans son département, attirèrent sur lui l'attention du gouvernement, et la voix officielle du *Moniteur* déclara que *la prévoyance et le zèle du préfet des Hautes-Pyrénées étaient dignes des plus grands éloges.* Une nouvelle proclamation de M. Arbaud de Jouques suivit de près cette honorable mention. Là se trouvent ces paroles remarquables : *le soldat qui ne voit pas son aigle au-dessus de lui, est un traître, un misérable, un Anglais; celui qui le recèle, mérite la mort; sa maison doit être rasée,* etc. Conservé dans sa place par le gouvernement provisoire, par *Monsieur*, par S. M., destitué par Napoléon pendant les *cent jours*, M. Arbaud de Jouques fut ensuite nommé, par le roi, préfet de La Rochelle, puis préfet du Gard, à la place de M. de Calvières. Nouvelle et intéressante époque de sa vie administrative! Dans un pays, où tous les élémens opposés sont en présence, où le protestantisme dans toute son énergie, et le papisme dans toute sa ferveur, exaltent à un si effrayant degré et les ressentimens personnels et les dissensions politiques, le bien était difficile à faire. M. Arbaud de Jouques ne put fermer les yeux sur la grandeur du mal, ni sur les causes du désordre qu'il était appelé à réparer. Ses premiers pas furent sages, et ses premières mesures promirent un magistrat de paix. Ces douces espérances ne tardèrent pas à s'évanouir. Il crut devoir s'armer de rigueur. On vit paraître ce terrible décret contre les attroupemens dits *séditieux*, lequel déclare que toute réunion doit être dissipée par la force armée, et que la commune qui arborerait un signe séditieux, *sera mise à exécution militaire*. Ce décret produisit son effet naturel; il alluma toutes les haines, et aiguisa tous les poignards. M. Arbaud de Jouques reconnut sa faute; il était trop tard. Le commandant du département, le général Lagarde, meurt assassiné : des poursuites commencent, et sont aussitôt suspendues. L'Europe, dont les yeux se fixent sur les eaux sanglantes du Rhône et de l'Aveyron, apprend avec surprise, dans une nouvelle proclamation du préfet, que *le roi est content des Nîmois*, et que *lui-même n'a pas dédaigné de justifier leur conduite à la face du monde*. On lira dans l'histoire, que les assassins du général Lagarde, traduits devant un jury de Nîmes, furent portés en triomphe sous les yeux du premier magistrat. Jamais l'autorité, la majesté du trône ne reçurent une atteinte aussi profonde. Les ministres le sentirent, et le préfet de Nîmes fut destitué. M. Arbaud de Jouques avait publié, en 1811, une *imitation de quelques poésies d'Ossian:* elle n'eut aucun succès.

ARBAUD (Jean-Paul), ancien juge au tribunal civil du département du Var, propriétaire à Correns, arrondissement de Brignolles, ayant présenté à la chambre des députés, session de 1819 à 1820, une pétition par laquelle il provoquait une loi de *prévoyance,* dans le cas de mort, de *démission* ou de *destitution* du roi, pétition dont les membres du *coté gauche* demandèrent le renvoi au ministre de la justice, il fut traduit à la cour d'assises du Var, et condamné à huit mois d'emprisonnement, à cent francs d'amende et aux frais.

ARBERG (comte d'), général autrichien. En 1789, il succéda au major Schroder dans le commandement d'un corps de troupes autrichiennes, et marcha contre les insurgés brabançons. Entré à Gand, il y fut suivi par les patriotes, qui le forcèrent à capituler. Il sortit de cette ville et se replia sur Bruxelles, où, après quelques avantages, il fut forcé d'évacuer le pays. Les annales militaires de la liberté offrent peu de campagnes qui puissent rivaliser d'impétuosité et de fanatisme avec celle qui mit fin aux opérations du général d'Arberg. Un trait qui semble emprunté aux temps de barbarie, suffit pour caractériser cette lutte de l'indépendance brabançonne contre l'asservissement que voulait lui imposer la maison d'Autriche. On trouva sur un champ de bataille les corps d'un officier autrichien et d'un jeune patriote de Gand, qui, tous deux, s'étaient mortellement frappés; mais le Gantois avait expiré sur le visage de son ennemi, qu'au défaut de ses armes, il avait déchiré avec ses dents, avant de rendre le dernier soupir. Quand la guerre est nationale, chaque soldat la fait d'enthousiasme. Le général d'Arberg, dégoûté du service par les échecs qu'il avait éprouvés, et par la cause même qu'il servait, prit sa retraite, et alla vivre dans ses terres.

ARBERG DE VALLENGIN (CHARLES - PHILIPPE D'), officier de la légion-d'honneur, l'un des Belges qui ont le plus marqué dans les derniers événemens, homme d'esprit et homme de cour; à des formes aimables, à des manières polies, il joignait une volonté ferme, un courage éprouvé par plusieurs duels, et un noble caractère : fils du général autrichien de ce nom, Philippe d'Arberg était à 28 ans, chambellan de Napoléon; la comtesse d'Arberg, sa mère, était dame d'honneur de l'impératrice Joséphine. Il ne tarda pas à se faire remarquer par l'activité et la grâce de son esprit, et obtint une mission particulière pour Saint-Pétersbourg; il fit la belle campagne de Tilsit, en qualité de capitaine dans les gendarmes d'ordonnances de la garde impériale. Après les événemens de Bayonne, il fut chargé de la garde des princes d'Espagne, transférés à Valençay. Une nouvelle et non moins délicate fonction lui fut ensuite confiée. A Brême, dont il fut nommé préfet, il sut, à force d'habileté, neutraliser les mouvemens insurrectionnels qui, en 1813, agitaient les villes anséatiques. La mort l'enleva le 18 mai 1814, avant l'âge de 40 ans. Il a laissé les plus justes regrets dans le cœur de ses amis. Il faisait le bonheur de sa mère et de ses deux sœurs, mariées à deux lieutenans-généraux qui occupent une belle place dans notre histoire, Mouton, comte de Lobau, et Klein.

ARBLEY (MADAME D'). (*Voyez* BURNEY, MISS.)

ARBOGAST (LOUIS-FRANÇOIS-ANTOINE), né à Mutzig en Alsace, le 4 octobre 1759, fut recteur de l'université de Strasbourg, professeur de mathématiques à l'école centrale du département du Bas-Rhin, correspondant de l'institut et de l'académie des sciences de Pétersbourg. En 1790, Arbogast remporta le prix proposé par l'académie des sciences de cette dernière ville sur ce sujet : *Déterminer si les fonctions arbitraires dans l'intégration des équations différentielles à trois variables appartiennent à des courbes continues.* Il fut membre de l'assemblée législative et de la convention nationale. Dans le procès du roi, il vota pour la détention jusqu'à la paix. Ce fut Arbogast qui proposa et fit décréter le nouveau système d'uniformité des poids et mesures, déterminé sur la mesure du méridien de la terre. Il fut nommé dans la même année pour vérifier avec Lakanal et Daunon le télégraphe de Chappe, et, en 1794, pour examiner la conduite de Carrier. Après la session, Arbogast reprit ses études de mathématiques. On a de lui, outre le mémoire couronné par l'académie des sciences de Saint-Pétersbourg, un ouvrage estimé sous le titre de *Calcul des Dérivations et de ses usages dans la théorie des suites et dans le calcul différentiel*, Strasbourg, 1800, et un *Rapport sur l'uniformité et le système général des poids et mesures*, qu'il entreprit étant membre de la convention. Arbogast doit être placé parmi nos meilleurs géomètres. Il mourut dans le courant du mois d'avril 1803.

ARBORJO DE BRÊME. (*Voyez* BRÊME.)

ARCAMBAL (N.), membre de la légion-d'honneur, a commencé à servir comme secrétaire de la guerre sous le ministère de M. de Saint-Germain, et dans la même qualité, sous ceux du prince de Montbarey et du maréchal de Ségur. Sous ce dernier, il a été fait commissaire des guerres honoraire, puis commissaire ordonnateur. Nommé secrétaire-général de ce département sous le ministère de M. le comte de Latour-du-Pin, il a suivi cette carrière jusqu'au ministère de M. Duportail, époque à laquelle il fut fait chef de division. Arrêté après le 10 août 1792, il obtint sa liberté peu de jours avant les massacres de septembre, et il échappa ainsi à une mort presque certaine. Nommé ensuite archiviste du ministère de la guerre, il a occupé cette dernière place jusqu'au moment où il a obtenu sa retraite, après quarante années de services.

ARCAMBAL (JACQUES-PHILIPPE), frère du précédent, a commencé à l'âge de 17 ans à servir dans la maison militaire du roi. Placé au secrétariat de la guerre sous le ministère du maréchal de Ségur, il a été fait successivement élève adjoint, et commissaire des guerres. C'est en cette dernière qualité qu'il a servi sous les ordres du maréchal de Clermont-Tonnerre, en Dauphiné, et sous ceux du maréchal de Broglie, au camp d'observation sous Metz. A la fin de 1793, nommé commissaire ordonnateur adjoint, il fut employé aux armées du Nord et de l'Ouest, puis fait commissaire ordonnateur de la 15ᵐᵉ division militaire. A cette époque, vers l'an 3, il fut appelé par le directoire pour administrer près de Petiet, alors ministre de la guerre, la direction du matériel de ce département, fonction qu'il a encore exercée sous le ministère de Schérer, jusqu'au moment où il fut envoyé à Rome en qualité de commissaire ordonnateur près le corps d'armée du général Championnet. Commissaire ordonnateur en chef au moment de l'expédition de Naples en 1799, il devint ministre de la guerre de ce royaume après l'invasion, et conserva cette place jusqu'au moment où l'armée française fit sa retraite pour se réunir à l'armée d'Italie. De retour en France, M. Arcambal a été fait inspecteur aux revues lors de la création de ce corps, et a fait une campagne en Allemagne, après laquelle, appelé par le maréchal prince Berthier, il a été successivement secrétaire général, et chef de division du ministère de la guerre, jusqu'à la la formation du camp de Boulogne, où il fut nommé l'un des ordonnateurs en chef de la grande armée, près le corps du maréchal duc de Dalmatie. Il a fait ensuite avec le même corps, et près de l'empereur Napoléon, la campagne d'Austerlitz; il fut aussi nommé intendant général de la Basse-Autriche. Au départ du prince Joseph Napoléon pour la seconde expédition de Naples, M. Arcambal, nommé commissaire ordonnateur en chef de l'armée commandée par ce prince, puis commissaire général des armées française et napolitaine réunies, en a exercé les fonctions jusqu'au moment où, autorisé par l'empereur à servir près de ce nouveau gouvernement, il a successivement été fait officier de la légion-d'honneur, grand'croix des ordres de Naples et du lion-palatin de Bavière, conseiller d'état, ministre de la guerre, intendant-général de la maison du roi; enfin directeur-général des revues et de la conscription. Il dut cesser ces fonctions et donner sa démission de ses autres places et honneurs à la cour, lorsqu'on ne lui laissa que l'alternative entre la naturalisation et l'obligation de servir dans la coalition de l'Europe contre la France, ou de rentrer dans sa patrie, ce qu'il n'hésita pas à faire au mois d'août 1814. Depuis son retour, M. Arcambal a été nommé inspecteur en chef aux revues, chevalier de Saint-Louis, et a obtenu la retraite à laquelle lui donnaient droit son âge et une longue suite d'honorables services qui n'ont jamais été interrompus.

ARCET (D'). *Voyez* DARCET.

ARCHAMBAULT (N.), avocat, s'est distingué par une opposition vigoureuse aux principes révolutionnaires. Électeur et juge aux tribunaux de district, avant 1790, il devint, en 1795, président d'une des sections de Paris, où s'organisait, contre la convention faible et mourante, une conspiration sans but et sans moyens. M. Archambault signa une invitation aux citoyens de Vitry, pour les engager à venir au secours des sections de Paris, qui s'étaient mises en insurrection contre les troupes de ligne et les comités du gouvernement; la pièce étant authentique, un jugement rendu par une commission militaire, condamna M. Archambault à mort. Mais on était las de verser le sang; ces condamnations n'étaient plus que de vaines menaces. Il profita de la clémence ou de l'insouciance de l'autorité; il s'évada, se présenta, deux ans après, devant le tribunal criminel du département de la Seine, fut acquitté à l'unanimité, devint ensuite vice-président de ce tribunal, et est aujourd'hui doyen du barreau de Paris.

ARCHENHOLTZ (CHEVALIER D'), l'un des écrivains allemands les plus distingués par le talent, le patriotisme et le savoir, méritait dans les Biographies contemporaines, la place qui lui a été refusée. Ancien capitaine au service de Prusse, il servit avec gloire dans la guerre de *sept ans*, fit plusieurs voyages en Europe, et s'établit enfin à Hambourg, où il a long-temps rédigé une *Minerve*, ouvrage périodique, dont les vues et les principes ont eu un rapport singulier avec ceux de la *Minerve française* postérieure de plus de vingt ans. C'est dans la *Minerve alle-*

mande, que M. d'Archenholtz éleva la voix, en 1793, contre l'illégale et affreuse détention du général La Fayette ; il dénonçait et le pouvoir injuste qui faisait peser sur ce général les traitemens les plus indignes, et la coalition qui exerçait ainsi ses vengeances. Le numéro de ce journal (février 1793) parvint secrètement à l'illustre prisonnier, qui trouva moyen de remercier l'auteur par une lettre pleine de noblesse et de sensibilité, rapportée dans l'*Histoire de France*, depuis 1789, de M. de Toulongeon (tom. V, pag. 430). Le chevalier d'Archenholtz est auteur de plusieurs voyages estimés, notamment d'un *Voyage en Angleterre*, où les mœurs sont moins fidèlement observées que les ressorts secrets de l'administration et les nuances délicates du caractère national. Son *Histoire de la guerre de sept ans* est pleine de détails qu'on chercherait vainement ailleurs ; mais elle est quelquefois entachée de partialité.

ARCHIMBAUD (LE MARQUIS D'), nommé, en septembre 1815, par le département de Vaucluse, membre de la chambre des députés ; il était de la majorité de cette chambre, et fut commissaire du 5.me bureau pour les rapports à faire sur le projet de loi relatif au budget. Dans le même temps, il soumit à l'assemblée un *Rapport sur la nécessité de faire des réformes et des réductions dans les dépenses intérieures de la chambre;* rapport qu'il a fait imprimer.

ARÇON (JEAN-CLAUDE-ÉLÉONORE LEMICEAUD D'), né à Pontarlier, en 1733, correspondant de l'institut, officier-général du génie. Son père le destinait à l'état ecclésiastique ; mais pour faire connaître à ses parens combien ils s'abusaient sur sa vocation, d'Arçon mit en usage un moyen assez original. Il substitua, de sa propre main, sur son portrait qu'on venait de faire, l'habit d'ingénieur à celui d'abbé, sous lequel il avait été peint. Les parens de d'Arçon comprirent parfaitement son intention, ils furent sages et ne s'opposèrent point à son penchant. La passion dominante que le jeune d'Arçon montrait pour les armes, détermina son père à le faire admettre à l'école de Mézières, en 1754. En 1755 il fut reçu ingénieur ordinaire, se distingua dans la guerre de *sept ans*, et notamment en 1761, à la défense de Cassel. On le chargea en 1774 de lever la carte du Jura et des Vosges. Il inventa, pour accélérer cette opération, une nouvelle manière de laver, produisant plus d'effet et beaucoup plus expéditive que par le lavis ordinaire ; on a regardé cette heureuse invention comme une conquête pour l'art. Il était doué de beaucoup d'activité et d'imagination. En 1775, il prit part dans la discussion qui dégénéra bientôt en querelle à l'occasion du système de M. de Guibert, sur *l'ordre profond et sur l'ordre mince*, et publia deux brochures intitulées : *Correspondance sur l'art militaire*. En 1780, il conçut pour le siége de Gibraltar un projet hardi qui demandait des moyens d'exécution absolument neufs. Après quelques expériences sur la combustion, d'Arçon rédigea son projet des batteries insubmersibles et incombustibles, destinées à entamer le corps de la place du côté de la mer, tandis que par d'autres batteries avancées sur le rivage on devait prendre de revers les ouvrages que les batteries flottantes attaqueraient de face. Ces batteries furent construites sous ses yeux, et de manière à présenter tous les avantages qu'il s'en était promis. Il les fit revêtir d'une forte cuirasse en bois, les couvrit d'un blindage assez fort pour résister aux bombes, y ménager une circulation d'eau, entretenue par des pompes pour les garantir du feu, et au moyen d'un lest capable de contre-balancer le poids de l'artillerie, il établit un équilibre parfait. Il soutint ces machines par des chaloupes canonnières, des bombardes et des vaisseaux de ligne, qui devaient manœuvrer sur divers points, afin d'occuper les assiégés et de les obliger à plusieurs diversions. Cent cinquante pièces de canon étaient réparties dans cinq machines à deux rangs de batterie et dans cinq autres à un seul rang. Ce projet ayant été accueilli avec un vif intérêt par la cour d'Espagne, il ne songea plus qu'à l'exécuter. Pour s'assurer de la position de ses prames, et vérifier la justesse de ses calculs, d'Arçon s'était embarqué sur un esquif exposé au feu de la place. Ce fut le 15 septembre 1782 que le projet fut mis à exécution; mais on conduisit l'expédition de manière à faire penser que l'on avait l'intention de la faire manquer. Des dix prames, deux seulement mirent à la voile, et ne furent suivies des autres que long-temps après, de sorte que les premières essuyèrent tout le feu de la place. Il était facile de réparer cet échec en les faisant retirer promptement pour les réunir aux autres, mais on apporta pendant l'attaque l'ordre de livrer toutes ces embarcations aux flammes, sous le prétexte que les Anglais s'en empareraient inévitablement. Cette intention perfide, qui fut bientôt prouvée par le mauvais succès de l'entreprise, ne pouvait échapper à la pénétration de d'Arçon ; il en conçut un chagrin profond et un juste ressentiment. Le prince de Nassau, qui paraissait vouloir réunir en lui seul toutes les qualités des héros de romans, et tenter leurs entreprises aventureuses, *et qui arrivait toujours quand il y avait un coup de fusil à tirer en Europe*, n'importe pour ou contre qui, ne laissa pas échapper l'occasion d'attacher son nom à la périlleuse entreprise du général d'Arçon, et demeura seul avec lui sur une batterie flottante que le feu de l'ennemi avait déjà réduite en charbon. « Vous ne vous » en irez qu'après moi, dit-il à d'Ar- » çon. — C'est ce que je désire, » mon prince, répond le général, » mon devoir est de rester le der- » nier. » Il paraît que la cause de la non-réussite d'une tentative aussi hardie qu'ingénieuse, et dont le succès ne paraissait pas douteux, doit être particulièrement attribuée à la rivalité, à la jalousie, et à la division qui existaient entre les officiers espagnols et français. Elliot, chargé de la défense de Gibraltar, reconnut tout le mérite de l'invention de d'Arçon, et lui en rendit un témoignage glorieux. Ce dernier avait fait imprimer une espèce de mémoire justificatif, où il montre, mais avec noblesse, ses regrets et sa profonde affliction. Le général d'Arçon a publié un *mémoire sur les lunettes à feux de revers et à réduit*, ayant pour objet d'établir une imposante résistance sur un très-petit espace isolé. En 1793, il fut chargé de faire une reconnaissance au mont Saint-Bernard; mais ayant été dénoncé, il se retira à Saint-Germain. Il fut rappelé pour l'exécution du projet d'invasion de la Hollande, et on lui doit la prise de Bréda et de Gertruydemberg. Victime d'une nouvelle dénonciation, il rédigea dans sa retraite son dernier ouvrage intitulé : *Considérations militaires et politiques sur les fortifications* : le gouvernement en ordonna l'impression. Pendant quelque temps, le bruit courut qu'il avait suivi Dumouriez; mais il le démentit par une lettre du mois de juin suivant, adressée à l'assemblée. Carnot l'employa ensuite dans les conseils et comités militaires. En 1799, le général d'Arçon, fut nommé membre du sénat conservateur. On a de lui outre les ouvrages déjà cités, 1° *Réflexions d'un ingénieur, en réponse à un tacticien*, Amsterdam, 1773, in-12; 2° *Correspondance sur l'art de la guerre, entre un colonel de dragons et un capitaine d'infanterie*, deux parties in-8°, imprimées à Bouillon; 3° *Défense d'un système de guerre nationale, ou Analyse raisonnée d'un ouvrage intitulé : Réfutation complète du système de M.*

Menil-Durand, par M. Guibert, 1779, Amsterdam, in-8°; 4° *Conseil de guerre privé sur l'événement de Gibraltar, en 1782*, in-8°, 1785; 5° *Mémoires pour servir à l'histoire du siége de Gibraltar*, par l'auteur des Batteries flottantes, 1783, in-f°, Cadix; 6° *Considérations sur l'influence du génie de Vauban, dans la balance des forces de l'état*, in-8°, 1786; 7° *Examen détaillé de l'importante question de l'utilité des places fortes et retranchemens*, 1789, in-8°, Strasbourg; 8° *de la Force militaire considérée dans ses rapports conservateurs*, 1789, Strasbourg, in-8°, et la suite, même format, 1790; 9° *Réponse aux Mémoires de M. de Montalembert, sur la fortification dite perpendiculaire*, in-8°, 1790; 10° *Considérations militaires et politiques sur les fortifications*, de l'imprimerie de la république, 1795, in-8°. Ce dernier ouvrage est le résumé de ce qu'a écrit le général d'Arçon, sur un art dont il avait fait l'étude de toute sa vie. Il est mort le 1er juillet 1800, à la Tuilerie, belle terre qu'il avait achetée depuis peu, près d'Auteuil.

ARCONVILLE (Geneviève-Charlotte-d'Arlus-Thiroux d'), naquit le 17 octobre 1720, et mourut le 23 décembre 1805. Cette dame, douée d'un jugement sain et d'un esprit délicat, ne se dissimulait pas la prévention établie contre les femmes de lettres. « Affichent-elles la science ou le » bel esprit ? disait-elle : si leurs » ouvrages sont mauvais, on les » siffle; s'ils sont bons, on les leur » ôte; il ne leur reste que le ridi- » cule de s'en être dites les au-

» teurs ». D'après cette opinion même, tous les ouvrages qu'elle publia parurent sous le voile de l'anonyme. Mme d'Arconville est du petit nombre des femmes auteurs qui doivent faire exception à cette règle sévère ; elle traça elle-même la marche de ses études, et si ses ouvrages avaient paru sous son nom, ils lui auraient acquis de son vivant une célébrité que la justice des historiens doit appeler sur sa mémoire. Le but que se proposait Mme d'Arconville était essentiellement d'être utile : ses productions nombreuses portent l'empreinte de cet excellent esprit. Elle avait l'imagination vive, une sensibilité exquise, des connaissances variées. Science, histoire, morale, littérature, tout était de son ressort. Mme d'Arconville, belle-sœur du vertueux Angran d'Alleray, lieutenant-civil, comptait parmi ses amis les plus dévoués des hommes distingués, tels que Macquer, Jussieu, Anquetil, Lavoisier, Malesherbes, Sainte-Palaye, etc. Bonne, compatissante, aimant à soulager ou à consoler les malheureux, elle avait plutôt l'air, en rendant service, d'être l'obligée que la bienfaitrice. « S'ils savaient, di- » sait-elle, combien ils me font » plaisir en me mettant à même » de leur être utile, ils n'auraient » pas tant de reconnaissance. » Mme d'Arconville eut une étoile heureuse, et sa vie fut presque exempte d'orages. Elle succomba à l'âge de 85 ans, au milieu de souffrances presque continuelles, mais ayant conservé toute la douceur de son caractère, et toute la fraîcheur de son esprit ; elle travaillait même encore avec ardeur dans les courts instans de repos que lui laissait la dernière maladie qui la ravit aux lettres et à l'amitié. Elle a publié, en 1756, *Avis d'un père à sa fille*, par le marquis d'Hallifax, auteur anglais, Londres-Paris, in-12 : le traducteur s'est montré digne de son modèle par l'élégance de son style ; en 1759, *Leçons de chimie*, de Shaw, Paris, in-4°, ouvrage important, mais où se trouvent des erreurs en assez grand nombre que le traducteur a fait disparaître. Mme d'Arconville a en outre ajouté aux expériences de Shaw, des découvertes nouvelles, et fait précéder l'ouvrage d'un discours dans lequel elle trace avec clarté et habileté la naissance et les progrès de la chimie. Dans la même année, elle publia : *Traité d'Ostéologie*, de Monro, traduit de l'anglais, Paris, 2 vol. in-f° : cet ouvrage porte le nom de M. Sue, professeur, dont elle emprunta le nom. De 1760 à 1766, *Pensées et Réflexions ; de l'Amitié ; des Passions*, in-12 et in-8° : ouvrages d'une morale toujours pure, et qui font honneur au cœur et à l'esprit de leur auteur. En 1761, des *romans* in-12, traduits de l'anglais de Littleton et de Mme Behn. En 1763, *l'Amour éprouvé par la mort, ou Lettres de deux amans*, Paris, in-12 : ouvrage dans lequel l'auteur montre les suites funestes des égaremens où nous entraînent les passions. En 1764, *Mélanges de poésies anglaises*, in-12, traduites de Buckingham, Pope et Prior. En 1766, *Essai pour servir à l'histoire de la putréfaction*, in-8° : l'auteur paraît regarder la putréfaction comme la clef de toutes les sciences physiques, et la base de l'histoire de toute la nature. En 1767, *Mémoires de M*lle *Valcourt*, in-12, deux parties. En 1770, *Estentor et Thérèse; Méditations sur les tombeaux; Dona Gratia d'Ataïde*, histoire portugaise, in-8°. En 1771, *Vie du cardinal d'Ossat, avec le discours de ce prélat sur la ligue*, 2 vol. in-8° : ouvrage bien fait. En 1774, *Vie de Marie de Médicis*, 3 vol. in-8° : cet ouvrage se fait remarquer par les recherches nombreuses que l'auteur a faites, et par son extrême sévérité, que l'opinion générale est loin d'approuver, à l'égard de Sully. En 1783, *Histoire de François II, roi de France*, 2 vol. in 8°, où l'on trouve, comme dans le précédent, beaucoup de recherches et de réflexions judicieuses, ainsi que dans différens autres ouvrages de l'auteur tels que romans, comédies, contes, apologues, traduits de l'anglais et de l'italien. Mme d'Arconville a laissé de nombreux manuscrits. On lui attribue un discours sur l'amour-propre, lu par ordre de Frédéric-le-Grand à l'académie de Berlin. Ce discours a été imprimé en 1770.

AREMBERG. (*Voy.* ARENBERG.)

ARÉNA (JOSEPH), chef de bataillon à la première organisation de la garde nationale, fut nommé adjudant-général au siége de Toulon, où il donna des preuves de bravoure très-remarquables. Il quitta le service en l'an 4, accompagna Salicetti dans son exil, revint en France avec lui, et le suivit à l'armée d'Italie, d'où il passa en Corse en l'an 5. Député du département du Golo, au conseil des cinq-cents, il fit un rapport qui tendait à provoquer des mesures pour soumettre les rebelles de la Corse. Peu après il obtint le grade de chef de brigade de gendarmerie. La révolution du 18 brumaire le détermina à donner sa démission, qui a été attribuée à son éloignement pour le premier consul Bonaparte. Il se vit impliqué dans une conspiration qui avait pour but de se défaire du premier consul, à l'Opéra, le 9 novembre 1801, jour de la première représentation des *Horaces*. Il fut traduit, ainsi que Ceracchi, Topino-Lebrun, Demerville et Diana, au tribunal criminel, et la procédure demeura long-temps en suspens; mais l'attentat du 3 nivôse fit presser le jugement. Il fut condamné à mort et exécuté avec les trois premiers de ses complices, le 30 pluviôse an 9. Il marcha au supplice avec courage. On doit des éloges au plaidoyer de M. Guichard, qui défendit Aréna avec beaucoup de talent et d'énergie.

ARÉNA (BARTHÉLEMY), se montra de bonne heure partisan de la révolution. Nommé député suppléant aux états-généraux par le département de l'île de Corse, il remplaça Salicetti, de l'assemblée constituante, dans les fonctions de procureur-général syndic. Lorsqu'on érigea les provinces en départemens, il fut en opposition avec plusieurs membres de la municipalité de Bastia. Un mouvement qui survint dans cette ville, en juin 1791, fit triompher ses ennemis particuliers, qui l'obligèrent lui et les autres administrateurs, à s'embarquer. La maison d'Aréna, à l'Ile-Rousse, fut dévastée, et ce ne fut qu'après un décret de l'assemblée en faveur du département, que les coupables furent poursuivis. Député à l'assemblée législative, en 1792, il fit décréter d'accusation le nommé Fabiani, émigré; vota pour le décret d'accusation du ministre Delessart, et demanda l'ordre du jour sur la dénonciation de Kibes contre la faction d'Orléans. Le 2 juillet, il vota pour que l'assemblée déclarât la patrie en danger, et proposa le licenciement de l'état-major de la garde nationale; s'éleva ensuite contre le nouveau ministère, par lequel la cour venait de remplacer Dumouriez, Roland et autres. Il fut envoyé en mission pour maintenir l'ordre, dans le département de la Seine-Inférieure. De retour en Corse, il se montra de nouveau dans le parti patriote, et lutta contre Paoli. Il se distingua, en juin 1793, par sa fermeté envers les insurgés de Calvi, et publia, dans une lettre, des détails sur la capitulation de cette place. La Corse étant passée sous la domination des Anglais, il revint à Paris, et fréquenta la société des Jacobins. Il s'y plaignit du silence et de l'espèce d'engourdissement de ses membres, au moment où les patriotes étaient opprimés. Après le départ des Anglais, Aréna retourna en Corse, et, en janvier 1798, il pacifia, avec le général Casalta, la ville d'Ampugnano, où des troubles avaient éclaté. Membre du conseil des cinq-cents, il continua à y soutenir les principes de la révolution. Il vota pour la levée des conscrits, et demanda la liberté de la presse. Il prétendit que le directeur Merlin avait à Paris une armée de 15 à 20,000 hommes, dont il se servirait pour décimer la représentation nationale, et ajouta que, par l'ordre de ce directeur, on brûlait dans les bureaux de la police tous les papiers qui pouvaient jeter du jour sur la conspiration du 30 prairial; il se signala comme orateur à la réunion du Manége; accusa de trahison le commandant de Turin, pour avoir rendu cette place aux Austro-Russes; s'éleva contre le parti directorial qui empêchait qu'on ne décrétât la patrie en danger, et demanda pour Masséna et l'armée d'Helvétie des témoignages de la reconnaissance nationale. Il demeura constamment attaché à la démocratie, et marqua beaucoup d'opposition aux évènemens du 18 brumaire. On l'accusa d'avoir voulu poignarder le général Bonaparte au milieu de l'assemblée du conseil des cinq-cents. Il proposa de faire imprimer la liste des représentans qui étaient présens à l'appel, et jura qu'il maintiendrait la constitution. Inscrit sur la liste des exclus du corps législatif, il devait être déporté; mais il parvint à se soustraire aux recherches que l'on fit de sa personne. Il publia une lettre, dans laquelle il justifiait sa conduite au 18 brumaire. Fixé dans les environs de Livourne, il y vit très-retiré.

ARENBERG (Louis-Engelbert, duc d'), né le 3 août 1750, de la famille de ce nom. Il perdit la vue dans une partie de chasse, quelque temps après son mariage avec Mlle de Lauraguais. Il prit une part assez active à la révolution du Brabant, pour qu'on lui supposât des prétentions à la souveraineté de cette province. Napoléon étant monté sur le trône impérial, le duc d'Arenberg s'attacha à sa fortune, et fut élevé à la dignité de sénateur le 19 mai 1806. Quelques années après, il fut décoré du titre de grand'croix de l'ordre de la Réunion. Depuis l'établissement du nouveau royaume des Pays-Bas, il s'était retiré à Bruxelles, où il montrait autant d'aversion pour les partisans de Napoléon, tombé du trône, qu'il avait montré d'enthousiasme pour Napoléon conquérant et bienfaiteur. Il est mort en mai 1820.

ARENBERG (LE PRINCE PROSPER D'), fils du duc Louis d'Arenberg, né le 28 avril 1785. Il fit partie de la confédération du Rhin, comme duc régnant d'Arenberg. Il se maria, le 1er février 1808, avec Mlle Stéphanie Tascher de Lapagerie, nièce de l'impératrice Joséphine, et lui constitua un million en dot, sous la condition que cette somme serait employée à l'acquisition d'un hôtel à Paris. La même année, il leva à ses frais un régiment de cavalerie légère, dont il fit présent à l'empereur, qui lui donna le n° 27 dans les chasseurs de la garde, et avec lequel le prince d'Arenberg partit, en 1809, pour l'Espagne en qualité de colonel. Il se distingua à différentes affaires, dans cette longue guerre, et notamment à l'attaque du port de Huelba, en mars 1810,

où il prit un convoi de neuf bâtimens chargés de grains, et à la vue de cette ville, dont il s'empara après une charge des plus vigoureuses, le 15 mai de la même année. Le 28 du même mois, il détruisit presqu'en entier un corps de cavalerie. Vers le commencement de septembre 1811, il fut chargé de balayer les deux rives du Tage, du côté d'Albuquerque, et s'acquitta si bien de cette mission, qu'il chassa le général Castanos jusqu'aux frontières du Portugal. Cette expédition termina ses succès dans la péninsule; il se laissa surprendre à Carcirez, le 28 octobre 1811, et fut fait prisonnier avec 15 officiers, 500 soldats et 2 pièces de canon. Le prince d'Arenberg, conduit en Angleterre, retourna à Bruxelles, seulement après la paix. En octobre 1815, la princesse, qui avait toujours paru éprouver pour lui une espèce d'antipathie, fit, devant les tribunaux de Paris, une demande en nullité de mariage, et réclama néanmoins une provision annuelle de 36,000 francs. Cette provision lui fut d'abord accordée, jusqu'à la concurrence de 12,000 francs, et sous la condition qu'elle rendrait au prince son époux les diamans et autres objets mobiliers qu'il réclamait. Leur mariage a ensuite été cassé dans toutes les formes; ce qui a laissé à ce prince la liberté de contracter un nouveau mariage. Il a épousé, en 1819, une princesse de Lobkowitz. Le prince Prosper d'Arenberg est en ce moment général au service des Pays-Bas. Depuis la mort de son père, il a pris le titre de duc.

ARENBERG (PIERRE, PRINCE D'), frère du précédent, a fait avec distinction la campagne de Russie. Il reçut plusieurs blessures, au siége de Dantzick, où il servait en qualité d'officier d'ordonnance de l'empereur. Il eut, dans une sortie très-meurtrière, trois chevaux tués sous lui. Il est maintenant au service du roi des Pays-Bas.

ARENBERG (AUGUSTE, PRINCE D'), oncle des précédens, et frère du duc Louis Englebert, est à la fois Belge, Français et Autrichien. Né à Bruxelles, en 1753, il fut élevé à Paris, et a vécu long-temps à Vienne. Il prit le nom de comte de Lamarck, d'après l'obligation que lui avait imposée son aïeul maternel, qui, à la condition de prendre son nom, lui transmit la propriété du régiment de Lamarck. Vers 1780, il passa dans l'Inde avec ce régiment, qui était au service de France. La détermination du colonel n'avait pas été partagée par tous les officiers; l'un d'eux, nommé Perron, refusa de passer la mer, et donna sa démission. De retour en France, en 1814, le comte de Lamarck, auquel cet officier, devenu chambellan du roi de Suède, Gustave III, demanda raison de quelques propos tenus à cette occasion, se battit, et tua son adversaire, par lequel il fut blessé grièvement lui-même. Le comte de Lamarck, qui, jusqu'en 1787, n'avait été qu'un courtisan, et qui jouissait d'une grande faveur dans les premières cours de l'Europe, devint tout à coup un personnage politique, et se trouva mêlé dans deux grandes révolutions. Il prit une part très-active à celle du Brabant, que le duc, son frère, appuyait de tout son crédit, et servit en qualité de général dans l'armée des états. Pendant le même temps, la duchesse d'Ursel, sa sœur, se faisait remarquer par son enthousiasme pour l'avocat Vander-Noot, chef civil de la même révolution. En mars 1790, le comte de Lamarck écrivit aux états de Brabant pour se plaindre des persécutions dont il était menacé, comme signataire d'une adresse, dans laquelle l'assemblée était invitée à délibérer *sur les droits imprescriptibles des peuples;* il y demandait aussi justice des assassinats et des autres actions odieuses, auxquelles on avait excité la populace. Le 2 avril suivant, il écrivit de nouveau, de concert avec le duc d'Ursel, pour informer les états qu'ils étaient parvenus à rétablir l'ordre dans l'armée révoltée. Cependant, en 1789, en conséquence des droits que lui donnaient les propriétés qu'il possédait dans la Flandre française, le comte de Lamarck avait été nommé député de la noblesse aux états-généraux par la ville du Quesnoy. Partisan non moins zélé en France, d'une révolution dont les idées philosophiques étaient la base, qu'il ne l'avait été en Belgique d'une révolution provoquée par la superstition, le comte de Lamarck passa du côté du tiers-état avec la minorité de son ordre. Il rechercha avec empressement l'amitié de Mirabeau, et semblait tirer gloire de l'intimité qui s'était établie entre eux; mais bientôt, refroidi pour la révolution, il renoua avec la cour, et concurremment avec le comte de Merci, ambassadeur d'Autriche, il devint le conseil de la reine Marie-Antoinette. Ce fut lui surtout qui ménagea le rapprochement de Mirabeau avec la cour, rapprochement dont la mort prématurée de ce grand orateur prévint peut-être les effets. Mirabeau expira entre ses bras et ceux de M. de Talleyrand de Périgord, alors évêque d'Autun, après avoir institué M. de Lamarck son exécuteur testamentaire. En 1792, le régiment de Lamarck perdit du monde, en s'opposant à l'entrée des Marseillais dans Avignon. Il n'est pas dit qu'il eut en cette occasion son colonel en tête; néanmoins l'auteur d'une lettre où ce fait est consigné s'exprime ainsi : « Il faut *avoir les yeux sur ce ré-*»*giment*. M. le comte de Lamarck, » qui en est colonel propriétaire, » a tenu à Mirabeau, son ami en » révolution, un propos dont les » patriotes ne doivent pas perdre » la mémoire. Il s'agissait de guer-» re civile, etc. *Un temps vien-*» *dra*, dit le comte de Lamarck, »*qu'un régiment à soi vaudra* » *beaucoup mieux que la proprié-* » *té d'une terre*. M. le comte de » Lamarck a toujours été au châ-» teau des Tuileries dans la plus » grande faveur. » Quand la cause de la cour lui parut perdue sans ressource, il revint en Belgique, fit sa paix avec le gouvernement autrichien, renonça à sa qualité de Français, et rentra au service dans l'armée autrichienne en qualité de général; il n'a jamais été en activité de service. Retiré à Vienne tout le temps que la Belgique a été réunie à la France, il fut mis sur la liste des émigrés.

Sous le ministère de M. de Thugut, il avait été employé dans plusieurs négociations contre la France, pendant que le général Bonaparte commandait l'Italie, ce dont ce prince se souvenait très-bien. Lorsque le duc d'Arenberg eut été admis au sénat, le prince Auguste d'Arenberg (nom que le comte de Lamarck avait repris, et n'a pas quitté depuis) désira néanmoins rentrer au service du gouvernement français; mais comme Napoléon avait pour principe de n'admettre dans l'armée française les militaires étrangers, que dans un grade inférieur à celui qu'ils occupaient, le prince Auguste ne donna pas de suite à ses sollicitations. Depuis la réunion de la Belgique à la Hollande, attaché au service du roi des Pays-Bas, il est général de division, mais sans activité. Comme le duc son frère et la duchesse sa sœur, le prince d'Arenberg a peine à supporter dans les autres les opinions qu'il n'a plus. Si les Français proscrits ou réfugiés ont reçu dans l'exil des preuves d'intérêt pour leur infortune, ou de tolérance pour leurs opinions, ce n'est pas de la part de cet *ancien membre de l'assemblée constituante.*

ARÉTIN (Adam), né à Ingolstaldt, le 24 août 1769. Dès 1789, il entra à la chancellerie de Bavière, où il occupa des emplois administratifs importans. On le connaît moins comme littérateur que comme amateur des beaux-arts. On a de lui : 1° *Magasin des arts du dessin*, vol. in-8. avec fig., Munich, 1791; 2° *Manuel d'une philosophie de la vie humaine*, vol.

in-8. avec fig., Munich, 1795: ces deux ouvrages sont en allemand; 3° *Catalogue des estampes gravées par Chodowiecki*, vol. in-8°, Munich, 1796, etc.

ARÉTIN (Jean-George), frère du précédent, né à Ingolstaldt, le 28 avril 1771, directeur du département d'agriculture et des ponts et chaussées dans le Haut-Palatinat. Il a composé plusieurs ouvrages d'économie rurale; en 1802, il publia *le Génie de la Bavière sous Maximilien IV*, 1 vol. in-8°, avec fig. En 1800, il était principal rédacteur de *la feuille hebdomadaire* du Haut-Palatinat. Ses productions sont assez estimées.

ARÉTIN (Jean-Christophe, baron d'), savant et laborieux bibliographe, membre de l'académie de Gottingue, et vice-président de l'académie de Bavière, etc., frère d'Adam et de Jean-George Arétin, est né à Munich le 2 septembre 1775. Il fut nommé, en 1793, conseiller de la direction générale des états de Bavière; en 1804, vice-président de l'académie de Munich, et quelque temps après premier conservateur de la bibliothèque de cette ville. Ses principaux ouvrages sont: *Diatriba epistolica, de primâ câque rarissimâ collectione actorum pacis Westphalicæ*, vol. in-8°, Munich, 1802; *Discours sur les plus anciens monumens de l'art typographique en Bavière*, vol. in-4°, Munich, 1801; *Histoire des Juifs en Bavière*, vol. in-8°, Landshut, 1803; *Anciennes traditions sur la naissance et la jeunesse de Charlemagne*, vol. in-8°, Munich, 1803; *Recherches sur les cours d'amour dans le moyen âge*, tirées d'anciens manuscrits, vol. in-8°, *ibid*. 1803; *Mémoires d'histoire et de littérature, tirés principalement des manuscrits de la bibliothéque de Munich*, vol. in-8°, ouvrage périodique, *ibid*. 1803 et suivant; *Pensées sur la vraie idée qu'on doit se former de la mnémonique, et sur ses avantages*, vol. in -8°, *ibid*. 1804; *Théorie abrégée de la mnémonique*, vol. in-8°, Nuremberg, 1807; *Bibliothéque historique et statistique de Bavière*, vol. in-8°, Munich; *Mémoire pour l'histoire littéraire de la baguette divinatoire*, vol. in-8°, *ibid*. 1807; *Discours sur les résultats immédiats de l'invention de l'imprimerie*, vol. in-4°, *ibid*, 1808. Le baron d'Arétin est aussi éditeur de la *Notice statistique de l'évêché d'Ausbourg*, par Joseph-Elye de Jeufried, vol. in-8°, Landshut, 1804. On lui doit encore un *Mémoire sur les nouvelles recherches pour une Langue universelle*.

AREZZO (Thomas), né le 17 octobre 1756, à Orbitello en Toscane, fit ses études à Rome, à l'académie des nobles ecclésiastiques. Il obtint d'abord différentes dignités dans l'église, et après avoir été vice-légat à Bologne, il fut fait gouverneur de Fermo, de Pérouse et de Macerata. En 1798, il abandonna cette place et se retira en Sicile, d'où sa famille était originaire. Deux ans après, de retour à Rome, il fut nommé archevêque *in partibus* de Séleucie, en Syrie, et en 1801, ambassadeur extraordinaire à la cour de Russie. La mort de Paul Ier lui fit quitter Saint-Pétersbourg, et se retirer à Dresde. Sur l'invitation

d'Argenson (Voyer) député.

de Napoléon, il se rendit en 1807 à Berlin, auprès de l'empereur, qui l'envoya à Rome faire des propositions d'accommodement avec le pape: il ne réussit pas dans cette mission; mais il n'en fut pas moins nommé gouverneur de Rome à la place du prélat Cavalchini. Il fut arrêté dans le mois de septembre 1808, renfermé dans la forteresse de Florence, et de là relégué à Novare, en Lombardie. Il obtint sa liberté et se retira à Florence, d'où il fut exilé en Corse, en 1811, et traduit devant une commission militaire, dont il évita le jugement par sa fuite en Sardaigne. Le 8 mars 1816, Pie VII le créa prêtre-cardinal de Saint-Pierre, et le 25 septembre de la même année, il l'envoya, en qualité de légat, à Ferrare.

ARGENSON (DE VOYER, MARQUIS D') membre de la chambre des députés, né à Paris en 1771, fils du marquis d'Argenson, lieutenant-général. Cette famille est une des plus illustrées de la France. Le bisaïeul de M. d'Argenson était lieutenant de police. Il eut deux fils: l'aîné, grand père du député actuel, fut long-temps ministre de la guerre; le second, ministre des affaires étrangères, fut particulièrement distingué par sa liaison avec Voltaire, et par plusieurs ouvrages philosophiques et politiques, entre autres par des *Considérations sur le gouvernement,* dont J. J. Rousseau parle avec éloge dans le *Contrat social.* M. le marquis de Paulmi, fils de celui-ci, oncle du député actuel, fut gouverneur de l'arsenal, après avoir été ambassadeur à Venise et en Pologne, et forma cette riche collection de 150,000 volumes, acquise à sa mort par M. le comte d'Artois, et connue depuis sous le nom de *Bibliothèque de l'Arsenal.* M. de Paulmi eut la patience et l'estimable courage d'en publier l'extrait en 80 vol. dans l'ouvrage intitulé *Mélanges extraits d'une grande bibliothèque.* M. d'Argenson entra fort jeune au service; la révolution le surprit à la fin de ses études à Strasbourg. Après le départ du roi pour Varennes, la guerre paraissant inévitable, il demanda de l'emploi et fut nommé aide-de-camp du général Wittgenstein, qui commandait une division sur la Meuse. L'année suivante, la guerre étant déclarée, M. d'Argenson fut attaché en la même qualité à M. de La Fayette, qui commandait en chef l'armée réunie sur la même frontière. Ce général, obligé de se dérober aux dangers qui le menaçaient, quitta la France, et M. d'Argenson, rentré dans l'intérieur, se fixa à la campagne; après les massacres des 2 et 3 septembre 1792, il passa trois semaines en Angleterre, où il accompagna une de ses sœurs; ce fut sa seule absence de France depuis la révolution. M. d'Argenson épousa la veuve du prince Victor de Broglie, petite-fille du maréchal de Rosen, et mère du duc de Broglie, pair de France. Retiré avec elle dans ses terres, il partageait son temps entre l'éducation de ses enfans, et de ceux du premier mari de sa femme, et l'exploitation soit de ses propriétés rurales, soit de deux usines considérables qu'il possède dans la Haute-Alsace. De grands services rendus à l'agriculture en Poitou, dans sa belle terre des Ormes, ont donné au nom de M. d'Argenson une considération particulière dans cette province. Il a eu le bonheur de contribuer au soulagement de ses concitoyens, en soutenant, dans les temps de disette, le prix des grains au cours le moins élevé. En 1803, lors de la formation des premiers colléges électoraux, M. d'Argenson fut nommé président de celui de la Vienne, qui n'envoya pas de députation à l'empereur. L'année suivante, nommé aux mêmes fonctions, il fit partie de la députation. Une place de chambellan fut proposée à M. d'Argenson; il la refusa, mais il accepta la préfecture des Deux-Nèthes. Fidèle aux principes d'indépendance légale qu'il avait adoptés, le nouveau préfet trouva bientôt à Anvers une occasion de les soutenir contre l'autorité la plus forte qui ait jamais caractérisé un gouvernement. Le maire d'Anvers et quatre autres personnes avaient été dénoncés à l'empereur pour dilapidations commises dans la gestion de l'octroi, huit ou neuf ans avant l'administration de M. d'Argenson. Une commission prise dans le conseil d'état, fit sur cette affaire un rapport au bas duquel l'empereur, qui parcourait alors l'Escaut sur le vaisseau *le Charlemagne*, écrivit: *Renvoyé au grand juge pour faire exécuter les lois de l'empire*. Or, ces individus n'étaient ni condamnés, ni même prévenus, ni poursuivis par le ministère public; ils n'étaient que dénoncés. Sur le refus du préfet d'ordonner le séquestre de leurs biens, l'administration des domaines lui en fit donner l'ordre par le ministre des finances : même refus de la part de M. d'Argenson, motivé sur l'illégalité d'une pareille opération. Enfin, après une inutile correspondance sur cette affaire avec les ministres de l'intérieur et des finances, et de longs débats dans le conseil d'état, il offrit et obtint sa démission, et se rendit dans ses forges en Alsace, où il se trouvait encore pendant la première invasion. Aussitôt que la route de Champagne fut libre, M. d'Argenson partit pour Paris. Il avait appris en route, par la voie d'un journal, le rejet de l'acte constitutionnel présenté par le sénat, et sa nomination à la préfecture des Bouches-du-Rhône. Arrivé à Paris, il écrivit qu'il ne pouvait accepter de fonctions du gouvernement que sous une constitution libre, et après l'évacuation du territoire. Cette nomination n'eut aucune suite. Après le 20 mars, l'arrondissement de Béfort, dans le Haut-Rhin, le nomma membre de la chambre des représentans. En juillet 1815, M. d'Argenson fut un des signataires du procès-verbal qui fut dressé chez M. Lanjuinais, lorsque les membres de la chambre des représentans trouvèrent leur salle fermée. Dans le collége électoral de la Vienne, en octobre, même année, il ne prêta le serment requis qu'après avoir protesté du droit que les peuples ne sauraient aliéner, de changer ou modifier leurs constitutions. La chambre de 1815, à laquelle il fut nommé par le département du Haut-Rhin, s'occupa, dès l'ouverture de sa session, de mesures de sûreté générale. M. d'Argenson déclarait alors, pour la première fois, dans cette chambre, qu'on ne pouvait procéder en pareille matière sans avoir fait une enquête sur la situation du royaume. Il venait d'apprendre les assassinats de Nîmes : « Les » uns, dit-il, ont l'oreille blessée » de quelques cris séditieux, les » autres ont le cœur déchiré de la » nouvelle que l'on répand du » massacre des protestans dans le » Midi. » Il est remarquable que M. d'Argenson fut rappelé à l'ordre par la chambre, et justifié peu de jours après par une déclaration un peu tardive du ministère. Dans cette mémorable session, M. d'Argenson fut le seul qui s'éleva directement contre le principe de la loi pour les cours prevôtales. Il partagea avec M. Tournemine l'initiative de l'attaque contre les mesures de sûreté générale. A l'ouverture de la session de 1816 à 1817, M. d'Argenson publia une opinion sur le projet d'adresse au roi, en réponse au discours d'ouverture prononcé par S. M. Cette opinion, qui ne fut émise qu'en comité secret, retraçait vigoureusement les déplorables effets de la terreur de 1815. Elle fut amèrement censurée, mais non rapportée dans certains journaux. L'orateur fit à ces critiques une réponse qu'on ne lui permit pas de publier. Pendant cette session, M. d'Argenson fut le seul qui combattit l'ensemble du projet sur les dotations ecclésiastiques, et soutint que les établissemens d'utilité publique peuvent être seuls dotés, non en qualité de corporations, mais comme annexes des propriétés communales. Il parla également contre la suppression de la liberté individuelle, se fondant sur la multitude des moyens établis dans la loi commune, et sur le conseil d'état à l'occasion du budget. Dans cette même session, M. d'Argenson se fit remarquer par ses opinions sur la liberté des journaux, sur la loi de recrutement, sur l'âge des députés; dans la suivante, il a cherché à établir que *la charte est une restriction des droits de la nation, et non une concession*. Il a parlé avec non moins de force sur la pétition des bannis détenus illégalement à Pierre-Châtel; sur le rappel des bannis, en vertu des ordonnances royales de 1815; sur le départ des étrangers; contre la récompense nationale proposée en faveur de M. de Richelieu; sur le refus du ministre d'admettre les élèves protestans dans les colléges; contre la rétribution des passe-ports, des permis de port-d'armes ; pour l'abolition des loteries et la révision des brevets d'invention ; contre le monopole de la poste aux lettres et la taxe imposée sur les messageries au profit des maîtres de postes, « d'où » il résulte, dit l'honorable député, » que ceux qui ne sont pas en » état de voyager autrement, con-» tribuent à procurer aux gens ri-» ches la commodité de voyager » en poste. » Il vota également pour la suppression de la contribution universitaire. « Liberté de » la presse et censure, dit encore » M. d'Argenson, liberté des cul-» tes et religion dominante, ne » sont pas incompatibles au-delà

» de ce que le seraient les pro-
» grès de l'esprit humain et la
» conservation du sacerdoce uni-
» versitaire. » Il vota enfin contre
le projet de loi qui soumettait
l'importation des grains à des mesures restrictives, qu'il qualifie de
monopole sur les consommateurs
au profit des propriétaires du sol,
*auxquels le gouvernement décer-
nerait ainsi une prime d'oisiveté*.
La session de 1819 à 1820, si remarquable par le mouvement que
la nouvelle loi des élections a imprimé à la capitale, a fourni à M.
d'Argenson l'occasion de manifester deux opinions importantes :
l'une sur les nouvelles mesures de
sûreté générale, l'autre sur l'article 2 du projet de loi sur les
élections, et contre l'ensemble de
cette même loi.

ARGENTEAU. (*Voyez* MERCY-
D'ARGENTEAU.)

ARGENTEUIL (ANTOINE LE BAS-
CLE D'), il entra au service fort
jeune, et parvint au grade de maréchal-de-camp. Il était retiré
dans sa province quand, en 1789,
la noblesse du bailliage d'Auxois
le nomma député aux états-généraux, où il se fit remarquer par
ses sentimens aristocratiques, et
par son vote constant avec les
membres de ce qu'on appelait déjà le *côté droit*. Il signa les protestations des 12 et 15 septembre 1791, contre l'assemblée nationale, et rejoignit, après la session, l'armée de Condé, où il
mourut en 1793.

ARGIS (D'). *Voyez* BOUCHER
D'ARGIS.

ARGOUT (LE COMTE D'), entra
dans la carrière administrative
sous l'empire, comme auditeur
au conseil-d'état. En 1814, il fut
nommé maître des requêtes surnuméraire, et le 23 août 1815,
maître des requêtes en service extraordinaire. Il a été successivement préfet des Basses-Pyrénées
et du Gard. Les protestans de
Nîmes ont eu à se louer de son
administration. Il siége aujour-
d'hui à la chambre des pairs, en
vertu de l'ordonnance du 9 mars
1819. Au mois d'août 1820, M.
le comte d'Argout a fait paraître
des *observations* sur l'écrit publié par M. Clausel de Coussergues, contre M. le duc de Cazes.
L'auteur réfute victorieusement
les inculpations au moins absur-
des que le dénonciateur avait refusé de développer à la tribune
nationale en présence de son adversaire.

ARGUELLADA (RAYMOND), est
né à Grenade, en 1768. Son caractère prononcé, et ses principes philosophiques, lui gagnèrent
la confiance de ses concitoyens,
qui le députèrent aux cortès, où
il contribua à la rédaction de
l'acte constitutionnel. Le rétablissement de Ferdinand VII sur le
trône d'Espagne, avait été subor-
donné par les cortès, à l'adhésion
du roi à la constitution qui lui fut
présentée par une députation,
dont M. Arguellada était membre;
mais le parti de S. M. s'accrois-
sant de jour en jour, ce prince
refusa de signer l'acte constitutionnel, et étant entré en triomphe, peu de temps après, dans sa
capitale, il prononça la dissolution des cortès.

ARGUELLES (AUGUSTE), né en
1775 à Ribadesella, dans les Asturies, fit ses études avec distinction

à l'université d'Oviedo, et s'adonna particulièrement au droit. Comme cadet de famille, M. Arguelles avait peu de fortune ; il alla à Madrid pour solliciter une place dans la magistrature, et accepta provisoirement un emploi à la secrétairerie de l'interprétation des langues étrangères ; il travailla ensuite dans les bureaux de la caisse d'amortissement ; fut chargé d'une mission à Lisbonne, et, à son retour, envoyé à Londres pour une négociation diplomatique très-importante. Lors de la dernière révolution, M. Arguelles était à Cadix. Ses concitoyens l'élurent aux cortès, qui lui confièrent la rédaction du projet de constitution. Ce projet, et le rapport qu'il fit à cette occasion, doivent être regardés comme des modèles de raison et d'éloquence. Ils furent imprimés à Cadix, et traduits presque aussitôt en français par Nunnez Taboada. Les libéraux espagnols, enthousiasmés du mérite et du patriotisme de M. d'Arguelles, lui décernèrent le surnom de *divin*. Le 10 mai 1814, il fut arrêté par l'ordre de Ferdinand VII, et traduit devant un tribunal. L'adresse qu'il mit dans ses réponses aux interrogatoires, obligea ses juges à les recommencer plusieurs fois. Le roi, lassé de ces délais, se fit apporter les pièces du procès, sur lesquelles il écrivit sur-le-champ : « Dix ans » de galères au préside de Teu- » ta. » M. Arguelles subit sa condamnation, et répondit à des Anglais qui lui offraient des secours en argent, « qu'il ne voulait rien » recevoir des sujets d'un gouver- » nement qui n'avait pas aidé à » rendre la liberté à l'Espagne, » nonobstant ses promesses for- » melles. »

ARICI (César), poète italien, né en 1785, dans le Brescian. Il s'est fait connaître de bonne heure par la *Coltivazione degli olivi*, poëme didactique (en vers blancs) que les Italiens placent au rang des meilleures productions de ce genre. Ce poëme le fit admettre à l'académie de Brescia. En 1813, il publia un second poëme didactique sur un autre sujet d'agriculture, qui ne fut pas accueilli aussi favorablement que le premier.

ARISMENDI (Don Jean-Baptiste), célèbre général américain, libérateur de l'île de la Marguerite, et l'un des chefs de la république de Grenade. Né d'une des premières familles de la Marguerite, il s'élança de bonne heure dans la carrière des armes, et fut bientôt nommé capitaine. Le zèle qu'il manifesta pour la cause de la liberté, et ses efforts dans les commencemens de la révolution de l'Amérique méridionale, lui méritèrent l'estime et la confiance de ses concitoyens, qui le nommèrent général de leurs troupes. Morillo ne tarda pas à se présenter devant l'île de la Marguerite, à la tête de l'expédition destinée à réduire les insurgés ; le général Arismendi, dont les forces n'étaient pas suffisantes pour se défendre avec succès, fut contraint de capituler ; le traité fut aussi avantageux qu'il pouvait l'espérer, et le général espagnol invita don Arismendi aux repas et aux divertissemens qu'il donna, en sorte que tout se passa tranquillement pendant le peu de temps que ce général resta dans l'île; mais tout changea à son départ. Le général Arismendi, voyant que les promesses les plus solennelles et que la religion avaient sanctionnées, ne garantissaient pas les malheureux habitans des proscriptions, des déprédations et des outrages de toute espèce, prit des mesures de sûreté, et se détermina même à se retirer chaque nuit dans une caverne. L'expérience justifia ses précautions. Morillo ne tarda point à expédier un bâtiment armé au gouverneur de l'île, don Juan Uristieta, avec l'ordre de faire arrêter don Arismendi et de l'envoyer à Caracas, *pour y être exécuté*. Le général américain échappa au danger, et les Espagnols, furieux de ne pouvoir s'emparer de leur victime, redoublèrent les persécutions, traînèrent en prison l'épouse d'Arismendi, et promirent de grandes récompenses à ceux qui livreraient ce chef des insurgés. Mais du fond de sa retraite, le général Arismendi était informé de tout ce qui se passait, et méditait avec quelques-uns de ses braves compagnons, la délivrance de son pays. Les conjurés résolurent d'abord de s'emparer par surprise du château du Nord. Ils s'arment de haches, de piques, de quelques pistolets, et se mettent en marche vers minuit. Ils attaquent la forteresse en désespérés, s'en emparent, et font prisonnier le capitaine Cabian, avec environ 80 hommes. Don Arismendi laisse une garnison dans cette forteresse, et entre aussitôt en campagne avec le plus de troupes qu'il peut réunir. Dans peu l'île entière est insurgée; la lutte est terrible, mais presque partout les Espagnols sont repoussés. Enfin, après un an, la cause de la liberté triomphe, et les Espagnols sont chassés de l'île de la Marguerite. Morillo, qui s'était vanté que sa présence suffirait pour soumettre cette île, attendit néanmoins de nouveaux renforts d'Espagne, et ne fit une nouvelle tentative qu'à la tête de 8000 hommes bien armés et bien équipés. Le général Arismendi, qui voulait terminer la guerre d'un seul coup, le laissa pénétrer dans l'intérieur du pays, et l'attaqua avec toutes ses forces. L'action dura trois jours : Morillo, battu complétement, fut obligé de faire la retraite la plus honteuse. Depuis cette époque, les Espagnols n'ont fait aucune entreprise sur la Marguerite, et ont laissé le général Arismendi jouir paisiblement du fruit de ses exploits. Mais ils se vengèrent sur son épouse, dona Cazarès, qu'ils emmenèrent à Caracas, où on lui fit son procès. Condamnée à la réclusion perpétuelle, elle fut embarquée pour Cadix. Elle était dans un tel état de misère, et ses malheurs l'avaient tellement accablée, qu'un corsaire insurgé s'étant emparé, à la vue de Cadix, du vaisseau qui la transportait, lui offrit de la faire conduire où elle jugerait à propos. Dona Cazarès aima mieux subir sa captivité que de s'exposer à de nouveaux dangers. Cependant le capitaine-général de l'Andalousie, don Francisco Onis Santa-Pan, à qui le capitaine du vaisseau la présenta, fut touché de son état, et lui rendit la liberté. Les malheurs de Mme Arismendi n'en furent pas de beaucoup diminués; car elle fut obligée de rester à Cadix, dans un dénûment absolu, jusqu'à ce qu'enfin un citoyen des États-Unis lui procurât les moyens de s'embarquer pour l'île de la Marguerite, où, après deux ans de séparation, elle a trouvé, près de son époux, un terme à ses longs malheurs.

ARIZA (LE MARQUIS D'). Dans une biographie aussi véridique qu'impartiale, et non moins bien informée, celle des *Hommes vivans*, on prétend qu'il existe deux marquis d'Ariza, dont l'un, amiral d'Aragon, serait resté fidèle à Ferdinand VII, et l'autre, grand d'Espagne, se serait déclaré le partisan de Joseph. Il n'y a pas et il n'y a jamais eu qu'un marquis d'Ariza, qui est mort en 1818. Le marquis d'Ariza était aussi marquis de Guadaleste et amiral d'Aragon, titre héréditaire de tous les marquis de Guadaleste, en vertu de la concession faite à perpétuité par le roi d'Aragon, Jean II. Le marquis d'Ariza fut l'un des membres de l'assemblée des notables espagnols, tenue à Bayonne en 1808. Il prêta trois fois serment au roi Joseph: la première, comme membre de l'assemblée; la seconde, comme chambellan du roi; et la troisième, comme grand-chambellan. Lors du retour de Ferdinand VII en Espagne, le marquis d'Ariza se présenta à ce prince, comme son grand-chambellan, et fut confirmé dans cet emploi.

ARIZAGA, général espagnol, issu d'une famille ancienne et illustre; il servit d'abord comme cadet dans le régiment des gardes-royaux infanterie, en 1793. Il fut nommé commandant des volontaires de Tolosa de Guipuscoa, lieu où il est né, et, après la guerre, brigadier-général; puis maréchal-de-camp. M. Arizaga se fit plus remarquer par l'extrême sévérité avec laquelle il surveillait les courriers français et espagnols, à leur passage à Irun, où il commandait en 1815, que par le talent qu'il avait précédemment déployé à la défense de la Sierra-Morena. Si, comme militaire, il a médiocrement contribué à la gloire de son pays, comme allié à la famille de Loyola, il s'est cru obligé de montrer une prédilection très-marquée pour les doctrines jésuitiques.

ARJUZON (LE COMTE D'), ancien receveur-général des finances, fut nommé, le 14 mai 1806, président du collége électoral du département de l'Eure, et ensuite premier chambellan de la reine Hortense. Mme d'Arjuzon avait été dame du palais de cette princesse, long-temps avant que Louis Bonaparte montât sur le trône de Hollande. A la fin de l'année 1813, le comte d'Arjuzon fut fait chef de bataillon de la garde nationale de Paris, et en mai 1815, Napoléon, après l'avoir nommé membre du conseil-général du département de la Seine, le fit entrer à la chambre des pairs, que le roi recomposa après la seconde restauration. Il fait partie de la nouvelle chambre en vertu de l'ordonnance de S. M. du 19 mai 1819.

ARKWRIGHT (SIR RICHARD), manufacturier anglais. Né sans fortune, il travailla dans sa jeunesse chez un barbier; il établit ensuite à Manchester une boutique, où il mit sur son enseigne : *Au barbier souterrain, on rase pour un penny* (10 centimes). Cette nouveauté le mit en vogue; les autres barbiers furent obligés de diminuer leur prix: Arkwright baissa le sien jusqu'à un demi-penny. Un savetier ayant été chez lui avec une barbe extrêmement dure, Arkwright lui représenta qu'il lui en coûterait un rasoir, de la perte duquel un demi-penny ne pourrait le dédommager. Mais cet homme persistant à ne payer que la taxe, Arkwright s'en contenta. Ce trait lui valut l'admiration du savetier, qui le prit en amitié, et le présenta à un homme de sa connaissance, inventeur d'une machine à filer. Quelque temps après, Arkwright se fit marchand de cheveux, et parcourut, pour son commerce, quelques comtés d'Angleterre. Arrivé à Warington, il communiqua à l'horloger John Kay, le projet d'une mécanique qui devait réaliser un problème relatif au mouvement perpétuel. Celui-ci l'engagea à appliquer son invention aux filatures de coton ; ils s'associèrent pour cette entreprise, et s'adressèrent à un nommé P. Athecton, qui leur construisit une machine à filer, pour laquelle Arkwright obtint une patente. S'étant ensuite associé à Smulley de Preston, Arkwright vit que ses affaires prenaient une direction fâcheuse. Il alla avec son associé à Mortingam, où des capitalistes leur avancèrent les fonds nécessaires pour élever une filature considérable, que des chevaux mettaient en mouvement. Les succès d'Arkwright lui firent des envieux. On prétendit qu'il n'était pas l'inventeur de ses machines, et on voulut lui retirer sa patente. Cette discussion donna lieu à un procès, en juin 1785. Un mécanicien, nommé Hayes, prouva qu'il était l'inventeur de la machine qu'Arkwright s'appropriait, mais dont il avait beaucoup perfectionné le système. On a représenté Arkwright de différentes manières : quelquefois comme un génie supérieur, inventif, infatigable ; quelquefois aussi comme un homme habile à s'emparer des découvertes d'autrui, ingrat, rusé et intrigant. Quoi qu'il en soit, on ne peut lui refuser un mérite peu ordinaire. Le roi le créa chevalier, le 22 décembre 1786, sur une adresse qui lui fut présentée par les notables de Wickworth. Il mourut à Crumford, dans le Derbyshire, le 3 août 1792, laissant une fortune de 12,000,000 de francs.

ARLINCOURT (Victor, vicomte d'), était sous le gouvernement impérial auditeur de première classe ; le 25 août 1815, le roi le nomma maître des requêtes. M. d'Arlincourt est auteur d'un poëme de *Charlemagne*, en douze chants, où il s'est montré meilleur Français que poëte supérieur. Des recherches savantes, des figures hardies, quelques traits brillans, mais en général un style plein d'inégalités, incohérent, tantôt boursouflé, tantôt simple jusqu'à la naïveté, sont les caractères principaux de ce poëme, dont l'invention appartient plus à un roman merveilleux qu'à l'histoire toute poétique du premier de nos empereurs.

ARMAGNAC (le baron d'), né à Toulouse. Il entra, en 1792, dans les premiers bataillons de volontaires qui partirent pour les frontières. Il fit avec distinction les premières campagnes d'Italie, et s'éleva, par son mérite, au grade de chef de la 32me demi-brigade, dont les exploits tiennent du prodige. Ce fut à la tête de ce corps qu'il fit partie de l'expédition d'Égypte. Il commandait à Jaffa en 1798. En 1804, il eut le commandement du département du Finistère, en qualité de général de brigade; quelque temps après il fut nommé commandant de la place de Paris, et ensuite envoyé à l'armée d'Espagne, où il se distingua en différentes circonstances, entre autres à la prise de Médina del Rio-Secco, où il fut grièvement blessé. Nommé général de division, il seconda puissamment les opérations du maréchal Suchet sur Valence, par la prise de Cuença, dont il chassa les insurgés à la fin d'août 1811, et par la défaite du général espagnol Bassecourt, qu'il battit les 22 et 25 novembre, et força d'abandonner le royaume de Murcie. Il contribua à la prise du col de Maya, qui fut attaqué à la fin de juillet 1813. Le 13 décembre, au combat de Conferia, il chargea les Anglais avec impétuosité, et les chassa des positions qu'ils tenaient sur la montagne de Partenhezi. Enfin, il se trouva à la tête de sa division à la bataille de Toulouse. Le général d'Armagnac ne se fit pas moins distinguer par la discipline qu'il entretint dans sa division, que par les soins qu'il prit de ménager les propriétés des habitans. Le 8 juillet 1814, il fut nommé chevalier de Saint-Louis. Napoléon, à son retour de l'île d'Elbe, lui donna le commandement de la 11me division militaire. Le 28 juillet de la même année, après le départ du général Clausel, il prit le commmandement des troupes stationnées à Bordeaux; et dans le mois de septembre suivant, le roi le nomma commandant de la 20me division militaire.

ARMAILLÉ (Laforêt d'), né en Bretagne, président de la cour royale de Rennes. En 1815, il fut nommé membre de la chambre des députés par le département d'Ille-et-Vilaine.

ARMAND (N.), colonel du 22me régiment de ligne, a pris rang parmi les guerriers français les plus intrépides. A Woollin, petite ville de la Poméranie prussienne, où il se trouvait en mars 1807, avec 100 hommes de son régiment, 600 hommes de la bande de Schill, infanterie et cavalerie, le surprennent pendant la nuit. Sa maison est investie. Il s'échappe en chemise par une fenêtre, rassemble 5 ou 6 hommes, bat l'ennemi à tous les coins de rue, dans toutes les places, éveille enfin, par le bruit du combat, les Français endormis, finit par chasser devant lui toute la bande de Schill, la poursuit hors de Woollin, s'empare de ses canons, les tourne contre elle, tue deux cent cinquante hommes, fait le reste prisonnier, et revient à Woollin, triomphant, se remettre au lit. Plus tard, au siége de Dantzick, on le vit s'embarquer avec 250 hommes, sous-le feu terrible des batteries autrichiennes et prussiennes, et s'emparer d'une île située entre la Vistule et le canal, position importante que défendaient deux redoutes, 20 bouches à feu, et 800 grenadiers. Cette double opération, exécutée d'une manière si rapide, si périlleuse, si étonnante, passa quelque temps pour une fable, et un soldat qui en avait été le témoin, pensa se faire une querelle avec ses camarades en rapportant ce fait qui fut bientôt confirmé. Le maréchal Lefebvre combla d'éloges le brave colonel, et lui donna ensuite le commandement de Dantzick. Blessé dangereusement à Hilsberg, quatre jours avant la bataille de Friedland, le colonel Armand quitta la carrière des armes, où il s'était acquis tant de gloire, et se retira dans ses foyers.

ARMAND (François), était, en 1789, avocat à Saint-Flour, lorsqu'il fut nommé député du tiers-état de cette ville à l'assemblée des états-généraux. Il se montra un zélé défenseur de la cause nationale. Son intégrité connue le fit choisir pour inspecteur à la fabrication des assignats. Après la session de l'assemblée constituante, Armand se retira dans son département, et ne reparut sur la scène politique qu'en l'an 4, comme député du département du Cantal au conseil des cinq-cents. Après la révolution du 18 brumaire, il fut nommé, par arrêté consulaire, juge au tribunal d'appel de Riom, et mourut en 1812, dans l'exercice de cette charge.

ARMAND GOUFFÉ. (*Voyez* Gouffé.)

ARMBRUSTER (Jean-Michel), littérateur allemand. Né, en 1761, à Sulz, dans le Wurtemberg; il commença par être secrétaire de Lavater, et travailla avec lui à la rédaction de la *Gazette de Zurich*. Il se retira ensuite à Constance, pour y cultiver paisiblement les lettres; de là, il alla habiter Guntzbourg, et enfin Vienne, où il fut nommé, en 1805, conseiller aulique à la police générale. Depuis cette époque, il est le principal rédacteur de la *Gazette de Vienne*; il a donné de nombreux ouvrages de littérature en allemand : 1° un extrait du grand ouvrage de Lavater, intitulé : *Fragmens physiognomiques*, 3 vol. in-8°, avec figures, Zurich, de 1783 à 1785; 2° *Portefeuille poétique*, vol. in-8°, Saint-Gall, 1784; 3° *Esprit des écrits de Lavater*, ouvrage en vers, vol. in-8°, ibid., 1786; 4° *Contes moraux et petits romans pour tous les états*, vol. in-8°, Bregents, 1787; 5° *Joseph II, souvenir historique*, vol. in-4°, Vienne, 1790; 6° *Lectures pour la jeunesse*, 7 vol. in-8°, Leipsick et Iéna, de 1791 à 1794; 7° *Examen de conscience des Français, pendant leur séjour dans la Souabe et l'Autriche antérieures*, vol. in-8°, Carlsruhe, 1797; 8° le *Messager de Souabe*, vol. in-8°, Guntzbourg, 1799.

ARMENONVILLE (Lecouturier d'), né à Gisors. Il embrassa très-jeune le parti des armes. En 1793, il servit sous Dumouriez en qualité de maréchal-de-camp, et se retira du service immédiatement après la défection de ce général. Nommé membre du corps-législatif sous le gouvernement impérial, il y siégeait en avril 1814; il adhéra à la déchéance de Napoléon. Porté par le vœu de ses concitoyens à la chambre des représentans, en 1815, il refusa ces fonctions, et ne quitta point sa retraite. Une ordonnance royale lui a conféré, en 1815, le titre de vicomte.

ARMFELD (Gustave-Maurice, baron d'), grand-gouverneur de Stockholm, lieutenant-général des armées de Suède, fut victime de sa haute fortune et peut-être de ses intrigues. L'histoire contemporaine, qui fournit souvent à la postérité des matériaux si vagues, si incertains et si opposés, le présente sous des points de vue difficiles à concilier. Tantôt c'est un conspirateur vendu à la cour de Russie, un homme ambitieux et cupide, déterminé à tout entreprendre pour changer le gouvernement de son pays, et s'arroger une grande partie de l'autorité souveraine; tantôt c'est un courtisan frivole, engagé presque malgré lui dans une intrigue de femmes, et sacrifié aux ressentimens d'un grand, à quelques apparences de criminalité, et surtout à sa propre imprudence. Ainsi, l'histoire des hommes plus ou moins dignes de fixer l'attention publique, se trouvera éternellement enveloppée d'incertitudes et de doutes; les intérêts personnels ne cesseront de jeter sur la vérité des nuages que le temps même ne parvient pas toujours à dissiper. Nous nous bornerons à citer les faits. Issu d'une famille noble, M. d'Armfeld fut arrêté en mars 1789, dans la Finlande, avec les autres confédérés de la noblesse, dont le roi limitait la puissance. Cette mesure, plutôt générale, que particulière à M. d'Armfeld, ne l'empêcha pas de commander en chef, dans la campagne de 1790, contre les Russes; il remporta plusieurs avantages, fut nommé ensuite ministre plénipotentiaire, et conclut la paix avec la Russie dans la plaine de Wareela, entre les avant-postes des armées, le 3 août 1790. Il signa, le 19 octobre 1791, un traité d'alliance entre ces deux cours. Nommé gouverneur de Stockholm, aussitôt après l'assassinat de Gustave III, il se démit de sa place de général, en juillet 1792, parce que le duc-regent refusait de se conformer au traité fait avec l'impératrice de Russie, et de faire marcher des troupes contre la France. Ce trait, qui n'est pas d'un courtisan, prépara peut-être sa disgrâce. Cependant, le 11 du même mois, il fut nommé ministre accrédité de Suède, près les cours d'Italie : fonction qu'il ne remplit pas long-temps. En février 1794, un courrier de Suède vint à Naples, ordonner l'arrestation du ministre, comme soupçonné de conspiration contre le prince régent, et de correspondance criminelle avec la comtesse de Rüdenskosf. Le gouvernement napolitain laissa échapper le baron d'Armfeld; la cour de Suède se plaignit, et reçut pour toute réponse, que les formalités requises avaient été négligées dans cette affaire. La médiation de l'Espagne devint nécessaire entre les deux puissances. D'Armfeld, réfugié en Pologne, se justifia dans les papiers publics. Cité devant le tribunal de la cour, il fut condamné à mort, comme coupable de haute trahison et de lèse-majesté. Ses diverses correspondances surprises, ou, comme l'ont prétendu ses partisans, fausses et fabriquées pour le perdre, furent lues publiquement à l'audience, et développèrent le projet d'un changement de dynastie. Une flotte russe devait pénétrer dans les ports de Suède, et seconder l'entreprise. Il fut mis hors la loi; et son jugement, affiché dans toutes les grandes villes de Suède, *permit à chacun de lui courir sus, s'il mettait le pied sur le territoire suédois.* Les gouvernemens ont toujours montré si peu de scrupule dans la manière dont ils ont satisfait leurs haines, qu'il n'est pas encore permis à l'historien de prononcer sur la conduite du baron d'Armfeld. Suivant ses défenseurs, le duc de Sudermanie, outre le motif du ressentiment dont nous avons parlé plus haut, aurait gardé le souvenir d'un propos tenu par le baron après la mort de Gustave, sur la négligence du régent à poursuivre les assassins de son frère. Suivant quelques autres opinions, d'Armfeld aurait eu pour but l'alliance de la jeune grande-duchesse Alexandra, avec Gustave-Adolphe, alliance qui eût mis le cabinet de Stockholm sous la dépendance absolue de la Russie. Quoi qu'il en soit, quand Gustave-Adolphe monta sur le trône, d'Armfeld rentra en grâce; sa femme fut nommée grande gouvernante des enfans du roi, et on le vit bientôt partir pour Vienne, en qualité de ministre de Suède. Rappelé peu de temps après, il fit partie de l'armée qui se mit en campagne en 1805, et fut nommé gouverneur-général de Finlande. Ce fut lui qui, en 1807, défendit contre les Français, Stralsund, où il fut blessé d'un coup de feu à la hanche. Il commanda, l'année suivante, un corps d'armée destiné à reprendre la Norwége sur les Danois, obtint de légers succès suivis de défaites, et obligé d'évacuer le pays, revint en Suède où se préparait la révolution qui détrôna Gustave et plaça son oncle sur le trône. Nommé par ce dernier, qui avait oublié son ressentiment, président du conseil de la guerre, il passa, en 1810, au service de Russie : on ignore et la part qu'il a pu prendre à la dernière révolution, et le motif de sa retraite en Russie. Il semble qu'un même voile se trouve jeté sur tous les secrets ressorts de sa conduite, et sur la plupart des causes de son orageuse destinée.

ARMONVILLE (J. B.), député à la convention nationale en 1792, par le département de la Marne, se surnomma lui-même *Armonville Bonnet-rouge*, et se plaça en quelque sorte volontairement au nombre de ces hommes qui semblent nés pour rompre par leurs travers ou leurs ridicules, l'harmonie ou la dignité des sociétés dans le sein desquelles le hasard les a jetés. Ils paient pour tous et publiquement, le tribut que l'homme en particulier doit à l'imperfection humaine; et la gravité des plus hautes fonctions n'impose point un frein à leurs tristes ou honteuses manies. Né dans une classe obscure, il exerçait à Reims la profession de cardeur de laine. Privé des bienfaits de l'éducation, Armonville fut l'un des plus indignes et des plus méprisables membres de la convention natiotionale. Souvent ivre, toujours grossier et querelleur, il était digne de recevoir les inspirations de Marat, près duquel il avait l'habitude de se placer dans cette partie de l'assemblée appelée *la Montagne*, et de suivre fidèlement ses instructions. *Lève-toi, reste assis*, lui disait Marat ; et docile au commandement, Armonville se levait ou restait immobile. Dans le procès du roi, il vota la mort et l'exécution dans les vingt-quatre heures. Le *Moniteur* nous a conservé quelques-uns de ses faits et gestes, et la dénonciation par l'assemblée populaire du Pont-Neuf de sa lettre à un détenu de Châlons-sur-Marne. On ne s'étonnera pas que cet anarchiste ait été l'un des derniers à évacuer la salle des Jacobins, lorsqu'en novembre 1794, l'autorité législative, de concert avec le cri public, en ordonna la clôture. Armonville, à la dissolution de l'assemblée, rentra dans l'obscurité, d'où il n'aurait jamais dû sortir. Il est mort, il y a quelques années, à l'hôpital.

ARNAUD (N.), lieutenant de gendarmerie, s'est distingué parmi les braves. A la tête de 40 cavaliers, il culbuta, le 10 juin, à l'affaire de Muzillac, une colonne de 600 hommes qui coupaient la route, et s'opposaient à la marche du général Rousseau. Au combat d'Auray, il emporta, avec 20 dragons et 30 gendarmes, le village de Brech, défendu par plus de 500 hommes. Ces faits tiennent du merveilleux, et leur simple énonciation paraît une hyperbole ; cependant les mémoires, les souvenirs sont récens, et les témoins vivent encore.

ARNAUD (Joseph), chef de bataillon de l'ex-garde, officier de la légion-d'honneur, né à Saint-Laurent-sous-Rochefort, département de la Loire, entra comme simple soldat dans le 25ᵐᵉ de ligne, en 1791. A l'attaque du camp de Raousse, en Piémont, le 13 juin 1793, Arnaud, alors sergent-major, s'élança, accompagné d'un de ses camarades, dans une redoute défendue par trente Piémontais ; plusieurs braves, animés par son exemple, se précipitèrent après eux : huit ennemis restèrent sur la place, et les autres prirent la fuite. Arnaud, dans cette attaque, reçut un coup de feu à la jambe gauche. Sous-lieutenant à Saint-Jean-d'Acre, à la tête d'un peloton de grenadiers, il enleva 2 pièces de canon ; 20 Turcs périrent sur leurs pièces, et les autres, poursuivis jusque sous les murs de la place, y furent presque tous tués. Le 8 février 1807, à la bataille d'Eylau, quoique dangereusement blessé au commencement de l'action, il ne voulut se retirer qu'après le gain de la bataille. Sa belle conduite fut récompensée par la décoration de la légion-d'honneur. Il se distingua à la prise de Ratisbonne par une rare intrépidité ; il était alors lieutenant, et commandait une compagnie de grenadiers. Le duc de Montebello ordonne l'assaut par une brèche faite au corps de la place ; Arnaud s'avance à la tête de sa compagnie, monte le premier, et, malgré la résistance la plus opiniâtre, il pénètre dans la place. Son courage rendit la brèche praticable à la colonne, qui suivait son mouvement : se voyant secondé, il se précipite sur les ennemis, et les déloge d'une autre position. Un succès entier couronna son courage; mais à la fin de la dernière attaque, il fut blessé de deux coups de feu. Nommé chef de bataillon dans la vieille garde, il fit avec elle la campagne de Russie. Lors de la retraite de Moscow, en avant du village de Krasnoë, son régiment, le 1er de voltigeurs, résista à une infanterie nombreuse et à plusieurs charges de cavalerie, dont le but était de couper l'armée : l'intrépide Arnaud y fit des prodiges de valeur. Atteint d'une balle au côté droit, il eût été fait prisonnier; si quelques-uns des soldats qu'il commandait ne se fussent dévoués pour l'enlever du champ de bataille. A Lutzen, il fut encore une fois blessé ; en 1814, il fit la campagne de France, combattit à Brienne, à Craône. Ce brave reçut de nouvelles blessures sous les murs de Paris. On croit qu'il vit encore.

ARNAUD (François-Thomas-Marie de Baculard d'), né à Paris en 1718, et mort dans la même ville en 1805, appartenait à une famille noble du comtat Venaissin. Il fit ses études chez les jésuites de Paris, et montra de bonne heure du goût pour la poésie. A neuf ans il faisait des vers, et dans sa jeunesse il composa deux tragédies, *Idoménée* et *Didon*, qui ne furent ni jouées ni imprimées; et une troisième tragédie, sous le titre de *Coligny ou la Saint-Barthélemy*, qui fut imprimée en 1740. D'Arnaud ayant été assez heureux pour fixer l'attention de Voltaire, ce grand homme l'encouragea, lui donna des conseils, et, de temps à autre, différens secours qui l'aidaient à cultiver les lettres. En 1750, d'Arnaud faisant représenter sur un théâtre de société sa comédie du *Mauvais riche*, Voltaire, qui assistait à la représentation, fut frappé des dispositions de l'acteur qui jouait le principal personnage : c'était Lekain. D'Arnaud le lui présenta, et fut ainsi la cause d'une association de talens dont les fruits ont été si doux pour le public. Il était sans doute dans la destinée de d'Arnaud d'être protégé par les deux plus grands hommes du siècle. Pendant deux années Frédéric, roi de Prusse, le fit son correspondant à Paris; il l'attira ensuite à Berlin, l'accueillit avec une bonté particulière, le nomma son *Ovide*, lui adressa même des vers parmi lesquels il en est où Voltaire n'était pas ménagé. Cette préférence passagère et ridicule ne profita pas à d'Arnaud, et le mit assez mal dans l'esprit de son premier protecteur. Après un séjour de moins d'une année à la cour du Salomon du Nord, d'Arnaud se retira à Dresde, où il fut fait conseiller de légation. Il revint à Paris, et vécut dans une société choisie, de laquelle il s'éloigna insensiblement pour composer ses nombreux ouvrages. Heureux, si uniquement occupé des lettres, il ne se fût pas mêlé du fameux procès du conseiller Goesman ! Son intervention dans cette affaire attira sur lui l'attention de Beaumarchais, qu'il avait attaqué par des déclamations auxquelles ce dernier riposta par des sarcasmes. C'est la seule fois que d'Arnaud ait égayé le public qu'il avait eu toujours la prétention d'attrister. Pendant la terreur, il fut incarcéré, et traduit même au tribunal révolutionnaire, par lequel il fut acquitté malgré son talent, ses opinions et son crime; car c'en était un à cette époque d'avoir la générosité de recueillir un émigré. Rendu à la liberté, mais sans autre fortune que le produit de ses ouvrages et les secours du gouvernement, il vécut dans une médiocrité que le manque d'économie changea bientôt en une misère profonde. Tout le monde sait sa manie d'emprunter de petites sommes, qu'il ne rendait jamais, ce qui faisait dire à Chamfort que d'Arnaud devait 100,000 *écus en pièces de 6 sous*. D'Arnaud cependant avait montré à la cour de Frédéric de plus honorables sentimens. A un souper où l'on s'exprimait fort librement sur la religion, seul il gardait le silence. Frédéric s'en aperçut et lui dit : « Eh » bien ! d'Arnaud, quel est votre » avis sur tout cela? — Sire, ré-» pondit d'Arnaud, j'aime à croire » à l'existence d'un être au-dessus » des rois. » Les ouvrages de cet écrivain sont nombreux : quelques-uns, les *Épreuves du sentiment* et les *Délassemens de l'homme sensible*, eurent beaucoup de vogue dans leur nouveauté, et furent traduits dans plusieurs langues étrangères; mais, depuis long-temps, ces ouvrages sont tombés dans un discrédit total. La véritable littérature et le goût plus pur du public ont fait justice de ce genre larmoyant, qui n'est point l'expression de la sensibilité, et qui fit créer pour le caractériser le néologisme piquant de la *sensiblerie*, comme l'esprit alambiqué, quintessencié de Marivaux et de ses imitateurs, fit qualifier de *marivaudage*, les écrits où l'affectation et la subtilité des idées se manifestaient au détriment du bon goût. J. J. Rousseau dit cependant en parlant de d'Arnaud : « La » plupart de nos gens de lettres » écrivent avec leur tête, M. d'Ar-» naud écrit avec son cœur. » Pour que cette phrase fût un véritable éloge, c'est à Rousseau surtout qu'elle devrait s'appliquer. Les pièces de théâtre de d'Arnaud sont quatre drames du genre le plus sombre, et dont un seul fut représenté pour la première fois en 1790, le *comte de Comminge;* les trois autres ont pour titre *Euphémie*, *Fayel*, et *Merinval*. Ses autres ouvrages sont trop nombreux pour qu'il soit possible de les citer tous. Les principaux sont, outre les *Épreuves du sentiment*, et les *Délassemens de l'homme sensible*, les *Loisirs utiles;* les *Époux malheureux*, dont le héros est un des ancêtres de l'infortuné colonel La Bédoyère; 3 vol. de poésies publiés en 1751, et les *Lamentations de Jérémie*, imprimées en 1752, réimprimées plusieurs fois, et qui seraient entièrement oubliées aujourd'hui sans ce quatrain de Voltaire :

Savez-vous pourquoi Jérémie
Se lamenta toute sa vie?
C'est qu'en prophète il prévoyait
Que Baculard le traduirait.

Dans ce dernier vers, Voltaire

a substitué depuis le nom de *Lefranc* (de Pompignan); c'est ce qui s'appelle faire gaiement d'une pierre deux coups.

ARNAUD (ANTOINE), général de brigade, commandant de la légion-d'honneur, né à Grenoble, le 14 janvier 1749, entra au service le 25 avril 1767, comme soldat, au régiment des gardes de Lorraine, et en sortit le 3 avril 1779. Quoiqu'il ne fût plus jeune à l'époque où la révolution commença, lorsque le territoire de la patrie fut menacé par les armées étrangères, il n'écouta que la voix de l'honneur, et reprit du service. Le 17 octobre 1791, il fut reçu, en qualité de capitaine, dans le 1er bataillon du Calvados, et le même jour, nommé commandant de ce corps. Il fut envoyé dans le Nord, et se trouva, en 1793, à la mémorable journée d'Hondscoote, où il contribua à la défaite des Anglais; il y fut blessé d'un coup de feu qui lui fracassa le bras gauche. Il fut fait, le 1er fructidor an 2, colonel du 48me régiment; entra en cette qualité dans le Brabant; et fit, en Hollande, les campagnes des années 4, 5, 6 et 7. En l'an 8, le colonel Arnaud passa à l'armée du Rhin; ce fut surtout à l'affaire du 16 prairial, devant Thirelberg, sur le Danube, qu'il se distingua de la manière la plus brillante. Commandé pour s'opposer aux Autrichiens qui débouchaient de la forêt de Baltzeim, il les chargea avec une intrépidité extraordinaire, et seulement avec cinq compagnies de son régiment. Malgré le feu de 8 pièces de canon qui battaient sur lui à mitraille, et qui lui emportaient beaucoup de monde, il se précipita sur les Autrichiens, culbuta trois bataillons, un régiment de cavalerie, s'empara de l'artillerie ennemie, et fit 1,200 prisonniers. Il ne fut pas moins utile à la mémorable bataille d'Hohenlinden, où il contribua beaucoup à s'emparer de toute l'artillerie autrichienne. Il est mort en l'an 11, sur les côtes de la Zélande, avec le grade de général de brigade, qu'il avait obtenu l'année précédente, pendant la campagne de Hanovre.

ARNAUDAT (N. D'). Les anciens eussent élevé des statues à ce brave soldat. Le 9 mars 1814, à la bataille de Laon, l'illustre et infortuné maréchal Ney le charge d'avancer, à la tête de quelques chasseurs-flanqueurs de la garde, dans un bois où l'ennemi était en embuscade. D'Arnaudat enveloppé, est séparé de son détachement. Déjà son caporal mis hors de combat par un coup de feu au genou, s'est réfugié au pied d'un arbre. D'Arnaudat s'adosse à ce même arbre, couvre de son corps son caporal blessé, et soutient seul le choc de toute la troupe ennemie. « Rendez-vous! lui crie » en français l'officier russe : on » ne vous fera aucun mal. — Me » rendre! Ne voyez-vous pas que » j'ai encore un sabre? » D'Arnaudat, pendant un quart d'heure, renverse tout ce qui s'approche, détourne les lances qui l'investissent, reçoit deux blessures à la cuisse, plusieurs coups de pistolet qui lui fracassent le pied gauche et les mains, et ne cesse de défendre le caporal évanoui, qui perd tout son sang. Enfin, le ma-

J. Boilly del.

réchal Ney en est instruit, et envoie aussitôt quelques chasseurs à son secours : les deux braves sont sauvés. On devait rendre compte à l'empereur de cette action héroïque ; mais un oubli trop ordinaire laisse sans récompense un des plus beaux traits de la valeur française.

ARNAULT (Antoine-Vincent), né à Paris, en 1766, chevalier de la légion-d'honneur, fut nommé, en 1785, secrétaire du cabinet de *Madame*, place sans honoraires et sans fonctions. En 1787, il avait acheté, chez *Monsieur*, depuis Louis XVIII, une charge fort chère, dont il perdit la finance, par suite de l'émigration des princes, perte dont leur retour ne l'a pas indemnisé. Il se fit connaître de bonne heure dans la carrière dramatique, et débuta, en 1791, par *Marius à Minturnes*, tragédie, dont la représentation fut bientôt suivie de celle de *Lucrèce*, autre tragédie. Après le 10 août 1792, son attachement à la cause royale, et l'horreur que lui inspirèrent les massacres du 2 septembre, le firent aller en Angleterre et ensuite à Bruxelles. De retour en France, il fut arrêté à Dunkerque, et mis en prison comme émigré ; mais les comités déclarèrent que la loi n'était pas applicable à un homme de lettres, à l'auteur de *Marius*. Remis en liberté, il se livra uniquement à des travaux littéraires, et fit représenter successivement les opéras d'*Horatius-Coclès* et de *Phrosine et Mélidor*, ainsi que les tragédies de *Cincinnatus* et d'*Oscar*. En 1797, il alla en Italie. Là, il fut chargé par le général Bonaparte de l'organisation du gouvernement des Iles Ioniennes ; et cependant il s'occupait de sa tragédie des *Vénitiens*, écrite en partie à Venise même, sur les ruines des institutions qu'elle rappelle. L'année suivante, lors de l'expédition d'Égypte, il s'embarqua avec le général en chef, et le suivit jusqu'à Malte, où il fut arrêté par les soins qu'exigeait une maladie subite dont fut atteint son beau-frère, M. Regnaud de Saint-Jean-d'Angély. La flotte ayant mis à la voile dans cet intervalle, il partit pour la France. La frégate qu'il montait fut prise par un bâtiment anglais, commandé par le capitaine *James Footes*, homme aussi bon que brave, qui traita ses prisonniers avec une humanité que les Anglais ont trop rarement connue. M. Arnault fut mis en liberté au bout de sept jours. De retour à Paris, il donna au Théâtre-Français sa tragédie des *Vénitiens*, en 1799. La même année, il fut nommé membre de l'institut, non pas après, mais avant le 18 brumaire, événement auquel il semble n'avoir pas été étranger. Il fut appelé, en 1800, au ministère de l'intérieur par Lucien Bonaparte, qui lui confia la division de l'instruction publique, et qu'il accompagna en Espagne, en 1801. L'académie de Madrid admit M. Arnault au nombre de ses membres, et il y prononça un discours où, après avoir exposé le tableau des sciences et des arts qui régnaient en France, il exprimait le désir de voir s'établir entre les savans des deux nations une communication aussi intime et une union aussi ferme que celles qui existaient entre les deux gouvernemens. Revenu en France, il y reprit ses fonctions dans l'instruction publique, où il fut huit ans le collaborateur du savant et célèbre Fourcroi, directeur-général de cette partie. En 1805, en qualité de président de l'institut, il félicita l'empereur à son retour de la campagne d'Austerlitz; en 1808, lors de l'organisation de l'université, il fut nommé conseiller ordinaire et secrétaire-général de cette grande administration. M. Arnault était membre de la commission chargée du travail préparatoire pour le *Dictionnaire de l'Académie*: il fut aussi nommé secrétaire spécial pour la rédaction et le classement des rapports demandés à chaque classe de l'institut, lors du concours pour les prix décennaux; rapports critiques de celui qui avait été présenté par les bureaux réunis des quatre classes. La *Lettre à l'empereur*, qui est en tête de ce travail, et les *Conclusions* qui le terminent, sont en totalité son ouvrage. En 1813, il fut nommé membre de la société royale de Naples. Après l'abdication de l'empereur, M. Arnault alla au-devant du roi à Compiègne. L'explication de cette démarche, si elle en avait besoin, se trouve dans la *Notice* qu'il a donnée sur lui-même, en tête de ses œuvres: « Admirateur des hautes qualités » de *Napoléon*, reconnaissant de » ses bienfaits, je l'ai aimé dans sa » prospérité, je l'aime encore dans » ses revers; *et je lui souhaite tout » le bonheur qui ne sera pas un » malheur pour la France.* Qu'on » me pardonne ce vœu : *je le for-» mais pour les Bourbons, sous*

» *l'empire de Napoléon*, qui n'y » voyait que le sentiment d'un » honnête homme! » Par cette démarche, M. Arnault ne trahissait aucune de ses affections. En janvier 1815, il perdit tous ses emplois. Le retour de Napoléon les lui rendit. De plus, il fut chargé provisoirement des fonctions d'administrateur-général de l'université et nommé membre du conseil-général du département de la Seine. Comme électeur de ce département, M. Arnault assista au Champ-de-Mai. Dans le même moment, il venait d'être nommé député à la chambre des représentans. Le 24 juin, il demanda que l'on discutât d'urgence un projet de loi sur les mesures de sûreté générale. Il fit partie de la députation envoyée à l'armée par la chambre des représentans; et, à son retour, demanda que le rapport des commissaires revenant de l'armée fût imprimé, distribué et affiché dans Paris. Sur sa proposition, la chambre vota une souscription de 50 francs par député, en faveur des militaires blessés. Il fut du nombre des députés qui, trouvant les portes du corps législatif fermées, se réunirent chez le président Lanjuinais, pour protester contre cette violence, et clore légalement la session. L'ordonnance du roi du 24 juillet exila M. Arnault à vingt lieues de Paris. Par suite de celle du 17 janvier 1816, contraint de se réfugier dans le royaume des Pays-Bas, il vécut tantôt en Belgique, tantôt en Hollande, selon qu'il y était forcé par les vexations qu'une autorité, qui devait être protectrice, ne cessait d'exercer sur lui, dans le lieu même de sa retraite. Il chercha et trouva dans l'étude des lettres et dans l'estime des habitans les plus illustres de la Belgique, des consolations qui lui firent oublier, non sa patrie, mais ses persécuteurs. Son exil n'a peut-être pas été stérile pour elle. Il semble avoir pris à tâche d'imiter ces nobles proscrits qui, sous Louis XIV, consacraient encore leurs talens à l'utilité de la France qu'ils ne devaient plus revoir. M. Arnault fut plus heureux : il fut rendu à la France en novembre 1819. La pension de retraite à laquelle ses longs travaux dans les administrations lui donnaient droit, a été rétablie par une ordonnance royale, que toutefois le ministre des finances, son collègue pendant les cent jours, a refusé d'exécuter. A la réorganisation de l'institut, il avait été rayé des cadres. On a de lui : 1° *Marius à Minturnes*, tragédie en trois actes, 1791; 2° *Lucrèce*, tragédie, 1792; 3° *Cincinnatus, ou la Conjuration de Spurius Manlius*, tragédie, 1793; 4° *Horatius-Coclès*, tragédie lyrique, 1793; 5° *Phrosine et Mélidor*, drame lyrique en trois actes, 1793 : ces deux opéras furent mis en musique par Méhul; 6° *Oscar, fils d'Ossian*, tragédie en cinq actes, 1796; 7° *Blanche et Mont-Cassin, ou les Vénitiens*, tragédie, 1798; 8° *Dom Pèdre, ou le Roi et le Laboureur*, tragédie en cinq actes, 1802; 9° *Scipion*, drame héroique en un acte, 1804; 10° *de l'administration des établissemens d'instruction publique, et de la réorganisation de l'enseignement*, in 8°, 1804; 11° *Quatre discours sur l'instruction publique*, prononcés dans les distributions générales des prix faites par le ministre de l'intérieur, dans le local de l'institut, aux écoles nationales; 12° *la Rançon de Duguesclin, ou les Mœurs du 12ᵐᵉ siècle*, comédie, 1813; 13° *Fables*, in-12, 1812; 14° *Chant lyrique pour l'inauguration de la statue votée à l'empereur par l'institut*; 15° *Cantate sur la naissance du roi de Rome*; 16° *Germanicus*, tragédie en cinq actes, 1816, dont l'unique représentation, destinée peut-être à rouvrir à l'auteur les portes de son pays, devint, par la plus étrange aberration de l'esprit de parti, une véritable tragédie entre les spectateurs. M. Arnault a lu à l'institut des fragmens d'une tragédie de *Zénobie*, et, au Théâtre-Français, une tragédie intitulée : *les Guelfes et les Gibelins*, qui a été inscrite au répertoire. Plus nouvellement il y a fait recevoir une tragédie de *Lycurgue*. Dans un recueil de poésies intitulé : *l'Hymen et la Naissance*, on trouve cinq pièces de M. Arnault. Il a donné à Bruxelles une nouvelle édition de ses *Fables*, augmentée de deux livres nouveaux, 1815; et, à La Haye, la collection de ses œuvres, qui composeront six volumes in-8°, dont quatre sont publiés. M. Arnault a travaillé à la rédaction de plusieurs ouvrages périodiques, et notamment aux *Veillées des Muses*, en 1797, et au *Mercure*, en 1815. La majeure partie des articles de morale, de littérature et de philosophie, insérés dans le journal belge *le Libéral*, de 1816 à 1820, sont également de lui. Il n'a fourni qu'un seul article à la *Minerve.* Il est un des quatre éditeurs de la *Biographie des contemporains.* Il a plusieurs enfans. L'aîné de ses fils, *Lucien-Émile* ARNAULT, nommé, en 1808, auditeur au conseil-d'état, a organisé et dirigé, pendant cinq ans, l'administration de la province d'Istrie, en Illyrie. De retour en France, en 1813, il fut nommé successivement sous préfet à Châteauroux, et préfet du département de l'Ardèche. Sorti de la carrière administrative, il s'est livré, comme son père, à la culture des lettres; il a fait recevoir au Théâtre-Français, en 1818, une tragédie de *Pertinax,* qu'on est fondé à attribuer à son père, alors proscrit; et, en 1819, une tragédie de *Régulus,* accueillie avec plus de faveur encore, et qui lui appartient tout entière. *Étienne-Pierre* ARNAULT, frère de *Lucien-Emile,* a suivi la carrière militaire. Il fut brave, comme toute l'armée, et ne serait pas mentionné ici, si un honorable écart, où l'a jeté la piété filiale, lors de la représentation de *Germanicus,* n'avait appelé sur lui l'attention publique.

ARNAVON (FRANÇOIS), ancien chanoine de Lille, prieur de Vaucluse, né à Lille, vers l'an 1750. M. Arnavon, qui a cultivé les lettres, est auteur de différens ouvrages dont voici les principaux: *Apologie de la religion chrétienne contre le Contrat Social,* 1 vol. in-8°; *Pétrarque à Vaucluse,* 1 vol. in-8°, Avignon, 1805, Paris, 1814; enfin, *Retour à la fontaine de Vaucluse.* M. Arnavon est maintenant chanoine titulaire de l'É-glise métropolitaine de Paris, et vicaire-général de l'archevêque de Corfou.

ARNDT (ERNEST-MAURICE) est un de ces philosophes allemands, que le vague de leurs spéculations a fini par jeter dans les agitations de la politique. Grand idéologue, partisan de ces doctrines de la civilisation qui deviennent, en Germanie, une espèce de culte de la pensée, enthousiaste de la liberté civile, et défenseur de l'indépendance de son pays, il opposa aux desseins de Napoléon toute la force de sa dialectique. Son ouvrage intitulé *l'Esprit du temps,* publié en 1806 (in-8°), fit un grand effet sur des têtes méditatives et exaltées: il y traçait avec hardiesse le tableau de notre époque, et proposait aux Allemands menacés, une insurrection nationale. Ce livre dut fixer l'attention de Napoléon; et comme Arndt avait lieu de craindre le ressentiment du prince qu'il attaquait, il se retira précipitamment en Suède, continuant néanmoins d'entretenir des correspondances avec la *Société unie pour la propagation de la vertu,* dont il était chef, et qui agit si puissamment sur l'esprit public. Ses désirs furent enfin comblés. Une coalition européenne qu'il était loin de prévoir, punit la France de ses nombreux triomphes, et d'une gloire trop éclatante. Arndt avait été professeur de philosophie à Griefswald, en Poméranie. Il a publié, outre l'*Esprit du temps,* un *Discours sur la liberté des anciennes républiques,* Griefswald, 1800, in-8°; *Voyages en Allemagne, en Italie et en France,* Leipsick, 1800 et 1803; 6 part.

in-8°. (Ouvrages judicieux, pleins de pensées profondes, où se trouve une impartialité remarquable envers les Français, qu'Arndt aimait cependant si peu.) *La Germanie et l'Europe*, Altona, 1803; *la Cigogne et sa famille*, Griefswald, 1804. (C'est une satire plus bizarre que gaie, dirigée, sous la forme d'une tragédie en trois actes, contre le conquérant de l'Allemagne.) *Voyage en Suède*, 1806, Berlin; *Aperçu général sur les langues, considérées sous un rapport historique*, Rostock, 1805; *Fragmens sur la civilisation*, 1815, 2 part. in-8°. La chaîne des idées est quelquefois mystérieuse chez ce philosophe; pour en saisir les rapports, il faut presque toujours en deviner quelques anneaux. Mais elle est féconde en rapprochemens originaux, en observations qui étonnent et portent à la méditation. Un biographe et traducteur anglais, qui a publié dans sa langue (1808, in-8°) quelques extraits de l'*Esprit du temps*, a prétendu que le libraire allemand Palm, éditeur de cet ouvrage, avait été mis à mort par ordre de l'empereur Napoléon : ce fait est faux.

ARNOLD (THÉODORE-FERDINAND-CAJETAN), professeur de philosophie à Erfurt. On lui doit plusieurs ouvrages en allemand : 1° *Erfurt, avec ses curiosités et ses antiquités, sous le rapport historique, statistique et commercial*, avec fig., 1 vol. in-8°, Gotha, 1802; 2° *Nouveau Dictionnaire géographique, historique et statistique, de la principauté d'Anhalt*, 1 vol. in-8°, Hambourg, 1802; 3° *Amélie Balbi, vision merveilleuse*, 1 vol. in-8°, Erfurt, 1811; 4° l'*Agréable directeur de musique, ou l'Art de composer et de diriger un orchestre*, 1 vol. in-8°, Erfurt, 1806.

ARNOLD (BENOIT), major-général de l'armée américaine, brave jusqu'à la témérité, mais traître à sa patrie, a laissé un souvenir couvert de gloire et d'opprobre. Son tombeau est à Westminster, chargé de marbres, d'inscriptions, et de sculptures, au milieu des rois et des grands hommes de l'Angleterre; mais son nom est prononcé dans toute l'Amérique, avec horreur et mépris. Une âme altière, capable des plus extrêmes résolutions; des talens rares; un caractère ardent, passionné, forcent l'historien philosophe à ne pas se contenter de le noter d'infamie, mais à rechercher les mobiles de sa conduite. La première partie de cette vie singulière fut toute glorieuse. Arnold ne marche contre les Anglais que pour les battre; il se joint au brigadier Allen, et prend Ticondérago; traverse pendant l'hiver les déserts impraticables du Maine; se montre tout à coup, par une des plus savantes et des plus pénibles marches, à la vue de Quebec. Blessé dans les derniers jours de 1775, à l'assaut de cette ville, il se retire du combat : la victoire se retire avec lui, et les Américains ont le dessous. Arnold, à peine en état de reprendre les armes, se bat sur le lac Champlain, et par des prodiges de valeur, rend l'avantage à son armée. Sous les ordres du général Gates, on le voit décider le succès de ces deux batailles, livrées au général Burgoyne, sur les bords de la rivière du Nord, et qui firent mettre bas les armes à toute l'armée anglaise. L'homme à qui son pays devait tant de reconnaissance, s'enorgueillit et s'enivra de sa gloire. Nommé commandant de Philadelphie, en 1778, quand les Anglais évacuèrent cette place, il oublia qu'il était l'un des fondateurs d'une république. Affectant le luxe d'un prince, affichant un mépris déplacé pour toute autorité civile, il attira sur lui la haine de ses concitoyens, pesant fardeau, qui ne tarda pas à l'accabler. Arnold, voulant mettre fin aux reproches dont il était l'objet, s'endetta, chercha par le jeu à réparer tant de pertes, tomba dans la misère; employa, pour se relever, des moyens indignes de lui; fut accusé de péculat, d'extorsions, de vols frauduleux, et condamné, par l'assemblée de Pensylvanie, à être réprimandé publiquement par le général Washington. La fierté qui ne l'avait pas empêché de descendre si bas, ne lui permit pas de souffrir, sans l'idée de se venger, une telle humiliation; il s'y soumit en silence, et ne laissant échapper au dehors aucun indice de la colère dont il était dévoré, il ne songea plus qu'à punir sa patrie de la honte qu'elle avait justement imprimée sur son front. Arnold sollicita long-temps le commandement de West-Point, poste important, situé dans le voisinage de New-York, quartier-général de l'armée anglaise. On le lui accorda, et c'est là que se réalisa la trahison qu'il méditait. Une correspondance s'établit entre lui et le général Clinton, par l'intermédiaire du major André. Ce dernier va voir Arnold à West-Point, en reçoit la promesse de livrer le poste, le quitte avec un passe-port sous un faux nom, tombe entre les mains des gardes avancées américaines, perd la tête, et se trahit : les lettres, cachées dans ses bottes, découvrent la trame. André est fusillé. Arnold se sauve à temps, sert comme major-général dans l'armée anglaise, cherche, dans de ridicules proclamations, à prouver qu'il n'a trahi son pays que par patriotisme, engage ses compagnons d'armes à suivre son exemple, et reste dans l'armée anglaise le *seul* Américain transfuge, qui, après avoir défendu sa patrie, ait tourné le fer contre elle. Son courage devint atroce, une fois que la perfidie eut souillé sa gloire. Le malheureux dévasta son propre pays. « Que me fera-t-on, demandait-il » à un Américain prisonnier, si je » tombe entre les mains de vos sol- » dats? — On coupera cette jambe, » blessée devant Quebec pour le » service de la patrie; on l'enterre- » ra avec tous les honneurs de la » guerre... Quant au reste de votre » corps, il sera pendu. » La paix faite et l'indépendance américaine reconnue, il se retira en Angleterre, où il mourut, en 1801. Les Anglais, qui avaient profité de sa trahison, la récompensèrent en consacrant à Arnold un monument, qui se trouve placé dans la sépulture des rois et des grands hommes de l'Angleterre, entre Newton et Nelson. Non loin de là un petit monument de marbre blanc est élevé à la mémoire du major André. Peu d'hommes ont autant qu'Arnold montré de courage et de sensibilité dans leurs derniers momens; on rapporte que sa mort arracha des larmes à la pitié généreuse de Washington.

ARNOULD (AMBROISE-MARIE), s'occupa constamment de finances, et ne quitta un moment cette partie qu'en 1795, pour figurer parmi les chefs de l'opposition sectionnaire. La convention venait de se désorganiser elle-même pour mettre en mouvement la constitution directoriale; à la tête de ceux qui blâmaient ces mesures, et voulaient imposer à ce corps la loi de sa propre conservation, Arnould se fit remarquer. Caché, après la défaite de son parti jusqu'en 1798, il ne reparut alors comme membre du conseil des anciens, puis du conseil des cinq-cents, que pour suivre la route moins dangereuse de ses premières inspirations. Élu secrétaire, on le vit combattre la résolution relative aux prises maritimes; défendre l'impôt sur le sel; se montrer le partisan du 18 brumaire, et en signaler l'heureuse influence sur le crédit public. Tribun, quand la constitution consulaire fut essayée, il aspirait au portefeuille des finances, et fut un des premiers et des plus ardens à appeler et à mettre sur le front du premier consul la couronne impériale. On se souvient de l'avoir entendu provoquer le don de la terre de Crosne, en faveur de Sieyes. Il demanda aussi que tous les comptables publics fussent soumis à donner un cautionnement; fit paraître, en 1800, des réflexions curieuses sur la caisse d'amortissement en Angleterre, et parla vivement pour faire accorder des encouragemens au commerce et à l'agriculture. Nommé maître des comptes après la suppression du tribunat, il mourut en 1812. On connaît de lui un écrit intitulé: *de la Balance du Commerce*, 1791, et l'extrait qu'il a publié de cet ouvrage, trois ans après, sous le titre: *Point de terrorisme contre les assignats*, etc., 1794. Il a été directeur des bureaux de la balance du commerce.

ARNOULT (N.), avocat. Le département de la Côte-d'Or le nomma député aux états-généraux en 1789: il commença par y demander l'abolition des dîmes, et proposa ensuite de déclarer la branche d'Espagne inadmissible au trône de France. Il dénonça, quelques jours après, l'exportation des grains, et fit, pour l'empêcher, la proposition de supprimer les comités des subsistances, afin que les ministres fussent responsables des malversations qui se commettaient dans cette partie de l'administration. En 1790, il demanda qu'on établît à Dijon un tribunal provisoire en remplacement du parlement de cette ville; et, en 1791, il vota pour qu'on déclarât *propriétés nationales* les rivières navigables. Il parut encore à la tribune le 26 mai, pour faire un rapport sur le bail à domaine congéable, usité en Bretagne. M. Arnoult est éditeur d'une collection des décrets de l'assemblée constituante.

ARNOULT (SOPHIE), née à Paris en 1740. Son père était un bourgeois aisé qui tenait un hôtel garni, et n'avait rien négligé pour l'éducation de ses enfans. Sophie avait reçu de la nature un esprit vif, un cœur tendre, une voix céleste, et les plus beaux yeux du monde : il n'en fallait pas tant pour faire fortune à l'Opéra ; Sophie Arnoult y arriva par une route singulière. La princesse de Modène, qui faisait sa retraite au Val-de-Grâce, fut frappée de la beauté d'une voix qui chantait une leçon de ténèbres. Les grandes dames allaient alors dans les monastères pendant la semaine sainte, faire pénitence des péchés qu'elles s'étaient permis dans le carnaval. Le salut de la princesse devint la perdition de Sophie. L'inévitable intendant des menus trouva le moyen d'entendre la jeune virtuose, et, malgré sa mère, de la faire entrer dans la musique du roi. C'était la route honnête pour monter sur le théâtre. Un ordre de début vérifia bientôt la prophétie de Mme de Pompadour, qui s'y connaissait, et qui dit, après avoir vu et entendu Sophie : « Il y » a là de quoi faire une princesse. » Mlle Arnoult justifia cet horoscope de la favorite, et l'éclipsa sur un théâtre non moins orageux que la cour. On disait alors : « les da- » mes de la comédie française, » les demoiselles de la comédie » italienne, et les filles de l'o- » péra. » Il est vrai qu'on disait aussi : « les dames de la halle. » Sophie Arnoult s'éleva en peu de temps, par la beauté de son chant, par un sentiment exquis, par la grâce et la vivacité de son esprit, et par l'éclat de ses amours, à la dignité de reine de l'opéra. Elle trouva le moyen d'avoir les profits d'une fille, les succès d'une grande actrice, et la réputation d'une femme d'esprit ; elle dépensait avec une égale profusion sa jeunesse, ses saillies et les largesses de ses amans. Un noble attachement qui dura toujours, et quelques brillantes infidélités, donnèrent à cette fille célèbre des amis distingués, et la première société de Paris en hommes. Sa maison, qui rappelait souvent celle de Ninon de Lenclos, était fréquentée par les grands seigneurs et par les hommes célèbres. D'Alembert, Diderot, Helvétius, Mably, Duclos, J. J. Rousseau, y renouvelaient les entretiens des philosophes chez Aspasie. Sophie fut chantée par Dorat, Bernard, Rhulières, Marmontel, Favart, et tous les beaux esprits du temps. Les bons mots de Mlle Arnoult lui ont survécu, on a eu tort d'en faire un recueil ; on est obligé de les choisir. Une de ses amies se plaignait devant elle d'approcher de trente ans, quoiqu'elle en eût davantage. « Console-toi, lui dit- » elle, tu t'en éloignes tous les » jours. » Un fat, pour la mortifier, lui disait : A présent l'esprit court les rues : « Ah ! monsieur, » dit Sophie, c'est un bruit que les » sots font courir. » Un jour elle rencontra au bois de Boulogne, son médecin qui allait voir un malade avec un fusil sous son bras : « Docteur, lui cria-t-elle, il pa- » rait que vous avez peur de le » manquer. » Une grande dame disait près d'elle, au spectacle : On devrait bien distinguer les femmes honnêtes par des marques honorables. « Madame, lui dit Mlle » Arnoult, pourquoi voulez-vous » mettre les filles dans le cas de » les compter ? » En apprenant un trait de prodigalité, elle s'écria :

« Quand on a tant d'argent de » trop, pourquoi le bonheur ne se » vend-il pas ? » Quand le divorce fut établi, sa fille en profita. M"⁰ Arnoult blâma sa conduite, et lui dit : « Le divorce est le sa- » crement de l'adultère. » En 1802, elle dit au curé de Saint-Germain-l'Auxerrois, qui venait de lui administrer les sacremens : « Je suis » comme Magdeleine, beaucoup » de péchés me seront remis car » j'ai beaucoup aimé. » On a remarqué que l'année 1802 avait vu mourir les trois plus célèbres actrices du 18ᵐᵉ siècle : Clairon, Dumesnil et Arnoult. Constant Dioville de Brancas, troisième fils de M"⁰ Arnoult, colonel de cuirassiers, fut tué à la bataille de Wagram.

ARNOUX LAFFREY, né à Gap, le 18 septembre 1735, mort à Paris, le 19 septembre 1794. On a de lui la *Vie privée de Louis XV*, et les *Annales de la monarchie française*, depuis son origine jusqu'à la mort de ce souverain.

ARPAJEAN (d'Assy d'), médecin de Montpellier, né en 1738, à Mauzac dans les quatre Vallées, a traduit du latin (et non de l'anglais, comme le disent quelques biographes) les *OEuvres médicales de Gorter*. On lui doit aussi une *Dissertation sur la phthisie pulmonaire*, 1779, in-8°, où se trouvent des vues neuves, des observations importantes, et des faits habilement rapprochés.

ARRIAZA (don Jean-Baptiste), né dans la Vieille-Castille, en 1770, ex-militaire de la marine royale, ex-secrétaire d'ambassade, et aujourd'hui employé dans les secrétaireries-d'état, a cultivé les muses espagnoles avec succès; il a publié, en 1800, un petit poëme sur la danse, et en 1803, un poëme plus étendu sur la peinture et l'architecture. En 1798, à l'époque de la mort du duc d'Albe, dernier rejeton d'une famille trop célèbre, M. Arriaza honora les mânes de ce seigneur du tribut poétique de ses regrets. Il est fâcheux que M. Arriaza, recommandable par son attachement pour son prince, semble dédaigner l'estime des hommes amis de la paix et de l'oubli des erreurs ; il professe la doctrine de l'intolérance politique, et s'est prononcé avec peu de générosité contre les Français, et les Espagnols amis des Français. Il a publié récemment des lettres destinées à diminuer l'influence des brochures en faveur des *Constitutionnels de* 1808, surnommés *Josefinos;* mais il a trouvé un adversaire aussi judicieux que plein de force, dans M. Minano, auteur du *Petit pauvre fainéant*. M. Arriaza fréquentait, en 1801, la maison de l'ambassadeur Lucien Bonaparte.

ARRIGHI (Jean), né en Corse, député suppléant de cette île à la convention nationale, où il ne prit séance que le 18 vendémiaire an 3. Il sollicita des secours en faveur des Corses réfugiés sur le continent, et obtint un décret qui les leur accordait. Dans la même année, il fut nommé membre de la commission chargée d'examiner la conduite de Joseph Lebon. Après la dissolution de la convention en l'an 4, il entra au conseil des cinq-cents, où, l'année suivante, il s'éleva contre le projet d'annuler les élections de la Corse, qui avaient eu lieu avant la promulgation de la constitution. Après la révolution du 18 brumaire, il entra au corps-législatif. En mai 1803, il obtint la préfecture du département du Liamone, et, quelque temps après, il fut créé baron et officier de la légion-d'honneur. Napoléon, à son départ de l'île d'Elbe, le 26 février 1815, le nomma membre de la junte chargée de l'administration de la Corse.

ARRIGHI (HYACINTHE), cousin du précédent. En 1815, il contribua beaucoup à soumettre cette île à Napoléon par la démarche qu'il fit auprès du commandant du château de Bastia, pour lui donner des preuves que la junte n'agissait qu'au nom et dans les intérêts de Napoléon.

ARRIGHI (DUC DE PADOUE), général de division, grand-officier de la légion-d'honneur, etc., de la même famille que les précédens, et parent de Napoléon. Il entra très-jeune dans la carrière militaire, qu'il parcourut avec honneur. Il fut d'abord aide-de-camp du général Alexandre Berthier, depuis prince de Neuchâtel, fit la campagne d'Égypte, se distingua à la bataille d'Austerlitz, où il était déjà colonel de dragons. Le 19 mai 1806, il obtint le commandement du régiment des dragons de la garde, et fut ensuite nommé duc de Padoue. Il fit la campagne de 1809 en Autriche, et se signala par son courage à la bataille de Wagram. En février 1812, il se maria avec la fille du comte Montesquiou, alors chambellan de l'empereur.

Arrighi ne tarda pas à être promu au grade de général de division, et devint bientôt grand'croix de l'ordre de la Réunion. En 1813, il fit la campagne de Saxe, et eut ordre, à la fin de mai, de balayer avec sa cavalerie toute la rive gauche de l'Elbe. À la bataille de Leipsick, en octobre, il fut chargé de la défense des faubourgs de la ville, et s'acquit beaucoup de gloire pendant la journée du 18. Ce brave militaire continua de servir avec la même distinction pendant la campagne de France, en 1814; le 26 février, il s'était porté sur Nogent pour en défendre le passage à l'ennemi. Après l'abdication de Napoléon, le général Arrighi crut devoir sacrifier son opinion à l'intérêt de son pays; il fit sa soumission au gouvernement du roi, et fut, quelque temps après, nommé chevalier de Saint-Louis. Au retour de Napoléon de l'île d'Elbe, il entra à la chambre des pairs, et partit pour la Corse dans les premiers jours de mai, en qualité de commissaire extraordinaire. Dès son arrivée, le duc de Padoue établit son quartier-général dans la place de Calvi qu'il fortifia, et annonça, par de grands préparatifs, qu'il était déterminé à la plus vigoureuse résistance, si on venait à l'attaquer. La bataille de Waterloo ne changea rien à ses dispositions; mais le but seulement en fut différent; il tenta de rendre la Corse indépendante. Le général Arrighi n'eut, dans cette circonstance, que le mérite d'avoir fait une entreprise généreuse; il put à peine lever quelque argent et un petit nombre d'hommes. Compris dans l'ordonnance du roi du 14 juillet, et dans celle du 16 janvier 1816, il se retira en Lombardie, après avoir fait des démarches inutiles auprès du roi de Sardaigne, pour obtenir un asile dans ses états. Il a été rappelé par l'ordonnance du 19 novembre 1820.

ARRIGHI (Joseph-Philippe), cousin des précédens, chanoine honoraire de la cathédrale de Pise, et de l'église métropolitaine de Florence. Lorsque Napoléon quitta la France après les événemens de 1814, M. Arrighi était vicaire-général de l'évêque d'Ajaccio et de la principauté de Piombino. La conduite qu'il tint dans cette circonstance, prouva qu'il était moins attaché à la fortune de l'empereur qu'à sa personne, et trois jours après l'arrivée de ce prince à l'île d'Elbe, il publia un mandement remarquable, dans lequel il félicitait les habitans de lui donner asile.

ARRIGHI (Antoine), capitaine, né à Corté dans l'île de Corse, élevé à l'école militaire de Saint-Cyr, entra le 24 septembre 1810, comme sous-lieutenant dans le 39ᵐᵉ régiment de ligne, qui faisait alors partie de l'expédition de Masséna en Portugal. Il se trouva aux différentes affaires dans lesquelles son corps donna de brillantes preuves de valeur, sous les commandemens successifs du prince d'Esling, du duc de Raguse et du maréchal Soult. Il se distingua particulièrement, le 8 mai 1813, à l'attaque des bandes de Campillo et d'Herriero; après avoir passé une rivière avec les voltigeurs d'avant-garde, sous le feu de l'ennemi, et l'avoir attaqué à la baïonnette, dans ses retranchemens, près du village de Mahon, il le culbuta et lui fit un grand nombre de prisonniers. Cette action fut, non-seulement glorieuse, mais encore d'une haute utilité; la dispersion de ces bandes permit au général Foy d'accélérer les travaux du siége de Castro-Urdiales, dont il s'empara vingt jours après. Dans le mois de novembre 1813, le capitaine Arrighi donna des preuves de la plus grande intrépidité à l'assaut d'une maison crénelée, située au fond du val Carlos, et défendue par 40 Espagnols, qui se firent presque tous tuer. Malgré le feu de l'ennemi, il se présenta seul, a différentes reprises, devant la porte, dans le dessein de l'enfoncer. A la bataille de Toulouse, en 1815, il fut dangereusement blessé, après avoir fait des prodiges de valeur.

ARTAUD, chevalier de l'ordre d'Espagne de Charles IV, a suivi la carrière diplomatique; mais c'est comme littérateur qu'il est généralement connu. Nous avons de lui : 1° *Considérations sur l'état de la peinture en Italie, dans les quatre siècles qui ont précédé celui de Raphaël*, vol. in-8°, 1808; 2° la traduction du *Paradis du Dante*, vol. in-8°, 1811; 3° celle de *l'Enfer*, vol. in-8°, 1812; 4° et le *Purgatoire*, du même auteur, vol. in-8°, 1813. Ces traductions sont estimées : on y trouve des notes utiles pour l'explication des allégories, et des faits historiques, pour l'intelligence du texte.

ARTAUD (François-Soulange), frère du précédent, né à Paris en

1779, a publié : 1° une traduction de la sixième édition du *Manuel de l'histoire naturelle de M. J. F. Blumenbach*, 2 vol. in-8°, Metz, 1803 ; *Histoire de la révolution de Danemark en* 1660, traduite de l'allemand de *Spittler*, vol. in-8°, 1805.

ARRIULE (le baron d'). (*Voyez* Darriule.)

ARTÉAGA (Étienne), jésuite et savant Espagnol, est né à Madrid, en 1744. Ami du chevalier d'Azarra, il fut attaché à son ambassade de France ; mais son âge et ses infirmités ne lui permirent pas de le suivre à son retour dans sa patrie. Artéaga est mort à Paris, à la fin de 1799. Ce savant a donné en espagnol un ouvrage couronné par l'académie de Madrid, sur le beau idéal, considéré comme le terme de tous les ouvrages d'imitation ; un autre ouvrage de cet auteur, en 4 volumes in-12, intitulé : *Revoluzioni del teatro italiano*, imprimé à Venise, en 1785, a été abrégé avec peu de goût par un traducteur français, qui l'a fait imprimer à Londres, en 1802, en un volume in-8° de 112 pages, sous le titre de *Révolutions du théâtre musical, depuis son origine jusqu'à nos jours*. Artéaga a publié plusieurs dissertations savantes, et a composé un *Recueil de poésies grecques et latines*, qui, ainsi qui son ouvrage *del Ritmo sonoro, e del Ritmo muto degli antichi, dissertazione*, devait être imprimé par Bodoni de Parme, et dont l'impression n'a pas eu lieu, par suite des événemens politiques dont l'Italie a été le théâtre. M. Grainville, à qui Artéaga avait confié la traduction de ce dernier ouvrage (traduction qu'il ne fit pas, l'auteur étant mort, lorsqu'elle était à peine commencée), s'exprime en ces termes : « Artéaga a mis » à contribution, dans son ouvrage » du *Rhythme*, les plus célèbres é- » crivains de l'antiquité. Il y traite » de la musique, de la poésie, de » la grammaire, de la pantomime, » de la danse, etc. D'après l'avis de » plusieurs savans du premier or- » dre, ses découvertes sont abso- » lument neuves et très-utiles aux » progrès de l'art. »

ARTIGAS (don Juan), né à Monte-Video, d'une famille originaire d'Espagne. Lorsque la révolution commença dans ces colonies, il était capitaine au service de la métropole ; il n'embrassa pas d'abord la cause des indépendans, et ce ne fut qu'après quelques démêlés avec le gouverneur portugais de la ville du Saint-Sacrement, qu'il abandonna pour toujours le parti royaliste. La nouvelle république de Buenos-Ayres en fit d'abord un chef de *Guerillas*, mais elle ne tarda pas à lui confier le commandement d'un corps d'armée. Après avoir remporté des avantages moins décisifs sur les troupes royales, il les mit en déroute à la bataille de Las-Piedras, où elles étaient supérieures en nombre ; il fit beaucoup de prisonniers, et le général même fut obligé de se rendre. Il contribua beaucoup au succès du siége de Monte-Video. Pendant que le général Rondeau le soutenait à la tête des indépendans, Artigas se battit plusieurs fois contre les Portugais du Brésil, qui, en ne paraissant armés que pour le maintien de l'autorité du roi d'Espagne, se préparaient à envahir toute la rive gauche de la Plata. Les succès d'Artigas occasionèrent un accommodement entre le cabinet de Rio-Janciro et l'état de Buenos-Ayres. Mais ce commandant ne fut pas long-temps en bonne intelligence avec la junte : on se défiait de lui ; on prétendait qu'il ne travaillait que pour lui-même, et qu'il voulait s'assujettir une partie du pays. Il paraît, au contraire, que Puyredon et les autres chefs de cette république récente, songeaient à établir leur propre domination, et qu'un républicain du caractère d'Artigas leur faisait ombrage. Parmi tant de prétendus citoyens que des desseins perfides, ou du moins des vues personnelles animent en secret dans les états naissans, il est quelquefois très-difficile de distinguer les amis sincères de l'indépendance ; ces hommes intègres dont la force d'âme, la vertu exempte de préventions, n'appartient qu'aux états libres, doivent être rares aussi dans le Nouveau-Monde : notre espèce ne change pas entièrement d'un hémisphère à l'autre. Quoi qu'il en soit, la convocation d'un congrès pour l'élection des députés, acheva de déterminer Artigas. Voyant qu'on ne suivait pas les principes à la défense desquels il s'était consacré, il se servit de son ascendant sur les troupes ; insensiblement elles s'éloignèrent du camp de Monte-Video, et Artigas l'abandonna lui-même. Cette désertion obligea les indépendans à lever le siège, que pourtant ils reprirent ensuite avec une vigueur nouvelle, jusqu'à la reddition de la ville au mois de juin 1814. Mais Posàrda, qu'on nomma directeur, avait tant de ressentiment contre Artigas, qu'en le privant de ses emplois, il le fit déclarer infâme, et alla jusqu'à offrir six mille francs à celui qui apporterait sa tête. Cependant Artigas était plein d'activité, plein d'énergie, et ses compatriotes l'aimaient d'autant plus qu'il savait partager leurs habitudes presque semblables à celles des anciens flibustiers. Il avait d'ailleurs un appui secret dans la ville même de Buenos-Ayres, et il rompit avec les chefs de l'administration. Ayant fait des levées dans les provinces dont il disposait, il alla au-devant des troupes envoyées contre lui, battit Viamond, et s'empara de Santa-Fé, ainsi que de Monte-Video. Après la défaite de l'armée royaliste par le général Saint-Martin, le gouvernement de Buenos-Ayres envoya contre Artigas dix-huit cents hommes commandés par Balcarsel. La fortune refusa de se déclarer : cependant le traité qui eut lieu parut à l'avantage d'Artigas ; on stipula que les troupes de Buenos-Ayres abandonneraient Santa-Fé et toute la rive orientale. Le repos d'Artigas fut de courte durée. Excité par des réfugiés de Buenos-Ayres, le gouverneur du Brésil imagina de faire définitivement des conquêtes. Il chargea Lecor de soumettre le pays jusqu'à la Plata. Ce général ayant commencé ses opérations dès le printemps, alla camper en décembre 1816 à Maldonado. Artigas redoutait peu cette invasion ; il connaissait parfaitement les ressources du pays, les dispositions des habitans; il leur fit partager sa propre assurance, et les premiers événemens justifièrent ses promesses. Cependant les Portugais ayant surpris Monte-Video, et remporté quelques autres avantages, et ceux qu'Artigas obtenait de son côté ne pouvant être décisifs, il résolut de porter la guerre dans le Brésil; mais cette diversion, qui lui réussit d'abord, n'eut pas pour effet la délivrance de Monte-Video. En 1818, Artigas fut plus malheureux; les forces de Buenos-Ayres réunies à celles des Portugais le défirent entièrement, et il se vit réduit à traiter avec le gouvernement dont il s'était séparé. On fut d'accord pour abandonner le pays à l'est de la Plata. Il eût été difficile de le défendre contre la grande expédition que préparait la métropole. Mais ensuite la face des affaires ayant changé subitement en Espagne, les républicains de la Plata, délivrés de cette crainte, reportèrent leur attention sur les desseins de leurs chefs. On les voyait disposés à établir un gouvernement héréditaire, on parlait même d'une secrète négociation avec des puissances européennes : Artigas devint l'espoir des amis de la liberté. Sachant combien ce général était redoutable, et par ses talens, et par la popularité dont il jouissait, Puyredon envoya contre lui des troupes commandées par Rondeau. Si cette expédition eût réussi, les républicains eussent vu toutes leurs espérances détruites. Le moment était décisif, et le triomphe d'Artigas paraissait indispensable pour le maintien de la liberté. On s'assura d'un grand nombre d'officiers et de soldats dans le corps d'armée qui devait le combattre, et il fut averti lui-même de ce qu'on méditait à Buenos-Ayres. Dès que les troupes furent en présence, elles s'entendirent, se réunirent, et marchèrent vers la capitale. Don Aguirre fut mis provisoirement à la tête des affaires ; Puyredon et ses adhérens s'éloignèrent. Ces changemens se sont opérés sans qu'Artigas se présentât. Il semble n'avoir d'autre ambition que de contribuer puissamment à la liberté, à l'entière indépendance d'un pays qui lui-même a tant contribué, par son exemple, à l'émancipation générale de ces vastes régions que Madrid ne pouvait plus gouverner.

ARTOIS (COMTE D'). (*Voyez* CHARLES-PHILIPPE.)

ARZBERGER (CHRISTOPHE), professeur de mathématiques, et de philosophie au gymnase de Cobourg, conseiller-d'état dans la même ville, est né à Arzberger, dans la principauté de Bayreuth, le 22 octobre 1772. Il a publié différens ouvrages en latin et en allemand : 1° *Adumbratio doctrinæ Hesiodi de origine rerum, deorumque naturâ*, 1 vol. in-8°, Erlang, 1794; 2° *De sextâ propositione primi Archimedis libri de æquiponderantibus*, 1 vol. in-8°, Cobourg, 1796; 3° *Détermination de la position géographique de Cobourg*, 1 vol. in-4°, ibid., 1798; 4° *Cours élémentaire de géométrie, à l'usage de ceux qui ne veulent pas étudier les mathématiques*, 1 vol. in-8°, ibid., 1799; 5° *Essai de détermi-*

nations géographiques sans triangles ni horloges astronomiques, 1 vol. in-4°, *ibid.*, 1800, *id.*, in-8°, 1801; 6° *Cours encyclopédique de mathématiques.*

ASPASIE, plus connue sous ce nom que sous celui de sa famille, CARLEMIGELLI ou CARLE MIGELLI, était fille d'un coureur de la maison du prince de Condé. Victime d'une passion malheureuse, à la suite d'une maladie cruelle dans laquelle on lui administra des remèdes violens, elle fut conduite à l'hôpital, et soumise au traitement des aliénés. Elle n'en sortit pas guérie entièrement, si l'on en juge par la suite des événemens de sa vie : En l'an 2, elle dénonça sa mère comme contre-révolutionnaire, en haine des mauvais traitemens qu'elle prétendait en avoir reçus. Arrêtée elle-même pour avoir crié : *vive le roi !* en courant les rues pendant la nuit, elle fut acquittée. Le 1er prairial an 3 (21 mai 1795), armée d'un couteau, elle marcha à la tête des femmes qui se portèrent avec le peuple des faubourgs à la convention nationale, pour demander du pain et la constitution de 1793, et participa à l'assassinat du député Féraud en le frappant de ses galoches. Le député Camboulas put difficilement se soustraire à la mort qu'Aspasie voulait lui donner. Elle aurait assassiné Boissy-d'Anglas, qu'on lui avait désigné comme étant la cause de la disette, si elle eût pu le rencontrer chez lui, où elle s'était rendue plusieurs fois dans ce dessein. Arrêtée par suite de ces faits, elle les avoua, prétendant qu'elle n'avait obéi qu'à l'impulsion donnée par les Anglais, les émigrés et les royalistes. Elle ajouta qu'on avait fait le complot de s'emparer du fils de Louis XVI, qui était au Temple, et de le proclamer roi, mais toutefois elle ne désigna pas de complices. Le 19 prairial an 4 (1796), après une année de détention, Aspasie fut mise en jugement; elle confirma ses premiers aveux, déclara que, si la liberté lui était rendue, elle frapperait de nouveau Camboulas et Boissy-d'Anglas; refusa constamment un défenseur, et entendit avec sang-froid son jugement, qui fut prononcé cinq jours après le 24 prairial. Son courage ne l'abandonna pas en marchant à l'échafaud; elle n'était âgée que de 23 ans.

ASPRE (CONSTANTIN, BARON D'), feld-maréchal-lieutenant, au service de l'Autriche, naquit à Gand, d'une famille distinguée en Flandre. Quand le Brabant se souleva, il était capitaine dans un régiment de ligne. Dès cette époque, ses services furent utiles à la cause impériale, surtout dans le duché de Limbourg, où il fit des levées, et parvint à réduire les patriotes à une entière inaction; il forma ensuite de ces mêmes troupes un corps régulier dont il eut le commandement, et reçut la croix de Marie-Thérèse, en 1790 : la ville de Liége était alors en insurrection; il y fut envoyé avec son régiment et un autre corps autrichien. Lorsqu'en 1792, la guerre éclata entre la France et l'empire, il eut quelques occasions de s'y distinguer, et le général Clairfait lui donna des éloges; mais il échoua totalement dans une mission dont le chargea le duc de Saxe-Teschen. Il ne s'agissait de rien moins que de décider la ville de Lille à capituler. Le baron d'Aspre, prompt à remplir les ordres dont il est porteur, se présente hardiment au commandant de la place, et le somme de se rendre; le commandant ne se rendit pas, et le baron d'Aspre fut très-heureux d'échapper à l'indignation patriotique des habitans. En 1796, il fit la campagne de Bavière sous le commandement du général Latour, et il y fut blessé. Envoyé en Italie, en 1799, il fut chargé spécialement de diriger l'insurrection de la Toscane. Après une maladie grave éprouvée en Flandre, où la paix de Lunéville lui avait permis de retourner, il rentra en activité, lorsque l'Autriche rompit avec la France; mais il fut fait prisonnier, après l'affaire d'Ulm : la paix de Presbourg, en 1807, lui rendit seule la liberté. On croit que la guerre de 1809, en lui procurant de nouveaux lauriers, termina sa carrière. D'autres rapports supposent, au contraire, que le baron d'Aspre eut des succès à Trieste, en 1813, et que même, en 1815, il fit partie de l'armée qui déjoua les projets mal concertés du roi Murat.

ASSALINI (Pierre), né à Modène. Il étudia très-jeune la chirurgie. Une affaire particulière qu'il eut dans son pays, l'obligea de se réfugier dans les armées françaises, où il obtint le grade de chirurgien-major. Après la première campagne d'Italie, il suivit le général Bonaparte en Égypte; mais il n'alla pas au-delà de Jaffa; là, trouvant le général Damas, blessé, il le traita de concert avec M. Larrey. M. Assalini était dans cette ville, au moment où la garnison fut attaquée de la peste, qui lui enleva les deux tiers de son monde en moins de quarante jours. Il ne paraît pas que M. Assalini se soit beaucoup exposé aux ravages de ce terrible fléau, et néanmoins, dans un mémoire ou relation de cette peste, il prétend que cette maladie n'était pas contagieuse, et cite à l'appui de son opinion l'exemple de M. Larrey, qui fit impunément ses expériences sur plusieurs cadavres pestiférés. C'est ce qui sera examiné à l'article de M. le baron LARREY (voir ce nom). De retour en France, M. Assalini fut employé dans la garde des consuls, et partit peu après pour la seconde campagne d'Italie, en qualité de chirurgien-major du régiment des guides, que commandait le prince Eugène. Ce prince, devenu vice-roi d'Italie, attacha à sa personne, en qualité de chirurgien particulier, M. Assalini, qui, de plus, obtint, à Milan, la place de directeur de l'hospice des femmes en couche et des enfans-trouvés, et celle de chirurgien en chef de l'hôpital de Saint-Ambroise. M. Assalini fit ensuite la campagne de Russie, pendant laquelle il a été frappé de congélation. Il fit ensuite les campagnes de Saxe et d'Italie, et fut obligé, après l'abdication de Napoléon, de quitter précipitamment Milan, où il s'était retiré. Depuis, il y est rentré, et y occupe, dit-on, une place de professeur de chirurgie clinique. On a de lui, 1° *Mémoire ou relation sur la peste*, suivi de réflexions sur la fièvre jaune de Cadix, sur la dyssenterie et sur le mirage, Paris, 1803, en français; 2° *Manuel de chirurgie,* en italien, 2 vol. in-8°. Il a encore publié un discours italien sur quelques maladies des yeux, et sur les procédés de Beco, pour faire des pupilles artificielles. Il est inventeur de plusieurs instrumens de chirurgie, notamment pour l'opération césarienne, et dont les gravures existent dans un ouvrage intitulé *Novi stromenti di ostetricia e loro uso.* On accorde à M. Assalini de l'instruction et du mérite comme praticien, et un esprit vif et orné.

ASSCHERADE (Charles-Gustave-Schultz d'), ambassadeur du roi de Suède à la cour de Berlin. Il a publié un ouvrage en latin, dont l'objet principal est la guerre de *Sept-Ans,* et qui roule sur d'autres événemens du 18me siècle. L'auteur commence par la description du tremblement de terre de Lisbonne, et finit par des pensées sur le caractère et sur les mœurs du 18me siècle. D'Asscherade est mort à Stockholm, dans l'année 1799.

ASSELIN (Jean-Augustin), électeur de Paris en 1789, devint maire de Cherbourg, où il s'était fixé, et ensuite administrateur du département de la Manche, qui le porta au conseil des cinq-cents, session de mars 1798. Après le 18 brumaire an 8, et dès le mois de floréal de la même année, il fut nommé, par arrêté des consuls, à la sous-préfecture de Vire; puis, à celle de Cherbourg. Le département de la Manche le nomma de nouveau, en mai 1815, député à la chambre des représentans. On lui attribue une édition des *Vaudevires* d'Olivier Basselin, avec une préface et des notes, in-8°, Vire, 1811. Son travail ne sera vraisemblablement pas inutile à M. Charles Nodier, qui prépare en ce moment (novembre 1820) une nouvelle édition de ce poète et meunier normand.

ASSELIN (Eustache-Benoît), était avocat avant la révolution. Il fut l'un des députés les plus modérés de la convention nationale, où il avait été envoyé par le département de la Somme. Dans le procès de Louis XVI, il vota pour la détention et le bannissement à la paix. Signataire de la protestation du 6 juin, contre l'insurrection du 31 mai 1793, il fut exclu de l'assemblée, où il ne rentra qu'en 1795. Mais il ne fit point partie des conseils, lors de la mise en activité de la constitution de l'an 3 (même année 1795). M. Asselin a publié, avec des notes, un ouvrage intitulé : *Coutume du gouvernement, bailliage et prevôté de Chauni.*

ASSELINE (Jean-René), évêque de Boulogne, naquit à Paris en 1742. Son père était palfrenier des écuries du duc d'Orléans. Cette maison fit donner au jeune Asseline une éducation distinguée, à l'université de Paris. Il s'appliqua particulièrement à la théologie, à l'étude des langues orientales, et succéda, fort jeune encore, à l'abbé Ladvocat dans la chaire d'hébreu, fondée en Sorbonne. Il conserva cette place jusqu'à l'époque de la révolution, ainsi que celle de grand-vicaire de l'archevêque de Paris. Malgré

les vertus et la science de l'abbé Asseline, il est probable qu'il ne serait jamais parvenu à l'épiscopat, sans les principes qui commençaient alors à se développer. Il était proposé pour l'évêché de Boulogne-sur-Mer; mais la noblesse, qui croyait encore que les hautes fonctions de l'église, aussi bien que les autres dignités de l'état, n'appartenaient qu'à elle seule, s'opposait fortement à son élévation. Le roi n'eut aucun égard aux représentations qui lui furent faites à ce sujet; et, ayant demandé à l'évêque chargé de la feuille, si l'abbé Asseline avait autant de vertu qu'on le prétendait, ce prélat en convint: « C'est là pré-
» cisément comme il nous faut des
» évêques à l'avenir, dit Louis
» XVI ». Cependant, parvenu à l'épiscopat, l'abbé Asseline parut avoir oublié les principes qu'il avait professés en 1778, en approuvant la nouvelle formule de serment exigé des catholiques anglais et irlandais; non-seulement il refusa d'obéir à la constitution civile du clergé, mais encore il enjoignit aux prêtres de son diocèse d'imiter sa résistance; il fit plus : il écrivit, contre cette constitution, *une Instruction pastorale sur l'autorité spirituelle de l'église*, qui fut adoptée par plus de quarante évêques. L'assemblée constituante, à qui cette pièce fut dénoncée, la jugea séditieuse, et chargea son comité des recherches d'en poursuivre l'auteur, qui fut obligé de se réfugier en Angleterre. L'abbé Asseline, à l'abri des poursuites, ne sacrifia point sa nouvelle manière de voir à l'intérêt de ses administrés, et fit parvenir dans son ancien diocèse des mandemens et des instructions, qui jetèrent souvent le trouble dans les consciences, et menacèrent l'ordre public. Il n'agit pas avec moins d'opiniâtreté, lors du concordat en 1801, et refusa de s'y soumettre. Après la mort de l'abbé Edgeworth, il fut confesseur de Louis XVIII, et accompagna ce prince dans ses différens exils, jusqu'à ce que la mort l'eût, après une longue maladie, enlevé à sa direction et à ses travaux spirituels. On a de lui : 1° *Considérations sur le mystère de la croix, tirées des diverses écritures et des S. P.;* 2° *Exposition abrégée du symbole des apôtres;* 3° *Pratiques et prières, tirées des lettres de saint François de Sales.* Ces ouvrages ont été composés en pays étrangers.

ASSEMANI (L'ABBÉ SIMON), savant maronite. Il a professé les langues orientales au séminaire de Padoue. On lui doit des *Explications sur les monumens arabes en Sicile*, et la *Description d'un globe céleste arabe*, chargé d'inscriptions cufiques, ou koufiques (anciennes écritures arabes), et provenant du musée Borgia. L'institut de France a fait une mention honorable de cet ouvrage.

ASTORG (JACQUES-PIERRE-HIPPOLYTE, COMTE D'), chevalier de la légion-d'honneur, de Saint-Louis et de Cincinnatus. Né en 1761, à Poligny en Franche-Comté, d'une ancienne famille espagnole, qui avait long-temps résidé en Guienne, le comte d'Astorg entra très-jeune dans la marine, et fut nommé lieutenant de vaisseau à l'âge de 25 ans. En novembre 1788, le bailli de Suffren, sous qui il avait fait cinq campagnes dans les Indes, le présenta au roi. A l'époque de la révolution, il quitta le service, et chercha à vivre ignoré, tantôt dans ses terres en Bretagne, tantôt dans celles qu'il possédait en Franche-Comté. Il reparut après la révolution du 18 brumaire, et alla s'établir à Saint-Cyr. En 1809, il fut nommé président du collége électoral de l'arrondissement d'Étampes, et, le 10 août 1810, membre du corps-législatif, où il avait été porté, l'année précédente, comme candidat par le collége électoral qu'il présidait. Le 1er septembre 1814, M. d'Astorg donna des éclaircissemens étendus, au nom de la commission des finances, sur le projet de loi relatif au budget; il prétendit que la loi ne pouvait être modifiée, qu'on ne pouvait que l'adopter ou la rejeter; qu'en conséquence, il convenait de l'adopter. Le 24 octobre suivant, il vota pour que la restitution des biens non vendus des émigrés leur fût faite sans aucune restriction, et pour qu'une indemnité fût accordée à ceux dont les propriétés avaient été entièrement aliénées. Le 5 décembre, il demanda la franchise des ports de Marseille, de Dunkerque, de Bayonne et de la ville de Strasbourg, et parla des avantages qui devaient en résulter. En août 1815, il présida le collége électoral de Rambouillet, et alla ensuite à Toulon, prendre le commandement d'un vaisseau de ligne. Le 5 mai 1816, le roi l'a nommé commandeur de l'ordre royal et militaire de Saint-Louis.

ASTORGA (LE MARQUIS D'), grand-d'Espagne de première classe, ne changea point son titre à la mort de son père, comme le prétendent les auteurs de la Biographie *des hommes vivans;* il a toujours été marquis d'Astorga, comte d'Altamira, duc d'Atrisco, prince d'Ascoli, et possesseur de neuf grandesses de première classe, et de plus de trente marquisats et comtés. Quoique le marquis d'Astorga, au rapport de ces mêmes biographes, ait été le second gentilhomme du royaume qui souscrivit pour une somme considérable destinée aux frais de la guerre contre les Français, nos troupes étant entrées à Madrid, il n'en porta pas moins, en grande cérémonie, à Murat, grand-duc de Berg, l'épée de François Ier. Le marquis d'Astorga avait la prérogative de lever l'étendard de Madrid lors de la proclamation des rois d'Espagne; il l'avait levé pour l'institution de Ferdinand VII, et l'aurait levé sans doute pour celle de Joseph, dans la cérémonie du 27 juillet 1808, s'il n'eût réussi à faire admettre l'excuse de maladie, et ne s'était engagé à payer les dépenses. Après avoir fait hommage au roi Joseph, le marquis d'Astorga entretint des relations avec les insurgés, et encourut, par cette défection, la disgrâce de l'empereur Napoléon, qui, par un décret du 12 novembre 1808, le déclara traître à l'Espagne.

ASTRUC, chef de bataillon, a fait les campagnes d'Espagne dans le 64me régiment de ligne. Il se distingua à la bataille d'Ocana, le 18 novembre 1809, et reçut la croix de la légion-d'honneur, le 17 décembre de la même année. Il se fit encore remarquer pour sa bravoure au combat de Villaba, le 15 juin 1811.

ATWOOD (GEORGES), célèbre physicien anglais, né en 1742. Il entra d'abord au collége de Westminster, et ensuite à celui de Cambridge, où il acheva ses études, et où il fut ensuite professeur de physique. Ses connaissances profondes et son éloquence attiraient à ses leçons un nombre considérable de personnes distinguées, parmi lesquelles se trouva un jour le fameux Pitt. Le ministre conçut la plus haute idée du mérite de ce professeur; il l'employa dans le ministère des finances, et lui fit accorder une pension, dont Atwood fut privé, en 1806, par la mort de son protecteur. Atwood mourut en 1807. Il a laissé, 1° *Traité sur le mouvement rectiligne et la rotation des corps, avec une description d'expériences relatives à ce sujet.* La machine d'Atwood, qui sert dans les cabinets de physique à démontrer les lois de la chute des corps, fut inventée par ce célèbre physicien pour l'aider dans ses expériences. 2° *Analyse d'un cours sur les principes de la physique, fait à l'Université de Cambridge;* 3° *Recherches fondées sur la théorie du mouvement, pour déterminer les temps de vibration des balanciers des horloges.* L'analyse de ce dernier ouvrage a été insérée dans le II.me volume des *Sciences et Arts*, de la *Bibliothèque britannique* de Genève, et en entier dans les *Transactions philosophiques.*

AUBERNON (PHILIPPE), fils de Joseph Aubernon, premier consul de la ville d'Antibes. Ancien inspecteur aux revues de la 1re division militaire, commissaire ordonnateur en chef des guerres, officier de la légion-d'honneur, chevalier de Saint-Louis, M. Philippe Aubernon a fait toutes les campagnes, depuis le passage du pont du Var, en 1792, en qualité de commissaire des guerres, de commissaire ordonnateur, et de commissaire ordonnateur en chef. Il a servi dans ce dernier grade, pendant quinze années consécutives, aux armées d'Italie, de Hollande, d'Allemagne et d'Illyrie. C'est en grande partie par ses soins que l'aile droite de l'armée d'Italie put résister pendant les années 2, 3 et 4, au concours de circonstances qui rendaient extrêmement difficile l'occupation de la rivière de Gênes. Il contribua très-efficacement au succès de la bataille du 2 frimaire an 4, qui prépara la conquête de l'Italie. Il fit, en qualité d'ordonnateur des divisions actives, toutes les campagnes du général Bonaparte, jusqu'au traité de Campo-Formio, et eut plus d'une fois l'occasion d'y développer la sagacité, la prévoyance et tous les moyens qui constituent l'administrateur. « C'est à sa sage prévoyance (dit » le général en chef Masséna) que » l'armée doit les mesures qui fu- » rent prises pendant le siége de » Gênes, et c'est par ses soins et » par l'application des moyens les » plus extraordinaires, que l'on » obtint le développement inat- » tendu de tant de nouvelles res- » sources, lorsque la pénurie sem- » blait avoir atteint son dernier

»période; enfin, son zèle infatiga-
»ble, autant que ses moyens ad-
»ministratifs, ont puissamment
»concouru à retarder la reddition
»de la place. » La *Biographie des
hommes vivans* a commis une grave erreur, en avançant qu'en 1797
M. Aubernon, comme ordonnateur en chef de l'armée d'Italie,
prit des mesures sévères contre
les émigrés qui s'étaient intro-
duits dans l'administration : il eût
été beaucoup plus exact de dire
qu'aucun émigré ne fut poursuivi ni inquiété à cette époque, par
les autorités de l'armée; que M.
Aubernon, en exécutant les ordres du gouvernement, sut concilier ses devoirs avec les principes d'humanité et de justice, ainsi
que le prouve la conduite qu'il a
tenue alors envers plusieurs émigrés qui, il est vrai, n'avaient
pas porté les armes contre leur
patrie, tels que M. l'abbé Vau-
trin, d'Antibes, qu'il fit précep-
teur de son fils; M. Dubreuil, ancien avocat au parlement d'Aix,
qu'il employa dans ses bureaux;
M. Tournatori, médecin, qu'il
plaça dans les hôpitaux militaires; M. de la Bouillère, ancien
payeur de la Corse, qui fut admis, à sa recommandation, auprès du payeur-général Sivry; et
beaucoup d'autres encore. M. Aubernon a été mis à la solde de retraite par l'effet de l'ordonnance
du 1er août 1815.

AUBERNON (Joseph-Victor),
né à Antibes le 28 novembre
1783, fils du précédent. Adjoint
aux commissaires des guerres le
19 ventôse an 12 (1804), commissaire des guerres le 30 août
1808, il fit les campagnes d'Ulm,
d'Austerlitz, de Dalmatie et de
Wagram. Le 19 janvier 1810, il
fut appelé au conseil-d'état, comme auditeur de première classe à
la section de la guerre; nommé
successivement membre des diverses commissions de vérification des comptes de la grande armée, de révision des créances de
Saint-Domingue et du conten-
tieux administratif, et chargé, en
1810 et en 1811, de diverses missions à Marseille, à Gênes, à l'île
d'Elbe, en Corse et en Hollande. Il
se rendit, en juin 1812, à Varsovie
avec M. de Pradt, archevêque de
Malines, comme auditeur d'ambassade, attaché à l'ambassade de
Pologne, et, de là, il passa presque aussitôt à Léopold, capitale
de la Pologne autrichienne, pour
remplir une mission diplomatique
auprès des gouverneurs civil et
militaire de cette province, où il
resta accrédité jusqu'à la rupture
du congrès de Prague. En ren-
trant en France, il fut chargé, le
26 décembre 1813, d'accompagner, à Besançon, le sénateur comte de Valence, commissaire extraordinaire de l'empereur dans la
6me division militaire. Le 13 janvier 1814, il fut nommé préfet de
l'Hérault : le roi le maintint dans
cette préfecture, et le nomma chevalier de la légion-d'honneur. Durant son administration, les lois
furent respectées, la tranquillité
publique fut maintenue; et, malgré l'agitation qu'une double crise politique devait naturellement
produire sur une population ardente et passionnée, le département de l'Hérault ne compta dans
son sein aucune victime des troubles civils. Le 3 avril 1815, jour

auquel le gouvernement impérial fut rétabli à Montpellier, il envoya sa démission au ministre de l'intérieur, et, après avoir pris toutes les mesures qui dépendaient de ses devoirs, pour rendre le calme au département, il remit l'administration, le 14 avril, à un conseiller de préfecture, et se retira à Paris, bien qu'il eût reçu, sur ces entrefaites, un décret impérial, du 6 avril, qui le nommait à la préfecture de Tarn-et-Garonne. Ses principes constitutionnels et son attachement au gouvernement représentatif l'exposèrent sans cesse aux dénonciations des hommes ultra-monarchiques, et quelques-unes de ces dénonciations interceptées à Lyon et à Paris, décidèrent Napoléon à le renommer préfet, et, d'un autre côté, lui attirèrent sa disgrâce, lorsqu'il apprit la conduite que M. Aubernon avait tenue en mars et en avril. Depuis cette époque, M. Aubernon n'a pas été employé, et ne paraît pas avoir cherché à l'être. Après avoir acheté une charge d'agent de change près la bourse de Paris, et s'être créé une existence indépendante, il vient de céder cette charge et de se retirer des affaires. La Biographie *des hommes vivans* a commis une de ces erreurs volontaires qui lui sont si communes, en avançant qu'il avait été nommé officier de la légion-d'honneur, et qu'il avait conservé sa place de préfet pendant les *cent jours*.

AUBERT (DE LA SEINE). Il était inspecteur des contributions dans son département, lorsqu'il fut nommé au conseil des cinq-cents. Après le 18 brumaire, il entra au corps législatif, et il en sortit en 1802. Plus tard il fut régisseur de l'octroi municipal de la ville de Paris. Dans la session de l'an 6, il avait souvent traité des questions de finances. C'est lui qui obtint, pour la trésorerie nationale, l'autorisation de délivrer des lettres de crédit. Il fit des rapports sur l'établissement d'un octroi à Paris, et demanda des dispositions générales d'après lesquelles les communes pussent emprunter à elles-mêmes. Il proposa une manière de dégrever les contributions directes, et il la fit admettre au moyen de quelques modifications. Il demanda aussi que 500,000 francs fussent accordés à la ville de Paris, à titre de prêt, mais on passa à l'ordre du jour. En l'an 7, il fit un rapport sur la répartition de la contribution foncière, et il vit adopter le projet qu'il avait présenté à la fin de l'année précédente, pour qu'on laissât au directoire exécutif la nomination des préposés à l'octroi.

AUBERT DU BAYET (JEAN-BAPTISTE-ANNIBAL), né à la Louisiane le 9 août 1759. Il servit long-temps avant la révolution, partit en 1780 comme sous-lieutenant pour l'Amérique, fut fait capitaine pendant la guerre de l'indépendance, et rentra en France quelque temps avant la révolution. Il parut d'abord ne point adopter les nouveaux principes, et publia même une brochure véhémente contre les juifs, dans laquelle il représentait le danger de les admettre dans le gouvernement, à cause de leur esprit de rapacité; mais les patriotes l'entraînèrent bientôt dans leur parti, et il

fut nommé, en 1791, député à l'assemblée législative, par le collége électoral du département de l'Isère, dont il était président. Il parla très-fréquemment dans le courant des sessions de cette assemblée. Il fit la proposition d'inviter le roi à demander aux puissances étrangères de cesser leurs préparatifs hostiles, et de dissoudre les corps d'émigrés qui se formaient sur la frontière ; se prononça avec force pour la guerre contre l'Autriche ; il voulut qu'un nouveau délai fût accordé aux fonctionnaires qui n'avaient pas prêté le serment, ou qui avaient protesté contre l'acte constitutionnel. Il défendit avec énergie La Fayette et Duport Dutertre, attaqués tour à tour par les girondins et par les anarchistes, et s'opposa avec la plus grande énergie à la formation d'une fédération générale ; ne cessa, ayant été nommé président, d'insister sur l'éloignement de ces fédérés, avec lesquels il s'offrit même de partir pour le camp de Soissons, dans la crainte qu'un zèle inconsidéré de leur part n'occasionât quelque événement funeste. Il réclama l'ordre du jour pour l'adresse du département de Loir-et-Cher, qui, en inculpant le *coté droit*, félicitait l'assemblée des mesures qu'elle avait prises contre les émigrés et les prêtres réfractaires. Il fit arrêter que le ministre de l'intérieur serait tenu de rendre compte des mesures ordonnées relativement aux troubles des Bouches-du-Rhône. Il voulut ensuite que le costume ecclésiastique fût prohibé ; mais il s'opposa à ce que les anciens drapeaux des régimens fussent brûlés. Il parla en faveur du divorce ; et lorsqu'il fut question de faire le serment de haine à la royauté, il proposa celui de ne souffrir en aucun temps, qu'un étranger donnât des lois à la France. Il est à remarquer qu'après l'affaire du 10 août, il ne vota jamais avec la minorité, qui, par le renversement de la constitution, était devenue toute-puissante. Après la dissolution de l'assemblée, Aubert reprit du service ; il entra au régiment de Bourbonnais comme capitaine, fut ensuite nommé lieutenant-colonel à celui de Saintonge, et enfin général de brigade en 1792. Employé en cette qualité, en 1793, au siége de Mayence, dont la reddition le fit décréter d'accusation, il fut mis en liberté le 4 août, à la suite d'un rapport fait sur la prise de cette place. Il se présenta le 7 à la barre de la convention, et sut si bien se justifier, ainsi que la garnison, qu'il reçut l'accolade fraternelle du président. Il partit ensuite pour la Vendée avec la garnison de Mayence, et éprouva un grand échec à Clisson, où il perdit ses bagages, son artillerie et 800 hommes. Ce général cependant ne tarda pas à réparer cet échec par différens avantages qui assuraient le succès d'une attaque qu'il voulait faire à Mortagne. Au moment de livrer le combat, il reçut sa destitution ; mais le combat n'en eut pas moins lieu, et la victoire fut complète : il partit ensuite pour Paris. Sa conduite, malgré la gloire qu'il venait d'acquérir, et malgré différentes adresses de la société populaire de Nantes, en sa faveur, n'en fut pas moins fortement attaquée à la convention. Il fut arrêté, mis en liberté, et enfin entièrement acquitté sur le rapport de Merlin de Thionville. Il retourna alors dans la Vendée, et aida le général Hoche à pacifier le pays. Il se comporta avec humanité dans cette expédition; mais on peut lui reprocher un emportement déplacé. Tandis qu'on rédigeait le traité à Laval, il affectait, avec Cormatin-Dezottéux, beaucoup de fierté et de sévérité, le regardant comme un transfuge; celui-ci lui fit observer que la paix devait adoucir toutes les passions : « La paix! » la paix ! dit Aubert du Bayet, » nous voulons bien vous accorder » un asile sur le territoire de la ré-»publique. Quant à la paix, on » n'en fait point avec des rebelles.» Il lui proposa ensuite de vider la querelle par un combat particulier qui n'eut pas lieu. Nommé peu de temps après général de division et commandant en chef de l'armée des côtes de Cherbourg, il rétablit les communications entre le Mans, Alençon, Angers et la Flèche; poursuivit à outrance toutes les bandes de chouans, et remporta plusieurs avantages sur eux. Au commencement de vendémiaire an 4, il fut sur le point de marcher avec son armée sur Paris, pour combattre les insurgés contre la convention. Ceux - ci ayant eu le dessous, et la constitution de l'an 3 ayant été acceptée, Aubert du Bayet fut nommé ministre de la guerre en brumaire (novembre 1795). Des discussions fréquentes s'élevant entre lui et Carnot, Aubert du Bayet trouva la lutte inégale ; il donna sa démission, et fut nommé ambassadeur à la Porte-Ottomane. Il partit le 9 prairial an 5 (30 mars 1796), emmenant avec lui une suite nombreuse et une compagnie d'artillerie légère qui devait rester au service de la Turquie. Il n'obtint pas, à son arrivée, tous les égards dus au caractère d'un ambassadeur ; mais il sut se faire respecter, et finit par jouir de la plus grande faveur à cette cour. A la première audience qu'il eut du grand - seigneur, il reçut toutes les marques d'une haute considération. Il rentra ensuite dans tous les droits dont jouissaient les ambassadeurs de France avant la révolution. Après un court séjour à Constantinople, il mourut presque subitement, d'une fièvre maligne, le 7 décembre 1797 (26 frimaire an 6). Aubert du Bayet était bon, généreux, rempli de délicatesse et d'honneur; passionné pour la liberté, mais détestant l'anarchie. Dans les derniers temps de sa vie, il était devenu zélé républicain, il avait toujours été enthousiaste de la gloire nationale. On le félicitait un jour sur son ambassade: « J'ai commandé avec gloire, ré- »pondit-il, les armées de la répu- »blique ; j'ai mis le militaire sur »un tout autre pied étant minis- »tre de la guerre; j'aurais pu être »directeur; je suis nommé à l'am- »bassade la plus intéressante de »l'Europe ; il ne me reste plus »qu'à mourir les armes à la main, »en combattant pour la liberté. »

AUBERT (Marie-Honoré-Clodoald), ancien membre du corps-législatif, né le 5 octobre 1765.

M. Aubert se montra dans la révolution un véritable ami de la liberté et des lois. Étranger aux excès, il fut proscrit avec les *girondins* après le 31 mai. Il avait été membre de la commission populaire de Bordeaux. Le 9 thermidor ayant mis fin au règne de la terreur, M. Aubert fut successivement nommé maire, juge de paix, président d'administration municipale, et en 1800, sous-préfet de l'arrondissement de Blaye. En 1807, il entra au corps-législatif, et en fut nommé secrétaire, le 18 février 1813. Député pendant les *cent jours*, il vota constamment avec les partisans de l'indépendance nationale et de la liberté. En 1814, il fut nommé par le roi chevalier de la légion-d'honneur.

AUBERT (l'abbé Jean-Louis), fut à la fois bon critique et bon poète; deux qualités difficiles à réunir. C'est lui que Voltaire nomme le premier des fabulistes, après La Fontaine. Florian n'existait pas alors, mais La Mothe avait existé et l'éloge était exagéré. C'est au bas du buste de l'abbé Aubert, sculpté par Moitte, qu'un plaisant mit ces mots : *Passez vite, il mord*. Il est vrai que sa critique est acerbe; mais elle serait aujourd'hui un modèle de goût, de décence et d'esprit, et surtout de bonne foi. Quoique généralement connu sous le nom d'*abbé Aubert*, il ne fut jamais que clerc tonsuré, et chapelain de l'église de Paris. Censeur royal, professeur de langue et de littérature françaises au collége royal, jusqu'en 1784, époque où il obtint sa retraite, il dut contracter dans toutes ces magistratures littéraires, les habitudes qu'on lui reproche. Cependant, les articles *théâtre et littérature des Petites-Affiches*, long-temps rédigés par lui, ne manquent ni de légèreté ni de grâce. On remarque dans son poëme de *Psyché* une élégance facile. Ses *Contes moraux* en vers ont le mérite d'une versification aisée, ainsi que la *Mort d'Abel*, drame d'ailleurs faible d'intérêt et d'invention. L'abbé Aubert a été, toute sa vie, critique de profession. Il a rédigé successivement les *Annonces et Affiches de province*, le *Journal de Trévoux*, continué sous le titre de *Journal des beaux-arts et des sciences*, enfin, la *Gazette de France*, qu'il a tour à tour quittée, reprise et laissée. Il a cherché à réfuter, dans une dissertation suivie et savante, les principes de J. J. Rousseau sur la musique française, que les chants de Gluck, de Grétry, de Méhul et de Catel, réfutent mieux encore. Mais son véritable titre littéraire, ce sont ses fables. Assez naturelles, sans avoir l'inimitable *laisser-aller* du bonhomme, assez purement écrites, sans approcher de la finesse de La Mothe et de la grâce de Florian, elles sont cependant originales et très-recommandables dans leur genre. Une teinte de philosophie sentencieuse et caustique s'y mêle à la naïveté de l'apologue; on reconnaît facilement le siècle des d'Alembert et des Champfort. Toutefois, si le jugement, le choix des sujets, et le talent dans l'exécution, pouvaient justifier le rang accordé à l'abbé Aubert par le patriarche de

Ferney, il serait permis, d'ajouter avec Stace : *Longo, sed proximus, intervallo.*

AUBIER (Emmanuel). Sa famille était distinguée en Auvergne. Il naquit à Clermont, le 20 septembre 1749, et acheta, selon l'usage de ce temps, une charge de gentilhomme ordinaire de Louis XVI; mais ensuite il s'attacha à ce malheureux prince avec une constance bien honorable. M. Aubier fut un des cinq hommes qui ne cessèrent point de défendre le roi dans la journée du 10 août, et qui le suivirent à l'assemblée législative, lorsqu'il eut résolu de s'y rendre pour arrêter l'effusion du sang. Il resta dans l'antichambre de l'appartement où le roi était détenu; y passa les deux nuits qui précédèrent la translation de la famille royale dans la prison du Temple, et, contraint de s'éloigner enfin, déposa sur la table de Louis XVI une bourse de cinquante louis : c'était le seul argent qu'il possédât alors. M. Aubier se retira en Allemagne, où la nouvelle du jugement du roi lui fournit l'occasion d'offrir à ce prince une nouvelle preuve de son dévouement; il pressa le général Dumouriez, ainsi que l'ambassadeur français à la Haye, de solliciter pour lui l'autorisation de se présenter à la barre de la convention; il voulait y déposer contre le reproche qu'on faisait à Louis XVI, d'avoir donné l'ordre écrit de tirer sur le peuple. Ne recevant point de réponse, il eut recours à des moyens plus directs; mais Malesherbes, après en avoir fait part au roi, le dissuada d'un projet dangereux et qui ne pouvait avoir un résultat favorable. Informé de ces démarches et de ces sentimens généreux, Frédéric-Guillaume écrivit à M. Aubier dans les termes les plus flatteurs, en le faisant commandeur de l'aigle-noir, et l'un de ses chambellans. Après le 18 brumaire, M. Aubier rentra en France, où il vécut retiré jusqu'au printemps de 1814; vers cette époque, il reprit à la cour les fonctions qu'il avait remplies autrefois. Les trois fils de M. Aubier ont servi dans l'armée de Condé. Un d'entre eux est major au service de Prusse; les deux autres sont rentrés en France avec leur père.

AUBRÉE (N.), général de brigade sous la république. Il servit en Hollande, sous les ordres de l'infortuné maréchal Brune, alors général, et déploya beaucoup de bravoure au combat de Berghen, en 1799. Il fut nommé général de brigade sur le champ de bataille. Aubrée se signala de nouveau à Kastrikum, et fut tué quelque temps après.

AUBRY-DUBOUCHET (N.), commissaire à Terriers, député du tiers-état en 1789 (bailliage de Villers-Cotterets), s'est toujours occupé de l'impôt, du cadastre et des finances. Il proposa, le 14 octobre, un cadastre pour la division du royaume en départemens; fut adjoint, pour cette opération, au comité de constitution, et nommé membre de celui des finances pour l'assiette de l'impôt. Le 7 septembre 1790, il proposa une émission d'assignats de 500,000,000, pour payer la dette de l'état, et l'établissement d'une caisse d'amortissement. Il présenta ensuite un cadastre pour l'établissement de l'impôt foncier; observa, quelque temps après, que les petits assignats faisaient disparaître l'argent, et proposa de rembourser en écus ceux de 50 livres. On connaît de lui plusieurs ouvrages d'économie politique, et, entre autres, le *Cadastre général de la France*, imprimé par ordre de l'assemblée nationale, 1790, in-8°.

AUBRY (JEAN-BAPTISTE), né à Daviller, près d'Epinal (Vosges), en 1736, mort à Commercy (Meuse), en 1809. Élevé par les jésuites, il refusa de faire partie de leur congrégation, et se détermina, par goût pour la retraite, à entrer dans l'ordre de Saint-Benoît, au monastère de Saint-Vannes, à Moyen-Moutier. Comme presque tous les hommes qui appartenaient aux principaux ordres monastiques de France, il était instruit et laborieux. On a de lui plusieurs ouvrages qui annoncent une lecture réfléchie, beaucoup de jugement, et qui obtinrent l'approbation de plusieurs savans et littérateurs célèbres. D'Alembert disait de l'ouvrage qu'Aubry avait publié, en 1776, sous le titre de l'*Ami philosophe et politique, ouvrage où l'on trouve l'essence, les principes, les signes caractéristiques, les avantages et les devoirs de l'amitié*, que « c'é-»tait le livre d'un philosophe ver-»tueux et citoyen. » L'abbé Riballier, l'abbé Berger, Lalande et d'Alembert ont accordé des éloges à ses *Questions philosophiques sur la religion naturelle*, imprimées en 1783. Le seul abbé Quinot, auteur des *Leçons philosophiques*, critiqua l'ouvrage, ce qui détermina l'auteur à faire paraître, pour sa défense, des *Lettres critiques sur plusieurs questions de la métaphysique moderne*. Avant la composition de ces ouvrages, Aubry et un de ses confrères ayant été chargés, à la mort de Remy Cellier (arrivée en 1761), auteur de l'*Histoire des auteurs sacrés et ecclésiastiques*, de continuer cet ouvrage, qui comptait déjà 23 vol. in-4°, et n'allait que jusqu'à SAINT BERNARD, les continuateurs furent bientôt en état de faire paraître un volume, qu'ils soumirent à plusieurs savans de la congrégation de Saint-Maur. Le jugement était favorable ; mais le volume ne fut point imprimé, les propositions de l'éditeur ayant paru insuffisantes aux auteurs. Aubry publia, outre les ouvrages déjà cités : *Leçons métaphysiques à un lord incrédule, sur l'existence et la nature de Dieu*, 1799. *Questions aux philosophes du jour, sur l'âme et la matière*, 1791. *L'Anti-Condillac, ou Harangue aux idéologues modernes*, 1801. *Nouvelle théorie des êtres*, 1804. *Aubade, ou Lettres apologétiques et critiques à MM. Geoffroy et Mongin* (en réponse au *Journal des Débats*, qui avait maltraité la *Nouvelle théorie des êtres*). *Le nouveau Mentor*, 1807, s'écarte du genre ordinaire des ouvrages de l'auteur ; il offre des élémens clairs, précis et intéressans des sciences, belles-lettres et beaux-arts. Aubry a produit des ouvrages utiles et savans, plus moraux qu'agréables. Il écrivait plus sous l'influence des préjugés que de la philosophie. Contre l'usage de ceux qui reproduisent les idées des autres, en les dénaturant pour se les approprier, il savait cependant se rendre justice, et avouait avec franchise que ce n'était guère *qu'avec des livres qu'il faisait des livres.*

AUBRY DE GOUGES (MARIE-OLYMPE), née à Montauban, en 1755 (et non en 1735, comme le prétend l'abbé Feller), vint à Paris avec sa famille, à l'âge de 18 ans, et se fit remarquer par sa beauté. Mme Aubry de Gouges ne manquait pas d'imagination, et n'était pas dépourvue d'esprit. Avide de célébrité, elle en chercha d'abord dans la carrière des lettres, où elle montra moins de talent que de prétention. Des comédies, des drames refusés par les acteurs, ou rejetés par le public, des romans oubliés, des opuscules à peu près inconnus, tels sont ses titres en littérature. Le nom de Mme Aubry de Gouges serait probablement mort avec elle, si elle ne l'avait attaché à deux faits politiques remarquables : le premier, d'avoir été la seule femme qui ait eu le courage de briguer l'honneur de défendre Louis XVI; et le second, moins honorable, d'être la fondatrice des sociétés populaires des femmes dites *Tricoteuses*. Lorsque la révolution éclata, Mme de Gouges avait environ 35 ans. L'enthousiasme qui s'emparait de toutes les têtes, exalta la sienne. En se faisant femme de lettres, elle s'était en quelque sorte faite homme. Elle ne craignit pas d'aller chercher dans l'arène révolutionnaire, les succès qu'elle n'avait pas trouvés comme auteur dramatique, et paya bientôt et bien cher son imprudence. Partageant les espérances des amis de la gloire et de l'indépendance nationale, Mme de Gouges voulait la réforme des abus, et non la licence et les désordres. Les plus illustres personnages et les plus beaux génies contemporains furent l'objet de sa passion; car l'admiration était tiédeur pour une tête aussi ardente. Mais, en louant les hommes, elle ne laissa échapper aucune occasion de payer son tribut à la liberté, qui était surtout son idole. Robespierre et Marat détruisirent ses chères illusions ; elle vit avec effroi l'hypocrisie de l'un, et l'effronterie de l'autre, couvrir la France de crimes et de sang ; elle eut le courage d'attaquer ces hommes avec des armes bien faibles, il est vrai, mais dont ils ressentirent les blessures. La liberté de la presse existait; mais la loi des suspects existait aussi : elle publia sa fameuse brochure des *Trois urnes, ou le Salut de la patrie*. Le succès de la brochure fut la cause de la perte de l'auteur, que le *Mémoire en faveur de Louis XVI* avait déjà désigné à la proscription. Arrêtée le 25 juillet 1793, conduite à l'Abbaye, puis à la Conciergerie, elle comparut devant le tribunal révolutionnaire, et entendit avec fermeté son arrêt de mort, qui fut prononcé et mis à exécution le 4 novembre suivant. Le *Dictionnaire historique* avance sans preuve qu'en entendant prononcer son jugement, elle se déclara enceinte. Il est peu généreux d'attaquer en présence de l'échafaud, où l'éleva son courage, les mœurs d'une femme veuve depuis 15 ans. Mme de Gouges avait un fils, qui servait dans les armées, et qui fut injustement destitué au commencement de 1793. Les ouvrages de Mme Aubry de Gouges sont très-nombreux. Le *Petit almanach de nos grandes femmes*, imitation de celui de Rivarol, rapporte que, pour prouver son extrême facilité, Mme Aubry de Gouges *offrait de parier qu'elle ferait un drame en vingt-quatre heures, sur quelque sujet qu'on lui proposât.* Ce fait n'est pas dénué d'une sorte de vraisemblance. Mme Aubry de Gouges a réuni en 3 vol. in-8°, sous le titre d'*Œuvres*, le *Mariage de Chérubin*, comédie; *l'Homme généreux*, drame en cinq actes et en prose; *Molière chez Ninon, ou le Siècle des grands hommes*, pièce épisodique en cinq actes et en prose; *le Philosophe corrigé*, comédie; et les *Mémoires de Mme de Valmont*, roman en lettres. Le 28 décembre 1789, elle fit jouer, sur le Théâtre-Français, *l'Esclavage des Nègres, ou l'Heureux Naufrage*, drame qui n'est pas dénué d'intérêt; et le 15 avril 1791, sur le Théâtre-Italien, *Mirabeau aux Champs-Élysées*, pièce épisodique. Elle a encore fait représenter *le Couvent, ou les Vœux forcés*, comédie, et *les Vivandières, ou l'Entrée de Dumouriez à Bruxelles*, pièce en quatre actes. Parmi ses brochures politiques, on remarque la *Lettre au peuple, ou Projet d'une caisse patriotique; Mes vœux sont remplis, ou le Don patriotique; Discours de l'aveugle aux Français; les Songes patriotiques; Lettre aux représentans; Marie-Olympe Aubry de Gouges, défenseur officieux de Louis Capet, au président de la Convention nationale; les Trois urnes, ou le Salut de la patrie.* C'est cette dernière brochure qui provoqua sa condamnation.

AUBRY (MADEMOISELLE), danseuse-figurante à l'Opéra, était remarquable par la beauté de ses formes, et fut, en conséquence, choisie pour figurer le personnage de la *Raison* dans les cérémonies par lesquelles les énergumènes de 1793 tentèrent de remplacer celles du culte. Ce rôle fut moins dangereux pour elle que celui de la *Gloire*, dont elle était plus habituellement chargée au théâtre. L'une des cordes auxquelles était suspendu le char aérien qui la portait, s'étant rompue un soir, elle tomba d'une hauteur assez considérable, et se cassa un bras. Comme victime de la *Gloire*, Mlle Aubry obtint une pension de retraite. On ne sache pas qu'elle ait rien gagné à jouer la *Raison*.

AUBRY, curé de Véel, fut élu député aux états-généraux, en 1789, par le collége du bailliage de Bar-le-Duc. Le curé Aubry se fit remarquer par son empressement à se réunir aux députés du tiers-état. Il était membre du bureau de l'assemblée constituante, lors de la clôture, et signa en cette qualité l'acte constitutionnel, accepté par Louis XVI, le 13 septembre 1791. Il fut élu, en 1791, évêque constitutionnel du département de la Meuse. Après cette époque, les renseignemens biographiques sur ce personnage sont singulièrement incomplets et contradictoires : suivant les uns, il aurait été employé dans l'administration forestière avant le concordat, et postérieurement aurait obtenu la cure de Commercy, où il serait mort fort regretté en 1813. Suivant les autres, au moment où le culte catholique était en défaveur, il aurait embrassé la profession d'avocat, serait devenu administrateur du département dont il avait été pasteur, et, de plus, aurait siégé, en 1811, à la cour impériale de Colmar comme conseiller, fonction dont il aurait été privé, en 1816, par une mesure étendue à tous les prêtres qui se sont sécularisés eux-mêmes.

AUBRY (CHARLES-LOUIS), géomètre, ancien commissaire à Terriers, et maintenant libraire à Paris, est né à la Ferté-Milon, en 1746. Ce profond calculateur a publié plusieurs ouvrages de mathématiques, particulièrement sur les terriers et sur les poids et mesures. En 1792 et en 1793, il fit imprimer un aperçu bibliographique, sous le titre de *Correspondance du libraire*, en trois volumes. En 1798, il présenta au corps-législatif le *Comparateur linéaire, ou Tables contenant le rapport entre elles de toutes les mesures possibles*. L'année d'après, M. Aubry adressa au même corps deux pétitions, dont l'une avait pour objet les *poids et mesures* en général, et l'autre le *système décimal* en particulier : il ouvrit ensuite un *cours* public de cette espèce de calcul, et contribua beaucoup à faire adopter un mode qui, en simplifiant les comptes de plus de moitié, en facilite l'étude et l'exécution.

AUBRY (FRANÇOIS), né à Paris, fils d'un négociant propriétaire au Théral en Provence, capitaine d'artillerie en 1789, se prononça vivement pour la cause de la révolution, et fut élu, en septembre 1792, par le département du Gard, député à la convention nationale. Peu de temps après l'ouverture de la session, Aubry se rendit à l'armée des Pyrénées, où il avait une mission à remplir; il annonça le dénûment dans lequel se trouvaient les troupes, passa à Nice, revint à la convention, et vota, dans le procès de Louis XVI, la mort avec sursis, jusqu'après l'acceptation de l'acte constitutionnel par le peuple. Signataire de la protestation du 6 juin, contre les décrets du 31 mai 1793, il fut l'un des soixante-treize députés que la *Montagne* fit mettre en arrestation. Réintégré, lui et ses collègues, dans leurs fonctions, par décret du 8 décembre 1794 (18 frimaire an 3), il entra, en avril suivant (15 germinal), au comité du salut public, et succéda à Carnot. Il s'occupa presque exclusivement de la partie militaire. Après les journées des 1, 2 et 3 prairial an 3, Aubry fit prononcer la peine de mort contre quiconque ordonnerait de battre la générale. Un décret l'ayant chargé de la direction de la force armée et de la sûreté de la capitale, il marcha à la tête des citoyens des sections contre les faubourgs insurgés, et fit licencier la gendarmerie des tribunaux, comme presque entièrement entachée de terrorisme. Cette conduite indisposa les *thermidoriens*, qui l'accusèrent d'avoir fait exclure des armées un nombre prodigieux d'officiers patriotes, entre autres Bonaparte et Masséna, pour donner leurs places à des ex-nobles et autres privilégiés. L'inactivité de Bonaparte qui, après le siége de la ville de Toulon à la reprise de laquelle il avait si brillamment contribué, était revenu à Paris, et s'y trouvait dans la détresse, rendit Aubry plus particulièrement odieux aux républicains. On rapporte qu'un ami commun sollicitant vivement le député en faveur du général, reçut cette réponse : « Est-ce bien vous, dont les mal- » heurs et la haine contre l'anar- » chie sont connus, qui me solli- » citez pour un homme qui serait » l'appui des *terroristes* si on lui » rendait quelque influence ? » Bonaparte, qui voulait connaître la réponse d'Aubry, avait accompagné cet ami chez le député, et s'était tenu dans une pièce d'où il avait pu entendre la conversation. En lui rapportant cette réponse, son ami tâcha d'en adoucir les expressions. Bonaparte ne se laissa point abuser, et jura de se venger. Les officiers qui partageaient sa disgrâce, partagèrent aussi son mécontentement ; leur nombre augmenta celui des ennemis d'Aubry, qui, loin de changer de route pour cela, n'en marcha que plus fermement vers une contre-révolution. Il fit cause commune avec les membres du parti *clichien*, favorisa les ennemis les plus prononcés de la révolution, en les faisant appeler aux emplois publics; demanda que les deux tiers des conventionnels qui devaient passer dans le corps-legislatif fussent désignés, non par la convention elle-même, mais par les assemblées électorales; s'opposa à ce que les militaires qui étaient dans Paris pussent voter pour l'acceptation de la constitution, et favorisa, au 13 vendémiaire an 4, les tentatives des sections contre la représentation nationale. L'indignation des conventionnels républicains était à son comble. Ils interpellèrent Aubry pour le mauvais succès du passage du Rhin, et le firent décréter d'accusation, comme désorganisateur des armées; mais cette affaire n'eut pas de suite, et il entra au conseil des cinq-cents, où il manifesta les mêmes principes. Il combattit l'opinion des membres qui rejetaient le projet d'amnistie générale proposé par Camus, et fit rapporter la loi du 3 brumaire, qui excluait des fonctions publiques les nobles et les parens des émigrés. Enfin, il présenta et fit adopter un projet de code pénal militaire, qui subsiste encore maintenant, et dont l'entière révision est vivement désirée. Aubry, qui se voyait en butte à une inimitié presque générale, voulut résister avec audace. Il proposa un grand nombre de mesures dirigées principalement contre le directoire. En qualité de membre du comité des inspecteurs chargés de la police de la salle, et de la garde du corps-législatif, il demanda l'augmentation de cette garde, et fit la proposition de la placer sous les ordres immédiats du comité; dénonça l'arrivée prochaine des troupes dans les environs de Paris, et l'inconstitutionnalité de leur mouvement; se plaignit d'un grand nombre de destitutions arbitraires, et proposa de demander, par un message au directoire, des explications sur tous ces faits. Le 18 fructidor an 5 renversa le parti *clichien* : Aubry, qui en était l'un des chefs, fut arrêté, condamné à la déportation, embarqué à Rochefort et conduit à Cayenne, d'où il s'échappa le 4 juin 1797, avec Pichegru et plusieurs autres déportés, sur une pirogue qui les transporta à Démérary. Toutes les biographies, une seule exceptée, annoncent qu'Aubry mourut dans cette île, âgé d'environ 49 ans. C'est une erreur. Il est constant que de Démérary, ce déporté passa aux États-Unis, et de là en Angleterre, où il reçut du duc de Portland et de M. Wickam, à qui il fut présenté, un accueil très-bienveillant, et l'assurance de la protection du gouvernement anglais. Bonaparte devenu premier consul, tous les déportés qui étaient encore dans le lieu de leur exil, et tous ceux qui avaient pu s'échapper, obtinrent l'autorisation de rentrer en France en 1799. Aubry fut seul excepté de cette mesure généreuse. Le premier consul n'avait peut-être point oublié les torts personnels qu'Aubry avait eus envers lui. Aubry est mort en Angleterre, regrettant amèrement d'expirer loin de sa patrie.

AUBUISSON (de Voisins d'), membre de l'académie des sciences, inscriptions et belles-lettres de Toulouse, ingénieur en chef au corps royal des mineurs. Il a composé un excellent *Mémoire sur la force de projection des volcans, et sur les effets de l'évaporation.*

AUBUSSON DE LA FEUILLADE (Pierre-Jacques-Alexandre, marquis d'), est descendant de ce duc de la Feuillade, comblé des faveurs de Louis XIV, idolâtre de son maître, habile à le flatter magnifiquement, qui dépensa 20,000,000 à construire la place des Victoires, et à ériger en bronze doré, la statue du conquérant, au milieu d'esclaves enchaînés, avec cette inscription *toute païenne*, dit Saint-Simon, viro immortali. Le marquis d'Aubusson de la Feuillade, né en mars 1763, héritier substitué de cette famille noble, colonel avant la révolution, présenta à Louis XVI la médaille que l'aîné de la maison devait offrir tous les cinq ans au roi, en mémoire de l'érection de la statue. Louis XVIII, à son retour, le nomma chevalier de Saint-Louis. En septembre 1814, il fut présenté à S. M.: en 1815, il était président du collège électoral de l'arrondissement d'Aubusson.

AUBUSSON DE LA FEUILLADE (Hector comte d'), de la même famille que le précédent, fut nommé chambellan de l'impératrice Joséphine, après le couronnement de Napoléon comme empereur des Français. Il fut ensuite envoyé près de la reine d'Étrurie, en qualité de ministre plénipotentiaire. Rappelé peu de temps après, il alla, en septembre 1806, dans le département de la Corrèze, pour présider le collège électoral, qui le choisit comme candidat au sénat-conservateur. Au commencement de décembre 1807, il fut nommé ambassadeur près de la cour de Naples, et partit le 17 de ce mois pour se rendre dans cette ville, où il reçut un accueil distingué du roi Joseph. Il resta employé assez long-temps dans cette ambassade, et eut le bonheur de rendre des services aux deux gouvernemens. De retour en France, il maria sa fille au frère du duc de Vicence, M. de Caulincourt, qui fut tué cinq mois après à la bataille de la Moskowa. M. le comte d'Aubusson, éloigné des affaires à la première rentrée du roi, fut élevé par Napoléon à la dignité de pair, au commencement de juin 1815. Dans la séance du 26 du même mois, il combattit les mesures de sûreté générale qui étaient proposées, et assura qu'il préférerait vivre sous le despotisme turc, que soumis à une semblable loi, si elle passait sans amendement. La bataille de Waterloo, en détruisant les inquiétudes de M. le comte d'Aubusson, à ce sujet, lui fit perdre une seconde fois ses dignités. Depuis cette époque, il est rentré dans la vie privée.

AUBUSSON DE SOUBREBOST (Louis), né à Bourganeuf (Creuse), le 13 février 1748, fut nommé, en 1770, lieutenant dans un régiment colonial, et passa à Saint-Domingue avec son frère, nommé, à la même époque, à une place de conseiller au conseil souverain du Port-au-Prince. Deux ans après, il obtint le brevet de capitaine; mais, vers le même temps, ayant perdu son frère, il renonça au service militaire, et revint en France. Maire de la ville de Bourganeuf, en 1788, il fut membre de l'assemblée des notables de la province de Poitou, qui se tint à Poitiers. Ses concitoyens l'appelèrent successivement à diverses fonctions publiques; il était membre du conseil général du département de la Creuse et du collége électoral du même département. En 1812, il fut élu député au corps-législatif, qui, en 1814, prit le nom de chambre des députés; il en fit partie jusqu'au moment de sa dissolution, prononcée par le roi, à son retour de Gand, en juillet 1815. Dans la session de 1814, il avait voté contre le projet de loi sur l'organisation de la cour de cassation, projet qui tendait à faire de cette cour une section du conseil-d'état. En 1816, il fut, de nouveau, nommé maire de Bourganeuf; il est mort le 15 avril 1820, laissant un souvenir honorable dans la contrée qui l'avait vu naître, et dans laquelle il s'est efforcé d'inspirer le goût des travaux agricoles, paisibles occupations des loisirs de sa vie. En faisant une mention inexacte et incomplète des travaux législatifs de M. Aubusson de Soubrebost, les auteurs de la *Biographie des hommes vivans* lui donnent, on ne sait pourquoi, le prénom de *Mathieu*.

AUCKLAND (William Eden, lord baron d'), issu d'une ancienne famille anoblie en 1672 par Charles II, se livra de bonne heure à l'étude du droit, fut nommé auditeur en 1771, et dans la même année, directeur de l'hôpital royal de Greenwick. Il exerça pendant six ans la charge de sous-secrétaire d'état; en 1774, il fut nommé représentant de Woodstock, et se distingua à la chambre des communes. En 1776, il fit rendre un bill pour faire employer aux travaux publics les malfaiteurs envoyés aux colonies occidentales. Chargé de plusieurs missions diplomatiques, il y déploya beaucoup d'habileté, notamment en 1778, comme médiateur entre les colonies et la métropole. Il eut pour collègues, dans cette ambassade, lord Howe, sir Clinton, Georges Johnston, et le comte de Carlisle ; mais le succès ne répondit point au talent des négociateurs : l'Angleterre fut forcée de reconnaître l'indépendance des Américains. Le baron d'Auckland prit part aux débats de la session de 1779, et fit réformer les lois pénales relatives aux détentions, déportations, etc. C'est à lui, ainsi qu'à MM. Howard et Blackstone, que l'Angleterre est redevable d'une nouvelle police, et d'une réforme entière dans les prisons. En 1780, il fut nommé secrétaire d'état d'Irlande, dont le comte de Carlisle était vice-roi. Il devint membre du parlement, et fit établir une banque nationale. Pendant son séjour dans ce pays, le baron d'Auckland acquit une connaissance étendue des mœurs, des besoins et des ressources des Irlandais. En 1782, de retour à Londres, il demanda que l'on déclarât l'Irlande indépendante en matière de législation ; mais il retira cette motion, par déférence pour la majorité de la chambre, dont l'opinion était contraire à sa proposition. Vice-trésorier d'Irlande, en 1783, il se démit peu de temps après de cet emploi. En 1785, il est nommé lord-commissaire du conseil du commerce et des colonies, et ensuite envoyé extraordinaire près la cour de France, pour la conclusion d'un traité de commerce signé en 1786. En 1787, il rédige, avec le ministre français, de nouveaux articles pour prévenir entre les deux puissances les difficultés qui pourraient survenir relativement aux Indes-Orientales. Cette négociation, dans laquelle il fit preuve de beaucoup de prudence lui mérita les félicitations du gouvernement anglais, pour lequel il avait obtenu des conditions très-avantageuses : le gouvernement français crut pouvoir se dispenser de donner à son ministre les mêmes témoignages de satisfaction. En 1788, le baron d'Auckland est nommé ministre et envoyé plénipotentiaire en Espagne, d'où il passe à l'ambassade des Provinces-Unies des Pays-Bas ; il obtient d'elles une escadre qui devait se réunir aux forces anglaises, pour combattre l'Espagne. Il conclut le traité entre l'empereur d'Autriche, les Provinces-Unies et les rois de Prusse et d'Angleterre, concernant les affaires des Pays-Bas. En janvier 1792, il informe les états-généraux de ces provinces que S. M. Britannique a fait signifier à l'envoyé de la république française l'ordre de sortir sous huit jours de l'Angleterre. Au mois d'avril suivant, il demande aux mêmes états que les membres de la convention et du directoire-exécutif fussent exclus des possessions de leurs territoires respectifs, et qu'ils fussent arrêtés dans le cas où ils y pénétreraient. De retour dans sa patrie, où il avait été fait baron sous le titre de lord Auckland, il entra à la chambre des pairs. Lord Stau-

AUC

hope ayant demandé que l'on examinât la conduite de ce ministre, pendant son séjour en Hollande, il fut le premier à en appuyer la motion : toutes ses opérations furent approuvées. Le baron Auckland parla en faveur de la levée des corps d'émigrés, auxquels il semblait prendre beaucoup d'intérêt. En 1796, dans la discussion sur l'état des finances de l'Angleterre, il observa que les dépenses de la guerre que soutenait alors ce pays, ne pouvaient être comparées avec celles de la guerre d'Amérique. Il dit à cette occasion : « L'An-
»gleterre combat aujourd'hui
»pour ses lois, sa liberté, sa reli-
»gion, ses propriétés, et même son
»existence. Elle combat *contre des*
»*barbares*, pour ne pas tomber
»elle-même dans la barbarie. »
Dans la bouche d'un Anglais, cette expression de *barbares*, en parlant des Français, dut paraître même à ses honorables collègues, plus ridicule encore qu'elle n'était insolente. En 1796, on le nomma chancelier du collége Maréchal, à Aberdeen. En 1799, lord Auckland vota pour le plan de réunion de l'Irlande avec l'Angleterre. En 1800, il insista fortement sur les mesures à prendre afin de remédier à la disette qui régnait alors en Angleterre, et vota pour que les membres de la chambre fussent les premiers à diminuer leur consommation. Il appuya ensuite une loi répressive de l'adultère, et déplora le peu de soins donnés à cette partie de la législation. Il a publié : 1° *quatre lettres au comte de Carlisle;* elles traitent des affaires du gouvernement de la guerre, et du mode de

AUC 291

représentation en Irlande; 2° *Principes des lois criminelles.*

AUCKLAND (Henriette), héroïne, dont les auteurs de biographies ont tous oublié le nom et les singulières aventures. Son mari, Jean Dyke Auckland, était major d'un régiment anglais, chargé d'attaquer, en 1775, les postes de l'armée américaine, au Nord; les années suivantes, il servit dans le Canada, eut à lutter contre les sauvages, la rigueur des saisons, la disette des vivres, et ne ramena que peu de soldats de cette expédition meurtrière. Partout sa femme le suivit; elle pansa elle-même une blessure dangereuse qu'il avait reçue en traversant le lac Champlain, veilla près de lui dans sa tente, assista à la plupart des actions, et le défendit souvent de sa propre main. Comme si une providence eût veillé sur tant d'héroïsme, Mme Auckland échappa à tous les périls qu'elle avait su braver. Trois autres femmes, la baronne de Riedesel, et Mmes Harnage et Reynell, se trouvaient avec elle, et montrèrent le même courage. Le mari de cette dernière fut tué près de sa femme, le 6 octobre 1777. La déroute de l'armée anglaise fut complète : Auckland, blessé dangereusement, fut fait prisonnier par le général Gates. Il ne restait sur le champ de bataille ni une tente, ni un chariot; tout fuyait, tout était détruit. Henriette Auckland envoie au général Gates une lettre, par laquelle elle lui demande la permission d'aller trouver et soigner son mari. Le message étonna le général; il accorda la grâce demandée; et cette femme courageuse, pendant la nuit, au milieu de soldats épars, sous un ciel dur, sur un sol dégradé par des pluies continuelles, exposée, à tout moment, au feu des gardes avancées et à la cruauté des sauvages errans, se rendit près de son mari, soigna ses blessures, et le sauva contre toute attente; ils revinrent en Angleterre, où ils eurent le bonheur de mourir à peu de distance l'un de l'autre, vers la fin du dernier siècle.

AUDE (Joseph), chevalier de Malte, est né à Apt, département de Vaucluse, le 12 décembre 1755. Pendant cinq ans, il fut secrétaire du ministre napolitain Caraccioli, qui n'abjura point ses principes philosophiques, en acceptant les fonctions de vice-roi de Sicile. M. Aude fut aussi, pendant plusieurs années, secrétaire du *Pline français*, de *Buffon*, dont il a publié la vie, en 1788. On trouve en outre, dans cet ouvrage, une réponse du grand Frédéric au chevalier Aude, qui avait complimenté S. M. sur la justice rendue au meunier de *Sans-Souci*. M. Aude a composé un grand nombre d'ouvrages dramatiques, dont nous allons citer les principaux: 1° trois drames: *l'Héloïse anglaise*, en trois actes et en vers, 1783; *le Retour de Camille à Rome*, 1787; *Saint-Preux et Julie d'Étanges*, 1787. 2° Quatre comédies: *Momus aux Champs-Élysées*, 1790; *J. J. Rousseau au Paraclet*, en trois actes, 1794; *Diderot, ou le Voyage à Versailles*, en un acte, 1805; *le Nouveau Ricco, ou la Malte perdue*, en deux actes, 1805. Une autre comédie, en société avec M. Lion, *la Ruse d'un jaloux, ou la double Intrigue*, 1805. 3° Quelques mélodrames, tels qu'*Élisabeth, ou l'Exilé en Sibérie*, en trois actes, 1800; *Madame Angot au sérail de Constantinople*, drame-tragédie-farce-pantomime en trois actes, 1805. Cette pièce burlesque, dont l'héroïne était représentée par l'acteur Corse, a long-temps attiré la foule au théâtre de l'*Ambigu-Comique*. 4° Beaucoup de vaudevilles et de farces parmi lesquelles les *Cadet-Roussel*, dont M. Aude est l'inventeur, tiennent le premier rang. Ces dernières ont dû en grande partie le succès prodigieux qu'elles ont obtenu, au jeu naturel du comédien *Brunet*, remplissant le principal personnage; 5° plusieurs petites pièces de circonstance, à l'occasion des traités de paix, ou de la naissance des plus illustres personnages; 6° et enfin beaucoup de poésies fugitives, imprimées séparément, ou dans *l'Almanach des Muses* et dans d'autres recueils.

AUDE (François), s'est fait remarquer par un trait de bravoure à la bataille de Lawfelt, en 1747. Le général anglais Ligonnier se trouvant, dans la mêlée, entouré d'un corps de cavaliers français, imagina de se faire passer pour leur chef, et se mit aussitôt à les commander; il avait commencé à les diriger vers le camp ennemi, quand Aude, l'ayant reconnu, courut à lui, et le fit prisonnier. Cette action lui valut, de la part du gouvernement, une pension de 200 francs. En 1790, il se présenta à l'assemblée nationale pour solliciter, en raison de sa vieillesse, l'augmentation de cette pension. L'assemblée, après avoir donné de justes éloges au brave Aude, lui accorda l'objet de sa demande.

AUDEBERT (JEAN-BAPTISTE), graveur-naturaliste célèbre, naquit à Rochefort, en 1759. Son père, employé dans les vivres de la marine, lui fit faire ses premières études sous ses yeux; mais la médiocrité de sa fortune ne lui permit pas de seconder les heureuses dispositions qu'il remarquait en lui, et il l'envoya à Paris, forcé en quelque sorte de l'abandonner à sa destinée. Le jeune Audebert s'était fait un moyen honorable d'existence, en peignant le portrait en miniature, il montrait beaucoup d'habileté, lorsque, en 1789, le receveur-général des finances, M. d'Orcy, amateur généreux et éclairé de l'histoire naturelle, ayant été à même de connaître ses talens, l'employa à peindre les objets les plus importans de sa magnifique collection, et l'envoya en Angleterre et en Hollande, recueillir de nouvelles richesses dans cette partie. Audebert rapporta de ses voyages un grand nombre de dessins précieux, parmi lesquels on doit citer ceux qui servirent à l'*Histoire des insectes* du savant Olivier, de l'institut de France. Personne, avant le jeune artiste, n'avait eu l'idée d'imprimer les figures en couleur. Non-seulement on lui doit cette invention et l'application sur une même planche de diverses couleurs, mais encore la substitution aux couleurs détrempées à l'eau, des couleurs à l'huile, plus solides et plus durables. Il parvint aussi à varier dans l'impression les couleurs de l'or, de manière à produire les effets les plus piquans et les plus difficiles. Peintre et graveur d'un rare mérite, bon écrivain et grand naturaliste, Audebert excella dans l'art d'imiter fidèlement la couleur de tout ce qui tient à l'histoire naturelle des animaux; il sut saisir et rendre avec une vérité parfaite, avec un esprit qui donnait la vie, l'expression de chaque sujet, et le caractère particulier de son espèce. Il ne se contenta point de l'embrasser dans son ensemble, il voulut encore le développer dans ses plus petits détails. L'*Histoire naturelle des singes, des makis, des galéopithéques* (vol. grand in-f°, 62 pl. imprimées en couleur, Paris, 1800); l'*Histoire des colibris, oiseaux-mouches, jacamars et promerops* (vol. grand in-f°, Paris, 1802), ouvrages de la plus belle exécution et de la plus grande richesse, sont des monumens admirables élevés aux arts. Le projet d'Audebert était de compléter l'*Histoire des oiseaux*, celle des *mammifères*, et de créer celle de *l'homme dans les quatre parties du monde*; mais la mort surprit cet artiste dans l'exécution d'une partie de ses importans travaux, que continua, sur les plans qu'il avait tracés, M. Vieillot, son ami. Audebert succomba en 1800, à peine âgé de 41 ans. Il avait les passions les plus nobles, et les mœurs les plus pures. Il était aimable, bon, patient, laborieux, instruit; il aimait les arts, élémens de sa vie, et les lettres, dont il faisait ses plus chères récréations.

AUDIER-MASSILLON (Bruno-Philibert), lieutenant-général de la sénéchaussée d'Aix, fut, en 1789, député par cette sénéchaussée aux états-généraux. Il traversa la révolution sans se faire beaucoup remarquer. En 1790, il fit décréter que les officiers ministériels, non liquidés, pourraient employer leurs fonds à l'acquisition de domaines nationaux. L'année suivante, il annonça à l'assemblée nationale que l'abbé Rochon avait trouvé le moyen de convertir en monnaie le métal des cloches devenues inutiles. Il présenta ensuite, sur les tribunaux de familles, des idées plus justes que neuves, et donna quelques détails sur les funestes événemens d'Avignon. Conseiller à la cour de cassation, il put échapper à toutes les proscriptions, et siégea parmi les juges de la conspiration de Babeuf. Une circonstance particulière a ramené momentanément sur M. Audier Massillon l'attention publique. Conservé dans ses fonctions judiciaires, après avoir adhéré à la déchéance de l'empereur, il présenta, le 12 juillet 1815, une adresse de la cour de cassation, qui alluma la sainte indignation d'un parti. « Heureux, » dit-il dans cette adresse, ceux » qui, loin des fonctions publiques, » purent se borner à gémir en si- » lence sur les maux de la patrie! » Que V. M. daigne apprécier les » motifs de la conduite de ceux » qui, placés par leurs fonctions » sous l'action immédiate de l'op- » pression, n'auraient pu lui ré- » sister sans faire cesser l'empire » des lois et livrer à l'anarchie l'ad- » ministration de la justice. »

AUDIFFREDI (Jean-Baptiste), fameux astronome italien, s'occupait aussi de mathématiques, d'histoire naturelle, de bibliographie et d'antiquités. Sa vie fut obscure, comme celle de presque tous les savans modestes et ennemis de l'intrigue. Né à Saorgio, près de Nice, en 1714, il entra dans l'ordre de Saint-Dominique, à l'âge de 16 ans, devint maître à 33, et fut nommé second bibliothécaire de la Casanatte, à Rome. Dix ans après, il fut fait premier bibliothécaire, et continua de l'être jusqu'en 1794, époque de sa mort. Il avait été chargé par Pie VI de faire des observations minéralogiques dans les nouvelles mines de Tolfa. La liste de ses ouvrages est longue, et offre un intérêt purement bibliographique. On y distingue : *Catalogus historico-criticus romanarum editionum sæculi XV*, Romæ, 1783, in-4°, ouvrage exact et rare; *Catalogus historico-criticus editionum italicarum sæculi XV*, Romæ, 1794, in-4°; *Catalogus bibliothecæ casanatensis librorum typis impressorum*, Romæ, 1761 et 1788, 4 vol. in-f°: catalogue qui ne va que jusqu'à la lettre L, et que l'abbé de Saint-Léger cite comme un chef-d'œuvre; *Phænomena cœlestia observata*, Romæ, ex typis Salomoni, 1753 et 1756; *Transitus Veneris ante solem observati*, Romæ, 6 junii, 1761, *expositio*, Romæ, 1762, in-8°; *Investigatio parallaxis solis, exercitatio* Dadei Ruffi (*Dadei Ruffi* est l'anagramme exacte d'Audiffredi); *Dimostrazione della stazione della cometa*, 1769, Romæ, 1770. Il n'est pas utile de citer ici plusieurs ouvrages pseudonymes, sur différens points d'astronomie, sur un observatoire bâti par le P. Audiffredi lui-même, sur des particularités typographiques, et contre le fameux P. Laire, etc.

AUDIFFREDY (MADAME D'), née *Thérèse de Kerkove*, nouvelle Hélène, mais non encore mariée, et bien moins tendre que la belle Grecque, vit une guerre civile prête à s'allumer par l'effet de ses charmes, et se trouva placée dans des circonstances assez singulières dont un auteur de roman saurait tirer parti, et qui ne sont peut-être pas indignes de l'histoire. Née à la Guiane, d'une des plus anciennes familles établies dans cette colonie, où l'un de ses ancêtres s'était réfugié après la révocation de l'édit de Nantes, elle fut envoyée en France dès l'âge de 6 ans. Élevée dans un couvent de Bordeaux, elle en sortit à 18 ans, et s'embarqua, en 1775, pour retourner à Cayenne, sur un vaisseau appelé l'*Équité :* sa jeune sœur l'accompagnait. Le capitaine du vaisseau, nommé Vincent, homme ardent et grossier, témoigna, d'une manière impérieuse et brutale, à Mlle de Kerkove l'impression que sa jeunesse et sa beauté avaient faite sur lui. La longueur de la traversée, qui dura cinq mois, ajoutait encore au désagrément d'une pareille situation. Mais le même navire portait plusieurs officiers de la marine française, et, entre autres, Sonnini, qui depuis est devenu l'un des continuateurs de Buffon : ils la protégèrent contre les menaces et les tentatives du capitaine. On aime à retrouver, au milieu des mers, loin des habitudes de la société, cette loyauté, cette délicatesse et cette bravoure, caractère de la jeunesse française. Grâce à ses défenseurs, Mlle de Kerkove arriva heureusement à Cayenne, où elle épousa, quinze jours après, M. d'Audiffredy, chevalier de Saint-Louis et ancien officier d'infanterie, auquel sa main était promise. Devenue, par ce mariage, l'une des plus riches propriétaires de Cayenne, ce fut cette dame qui prodigua des soins si généreux à Pichegru et aux autres déportés du 18 fructidor.

AUDIFFRET (GASTON, COMTE D'), d'une ancienne famille du Dauphiné, naquit à Paris. Entré de bonne heure dans l'administration des finances, où il se fit remarquer par son intelligence et son assiduité, il obtint la confiance du comte Mollien, ministre du trésor, et fut bientôt chef de bureau. Lors de la première restauration, le comte d'Audiffret fut un des premiers gardes nationaux qui arborèrent la cocarde blanche. Le baron Louis le nomma chef de division, et lui fit donner la croix de la légion-d'honneur. Au retour de l'empereur, il signa NON, quand l'acte additionnel lui fut présenté ; et néanmoins il conserva l'exercice de ses fonctions, qu'il occupe encore.

AUDIN (J. M. V.), né à Lyon, en 1794. Libraire à Paris, a publié, à Lyon, deux brochures politiques, sous le titre de *Louis XVIII, la patrie et l'honneur*, juillet 1815, et *Tableau historique des événemens qui se sont passés à Lyon depuis le retour de Bonaparte jusqu'au rétablissement de Louis XVIII*, 1815. Il a aussi publié à Paris, en 1817, un roman philosophique et politique, sous le titre de *Michel Morin et la Ligue*, et a donné des articles littéraires à divers journaux.

AUDINOT (Nicolas-Médard), né à Nancy, mort à Paris, en 1801. Comédien et directeur de spectacle, il débuta, en 1764, à la Comédie-Italienne, qu'il quitta en 1767, par suite d'une injustice dont il conserva quelque ressentiment. Après avoir dirigé le théâtre de Versailles pendant les années 1767 et 1768, il revint à Paris, et établit à la foire Saint-Germain, en 1769, un spectacle de marionnettes. Chaque figure imitant un acteur de la Comédie-Italienne, la malignité du public seconda parfaitement l'intention du directeur, qui se vengea en s'enrichissant. L'année suivante, en 1770, il fit construire, sur l'emplacement où il existe encore aujourd'hui, boulevart du Temple, le théâtre de l'*Ambigu-Comique*. Des marionnettes y jouèrent d'abord, puis des enfans. En 1772, Audinot s'étant associé avec Arnould, remplaça ces bamboches par des acteurs qui représentaient des pantomimes. Le théâtre d'Audinot est le premier sur lequel se soit introduit le mélodrame, qui fut d'abord nommé *pantomime dialoguée*, genre que les théâtres des boulevarts adoptèrent, mais dans lequel celui d'Audinot conserva toujours une certaine supériorité. Au Théâtre-Italien, il excellait dans les *rôles à tablier;* il a créé celui du *maréchal-ferrant*, dans la pièce qui porte ce nom. Il a donné à ce théâtre, comme auteur, le *Tonnelier*, qui est resté au courant du répertoire, et à l'Ambigu-Comique, la pantomime de *Dorothée*. Lorsque le théâtre d'Audinot était encore occupé par des enfans, il avait fait tracer sur le rideau cette inscription, en forme de calembourg : *Sicut infantes audi nos,* que le peuple traduisit sans hésiter, par ces mots : *Ce sont les enfans d'Audinot*.

AUDOUIN (Pierre-Jean). Avant son admission à la convention nationale, en qualité de représentant du département de Seine-et-Oise, qui l'avait nommé en septembre 1792, il s'était fait connaître par un *Journal universel,* dans lequel il écrivait avec beaucoup de véhémence en faveur des nouvelles doctrines politiques. Pour donner à ce journal plus de popularité, et attacher à son nom une singularité qui le rendît remarquable, il signait : *Audouin, sapeur du bataillon des Carmes*. De toutes les feuilles de cette époque, celle d'Audouin était la plus répandue et la plus exagérée. Elle ne contribua pas peu à faire dévier la révolution de ses principes, et à faire dégénérer la liberté en anarchie. En reconnaissance des services rendus à la faction qui fit le 10 août, et ordonna les 2 et 3 septembre 1792, Audouin fut nommé député à la convention par le département de Seine-et-Oise. Ce représentant-publiciste soutint, dans ses fonctions législatives, le caractère qu'il avait déployé au club des jacobins et dans celui des cordeliers. Il fit partie d'un comité de surveillance que les *girondins*, opposés aux *montagnards*, dénoncèrent plusieurs fois; il se prononça, dans le procès de Louis XVI, contre l'appel au peuple, le sursis, et vota la mort. Marat ayant été tué, Audouin le pleura, et consigna sa douleur dans des vers, qui ne sont pas les seuls qu'on ait faits en l'honneur de ce monstre. Il fut inculpé au sujet de l'arrestation du peintre Boze. Il s'éleva contre le décret qui ordonnait la mise en liberté du juge de paix Roux, et se plaignit de ce qu'on le mettait au rang des journalistes de parti, quoique pendant le gouvernement du comité de salut public, il eût été l'apologiste constant de la tyrannie décemvirale. Effrayé de la chute de Robespierre, il proposa de s'occuper des lois organiques de la constitution; mais cette proposition ayant déplu aux membres qui siégeaient comme lui à la *Montagne*, et craignant leur ressentiment, il publia dans les journaux une *Lettre* explicative de cette motion, dans laquelle il disait que « tout en travaillant à l'organisa- » tion constitutionnelle, la con- » vention n'en devait pas moins » conserver le gouvernement ré- » volutionnaire jusqu'à la paix.» Membre du conseil des cinq-cents, où l'influence de la révolution de vendémiaire l'avait porté, il demanda le prompt jugement des royalistes auxquels les événemens n'avaient pas été favorables. Tels étaient ses raisonnemens : « Comment traiterait-on » un peuple qui a envoyé son ty- » ran à l'échafaud? Les dévasta- » teurs de notre patrie diraient aux » uns, vous l'avez condamné; aux » autres, vous avez applaudi à son » jugement; à ceux-ci, vous avez » concouru à son supplice; à ceux- » là, vous ne l'avez pas défendu; » vous êtes tous coupables. Pau- » vres, riches, républicains, roya- » listes, tout serait décimé. En » vain chaque ennemi de la répu- » blique croit-il que la foudre ne » l'atteindrait pas; en vain croit-il » qu'il trouverait sa sûreté dans le » péril même des cachots. L'his- » toire de tous les siècles et de » toutes les nations apprend que » lorsque les tyrans sont parvenus » à leur but, ils sacrifient tous » ceux qui ont facilité leur suc- » cès. La France, si la républi- » que périssait, serait déchirée, » anéantie, les émigrés, les seuls » émigrés, seraient épargnés; ils » triompheraient; ils seraient bour- » reaux sous l'étendard ensan- » glanté de la bande des brigands » qui partageraient leur proie. » Audouin vota contre le rétablissement de la loterie; demanda la vente immédiate des biens des émigrés, et appuya la loi relative aux parens de ces émigrés; se prononça en faveur de l'amnistie des délits qui ont pour cause la révolution; fit un discours sur la liberté des cultes, et soutint qu'on ne doit point exiger de déclaration de leurs ministres; donna des éloges aux événemens du 18 fructidor, en demandant la célébration annuelle de cette journée; réclama la suppression du clergé et des congrégations des deux sexes de la ci-devant Belgique, et la nationalisation de leurs biens; soumit un rapport sur la police des théâtres, et fit décréter que leur réduction est impraticable; enfin, il vota en faveur du projet provoqué par le directoire, qui devait réduire les élections de l'an 6, et le présenta comme un acte de dévouement au salut de la patrie. Il sortit de l'assemblée le 1*er* prairial de cette même année. Resté quelque temps sans emploi, il entra dans les bureaux du ministère de la police, et travailla au *Journal des hommes libres*, qui fut supprimé, peu de temps après. En l'an 10 (1802), il fut nommé commissaire des relations commerciales à Napoli de Romanie, où il a long-temps résidé; il a vécu depuis ignoré, si ce n'est oublié. Audouin publia, dans les journaux, à diverses époques de la révolution, des pièces sur des sujets politiques ou nationaux, entre autres sur les victoires de l'armée d'Égypte : on lui doit aussi des essais de traduction de Virgile.

AUDOUIN (François-Xavier), communément nommé Xavier Audouin, n'est que l'homonyme du précédent. Né à Limoges, en 1766, vicaire, en 1791, de la paroisse de Saint-Maurice de cette ville, et non de la paroisse de Saint-Eustache de Paris, comme l'annoncent diverses biographies, Xavier Audouin fut électeur en 1792, et membre de la municipalité de Paris. Commissaire du pouvoir-exécutif dans la Vendée, il recueille des documens sur les causes de l'insurrection prête à éclater, et rend compte de sa mission. Secrétaire-général du ministère de la guerre confié à Pache, il épousa la fille de ce ministre, en 1793. Bouchotte, qui remplaça Pache, devenu maire de Paris, le nomma son adjoint. Il remplit les fonctions de commissaire-ordonnateur; paraît à la société des jacobins, et s'y fait remarquer par l'exaltation de son patriotisme; il demande à la convention nationale, au nom de cette société, que les jurés du tribunal révolutionnaire puissent fermer les débats toutes les fois qu'ils se déclarent suffisamment instruits. En 1794, il prononce, dans la même société, un long discours contre les crimes du gouvernement anglais, et invite tous les publicistes à les discuter; après les journées des 1, 3 et 4 prairial an 3 (1795), il propose une adresse contre les députés dits du *Marais*. Bourdon de l'Oise, informé de la motion de Xavier Audouin, demande à la convention un rapport contre lui; l'assemblée l'ordonne, et un décret le traduit, lui, son beau-père et Bouchotte, au tribunal criminel d'Eure-et-Loir, comme complices du gouvernement révolutionnaire. L'instruction était au moment de se terminer, lorsque la révolution du 13 vendémiaire lui rendit la liberté, ainsi qu'à ses co-accusés. Partisan du directoire, il en reçut la mission d'écrire l'histoire de la guerre; et fit paraître par cahiers un ouvrage périodique, *le Publiciste philanthrope*. A dater de cette époque, Xavier Audouin, revenu à de meilleurs principes, devint défenseur au conseil des prises, et, en l'an 8 (1799), juge au tribunal de cassation, où il siégea jusqu'à la révolution du 18 brumaire. Compris dans la liste de déportation qui fut dressée, et révoquée peu de jours après, il fut réclamé par ses collègues du tribunal, dont il avait su se concilier l'estime; il ne revint pas néanmoins parmi eux, mais le premier consul le nomma secrétaire-général de la préfecture du département des Forêts, place qu'il occupa peu de temps. Xavier Audouin a publié entre autres ouvrages, 1° *du Commerce maritime, de son influence sur la force et la richesse des états, démontrée par l'histoire des nations anciennes et modernes,* Paris, 1800; 2° *Situation actuelle des puissances de l'Europe, considérées dans leurs rapports avec la France et l'Angleterre;* 3° *Réflexions sur l'armement en course, sa législation et ses avantages,* Paris, frimaire an 9, 2 vol. in-8°; 4° *Histoire de l'administration de la guerre,* Paris, 1811, 4 vol. in-8°; 5° *Oraison funèbre de Mirabeau,* prononcée au Champ-de-Mars; 6° l'*Intérieur des maisons d'arrêt,* Paris, 1795; 7° *Notices sur les généraux Meunier et Dugommier.*

AUDRAN (Prosper-Gabriel), a fait à l'étude de l'hébreu l'application de ces méthodes synoptiques, devenues communes depuis que Dumarsais et Court de Gébelin ont porté l'analyse dans la science grammaticale, méthodes précieuses en ce sens, qu'elles réunissent sous le même coup d'œil, toutes les différences, et toutes les variations comme toutes les analogies du langage. La vie de ce savant est peu connue. Né à Romans en Dauphiné, il fut nommé professeur d'hébreu au collège de France, en 1799, et publia, en 1805, sa *Grammaire hébraïque en tableaux,* Paris, 1805, in-4° obl. Il est mort le 2 juin 1819.

AUDREIN (Yves-Marie), préfet d'études au collège Louis-le-Grand, coadjuteur et vice-gérant du collège des Grassins, après avoir été professeur au collège de Quimper. Il acquit par ses sermons, une réputation qui porta plusieurs évêques à lui accorder des lettres, et le titre de leur vicaire *ad honores,* et par suite, l'évêque du Morbihan, à le nommer son vicaire épiscopal. Partisan des idées nouvelles, l'abbé Audrein recommandait à ses élèves, au nombre desquels étaient Robespierre et Camille-Desmoulin, dont il devait être, quelques années après, le collègue à la convention nationale, d'aimer la liberté, et de haïr les cagots. Membre de l'assemblée constituante, il proposa, en mars 1791, dans un *Mémoire ou Plan d'éducation,* de retirer aux corporations religieuses l'enseignement de la jeunesse, et de le rendre uniforme et national. Membre de l'assemblée législative pour le département du Morbihan, il présente sur l'organisation et les travaux des comités, des observations qui ne sont point accueillies; appelle l'attention de l'assemblée sur l'ambassadeur d'Espagne, qu'il prétend lié avec les ennemis de la nouvelle constitution; vote pour l'admission des adresses des sociétés populaires; obtient un décret qui règle le mode de destitution des membres de l'instruction publique, attachés à des congrégations non supprimées; demande l'examen de la conduite du ministre de la guerre; s'exprime avec véhémence contre les prêtres perturbateurs ou assermentés, et propose de les priver d'une portion de leur traitement; il fait l'énumération, en qualité de rapporteur de la commission nommée pour examiner les papiers saisis au timbre et chez M. Laporte, de plusieurs liasses de pièces anti-civiques; est envoyé avec plusieurs de ses collègues, pour faire cesser les massacres des 2 et 3 septembre, et revient sans avoir osé ou pu remplir sa mission. Député à la convention nationale par le département qui l'avait déjà chargé de le représenter, il vota, dans le procès de Louis XVI, d'abord l'appel au peuple, puis la mort et le sursis. Envoyé en mission, il est presque aussitôt rappelé, et cesse ses fonctions législatives en septembre 1793. Un retour sur ses opinions politiques lui fit publier, en l'an 3 (1795), un ouvrage en faveur de la fille de Louis XVI, qui fit, dit-on, apporter quelque adoucissement à la situation de cette princesse, détenue au Temple. En l'an 6 (1798), le directoire l'avait nommé évêque de Quimper; assistant, en cette qualité, au concile convoqué en 1800, par le gouvernement consulaire, il prononça un sermon contre la philosophie, cause des malheurs de la révolution, et de la mort de Louis XVI, à laquelle il avait cependant coopéré. Il ne lui fut pas tenu compte de cet acte de repentir. Cette année même, comme il se rendait de Morlaix au siége de son évêché, la diligence dans laquelle il se trouvait est arrêtée par une bande de chouans. Un nommé Le Cat, leur chef, fait descendre Audrein qui était sans armes, ordonne avec menace aux autres voyageurs de rester tranquilles dans la voiture, et fait massacrer cet infortuné, en représailles, dit-il, de la mort du roi, qui avait prescrit le pardon.

AUFFENBERG (N.), fut aussi heureux et aussi estimé au commencement de sa carrière militaire, que malheureux et déshonoré à la fin. Né en Souabe en 1760, il servit comme colonel des troupes autrichiennes, dans les Pays-Bas, et se fit remarquer, en 1796, par le général Hotz, au combat du 3 septembre, près Wurtzbourg. Il fut nommé major-général en 1797 : ses infortunes datent de cette époque. Commandant d'un corps d'armée dans le pays des Grisons, il fut battu par Masséna, fait prisonnier, échangé bientôt après, employé dans l'armée de Suwarow, placé dans le Tyrol en 1800, à la tête d'un corps intermédiaire; et, en 1805, battu près de la Forêt-Noire, au moment de la capitulation d'Ulm, avant qu'il se fût rangé en bataille et qu'il eût pris des mesures défensives. On l'accusa d'avoir trahi sa patrie par une incurie perfidement calculée. Prisonnier de Murat jusqu'à la paix de Presbourg, il revint à Vienne où l'attendaient d'autres fers; enfin il fut obligé de quitter le service, et se vit condamné à une détention de quatre ans dans une prison d'état.

AUGER (Athanase), naquit à Paris, en 1734; embrassa l'état ecclésiastique, professa la rhétorique au collége de Rouen, et fut grand-vicaire de M. de Noé, évêque de Lescar, qui l'appelait plai-

Auger Athanase

Peint par F. Bonneville.   J. Boilly Sc.

samment son grand-vicaire *in partibus Atheniensium*, faisant ainsi allusion à sa parfaite connaissance de la langue grecque. L'abbé Auger, dont la figure rappelait celle de Socrate, comme ses vertus rappelaient les belles qualités du sage athénien, offrit pendant toute sa vie le modèle du véritable homme de lettres. Savant, laborieux, modeste, ayant les mœurs les plus douces et les plus pures, toujours bienveillant et serviable, partageant avec une famille peu aisée un revenu modique, il n'eut que des amis, quoiqu'il sût dire la vérité aux grands, et soutenir avec courage, contre leurs détracteurs, les anciens qu'il aimait de passion. De si nobles sentimens, des talens si honorables, le firent admettre à l'académie des inscriptions, où il acquit de nouveaux amis et de nouveaux admirateurs. Habitant, en quelque sorte, par ses études et ses travaux journaliers, au milieu des Grecs et des Romains, les commencemens de la révolution française le charmèrent et il eut l'espérance que de nombreux abus allaient cesser; il ne douta pas que la nation ne fût jalouse d'acquérir et de conserver des droits que les lumières et l'expérience lui faisaient connaître; il voulut, l'un des premiers, payer son tribut à la patrie dans un *Projet d'éducation publique;* dans un *Catéchisme du citoyen français;* dans un ouvrage *sur les gouvernemens en général, et en particulier sur celui qui nous convient.* Sa mort, arrivée en février 1792 (que le *Dictionnaire historique* antidate d'une année, après avoir fait naître cet auteur dix ans plus tôt), ne lui permit pas de soutenir plus longtemps la cause de la liberté, dont il avait salué l'aurore d'un triple hommage de son esprit. Son éloge fut prononcé dans la société maçonnique des Neuf-Sœurs, par Hérault de Séchelles, son ami et son condisciple. Les ouvrages de l'abbé Auger forment une collection de 30 vol. in-8°. La traduction des *Œuvres complètes de Démosthènes et d'Eschine*, en 6 vol. in-8°, et dont, jusqu'à lui, on n'avait eu dans notre langue que quelques harangues, l'occupa pendant dix ans. Il la refondit presque entièrement, lorsqu'il la mit au jour pour la seconde fois. Son ouvrage, en 3 vol. in-8°, *de la Constitution des Romains sous les rois et au temps de la république*, fut l'objet d'un travail de trente années. Cet ouvrage, d'une haute importance, renferme la constitution romaine, considérée dans son ensemble et dans ses diverses parties, et fait connaître le développement et le concours des trois pouvoirs principaux, législatif, exécutif et judiciaire. On ne peut se dissimuler l'utilité réelle des traductions des orateurs et des poètes de l'antiquité, soit pour l'instruction ou l'amusement des personnes qui aiment les lettres, sans avoir fait les études nécessaires pour lire les anciens dans la langue originale, soit même pour les étudians, dont elles facilitent les travaux et résolvent les doutes. Si difficile qu'il soit de faire passer dans une langue moderne cette force de pensée, ces magnifiques images, cette vivacité d'expression qui distinguent la langue des orateurs et des poètes d'Athènes, on peut du moins donner une idée approximative de leurs beautés. L'abbé Auger eut souvent ce mérite, quoiqu'il soit plus habituellement exact qu'énergique. Son style est correct. On peut s'étonner, d'après cela, qu'un censeur lui reproche *de mieux savoir le grec que le français.* Au nombre de ses ouvrages importans, on doit compter, après ceux que nous avons cités, *les OEuvres complètes d'Isocrate*, 3 vol. in-8°; les *OEuvres complètes de Lysias*, 3 vol. in-8°; les *Homélies, Discours et Lettres choisis de saint Jean-Chrysostôme*, 4 vol. in-8; les *Discours choisis de Cicéron*, 5 vol. in-12; les *Harangues tirées d'Hérodote, de Thucydide, et des œuvres de Xénophon*, 2 vol. in-8°; les *Homélies et Lettres choisies de saint Basile-le-Grand*, 1 vol. in-8°; et un dernier ouvrage sous ce titre, *De la Tragédie grecque*, qui parut quatre jours après sa mort, et qui était destiné à servir de préface à une traduction de trois tragiques grecs, en prose et en vers.

AUGER (Louis-Simon), né à Paris, le 29 décembre 1772, d'abord employé à l'administration des vivres, puis au ministère de l'intérieur, débuta dans la carrière des lettres par de petites pièces en vaudevilles, dont le peu de succès lui eut bientôt appris qu'il n'avait pas rencontré son véritable genre. Quelques études classiques, une disposition naturelle à la critique, née de la difficulté de produire, le décidèrent à embrasser la profession de journaliste et d'annotateur. Il publia, dans la *Décade philosophique*, depuis 1802 jusqu'en 1808, de nombreux articles qu'il signait de la lettre O. Il travailla quelque temps au *Journal général*, et fut l'un des rédacteurs du recueil périodique intitulé *le Spectateur*, dont la protection spéciale du ministère ne put prolonger l'existence au-delà de quelques mois. M. Auger avait quitté la *Décade*, pour travailler au *Journal de l'empire*, dont les principes littéraires, fondés sur une admiration exclusive des grands hommes du 17me siècle, étaient plus conformes à ses opinions de collége. Toujours occupé d'attacher sa réputation à celle des autres, M. Auger se fit éditeur des ouvrages suivans, qu'il surchargea de notes, lesquelles, pour la plupart, n'ajoutent aucun prix aux éditions où elles figurent : *Souvenirs de Mme de Caylus; OEuvres complètes de Malfilâtre; Direction pour la conscience d'un roi*, par Fénélon; *Oraisons funèbres de l'abbé de Boismont*, in-18; *OEuvres complètes de Mmes de La Fayette et de Tencin; Lettres de Mmes de Villars, de La Fayette, de Tencin, et de Mlle Aïssé; OEuvres complètes de Duclos*, 1806, 10 vol. in-8°; *OEuvres choisies de Campistron*, de la collection de P. Didot; *OEuvres de La Fontaine*, précédées d'une vie de l'auteur; et finalement *le Lycée de La Harpe*. Les véritables, ou plutôt, les seuls titres littéraires de M. Auger, sont, jusqu'à ce moment, un *Éloge de Boileau*, couronné par l'institut, en 1805, et un *Éloge de Corneille* qui obtint l'accessit au concours suivant. Au retour des Bourbons, en 1814, M. Au-

ger livra sa plume aux débats de la politique, avec un zèle d'autant plus digne de récompense, qu'il s'y montra tout-à-fait étranger à cette science. Il fut nommé à l'académie française, à l'époque où l'institut reçut une nouvelle organisation, et par suite de l'ordonnance royale qui avait exclu de ce corps savant plusieurs de ses membres les plus illustres. Il est membre de l'odieuse commission de censure établie en vertu de la loi suspensive de la liberté de la presse en 1820.

AUGEREAU (Pierre-François-Charles), duc de Castiglione et maréchal de France, fils d'un marchand de fruits du faubourg Saint-Marceau, ternit, par les inconséquences de sa conduite politique, l'un des plus brillans courages et des plus glorieux noms de l'armée française. Il enchaîna sa valeur et ses talens à toutes les dominations qui se succédèrent, et ne fut pas moins intrépide dans ses apostasies que sur le champ de bataille. Artisan de sa fortune, il voulut à tout prix la conserver, et adora le pouvoir en quelques mains qu'il tombât, soit que le directoire, les conseils, le consul, l'empereur ou le roi en fussent dépositaires. La première partie de sa vie en est la plus brillante et la plus pure, parce qu'elle se passa dans les camps et loin des cours. Né à Paris, le 11 novembre 1757, Augereau s'engage comme carabinier dans les troupes napolitaines, y sert jusqu'en 1787, comme simple soldat; établi à Naples, il y exerce la profession de maître d'escrime, jusqu'en 1792, époque à laquelle tous les Français suspects eurent ordre de quitter le territoire napolitain. Il rentre en France, sert comme volontaire dans l'armée républicaine du midi, passe rapidement de grade en grade, et montre dans toutes les occasions cette intrépidité fougueuse qui a toujours été le caractère particulier de sa valeur. Général de brigade, en 1794, à l'armée des Pyrénées, il se signale à l'affaire de Figuières ; en 1795, il contribue puissamment à la défaite des Espagnols sur les bords de la Flavia; en 1796, il sert comme général de division à l'armée d'Italie, et déploie en mille actions un courage, une activité que rien n'arrête. Après une marche forcée de deux jours, il s'empare, le 10 avril 1796, des gorges de Millesimo, se réunit par cette opération aux généraux Mesnard et Joubert, chasse l'ennemi de toutes les positions environnantes, exécute rapidement la plus audacieuse manœuvre, et enveloppe toute la division du général Provern. Peu de temps après, vainqueur à Dego, il occupe les redoutes de Montelesimo, ouvre ainsi une communication entre l'armée d'Italie et la vallée du Tanaro, qui le met en rapport avec le général, depuis maréchal Serrurier. Il devient difficile de nombrer ses titres de gloire, toute cette campagne en est pleine. Après s'être rendu maître du camp de la Ceva, d'Alba et de Casale, Augereau rencontre les ennemis retranchés à la tête du pont de Lodi, dont ils défendaient le passage par un feu terrible; il se précipite; ses troupes s'exaltent et le suivent; le pont et les retranchemens sont emportés. Il passe ensuite le Pô, fait prisonniers à Bologne l'état-major, 400 soldats et le légat du pape; va reprendre sa position au centre de l'armée; dégage, à force de promptitude et de hardiesse dans ses manœuvres, Masséna, qui se trouvait dans une position difficile; pendant un jour entier, il soutient le choc de troupes supérieures en nombre; s'empare de Castiglione; bat complétement l'ennemi que la tour de Scaguello protégeait, et, passant l'Adige, le chasse devant lui jusque sur Roveredo. Il prend ensuite Primolan, Cavelo, tient en échec un corps posté à Bassano, et se dirige sur Porto-Legagno, tandis que Masséna s'avance du côté de Villa-Nova; cette opération cerne les 20,000 hommes du général Wurmser, qui se sauve, non sans peine, à Mantoue, en filant le long de l'Adige. Bientôt après Porto-Legagno investi, ouvre ses portes à Augereau, qui trouve dans la ville 22 pièces de canon. Il s'empare ensuite du fort Saint-George, de concert avec le général Sahuguet; court à l'ennemi qui avait passé la Brenta, et menaçait d'une attaque; l'atteint, le poursuit pendant quatre lieues, et le rejette sur Bassano, rompu, en désordre, abîmé. Le dernier exploit d'Augereau, dans cette mémorable campagne, est cette affaire d'Arcole, qui la termina si glorieusement. Les colonnes françaises s'ébranlent, s'arrêtent, et vont plier devant une artillerie formidable; Augereau arrache l'enseigne des mains du porte-drapeau, s'élance en l'agitant dans les airs, et, par son exemple, détermine ce pas de charge dont l'action irrésistible renverse tout et enlève la victoire. Tant de beaux faits tiennent du merveilleux. Malheureusement une tache indélébile vient souiller tant de gloire : la ville de Lugo, rebelle il est vrai, mais vaincue et déjà punie, est livrée au pillage pendant trois heures. On reproche encore à Augereau l'avidité que lui inspire ses triomphes, et les énormes richesses qu'il rapporte d'Italie. « Tu » n'as pas, disait le soldat à son » camarade pauvre, tu n'as pas » le fourgon d'Augereau : » Si la voix du peuple est la voix de Dieu, c'est une accusation que cette expression populaire. Quoi qu'il en soit, l'opulence, dont la philosophie et l'histoire recherchent et apprécient les sources, est toujours, de quelque part qu'elle vienne, d'une grande influence sur la vie des hommes qu'un grand nom ou un grand caractère recommande à l'attention publique. La gloire d'Augereau parut s'accroître de tout l'éclat de l'or dont il revint couvert. Le directoire lui décerna des éloges publics; le général Bonaparte le cita de la manière la plus honorable; et chargé de porter au gouvernement les drapeaux enlevés à l'ennemi avant la prise de Mantoue, le vainqueur d'Arcole reçut, comme don solennel, cette même bannière d'Arcole, dont il avait fait un si bel usage. Le biographe regrette de ne pouvoir s'arrêter à ce moment de la vie d'Augereau, et d'être obligé de le suivre dans une carrière où l'un des plus braves guerriers français va devenir le servile instrument de toutes les dominations. En 1797, le directoire ayant éloigné Bonaparte qu'il redoutait déjà, et le général Hoche, dont le génie ne se faisait pas moins craindre, avait besoin d'un homme intrépide, mais dévoué, plus ardent qu'habile, plus déterminé qu'éclairé, et qui fut chef des troupes, sans aspirer à gouverner l'état : Augereau fut choisi. Destiné à opérer ce 18 fructidor qui changea la face du gouvernement, il accepta, non le commandement en chef des forces militaires parisiennes, mais celui de la 17me division, qui, dans le fait, lui donnait la haute main sur les troupes. Alors les regards des divers partis se portèrent sur lui : le silence qu'il gardait les inquiéta ; et pour le forcer à une explication qu'il semblait éviter, Mathieu Dumas, au conseil des anciens, fit de lui un de ces brillans éloges qui demandent une réponse franche, et amènent nécessairement des aveux. Augereau montra dans cette circonstance une adresse et une habileté que l'on n'attendait pas d'un homme élevé sous la tente. « Je suis enfant de Paris, s'écria-t-il à la tribune où le piége lui était dressé; jamais Paris n'aura rien à craindre de moi. » Cependant la proclamation impérieuse et menaçante qu'il avait, peu de temps auparavant, dirigée contre le *club* dit de *Clichy*, donna des inquiétudes sur les intentions de ce général. Un seul journaliste prévit l'événement : Dupont-de-Nemours, rédacteur de l'*Historien*, avait prédit l'invasion que préparait la force militaire. Les troubles étaient depuis long-temps fomentés, et l'esprit national attachait son caractère aux signes précurseurs de l'orage. Certaines parties de vêtemens avaient été insultées comme signes de royalisme : on vit se renouveler les rixes occasionées par la *cadenette* et le *collet noir*. Augereau, dans une proclamation nouvelle, protégea les *collets noirs*, et mit fin à ces disputes futiles. C'était donner la mesure de l'autorité qu'il s'arrogeait. Cependant il ne cessait de protester de son respect pour les lois et de son dévouement à l'autorité : il remplit du moins sa dernière promesse. En effet, l'autorité n'eut pas d'instrument plus fidèle : ce fut lui qui, entrant dans la salle du corps-législatif à la tête de la force armée, arracha les épaulettes du colonel Ramel, fit conduire au Temple les suspects, et décima l'assemblée. Le parti vainqueur proclama Augereau, *Sauveur de la patrie et Triomphateur de fructidor* : mais une honteuse récompense de cet odieux triomphe avait été stipulée ; on avait promis à Augereau la place de l'un des deux directeurs *fructidorisés* : la promesse ne fut pas remplie. On plaça, pour la forme, son nom sur la liste des candidats; Merlin de Douai et François de Neufchâteau étaient nommés d'avance. Le général, ainsi joué, se plaignit avec amertume; il menaça même ; et le nouveau directoire se hâta de l'envoyer à l'armée de Rhin-et-Moselle, dont le commandant, le général Hoche, venait de mourir : en pareil cas, ces commandemens lointains ont toujours été d'honorables exils. Augereau, dans cet emploi inactif, montra un républicanisme zélé, dont on s'est plaint long-temps, et un faste de parvenu, qui contrastait fortement avec ses habitudes toutes guerrières. Le directoire le trouvait encore trop près de lui; des bruits faux et ridicules l'accusèrent de vouloir, malgré la paix, révolutionner la Souabe, et de tramer, par une correspondance fabriquée, la perte du général Bonaparte et du directeur Rewbell. Il fut rappelé des bords du Rhin, et nommé commandant de la 10me division militaire (à Perpignan), sous prétexte d'une expédition de Portugal : les mensonges ne coûtent rien aux gouvernemens machiavéliques. Le département de la Haute-Garonne l'ayant nommé, en 1799, au conseil des cinq-cents, il se hâta de quitter Perpignan et son commandement inutile, et de se rendre à Paris pour y exercer ses nouvelles fonctions. Bientôt le général Bonaparte, averti par ses partisans, quitta l'Égypte, et revint en France effrayer un pouvoir déconsidéré. Il s'y trouva l'objet de l'attention publique, et le point de mire de tous les intérêts. Ce fut alors que Jourdan voulut faire déclarer *la patrie en danger*, et qu'Augereau, frappé de l'influence toujours croissante de son célèbre compagnon d'armes, appuya cette motion, et finit par protester avec une énergie toute populaire, *que la tête du général de fructidor serait jetée bas avant que l'on n'osât rien entreprendre contre le gouvernement établi*. Absent du repas donné au général Bonaparte, dans l'église de Saint-Sulpice, il se déclara un moment contre le héros qui seul fixait l'attention générale ; mais quand ce dernier vint commander aux Tuileries, et que le pouvoir parut être fixé entre ses mains, Augereau, *fidèle à la fortune*, alla trouver le général Bonaparte à Saint-Cloud, et, lui donnant l'accolade: «Quoi! dit-il, vous avez voulu »faire quelque chose pour la pa- »trie, et vous n'avez pas appelé »Augereau?» Il accepta de Bonaparte, consul, le commandement de l'armée de Hollande, et fut reçu avec honneur par les autorités d'alors, qui le mirent à la tête de l'armée gallo-batave. Il seconda puissamment les opérations de Moreau, combattit Kalkreuth avec des succès divers, termina la campagne par la victoire de Hohenlinden, et retrouva dans la vie militaire cette gloire qui l'y suivit presque toujours. Remplacé en Hollande par le général Victor, en 1801, paisible et retiré pendant trois années, il fut ensuite nommé commandant d'une expédition de Portugal, qui ne fut pas entreprise, revint à Paris pour assister au sacre de l'empereur, fut présenté au pape à Fontainebleau, donna son adhésion à l'élévation du nouveau monarque, et devint aussitôt maréchal d'empire, grand-aigle de la légion-d'honneur, président de l'assemblée électorale du Loiret, chevalier de l'ordre d'Espagne de Charles III. Napoléon étouffait l'envie et la rivalité sous les honneurs. La guerre éclate bientôt en Allemagne ; Augereau y passe avec son corps d'armée, bat les Autrichiens sur la rive orientale du lac de Constance, et prend Bregentz et Linden : l'honorable paix de Presbourg est en grande partie son ouvrage. Aux champs d'Iéna, on le vit déployer des talens dont il n'avait pas encore fait preuve ; sa prudence et l'habileté de ses mouvemens font changer le sort du combat, et le 26 octobre, il s'empare de Berlin. La bataille d'Eylau se donne, Augereau est en proie à une fièvre violente ; dans l'impossibilité où il est de se soutenir, il se fait lier sur son cheval, commande, combat, s'expose au plus grand feu : une balle lui perce le bras, et il ne s'en aperçoit qu'après la victoire : quel héros de Plutarque pourrait se vanter d'une action plus héroïque ? Cette campagne avait altéré la santé du maréchal ; il rentre en France pour la rétablir, et n'est employé qu'en 1806, à l'armée d'Espagne, où de premiers succès couronnent ses armes, mais où l'attendait une défaite aussi complète que nouvelle pour lui ; l'empereur le rappelle, et sa disgrâce dure jusqu'en 1812, époque de la campagne de Russie. Alors un commandement peu important lui est confié ; atteint par les désastres de l'armée, en 1813, à Berlin, il s'y défend dans sa maison contre un corps de Prussiens et de cosaques, les repousse, quitte la ville, se retire à Francfort, dont il est nommé gouverneur-général, en même temps qu'il reçoit le gouvernement du grand-duché de Wurtzbourg ; à Leipsick, il défend un poste important avec une poignée d'hommes ; pendant une journée entière, contre des forces infiniment supérieures ; rentré à Lyon, il y donne le spectacle affligeant d'un guerrier qui se dépouille volontairement de son noble caractère. Après avoir publié, en faveur de Napoléon, la proclamation la plus énergique, il en publie, quelques jours après, une autre, non moins véhémente, contre ce même souverain, et se retire sur Valence. A la rentrée du roi, *le vainqueur de fructidor* obtient la croix de Saint-Louis, édifie et surprend à la fois les fidèles, en présidant le service funèbre, célébré le 21 janvier, dans l'église de Clermont-Ferrand ; il est nommé pair, le 4 juin, et porte, en l'honneur de S. M., le toast du dévouement le plus absolu, dans un repas militaire et solennel. Napoléon, après son départ de l'île d'Elbe, signale Augereau comme un traître : la proclamation impériale parvient à ce maréchal de France, qui commandait alors la 14me division militaire, en Normandie. Il se déclare aussitôt pour le chef de l'empire français, et, dans une proclamation nouvelle, rappelle les soldats sous leurs vieux drapeaux, *sous les ailes victorieuses de ces aigles immortelles qui les ont tant de fois conduits à la victoire.* Napoléon refuse les offres de ce guerrier-courtisan, deux fois apostat, et le contraint à la retraite. Le roi revient : nouveaux efforts d'une ambition que rien ne pouvait éteindre. Mais cette fois ses espérances sont déçues, et il se voit forcé de rester dans sa terre de la Houssaye, jusqu'à sa mort, arrivée, le 12 juin 1816, à la suite d'une hydropisie de poitrine. Dans cet homme célèbre, on peut en trouver deux bien distincts, le guerrier et le courtisan ; et dans cette double position, on peut alnativement dire de lui avec Pascal : « Si tu t'élèves, je t'abaisse; et si tu t'abaisses, je t'élève : mystère inconcevable de petitesse et de grandeur! »

AUGIER (N.), négociant à Cognac, professant la religion réformée, a vivement combattu nos réformes politiques. Il était marchand d'eau-de-vie à Cognac, en 1789, et fut député aux états-généraux par l'assemblée du tiers-état du bailliage d'Angoulême. Là on vit, avec une extrême surprise, le fils d'un des proscrits de l'édit de Nantes, déployer un zèle exclusif et fougueux en faveur de l'ancienne monarchie catholique, et le négociant respectable, désintéressé dans cette cause, défendre, avec une espèce de fanatisme, des droits qui auraient dû lui être au moins indifférens. Quand l'assemblée constituante, par ses décrets de septembre 1791, se montra si favorable au protestantisme, M. Augier se joignit au *côté droit* qui réclamait contre ces décrets, et son nom figura parmi les signatures des adversaires de sa propre croyance. Tant il est vrai que le zèle politique peut l'emporter quelquefois, en énergie, sur le zèle religieux. Des lettres-patentes, du 6 septembre 1817, ont anobli M. Augier; et le 24 du même mois, il a été fait chevalier de la légion-d'honneur.

AUGIER (JEAN-BAPTISTE), destiné au barreau par son père, doyen de la faculté de droit de Bourges, suivit la carrière militaire. Né à Bourges, le 27 janvier 1769, il servit avec distinction, en 1792 : sa défense du fort de Bitche, contre un corps nombreux d'Autrichiens, le talent et l'activité qu'il avait déployés dans ses manœuvres, lui procurèrent un avancement rapide; en 1793, il fut fait général de brigade. Quelque temps après, blessé dangereusement d'un éclat d'obus, il renonça au service actif, devint commandant militaire des départemens du Cher et de la Manche, et envoyé à l'armée d'Espagne, où il resta deux ans, obtint la croix de la légion-d'honneur, et, employé dans l'armée de Russie, se trouva commandant de Konisberg, quand ses concitoyens le portèrent au corps-législatif. Rentré en France, en 1814, il adhéra aux changemens qui s'opérèrent dans l'état, et reçut la croix de Saint-Louis. Sa conduite législative parut incertaine, soit par indépendance, soit par hésitation. Tantôt il semblait se rapprocher de l'opposition libérale : tantôt, il contribuait à inspirer des craintes sur la stabilité de la vente des domaines nationaux, et se prononçait en faveur des émigrés. Il s'éleva aussi contre l'importation des fers étrangers et l'exportation des laines : habitant du Berri, propriétaire de forges considérables, ces objets devaient naturellement exciter toute sa sollicitude. L'hésitation politique de M. Augier cessa au retour de Napoléon de l'île d'Elbe. Personne, dans cette circonstance, ne montra plus que M. Augier, une opposition plus prononcée, un zèle plus ardent contre le monarque sous les drapeaux duquel il avait marché en silence et avec honneur. Il proposa les moyens les plus violens pour arrêter ce conquérant dans sa marche : suspension des poursuites judiciaires en faveur de ceux qui se battraient contre lui, récompenses nationales, médailles d'honneur, campagne payée comme triple, etc. Il voulait aussi que la cocarde tricolore fût adoptée: motion que le royalisme pur repoussa avec indignation. La rapidité de la marche de Napoléon déconcerta ces projets vigoureux et les mesures que le gouvernement avait prises. Napoléon, de retour aux Tuileries, destitua M. Augier, qui, le même jour, lui envoyait sa démission. Après la seconde restauration, rétabli dans ses titres, redevenu commandant du département du Cher, et nommé président du collége électoral de Saint-Amand, il siégea bientôt dans cette chambre, dont l'exaltation et les principes portèrent un coup si funeste à la patrie et au trône. M. Augier se montra modéré au milieu du délire : c'est du courage. Dans les années suivantes, il ne quitta guère le centre, où l'on s'étonna de trouver un homme qui avait fait preuve d'énergie dans des circonstances difficiles. Il demanda que l'emprunt de 100 millions ne fût pas inscrit sur le grand-livre, ni remboursé au moyen d'une nouvelle taxe; que les militaires pussent cumuler des pensions jusqu'à concurrence de la somme de 700 francs; et prit la défense des créances arriérées du département du Cher. L'histoire de la révolution française offre de singulières variations dans les sentimens de ses auteurs ou des individus qui y ont pris part, et donne lieu à des associations bien singulières. Entraînés par les évènemens, jouets des choses et de la destinée, les hommes rappellent souvent ces bizarres arabesques, où l'on voit une tête de femme plantée sur un cep de vigne, où un enfant est à cheval sur un lion. Le même homme est d'abord avocat, puis soldat, puis adversaire du régime militaire ; la société compte plus d'un abbé capitaine, poète, législateur ou journaliste.

AUGIER DE LA SAUZAYE (N.), fut nommé député du tiers-état aux états-généraux, par la sénéchaussée de Saintes, et depuis à l'assemblée législative, par le département de la Charente-Inférieure. Il a été momentanément sous-préfet à Rochefort, en 1810, et depuis fut employé en Allemagne.

AUGIER (Victor), avocat, fut un des collaborateurs de Méhée de Latouche, quand ce dernier, cherchant à ramener sur son nom l'attention publique, fit paraître *le Patriote de 89*. Il tient aujourd'hui un cabinet littéraire au Palais-Royal. On connait de lui : *Fingal et Inisthère, nouvelle chevaleresque, suivie du Voyage à Vaucluse et de Poésies fugitives*, 1811, in-12, et une *Lettre à l'abbé Barruel sur la révolution de 1815*.

AUGIER (CONTRE-AMIRAL). (*Voy.* DAUGIER.)

AUGUIS (PIERRE-JEAN-BAPTISTE), né en 1742, à Melle, département des Deux-Sèvres, appartenait à l'une des plus anciennes familles du Poitou. Il embrassa d'abord la carrière des armes, et il était capitaine de dragons quand il quitta le service pour prendre une charge dans la magistrature.

Nommé procureur-général en Corse, il n'accepta point une place qui l'aurait obligé à s'expatrier; il aima mieux rester président du bailliage de Melle. S'étant montré partisan zélé des principes de la révolution, il fut élu président du tribunal du même district. En septembre 1791, le département des Deux-Sèvres le députa à la législature; mais il se fit peu remarquer dans cette assemblée. L'année suivante, il fut envoyé par ce département à la convention nationale. Dans le jugement de Louis XVI, il vota d'abord contre l'appel au peuple; ensuite il vota la détention du roi et son bannissement à la paix, sous peine de mort, s'il rentrait sur le territoire français ; enfin, après la condamnation du monarque, il vota pour le sursis à l'exécution. Après l'époque du 9 thermidor an 2 (27 juillet 1794), la convention l'envoya en mission à Marseille, où il poursuivit avec courage les partisans de Robespierre, encore tout-puissants dans ces contrées, et ne les combattit pas sans danger. Les députés Cadroy et Espert l'ayant remplacé dans sa mission, il fut nommé à son retour membre du comité de sûreté générale, et fit, en cette qualité, plusieurs rapports à la convention, dont un, entre autres, avait pour objet les cartes de sûreté. Le 12 germinal an 3 (1ᵉʳ avril 1795), jour où les faubourgs s'insurgèrent, la section du Panthéon l'arrêta au moment où il visitait les prisons, par ordre du comité. Il courut des dangers, et fut même blessé. Mais son zèle et son courage n'en furent point ébranlés. Car le 1ᵉʳ prairial suivant (20 mai 1795), il concourut, avec la même énergie, à réprimer la nouvelle insurrection qui se manifestait, et, accompagné de quelques autres députés, il entra à minuit dans le milieu de la salle des séances à la tête de la force armée, pour expulser la multitude qui s'y était introduite, afin d'influencer les délibérations de l'assemblée. Il fit aussi adopter par la convention les mesures que nécessitaient les circonstances. Par un décret du 18 du même mois (6 juin suivant) il fut envoyé en mission à l'armée des Pyrénées-Occidentales. D'après les décrets des 5 et 13 fructidor de l'an 3 (22 et 30 août 1795), qui appelaient au conseil des anciens les deux tiers des membres de la convention, il fit partie de ce conseil pendant près de deux ans. Le 17 brumaire an 5 (12 novembre 1796), il y fit adopter la résolution qui portait à 1,200 le nombre des grenadiers composant la garde de la représentation nationale. Le 1ᵉʳ floréal an 6 (21 avril 1798), il fut nommé secrétaire de ce conseil. En 1799, il réunit encore les suffrages du département des Deux-Sèvres, pour entrer au conseil des cinq-cents. Dans la séance orageuse du 24 vendémiaire an 7 (15 octobre 1799), il combattit la motion du général Jourdan, dont le but était de déclarer la patrie en danger, et il allégua que ce serait compromettre l'existence du gouvernement directorial; par la même raison, disait-il, que quand l'assemblée législative, dont il faisait lui-même partie, avait fait une semblable déclaration avant le 10 août 1792, son dessein avait été de renverser le trône. Bien que l'assertion d'Auguis fût démentie par son collègue Lamarque, qui appuyait vivement la proposition du général, cette proposition fut rejetée, et rien ne s'opposa plus à la révolution du 18 brumaire an 8 (9 novembre 1799), par suite de laquelle les députés Jourdan et Lamarque furent exclus du nouveau corps-législatif; Auguis au contraire y fut placé dès sa création, et, dans la séance du 11 nivôse an 8 (1ᵉʳ janvier 1800), il en fut nommé secrétaire. Depuis cette époque, il fut encore réélu deux fois par son département. Il mourut à Melle, le 17 février 1810. Si Auguis s'est constamment dévoué pour le bien public, il en a été bien honorablement récompensé par ses concitoyens, qui non-seulement l'ont maintenu dans les fonctions législatives depuis 1791, jusqu'à sa mort, mais encore se sont plu à le porter constamment sur la liste des candidats, toutes les fois qu'il y avait des places vacantes au sénat-conservateur.

AUGUIS (PIERRE-RENÉ), fils du précédent, né à Melle, près de Niort, le 6 octobre 1786, vint étudier à Paris, en 1795. Entré au collége de Louis-le-Grand, il fit des progrès rapides dans l'étude des langues anciennes, et devint professeur de littérature. Ayant renoncé à la carrière de l'enseignement, il embrasssa celle des armes, et servit successivement, en qualité d'officier, en France et en Hollande. Retiré du service militaire, il ne s'occupa plus que de la culture des lettres. Au mois d'octobre 1814, il fut arrêté par ordre du *gouvernement*, conduit à la Force, jugé et condamné pour avoir donné à un libraire de Paris, sur la demande que celui-ci lui en avait faite, l'indication de deux articles du *Moniteur*, et de quelques autres pièces contenant des faits injurieux à la personne du roi. Les événemens du 20 mars 1815, rendirent la liberté à M. Auguis; mais il fut arrêté de nouveau le 16 septembre de la même année, et resta emprisonné à la Force, jusqu'au 27 août 1817. Quoique jeune encore, il a publié un grand nombre d'ouvrages : voici l'indication de ceux qui sont parvenus à notre connaissance : 1° *Lettre du citoyen Zarillo au citoyen Millin, sur une inscription grecque*, in-8°; 2° *Examen critique des lettres inédites de Voltaire à la comtesse de Lutzelbourg*, Paris, 1812, in-8°; 3° sur les *Monumens anciens et modernes de l'Hindoustan*, Paris, 1812, in-8°; 4° *Histoire de Catherine II, impératrice de Russie, et de Paul Iᵉʳ son fils*, Paris, 1813, in-8°; 5° *Lettre à l'empereur de Russie, écrite au sujet de cette histoire*, 1814, in-8°; 6° *les Révélations indiscrètes du 18ᵉ siècle*, Paris, 1814, in-18. Cet ouvrage fut saisi par la police, et la vente n'en fut autorisée qu'après la suppression de tout ce qui déplaisait à l'autorité. 7° *Correspondance de Louis XVIII avec le duc de Fitz-James, le marquis et la marquise de Favras, et le comte d'Artois*, avril, 1815, in-8°. M. Auguis a toujours désavoué cet ouvrage. 8° *Napoléon, la révolution, la famille des Bourbons*, Paris, 1815, in-8°; 9° *Pièces détachées de l'édition* en 12 volumes *in*-18 des Œuvres de M*me* Cottin, Paris, 1818; 10° *Monument à la gloire nationale, ou Recueil de proclamations, rapports et bulletins des armées françaises, depuis le commencement de la guerre de la révolution, en 1792 jusqu'au mois de juin 1815.* Il n'a paru de cette collection que deux volumes in-8°. 11° *Mémoires et correspondance du maréchal de Catinat*, 3 vol. in-8°. Cet ouvrage a été rédigé et mis en ordre par M. Auguis. 12° *Notice historique sur la vie et les écrits de Rulhière*, en tête de l'édition de ses œuvres, en 6 vol. in-8°. 13° *Notice sur la vie et les ouvrages de Thomas*, 1819, in-8°; 14° *du Génie de la langue française*, Paris, 1820, in-8°, imprimé aussi en tête du *Supplément du Glossaire de la langue romane*. 15° Une nouvelle *Traduction du Voyage sentimental* et de *plusieurs fragmens de Sterne*, imprimée dans la dernière édition des œuvres de cet auteur, publiée par les soins de M. Auguis, Paris, 1818, 4 vol. in-8°. 16° *Notice sur les ouvrages manuscrits de feu M. Bourgeat*, membre de la société royale des antiquaires de France. 17° *Éloge historique de L. A. Millin*, membre de l'institut; 18° *Éloge de P. F. Chaumeton*, l'un des plus savans bibliographes de l'Europe; 19° *Notice historique sur la vie et les ouvrages de Dupaty*, en tête de la dernière édition des *Lettres sur l'Italie*; 20° *Notice sur le cardinal de Retz*, pour la nouvelle édition de ses *Mémoires*; 21° *Lettres du chevalier Kinelme Digby à ses enfans*, en anglais, Londres, 1818, in-8°. M. Auguis n'a été que l'éditeur de cet ouvrage. 22° *L'Ombre de Robespierre*, fragment épique, nivôse an 9; 23° *la nouvelle Odyssée*, poëme, 1812; 24° *le Phédon de Platon*, publié avec le nom de *Chamfort*, 1814; 25° des *Imitations en vers de quelques épigrammes de Martial*, dans la nouvelle édition du texte et de la traduction complète des œuvres de ce poète, que M. Auguis a publiées en société avec le général *Simon*, 3 vol. in-8°, Paris, 1819; 26° *Table des matières de l'édition en 16 vol. in-18 du Cours de littérature de La Harpe*; 27° *Lettre d'un colonel français à un évêque anglais*, 1815, in-8°. Il ne fut tiré que 30 exemplaires de cet ouvrage ; des circonstances particulières déterminèrent l'auteur à en arrêter l'impression. 28° M. Auguis a revu l'édition publiée en France des *Considérations sur l'histoire des principaux conciles, depuis les apôtres, jusqu'au grand schisme d'Occident.* 2 vol. in-8°. C'était la première fois qu'un esprit libre de préjugés entreprenait de retracer avec impartialité l'histoire de l'origine, des progrès et de l'établissement du christianisme. Cet ouvrage n'a rien de commun avec tout ce qui a été écrit jusqu'à ce jour, sur le même sujet. Le christianisme, y est-il dit, n'est qu'une secte philosophique qui, mieux servie que les autres par les hommes et par les circonstances, après une lutte de plusieurs siècles, a enfin prévalu, et s'est érigée en religion sur les débris de l'idolâtrie. M. Auguis a distribué l'ouvrage dans un meilleur ordre, et vérifié avec un soin scrupuleux les nombreuses citations grecques dont l'auteur s'est étayé. Ce travail long, difficile et minutieux, avait laissé beaucoup à faire au nouvel éditeur; et la parfaite connaissance qu'il a de la langue grecque lui a fourni l'occasion de faire de nombreuses améliorations à cette partie de l'ouvrage de M. de Potter. Les journaux ont annoncé qu'il préparait, depuis plusieurs années, une nouvelle édition des *Dionysiaques de Nonnus*, avec une version latine et un ample commentaire. Cet ouvrage doit former plusieurs volumes. M. Auguis a fourni un grand nombre d'*articles* aux douze premiers volumes de la *Biographie universelle*; il a coopéré à la rédaction de plusieurs *journaux*, pour la partie littéraire, notamment au *Magasin encyclopédique*, au *Courrier français*, au *Journal des arts*, connu depuis sous le titre de *Nain jaune*, au *Moniteur*, au *Journal de Paris*, aux *Annales politiques*. Il a fait une étude particulière de l'histoire des arts, et passe pour un habile connaisseur en tableaux. Le roi l'a nommé conservateur du palais des *Thermes* et des monumens qui y seront déposés, aussitôt que la restauration de cet antique édifice sera achevée.

AUGUIS (Pierre-Jean-Baptiste-Bonaventure), frère du précédent, capitaine de frégate, est mort à la Havane en 1801. Il avait été aide-de camp de son père en 1794, pendant la mission de celui-ci dans les départemens du midi de la France, et à l'armée des Pyrénées-Orientales.

AUGUIS (Louis-Sincère), autre frère du précédent, était chef de bataillon, capitaine dans la vieille garde. Il est commandant de la légion-d'honneur.

AUGUSTE (Frédéric-Guillaume-Henri), prince de Prusse, doit être cité avec éloge et reconnaissance par un Français. Quand les princes *alliés* ravageaient la France avec leurs troupes *amies*, Frédéric-Guillaume-Henri-Auguste attaquait Landrecies; cette place résista long-temps; la nécessité amène une capitulation, et la brave garnison qui avait défendu la place, s'attend à être punie de sa longue résistance; mais le prince la laisse sortir avec tous les honneurs de la guerre, et accorde les armes à 50 hommes par bataillon et à un régiment de vétérans qui se trouvait là. Cette action est plus honorable pour ce prince, que ne l'aurait été une bataille gagnée. Le prince Auguste est né le 19 septembre 1799, du prince Auguste-Ferdinand, grand-oncle du roi actuel, et de la princesse Anne-Éliza-Louise de Brandebourg-Schwedt. Il suivit le roi, en qualité de major-général, aux campagnes de 1813, 1814 et 1815. Quand les Prussiens s'approchèrent de Dresde (septembre 1813), il commandait un corps d'armée séparée, et concourut avec le général Kleist à la défaite du corps de Vandamme. Spécialement chargé du siége des places fortes, il s'empara de Maubeuge le 16 juillet; le 23 il fit la belle capitulation de Landrecies, et bientôt après, entra dans Mariembourg. Philippeville l'arrêta plus long-temps; il ouvrit la tranchée, dans la nuit du 7 au 8 août, et ordonna, dès quatre heures du matin, le bombardement, qui, joint à un incendie, désola pendant tout le jour cette place, et la força de se rendre. Le prince passa en Lorraine, où il assiégea et prit quelques forts, vint à Paris le 25 octobre, et ne le quitta que pour retourner à Berlin avec le roi.

AUGUSTE-AMÉLIE DE BAVIÈRE, fille d'un colonel devenu roi, et devenue elle-même vice-reine d'Italie, porta et conserva dans sa cour une piété austère, une charité active, une sensibilité vraie. On ne put lui reprocher qu'une faiblesse extrême, excusable sans doute, puisqu'elle était le fruit de la reconnaissance et de l'affection. Lors de sa naissance (21 juin 1788), le prince Maximilien Joseph, son père, était colonel du régiment royal des Deux-Ponts, au service de France. En 1796, elle perdit sa mère, Marie-Wilhelmine-Auguste, princesse de Hesse-Darmstadt. Quand l'empereur des Français faisait des rois, il éleva l'électeur Maximilien au trône de Bavière, détacha des possessions autrichiennes plusieurs portions considérables de territoire, qu'il ajouta aux domaines du nouveau roi; et bientôt, vainqueur à Austerlitz, lui demanda la main de sa fille Auguste-Amélie pour son fils adoptif, Eugène Beauharnais, qu'il venait de créer vice-roi d'Italie. Le 17 juin 1806, les noces furent célébrées à Munich, en présence de l'empereur Napoléon, et la vice-reine partit pour l'Italie. La bonté de cette princesse se montra digne d'admiration et d'éloges, pendant la guerre de 1803, quand le vice-roi combattait les Autrichiens en Italie. On la vit préparer de ses propres mains la charpie destinée aux blessés, et envoyer des secours considérables à tous les hôpitaux. En 1810, elle assista, avec le vice-roi, au mariage de Napoléon et de Marie-Louise. De retour à Milan, elle était enceinte de son dernier enfant, quand les Autrichiens, en 1813, s'approchèrent jusqu'à Vérone : le général Bellegarde lui proposa de venir habiter, pendant le temps de ses couches, le palais rural de Monza. La princesse refusa cette offre, et accoucha près de son mari, au milieu du tumulte des armes. En 1814, quand le vice-roi fut contraint de quitter l'Italie, elle sortit de Milan, refusa de reprendre aux églises les dons en argenterie qu'elle leur avait faits, revint en Bavière, où elle réside avec le prince son époux, devenu duc de Leüchtenberg.

AUGUSTI (JEAN-CHRÉTIEN-GUILLAUME), né le 27 octobre 1772, à Eschenberg, dans le duché de Saxe-Gotha, fit des études distinguées, s'adonna tout entier à la connaissance des lettres saintes et des langues de l'Orient; il devint l'un des savans de son pays qui jetèrent le plus de lumière sur les points les plus obscurs du mahométisme et de la théologie, de la philologie orientale, et de l'exégèse biblique. Nommé professeur de philosophie à Iéna en 1798, et professeur des langues orientales en 1803, Augusti est, depuis 1807, professeur honoraire de théologie. La liste de ses ouvrages serait longue; nous citerons les plus remarquables : *Petit Coran, ou Traduction allemande des principaux passages du Coran*, Weissenfels, 1798 ; *Christologiæ Coranicæ lineamenta*, 1799 ; *Memorabilien des Orients* (ouvrage précieux pour la philologie orientale), 1802 ; *Vindiciarum coranicarum periculum*, 1803 ; *Libri veteris Testamenti apocryphi*, Leipsick (édition plus ample que celle de Fabricius, enrichie de variantes, et remarquable par la correction du texte, qu'Augusti a revu lui-même), 1804. Il a publié, depuis 1796 jusqu'à 1802, un *journal théologique*, dont il paraissait chaque mois un numéro.

AUGUSTIN (Chrétien-Frédéric-Bernard), journaliste, sermonaire et satirique. Né le 28 novembre 1771 à Grueningen, il était, en 1797, régent au chapitre d'Halberdstadt, et devint bientôt professeur de philosophie, et prédicateur capitulaire. En 1801, il fut nommé assesseur du collége ecclésiastique. On a de lui, *des sermons, publiés à Quedlinbourg;* la *Bibliothéque de la société littéraire d'Halberdstadt*, ib., 1796; et une satire intitulée *Lettres d'un académicien sur Halle, ses habitans, son université, Germanie*, ibid. Ce dernier ouvrage fit du bruit, et fut long-temps attribué à J. F. Kinderling. En Allemagne, où se trouvent mille petits centres de mœurs indépendantes et particulières, et où se joint à l'habitude du servage politique, une sorte de fierté fédéralitique et provinciale, à *Halle* surtout, on ne pouvait, sans éveiller et blesser tous les amours-propres, jeter le sarcasme sur une petite ville, sur les ridicules de ses habitans et sur la singularité de leurs mœurs. La satire anonyme troubla toutes les têtes, et l'université, les salons, les coteries, répondirent à l'agresseur par une foule de pamphlets défensifs. On eût cru voir un essaim d'abeilles bourdonner et s'agiter, quand le tison funeste tombe au milieu de la république. Augustin eut la modestie ou la prudence de ne pas se faire connaître. En 1803, il publia le catalogue latin de la bibliothéque de son ami C. N. Fischer, qu'il venait de perdre ; ce fameux journaliste laissa aussi plusieurs ouvrages posthumes, dont Augustin soigna l'édition. Il continua la *Feuille hebdomadaire*, de ce même journaliste, publiée au profit des pauvres, par la société littéraire d'Halberdstadt.

AULNAYE (François-Henri-Stanislas de l'), ne doit pas être confondu avec un nommé *Delaunaye*, qui se trouve cité par divers bibliographes, entre autres par Ersch et Desessart. Une vie errante, et plusieurs ouvrages imprimés à l'étranger, ont laissé peu de lumières sur la vie de cet auteur. Né à Madrid, le 7 juillet 1739, il fut couronné, en 1789, par l'académie des inscriptions, comme auteur d'un *Mémoire sur la saltation théâtrale, ou Recherche sur l'origine, les progrès et les effets de la pantomime chez les anciens*, Paris, 1790, in-8°. C'est la plus curieuse et la plus savante dissertation qui existe sur cette partie de l'art dramatique, si estimée des anciens, que Plutarque appelle une *poésie muette*, et dont un Romain disait :

Mirabilis ars est
Quæ facit, articulos, ore silente, loqui;

« Art admirable, qui donne au geste une voix, lorsque la parole se tait. » M. de l'Aulnaye retrace l'histoire de la pantomime, chez tous les peuples connus; il en trouve des vestiges dans la danse du Natchez et de l'Iroquois, chez les Hébreux, les Égyptiens, les Chinois, etc.; il la suit dans ses progrès, discute l'époque de son introduction en Grèce, indique les variations qu'elle éprouva à Rome, jusqu'à Pylade et Bathylle, et les légères traces que les modernes en ont conservées, dans leurs représentations scéniques. M. de l'Aulnaye avait déjà publié à Paris, en 1786, un petit ouvrage, traduit bientôt après dans une feuille scientifique allemande, et intitulé : *Description et usage du respirateur anti-méphitique, imaginé par Pilâtre du Rozier, et perfectionné par l'auteur.* En 1791, il entreprit un grand ouvrage, auquel coopéra M. Leblond, de l'institut, et dont trois livraisons seulement parurent sous ce titre : *Histoire générale et particulière des religions et du culte de toutes les nations du monde*, Paris, 1791, in-4°, fig., Erland, 1792.

AULTANNE (N. D'), se signala par sa valeur, dans les campagnes de Napoléon contre les Russes, les Prussiens, les Anglais et les Espagnols; il se fit particulièrement remarquer à Pulstuck, le 26 décembre 1806, et bientôt après fut nommé général de division et commandant de la légion d'honneur. Il servit ensuite dans la guerre d'Espagne, sous le général Harispe; en plusieurs occasions, son nom parut avec honneur dans les bulletins de l'armée. En 1814 le roi le nomma chevalier de Saint-Louis. Le général d'Aultanne fut ensuite employé dans le Midi, et commande aujourd'hui une des divisions de la garde royale.

AUMONT (N.), du département d'Ille-et-Vilaine, se montra partisan de la révolution, mais avec modération et sagesse; fut nommé, par le gouvernement révolutionnaire, l'un des commissaires provisoires des administrations civiles de la police et des tribunaux; passa en 1797 dans les bureaux de la police générale, sous les ministres Cochon, Sotin, Duval, Lecarlier et Fouché; enfin, après le 18 brumaire, il entra au tribunal de cassation, où il siège encore aujourd'hui.

AUMONT (JACQUES, DUC D'), d'une famille de Picardie, pair de France, lieutenant-général, naquit le 25 août 1723. Le jour de la prise de la Bastille, on lui offrit le commandement en chef de la garde nationale parisienne, qu'il n'accepta que pour le céder quelque temps après au général La Fayette. Nommé, en 1791, commandant de la 11ᵐᵉ division militaire, il était au château des Tuileries, la nuit où la famille royale en partit secrètement : le bataillon qu'il commandait le regarda comme un traître, s'empara de lui, le traîna à l'Hôtel-de-Ville, et le priva de sa liberté pendant quelques jours. Bientôt délivré, il alla protester, à la barre de l'assemblée nationale, de sa fidélité et de son dévouement : le duc d'Aiguillon se donna pour garant de la sincérité des sentimens qu'il exprimait. Nommé lieutenant-général, et, peu de temps après, chargé du commandement de Lille, il se montra dévoué au gouvernement populaire, se fit présenter et affilier aux *jacobins*, conserva quelque temps son commandement, le perdit quand la révolution prit un caractère entièrement démocratique, se retira dans sa terre de Guiscard, près de Noyon, et mourut ignoré à l'âge de 66 ans, en 1799. Au commencement de la révolution, un léger ridicule avait donné au duc d'Aumont quelque popularité. Imitateur puéril de la démarche et des habitudes de Henri IV, telles que la tradition nous les a transmises, il répétait jusqu'à ces mots consacrés, qui accompagneront toujours la mémoire de ce prince. Quelques épigrammes firent justice de ce travers; il était boiteux, et tellement, que l'on trouvait qu'il boitait même à cheval. Au milieu du développement de tant de talens et d'héroïsme, malgré tous ses efforts, le duc d'Aumont n'a été, au fait, qu'un homme nul. Quand le *Dante* fit comparaître, dans sa *divine comédie*, et les bons et les méchans, embarrassé de la place qu'il donnerait à ces hommes sans force pour le bien, et sans énergie pour le mal, il relégua ces êtres neutres à la porte de l'enfer qu'ils n'ont pas mérité, et loin du paradis, dont ils sont indignes. La place du duc d'Aumont est marquée dans cet asile. Faisons comme le poète, et disons, en abrégeant cet article : *Non ragionam di lor; ma guarda e passa* (Infern., c. 3) (C'est trop en parler, regarde et passe).

AUMONT (DE PIENNE, DUC D'), fils d'un homme dont la conduite politique ne lui servit pas de modèle, est né vers 1770, en Picardie. En 1791 il émigra, servit dans les armées des princes, passa en Suède, se lia avec plusieurs hommes puissans, et devint l'ami du comte de Fersen. En 1800 il leva dans la Scanie un régiment nommé *Royal-Suédois*, destiné à combattre Napoléon. Mais après la paix de Tilsitt, le comte de Fersen ayant perdu la faveur royale, le duc d'Aumont abandonna l'exécution de ses projets, et demeura en Suède, où cependant aucune variation politique n'influa sur son existence et ne troubla son repos. C'est là qu'il apprit les événemens de 1814 ; il partit pour la France. Devenu duc d'Aumont depuis la mort de son père, il fit, auprès de Louis XVIII, son service de premier gentilhomme de la chambre, fut nommé lieutenant-général et commandant de la 14me division militaire, dont Caen est chef-lieu, et se trouvait dans son commandement quand Napoléon débarqua. En vain chercha-t-il à soulever, par tous les moyens possibles, une population immobile et décidée à n'opposer aux événemens que la seule force d'inaction. L'armée, ne voulant alors voir la patrie que là seulement où étaient les aigles, M. d'Aumont fut forcé de fuir. De Caen, il passa secrètement à Lavènes, où il s'embarqua pendant la nuit du 23 au 24 mars

1814, mit pied à terre à Jersey, se rendit en Angleterre, et de là à Gand, près du roi. Les événemens étant devenus favorables à la cause royale, il alla débarquer en Normandie, et s'empara, au nom de S. M., de Caen et de Bayeux. Il revint à Paris, après la rentrée du roi, y reprit du service, et fut nommé pair de France le 17 juin 1815. M. le duc d'Aumont est commandant de la 11me division militaire.

AUPETIT-DURAND, né en 1764, a été élu en septembre 1816, par le département de l'Allier, membre de la chambre des députés. Il avait été nommé, auparavant, procureur du roi près le tribunal civil de Montluçon, et en 1815, avait fait partie de la majorité de la chambre. En avril 1818, la discussion qui s'éleva sur la répartition des impôts, lui offrit l'occasion de déployer une éloquence dont nous citerons les traits les plus remarquables. « Messieurs, s'écria-t-il, après avoir parlé contre le cadastre, si les députés ne pouvaient s'opposer à une mauvaise répartition de l'impôt, je reprendrais demain le chemin de mon désert. J'appuie l'amendement contre lequel M. de Courvoisier se déclare. — Attendez, me dit-il. — Eh! monsieur, les intérêts n'attendent pas! » Interrompu de la manière la plus bruyante, l'orateur reprit : « Je demande un peu de silence, messieurs : voilà trois années que je n'ai pas ouvert la bouche. » Les intérêts de mon département me commandent de rompre le silence; vaille que vaille, écoutez-moi !.... »

AURAN-PIERREFEU, député du Var, de 1815 à 1818, n'a parlé jusqu'ici que dans la discussion des voies et moyens. M. Auran-Pierrefeu a constamment siégé au côté droit de la chambre.

AURE (JEAN-PIERRE-PAULIN-HECTOR, COMTE D'), officier de la légion-d'honneur, chevalier de Saint-Louis, commandeur de l'ordre royal des Deux-Siciles, grand-cordon de l'ordre royal de Saxe, né en 1775, à Paris, d'une famille noble, de la ville de Lourdes, département des Hautes-Pyrénées. En 1791, il entra au service en qualité de sous-lieutenant de hussards. L'année suivante, il débuta dans la carrière administratitive militaire, par l'emploi d'aide-commissaire des guerres à l'armée du Rhin, où il fit la campagne de 1792. Dans les années 1793, 1794, 1795 et 1796, il était commissaire des guerres à l'armée de Moreau, dans la division aux ordres du général Desaix, qui conserva la plus tendre amitié pour M. d'Aure, jusqu'à la fatale journée où l'armée et la patrie perdirent cet illustre général. En 1797, après le siège de Kehl, M. d'Aure fut appelé de l'armée du Rhin à celle d'Italie, et attaché à la division de l'immortel Masséna. Pendant la campagne de 1797, employé à l'expédition de Rome, il y fut chargé de l'administration de l'armée; la fortune qui semblait favoriser tous ses désirs, le réunit, à Civita-Vecchia, avec la division du général Desaix, et il débarqua avec elle, à Malte, pour l'expédition d'Egypte. M. d'Aure fut commissaire-ordonnateur de ce corps d'armée, dans la campagne de la

Haute-Egypte. A son retour au Caire, il remplaça M. Sucy dans les fonctions d'ordonnateur en chef; il avait alors 23 ans, et en novembre 1798, il fit en cette qualité la campagne de Syrie, sous les ordres du général en chef Bonaparte. Après le départ de ce général pour la France, M. d'Aure continua ses fonctions d'ordonnateur en chef, sous le général Kléber, avec lequel il fit la mémorable campagne d'Héliopolis. En 1801 il fut nommé inspecteur-général aux revues, par le général Menou. Rappelé d'Egypte au mois de mai, et de retour en France, il fut nommé, par le premier consul, ordonnateur en chef de l'armée expéditionnaire de Saint-Domingue, sous les ordres du général en chef Leclerc. A la mort de M. Benezech, M. d'Aure réunit les fonctions de préfet colonial à celles d'ordonnateur en chef, jusqu'à son retour en France, en juillet 1803. On ne peut s'empêcher de remarquer l'heureuse destinée de M. d'Aure, qui pendant les dix premières années de sa carrière militaire, a servi sous les plus grands généraux de la France, et de l'Europe sans doute, Desaix, Moreau, Masséna, Bonaparte et Kléber, et qui, à l'âge de 27 ans, avait été ordonnateur en chef dans les quatre parties du monde. Des considérations d'un ordre supérieur, relatives aux affaires de Saint-Domingue, éloignèrent M. d'Aure de toutes fonctions pendant six ans, et sa disgrâce apparente servit à caractériser la défaveur qu'une politique aveugle et despotique rejetait sur les infidélités de la fortune. Saint-Domingue était perdu pour la France: le chef du gouvernement crut devoir punir dans ses agens coloniaux les revers qu'il ne voulut point reprocher à ses propres conseils, ni même au climat : le malheur était et sera toujours, en politique, un crime d'état pour lequel il n'y a point d'amnistie. Il fallait de plus légitimer extérieurement le non-paiement des traites de Saint-Domingue, en éloignant le magistrat, l'administrateur civil et militaire, à qui l'emploi en avait été confié, et qui, par la pureté de sa gestion, s'en trouvait le défenseur naturel. En 1809, M. d'Aure passa au service du roi Joachim, à Naples. Il fut nommé successivement conseiller-d'état, directeur-général des revues et de la conscription, ministre de la guerre et de la marine, auxquels on adjoignit le département de la police. La destruction du brigandage dans le royaume de Naples, est due à l'action réunie des trois ministères, dont M. d'Aure était chargé. En 1811, il revint en France, et ne reprit du service dans sa patrie qu'en 1813, à la grande-armée, où il fut appelé en qualité de commissaire en chef des subsistances. Il fit la campagne de Saxe, et celle de France en 1813 et en 1814, fut nommé maître des requêtes, le 3 avril 1814, et resta à Fontainebleau jusqu'au 12 du même mois. M. d'Aure fut sans activité jusqu'au 2 mai 1815, où il fut nommé intendant-général de l'armée. Il fit la campagne de Waterloo, et revint derrière la Loire avec l'armée, qu'il continua d'administrer au quartier-général de

Bourges, jusqu'au 1" janvier 1816. Au mois d'avril 1815, M. d'Aure était rentré au conseil-d'état, en qualité de maître des requêtes, et en 1818, il fut nommé intendant militaire. C'est depuis cette époque qu'il fait partie d'une commission établie par M. le maréchal Gouvion Saint-Cyr, alors ministre de la guerre, pour l'organisation générale du matériel de l'armée, la rédaction du code militaire administratif, et l'administration des subsistances.

AUSSENAC (LE BARON D'), maréchal-de-camp, entra de bonne heure au service, et parcourut tous les grades avant d'arriver à celui de colonel. On se souviendra long-temps du colonel de ce 7.ᵐᵉ régiment de ligne, qui jura de s'ensevelir plutôt sous les murs de Barcelonne, que de les livrer à l'ennemi : serment gardé avec une héroïque persévérance, et qui força les Espagnols à se retirer à quelques lieues, mais qui fit perdre au 7.ᵐᵉ régiment ses plus intrépides soldats et ses meilleurs officiers. M. d'Aussenac trouva cependant des détracteurs : on lui reprocha plus d'adresse dans la conduite que de fermeté dans le combat. Il avait déjà commandé à Azua, colonie de Saint-Domingue, et montré du talent et de l'audace dans cette fatale guerre. Nommé à la place du général Ferrand, lors de la révolte des insurgés espagnols, il effectua une retraite habile sur la capitale de l'île, et battit complétement l'ennemi. Le 4 janvier 1809, la prise du fort Saint-Jérôme, et la défense du bourg Saint-Charles, ajoutèrent à sa réputation. Nommé adjudant-commandant en 1813, et commandant du Mérite-Militaire le 10 décembre 1814. M. d'Aussenac, qui commandait le département de l'Ain en juillet 1815, s'empressa d'envoyer son adhésion aux mesures prises pour le rétablissement de la monarchie.

' AUTICHAMP (LE MARQUIS JEAN-THÉRÈSE LOUIS DE BEAUMONT, DUC D'), fils d'un colonel au régiment d'Enghien, tué à la bataille de Lawfeld, chef de la première branche d'une famille très-ancienne, entra au service, et passa rapidement de grade en grade, vit la révolution éclater, et consacra le reste de sa vie à défendre contre elle les anciens droits de la noblesse et du trône. Né en 1738, au château d'Angers en Dauphiné, il n'avait pas onze ans quand il entra comme sous-lieutenant dans le régiment du roi, infanterie. En 1757, nommé aide-de-camp du maréchal de Broglie, son parent, il fit la guerre sous lui de 1757 à 1760. Capitaine de cavalerie et premier aide-de-camp peu de temps après, il fut créé colonel en 1761, et reçut du roi le régiment des dragons de Caraman, auquel il donna son nom : il le commandait encore à Filinghausen et à Minden, et le conserva jusqu'en 1770. Chevalier de Saint-Louis à 24 ans, il fut nommé brigadier des armées du roi, et commandant en second de la gendarmerie, sous le maréchal de Castries, reçut la grand'croix de Saint-Louis en 1779, et devint, l'année suivante, maréchal-de-camp et inspecteur-général, puis conseiller au conseil de guerre et gouverneur de Longwi. Un avancement si rapide et si précoce prouve peut-être moins encore les talens supérieurs de M. d'Autichamp, que le système de faveur et de patronage qui régnait dans le gouvernement d'alors. En 1789, quand se forma, aux environs de Paris, cette armée devenue si funeste à ses créateurs, M. d'Autichamp fut choisi par le maréchal de Broglie, pour y servir comme maréchal-général-des-logis. La révolution, hâtée peut-être par cette menace imprudente, se consomma le 14 juillet de cette même année. M. d'Autichamp quitta aussitôt la France, suivit le prince de Condé à Turin, et entra dans le conseil du comte d'Artois. Les plaintes et les espérances stériles de l'émigration ne suffirent pas à son activité. Il établit une correspondance avec les mécontens de Lyon, avec les insurgés du camp de Jalès; fit de nombreux voyages sur les frontières de la France; et se porta sur tous les points d'où il pouvait entretenir quelque intelligence avec l'intérieur. Ses démarches devinrent même assez patentes pour qu'une double accusation fût lancée contre lui : la première, par le comité des recherches de la municipalité de Paris; la seconde, quelque temps après, par Garan-Coulon. En 1791, il se rendit à Coblentz; commanda, l'année suivante, une troupe désignée sous le nom *d'hommes d'armes à cheval*, et fit la campagne de Champagne, si désastreuse à son parti. Il se retira dans Maestricht, et s'y trouvait quand l'armée française, commandée par Masséna, en fit le siége. La ville fut délivrée par l'arrivée du prince de Cobourg, et M. d'Autichamp alla en Suisse, d'où il essaya vainement de rentrer en France. Son intention était de pénétrer jusqu'à Lyon, que des chefs royalistes agitaient après le 31 mai. Appelé en Angleterre par le comte d'Artois, M. d'Autichamp était sur le point de commander un corps dans l'armée de la Vendée, quand l'affaire de Quiberon vint détruire cette entreprise, et momentanément, les dernières espérances du parti royaliste. En 1787, M. d'Autichamp entra au service de Paul Ier, empereur de Russie, qui l'avait connu à Lunéville, et qui lui confia plusieurs postes importans. C'est à lui que fut donné, en 1799, le commandement du corps de réserve de 30,000 Russes, qui devait se réunir en Suisse à l'armée de Suwarow : mais la mésintelligence ordinaire entre les coalisés, et la rapidité des victoires de Masséna, rompirent tous ces plans, et terminèrent la campagne. M. d'Autichamp retourna en Russie. Il n'est rentré en France qu'en novembre 1815. Le 10 janvier de l'année suivante, il obtint le commandement de la 10me division militaire. Nommé récemment duc par le roi, il est le premier de sa famille qui ait porté ce titre.

AUTICHAMP (Antoine-Joseph-Eulalie de Beaumont, marquis d'), neveu du précédent, suivit, comme son oncle, la carrière des armes, et se distingua en plusieurs circonstances, dans des contrées diverses. Le maréchal de Broglie le fit sortir de la ligne, où il servait depuis sa jeunesse, et le nomma son aide-de-camp, en 1759. Dix années après, il alla, comme aide-major-général-des-logis, en Corse, où il se battit vaillamment : son cheval fut tué sous lui à Pontegolo. Il revint en France, fut fait mestre-de-camp de dragons, puis colonel du régiment d'Agénois, et passa en Amérique avec le général La Fayette. Au siége d'York-Town, il se distingua; reçut, en 1781, le brevet de brigadier des armées du roi, donna de nouvelles preuves de bravoure à la prise de Saint-Christophe, où son fils tomba mort à ses côtés, et fut nommé maréchal-de-camp. Il obtint ensuite le commandement en second de la partie méridionale de Saint-Domingue, et revint en France peu avant la révolution. Il était inspecteur-divisionnaire aux provinces de Touraine et d'Orléans. Il fit, en 1792, les campagnes de l'émigration, et ne rentra en France qu'après le 18 brumaire (9 novembre 1799).

AUTICHAMP (Marie-Jean-Joseph-Jacques de Beaumont, vicomte d'), fils d'Antoine-Joseph, naquit en 1768. Sous-lieutenant à 15 ans, dans le régiment de mestre-de-camp, il était major à 20. En 1790, il rejoignit le comte d'Artois, alors à Turin, passa en Allemagne, fit la campagne de 1792, comme colonel dans le corps des *hommes d'armes* que commandait son grand-oncle, et suivit ce dernier à Maestricht. Bientôt il partit pour l'Angleterre, et de là pour Quiberon, où il eut le bonheur d'arriver trop tard. Après cette expédition, qui fut si désastreuse pour le parti royaliste, il passa quelque temps à Jersey, d'où il se rendit en Portugal avec le corps d'émigrés que commandait le général Stuart. Ce corps n'eut qu'une existence éphémère. M. d'Autichamp retourna, en 1798, en Angleterre, près du comte d'Artois, qui le chargea d'aller rejoindre son frère Charles d'Autichamp, et de seconder ses opérations dans la Vendée. La pacification de l'Ouest le força de se rembarquer pour Londres. Il ne rentra en France qu'en 1800, et s'y fixa. Nommé, au retour du roi, lieutenant des gardes-du-corps, il fut ensuite promu au grade de maréchal-de-camp. Pendant les *cent jours*, le duc d'Angoulême chargea M. d'Autichamp d'aller retrouver *Madame*, alors à Londres; cette princesse l'envoya dans l'Ouest, où l'on cherchait en vain à ranimer la guerre de la Vendée. Il rejoignit ses frères en Poitou, revint à Paris après juillet 1815, et fut nommé au commandement du département de la Vienne, au mois d'août de la même année. Il est aujourd'hui premier lieutenant de la compagnie des gardes-du-corps de Noailles.

AUTICHAMP (Charles-Beaumont, comte d'), frère cadet du précédent, naquit en Anjou, le 8 août 1770. On trouve dans la vie de tous les d'Autichamp une singulière ressemblance : même fortune, même faveur, même conduite, même dévouement au trône après sa chute. Celui que le sort mêla aux événemens les plus récens, fut Charles-Beaumont, le plus jeune de sa famille. A 12 ans, il entra dans la gendarmerie de Lunéville, commandée par son oncle ; en 1787, il servait comme sous-lieutenant dans le régiment Dauphin, d'où il sortit pour entrer capitaine au régiment de Royal-Dragons. On remarqua la liaison intime qui se forma entre le comte de la Rochejacquelein et lui : tous deux, en 1792, entrèrent dans la garde constitutionnelle du roi ; tous deux virent le 10 août éclater ; tous deux, désespérant de soutenir de leur épée le trône chancelant, se sauvèrent en Anjou. Il est vrai que ce fut pour y fomenter la guerre civile, et bientôt pour être comptés parmi les chefs les plus actifs de la Vendée. M. d'Autichamp se joignit à Cathelineau, au moment où ce dernier surprenait la ville de Beaupréau, en mars 1793. Quelque temps après, M. d'Autichamp s'attacha à M. de Bonchamp, son cousin et son beau-frère, qui lui donna, au siége de Nantes, une des colonnes de son armée à commander. Dans les diverses chances de cette guerre, M. d'Autichamp courut plus d'un danger, et, entre autres, dans une rencontre où les royalistes ayant eu le dessous, il ne se sauva qu'en s'attachant fortement à la queue d'un cheval, qui l'entraîna loin du champ de bataille. Après s'être réuni aux corps de MM. de Fleuriot et de Scepeaux, il livra bataille à Douai, éprouva une déroute complète, et alla occuper Saint-Laurent avec les compagnies bretonnes. Il s'y trouvait encore, lorsque plusieurs événemens des plus contraires vinrent humilier et affliger les armées royalistes : la défaite de Chollet et de Beaupréau, et la mort de M. de Bonchamp. Ce général, homme aussi brave que généreux, et dont l'histoire doit conserver la mémoire, donna un exemple de modération, bien rare dans les guerres civiles. Il était mourant lorsqu'il fit appeler M. d'Autichamp : « Cinq mille républicains prison- » niers de guerre, lui dit-il, sont » enfermés dans l'abbaye de Saint- » Florent : il y a dans les caves » 60 barils de poudre, destinés » à les faire sauter. Général, je » vous recommande de leur sau- » ver la vie : » ce que M. d'Autichamp, digne d'être associé à cette action généreuse, exécuta religieusement. Dans ces temps extraordinaires, les grandes actions et le dévouement le plus noble, brillent souvent du plus pur éclat au sein même des massacres et des horreurs de la guerre civile : en voici un autre exemple donné par les républicains. M. d'Autichamp, après avoir assisté à la défaite des troupes royalistes au Mans, et à la malheureuse expédition qui tendait à leur faire passer la Loire, et à les conduire jusqu'à un port où elles pussent recevoir les secours de l'Angleterre, se réfugia, blessé, accablé de fatigue, chez une habitante du Mans, Mme Bellemare. Cette femme généreuse avait déjà offert le même asile à un colonel de hussards républicains également blessé : ce colonel se lia facilement avec son compagnon d'infortune, et, pour le soustraire à la mort, l'admit dans son corps, sous un nom supposé, en qualité d'instructeur. On sait quelle était la rigueur des lois du temps contre les auteurs de de ces fautes admirables. M. d'Autichamp, instructeur d'un régiment républicain, sous le nom de Villemet, était à Anvers avec son colonel, quand il apprit la pacification conclue par les chefs vendéens. Alors, se faisant connaître aux commissaires de la convention nationale, il alla, de leur consentement et avec leur autorisation, vivre dans ses terres. Envoyé, en 1795, par Stofflet au comte d'Artois, qui venait d'arriver à l'Ile-Dieu, il refusa la croix de Saint-Louis dont ce prince voulait le décorer: «Je ne puis l'accepter, » dit-il, qu'après le rétablissement » de la monarchie.» Plusieurs fois encore M. d'Autichamp s'efforça de rassembler des forces suffisantes pour réorganiser la Vendée; mais il ne trouvait plus que des débris impossibles à réunir et à ranimer : ce n'étaient plus que les cendres d'un grand incendie. Charette mourut. Le général Hoche, à qui la paix fut demandée, devint le pacificateur de ces contrées malheureuses, et la guerre cessa de déchirer le sein de la patrie. En 1799, la loi des otages ayant frappé M. d'Autichamp, il essaya quelques nouveaux, mais impuissans efforts, et fut battu en plusieurs rencontres; il reconnut enfin l'impossibilité d'une plus longue résistance. Le général Hédouville conclut la paix. M. d'Autichamp vint à Paris, fut bien accueilli de l'empereur, s'honora publiquement de cet accueil, et lui resta fidèle aussi long-temps que la fortune, ce qui, vu sa position, n'est ni un éloge, ni une censure. Dès que les premiers revers de Napoléon eurent ranimé les espérances des amis de la légitimité, M. d'Autichamp porta dans l'Ouest ses armes, facilement victorieuses, et revint bientôt à Paris offrir au roi le fruit de ses triomphes. Il fut nommé lieutenant-général, commandeur de l'ordre de Saint-Louis, et commandant de la 14me division militaire. Pendant les *cent jours*, M. d'Autichamp, qui avait vainement cherché à soulever l'Anjou, secondé par le passage du duc de Bourbon, ramassa, ou plutôt entraîna quelques centaines d'hommes, à la tête desquels il occupa Cholet. Le plan concerté entre lui et le marquis de Larochejacquelein était de se rapprocher des bords de la mer autant qu'il serait possible; on comptait encore sur les secours de ces généreux insulaires, toujours prêts à fournir des alimens aux troubles de la France. Mais on ne put exécuter ce plan : à peine M. d'Autichamp fut-il arrivé à Legé, que la révolte des corps commandés par les généraux Sapinaud et Susannet, et l'approche des troupes impériales, le forcèrent à s'arrêter. Après quelques engagemens de peu d'importance, eut lieu le combat de la Roche-Servières, où les 15,000 hommes du général Lamarque écrasèrent et dispersèrent les royalistes, après leur avoir tué 300 hommes, et six de leurs meilleurs officiers supérieurs, entre autres le général Susannet. Neuf jours après la bataille de Waterloo, dont l'issue était encore ignorée, le général Lamarque et le général Sapinaud signèrent un traité de pacification, auquel M. d'Autichamp ne prit aucune part. Il demeura en

(Auvergne Latour d.)

Anjou jusqu'à la fin de juillet. Le bruit s'étant répandu, après le second retour du roi, que l'armée vendéenne s'était réunie à l'armée de la Loire, M. d'Autichamp crut devoir faire signer de tous ses officiers un ordre du jour, portant la dénégation formelle et motivée de cette assertion. Réunir des Français, confondre les drapeaux du roi et ceux de la nation, éteindre les discordes, arrêter les flots de sang toujours prêts à couler, était-ce là une honte ou un scandale qu'il fallût repousser avec une si déplorable affectation? L'effet d'une déclaration pareille ne devait-il pas être d'aigrir les esprits, de ranimer les haines, de rouvrir des plaies récentes, et de rendre impossible la pacification que l'on semblait désirer, et que l'on rejetait avec tant de dédain? M. d'Autichamp, de retour à Paris, fut nommé président du collége électoral de Beaupréau, et, bientôt après, reçut les honneurs de la pairie.

AUTIÉ (Jean-François-Etienne), entra de bonne heure au service, et s'y distingua. En l'an 3, capitaine-adjoint à l'armée des Pyrénées, il fut chargé de porter à un général de brigade, un ordre important : il s'agissait de l'attaque des retranchemens de Saint-Clément, devant Roize ; et Autié, suivant une injonction formelle, ne devait revenir qu'après l'affaire terminée, et le succès complet. Le général se croyant trop faible, refusa de donner l'assaut. Autié alla trouver le capitaine Breda, lui fit sentir combien il serait honteux de manquer cette entreprise, le détermina, se battit auprès de lui, et, avec une poignée de grenadiers, enleva le retranchement. En l'an 6, Autié fut employé à l'armée d'Helvétie, et fut un de ceux qui contribuèrent le plus à l'évacuation du pays de Vaud, par les troupes bernoises. Il se distingua en Espagne comme colonel du 8.me régiment de ligne, combattit vaillamment devant Cadix, fit à la bataille de Chiclana des prodiges de valeur, et y fut tué le 11 mars 1811, à la tête de son corps.

AUVERGNE (Théophile-Malo-Corret de la Tour-d'), *premier grenadier de la république française*. Voici un de ces héros dont les annales militaires de tous les temps et de tous les peuples ne pourraient peut-être pas offrir un second exemple. Simple, généreux, désintéressé, doué d'une sensibilité égale à sa bravoure, d'une âme fière et douce, il réunit dans son beau caractère tous les traits dont se compose la véritable grandeur. Sorti d'une branche bâtarde de la maison de Bouillon, il porta le même nom que Turenne, et lui ressemblait à beaucoup d'égards : même physionomie, même prudence, même bravoure; mais Turenne fut battu, changea de parti, servit l'Espagne : la Tour-d'Auvergne fut toujours vainqueur, fidèle à la patrie, vécut et mourut sous la bannière nationale. Né à Carhaix, dans le département du Finistère, le 23 novembre 1743, il entra au service en 1767; fut fait capitaine, en 1779, au régiment d'Angoumois, et servit, en 1782, comme volontaire dans la guerre d'Amérique; il était, au siége de Mahon, aide-de-camp du duc de Crillon, qui commandait l'armée espagnole. On lui offrit le commandement de son corps; il le refusa. Toujours au premier rang, quand on marchait à l'assaut, toujours le dernier à la retraite, on vit cet homme intrépide prendre, un jour, un blessé sur ses épaules, le porter ainsi jusqu'à un abri assez éloigné du champ de bataille, revenir prendre sa place dans des rangs rompus, y combattre jusqu'à la victoire, et refuser une somme considérable que lui offrait le roi d'Espagne, comme récompense de cette action. Une couronne ou une statue, seule récompense digne de ce beau fait, lui eût été décernée par les citoyens des anciennes républiques. Quand la révolution française éclata, la Tour-d'Auvergne avait 50 ans, et vivait retiré avec une modique pension. L'ardente générosité de son caractère dut lui faire adopter avec enthousiasme les idées de liberté que cette révolution promettait; il fut un des premiers à se ranger sous le drapeau tricolore. Il servit comme capitaine de grenadiers, et, en 1793, commanda 8,000 grenadiers à l'armée d'Espagne, sans vouloir accepter ou prendre le titre de général. La Tour-d'Auvergne apprit à l'infanterie l'art de se servir de la baïonnette, auparavant négligé, et qui depuis décida tant de combats à l'avantage des troupes françaises si supérieures dans l'emploi de cette arme; il exposa chaque jour sa vie, que le canon respecta toujours; eut son chapeau et ses habits criblés de balles, et ne reçut aucune blessure : il se signala particulièrement à la retraite d'Ustariz, lors de la prise de Saint-Sébastien et de la batterie espagnole, en-deçà de la Bidassoa; il fit lui-même toutes les reconnaissances, et inspira si vivement sa bravoure à l'avant garde qu'il menait au combat, que cette colonne, appelée l'*infernale*, décidait presque toujours la victoire avant le mouvement du corps d'armée. Tous les traits de son courage ne peuvent être cités ici. On le vit, un jour, à l'affaire d'Andaye, s'avancer seul vers une église isolée dans la campagne, où les ennemis s'étaient réfugiés, et en briser les portes à coups de hache. Après la paix de Bâle, il s'embarqua en Bretagne; fut fait prisonnier par un corsaire anglais; défendit la cocarde nationale, en l'enfonçant jusqu'à la garde de son épée, menaçant les ennemis de la pointe; resta un an sur les pontons, et revint en France, se fixer à Passy, près de Paris, où il employa ses loisirs à des travaux d'antiquités nationales, jusqu'au moment où la guerre se ralluma. Il partit alors pour l'armée d'Helvétie, commandée par Masséna, y remplaça un conscrit, fils de son ami Lebrigant, et montra toujours la même intrépidité. En 1800, Bonaparte, premier consul, lui offrit un grade supérieur; la Tour-d'Auvergne refusa. Ce fut alors qu'il reçut le beau surnom de PREMIER GRENADIER DE FRANCE, et le don solennel d'un sabre d'honneur; il refusa encore la pension attachée à cette distinction militaire. Ce désintéressement, si noble, si constant, a quelque chose d'antique, qui agrandit l'homme à ses propres yeux. Il refusa de porter le sabre d'honneur, *avant*, écrivait-il à un de ses amis, *de l'avoir montré de près à l'ennemi*. La Tour-d'Auvergne reprit du service dans la 46ᵐᵉ demi-brigade, à l'armée du Rhin, et fut tué, le 27 juin 1800, à la bataille de Neubourg. Il marchait aux premiers rangs, le sabre levé, quand un hulan lui perça le cœur de sa lance. Sa sépulture et son tombeau furent dignes de lui : son corps fut enseveli au champ d'honneur, et des branches de chêne et de laurier en marquèrent la place. Avant de confier à la terre les restes de cet homme illustre, un grenadier le retourna, et dit : «Jamais » il n'a tourné le dos pendant sa » vie : plaçons-le dans le tombeau » comme il était sur le champ de » bataille. » L'orateur, l'oraison funèbre étaient dignes du héros. Là, où il était tombé, on lui éleva un cénotaphe, avec cette inscription : *A la mémoire de la Tour-d'Auvergne, premier grenadier de France, tué le 27 juin 1800*. Le général Dessoles rendit à cette glorieuse mémoire un hommage plus durable encore : il ordonna que sa place resterait vacante, et que son nom serait conservé dans la dernière compagnie où il avait servi; chaque fois qu'on en faisait l'appel, au nom de la Tour-d'Auvergne, une voix répondait : *Mort au champ d'honneur*. Son cœur, embaumé, était porté en tête de la compagnie par le premier sergent: honneur nouveau, et dont l'antiquité religieuse, dans son patriotisme, n'offre point d'équivalent. Lebrigant, ami de la Tour-d'Auvergne, lui avait inspiré le goût des antiquités celtiques. Pendant son séjour à Passy, le *premier grenadier de la république* composa un *Glossaire de quarante-cinq langues*, un *Dictionnaire français-celtique*, et un *Traité des origines gauloises*. Dans ce dernier ouvrage, le seul qu'il ait publié, on trouve une érudition profonde, une investigation infatigable, mais peut-être une trop grande hardiesse dans les hypothèses. Les traits de courage et les belles actions abondent dans la vie de cet homme célèbre. Désintéressé et modeste comme un de ses célèbres contemporains, le savant *Anquetil-Duperron*, il supportait la pauvreté avec un rare courage, et la préférait à une opulence qui eût pu altérer la simplicité de ses mœurs. Le ministre de la guerre lui offrit 400 écus, à son retour d'Angleterre; il prit 120 francs, et dit : « Si j'ai de » nouveaux besoins, je reviendrai. » Il portait dans les camps la sobriété d'un Spartiate. Il refusa les dons du prince de Bouillon, comme il avait refusé ceux du roi d'Espagne et du premier consul Bonaparte. Il garda constamment le ton de la franchise et de la dignité républicaines. « Je » vous offre mon crédit, lui dit un » représentant du peuple. — Je » l'accepte. — Eh bien! voulez-» vous un régiment? — Non, je » veux une paire de souliers. »

AUVRAY (Louis-Marie), fut tour à tour militaire et administrateur, et obtint un succès égal dans ces deux carrières, qui semblent demander des qualités différentes. Né le 12 octobre 1762, secrétaire à l'intendance de Paris, au commencement de la révolution, il entra au service, comme capitaine de la garde nationale parisienne, et passa dans l'armée active, où il ne tarda pas à se distinguer. Chef de bataillon dans le 104.me régiment, il devint bientôt colonel du 40.me régiment de ligne, et, après quelques années, se retira de la carrière militaire, à cause de nombreux désagrémens qu'on lui fit éprouver. Nommé, après le 18 brumaire, préfet de la Sarthe, il fut bon administrateur, veilla constamment aux intérêts de ses administrés, refusa la place de membre du corps-législatif, et resta préfet jusqu'en 1814. Il rentra à cette époque au service, devint maréchal-de-camp, et fut nommé chevalier de Saint-Louis, le 13 août 1814. Pendant l'administration de sa préfecture; il publia une *Statistique* estimée du département de la Sarthe.

AVARAY (BÉZIADE, MARQUIS D'), pair de France, fut député en 1789, aux états-généraux, par la noblesse d'Orléans; mais il ne se fit point remarquer. Membre de l'assemblée constituante, il fit la proposition de mettre la déclaration des devoirs du citoyen à côté de celle des droits de l'homme. Il signa ensuite les diverses protestations dressées par la minorité contre les principaux actes de cette assemblée, sous les dates des 24 juin et 6 octobre 1790, 30 mars, 4 mai, 29 juin, 31 août, 15 et 29 septembre 1791. Il émigra peu de temps après et se réfugia en Allemagne. A l'époque de la première restauration, en 1814, le roi donna au marquis d'Avaray la charge de maître de sa garde-robe, exercée antérieurement par le comte d'Avaray, son fils. Jusqu'en 1792, le marquis d'Avaray avait été maître de la garde-robe de *Monsieur*, aujourd'hui Louis XVIII. S. M. l'appela aussi à la chambre des pairs créée par ordonnance du 17 août 1815. Le 3 janvier 1816 il fut nommé au conseil d'administration de l'Hôtel-des-Invalides.

AVARAY (LE COMTE D'), fils du précédent, et colonel du régiment de Boulonnais à l'époque de la révolution, favorisa, par sa présence d'esprit, l'émigration de *Monsieur*, frère de Louis XVI. Ce prince était arrivé à Maubeuge avec le comte d'Avaray, pour se rendre à Mons : mais on ne pouvait obtenir de chevaux de poste qu'en présentant des passe-ports. M. d'Avaray feignit d'avoir négligé cette formalité, et prétexta, pour s'excuser, la précipitation avec laquelle il avait été obligé de partir en apprenant que sa sœur, chanoinesse à Mons, était dangereusement malade. Il ajouta que le moindre retard lui faisait craindre de ne plus la trouver vivante, et pria le maître de poste de le faire conduire en toute hâte par des chemins détournés, promettant de récompenser généreusement cet acte d'obligeance. Cet homme fournit des chevaux, et le comte d'Avaray, ainsi que *Monsieur*, continuèrent leur route; ils arrivèrent à Mons dans le milieu de la nuit. Le prince, en reconnaissance de ce service, nomma M. d'Avaray capitaine de ses gardes, et, après la mort de son neveu (Louis XVII), il le fit capitaine de ses gardes, comme roi de France, et l'un de ses ministres. Ce prince autorisa en outre la famille d'Avaray à placer l'écu de France dans ses armes, avec cette devise tirée de Virgile: *Durum facit pietas iter.* Le comte d'Avaray ayant quitté le château d'Hartwel, et s'étant rendu à Madère (où il est mort en 1810), il fut remplacé par M. le comte de Blacas dans les fonctions de maître de la garde-robe.

AVARAY (N.), frère puîné du comte, officier dans les chevau-légers en 1815, a eu, depuis, un commandement dans le département de Loir-et-Cher.

AVELLONI (FRANÇOIS), est un de ces auteurs dont la critique rigoureuse ne croit pas devoir sanctionner les succès populaires. On lui accorde l'art de combiner les événemens, d'animer son récit ou son dialogue, et d'inventer des situations frappantes. On ne lui refuse ni fécondité, ni une certaine simplicité d'expression : mais les sujets que sa plume a traités sont romanesques, et son genre est sombre : ce qui le fait reléguer par la critique parmi les auteurs de mélodrames. Né à Véronne, en 1756, il a commencé par suivre en Italie la carrière misérable d'un comédien ambulant; puis, ayant épousé une actrice spirituelle, jolie et célèbre, il a débuté avec succès, comme auteur, dans la carrière dramatique. Les Italiens du 19me siècle, qui semblent revenir en littérature au goût du genre sombre et terrible, et aux idées du Dante, ont accueilli favorablement ses productions, plus larges, plus pathétiques, que correctes et régulières. Elles se sont multipliées sous sa plume avec une rapidité étonnante. Son meilleur dramé, *Jules Willenvel, ou l'Assassin,* a été composé en quinze jours, et le 5me acte en une seule nuit (1780). Dans sa *Lanterne magique,* et dans sa comédie intitulée *Mauvaise tête et bon cœur,* il a fait preuve, non de cette finesse d'observation qui appartient aux Molière, aux Goldoni, mais d'un talent propre à rapprocher habilement les mœurs et les contrastes de la société avec ceux de la nature, et à tracer avec fermeté un caractère bizarre, mais énergique. Imitant Shakespeare, et faisant revivre l'histoire dans des tableaux pleins de mouvement et d'expression, il a divisé en trois parties le règne de Henri IV: ce sont des portraits assez fidèles, mais où les caractères particuliers sont moins bien observés que les mœurs du temps. On y retrouve le vainqueur d'Ivry, mais non l'ami de Sully, l'amant de Gabrielle : la valeur, la loyauté du héros sont conservées; on cherche en vain la franchise et la naïve bonté du roi populaire. Il était réservé à un Français (Collé), de peindre Henri IV dans quelques situations de la vie privée, et de montrer, sans le dégrader, le vainqueur de Paris à la table du meunier Michaud. Cependant les trois drames d'Avelloni sont intéressans, et ont été applaudis comme presque tous les autres ouvrages du même auteur. Au milieu de ces succès, que les journalistes d'Italie, interprètes du goût, réprouvent en vain, Avelloni ne possédait, en 1813, à Venise, qu'une très-médiocre fortune.

AVENAY (N. D'), colonel du 6me régiment de cuirassiers, fit la campagne de 1809. On a retenu de lui un mot bien triste à l'oreille d'un philosophe, et que couvre à peine de son charme la brillante illusion de la gloire militaire. Après la bataille de Friedland, où il s'était distingué, d'Avenay montrant au grand-duc de Berg (Murat) son sabre dégouttant de sang: « Faites la revue de mon régi- » ment, dit-il au prince; vous ne » trouverez pas un soldat dont le » sabre ne soit aussi rouge que le » mien. » M. d'Avenay fut nommé général de brigade, fit la campagne d'Espagne en 1808, et se distingua surtout à Prieros, le 5 janvier 1809. Le 3 août 1814, il reçut la croix de Saint-Louis.

AVERDY (CLÉMENT-CHARLES), devenu ministre, reçut de ses flatteurs l'addition de deux particules nobiliaires, et s'appela *de l'Averdy;* bientôt les généalogistes courtisans allèrent plus loin: son nom, dénaturé en *Della Verdi,* fut celui d'une des plus nobles et des plus anciennes familles d'Italie. Quoi qu'il en soit, doué de talens réels et d'une âme philanthropique, il paya d'abord de son repos, de son honneur, de son bonheur, puis enfin de sa tête, le plus court des ministères, exercé avec des intentions pures. L'Averdy naquit à Paris en 1720, et montra, comme conseiller au parlement, du désintéressement et de la probité. En 1763, la protection de Mme de Pompadour, qui créait des généraux et des ministres, fit nommer l'Averdy ministre d'état et contrôleur-général des finances. Sa réputation sans tache promettait un administrateur éclairé, désintéressé, prudent : on espéra trop d'un homme qui, au milieu des circonstances les plus difficiles, n'apportait que du zèle, de la probité, et une timidité extrême. Trop judicieux pour ne pas apercevoir les vues de l'autorité, trop faible pour leur résister, mais trop sincère pour ne pas les réprouver hautement, il s'attira la double animadversion du peuple qu'il défendait avec peu d'énergie, et de la cour à laquelle il ne se dévouait pas entièrement. Des pamphlets sans nombre l'attaquèrent. Les chansons satiriques furent prodiguées contre cet homme qui n'avait ni l'esprit de la cour, ni celui de sa place; qui ne savait ni s'enrichir des deniers publics, ni s'opposer au torrent des déprédations, et qui fit tout mal, même le bien. Il répondit à ces attaques, les plus terribles de toutes dans un pays où l'esprit est tout-puissant, et où le ridicule tue, par l'édit de décembre 1764, qui défend de rien publier concernant l'administration des finances. L'Averdy vit s'établir sous son ministère, cet odieux monopole des grains, et ces entrepôts de Jersey et Guernesey, qui ne furent pas les causes les moins immédiates de la révolution. Il s'opposa à tout, n'empêcha rien, et fut remercié. A peine rentré dans sa solitude de Gambais, le public et les courtisans se réunirent pour l'accabler. On le dépouilla tout à coup, et de sa noblesse empruntée et de ses talens réels, et du bien qu'il avait désiré et de celui qu'il avait fait. « Car il en avait fait, dit Voltaire. » On lui doit, ajoute ce grand » homme, la liberté du com- » merce des grains, celle de l'exer-

»cice de toutes les professions, la
»noblesse donnée aux commer-
»çans, la suppression des recher-
»ches du centième denier; après
»deux années, les priviléges des
»corps de villes, l'établissement de
»la caisse d'amortissement. Trop
»souvent le public est injuste et
»ingrat.» L'Averdy se consola de
l'ingratitude et de l'injustice de la
plus grande partie de ses concitoyens, en se livrant, dans sa retraite, à la littérature, à l'agriculture et aux expériences rurales.
Cependant, la révolution l'attei-
gnit, le frappa; il fut condamné
à mort comme complice des mo-
nopoles exercés sous son ministère, et comme ayant voulu affa-
mer le peuple en faisant jeter des
grains dans un des bassins de
Gambais. Le vieillard repoussa
ces ridicules accusations avec dignité, et marcha au supplice en
octobre 1794, en consolant un de
ses compagnons d'infortune. Triste et noble fin d'un solitaire de
soixante-dix ans! Les ouvrages
suivans lui avaient ouvert les portes de l'académie des inscriptions:
Code Pénal, 1752; *de la pleine
souveraineté du roi sur la province de Bretagne*, 1765; *Mémoire sur le procès criminel de
Robert d'Artois, pair de France*. Il publia ensuite: *Expérience de Gambais, sur les blés noirs
ou cariés*, 1788; *Tableau général et méthodique des ouvrages
contenus dans le recueil des Mémoires de l'Académie des inscriptions, depuis sa naissance jusques
et compris* 1788; 1791.

AVERSBERG-TRANSTON
(CHARLES, PRINCE D'), né en octobre
1750, après avoir acquis dans les
camps une réputation honorable,
fut chargé, en 1792, d'aller annoncer, aux cours de Berlin et de
Dresde, le couronnement de François II, et reçut à cette occasion,
du roi de Prusse, une tabatière
de 30,000 francs. En 1793, les
Français qui occupaient les Pays-
Bas, le firent prisonnier, et la convention décréta qu'il servirait d'o-
tage aux commissaires que Dumouriez venait de livrer aux Autrichiens. En 1795, il fut échangé, et il lui fut donné ordre de se
rendre dans la partie de la Pologne échue à la maison d'Autriche, et d'y recevoir l'hommage
des nouveaux sujets de S. M. En
décembre 1796, le prince d'Aversberg-Transton fut nommé capitaine de la garde des trabans,
et en 1805, commandant de Vienne. Joachim Murat s'avançait à
la tête de l'avant-garde de l'armée française; le commandant
reçut l'ordre de brûler tous les
ponts à son approche; mais, trop
confiant dans les insinuations de
Murat, il crut la paix faite, ou
prête à se faire, épargna les ponts,
ouvrit ainsi le passage aux troupes françaises, et fut cause de
leur victoire. A la fin de la campagne, le prince d'Aversberg-
Transton fut traduit devant une
commission militaire, qui le dégra-
da, le priva de tous ses ordres, excepté de celui de la Toison-d'Or,
et le jeta en prison. Cependant
l'empereur adoucit sa peine, et
changea sa prison en exil. Il vécut
paisiblement dans ses terres, jusqu'en 1809. Alors, employé de
nouveau, mais dans un grade secondaire, il crut devoir effacer la
tache imprimée à sa gloire, et se

battit vaillamment à Wagram, où il fut pris les armes à la main.

AVICE (LE BARON), maréchal-de-camp, entra au service en 1779, dans un régiment de dragons, devint capitaine, en 1792, et fut nommé, l'année suivante, colonel de hussards. Il servit long-temps en cette qualité aux armées du Nord, du Rhin, de la Vendée et d'Italie; se distingua dans plusieurs affaires d'avant-garde, et entre autres à la reprise des lignes de Wissembourg, où il enleva, sous les yeux du général Férino, la redoute de Berchem. En 1797, il fut blessé sous les murs de Kehl, et développa, en l'an 9, beaucoup de courage au passage du Mincio. En 1811, il prêta serment à l'empereur, comme général de brigade, et fut envoyé, peu après, à l'armée des Pyrénées, qu'il quitta pour faire partie du 3ᵐᵉ corps de cavalerie de la grande armée. En 1813, il fut promu au grade de général de division, et nommé par le roi, en 1814, Commandeur de la légion-d'honneur et chevalier de Saint-Louis. Le baron Avice commandait le département de l'Oise, lors de la seconde invasion des alliés en 1815, époque à laquelle il fut mis à la retraite.

AVILA (DON JUAN D'), avocat espagnol, l'un des membres des cortès et peu digne de siéger au milieu d'eux, s'est distingué par la servilité de son éloquence. Une faveur éclatante et une haute fonction dans le barreau furent le prix honteux de ses longs discours, où toute liberté, toute légalité, tout ce que les hommes ont de plus sacré parmi leurs droits naturels, était constamment foulé aux pieds. En 1814, on vit cet apologiste du pouvoir absolu s'opposer à l'établissement ou du moins à l'essai d'une constitution en Espagne. « Ce serait, disait d'Avila, imposer des bornes à l'autorité royale. » Voici son argument le plus remarquable et le plus fréquent: *Le peuple espagnol s'est armé pour soutenir les droits de Ferdinand:* ce qui est faux; il s'est armé pour revendiquer ses propres droits. *Or, les droits de Ferdinand sont devenus les siens; donc, chercher à limiter les droits du roi, c'est attaquer les droits de la nation.* Logique facile et commode, dont les Quiroga, les Riégo, etc., ne semblent cependant pas avoir apprécié toute l'excellence.

AVISSE, aveugle et poète, perdit la vue en parcourant les côtes d'Afrique, où il s'était rendu dans l'espoir d'acquérir des connaissances et de la fortune. De retour en France à l'âge de 18 ans, Avisse, à l'aide d'un lecteur, continua ses études et se fortifia dans l'art de faire des vers. Il occupa pendant quelque temps une place de professeur de grammaire, aux appointemens de 800 francs, qui ne suffisaient pas à ses besoins. C'est pour obtenir quelque adoucissement à son sort qu'il adressa au premier consul une requête, où il lui dit assez gaiement:

Il est plaisant ce boulanger farouche,
Qui ne sourit que les jours de paîment,
Et qui permet que mon malheur le touche
Quand il a touché mon argent.
Jeune et sage héros, ne crois point que je raille,
Je serais homme à t'envoyer ma taille.
Dans la douleur qui m'accable aujourd'hui,
Je m'adresse au consul suprême;
Eh bien! j'écrirais à Dieu même,
Si la poste allait jusqu'à lui

M. Dampierre a recueilli, en un volume in-8°, et publié au profit de la veuve d'Avisse, mort au commencement du 19ᵉ siècle, les œuvres diverses de ce poète, parmi lesquelles on remarque des fables intéressantes et une comédie. la *Ruse d'aveugle*, dont il a été fait plusieurs imitations.

AVOYNE - CHANTEREYNE (Victor), né le 22 juin 1762. Il exerçait, à Paris, la profession d'avocat, en 1789, et pendant les premières années de la révolution, il remplit différentes fonctions administratives dans le département de la Manche. Il devint ensuite substitut du procureur-général près la cour d'appel de Caen, et enfin, premier avocat-général en la même cour. En 1813, il fut nommé membre du corps-législatif, pour le département de la Manche. Le projet de M. Raynouard, au mois d'août 1814, excita une sainte fureur chez M. Avoyne-Chantereyne. « Sans doute, dit-il, l'immense » majorité des français veut le » maintien des institutions actuel-» les; mais n'avons-nous pas vu » souvent une minorité turbulen-» te entraîner à force d'audace » une majorité *saine et pure?* N'a-» vons-nous pas vu surtout les sui-» tes funestes de la liberté de la » presse? Ces temps d'orage sont » passés, nous devons espérer » qu'ils ne reviendront plus; mais » il faut que de sages précautions » en rendent le retour impossible. » Croyons à la pureté d'un gou-» vernement qui connaît mieux » que chacun de nous l'état-géné-» ral de la France. » Il appuya le projet présenté par les ministres pour la censure, fit, le 8 octobre, un rapport, et proposa l'ordre du jour sur la demande de mise en liberté de l'imprimeur Dentu, et de quelques libraires arrêtés pour la vente d'une brochure extraite du *Moniteur* de 1797, attendu que cet ouvrage outrageait *ce que la France a de plus auguste, de plus cher et de plus sacré.* Le 17 du même mois, il proposa de proroger pour un an les délais accordés par la loi du 6 brumaire an 5, aux militaires et aux employés de l'armée par rapport aux actions de leurs créanciers sur leurs biens immeubles. Le 22 décembre, il vota en faveur du projet de loi des ministres pour la réduction des membres de la cour de cassation, en disant que telle était la volonté du roi pour l'existence de cette cour. Il accusa M. Flaugergues d'avoir manifesté dans son rapport un esprit de défiance, et parla encore dans le cours de cette session sur des questions d'une moins grande importance. Il fut décoré de la croix de la légion-d'honneur en novembre 1814. En 1815, il fut choisi pour présider le collége électoral de l'arrondissement de Cherbourg. En 1816, il fut nommé à la chambre des députés, par le département de la Manche, vota, dans la session de 1817 à 1818, pour la contrainte par corps, même contre les *septuagénaires*, prétendant que cette mesure était une garantie contre la surprise et la fraude, et qu'elle n'était pas contraire à la liberté individuelle. Dans la session de 1818 à 1819, il s'inscrivit pour la responsabilité des ministres, et dans la discussion sur le budget, il sollicita une augmentation de 5 millions pour le ministère de la marine. M. Avoyne-Chantereyne a encore parlé différentes fois; mais la pétition des élèves de l'école de droit, qui demandaient que M. Bavoux fût rendu à leurs cours, pétition dont il fut le rapporteur, l'a mieux fait connaître que tout ce qu'il avait dit jusqu'alors. Il proposa l'ordre du jour, motivé sur ce que M. Bavoux était en état d'accusation; sur ce que l'examen de sa conduite appartenait au gouvernement, et non à la chambre; enfin, sur ce que cette pétition avait été précédée par des désordres qui empêchaient la chambre de l'accueillir. Malgré l'opposition des plus courageux et des plus illustres défenseurs de nos libertés, la chambre adopta les conclusions du rapporteur. M. Avoyne-Chantereyne n'a point cessé de siéger au centre, et de voter dans l'intérêt du ministère. Il a été nommé, en 1820, conseiller à la cour de cassation.

AVRIGNY (C. J. L. LOELLIARD D'), homme de lettres, a consacré un talent peu vulgaire, à chanter la patrie, long-temps regardée en quelque sorte comme hors du domaine poétique. Depuis la renaissance des lettres, les héros, les mœurs de la Grèce et de Rome, étaient presque seuls en possession de notre scène tragique, où Voltaire, dans le dernier siècle, avait fait entendre les premiers noms français. La nullité, désespérante en beaucoup de points, d'une histoire plus abondante en anecdotes, en faits particuliers, qu'en traits dignes de l'épopée ou de la muse tragique, avait porté nos grands poètes à puiser, chez les anciens ou chez les étrangers, des sujets capables d'inspirer leur génie. La France, au milieu de sa gloire littéraire, semblait avoir oublié la France, qui produisit les Clovis, les Charlemagne, les Henri, les Charles IX, et tant d'autres personnages illustres ou fameux par leurs vertus ou leurs crimes. Dans ces derniers temps, quand du sein des orages d'une révolution (la plus mémorable qui ait jamais existé et qui restera unique même dans les siècles à venir), l'esprit national s'est développé, la littérature a pris un caractère nouveau, plein d'énergie et de patriotisme. Le nom de M. d'Avrigny se présente honorablement parmi ceux de nos poètes qui ont osé *célébrer les faits domestiques* (*celebrare domestica facta*, Hor.). Ses *poésies nationales*, mentionnées par le jury des prix décennaux, suffisaient pour lui mériter les honneurs académiques, qu'un ouvrage plus important (la tragédie de *Jeanne-d'Arc*), n'est pas encore parvenu à lui faire obtenir. M. d'Avrigny est né à la Martinique, vers 1760. Après un séjour de quelques années à Montpellier, il vint à Paris, s'y fixa, et y épousa, au commencement de la révolution, la célèbre cantatrice, Mlle Regnault aînée. Il avait concouru, en 1778, pour le prix de poésie de l'académie française. Le prix n'ayant pas été décerné, la pièce de M. d'Avrigny fut mentionnée honorablement dans le rapport; le sujet proposé était : *Prière de Patrocle à Achille*. Son coup d'essai dramatique fut un opéra-comique-imbroglio, intitulé: *les Brouilleries* (1789), dont Lebreton fit la musique, et dont l'intrigue sembla péniblement compliquée. Il fit ensuite, pour les théâtres de Feydeau et du Vaudeville, des pièces qui eurent du succès. On remarque le *Mariage de la veille*, musique de Jadin (1797), et les *Deux Jockeys* (1798), à Feydeau; *la Lettre*, au Vaudeville; *Doria, ou la Tyrannie détruite*, opéra (avec Legouvé); *l'Homme et le malheur* (1793); *le Négociant de Boston; la Supercherie par amour* (1794). Dans les premières années du gouvernement impérial, M. d'Avrigny devint chef de bureau au ministère de la marine. Il publia ses *poésies nationales*, et quelques odes, également estimées, sur les événemens du temps. Son poëme intitulé la *Navigation moderne, ou le Départ de La Peyrouse*, se distingue par l'élégance et la correction d'un style poétique. On compte parmi nos meilleurs morceaux d'histoire, son *Tableau historique des commencemens et des progrès de la puissance britannique dans les Indes-Orientales*, inséré dans l'*Histoire de Mysore*, par M. Michaud. Enfin sa tragédie de *Jeanne-d'Arc*, qui a paru sur la scène avec beaucoup d'éclat, et a mérité à beaucoup d'égards le succès brillant qu'elle a obtenu, mais dont il serait injuste de refuser une part à l'actrice admirable a qui le rôle de Jeanne-d'Arc est confié. (*Voyez* Duchesnois.) Il est fâcheux d'ajouter que M. d'Avrigny est un des censeurs chargés de l'examen préalable des pièces de théâtre.

AVRIL (N.), maréchal-de-camp, était général dans l'armée révolutionnaire, commandée par Ronsin. Après l'exécution de celui-ci et la dissolution de son corps d'armée, le général Avril prit, avec les officiers et les soldats qui voulurent suivre son exemple, du service dans les troupes de la république, alors dans le Morbihan. En 1794, il fut employé à l'armée des Côtes-de-Brest, dont il commanda une division. Il continua de se battre contre les Vendéens jusqu'en 1790, et eut, dans le mois de janvier de cette année, des succès signalés sur eux aux forges de Cossé. Après la pacification du pays, il y resta comme employé dans la 11me division militaire, et fut, en 1804, décoré du titre de commandant de la légion-d'honneur. A la fin de l'année 1812, Le général Avril prit le commandement d'une brigade de la garde nationale, au nom de laquelle il demanda à Napoléon l'honneur d'être incorporé dans la ligne pour partager les périls de la grande-armée.

AYMARD (N.), chef de bataillon du 8me régiment de ligne, fut nommé le 25 février 1807, colonel du 32me. Sa bravoure le fit remarquer en plus d'une circonstance. Après la bataille d'Eylau, il passa en Espagne avec son régiment, donna de nouvelles preuves de courage au combat de Riol-Amenzara (4 décembre 1810); et à celui de Baza (17 avril 1812), et devint général de brigade. Malgré la résistance opiniâtre d'un ennemi aguerri et nombreux, il emporta le défilé de Wathou, position importante (10 octobre 1813), revint en France, et fut employé dans la grande armée; la relation du combat livré le 11 janvier 1814 aux Prussiens, le cite avec éloge. Le 13 août, même année, il fut nommé chevalier de Saint-Louis..

AYMÉ (LE BARON), commandant de l'ordre des Deux-Siciles, chevalier de la Couronne-de-Fer, aide-camp du roi Joachim, est né dans le département des Deux-Sèvres; son père était président du tribunal de commerce. A l'époque où l'émigration causa dans le corps du génie une disette de sujets qui se fit long-temps sentir, Aymé, ingénieur des ponts et chaussées, y fut admis. Il fit les campagnes d'Italie et celle d'Égypte. Il se distingua particulièrement au siége de Jaffa, et à celui de Saint-Jean-d'Acre, où il fut blessé. Il servit avec la même distinction sous le maréchal Lefèvre, à Dantzick, comme adjudant-général du génie. Il prit part à la conquête de Naples, fut nommé (14 mai 1807) officier de la légion-d'honneur, servit en Espagne sous Murat, se distingua (10 janvier 1809) à Cuença, et revint près de ce prince un an après son élévation au trône de Naples. Nommé successivement aide-de-camp, maréchal-de-camp, lieutenant-général, puis chef d'état-major, par le nouveau souverain, il tomba dans sa défaveur, quand Murat se joignit à la coalition contre Napoléon. Un autre chef d'état-major fut nommé, et une mission éloigna du prince, le général Aymé. En 1815, il vint à Gênes avec sa famille, et obtint un passeport du gouvernement Sarde pour Marseille. Il ne faisait qu'obéir à l'ordonnance royale du 16 décembre, qui enjoignait à tout Français de quitter à l'instant le service d'une puissance étrangère. Il a épousé, à Naples, la fille aînée du prince Caramanica, d'une des plus illustres familles de ce royaume. Le général Aymé à repris son grade de lieutenant-général dans l'armée française.

AYMÉ (JACQUES), frère du précédent, officier de la légion-d'honneur, entra au service à l'époque de la révolution. Il fit la guerre dans la Vendée en qualité de capitaine; un coup de feu qu'il reçut au travers du corps l'obligea de prendre sa retraite. Compatriote du général Murat, il fut attaché à l'expédition d'Égypte dans la partie administrative. Le mauvais état de sa santé l'obligea bientôt de repasser en France. Au retour du général Murat, M. Aymé fut placé auprès de lui en qualité de secrétaire, et le suivit en Espagne; il devint intendant-général de sa maison, quand il fut nommé grand-duc de Berg. Lorsque ce prince monta sur le trône de Naples, M. Aymé fut décoré du grand-cordon de l'ordre des Deux-Siciles, et joignit au titre de conseiller-d'état celui de premier chambellan du roi. De retour en France, il fut arrêté sur une dénonciation relative aux affaires d'Espagne, et conduit au château de Vincennes, où il fut détenu un mois. En 1814, M. Aymé épousa une des filles de M. Dandré, alors directeur-général de la police du royaume, et à présent directeur-général des domaines de la couronne.

AYMÉ (JEAN-JACQUES), ou JOB AYMÉ, né à Montelimart, avocat au commencement de la révolution, procureur-général-syndic du département de la Drôme, dont il fut le représentant au conseil des cinq-cents, en septembre 1795, se vit, trois mois après cette nomination, dénoncé dans deux séances consécutives, par Génissieux et Goupilleau de Montaigu, comme protecteur des royalistes du midi, des prêtres séditieux, et comme l'un des chefs des *compagnies de Jésus et du soleil*. Job Aymé, qui n'avait pu obtenir la parole dans la première séance, se défendit dans la seconde, avec beaucoup de mesure et de modération, nia les faits qui lui étaient imputés, protesta de son attachement à la république, et demanda à être jugé dans les formes constitutionnelles. «J'ai » cherché à défendre ma vie et ma » liberté, dit-il en terminant; quel » que soit mon sort, je saurai le » supporter, ayant toujours vécu » sans crime. Je ferai même des » vœux pour le salut et la prospé- » rité de la république. » L'attaque et la défense donnèrent lieu à de vives altercations, et Wonsen (suivant le *Moniteur*), ou Treilhard (suivant d'autres renseignemens), proposa et fit adopter son exclusion de l'assemblée et son incapacité à remplir aucune fonction législative jusqu'à la paix. Plusieurs adresses de félicitations sur cette mesure furent envoyées au conseil, où, cependant, mais seulement dix-huit mois après, sur la proposition de Dumolard et de Pénières, il rentra et fut nommé presque aussitôt secrétaire. Usant de l'influence qu'il avait acquise, il provoqua la mise à exécution du décret de déportation rendu contre Barrère et Verdier; vota un message au directoire afin de connaître l'âge de Barras, que Villot prétendait n'être pas celui qu'exigeait la constitution; s'opposa à la célébration de la fête du 9 thermidor, et demanda qu'à l'avenir il n'y eût de reconnue que celle du 1ᵉʳ vendémiaire. Inscrit sur la liste des députés qui devaient être déportés par suite de la journée du 18 fructidor, il sut, en se cachant, éviter d'être compris dans le premier transport que l'on fit de ses infortunés compagnons; mais, quatre mois après, il ne put échapper à celui qui suivit, ayant été arrêté aux barrières au moment de quitter Paris. Un arrêté des consuls du 26 décembre 1799 (5 nivôse an 8), le rappela; il fut mis en surveillance à Dijon, et publia un Mémoire sur la déportation. Le gouvernement le nomma, en l'an 10, grand-juge de la nouvelle colonie qui devait être formée à la Louisiane. En 1804, il fut nommé directeur des droits-réunis, dans le département du Gers; il changea depuis cette direction contre celle du département de l'Ain, qu'il occupait encore en 1816.

AYRAL, médecin, nommé en septembre 1792, député à la convention nationale par le département de la Haute-Garonne, a parcouru sans éclat une carrière législative de fort peu de durée. Dans le procès de Louis XVI, il fut du nombre des membres qui votèrent l'appel au peuple, la mort et contre le sursis. Après la session, il retourna dans son département, et ne prit aucune part aux affaires publiques. On ne sait s'il vit encore.

AYSCOUGH (SAMUEL), né à Nottingham vers 1740, reçut une bonne éducation, mais devint garçon meunier par suite des revers qui détruisirent la fortune de son père. Rappelé à Londres, en 1770, par un homme généreux qui avait fait avec lui ses études, il fut placé par les soins de cet ami au muséum britannique. Studieux, assidu et complaisant, il vit son emploi devenir tous les jours de plus en plus productif, et parvint à la place de bibliothécaire adjoint. Il acquit de l'aisance, entra dans les ordres, et obtint un bénéfice. Les ouvrages qu'il a laissés sont des compilations utiles et exactes. Il a mis en ordre *les registres de la tour de Londres*, le *Catalogue des manuscrits du museum*, a fait *l'index* de plusieurs ouvrages périodiques, et celui de *Shakespeare*, le plus précieux de tous. Ses *Remarques sur les lettres d'un fermier américain*, ont produit peu de sensation. Il est mort vers 1790.

AZAÏS (PIERRE - HYACINTHE). Le créateur de ce système philosophique, où l'homme et ses facultés sont donnés pour des excroissances fortuites, pour le *développement spontané d'une mousse*, se rangera-t-il parmi les saints apôtres de la religion et des mœurs de nos pères? Le partisan enthousiaste de Napoléon, empereur, sera-t-il admis dans les rangs ultra-royalistes? Et l'écrivain ministériel, l'homme dont la plume trop féconde a inondé la France de brochures sur tous les sujets à l'ordre du jour, sera-t-il classé parmi les libéraux? M. Azaïs est né le 1er mars 1766, à Sorèze. Élève de la célèbre école de cette petite ville, il devint doctrinaire, et s'attacha quelque temps, en qualité de secrétaire particulier, à l'évêque d'Oléron: sans doute il puisa dans l'esprit de cet emploi et dans sa première éducation, les principes auxquels nous l'avons vu si courageusement revenir. A peine la révolution éclata-t-elle, qu'il en adopta toutes les idées avec ferveur. On le vit bientôt les désavouer en partie, appuyer le stérile mouvement du 18 fructidor, et, condamné par le tribunal d'Albi, se réfugier à Tarbes, dans l'hospice des sœurs de la charité. Apparemment la vocation de M. Azaïs pour les conceptions systématiques, était forte et décidée. La généreuse hospitalité dont il était l'objet, lui inspira cette *théorie des compensations*, dont il est venu ensuite étonner Paris; sa reconnaissance enfanta des doctrines, que sa retraite paisible lui permit de coordonner et de polir. Peu de temps après, son arrêt fut annulé par le tribunal qui l'avait prononcé. Rendu à la liberté, il passa à Bagnères, où l'on dit qu'il composa son *Système Universel*. Il avait 40 ans et n'avait encore rien publié. Paris, hors duquel il n'est pas de réputation pour les gens de lettres, l'attira; il y donna, en 1806, un *Essai sur le Monde*, qui devait servir comme de programme au *Système Universel*. Devenu professeur d'histoire et de géographie au prytanée de Saint-Cyr, il écrivit à l'empereur une lettre imprimée sous ce titre : *Discours sur la vérité universelle;* une des vérités de ce discours, c'était que, *par droit de force et de génie,* S. M. avait eu raison *de prendre le premier sceptre de la terre.* D'ailleurs, depuis long-temps on n'avait pas vu de système plus hétérodoxe, proclamé d'une voix aussi prophétique. M. Azaïs ne suivit pas le prytanée dans sa translation à la Flèche, et revint à Paris publier ses *Compensations.* Plus cet ouvrage s'écartait par le plan et le style, du goût et des lumières de notre siècle, plus il fit de bruit ; le temps fera juger si c'était, de la part de l'auteur, le fruit d'une singularité systématique, ou celui d'un mérite réel dont il était bien convaincu. Il ne fut pas épargné par la critique : on déterra un livre oublié, intitulé : *Système de la Balance universelle,* par Ant. Lasalle; on crut y trouver le germe ou la source du *Système des Compensations :* on prédit au nouvel ouvrage la courte existence de son modèle. Les discours que M. Azaïs prononça ensuite à la tribune de l'athénée, pour développer les idées fondamentales de son système, et dont il ne publia que les trois premiers, l'exposèrent à de nouvelles critiques. Mais quand il fit paraître les premiers volumes de ce système, les critiques se changèrent en épigrammes assez gaies, et fournirent à quelques journalistes la matière d'articles piquans, qui seuls donnèrent à l'ouvrage une sorte de célébrité. M.

Azaïs devint inspecteur de la librairie à Avignon, et, malgré les clameurs des journalistes, y compléta son système. En 1812, il passa à Nanci, et fut, en 1814, conservé par le roi dans sa place ; supprimé en 1815, il fut nommé pendant les *cent jours* recteur de l'académie de Nanci, en remplacement de M. d'Argel, par le général Rampon, commissaire impérial ; mais ce fut sans effet. Ce commissaire n'avait pas le droit de faire une pareille nomination. C'eût été sans doute une compensation heureuse; mais encore le retour du roi lui eût-il enlevé cette place. On le vit alors publier divers pamphlets politiques, embrasser ou défendre des opinions toutes nouvelles pour lui, et se faire le champion dévoué du ministère. Sa réputation en souffrit sans que sa renommée parût s'en accroître. Il travailla au *Mercure,* à l'*Aristarque,* aux *Annales politiques* : donna, de concert avec sa femme, une suite à l'*Ami des Enfans,* de Berquin, et vit l'espèce de considération littéraire que ses premiers ouvrages lui avaient acquise, s'éteindre dans les pages politiques, obscures et anti-nationales, dont il accabla le public. On ne sait si le philosophe Azaïs est fils ou parent du musicien *Azaïs,* connu par quelques œuvres pour le violoncelle, et par divers instrumens. Ce dernier, maître de musique de l'école militaire de Sorèze, vivait encore vers le commencement de la révolution. Il dédia, en 1780, à l'abbé Roussier, fameux pédant musical, et qui jugeait l'harmonie comme Pradon la métonymie et l'hyperbole, une *Méthode de Musique tracée sur un nouveau plan.* Si, comme tout porte à le croire, M. Azaïs le philosophe est parent du musicien, on voit que l'esprit systématique et novateur est une des propriétés héréditaires de la famille. M. Azaïs est lui-même musicien assez fort, et de plus, *improvisateur* sur le piano : ne serait-ce pas le même? M. Azaïs, publiciste, promet pour la fin de cette année (1820) un nouvel ouvrage de sa façon, et dont le titre annonce la haute importance : *Du sort de l'Homme dans toutes les conditions; du sort des Peuples dans tous les siècles, et particulièrement du sort actuel du peuple français.* M. Azaïs prend les choses de loin : on voit que l'*ab ovo* d'Horace rentre dans son système.

AZANZA (DON JOSEPH-MIGUEL DE), né en 1746 à Aoiz (et non *Aviz*, en Navarre, comme le prétendent les Biographies), a marqué tout le cours de sa vie par des services rendus à l'état, comme militaire et comme administrateur. On le compte à la tête des Espagnols les plus recommandables, qui, cédant aux circonstances et voulant sauver la patrie d'une guerre longue et terrible, se rangèrent du parti de Napoléon. Ferdinand ne pouvait accuser que lui-même de la défection de tant de grands talens et de généreux courages, qu'un plus heureux système de gouvernement doit enfin lui réconcilier. Azanza, très-jeune encore, passa en Amérique, où il fit de longs voyages dans différentes provinces, et occupa plusieurs fonctions militaires et administratives; il servit en Europe à son retour, et se couvrit de gloire au siége de Gibraltar. Envoyé par la cour de Madrid, comme chargé d'affaires près des cabinets de Saint-Pétersbourg et de Berlin, il s'acquitta honorablement de ces emplois, et fut créé intendant des provinces du Toro et de Salamanque, puis corrégidor de leur arrondissement, enfin intendant des armées à Valence et à Murcie. Il fit la campagne de Roussillon, en 1795, obtint le titre de conseiller de la guerre, et devint ministre de ce département. Ses connaissances très-étendues étaient le fruit de l'expérience, de ses voyages en Amérique, et de ses études particulières. Nommé, par Charles IV, vice-roi, gouverneur, capitaine-général et président de l'audience royale de Mexico, il s'acquitta de ces éminentes fonctions avec l'habileté que devaient faire attendre de sa part son caractère, son talent d'administrateur et ses connaissances locales. Rappelé en 1799, il siégea depuis ce temps au conseil-d'état. Ministre des finances pendant le règne momentané de Ferdinand VII, il devint ensuite membre de la junte suprême du gouvernement, assemblée sous la présidence de l'infant don Antonio, quand Ferdinand partit pour Bayonne. Le général Murat occupait militairement Madrid : Azanza, dans ses rapports avec lui, au milieu de circonstances difficiles, montra de la sagesse et une noble fermeté. Bientôt après, il alla présider, à Bayonne, la junte en faveur du frère de Napoléon, et fut un de ceux qui coopérèrent le plus au changement passager du gouvernement. Sa faveur fut grande auprès du monarque des Français, et de son frère Joseph : son influence et ses talens faisaient de lui un homme à ménager; et lui-même n'oubliait rien pour acquérir une faveur qui devait servir aux intérêts de sa patrie. Ministre de la justice sous le nouveau roi, il obtint, en 1810, le grand cordon de l'ordre royal d'Espagne, et fut ensuite nommé ministre des Indes. Les affaires de ces contrées ne pouvaient plus occuper directement le conseil, que des intérêts plus importans forçaient de tenir l'œil ouvert sur l'Espagne en convulsions et sur l'Europe livrée à des guerres sanglantes. Azanza joignit au portefeuille de ministre des Indes celui des affaires ecclésiastiques, et bientôt après le département des affaires étrangères, plus convenables à ses talens. Malgré tant de faveurs, il conserva toujours cet amour de la liberté, ce patriotisme qui, long-temps étouffé chez le noble peuple espagnol, se montra si brillant aux assemblées des cortès, et finit par opérer le changement qui a enflammé d'autres peuples non moins généreux. On entendit Azanza, dans un discours de remercîment fait au roi, à l'occasion de l'installation des conseils (3 mai 1809), lui dire que *l'espérance des Espagnols était de voir la liberté individuelle et civile servir désormais de base à la monarchie ; que le roi lui-même en avait donné la généreuse assurance, et que, pour ce bienfait, une éternelle reconnaissance lui était due.* Nommé ambassadeur extraordinaire pour féliciter Napoléon sur son mariage avec l'archiduchesse Marie - Louise, commissaire royal pour le royaume de Grenade, chevalier de la Toison-d'or et duc de Santa-Fé, il vit ensuite sa fortune disparaître par le retour de Ferdinand VII. Sa réputation demeura intacte; mais l'homme d'état disgracié trouve toujours de lâches accusateurs. De concert avec son collègue O-Farill, il répondit à leurs calomnies dans un Mémoire intitulé : *Mémoire de don Miguel de Azanza, et de don Gonzalo O-Farill, et exposé des faits qui justifient leur conduite, de mars 1808 à avril 1814.* Cet ouvrage est intéressant par les vues et par le style ; c'est un document historique, plein de détails qui ne se trouvent nulle part. Loyauté, noblesse, franchise, sont le caractère de ce Mémoire, qui a été traduit en français par Al. Foudras, in-8°, Paris, 1815.

AZÉMA (Michel), député à la convention nationale, passa à travers les plus terribles événemens politiques, sans faire autre chose que d'y attacher son nom et de les approuver par son silence. Nommé administrateur du département de l'Aude dès le commencement de la révolution, il le représenta bientôt à l'assemblée législative, où il fut admis en septembre 1791 ; élu à la convention, il vota la mort de Louis XVI, rejeta l'appel au peuple, et se prononça contre le sursis. Aucun parti ne songea au conventionnel Azéma; il échappa comme le liége parmi les orages, et quand le directoire s'organisa, il fut nommé commissaire près de l'administration centrale des départemens. Alors il entra dans la carrière judiciaire, et, en 1806, il était juge au tribunal de première instance de Pamiers (Arriége). De retour à Paris, il fut employé de nouveau dans les administrations : assidu au ministère de la police et chez les grands du jour, il donna un libre champ aux conjectures de tout genre.

AZINCOURT. (*Voyez* ALBOUIS D').

AZORQUE (LE MARQUIS D'), lieutenant-général au service de Sardaigne, et gouverneur du comté de Nice, en 1815, osa, de concert avec le colonel anglais Burke, s'emparer de Monaco, dans la vue de protéger l'Italie, lorsque Napoléon partit de l'île d'Elbe : démarche hardie, et que le marquis d'Azorque lui-même se chargea de justifier aux yeux du duc de Valentinois, duc de Monaco, pair de France. Il est vrai qu'il avait attendu, pour l'effectuer, que la nouvelle du débarquement fût certaine. Depuis quelque temps il y avait des rumeurs vagues répandues sur les côtes, touchant Napoléon, sa vie, ses projets, et la possibilité d'une pareille tentative de sa part; mais rien, autour de l'île d'Elbe, ne fortifiait ces bruits. Enfin, on entendit le patron d'une barque de pêcheur s'écrier qu'on *verrait bientôt du nouveau*, et les chefs militaires convinrent des mesures à prendre, en cas que cette prédiction se réalisât par le retour de Napoléon. Quelques jours se passent; on oublie les bruits, les craintes, et l'empereur paraît au golfe Juan. Ce fut alors que le marquis d'Azorque prit sur lui d'occuper Monaco; précaution devenue superflue, par la marche de Napoléon et par les événemens qui en furent la suite.

AZUNI (DOMINIQUE-ALBERT), né à Sassari, en Sardaigne, devint Français par ses affections et par ses places, et dut à un talent remarquable, de hautes fonctions que la chute de son bienfaiteur lui enleva. Il naquit vers 1760, cultiva de bonne heure les lettres et la jurisprudence, mais fit surtout une étude approfondie de la législation maritime, qui règle des intérêts si divers par des règlemens si peu fixes. Bientôt sénateur, et juge au tribunal de commerce et maritime de Nice, associé de plusieurs académies, il attira les regards du général Bonaparte, qui passa, en 1796, à Nice, et dont la mémoire conservait fidèlement le nom et les traits caractéristiques des hommes de mérite et de quiconque pouvait un jour servir ses projets. Appelé en France par ce général, lorsqu'il n'était encore que premier consul, M. Azuni vint à Paris, se lia avec les plus illustres savans de cette capitale, et publia, en français, son *Système universel des principes du droit maritime de l'Europe;* ouvrage étonnant par la correction d'un style qui n'a rien d'étranger, par la lumineuse coordination des faits, et par la vigueur d'une analyse féconde en résultats. Cet ouvrage eut beaucoup de succès, et signala, dans M. Azuni, un homme disposé à coopérer à la nouvelle organisation des lois. Le ministère de l'intérieur adjoignit ce savant à la commission chargée de rédiger le nouveau Code de commerce, et lui confia la partie maritime. M. Azuni venait de donner une édition nouvelle et totalement refondue de son système, qui avait été bientôt suivi d'une réimpression de l'ouvrage publié par ses soins en 1798 sous ce titre : *Essai sur l'histoire géographique, politique et morale de la Sardaigne.* La carte détaillée de cette île, qui accompagne la seconde édition, en fait un ouvrage extrêmement précieux. Nommé, en 1807, président du tribunal d'appel du département de Gênes, M. Azuni fut, quelque temps après, élu au corps-législatif, pour représenter ce département. Le 3 février 1810, il fit hommage à l'assemblée d'un ouvrage intitulé : *Traité du contrat et des lettres-de-change, suivant les principes du nouveau code.* En 1809, un petit pamphlet de M. Azuni, dans lequel il revendiquait pour les Français l'invention de la boussole, que les Italiens s'attribuent, l'engagea dans une discussion polémique. Un érudit, Joseph Hager, professeur de langues orientales à Paris, réfuta d'une manière sinon triomphante, du moins fort spécieuse, les argumens de M. Azuni, contre lesquels l'orgueil des Italiens se révoltait; car ceux-ci, pour n'avoir ni liberté ni patrie, n'en ont pas moins une sorte d'esprit national, une fierté patriotique et irritable qui commencent à n'être plus stériles. Quand, en 1811, les tribunaux furent réorganisés, M. Azuni, intime ami de M. Luosi, grand-juge et ministre de la justice du royaume d'Italie, fut continué dans ses fonctions, sous le titre de président de la chambre de la compagnie de Gênes, et successivement décoré de la croix de la légion-d'honneur et de celle de la Réunion. Napoléon succomba ; M. Azuni partagea le sort de tous les hommes que sa chute précipita des honneurs dans la vie privée. En 1815, il publia un nouvel et bon ouvrage, intitulé : *Mémoires pour servir à l'histore maritime des marins navigateurs de Marseille.* Il vit aujourd'hui à Nice, où il n'occupe aucune place.

AZZARA (don Joseph-Nicolas, chevalier d'), ministre d'Espagne, a joui d'une haute faveur jusqu'au moment où celle d'une cour étrangère lui fit perdre la bienveillance de son maître. Protecteur des beaux-arts, qu'il aimait et qu'il cultivait lui-même avec succès, il offre le singulier spectacle d'un grand d'Espagne, ami des lumières, familier avec les gens de lettres, et propagateur des doctrines libérales. Quoique de bonne heure il eût montré un goût très-vif pour les arts, la diplomatie, qui semble devoir s'allier si difficilement avec l'imagination et le génie, fut la carrière de son choix. Né à Barbunales, en Aragon, le 28 mars 1731, d'une famille noble, il fit, à l'université d'Huesca, ses études avec tant de succès, que don Ricardo-Val, ministre de Ferdinand VI, lui offrit une place, soit dans la magistrature, soit dans les armées, soit dans le département des affaires étrangères : son choix se fixa sur la diplomatie. Envoyé à Rome, sous Clément XIII, comme agent du roi pour les affaires ecclésiastiques, près la daterie, il captiva l'amitié du ministre don Joseph Moninô, qu'il seconda efficacement dans ses nombreux travaux. Quand Moninô fut remplacé par don Grimaldi, ambassadeur en titre, d'Azzara fit tout mouvoir sous le nom de l'ambassadeur, et remplit ses fonctions, ne lui laissant que les honneurs du rang. Ce fut le comte d'Arreanda, président du conseil de Castille, qui coopéra le plus puissamment à l'expulsion des jésuites. D'Azzara suivit, en cela, les vues de sa cour; et l'activité qu'il mit dans ses démarches, l'adresse avec laquelle il conduisit l'exécution de cette affaire, si délicate à Rome, déterminèrent et précipitèrent la suppression de cet ordre, qui, sous le voile de l'humilité, couvrait la terre de ses palais, et enveloppait du filet de saint Pierre tant de pouvoir et de richesses. D'Azzara, l'ennemi déclaré des jésuites, comptait cependant parmi ses amis plusieurs jésuites distingués, Andrès, Roqueno, Clavigero, Ortiz, surtout Artéaga, qui n'a cessé de lui être attaché, et qui est mort dans sa maison. Au reste, tout ce qu'il y avait d'illustre à Rome se réunissait chez d'Azzara, devenu ambassadeur à la mort de Grimaldi ; on y voyait Bernis et Albani, Canova et Winckelmann, Angelica Kauffmann et Raphaël Mengs. Ce dernier surtout trouva dans le ministre espagnol un Mécène généreux, ou plutôt un ami véritable; c'est à lui qu'il dut le titre de premier peintre du roi, avec 5,000 piastres (31,000 fr.) de traitement, et la permission de rester à Rome. Après la mort de Raphael Mengs, d'Azzara tint lieu de père à ses enfans, et obtint pour eux une pension de la cour; il écrivit aussi une *Notice* de la vie de ce célèbre graveur qu'il mit à la tête de son *OEuvre*, imprimée aux frais du ministre, par Bodoni, et revue par Milizia. Les trente ans qu'il passa à Rome furent ainsi partagés entre la culture des arts et la protection ou l'amitié qu'il accordait aux artistes célèbres. De concert avec le prince Santa-Croce, il fit à Rivoli, dans la villa des Pisons, des fouilles considérables, récompensées par des découvertes assez importantes. Entre autres antiques, on y trouva ce beau buste d'Alexandre, dont l'authenticité est prouvée, et dont les formes *grandiose* répondent si bien à la célébrité du héros : d'Azzara en fit présent à Napoléon, qui le déposa au Musée. On trouva aussi dans les fouilles de jolies peintures à fresque, copiées par Mengs, et gravées par Volpato, et deux belles mosaïques, dont les inscriptions élégantes ont été imprimées par Bodoni. De tant de choses précieuses, d'Azzara composa bientôt un cabinet d'une grande richesse. Sa collection de tableaux est très-estimée, ainsi que sa *Suite de pierres gravées*, d'abord publiée en Espagne, et dont Millin a fait connaître une partie en France. Mais aussi peut-on attribuer à ces longues recherches l'enthousiasme pour l'antique, devenu, chez d'Azzara, une passion quelquefois injuste, et qui lui faisait voir, avec un peu de dédain, les efforts du génie des modernes. On trouve un exemple frappant de ce goût exclusif dans le cénotaphe érigé à la mémoire de Charles III, roi d'Espagne (1788), par d'Azzara, dans l'église de la nation espagnole, à Rome : c'est un monoptère d'ordre dorique, enfermant le cénotaphe, que surmonte une urne, exécutée d'après celle du magnifique tombeau d'Agrippa. On critiqua le monument; et, dans une notice consacrée à en relever le mérite, un ami d'Azzara cita le passage d'un auteur grec, où sont données les dimensions d'un édifice absolument semblable, érigé par Pausanias à la mémoire d'Oxilus. D'Azzara jouissait de la considération publique et de la faveur du pape. La révolution éclata; l'âme du ministre, comme toutes les âmes généreuses, en embrassa les espérances : il n'en fut pas moins respecté à la cour. Cependant l'incendie gagnait; et le général Bonaparte, pour venger l'insulte faite à l'ambassadeur français par la populace fanatique de Rome, s'avançait à la tête de son armée. Ce fut d'Azzara que l'on choisit, comme l'homme le plus propre à détourner l'orage. Envoyé vers le général par S. S., pour l'engager à épargner Rome, il inspira de l'estime au héros, rechercha l'amitié de son frère Joseph, remplit sa mission avec zèle, et n'obtint cependant qu'un demi-succès. Le général Bonaparte promit seulement de ne pas faire entrer son armée dans Rome. D'Azzara, de retour, ne recueillit de sa négociation que chagrins et disgrâces : on l'accusa de faiblesse et même de trahison; les cardinaux et la cour de Madrid l'accablèrent de reproches; le pape seul et quelques amis lui conservèrent leur estime. Quand les Français entrèrent à Rome, il se retira à Florence, d'où les ministres de Charles IV ne le firent sortir que dans des vues politiques. On le croyait très-bien auprès du gouvernement français : il fut nommé ambassadeur à Paris. En effet, il eut toujours un libre accès chez le premier consul et chez l'empereur. Mais, se confiant trop peut-être à l'amitié et à la protection du monarque français, il osa négliger l'exécution de quelques ordres du ministre favori, don Manuel Godoï, *prince de la Paix*, et fut rappelé, puis confiné à Barcelone, enfin relevé de son exil, et renvoyé à Paris comme ambassadeur. Les mêmes causes le firent disgracier de nouveau : le ministre espagnol ne put souffrir dans ce poste un homme qui le combattait en quelque sorte avec opiniâtreté. Il perdit sa place, mais Napoléon obtint qu'il demeurât à Paris. Peu de temps après, le 26 janvier 1804, il mourut subitement, étant assis auprès de sa cheminée, et s'entretenant avec son frère de la brièveté de la vie et du bienfait de la mort. Il ne s'était pas marié. Cet homme supérieur, dont on peut dire que la vie fut pleine, avait une franchise brusque, quoiqu'il montrât beaucoup d'adresse comme diplomate; il était admirateur de la philosophie moderne, et n'en était pas moins religieux, ayant un jugement sain, un esprit juste et une piété éclairée. Économe dans sa maison, prodigue pour servir ses amis ou enrichir son cabinet, il fut digne de sa haute fortune. Très-versé dans la connaissance des lois civiles et canoniques, d'Azzara écrivait purement le francais; l'italien avec facilité, l'espagnol avec énergie. On reconnaît dans tout ce qui est sorti de sa plume, un goût sévère, un talent distingué. Il a traduit en espagnol la *Vie de Cicéron*, par *Middleton*, Madrid, 1790, 4 vol. in-4°: on trouve, gravées dans cette édition, plusieurs têtes recueillies des fouilles de Tivoli; l'*Histoire naturelle de l'Espagne*, par *Bowles*, deux éditions à Madrid; une à Parme, Bodoni, 1783, 2 vol. in-4°; le *sixième livre de Pline l'Ancien*, (de artibus); et *Sénèque le Philosophe*, que sa mort l'empêcha de publier; le bel *Horace*, de Bodoni, 1991, 2 vol. in-fol.; et *la Religion vengée*, de *Bernis*, Bodoni, 1795, in-fol., ont été imprimés par ses soins. Son portrait, peint par Mengs, a été gravé en camée, par le célèbre Pikler. Feu M. Bourgoing, ministre de France en Espagne, en 1792, a publié (Paris, 1804) une notice sur la vie d'Azzara, à la fois diplomate, littérateur, architecte, antiquaire, homme d'esprit et homme de bien.

FIN DU PREMIER VOLUME.

LIBRAIRIE HISTORIQUE,
RUE SAINT-HONORÉ, N° 123, HÔTEL D'ALIGRE.

BIOGRAPHIE NOUVELLE
DES
CONTEMPORAINS,
OU
DICTIONNAIRE
HISTORIQUE ET RAISONNÉ
DE TOUS LES HOMMES QUI, DEPUIS LA RÉVOLUTION FRANÇAISE, ONT ACQUIS DE LA CÉLÉBRITÉ

PAR LEURS ACTIONS, LEURS ÉCRITS, LEURS ERREURS OU LEURS CRIMES,

SOIT EN FRANCE, SOIT DANS LES PAYS ÉTRANGERS;

Précédée d'un Tableau par ordre chronologique des époques célèbres et des événemens remarquables, tant en France qu'à l'étranger, depuis 1787 jusqu'à ce jour; d'une Table alphabétique des assemblées législatives, à partir de l'assemblée constituante jusqu'aux dernières chambres des pairs et des députés; et d'un Vocabulaire des mots et expressions qui servent à faire connaître les factions, les partis, et les traits les plus intéressans de la révolution française;

PAR MM. A. V. ARNAULT, ANCIEN MEMBRE DE L'INSTITUT; A. JAY; E. JOUY, DE L'ACADÉMIE FRANÇAISE; J. NORVINS, ET AUTRES HOMMES DE LETTRES, MAGISTRATS ET MILITAIRES.

Ornée de 240 portraits au burin, d'après les tableaux de nos grands maîtres.

PROSPECTUS.

Plusieurs Biographies ont paru depuis la révolution. Aucune n'a rempli le vœu des amis de la vérité, de la justice, de la gloire nationale; aucune n'appartient à la sévère probité de l'histoire : elles portent toutes l'empreinte des passions haineuses, des opinions intolérantes, des intérêts froissés et vindicatifs. L'esprit de secte y domine, et plus souvent encore l'esprit de parti. Ainsi le Dictionnaire de Feller fut écrit sous l'influence des jésuites; celui de Barral, sous l'inspiration du jansénisme; le Dictionnaire de Prudhomme, d'ailleurs très-incomplet, a été publié sous la surveillance assidue d'une censure ombrageuse; enfin la *Biographie universelle* et la *Biographie des hommes vivans*, imprimées chez Michaud, sont déshonorées par la plus odieuse partialité, et ne sont véritablement que des recueils de libelles, de délations, de listes de proscriptions.

Il est temps de rendre justice à notre âge, à nos contemporains; il est temps de venger notre patrie des calomnies dont les préjugés, le fanatisme, la servilité, s'efforcent de la flétrir aux yeux de l'Europe. L'honneur des hommes justement célèbres est une propriété commune à tous les peuples civilisés. Les plus nobles intérêts de la France, ceux des citoyens à qui elle doit sa gloire, ne seront plus impunément sacrifiés aux spéculations honteuses d'une avidité mercantile, d'une criminelle partialité. Défendre son semblable est une loi que la nature a gravée dans le cœur de tous les hommes; le plus beau précepte de la religion en fait un devoir; le grand intérêt des sociétés modernes reconstituées sur de nouvelles bases, exige une éclatante réparation de tous les outrages commis envers le caractère national et la vérité. Un cri universel de réprobation s'est élevé contre ces compilations diffamatoires, manifestes d'une agence de troubles et de désorganisation, où sont désignés aux vengeances réactionnaires les citoyens les plus recommandables par leurs talens, leurs vertus et leurs services. Justice doit être faite des perfidies, des trahisons, des inculpations mensongères, des faux éloges, des faux blâmes, des iniquités de toute espèce qui caractérisent la *Biographie universelle* et la *Biographie des hommes vivans*. Le sentiment d'une profonde indignation, l'impérieuse voix d'une justice toute française, ont inspiré à une société de gens de lettres, de savans, de militaires, la résolution de publier une *Biographie nouvelle des contemporains, ou Dictionnaire historique et raisonné de tous les hommes qui, depuis la révolution française, ont acquis de la célébrité par leurs actions, leurs écrits, leurs erreurs ou leurs crimes, soit en France, soit dans les pays étrangers.*

L'époque de la révolution française est le point de départ de l'esprit humain dans l'application des principes de justice, d'ordre et de liberté aux intérêts civils et politiques des nations. La raison s'est frayé une route à travers mille obstacles et mille écueils; elle a mis le droit à la place du privilége; mais ce but n'a pu être atteint qu'après des secousses multipliées, des événemens glorieux ou déplorables, des luttes violentes entre les anciens et les nouveaux intérêts. Toutes les passions ont été soulevées dans cette grande époque; elles retentissent encore au milieu de nous, comme les sons prolongés d'un orage lointain. Les passions tiennent à l'injustice de leurs préjugés, à l'iniquité de leurs arrêts; elles tromperaient l'avenir, si la voix éclatante de la vérité ne leur imposait silence en réfutant leurs erreurs, en détruisant leurs calomnies. Si nous partons nous-mêmes de cette ère mémorable de la révolution, c'est qu'aucune époque n'offre plus de scandale dans les jugemens sur les hommes et sur les choses.

Quant aux hommes dont la destinée est redevenue étrangère à celle de la France depuis la chute de l'empire, et dont les services confondus dans ceux d'une patrie commune ont déjà figuré dans nos annales, le témoignage d'une ancienne reconnaissance et d'une amitié constante les attend encore dans celles que nous nous proposons d'ouvrir à la France et à l'Europe depuis la révolution. Il nous est doux de dire que les hommes célèbres de la Belgique, des provinces du Rhin, de la Pologne, de l'Espagne, de la Westphalie, de l'Italie, de la Suisse et de la Hollande, ont été les compatriotes de notre gloire, et seront restés les amis de notre nouvelle fortune.

Comme l'esprit de librairie ne préside pas plus à cette entreprise que l'esprit de parti, et que l'intérêt du lecteur y est seul considéré dans celui de la vérité, cet ouvrage n'a point été conçu d'après le modèle des Biographies précédentes. Il ne contiendra de notices détaillées que sur les hommes qui ont réellement droit aux honneurs de l'histoire, ou qui ont fixé, sous des rapports particuliers, les regards de leurs contemporains. Une simple désignation sera accordée à ceux qui auront figuré dans un ordre inférieur. Pour donner à cet ouvrage un nouveau degré d'intérêt, il sera orné de deux cent quarante portraits dessinés au trait d'après les tableaux de nos grands maîtres. Ces portraits ne sont point lithographiés; leur exécution est confiée au burin de nos plus habiles graveurs. Une collection précieuse de cuivres a déjà été acquise. Les épreuves en sont soumises au public, au bureau de la nouvelle Biographie. Les portraits qui manquent à cette collection seront gravés successivement d'après ceux qui peuvent exister dans les familles et chez les amis des hommes distingués dont il paraîtra utile de conserver les traits. Les intéressés s'empresseront sans doute de donner avis au bureau de la souscription, des portraits qu'ils possèdent. Ces deux cent quarante figures seront réparties, autant que l'ordre alphabétique pourra le permettre, en nombre égal par volume.

Pour assurer enfin, de la manière la plus franche et la plus juste, les intérêts de la vérité, des prospectus successifs présenteront au public la série alphabétique des personnes dont la biographie entre dans le plan de cet ouvrage; et, dans un temps déterminé, le bureau de la souscription recevra, franc de port, tous les documens qui lui seront adressés pour constater les omissions, les erreurs, les inculpations hasardées ou calomnieuses des Biographies où ces mêmes personnes se trouvent placées. Ces documens seront rendus, sur leur demande, aux personnes qui les auront confiés. Toutefois cet appel fait aux familles et à l'amitié ne saurait préjudicier aux droits de l'inflexible histoire.

Nous le répétons, les morts seuls seront soumis à un jugement dégagé de passions et de haine. Les vivans n'auront de juges que leurs actions ou leurs écrits. Mais, vivans ou morts, tous ceux qui auront été l'objet d'une diffamation trouveront leur réhabilitation dans cet ouvrage. Étrangers à la partialité comme à la faiblesse, remplissant notre tâche avec la volonté d'être justes, nous aurons le courage du magistrat et de l'historien. Nous voulons qu'en nous lisant, les hommes de bien y trouvent des consolations, les écrivains sans conscience des remords, ou du moins qu'ils connaissent la honte. La critique que nous professons est celle de la probité, et tout lecteur impartial pourra nous appliquer l'épigraphe que les frères Michaud ont frauduleusement empruntée à Voltaire : « *On doit des égards aux vivans : on ne doit aux morts que la vérité.* » Nous avons même le droit de dire avec Montaigne : *C'est icy un livre de bonne foy, lecteur.*

La Biographie des contemporains de notre révolution n'aurait rempli qu'imparfaitement le but que nous nous sommes proposé, celui de faire connaître particulièrement cette grande époque de l'histoire de toutes les nations. Nous avons cru en conséquence devoir placer à la tête du premier volume, 1° une Introduction qui retrace la marche politique et philosophique de cette révolution, et développe, en même temps qu'elle la justifie, toute la pensée de notre ouvrage; 2° la série chronologique de tous les événemens qui ont signalé la grande période dont les acteurs ou les témoins sont l'objet de notre travail; 3° la liste des membres de toutes les assemblées législatives depuis l'assemblée des notables; 4° enfin le vocabulaire des mots et expressions qui servent à faire connaître les législatures, les factions, les partis, et les traits les plus intéressans de la révolution française. Nous avons pensé que toute Biographie, comme tout dictionnaire historique, n'était à proprement parler qu'une collection de renseignemens, et nous avons cru rendre service au public en complétant pour son usage, tous les documens qui nous ont paru appartenir à la nature de cet ouvrage. Les secours nombreux et empressés que nous recevons journellement des médecins, des militaires, des hommes de loi et des hommes distingués dans les hautes professions de la société, seront sans doute appréciés par nos lecteurs, à qui la perfection donnée à certaines spécialités ne pourra échapper. La confiance des familles a également honoré nos efforts, et une foule de secrets arrachés à leur modestie, nous rendront plus recommandables à ceux pour qui l'honneur national se compose en grande partie de celui des individus. Le nombre des portraits attachés à ce premier volume donnera aussi la mesure de la fidélité que nous mettons à remplir nos engagemens, et peut-être nous saura-t-on gré de les avoir dépassés au profit du souscripteur.

La nouvelle Biographie sera composée de dix à douze vol. in-8° au plus, d'environ 500 pag., à deux colonnes, imprimés sur beau papier, en caractère neuf petit-romain de Henri Didot. Ils contiendront 240 portraits. Le prix de chaque volume est fixé à 9 fr. pour les souscripteurs, et à 12 fr. pour les non souscripteurs. Il en sera tiré un certain nombre d'exemplaires sur papier vélin; le prix en sera double.

On souscrit au bureau de la LIBRAIRIE HISTORIQUE, rue Saint-Honoré, hôtel d'Aligre, n° 123, ou rue Bailleul, même hôtel, n° 12. Les lettres et avis doivent être adressés, francs de port, au DIRECTEUR DU BUREAU DE LA LIBRAIRIE HISTORIQUE.

La souscription reste ouverte jusqu'à la publication du deuxième volume. Les volumes paraîtront de deux mois en deux mois; on n'en paiera le prix qu'en les retirant.

Pour recevoir chaque vol. *franc de port*, il faudra ajouter 1 fr. 50 c.

DICTIONNAIRE
HISTORIQUE, PHILOSOPHIQUE ET CRITIQUE,
ABRÉGÉ DU GRAND DICTIONNAIRE
DE BAYLE;
PAR L'ABBÉ L'ADVOCAT.

NOUVELLE ÉDITION, REVUE, CORRIGÉE ET CONTINUÉE JUSQU'EN 1789.

PAR UNE SOCIÉTÉ
DE SAVANS, DE LITTÉRATEURS ET DE BIBLIOGRAPHES;

Contenant l'histoire abrégée de tous les personnages de l'un et de l'autre sexe, qui se sont fait un nom, par leurs talens, leurs vertus, ou leurs crimes, depuis le commencement du monde jusqu'à la révolution française, et dans lequel on rapporte les jugemens des meilleurs écrivains sur le caractère, les mœurs et les ouvrages des personnes célèbres dans tous les genres, et des considérations sur l'accroissement, la décadence et la chute des empires.

RENFERMANT UN CATALOGUE DE TOUTES LES BONNES ÉDITIONS CONNUES, DEPUIS LA DÉCOUVERTE DE L'IMPRIMERIE JUSQU'À L'ÉPOQUE DE LA RÉVOLUTION, ET LES MEILLEURES RÉIMPRESSIONS FAITES DEPUIS TRENTE ANS.

Huit vol. in-8° de 4 à 500 pag., à deux colonnes, petit-texte neuf, papier conforme au prospectus, contenant la matière de 16 vol.

LA BIOGRAPHIE NOUVELLE DES CONTEMPORAINS (dont le premier volume paraît en ce moment) ne doit contenir que l'histoire des hommes célèbres, morts ou vivans, depuis 1789 jusqu'à nos jours. Cette époque mémorable, d'où part la révolution française, est digne de fixer l'attention publique, et un recueil impartial qui en rappelle les faits principaux et qui offre l'histoire des hommes les plus remarquables par leurs vertus, leurs crimes, leur génie ou leurs talens, a droit à la reconnaissance des Français et même des étrangers.

Le motif qui a provoqué la publication de cet important ouvrage, nous a engagés à réimprimer le *Dictionnaire historique de l'abbé de Ladvocat*, considérablement augmenté.

Cette nouvelle édition comprendra l'histoire des hommes qui se sont illustrés un qui se sont tendus fameux, n'importe à quel titre, depuis les temps les plus reculés jusqu'en 1789, et formera comme l'introduction nécessaire de la *Biographie nouvelle des Contemporains*. Les nombreux souscripteurs de cet ouvrage, toutes les personnes qui veulent avoir un dictionnaire historique philosophique exact et portatif, accueilleront avec empressement une réimpression de l'abréviateur judicieux du grand dictionnaire de Bayle.

Entièrement différent des autres productions du même genre, l'ouvrage de l'abbé Ladvocat est empreint d'une teinte philosophique qu'on chercherait en vain dans le *Dictionnaire de Feller*, dans la *Biographie universelle*, etc.

Ces ouvrages d'ailleurs très-volumineux, et qu'on ne peut consulter qu'avec réserve, conviennent peu aux personnes qui ne forment pas de grandes bibliothèques, et le dictionnaire historique critique de Bayle, qui se réimprime en 16 vol. in-8°, aura le même inconvénient, et celui plus grave encore de ne point faire mention du siècle de Voltaire, où, grâce à cet homme immortel, la philosophie a fait de si grands et de si admirables progrès. Cette source est cependant excellente : elle a servi à plusieurs biographes qui n'ont pas jugé à propos d'en faire l'aveu. La sagesse, le discernement, l'impartialité dont Ladvocat a généralement fait preuve en composant son abrégé, ont rendu son travail précieux; de nombreuses réimpressions en prouvent le succès.

Le *Dictionnaire historique de Ladvocat* manque en librairie, et l'inconvénient de recourir sans cesse aux différens supplémens de cet ouvrage, ou fait vivement désirer une édition complète qui renfermerait ces supplémens revus avec soin, et qui contiendrait les articles en assez grand nombre dont l'omission avait été généralement remarquée.

Le dictionnaire de Ladvocat, nonobstant les avantages que nous avons déjà cités, présente encore, ce qu'on est surpris de ne trouver que très-incomplètement dans des dictionnaires beaucoup plus volumineux, l'histoire des dieux de toutes les mythologies, et une description exacte d'une grande partie des peuples anciens, ce qu'on peut appeler les clefs de l'histoire. Nous compléterons ce qui manque à cet égard.

Un dernier avantage du *dictionnaire de Ladvocat* est une partie que cet auteur a traitée avec un soin tout particulier, celle de la *Bibliographie*, indispensable pour la connaissance des livres publiés depuis l'invention de l'imprimerie jusqu'à 1789. Nous nous ferons un devoir de faire connaître toutes les bonnes éditions, et les réimpressions importantes faites depuis cette époque jusqu'à ce jour.

Les articles nouveaux seront composés, le texte sera vérifié, et les épreuves seront surveillées et corrigées par des hommes de lettres, savans, artistes et bibliographes honorablement connus, de manière que le public puisse ne point avoir à craindre une de ces réimpressions de librairie qui déshonorent cette branche importante du commerce, en introduisant des éditions fautives et mal exécutées sous le double rapport du texte et de la partie typographique.

On a remarqué et l'on s'est plaint que la Biographie des Femmes Célèbres avait été généralement négligée dans les dictionnaires historiques précédens. Nous remplirons cette lacune en insérant une grande quantité de nouveaux articles relatifs aux dames qui ont exercé à différentes époques une si grande influence sur les mœurs, les gouvernemens et la littérature.

Les réclamations qui pourraient survenir de la part des familles, et les renseignemens relatifs aux articles du dictionnaire, seront accueillis avec reconnaissance par l'éditeur, qui s'empressera de les soumettre aux hommes de lettres occupés à la confection de cet ouvrage.

On souscrit pour le *Dictionnaire complet de Ladvocat*, en 8 vol. in-8° de quatre à cinq cents pages chacun, ordre et format de la *Biographie nouvelle des Contemporains*, caractère neuf et beau papier, au bureau de la Biographie des Contemporains, rue Saint-Honoré, n° 123, hôtel d'Aligre.

Les lettres et paquets doivent être adressés *francs de port* au DIRECTEUR DE LA LIBRAIRIE HISTORIQUE.

Le prix de chaque volume, pris à Paris, sera de 7 fr. 50 c. pour les souscripteurs, et de 9 fr. pour les non souscripteurs; celui des volumes sur papier vélin sera double. Pour recevoir chaque volume *franc de port*, il faudra ajouter 1 fr. 50 c.

Le premier volume paraîtra le 1er janvier 1821. Les volumes suivans paraîtront de deux mois en deux mois. ON NE PAYE RIEN D'AVANCE.

Ouvrages de fonds de la même Librairie.

TABLEAU DE LA RÉVOLUTION FRANÇAISE, depuis son origine jusqu'en 1814, augmenté de la charte constitutionnelle; par M. de Norvins, membre de la Légion-d'Honneur et de plusieurs académies, l'un des rédacteurs de la *Biographie des Contemporains*; seconde édition, revue et corrigée. 1 vol. in-12, fig., 3 fr.; le même, in-18, 2 fr.

PRÉCIS DE L'HISTOIRE DE LA RÉVOLUTION FRANÇAISE, avec les principaux décrets rendus pendant les années 1789, 1790 et 1791; par J. P. Rabaut de Saint-Étienne. Nouvelle édition, augmentée des réflexions du même auteur, et de la déclaration des droits de l'homme et du citoyen; et ornée de figures, par Couché fils, 1 vol. in-12, 3 fr.; le même, in-18, 2 fr.

DE L'IMPRIMERIE DE PLASSAN, RUE DE VAUGIRARD, N° 15, DERRIÈRE L'ODÉON.

www.ingramcontent.com/pod-product-compliance
Lightning Source LLC
Chambersburg PA
CBHW060755230426
43667CB00010B/1586